신라 하대 정치와 사회 연구

신라 하대 정치와 사회 연구

2015년 9월 8일 초판 1쇄
2016년 9월 10일 초판 2쇄

지은이 이문기
펴낸이 권혁재

편집 조혜진
출력 CMYK
인쇄 한일프린테크

펴낸곳 학연문화사
등록 1988년 2월 26일 제2-501호
주소 서울시 금천구 가산동 371-28 우림라이온스밸리 B동 712호
전화 02-2026-0541~4
팩스 02-2026-0547
E-mail hak7891@chol.net

ISBN 978-89-5508-328-6 93910
ⓒ 이문기, 2015
협의에 따라 인지를 붙이지 않습니다.

신라 하대 정치와 사회 연구
新羅下代 政治와 社會 硏究

이문기 지음

어느 날 『최문창후전집(崔文昌侯全集)』을 뒤적이다가 「신라 가야산해인사 결계량기(新羅迦耶山海印寺結界場記)」 속의 한 구절이 유난히 눈길을 끌었다. "날은 저무는데 갈 길이 아득히 먼 것을 바라보며, 연기가 짙어지다가 불씨가 꺼질 것을 염려한다(觀日暮而途邈, 慮煙深而火燼)"라는 구절이었다. 『사기』 오자서(伍子胥) 열전의 일모도원(日暮途遠) 고사를 빌려 와, 늙고 쇠약한 신라지만 해야 할 일이 많이 남았는데 오히려 멸망의 조짐이 더욱 짙어지고 있다는 한탄으로 읽혀졌다.

이 글은 898년(효공왕 2) 정월에 해인사의 경내를 넓히고 건물을 신축하는 등의 불사(佛事)가 끝났음을 기념하기 위해 지어진 것이었다. 그렇다면 당연히 덕담과 축하의 말이 그 속에 넘쳐나야 마땅할 것이다. 그런데 최치원은 덕담 속에 걱정이 가득한 구절을 슬며시 끼워 넣었다. 이 무렵 천년왕국 신라는 그동안 누적되어 온 정치사회적 모순이 봇물처럼 터져 나와 온통 혼란의 도가니에 빠져 있는 상황이었다. 여전히 모국 신라에 대해 강한 애착을 버리지 못하고 있던 최치원은 신라가 산적한 당면 과제를 해결하지 못하면 종말이 멀지 않았음을 예감하고 있었던 것이다.

가까운 선배들이 정년으로 학교를 떠나는 모습을 자주 보게 되면서 한동안 잊고 지냈던 이 구절이 문득 다시 떠올랐다. 나 자신을 돌아보니, 처음 한국고대사 논문을 학술지에 발표하고부터 어느새 35년을 넘기고 있었고, 학교생활을 마무리해야 할 날도 그리 많이 남아 있지 않았다. 최치원의 표현대로, 날은 저무는데 '도원(途遠)' 정도가 아니라 가야 할 길이 훨씬 더 먼 '도막(途邈)'의 처지였다. 해야 할 일과 하고 싶은 일에 대한 욕심이 남았지만, 시간이 별로 없다는 은근한 조바심이 밀려 왔다. 그래서 남은 기간 새로운 과제를 찾아 기웃대기보다 작은 매듭이라도 지어두고 끝내자고 마음을 바꾸었다. 이것이 저자가 학계에 발을 담그고 있는 동안 관심이 가는 여러 주제에 관해 발표해 왔던 논문들을 정리하여, 책으로 묶으려는 계획을 세우게 된 저간(這間)의 이야기이다.

사실 이 책은 표제의 거창함과는 달리 그동안 써 온 신라 하대에 관한 글들을 모아 분류·정리한 일종의 논문집이다. 남은 글들도 이런 방식으로 정리해 볼 생각이지만 뜻대로 될지는 잘 모르겠다.

계획한 작업 중에서 가장 먼저 신라 하대 관련 글들을 정리·출판하게 된 것은 순전히 추가 작업이 쉬울 것이라는 예단 때문이었다. 그동안 써온 글들을 분류하다 보니, 의외로 최근 10년 동안 신라 하대를 시대적 배경으로 한 글들이 적지 않음을 알게 되었다. 이들은 우선 인용 사료가 한글로 번역되어 있는 경우가 많았으며, 발표 시기가 멀지 않으므로 그 이후에 나온 새로운 연구 성과를 반영해야 할 부담도 적을 것으로 보았다.

그러나 막상 일을 시작하고 보니 상당한 손질이 더해져야 했다. 우선 한자를 기피하는 세태를 간과할 수 없어 가능한 한 한자를 줄이고, 꼭 필요한 경우 괄호 속에 한자를 넣어 한글과 병기하도록 고쳤다. 그리고 이 책에 모은 글의 성격 자체가 집필 당시의 서로 다른 사정에 따라 쓰인 것으로 일률적이지 못한 점이 많았다. 학술지에 발표된 글들은 논문 형태를 가졌지만 학회마다의 서로 다른 각주 형식을 따르다 보니 전혀 통일성이 없었다. 또 일부 개설적인 글은 편집자의 요청에 의해 아예 각주가 생략된 경우도 있었다. 후자와 같은 글들은 새삼 각주를 달기가 어려워 그대로 두고, 전자의 경우에만 각주 형식을 통일하였다. 그리고 손을 대기 시작하니 껄끄러운 문장이 도처에 눈에 띄어 도저히 그냥 지나칠 수가 없어 논지가 변하지 않는 한도 내에서 윤문을 한 글도 있다. 발표 시기가 10년을 넘어간 구고(舊稿)는 수정·보완하였고, 전면적으로 개고(改稿)한 글도 없지 않다. 이러한 사정은 <본서 수록논문 게재지 일람>에 정리하였으므로 참조하시길 바란다.

이 책의 내용을 간략히 소개해 두고자 한다.

제I부는 신라 하대 초기의 전개 상황을 정리한 것으로 개설적 혹은 교양적인 성격이 강한 글로 구성되었다. 집필 당시부터 가능하면 각주를 달지 말라는 원칙에 따라 각주가 거의 없다. <보론 Ⅰ>은 논문의 형식을 갖추었지만 한·중·일 3국의 해금(海禁) 정책에 대한 공동 연구에서 일종의 전사(前史)로서 쓰인 것이다, 그래서 형식과 달리 역시 개관의 성격이 강해 여기에 배치하였다.

제Ⅱ부는 1차 사료로서의 가치를 가진 자료를 근거로 신라 하대 정치와 사회의 한 단면을 밝힌 글로 이루어졌다. 제1장은 9세기 후반의 불국사에 관한 최치원의 글을 분석한 것인데, 특히 그 글들에 달려있는 협주(夾註)의 내용이 사실인지 여부에 대해 관심을 기울였다. 왜냐하면 협주의 내용을 당대의 사실을 전하는 것으로 믿고 9세기 후반의 신라사에 접근하고 있는 선행 연구들을 종종 보았기 때문이다. 그러나 저자는 대부분의 협주가 후대에 편찬된 서책에서 최치원의 글을 수록하면서 후대의 찬자에 의해 첨가되었으므로 당대의 사실일 수가 없다고 보았다. 제2·3장은 2005년에 발견된 해인사 법보전 목조 비로자나불상의 내부 목판에 쓰인 묵서에 대한 연구이다. 묵서의 주인공이 김위홍 부처(夫妻)임을 밝히고, 그들이 883년에 이 불상을 해인사에 조성·봉안하게 된 배경과 그것이 가진 의미를 해명하려 한 글이다.

제Ⅲ부는 헌강왕의 서자 요(嶢; 효공왕)가 왕실이 그 존재를 모르는 상태에서 민간에서 성장하다가 갑자기 895년(진성여왕 9)에 존재가 알려지게 되어 여왕이 즉시 그를 태자로 책봉하고 만 2년이 채 되지 않아 왕위를 넘겨주었다는『삼국사기』의 기록과 이를 무비판적으로 추종하는 일부 연구자의 견해에 이의를 제기한 글이다. 요는 출생 이후부터 왕실이 그 존재를 줄곧 인지하고 있었으며, 895년의 태자 책봉이나 2년 후의 선위(禪位)는 효공왕에게 정통성을 갖추게 하려는 일종의 정치적 이벤트였음을 밝혔다.

제Ⅳ부는 일종의 대구·경북의 지역사라고 해도 좋다. 제1장은 최치원의 글을 토대로 신라 말 대구 호족 이재(異才)의 실체를 해명하려 한 것인데, 발표시기가 오랜 구고여서 전면적으로 고쳐 썼다. 제2·3장은 대구광역시 시사(市史)와 경상북도의『경상도칠백년사』라는 일종의 도사(道史) 편찬 과정에서 작성된 글로서 역시 개설적인 성격이 짙다. 다만 주제가 비슷하다 보니 다소 중복된 서술이 포함되어 있다. 그러나 각각의 장이 원래 한편의 글로 작성된 것이어서, 중복을 무릅쓰고 그대로 실었다. <보론 Ⅱ>는 신라가 대가야를 멸망한 후 그 옛 땅을 어떻게 지배했는지를 다룬 글로서 지역사적 성격이 있어 여기에 덧붙여 두었다.

이 책은 저자의 단독 저서로는 1997년에 『新羅兵制史硏究』(一潮閣)를 펴낸 후 18년 만에 출판되는 것이다. 몇 가지 소소한 감회가 떠오르지만 줄이기로 한다. 다만 그동안 많은 가르침과 도움을 받은 분들에 대한 감사의 인사는 빠트릴 수가 없을 것 같다.

현재 은퇴하여 고고한 선비로서 노년을 보내고 계신 은사 이병휴(李秉烋) 선생님의 가르침에 항상 감사하며 살고 있다. 사표(師表)가 거저 말로만 되는 일이 아님을 몸소 보여주시는 선생님의 건강한 삶이 오래오래 지속되기를 빈다. 또 대학과 대학원의 선후배로서 30년을 훌쩍 넘은 오늘까지 학문적 도반으로 살아가고 있는 삼장회(三長會) 여러분과 학과 동료 교수님들의 보이지 않는 격려에도 고마움을 표하고 싶다. 가장의 책무를 다하지 못해 항상 미안한 생각만 드는 우리 가족들 – 아내 최명심씨, 아들딸 내외, 손자 유형이, 서형이에게는 이 책이 작은 위안이라도 되기를 바란다.

책의 체제 통일이나 교정 등의 성가신 일들은 연구실 한국고대사세미나 팀원인 이상훈박사, 김민지선생, 남정호선생, 김강훈선생, 김승우선생 등이 맡아주었다. 모두 학문적으로 대성하기를 바라는 마음 간절하다. 상업성이 거의 없을 이 책은 학연문화사 권혁재 사장의 배려가 없었다면 이 세상에 빛을 보기 어려웠다. 학연문화사 관계자들께도 머리 숙여 감사드린다.

2015년 성하(盛夏)
복현 언덕 연구실에서
이문기

목   차

제II부 9세기 후반 신라 정치사의 이해

제Ⅲ부 9세기 말 효공왕의 왕위 계승

제Ⅳ부 신라 하대의 대구와 경상도 지역

<h2 align="center">〈본서 수록논문 게재지 일람〉</h2>

목차	원제	게재지	발행연도	비고
제 I 부 제1장 신라 하대 사회의 성립과 초기의 변화	왕계의 변화와 귀족연립	『신라사대계』(경상북도) 제6권 1장	2015	부분 수정
제2장 「여신라왕김중희서」로 본 헌덕왕의 즉위 사정	「여신라왕김중희서(與新羅王金重熙書)」로 본 헌덕왕의 즉위 사정	『한국 고대사 연구의 자료와 해석』(사계절)	2014	부분 수정
〈보론 I 〉 9세기 신라의 해양을 통한 국제 교류와 통제	9세기 신라의 해양을 통한 국제교류와 통제	『한·중·일의 해양인식과 해금』(동북아역사재단)	2007	부분 개고
제 II 부 제1장 최치원 찬 불국사 관련 자료로 본 9세기 후반의 신라 정치사의 이해	崔致遠 撰 9세기 후반 佛國寺 關聯 資料의 檢討	『新羅文化』26	2005	부분 개고
제2장 해인사 법보전 비로자나불 묵서명의 해독과 대각간과 비의 실체	海印寺 法寶殿 비로자나불 內部 墨書銘의 解釋과 大角干과 妃의 實體	『歷史教育論集』55	2015	전재
제3장 883년 김위홍의 해인사 비로자나불상 조성의 배경과 의미	883년 金魏弘의 海印寺 비로자나불상 造成의 背景과 意味	『大丘史學』119	2015	전재
제 III 부 제1장 효공왕(요)의 출생과 왕실의 인지 시기	孝恭王(嶢)의 出生과 王室의 認知時期에 대하여	『新羅文化』30	2007	전재
제2장 효공왕(요)의 태자 책봉과 왕위 계승	孝恭王(嶢)의 太子册封과 王位繼承	『歷史教育論集』39	2007	전재
제IV부 제1장 「신라 수창군호국성 팔각등루기」로 본 신라 말 대구 호족 이재	新羅末 大邱地域 豪族의 實體와 行方 -〈新羅 壽昌郡 護國城 八角燈樓記〉의 分析을 통하여-	『鄕土文化』9·10합	1995	전면 개고
	「新羅 壽昌郡護國城 八角燈樓記」로 본 新羅末 大邱 豪族 再論	『東方漢文學』63	2015	
제2장 통일신라기의 대구 사회	Ⅴ. 統一新羅時代의 大邱	『大邱市史』1 (대구광역시)	1995	부분 개고
제3장 통일신라기와 후삼국기의 경상도 지역	Ⅱ. 통일신라 및 후삼국시대의 경상도	『慶尙道七百年史』1 (통사편)(경상북도)	1999	부분 개고
〈보론 II 〉 신라의 대가야 고지 지배	新羅의 大加耶 故地 支配에 대하여	『歷史教育論集』45	2010	전재

제1장 신라 하대 사회의 성립과 초기의 변화

1. 중대에서 하대로

1) 중대와 하대

『삼국사기』 신라본기의 끝 부분에는 1,000년에 걸친 신라의 역사를 세 시기로 나누는 신라인들의 견해를 소개하고 있다. 상대(上代)·중대(中代)·하대(下代)라는 이른바 삼대(三代) 구분이 그것이다. 그 중 중대는 29대 태종무열왕에서 36대 혜공왕까지의 8왕의 시대였고, 하대는 37대 선덕왕에서 마지막 56대 경순왕까지 20왕의 시대였다. 이러한 시기구분을 통해 36대 혜공왕에서 37대 선덕왕으로의 왕위 교체가 신라사를 구분할 때 하나의 획기로 인식되었음을 알 수 있다.

혜공왕에서 선덕왕으로의 왕위 교체를 커다란 변화로 인식했던 데에는 그럴만한 이유가 있었다. 중대는 왕계에서 보면 태종무열왕의 직계 후손(태종무열왕계)이 왕위를 계승했던 시기였다. 그러나 37대 선덕왕 이후의 모든 하대의 왕들은 태종무열왕의 직계 후손이 아니었다. 신라 말의 박씨 왕 3명을 제외하면, 중대 왕실의 입장에서 보면 모두 먼 선조인 나물왕의 후손임을 내세우는 방계 김씨 왕족이었다. 더구나 38대 원성왕 이후는 그로부터 분지(分枝)한 원성왕의 후손(원성왕계)들이 왕위를 독점하였다. 이렇게 태종무열왕계 왕통이 단절되고 새로운 왕계가 성립된 사실은 이 때를 변화의 시기로 인식하게 된 가장 중요한 근거였다.

중대에서 하대로의 변화는 비단 왕계의 변화만을 의미하는 것은 아니었다. 중대 초 무열왕·문무왕의 삼국통일 달성에 따른 왕실 권위의 고양, 다양한 제도 개혁에 바탕한 더욱 강력해진 왕권, 당의 율령제를 모방한 제도 정비를 통한 고도의 중앙집권적 정치·사회체제의 구축, 안정된 사회적 분위기 위에서 발달한 귀족 문화의 만개 등으로 표상되는 '신라의 전성기'가 끝나고, 신라가 서서히 쇠퇴의 길로 접어들었음을 의미하기도 했다.

2) 중대의 종말

676년 삼국통일의 대업을 달성한 신라는 적어도 80년 이상 평화와 안정의 시대를 구가하였다. 그러나 36대 혜공왕이 어린 나이로 즉위하고부터 그 동안 조금씩 누적되어 온 중대의 모순이 사회의 여러 부문에서 분출되기 시작하였다. 그 가운데서 중대의 종말을 재촉했던 것은 강력한 왕권에 의해 통제되어 왔던 진골 귀족들의 국왕 중심 지배체제에 대한 저항이었다. 757년(경덕왕 16)의 녹읍 부활이 상징하듯이 중대 말로 접어들면서 국왕은 진골 귀족에게 일정한 양보를 통해 타협을 모색하지 않을 수 없었다.

혜공왕대(765~780)에 이르면 이러한 진골 귀족의 불만이 반란의 형태로 거듭 표출되었다. 혜공왕은 8세라는 어린 나이로 왕위에 올라 모후(母后) 만월부인(滿月夫人)의 섭정을 받았다. 어린 왕의 즉위와 섭정체제의 개시는 진골 귀족들이 왕권에 도전할 수 있는 좋은 빌미가 되었다. 혜공왕 즉위 이듬해(766)에 하늘에 두 개의 해가 나타났다는 기록은 흔들리는 왕권을 암시하는 한편 혜공왕 시대의 격랑을 예고한 것으로 이해될 수 있다.

혜공왕의 치세 16년 동안 왕정(王政)을 혼란에 빠트렸던 것은 무력을 동원한 진골 귀족의 저항 곧 반란이었다. 혜공왕대에는 무려 6차례의 반란이 거듭되었다. 768년(혜공왕 4) 8월에 최초의 반란이 일어났다. 『삼국사기』에는 일길찬 대공(大恭)이 아우인 아찬 대렴(大廉)과 함께 반란을 일으켜 무려 33일간 왕궁을 포위했다가 평정되었다고 썼다. 한편 이 사건을 『삼국유사』에서는 왕도 및 5도 주군(州郡)의 96각간(角干)이 서로 싸워 석 달을 끌다가 끝났다고 하였고, 『신당서』 신라전에는 이때의 반란이 3년 만에 진정되었다고 기술하였다. 이들 사료를 종합해 보면, 대공의 반란에는 다수의 진골 귀족들이 참여하였으며, 그 규모가 왕도에 국한되지 않고 멀리 지방에까지 번져나갔고, 그 여파와 후유증이 상당히 오랜 기간 지속되었음을 짐작할 수 있다. 대공 등이 반란을 일으킨 이유는 분명하지 않지만, 그 해 봄에 혜공왕과 모후 만월부인이 당으로부터 각각 개부의동삼사(開府儀同三司) 신라왕(新羅王)과 대비(大妃)로 책봉되어 섭정체제가 안정을 찾게 된 것을 직접적인 계기로 생각해 볼 수 있다. 그러나 근본적으로는 중대의 정치적 특징이라 할 수 있는 국왕 주도의 일방적인 정국 운영과 그것을 뒷받침하는 국왕 중심 지배체제에 대한 진골 귀족들의 누적된 불만이 분출된 것이었다. 왕권에 대한 진골 귀족들의 저항이 표면화하기 시작했던 셈이다.

대공의 난이 겨우 수습될 무렵인 770년(혜공왕 6)에는 대아찬 김융(金融)이 반란을 일으켰다가 복주(伏誅)되었다. 이 반란에는 김유신의 후손들이 연루되어 많은 피해를 입었다. 진골 귀족의 중대적 지배체제에 대한 불만에 통일전쟁 이후 세월이 흐르면서 점차 위상이 낮아져갔던 김유신계의 불만이 합쳐져 발생한 사건이었다. 잠시 뜸했던 반란은 775년(혜공왕 11)에 다시 이어졌다. 6월에는 이찬 김은거(金隱居)의 반란이 일어났으며, 두 달 뒤 8월에는 이찬 염상(廉相)·직전의 시중이었던 정문(正門)이 모반했다가 죽임을 당하였다.

이렇게 반란이 자주 발생했던 이유는 혜공왕대의 정치세력이 친왕파와 반왕파로 나뉘어 갈등·대립했던 정치 구도에서 찾아볼 수 있다. 대공의 난이나 김융의 난이 반왕파에 의한 것이었다면, 775년(혜공왕 11)에 거듭 발생한 김은거와 염상·정문의 반란은 친왕파가 주도한 일종의 친위쿠데타로 보는 견해가 유력하다. 김은거는 767년(혜공왕 3) 신왕의 즉위를 고하고 책봉을 요청하는 견당사로 당에 파견되었던 인물이다. 그는 이듬해에 당의 대종(代宗)으로부터 혜공왕과 모후가 함께 책봉을 받는 성과를 이끌어냈다. 그 공로로 768년(혜공왕 4) 10월에 집사부 시중에 올라 770년(혜공왕 6) 12월까지 만 2년간 시중 직을 맡았다. 한편 775년(혜공왕 11) 8월에 반란을 일으킨 염상은 758년(경덕왕 17)부터 760년(동 19)까지 시중을 지냈는데 그의 재임 중에 당제(唐制)를 참조하여 백관의 칭호를 전면적으로 개정하는 일대 개혁이 단행되었다. 또 다른 주모자인 정문은 김은거로부터 시중 직을 물려받아 만 4년 이상 동직을 역임하였다. 이렇게 775년의 반란을 주도한 자들은 경덕왕 혹은 혜공왕대에 중대 왕권의 방파제 역할을 한 것으로 평가되는 시중을 역임한 인물로서 그 정치적 성격이 친왕파였음이 드러난다. 따라서 이들이 반란을 통해 왕권에 저항하여 혜공왕을 타도하려 했다고 볼 수는 없다. 오히려 궁지에 몰린 혜공왕을 도우려는 의도가 있었다고 생각된다. 이에 775년의 두 차례에 걸친 반란은 친위쿠데타로서의 성격을 가진 사건이라고 할 수 있다.

그러면 중대 왕권 아래에서 시중을 역임한 친왕파 인물들이 거듭 반란을 일으켰던 이유는 무엇일까. 이와 관련하여 774년(혜공왕 10) 9월에 김양상(金良相)이 상대등에 취임했던 사실을 주목한 견해가 설득력이 있다. 조금 뒤에 보듯이 김양상은 780년(혜공왕 16) 4월에 김경신(金敬信)과 더불어 2개월 전에 발생한 김지정(金志貞)의 반란을 진압한다는 명분으로 군대를 일으켜, 혜공왕과 왕비를 죽이고 자신이 왕위에 오른 인물이었다. 그러므로 그를 반왕파의 중심인물로 보아도 무리는 없다. 단 그는 성덕왕의 외손으로서 혜공왕과는 외사촌 관계에 있던 가까운 인척이었고, 764년(경덕왕 23)부터 768년(혜공왕 4)까지 4년 9개월 동안 시중을 지낸 사실과 771년(혜공왕 7) 당시에 외조부 성덕왕을 추모하는 성덕대왕신종(聖德大王神鐘)을 주성(鑄成)하는 사업에서 각간으로 몇 개의 중앙관부 장관 직을 겸한 상태에서 상재상(上相) 김옹(金邕)과 함께 검교사(檢校使)를 맡아 공사를 지휘하고 있는 점에서 보면 당시까지 중대 왕실의 반대파로 볼 수는 없다. 그러므로 그가 반왕파로 돌아선 시기는 빨라도 771년(혜공왕 7) 이후로 생각되는데, 그가 어떤 계기로 혜공왕에 맞서는 반왕파의 거두로 좌정하게 되었는지는 분명하지 않다. 어떻든 반왕파의 중심인물인 김양상이 774년(혜공왕 10) 9월에 상대등에 취임하여 실권을 장악하게 되면서 혜공왕은 궁지에 몰리게 되었을 것이다. 이에 혜공왕을 지지하는 친왕파들이 반왕파를 축출하고 권력을 되찾기 위해 거듭 친위쿠데타를 일으켰던 것이다.

이러한 맥락에서 보면 776년(혜공왕 12) 정월에 단행된 경덕왕대에 개정된 백관 칭호에 대한 전면적인 복고 조치도 간과할 수 없다. 경덕왕은 759년(경덕왕 18)에 당제(唐制)를 참조하여 모든 관부·관직의 명칭을 고치는 일대 개혁을 추진한 바 있었다. 이는 2년 전 전국 주군현의 명칭을 세련된 한자로 개명했던 정책의 연장선상에 있는 개혁으로, 단순한 명칭 개정이 아니라 율령체제를 참조하여 신라의 지배체제를 일신하려는 목적에서 단행된 것이었다. 그런데 776년(혜공왕 12) 정월에 이를 다시 원래의 이름으로 되돌리는 복고 조치가 이루어지고 있는 것이다. 물론 사료에는 백관의 칭호만 복고한 것으로 나오지만, 경덕왕이 고친 주군현의 명칭도 되돌려졌던 것 같다. 따라서 이때 단행된 복고 조치는 일단 경덕왕이 추진했던 개혁정치에 대한 전면적인 부정으로 파악될 수 있고, 나아가 중대적인 성격 자체에 대한 부정을 의미하는 대사건으로 해석해 볼 수도 있다. 당시의 정치 운영의 구도를 보면 복고 조치를 주도했던 인물은 상대등 김양상으로 생각된다. 김양상이 상대등에 취임한 774년(혜공왕 10) 이후부터 중대적 전통과는 분명히 달라진 새로운 시대, 곧 하대의 개막이 가시화되고 있었다.

혜공왕의 치세 동안 친왕파와 반왕파의 대립과 갈등 속에서 연이어 발생한 정치적 변란은 왕권을 크게 위축시켰고 국정을 혼란에 빠트렸다. 이런 가운데 『삼국사기』에는 혜공왕의 재위 마지막 해인 780년(혜공왕 16) 2월에 이찬 김지정(金志貞)이 반란을 일으켜 궁궐을 침범하였다는 기사가 있고, 이어서 2개월 후인 4월에는 상대등 김양상이 이찬 김경신과 함께 군사를 일으켜 김지정을 죽여 반란을 진압하였으며 그 와중에 혜공왕과 왕비가 반군(叛軍)에게 피살되었다는 기록이 보인다. 왕권이 안정된 6세기 이후의 신라 역사에서 찾아볼 수 없는 국왕 피살이라는 초유의 사건이 발생했던 것이다. 이 기사를 문면 그대로 따르면 혜공왕과 왕비는 반란을 일으킨 김지정 세력에 의해 살해된 것으로 보아야 한다. 그러나 당시 정국의 전개 과정이나 친왕파와 반왕파의 대립을 보면 이를 그대로 받아들이기는 어렵다. 이와는 전혀 다른 기록이 보이기 때문이다.

『삼국사기』 원성왕 즉위조에는 상대등 김양상이 혜공왕 말년에 '임금 주위의 나쁜 무리[君側之惡]'를 제거하자고 수창(首唱)하자 김경신이 여기에 참여하여 반란을 평정하는 공을 세워 선덕왕이 즉위하자 곧바로 상대등에 올랐다고 하였다. 여기서 주목할 것은 혜공왕 말년에 반란을 일으킨 인물을 임금의 측근세력이라고 하고 있는 점이다. 이를 참조하면 김양상·김경신에게 평정된 반란의 주모자 김지정은 혜공왕의 측근세력, 곧 친왕파였음을 알 수 있다. 그 대척점에 서 있는 김양상과 김경신은 물론 반왕파였다.

그렇다면 780년(혜공왕 16)의 정치적 변란은 다음과 같이 이해된다. 김양상이 상대등에 취임한 이후 정치적 실권은 그가 중심이 된 반왕파의 수중으로 넘어갔으며, 혜공왕은 권력을 잃고 점점 궁지에 몰리게 되었다. 이에 이듬해 김은거와 염상·정문 등의 친왕파가 반왕파인 김양상 세력을 몰아내기 위해 친위쿠데타를 일으켰지만 실패로 돌아가고 말았다. 기회를 엿보던 친왕파들은 780년(혜공왕 16) 2월에 김지정을 중심으로 다시 친위쿠데타를 일으켰다. 사료에는 김지정이 무리를 모아서 궁궐을 에워싸고 침범한 것으로 기록되어 있지만, 이 친위쿠데타가 성공을 거두어 친왕파들이 입궁하여 혜공왕을 보호하게 된 사실을 전하는 것으로 보아야 옳다.

그러나 결과적으로 김지정의 친위쿠데타는 일시적 성공에 지나지 않았다. 실권(失權)의 위기에 몰렸던 김양상·김경신 등 반왕파는 2개월 후인 4월에 세력을 결집하여 국왕 측근에 있는 나쁜 무리를 제거한다는 명분을 앞세우고 친왕파에 대해 반격을 감행하였다. 기록에는 자세한 경과가 보이지 않지만 적지 않은 유혈 충돌을 거쳐 반왕파는 김지정을 죽이는데 성공했던 것 같다. 그 혼란의 와중에서 혜공왕과 왕비가 피살되고 말았다. 어느 쪽이 왕과 왕비를 죽였다고 보아야 할까. 친왕파인 김지정이나 그 세력이 혜공왕과 왕비를 살해할 이유는 전혀 발견할 수 없다. 그렇다면 살해의 주체는 반왕파인 김양상·김경신 세력으로 볼 수밖에 없다. 이는 『삼국유사』 경덕왕조에 혜공왕이 선덕왕(宣德王)과 김양상(김경신의 착오)에게 시해되었다고 명기되어 있는 데서 입증되고 있다.

이와 같이 780년(혜공왕 16)에 발생한 일련의 정치적 변란은 친왕파와 반왕파의 마지막 힘겨루기로서 일시 친왕파인 김지정의 친위 쿠데타가 성공을 거두었지만 최종적으로 반왕파인 김양상·김경신 세력이 승리한 정변이라고 할 수 있다. 정변의 혼란 속에서 반왕파에 의해 혜공왕이 피살되면서 중대는 종말을 고하였다.

3) 하대의 개막

혜공왕이 죽자 반왕파의 수장인 상대등 김양상이 곧 왕위에 올라 선덕왕이 되었다. 하대가 개막된 것이다. 김양상은 나물왕의 10세손으로서 부계 혈통에서 보면 태종무열왕계와는 거리가 있는 인물이었다. 선덕왕의 즉위에 따라 중대의 전통이었던 태종무열왕계 왕통이 단절되고, 나물왕의 후손을 표방하는 방계 김씨 왕족이 왕위를 잇는 왕계의 변화가 일어났다.

이러한 왕계의 변화와 더불어 당대인들에게 더욱 충격을 던졌던 것은 왕권이 안정된 6세기 이래 최초로 국왕이 살해되는 정변을 통해 왕위가 교체되었다는 사실이 아닐까 한다. 종래 신라의 왕좌(王座)는 존엄한 권위를 가진 신성불가침한 자리로서 특별한 조건을 갖춘 사람만이 앉을 수 있는 자리로 인식되어 왔다. 아무리 고위 귀족이라도 보통 사람이 함부로 넘볼 수 있는 영역이 아니었다. 그런데 혜공왕 시해와 상대등 김양상의 왕위 즉위는 그러한 인식을 송두리째 바꾸는 전환점이 되었다. 이제 힘을 갖지 못한 국왕은 언제라도 죽임을 당할 수도 있고, 비록 왕계와는 거리가 있더라도 실력을 갖춘 김씨 왕족이라면 누구나 왕위에 도전할 수 있다는 생각이 널리 퍼져나갔던 것 같다. 하대에 이르러 헌덕왕·민애왕·신무왕의 즉위 과정에서 보이는 전왕(前王)의 살해는 혜공왕 피살이 던져준 후유증으로 볼 수 있다.

이제 진골 김씨 왕족들은 각자 세력을 길러 왕위에 도전할 기회를 엿보게 되었다. 그러나 어떤 인물이 압도적인 세력을 형성하여 왕위를 차지하기란 쉬운 일이 아니었다. 이에 힘의 균형을 이루고 있는 유력 세력들이 서로 제휴하여 그 대표자가 왕으로 오르는 경우가 많았다. 하대의 왕위 계승에서 태자와 같은 정당한 차기 왕위 계승권자가 없을 경우 상대등이나 혹은 그 역임자가 국왕이 되는 사례가 많아졌던 사실에서 이를 추지할 수 있다. 물론 상대등의 관직적 성격에 대해서는 논란이 없지 않지만 상대등이 귀족 세력을 대표하는 존재라는 사실은 부인될 수 없기 때문이다.

이런 방식을 통해 즉위한 하대의 신라 국왕은 중대와는 달리 일종의 진골 귀족 연합세력의 대표자로서 자신을 지지한 세력들을 의식하면서 정치를 운영할 수밖에 없었다. 유력 세력들은 비록 왕위에 오르지 못했더라도 세력 연합을 통하여 정치 운영에서 일정한 지분을 행사할 수 있게 되었다. 국왕과 독자적 세력기반을 가진 유력 세력들이 제휴 또는 연합을 통하여 정치를 운영하는 이른바 귀족연립의 시대가 도래한 것이다. 하대의 여러 왕들이 자신의 치세동안 왕권을 강화하려는 시도를 거듭하였지만 큰 성과를 거두지 못한 것은 이러한 정치·사회구조 자체를 타파할 수 없었기 때문이었다. 이러한 현상들의 단초가 되었던 것이 김양상이 신라사상 최초로 상대등으로서 왕위에 오른 사건이었다, 신라인들이 선덕왕의 즉위 이후 시기를 하대로 구분했던 것은 나름 타당한 근거를 갖고 있는 셈이다.

2. 김주원과 김경신의 왕위 계승 경쟁과 원성왕의 즉위

1) 선덕왕대의 과도기적 성격

앞에서 살폈듯이 정변을 통해 새로이 왕위에 오른 김양상은 나물왕의 10세손으로 중대 왕실인 태종무열왕계와는 부계 혈통상 일정한 거리가 있는 방계 김씨 왕족 출신이었다. 그러나 그의 가문은 조부인 원훈(元訓)과 아버지 효방(孝芳)의 활약에 힘입어 중대 사회에서 유력한 귀족 가문의 하나로 자리 잡았던 것 같다. 조부인 원훈은 성덕왕 즉위 직후에 중시를 지낸 경력이 있는 인물로서 성덕왕대에 상당한 세력가로 활동했던 것으로 보인다. 아들 효방을 성덕왕의 공주 사소부인(四炤

夫人과 혼인시키고 있기 때문이다. 성덕왕의 부마인 효방 대에는 그 위세가 더욱 커졌을 것이다. 비록 그가 역임한 관직을 구체적으로 알 수는 없지만, 734년(성덕왕 33)에 보통 가왕자(假王子)들이 선발되는 입당숙위(入唐宿衛)에 뽑히고 있는데서 어느 정도 짐작이 가능하다. 이렇듯 김양상 가문은 성덕왕대에 이미 유력한 진골 귀족 가문의 하나로 등장하여 김양상에 이르기까지 그 위세를 유지하였다.

김양상의 정치적 출세에는 이러한 가문의 후광과 성덕왕의 외손이라는 왕실과의 관계가 크게 작용한 것으로 보인다. 그는 외숙(外叔)인 경덕왕의 치세인 764년(경덕왕 23)에 아찬으로 집사부 시중에 임명되어 768년(혜공왕 4)까지 약 4년 9개월간 재임하였다. 시중에서 물러난 뒤인 771년(혜공왕 7) 당시에는 각간의 관등을 가지고 숙정대(肅正臺; 사정부의 개명)와 수성부(修城府; 경성주작전의 개명)의 장관(令) 및 중대 왕실의 정신적 귀의처였던 감은사 성전의 장관직[檢校感恩寺使]까지 겸한 가운데 외조부인 성덕왕을 추모하는 성덕대왕신종(聖德大王神鐘)을 주성(鑄成)하는 사업에서 당대의 최고 실력자였던 상재상[上相] 김옹(金邕)과 함께 검교사(檢校使)를 맡아 공사를 지휘하였다. 이렇게 중앙 정계의 요직을 두루 역임한 김양상은 774년(혜공왕 10)에 상대등에 올라 실권을 장악하게 되었다. 777년(혜공왕 13)에 상소를 통해 시정(時政)을 극론하는 등 혜공왕의 정치 운영을 비판하는 반왕파의 거두로서 활동하던 그는 드디어 780년(혜공왕 16) 정변을 통해 혜공왕을 죽이고 왕위에 오르게 되었던 것이다.

선덕왕의 재위 기간은 만 5년에 불과하였다. 그는 왕위에 오른 직후 즉위의 일등 공신인 김경신을 상대등으로 삼고 아찬 의공(義恭)을 시중에 임명하는 등 인적 쇄신을 단행하고 의욕적으로 신정(新政)을 시작하였다. 그러나 치세가 짧기도 했거니와 조금 뒤에 보듯이 치세 동안 차기 왕위를 놓고 유력 정치세력 사이에 치열한 경쟁이 전개되면서 선덕왕의 정치운영에도 많은 애로가 있었던 것으로 보인다.

선덕왕이 남긴 치적으로는 서북방 변경지방에 대한 개척 사업이 주목된다. 신라는 735년(성덕왕 34) 당으로부터 패강 이남지방에 대한 영유를 공인받은 직후부터 이 지역에 대한 실질적 지배를 실현하기 위해 애써 왔다. 그러다가 선덕왕대에 이르러 패강 이남 지역에 대한 실질적인 지배망이 갖추어졌다. 선덕왕은 즉위 이듬해(781)에 사자를 보내 패강 이남 지역을 안무(按撫)하였으며, 그 이듬해에는 친히 한산주를 돌아보고, 한산주 백성을 패강진으로 사민하는 조치를 취하였다. 그리고 783년(선덕왕 4)에는 아찬 체신(體信)을 대곡진(大谷鎭) 군주(軍主)로 삼아 패강 이남 지역을 다스리게 하는 등 이 지역에 대한 지배조직을 정비하였다. 그가 이렇게 서북방 경영에 주력했던 이유로는 발해의 남하정책에 대한 견제와 더불어 변경 개척을 통해 새로운 농경지를 확보하여 피폐해진 농민층을 구제하기 위한 사회경제적 동기가 지적되고 있다.

신라인들은 선덕왕의 즉위로 하대가 개막된 것으로 인식했지만, 선덕왕의 치세는 정치와 사회 곳곳에 중대적 성격이 아직 강하게 잔존하고 있어서 사실상 중대에서 하대로 전환해 가는 일종의 과도기적 성격이 강하였다. 선덕왕이 중대적 요소를 청산하지 못한 이유로는 우선 그의 혈연적 계보에서 기인된 제약을 들 수 있다. 그는 부계 혈통으로는 태종무열왕계와 일정한 거리가 있었지만, 어머니가 성덕왕의 공주 출신인 사소부인이었으므로 성덕왕이 그의 외조부가 되고, 경덕왕과 혜공왕과는 각각 외숙과 외사촌의 관계에 있었다. 모계로 보면 그는 중대 왕실과 매우 가까운 인척이었던 셈이다. 그런 만큼 선덕왕이 중대 왕실과 완전히 절연(絶緣)하기는 어려웠다. 이 점이 잘 드러나는 것이 선덕왕이 새로 구성한 오묘(五廟)이다.

신라는 태종무열왕대 이래 중국의 예제를 받아들여 왕실의 조상제사 제도로서 오묘제를 시행하였다. 오묘제는 시행 초기에는 태조대왕(太祖大王)의 신주를 수위에 두고 직계 4조(四祖)의 신주를 좌우에 모셔 제사를 지내는 제도였는데 혜공왕대에 이르러 큰 변화가 일어났다. 곧 태조대왕 대신 김씨로서 최초로 왕위에 오른 미추왕을 시조대왕(始祖大王)이라 하여 수위에 두고, 삼국통일의 대공을 세운 태종대왕과 문무대왕을 불천위[世世不毀之宗]로 삼았으며, 거기에 조(祖)와 부(父) 친묘(親廟) 둘을 모시는 방식으로 바뀌었던 것이다.

이 오묘의 주제자(主祭者)는 국왕이었으므로 왕위가 교체되면 오묘의 신주 역시 바뀔 수밖에 없다. 그런데 왕위가 왕실 직계로 순조롭게 계승되었을 경우 신왕(新王)의 아버지도 국왕이었으므로, 증조의 신주를 훼철하는 대신 아버지 의 신주를 입부(入祔)하여 오묘를 새로 구성하면 아무런 문제가 발생하지 않는 다. 그러나 만약 왕계가 바뀐다면 신왕의 직계 선조가 국왕이 아니었으므로 오 묘에 부묘(祔廟)하기 어려운 문제가 발생한다. 이를 해결하기 위하여 왕계가 다 른 신왕이 즉위했을 경우 보통 즉위 초에 직계 조상을 대왕으로 추봉하는 관례 가 성립하였다.

선덕왕 역시 즉위 직후에 직계 조상을 대왕으로 추봉하였다. 그런데 아버지 효방을 개성대왕(開聖大王)으로, 어머니 사소부인을 정의태후(貞懿太后)로만 추 봉하는데 그치고 있어 매우 이례적이다. 선덕왕을 뒤이어 왕위에 오른 원성왕 이 고조-증조-조부-부 등 사조(四祖)를 모두 대왕으로 추봉했던 사실과 너무나 대조적이기 때문이다. 선덕왕이 고조-증조-조를 제외하고 아버지만 대왕으로 추봉했던 것은 외조인 성덕왕을 오묘에서 훼철할 수 없었기 때문이었다. 선덕 왕이 새로 꾸린 오묘는 시조대왕(미추왕)-태종대왕(불천위)-문무대왕(불천위)-성 덕대왕(외조부)-개성대왕(考 孝芳)으로 구성되었다. 오묘 가운데 삼묘(三廟)가 중 대의 왕들이었다.

이렇게 왕실의 조상제사에서까지 중대 왕실을 계승하고 있었던 상황이었으 므로 선덕왕의 치세 동안 정치와 사회 등 여러 부면에서 중대적 요소의 청산을 기대하기는 어려웠다. 중대적 성격에서 탈피하지 못한 선덕왕에 대해 상대등 김경신을 비롯한 즉위 공신 중심의 정치세력은 상당한 불만을 나타내었고, 이로 인해 선덕왕은 정치 운영에서도 많은 애로를 겪어야만 했다. 그는 784년(선덕왕 5)에 왕위에서 물러나려다가 신하들의 만류로 그만두었으며, 이듬해 사망하기 직전 병석에서 내린 유조(遺詔)에 보면 자신은 원래 왕위에 뜻이 없었지만 추대를 피하기 어려워 왕위에 오르게 되었고, 왕위에 있으면서도 늘 왕위를 물려주고 밖에 물러나와 살기를 원했다고 토로하고 있다. 이렇게 선덕왕이 왕위에서 벗어나려 했던 것은 정치 운영에서 여러 가지 어려움을 겪었기 때문일 것이다. 이와 같이 선덕왕의 시대는 비록 하대가 개막되었지만 여전히 중대적 요소가 강하게 남아 있었던 일종의 과도기였다고 할 수 있다.

2) 김주원과 김경신

『삼국사기』 원성왕 즉위조와 『삼국유사』 원성대왕조에는 원성왕의 즉위와 관련한 재미있는 설화가 남아 있다. 내용의 상략(詳略)이나 미세한 부분에서는 두 사료 사이에 약간 차이가 있지만 주된 줄거리는 거의 동일하다. 곧 선덕왕이 아들이 없이 죽자 상재상(上宰)이었던 김주원(金周元)이 먼저 왕으로 추대되었지만, 많은 비로 북천이 범람하여 그 북쪽에 살았던 주원이 왕궁으로 들어오지 못하자, 상대등으로서 두 번째 재상(二宰) 자리에 있었던 김경신(金敬信)이 그 틈을 타 먼저 궁궐로 들어가 왕위에 올랐다는 것이다. 요컨대 지위가 낮고 왕위 계승 서열에서도 뒤졌던 김경신이 하늘과 북천의 도움을 받아 왕위 계승 후보 1순위로서 왕으로 추대되기까지 한 김주원을 제치고 왕위에 올랐던 셈이다.

그러나 이 모두를 사실로 인정할 수는 없다. 이 설화는 최종 승리자로서 왕위에 오른 김경신 일파가 김경신의 왕위 계승이 하늘의 뜻에 의한 정당한 행위였음을 과시하기 위해 만들어 퍼뜨린 것으로 짐작되기 때문이다. 그럼에도 불구하고 이 설화에는 일정한 사실이 반영되어 있어 이를 통해 선덕왕대에 이미 김주원과 김경신 사이에 차기 왕위 계승을 둘러싸고 심각한 경쟁이 벌어졌던 사실이나 원성왕의 즉위에 상당한 곡절이 있었던 사정을 짐작해 볼 수 있다.

그러면 이 설화에서 왕위 계승 경쟁의 당사자였던 김주원과 김경신이 어떤 인물인지를 살펴보자. 김주원은 태종무열왕의 6세손으로 태종의 왕자인 인문 혹은 문왕의 후손으로 파악되고 있다. 아버지는 각간 유정(維靖)인데, 744년(경덕왕 3)에 집사부 중시에 임명된 이찬 유정(維正)과 동일인일 가능성이 높다. 그러므로 김주원은 혈통상 중대 왕실과 같은 태종무열왕계였음을 알 수 있고, 그의 가문 역시 아버지의 활동상에서 미루어 보면 비교적 정치·사회적 위상이 높았던 근친 왕족의 일원이었다고 하겠다.

그가 언제 정계에 진출하여 어떤 활동을 전개했는지는 자료 부족으로 잘 파악되지 않는다. 다만 그가 777년(혜공왕 13) 10월에 집사부 시중에 임명되어 선덕왕 즉위 직후(780)에 아찬 의공에게 자리를 넘겨주기까지 약 3년간 시중을 역임했던 사실이 확인된다. 그런데 여기서 우리가 주목할 것은 그가 시중에 임명된 시점이다. 777년(혜공왕 13) 당시는 후일 선덕왕으로 즉위하는 김양상이 상대등으로서 실권을 장악하고 정계를 주도하고 있었던 시기였다. 따라서 김주원은 김양상에 의해 시중으로 발탁되었을 가능성이 크다. 그렇다면 김주원은 혈통으로는 중대 왕실과 같은 태종무열왕계였지만, 정치적으로는 김양상을 지지하는 반왕파로 볼 수 있겠다. 비록 기록에는 등장하지 않지만 780년(혜공왕 16) 김양상이 혜공왕을 시해하고 왕위에 오르는 과정에서도 김주원은 일정한 역할을 수행했을 것으로 추정된다.

김주원은 선덕왕이 즉위한 직후의 인사 이동에서 시중 직에서 물러났지만, 관직을 떠난 것이 아니라 상재상에 올라 정치 서열상 선두 자리를 차지하게 되었다. 『삼국유사』 원성대왕조의 "이찬 김주원이 처음 상재가 되었을 때, 왕(김경신)은 각간으로 두 번째 재상으로 있었다"라는 기록이나, 여삼(餘三)이라는 인물이 김경신을 찾아가 꿈을 해몽하면서 장차 왕이 될 조짐이 있다고 하자 김경신이 "(나의) 윗자리에 주원이 있는데, 어떻게 (내가) 윗자리를 차지할 수 있겠느냐?"라고 반문했다는 에피소드에서 이 점이 잘 드러나 있다. 재론되지만 김경신은 선덕왕 즉위의 일등 공신으로 즉위 직후에 상대등에 임명되어 치세 6년간 계속 그 자리를 지켰던 인물이었다. 그럼에도 불구하고 정치적 서열에서는 상재인 김주원보다 뒤졌던 것이다. 이러한 정치적 위상으로 말미암아 김주원은 무자(無子)로 정상적인 후계자가 없었던 선덕왕 시대에 이미 가장 유력한 차기 왕위 계승 후보자로 손꼽혔던 것으로 보인다. 훗날 822년(헌덕왕 14)에 김헌창이 아버지 주원이 왕이 되지 못한 것을 명분으로 삼아 반란을 일으켰던 사실에서 보면, 김주원이 선덕왕을 이어 왕위를 계승한다는 것은 왕경 귀족 사회에서 일정한 동의를 얻고 있었던 사안이 아니었을까 싶다.

한편 김경신은 나물왕의 12세손으로, 아버지는 일길찬 효양(孝讓), 조부는 이찬 위문(魏文), 증조는 이찬 의관(義寬, 혹은 義官), 고조는 대아찬 법선(法宣)이었다. 그의 선조 가운데서 증조 의관은 삼국통일 전쟁에서 장군으로 여러 차례 활약하였고, 680년(문무왕 20)에는 딸을 보덕국왕 안승(安勝)의 처로 보냈다는 일설(一說)까지 남아있다. 그리고 조부 위문은 712년(성덕왕 11) 3월부터 이듬해 10월까지 집사부 중시를 지냈으며, 아버지 효양은 파진찬이었던 숙부를 추모하여 왕경 부근에 무장사(鍪藏寺)를 창건할 정도로 상당한 경제력을 갖추고 있었다. 이와 같은 정치적 위상이나 경제 기반의 측면에서 보면, 김경신 가문은 혈통 계보 면에서는 중대 왕실과 다른 방계 김씨 왕족이었지만, 정치적으로는 중대 왕실과도 밀접한 관계를 맺고 있는, 진골 김씨 왕족 사회에서 상당한 지위를 차지하고 있었던 가문으로 볼 수 있다.

김경신의 정치적 성장 역시 이러한 가문의 후광에 힘입은 바 컸을 것이다. 사료에서는 779년(혜공왕 15; 대력 14)에 비로소 그의 정치 활동 모습이 보이고 있다. 『삼국사기』 김유신열전과 『삼국유사』 미추왕 죽엽군조에는, 혜공왕 15년에 김유신의 혼령이 시조대왕릉(미추왕릉)을 찾아 지난 경술년(庚戌年)에 자신의 후손이 억울한 죽음을 당했음을 호소하면서 신라를 떠나려고 하자, 미추왕의 혼령이 간곡히 만류하여 그만두게 했다는 이야기가 전하고 있다. 여기서 거론된 경술년 사건은 770년(혜공왕 6)에 발생한 김융의 반란에 연루되어 김유신의 후손들이 큰 피해를 입었던 일을 말하는 것으로 이해되고 있다. 설화의 마무리 부분에는 이 소식을 접한 혜공왕이 크게 놀라 사자를 김유신의 릉에 보내 사과하는 제사를 지내게 하고, 김유신 가문의 원찰인 취선사(鷲仙寺)에 밭 30결을 바쳐 명복을 빌게 했다고 하였는데, 이 때 파견된 사자가 바로 대신(大臣) 김경신이었다.

당시 김경신의 관등이나 관직은 분명하지 않지만 대신으로 칭해지고 있는 점에서 보면 고위 관직자 중의 한명이었음은 분명하다. 김경신이 김유신의 릉을 찾아 사과의 제사를 지냈다고 하였는데, 이는 그가 곧 김유신 후손들에 대한 신원(伸寃)과 위무(慰撫)의 책임을 맡았음을 말해준다. 이러한 김경신의 활동은 정치 노선이나 위상, 그리고 그의 정치적 장래와 관련하여 약간의 시사하는 바가 있다. 하나는 김양상과의 관계에 대한 것이다. 비록 설화에는 김경신이 혜공왕의 명으로 김유신의 후손을 위무한 것으로 나오지만, 당시의 정국 상황을 고려하면 이는 최고 권력자로서 실세였던 상대등 김양상의 뜻에 의한 것일 가능성이 크다. 김양상은 김유신의 후손을 회유하여 자파로 끌어들이는 과업을 김경신에게 맡겼던 셈이다. 그렇다면 779년(혜공왕 15) 당시에 이미 김경신은 반왕파인 상대등 김양상과 정치 노선을 같이 하고 있는 동반자 중의 하나였으며, 혜공왕에게 반감을 가진 김유신계를 회유하는 중요한 임무를 수행할 정도로 반왕파 내에서의 위상도 높았다고 하겠다. 다른 하나는 이 일을 계기로 김유신계가 결국 김경신의 지지 세력으로 정착하였을 가능성이다. 직접적인 증거는 찾을 수 없지만 이와 관련하여 원성왕(김경신)의 손자인 흥덕왕대에 김유신이 흥무대왕(興武大王)으로 추봉된 사실이 주목된다. 이때 형성된 원성왕과 김유신계의 긴밀한 협력 관계가 계속 이어져 흥덕왕이 김유신계에게 왕실의 후손과 동격의 지위를 부여한 것으로 볼 수 있기 때문이다.

김경신이 김양상의 가장 유력한 조력자였음은 780년(혜공왕 16)의 정변 과정에서 거듭 확인된다. 혜공왕 말년에 상대등 김양상이 임금 주위에 있는 나쁜 무리를 제거할 것을 선창하자, 김경신은 여기에 적극 참가하여 반란을 평정하는데 큰 공을 세웠다. 앞에서 살폈듯이 780년의 정변이란 김지정의 친위 쿠데타에 대응하여 김양상·김경신 등이 거병하여 김지정을 죽이고 혜공왕과 왕비를 살해한 다음 김양상이 즉위한 사건이다. 이 정변에서 김경신은 가장 큰 공로를 세워 선덕왕이 즉위하자 곧바로 상대등에 취임하였다.

이러한 정치적 성장에 힘입어 김경신은 차기 왕위 계승자로서의 야심을 갖게 된 것으로 보인다.『삼국유사』원성대왕조에서 김경신이 두 번째 재상 자리에 있던 어느 날 꾸었던 꿈을 왕이 되어 대궐로 들어갈 조짐이라고 아찬 여삼이 해몽했다는 설화는 선덕왕 재위 중에 이미 김경신이 차기 왕위 계승에 대한 야심을 키우고 있었음을 암시하고 있다. 더구나 그는 비록 정치 서열에서는 상재인 김주원보다 낮았지만, 상대등이라는 최고 관직에 재임 중이었으므로 현실적인 권력의 크기에서는 오히려 앞섰을 가능성도 있다. 이에 더하여 선덕왕이 이미 상대등으로서 왕위에 오른 선례를 만들었던 만큼, 상대등 김경신이 왕위를 넘보았던 것이 결코 이상한 일은 아니었다.

3) 두 사람의 왕위 계승 경쟁

785년(선덕왕 6) 정월에 왕이 후사(後嗣)가 없이 죽자 왕위 계승을 둘러싼 경쟁이 표면화하였다. 차기 국왕으로 먼저 추대된 인물은 정치 서열상 선두에 있었던 상재 김주원이었다. "선덕왕이 죽자 아들이 없었으므로 군신(群臣)들이 의논한 후 왕의 족자(族子)인 주원을 왕으로 세우려고 하였다(『삼국사기』 원성왕 즉위조)"라는 기사나 "얼마 지나지 않아 선덕왕이 죽자 국인(國人)들이 주원을 받들어 왕으로 삼고자하여 그를 궁궐로 맞아들이려 하였다(『삼국유사』 원성대왕조)"는 기록에 이 점이 잘 드러나 있다.

이렇게 김주원이 먼저 왕으로 추대된 배경으로는 당시 그가 정치 서열상 가장 선두에 있었기 때문이지만 또 다른 측면도 작용했던 것으로 보인다. 비록 후대의 자료이지만 『신증동국여지승람』 강릉대도호부 인물조에는 김주원이 강릉(명주)으로 퇴거하게 된 이유를 설명하면서 "선덕왕이 죽고 후사가 없었으므로 여러 신하들이 정의태후(貞懿太后)의 교지(教旨)를 받들어 주원을 왕으로 세우려 하였다. 그러나 왕의 족자(族子) 상대등장(上大等長) 경신이 중인(衆人)을 위협하고 먼저 궁에 들어가서 왕이 되었다"는 흥미있는 이야기를 전하고 있다. 이에 의하면 김주원의 왕위 추대는 정의태후가 여러 신하들에게 내린 교지로부터 시작된 셈이다. 정의태후는 김양상의 모후로서 성덕왕의 공주 출신이었다. 따라서 태종무열왕계의 구성원으로서 혈통에 대해 애착을 가졌을 가능성이 있다. 그런 그녀가 김주원을 차기 국왕으로 추대하는 교지를 내렸다는 것은 왕계를 다시 태종무열왕계로 되돌리려 했다는 의미로 풀이된다. 그렇다면 김주원이 신왕으로 먼저 추대된 데에는 태종무열왕계라는 그의 혈통적 배경도 작용했다고 할 수 있다.

다만 위의 사료는 후대인 조선시대에 편찬된 자료에 처음 등장하는 것으로 이를 전적으로 신뢰할 수 있을지 의문이 제기될 수 있다. 이 사료는 아마 강릉지방에 세거해 온 김주원 후손들 사이에 전해오는 이야기를 채록한 것으로 여겨진다. 따라서 김주원에게 우호적인 입장이 투영되어 있을 가능성이 높다. 그렇다고 하더라도 김주원 세력은 선덕왕의 시대가 중대적 요소가 강고하게 남아 있었던 과도기였으므로, 직계 후손이 없다면 다시 왕계를 태종무열왕계로 되돌려야 한다는 사회 일각의 분위기를 감지했기 때문에 이런 설화가 전해져 온 것이 아닌가 한다. 이를 참조하면 김주원이 김경신에 앞서 신왕으로 추대되었던 배경에는 중대 왕실로 회귀해야 한다는 일각의 여론이 조성될 정도로 중대적 요소와 하대적 요소가 혼효되어 있었던 선덕왕대의 시대 상황이 숨어 있었던 셈이다.

김주원이 먼저 군신(群臣) 혹은 국인(國人)에 의해 왕으로 추대되어 왕위 계승이 가시화되자, 다급해진 경쟁자 김경신은 이를 저지할 비상 수단을 동원했을 것으로 추정된다. 그러나 설화 풍으로 전해지는 원성왕 즉위 관련 기사에는 김주원의 왕위 즉위는 하늘이 말린 것인 반면 김경신은 하늘의 뜻에 의해 왕위에 올랐음을 강조하고 있을 뿐, 김경신이 김주원의 왕위 즉위를 저지하기 위해 구체적으로 어떤 움직임을 보였는지는 전혀 전해지지 않는다. 아마 김주원이 신왕으로 추대된 후 즉위에 이르기까지 시간적으로 약간의 지체가 있어 실기(失機)한 측면이 있었지 않았나 싶다. 김경신은 그 허점을 파고들어 기습적으로 먼저 입궁하여 왕위에 올랐던 것으로 여겨진다. 그렇다고 하더라도 김경신은 김주원의 지지세력, 곧 그를 왕으로 추대한 군신 혹은 국인들의 동의를 끌어내야 하는 과제를 해결해야 했다. 이와 관련된 사료를 보면 중의(衆議)가 단번에 모아져 그를 세워 왕위를 잇게 하고 만세를 불렀다거나(『삼국사기』), 그가 왕위에 오르자 주원의 무리까지 모두 와서 붙어 새로 등극한 임금에게 배하(拜賀)했다(『삼국유사』)고 전하고 있어, 쉽게 수습이 이루어졌으며 큰 후유증도 남기지 않았던 것으로 볼 수 있다. 수습의 방식은 그가 새로 군신 혹은 국인들로부터 추대되는 형식을 갖추는 것이었다.

이렇게 김경신이 비상수단을 동원하여 비정상적인 방법으로 왕위에 올랐지만, 별다른 후유증 없이 쉽게 수습할 수 있었던 배경은 다음의 몇 가지를 지적할 수 있다. 현직 상대등이라는 강점에서 나온 현실적인 권력, 즉위 직후 원성왕에 의해 상대등에 임명되는 충렴(忠廉)이 병부령이었던 사실에서 간파되는 무력 기반, 김유신계를 비롯한 진골 지지 세력, 해몽을 통해 왕위 즉위를 예언한 아찬 여삼으로 상징되는 육두품 중심의 지지 세력, 즉위를 축하하여 상서로움의 상징인 적오(赤鳥)를 바친 패강진의 동향에서 읽을 수 있는 우호적인 지방 세력의 존재 등이 김경신이 왕위 계승 경쟁에서 승리할 수 있었던 중요한 배경이 되었을 것이다.

4) 원성왕의 즉위와 김주원의 명주 퇴거

김경신은 김주원과의 왕위 계승 경쟁에서 승리하여 785년 정월에 대망의 왕위에 올랐다. 그가 곧 원성왕(元聖王)이다. 정상적인 왕위 계승이 아니라 비상 수단을 동원한 끝에 왕위에 올랐으므로, 즉위 직후 원성왕이 당면한 가장 시급했던 현안은 김주원과 그 지지세력에 대한 처리 문제와 공로를 세운 인물들에 대한 논공행상이었을 것이다.

전자와 관련하여 『삼국유사』는 경쟁자였던 김주원이 왕도를 떠나 명주로 물러났다고 간략하게 기록하였다. 한편 『신증동국여지승람』 강릉대도호부 인물조에는 좀더 자세한 사정이 남아 있다. "(경신이) 먼저 궁에 들어가 왕이 되었다. 주원은 화를 두려워하여 명주로 물러가 서울에 가지 않았다. 2년 후 주원을 명주군왕(溟州郡王)으로 봉하고 명주 속현인 삼척(三陟), 근을어(斤乙於), 울진(蔚珍) 등의 고을을 떼어서 식읍으로 삼게 하였다"라는 기록이 그것이다. 이를 참조하면 김주원은 왕위 계승 경쟁이 패배로 귀결되자 곧 명주로 퇴거했던 것으로 보인다. 특히 화를 입을까 두려워하여 명주로 물러나 더 이상 왕경을 찾지 않았다는 데서 현실적으로 권력과 무력 등 힘이 약했던 김주원의 형편을 짐작해 볼 수 있다.

그런데 여기에는 2년 후에 김주원이 명주군왕으로 책봉되었고 삼척, 울진 등을 식읍으로 받았다는 새로운 내용이 포함되어 있다. 이는 김주원의 명주 퇴거가 단순히 힘에서 밀려 쫓겨난 것이 아니라 모종의 타협의 결과였을 가능성을 시사한다. 이를 방증하는 것으로 김주원의 아들과 손자들이 원성왕대는 물론 그 후의 원성왕계의 조정에서 정치 활동을 지속하였던 사실을 들 수 있다.

김주원의 장자로서 김헌창의 형인 김종기(金宗基)는 790년(원성왕 6) 정월부터 이듬해 10월 정계에서 은퇴할 때까지 시중을 지냈고, 그의 아들 김정여(金貞如)는 파진찬에 올랐으며, 또 다른 아들 장여(璋如)도 헌덕왕대에 시중 직을 역임하였다. 822년(헌덕왕 16) 반란을 일으켰던 아들 김헌창도 헌덕왕대에 무진주도독 → 시중 → 청주도독 → 웅천주도독 등 중앙과 지방의 요직을 골고루 역임하였다. 이는 만약 김주원이 원성왕의 정적(政敵)이라는 입장을 버리지 않고, 끝까지 대립하는 자세를 유지했다면 결코 일어날 수 없는 일이다. 원성왕이 정적의 아들 종기를 시중이라는 요직에 기용했을 리 만무하기 때문이다.

원성왕은 왕위 즉위가 확정되자 비세(非勢)를 절감하고 있던 김주원에게 타협안을 제시했던 것으로 보인다. 만약 김주원이 자신의 왕위 계승을 인정하고 연고가 있는 명주지역으로 퇴거한다면 아들들의 중앙 정계에서의 활동을 보장하는 한편 명주 땅에 자립할 수 있는 근거를 제공하겠다는 것이 타협안의 내용이었을 것이다. 이를 받아들인 김주원이 곧 명주로 퇴거하자 중요한 현안이었던 김주원과 지지세력의 처리 문제는 쉽게 매듭지어졌다. 앞에서 언급했듯이 군신 혹은 국인으로 표현된 귀족회의 구성원들도 원성왕의 왕위 즉위에 동의하였으며, 김주원의 적극적인 지지세력[上宰之徒衆]까지도 신왕에게 내부(來附)하였기 때문이다.

그리고 원성왕은 즉위 공신들에 대해서도 논공행상을 단행하였다. "왕이 등

극했을 때 여삼(餘三)이 이미 죽었으므로 그 자손을 불러 관작을 내렸다"라는 기사와 문무백관의 관작을 한 등급씩 올려 주었던 것에서 이를 엿볼 수 있다. 또 병부령이었다가 상대등에 임명된 이찬 충렴(忠廉)이나 시중에 임명된 이찬 제공(悌恭)과 세강(世强) 등은 대표적인 공신들로서 논공행상의 결과로 고위 관직에 임명되었을 것이다. 이와 같이 원성왕은 즉위 직후의 현안 문제를 빠른 시간 안에 풀어내고 신왕으로서 새로운 국가 경영에 나서게 되었다.

3. 원성왕의 정치 운영과 유교 정치의 지향

1) 즉위의 정당성 확보와 집권 기반의 구축

앞에서 원성왕의 즉위 설화가 즉위의 정당성을 주장하기 위해 집권 후 원성왕 측에서 만들어 퍼뜨린 이야기임을 지적하였거니와, 그 밖에도 재위 기간 동안 자신의 왕위 즉위가 정당했음을 과시하기 위한 여러 가지 시도가 있었던 것으로 보인다.

대표적인 사례로서 원성왕이 만파식적(萬波息笛)을 얻어 덕치(德治)를 펼칠 수 있었다는 설화를 들 수 있다. 『삼국유사』 원성대왕조에는 "(원성왕의) 아버지 대각간 효양이 조종(祖宗)으로부터 전해 온 만파식적을 (원성)왕에게 전하였다. 왕이 그것을 얻은 까닭에 하늘의 은혜를 두텁게 받아서 그 덕행이 멀리 빛나게 되었다"라는 기사가 남아 있다. 만파식적은 설화에 의하면 해중대룡(海中大龍)인 문무왕과 천신(天神)인 김유신 두 성인이 힘을 합쳐 신문왕에게 내려준 대나무로 만든 피리이다. 이 피리를 불면 "적병이 물러가고 병은 나으며, 가뭄에는 비가 오고 장마에는 날이 개고, 바람과 파도는 잔잔해 진다"는 효능을 가져 국보로 삼았다고 한다. 그래서 만파식적은 신라의 평화를 상징하는 신물(神物)이자 중대 태종무열왕계 왕통에서는 왕위 계승의 상징물로도 기능하였다. 그런데 이러한 만파식적을 원성왕이 아버지 효양으로부터 전해 받았다는 것이다. 이 설화는 아마 민간에 상당히 널리 유포되었던 것 같다. 설화의 뒷부분에 일본왕 문경(文慶)이 두 차례나 사신을 통해 금을 바치면서 만파식적을 달라고 청했다는 이야기가 덧붙여져 있어 이를 짐작할 수 있다.

원성왕이 무열왕계 왕통의 상징물인 만파식적을 전해 받았음을 강조했던 이유는 자신의 왕위 계승이 하늘의 뜻에 의한 것이었으며, 태종무열왕계의 정통성까지 계승했음을 강조하려 했기 때문일 것이다. 뿐만 아니라 만파식적 설화가 다시 부각되고 유포되면서 그것을 내려준 두 성인인 문무왕과 김유신에 대한 추숭(追崇)의 열기가 높아졌을 것임을 예상할 수 있다. 이런 현상을 삼국통일 전쟁 이후 점차 그 지위가 낮아져 가고 있었던 김유신계로서는 환영해마지 않았을 것이다. 그 과정에서 이미 779년(혜공왕 15)에 김유신계에 대한 위무를 통해 맺어진 원성왕과 김유신계의 제휴 관계는 더욱 돈독해졌을 것이다. 이렇듯 원성왕은 만파식적을 물려받았음을 내세워 두 가지 측면에서 집권 기반 구축에 도움을 받았던 셈이다.

원성왕은 왕위에 오르자 곧 왕자(王者)로서의 위상을 공고히 하기 위해 왕실의 조상제사 제도인 오묘제에 대한 개편을 단행하였다. 그 전제로서 먼저 직계 사조(四祖)를 대왕으로 추봉하였다. 그리고 선덕왕대의 오묘에서 성덕대왕과 개성대왕의 이묘를 훼철하고 시조대왕과 불천위인 태종대왕·문무대왕의 삼묘에 조부인 흥평대왕(興平大王; 김위문)과 아버지 명덕대왕(明德大王; 김효양)의 신주를 더하여 오묘를 구성하였다. 원성왕이 고조와 증조를 대왕으로 추봉했음에도 불구하고 그 신주를 오묘에 입부(入祔)하지 않았던 데에는 정치적 계산이 깔려 있었던 것으로 생각된다. 만약 직계 사조를 오묘에 입부한다면 불천위로 정해진 태종대왕과 문무대왕의 2묘가 훼철되어야 하는데, 이는 김주원의 왕위 계승 실패로 불만에 차있던 태종무열왕계 세력을 자극하는 결과로 이어졌을 가능성이 매우 크다. 더구나 이러한 조치는 원성왕 자신이 만파식적을 전해 받았음을 내세워 태종무열왕계의 정통성을 잇고 있음을 과시하려는 시도와도 배치(背馳)되는 것이었다. 이에 원성왕은 태종무열왕계 세력을 자극하는 대신 이들을 달래고 포섭하여 안정적인 정국 운영을 꾀하면서도 왕자(王者)로서의 위상을 공고히 할 수 있는 선에서 새로 오묘를 구성하는데 그쳤던 셈이다. 따라서 오묘제의 개편에도 원성왕이 안정적인 집권 기반을 구축하려는 의도가 반영되어 있었다고 할 수 있다.

즉위 직후 원성왕이 장자인 인겸을 태자로 책봉했던 것도 집권 기반의 구축과 관련이 있다. 즉위 당시에 이미 고령(高齡)에 이르렀던 원성왕은 정통성을 지닌 차기 왕위 계승자를 조속히 확정할 필요가 있었다. 자신이 겪은 바 있었던 왕위 계승을 둘러싼 분란을 미연에 방지하기 위한 배려였을 것이다. 그리고 즉위 이듬해(786)에는 김원전(金元全)을 당에 보내 표문과 방물(方物)을 바쳐 자신의 왕위 계승을 승인받고자 하였다. 당의 덕종(德宗)은 이에 대해 김경신을 신라왕으로 칭하는 조서와 함께 왕과 왕비, 태자와 대재상·차재상에게까지 귀한 물품을 내려주어 원성왕의 왕위 계승을 공식적으로 승인하였다. 이러한 당의 승인도 안정적인 집권 기반 구축에 일조하였을 것임은 재언할 필요도 없다.

2) 자연 재해의 빈발과 대책의 시행

농업 기반이 매우 취약했던 고대사회에서 자연 재해로 인한 실농(失農)과 그에 따르는 농민층의 몰락은 상시적(常時的)이었다고 해도 과언은 아니다. 외형상 정치·사회적인 안정과 평화를 구가했던 것으로 보이는 8세기 초의 성덕왕대에도 흉년이 거듭되어 농민들이 이리저리 떠돌고 굶어죽는 사람이 속출하자 국가 차원에서 대규모의 진휼(賑恤) 사업을 시행하지 않으면 안 될 정도였다. 또 연대기에서 선덕왕의 치세동안 자연 재해나 흉년에 대한 어떤 기록도 남아 있지 않음에도 불구하고, 그가 죽기 직전에 내린 유조(遺詔)에는 "(내가) 왕위에 있는 동안 농사가 잘 되지 않아 백성들의 살림이 곤궁해졌으니, 이는 모두 나의 덕이 백성들의 소망에 맞지 아니하고 정치가 하늘의 뜻에 합치되지 못하였기 때문이다"라고 하여 흉년이 이어졌음을 시사하고 있다.

그런데 『삼국사기』에는 원성왕의 시대에 특히 자연 재해나 병충해로 인한 흉년과 기근, 이에 대처하기 위한 진휼 기사들이 집중되어 있어, 농민층이 심각한 고통을 겪었음을 알려주고 있다. 이와 관련된 자료를 연대순으로 뽑아보면 다음과 같다.

· 786년(왕 2) 가을 7월에 가물었다. 9월에 왕도의 백성들이 굶주렸으므로 벼[粟] 33,240섬을 내어 나누어 주었다. 겨울 10월에 또 벼 33,000섬을 내려 나누어 주었다.
· 787년(왕 3) 가을 7월에 누리가 곡식을 해쳤다.
· 788년(왕 4) 가을에 나라 서쪽 지방에 가뭄이 들고 누리가 발생하였으며 도적이 많이 일어났으므로, 왕이 사신을 보내 위로하고 안정시켰다.
· 789년(왕 5) 정월에 한산주 백성들이 굶주렸으므로 벼를 내어 진휼하였다. 가을 7월에 서리가 내려 곡식을 해쳤다.
· 790년(왕 6) 5월에 곡식을 내어 한산주와 웅천주 두 주의 굶주린 백성을 진휼하였다.
· 793년(왕 9) 가을 8월에 큰 바람이 불어 나무가 부러지고 벼[禾]가 쓰러졌다.
· 795년(왕 11) 여름 4월에 가물었으므로 친히 죄수들을 살폈다. 6월에 이르러서야 비가 내렸다. 가을 8월에 서리가 내려 곡식을 해쳤다.
· 796년(왕 12) 봄에 경도(京都)에 기근이 들고 전염병이 돌았으므로 왕이 창고를 열어 진휼하였다.

· 797년(왕 13) 가을 9월에 나라 동쪽 지방에 누리가 곡식을 해쳤고, 홍수가 나서 산이 무너졌다.

위에서 보듯이 원성왕의 치세 14년 동안 무려 9년에 걸쳐 가뭄, 서리, 태풍 등의 자연 재해와 병충해로 농사가 큰 타격을 입었다. 이에 백성들은 기아와 전염병에 시달려야 했으며, 때로는 도적으로 변하여 지배질서에 도전하기도 하였다. 국가는 백성들을 안정시키기 위해 사신을 보내 달래기도 하고, 왕이 손수 억울하게 옥에 갇힌 죄수가 없는지 살펴보기도 했으며, 비축했던 곡식을 내어 여러 차례 진휼 사업을 실시하기도 하였다. 그러나 이러한 일회성의 단기 처방으로 백성들의 몰락을 막을 수는 없었다. 백성들의 삶은 더욱 피폐화 되어 유리도산(流離逃散)하거나, 굶어 죽고 노비가 되기도 하였으며, 때로는 도적이 되어 국가의 지배질서를 흔들기도 했다.

『삼국사기』 일성이사금 11년(144)조의 "농사는 정치의 근본(農者政本)"이라는 표현처럼, 정치의 근본이 되는 농민층의 몰락은 결국 지배체제의 근간을 동요시키는 결과로 귀결되기 마련이었다. 그러므로 원성왕대는 농민층의 몰락을 막고 삶을 안정시키기 위한 적극적인 대책이 요청되었던 시기였다고 하겠다.

위의 인용 자료에서 보듯이 이 시기 농민층의 몰락을 가속화시킨 여러 가지 요인 가운데서 가장 큰 비중을 차지했던 것은 가뭄이었다. 가뭄은 전국적인 현상이었지만, 특히 왕도와 그 주변 지역 및 한산주와 웅천주를 포함하는 나라의 서쪽 지방에 피해가 집중되었던 것 같다. 진휼 사업이 이들 지역을 대상으로 거듭 시행되고 있기 때문이다.

벼농사에 치명적인 피해를 남기는 가뭄 문제를 해결하는 가장 좋은 방법은 수리시설을 늘려 안정적인 관개(灌漑)가 가능하도록 만드는 것이다. 원성왕이 저수지, 보(洑) 등 수리시설의 축조와 보수에 눈길을 돌렸던 것은 적절한 대책이었다고 할 수 있다. 원성왕은 790년(원성왕 6)에 전주(全州)를 비롯한 일곱 고을의 백성을 동원하여 벽골제(碧骨堤)를 대대적으로 증축하였다. 김제 벽골제가 특히 가뭄의 피해가 극심했던 국서(國西)에 속하는 곳이라는 점에서, 벽골제의 증축이 가뭄 문제를 해결하기 위한 대책의 일환이었음을 짐작할 수 있다. 그리고 같은 해에 일길찬 백어(伯魚)를 북국에 사신을 보냈다는 기사가 보이는데, 갑작스럽게 발해와 교섭을 시도한 이유 중에는 당면한 국내의 경제적 어려움을 풀어보려는 의도도 포함되었을 가능성이 있다.

『삼국사기』 등 각종 문헌 사료에서 원성왕대에 벽골제의 증축 공사 외에 다른 수리시설을 축조하거나 수치(修治)했다는 기록은 찾을 수 없다. 그러나 금석문 자료인 「영천청제비(永川菁堤碑)」의 정원수치기(貞元修治記)가 남아 있어, 다른 수리시설에 대해서도 정비가 이루었음을 알 수 있다. 보물 제517호 지정된 「영천청제비」는 영천시 도남동에 현존하고 있는 청못(菁堤 혹은 菁池)의 축조와 수치(修治) 사실을 비석의 양면에 나누어 기록하고 있는 조금 특이한 비석이다. 앞면에는 536년(법흥왕 23; 병진년)에 청제를 처음 축조했던 사실이 기록되어 있으며, 뒷면에는 정원(貞元) 14년(798; 원성왕 14) 2월부터 4월까지 청제를 수리한 내용이 담겨 있어, 원성왕대에 청제 정비 사업이 이루어졌음을 알 수 있다.

정원수치기의 대략적인 내용은 청못의 수리가 완료된 시기, 비문의 제목, 수리하게 된 경위, 수리한 둑의 규모, 수리 기간, 공사에 동원된 인원, 공사 관련 담당자 등으로 되어 있다. 여기서 유의되는 것은 수리의 경위인데, 798년(원성왕 14)에 청못의 보(洑)와 제(堤; 못둑)가 손상되었음을 알게 된 소내사(所內使)라는 직함을 가진 인물이 그 사실을 중앙에 보고하여 수리하라는 명령에 따라 공사를 추진했던 것으로 요약될 수 있다. 곧 798년 2월부터 4월까지 절화군(切火郡; 현재의 영천시)에 위치한 청제를 수리하기 위한 큰 규모의 토목공사가 이루어졌던 것이다.

이렇게 일차 사료인 「영천청제비」를 통해 보면, 원성왕대에 수리시설 정비 사업이 벽골제 증축에만 한정된 것이 아니라 필요에 따라 전국에 걸쳐 상당히 큰 규모로 추진된 사실이 짐작된다. 그리고 왕 6년에 벽골제가 증축되고, 또 재위 마지막해인 왕 14년에 청제에 대한 수리 공사가 있었던 사실을 참조하면, 원성왕대의 수리시설 정비 사업은 한두 해에만 추진된 일회성 사업이 아니라 치세 동안 전국에 걸쳐 지속적으로 추진되었던 국가 차원의 토목사업으로 보아도 무방하지 않을까 싶다. 이에 더하여 소내사(所內使)라는 직함을 가진 인물이 수리시설의 손상 여부를 살피고, 그 손상 상태를 중앙에 보고하여 명을 받아 수리 공사를 추진하고 있음에서 보면, 평소에도 수리시설에 대한 관리가 이루어졌던 것으로 생각된다. 요컨대 현전하는 기록을 통해서는 김제 벽골제와 영천의 청제 두 저수지에 대한 수치(修治)만 확인되지만, 원성왕대의 수리시설의 정비는 이 둘에만 국한된 사업이 아니었을 것이다. 가뭄 문제를 해결하기 위한 적극적인 대책의 하나로 치세 기간 내내 전국적 범위에 걸쳐 지속적으로 추진되었을 가능성이 높다.

다만 원성왕대의 수리시설에 대한 국가적 차원의 정비와 관리가 가뭄을 극복하여 민생의 안정을 가져왔다고 하기는 어려울 것 같다. 9세기 초·중반 헌덕왕과 헌안왕 시대에도 여전히 국내의 제방을 수리하라는 명령이 내려지고 있기 때문이다.

3) 독서삼품과의 시행과 유교 정치의 지향

원성왕은 788년(원성왕 4) 봄에 독서삼품과(讀書三品科)를 시행하였다. 독서삼품과는 국학의 학생을 대상으로 하여 유교 경전의 독해 수준에 따라 상품(上品)·중품(中品)·하품(下品)의 3등급으로 나누어 벼슬길에 나아갈 수 있게 하는 제도였는데, 그 명칭에는 삼품이라 하였지만 상품 위에 또 특품(特品)이 별도로 있었으므로 실제로는 학생들을 사품(四品)으로 나눈 셈이 된다. 각 등급별로 독해 능력을 갖추어야 했던 경전을 정리하면 아래의 <표 1>과 같다.

<표 1> 독서삼품과의 독서 내용

등급	독서 내용
특품	오경(五經)·삼사(三史)·제자백가서(諸子百家書)
상품	『예기(禮記)』·『효경(孝經)』·『논어(論語)』·『춘추좌씨전(春秋左氏傳)』·『문선(文選)』
중품	『곡례(曲禮)』·『효경』·『논어』
하품	『곡례』·『효경』

<표 1>에서 독서삼품과의 등급별로 독해 능력을 갖추어야 했던 경전이나 사서(史書) 등은 국학의 교수법으로 열거된 서책과 대부분 겹친다. 이 점은 『삼국사기』 직관지 국학조의 "교수하는 법은 주역(周易)·상서(尙書)·모시(毛詩)·예기·춘추좌씨전·문선으로 나누어 이를 업(業)으로 삼도록 하였다. 박사 또는 조교 1명이 혹은 예기·주역·논어·효경으로써, 혹은 춘추좌씨전·모시·논어·효경으로써, 혹은 상서·논어·효경·문선으로 가르쳤다."라는 서술과 비교해 보면 잘 드러난다. 그러므로 독서삼품과는 학생들이 국학에서 배우고 익힌 학과의 능통 여부를 시험하는 제도라고 할 수 있어, 기본적으로 국학의 졸업시험과 같은 성격을 가지고 있었다.

이에 더하여 "여러 학생은 글을 읽어 3품으로 벼슬길에 나간다[諸生 讀書以三品出身]"라고 하였으니, 독서삼품과는 신라의 새로운 방식의 관리 등용 제도이기도 하였다. 여기서 학생들을 독해 능력이나 수준에 따라 상·중·하품으로 나눈 것은 결국 처음 관리로 나갈 때 진출하는 관등이나 관직에 차이를 두려는

목적에서 비롯되었음을 짐작할 수 있다. 다만 사료의 부족으로 상품·중품·하품으로 나뉘어 평정된 자들이 각각 몇 등급의 관등과 어떤 관직에 진출했는지는 알 수 없어 아쉽다. 특품의 경우는 "만약 오경·삼사·제자백가서를 아울러 통달한 자는 (규정을) 뛰어 넘어 발탁하여 썼다(若能兼通五經·三史·諸子百家書者 超擢用之)"라고 했으므로, 최소한 상품으로 평정된 자에게 수여하도록 규정된 관등이나 관직을 뛰어 넘는, 보다 높은 직급이 수여되었음은 분명하다.

그러면 일종의 국학의 졸업시험이자 새로운 관리 선발시험이기도 했던 독서삼품과가 이때에 이르러 시행되게 된 배경이 무엇인지 살펴보자. 가장 먼저 주목되는 것은 독서삼품과의 시정(始定) 기사의 말미에 있는 "전에는 단지 활과 화살로서 인물을 뽑았는데 이때 이르러 고쳤다(前祇以弓箭選人 至是改之)"라는 언급이다. 활과 화살로 상징되는 무예를 통한 종래의 관리 선발 방식이 독서삼품과의 시행으로 크게 바뀌었다는 의미로 풀이된다. 실제로 화랑인 관창(官昌)이 16세의 나이로 말타기와 활쏘기가 능하여 대감직에 있던 어떤 인물이 무열왕에게 천거하여 무관직에 나갔던 사례가 있어, 무예 능력이 출중할 경우 천거를 통해 관리가 되기도 했음을 알 수 있다. 그렇다고 하여 이전의 관리 선발이 오로지 무예 실력만을 기준으로 했다고 보기는 어렵다. 신라는 골품제라는 엄격한 신분제가 작동하고 있었던 사회였으므로, 개인의 능력보다는 오히려 골품 즉 혈통이나 출신가문 등 혈연적 배경이 일차적 기준이 되어 천거의 형식을 통해 관리가 되는 것이 일반적이었을 것이다.

그러나 종래의 무예 중심의 관리 선발이나 혈통을 배경으로 천거에 의해 관리가 되는 방식은 여러 가지 폐단을 낳았을 가능성이 높다. 우선 학문적 소양이 부족하여 국가적 행정 업무를 제대로 처리하지 못하는 경우가 자주 발생했을 가능성이 있고, 혈통이 일차적 기준이 되어 천거를 통해 선발된 관리는 혈연관계에 있는 인물이나 천거자와 결탁하여 사적(私的)인 인맥을 매개로 파벌을 형성하는 부작용도 나타났을 것으로 예상된다. 원성왕은 이런 폐단을 개선하는 차원에서, 비록 국학 학생이라는 제한된 범위이지만, 개인이 가진 유교 경전 독해 능력을 기준으로 관리를 선발하는 독서삼품과를 시행했다고 생각된다. 이 독서삼품과는 개인의 능력이라는 새로운 기준이 가미된 관리 선발 방식이라는 점에서, 고려 광종 이후 약 1,000년 동안 지속된 과거제로 그 맥락이 이어졌다고 할 수 있다.

독서삼품과 시행의 또 하나의 배경으로 국학의 허설화 현상을 지적할 수 있다. 682년(신문왕 2)에 설립된 국학은 약 1세기를 거치는 동안 여러 가지 문제점을 드러냈던 것으로 생각된다. 15세부터 30세에 이르는 대사(大舍) 이하의 관등자 또는 관등이 없는 자[無位者]가 입학하여 9년이라는 긴 수학 기간을 거쳐야 했음에도 불구하고, 졸업 후에 받는 관등이 대나마와 나마에 불과한 점이 가장 큰 문제였다. 이러한 수학 규정으로 말미암아 진골 귀족의 자제들은 국학을 외면하게 되었고, 결국 육두품 이하 신분 출신들로 국학 학생들이 채워지게 되었다. 주로 중하급 신분층이 국학에서 수학하였으므로, 골품제의 규정에 따라 졸업생들이 진출하는 관직 역시 중하위직에 한정될 수밖에 없었다. 이에 국학은 점차 매력을 잃어갔을 것이다. 여기에 더하여 통일기 이후 신라 왕경 사회에는 도당유학(渡唐留學)의 열풍이 불기 시작하였다. 많은 사람들이 국학보다는 당나라 유학을 선호하게 되었다. 이로 말미암아 국학은 허설화되어 갔으며, 독서삼품과는 이 문제를 해결하여 국학을 내실화하기 위한 하나의 방책으로 시행되었다고 할 수 있다.

실제로 독서삼품과의 시행은 국학의 내실화에 기여했던 점이 있었던 것으로 생각된다. 예컨대 독서삼품과가 시행되면 국학에서 반드시 9년에 걸쳐 수학할 필요가 없어진다. 만약 어떤 학생이 각 품(品)의 정해진 기준을 충족하는 경전 독해 능력을 갖추었다면, 수학 기간과 무관하게 관리로 나갈 수 있었을 것이기 때문이다. 특품에 보이는 "(규정을) 뛰어 넘어 발탁하여 쓴다.(超擢用之)"라는 언급은, 특품의 경우 진출하도록 규정된 관등만이 아니라 규정된 수학 기간도 뛰어 넘을 수 있었다는 의미까지 내포하고 있는 것이 아닐까 한다.

개인의 유교 경전 독해 능력을 관리 선발 기준으로 삼는 독서삼품과가 시행된 데에는 무엇보다 유교 정치를 지향했던 원성왕 자신의 필요와 의지가 크게 작용했던 것 같다. 물론 원성왕은 개인적 차원에서 불교를 독실하게 믿었다. 『삼국유사』 원성대왕조에는 황룡사 승려 지해(智海)를 궐내로 불러 50일 동안 화엄경을 강경(講經)했다거나 사미(沙彌)인 묘정(妙正)을 총애하여 항상 측근에 두었다는 일화를 전하고 있다. 또 즉위하자마자 정법전(政法典 혹은 政官)에 대한 정비를 단행하여 승관(僧官)을 설치하는 등 불교 교단에 대한 통제를 시도하였으며, 794년(원성왕 10)에는 봉은사(奉恩寺)를 창건하기도 했다. 그러나 현실 정치에서는 중대의 여러 국왕처럼 유교적 정치 이념에 기반한 유교 정치를 지향하였다. 그런데 이를 실현하기 위해서는 유학적 지식과 소양을 갖춘 관료층이 필요하였다. 원성왕은 독서삼품과를 통해 이러한 관료들을 양성하려 했던 것이다. 이는 앞에서 보았듯이 독서삼품과의 시행에 따라 국학에 규정된 9년이라는 수학 기간과 무관하게 능력을 갖춘 인물을 관리로 뽑아 쓸 수 있게 되었던 점을 하나의 방증으로 들어 볼 수 있다.

이렇듯 여러 가지 목적을 가지고 시행되었던 독서삼품과였지만, 과연 소기의 목적을 달성했는지 여부는 자세히 알 수 없다. 이와 관련하여 독서삼품과 시행 이듬해인 798년(원성왕 5)에 자옥(子玉)을 양근현(楊根縣) 소수(小守)로 임명하는 과정에서 발생한 논란이 하나의 사례로써 참조된다. 자옥이 양근현 소수로 임명되자 집사부의 말단 관직 사(史)에 재임 중인 모초(毛肖)가 "자옥은 문적(文籍)으로 관리가 되지 않았으므로, 분우지직(分憂之職; 태수·현령·소수 등의 지방관)을 맡길 수 없다"라고 반박하자, 집사부 시중이 "비록 문적으로 관리가 된 것은 아니지만, 일찍이 당에 들어가 학생이 되었으니 기용해도 좋지 않겠느냐"라고 하면서 왕의 재가를 얻어 임명을 강행했다고 한다. 여기서 문적은 국학 출신자를 의미하는데, 원래 태수 이하의 지방관에는 국학 출신자가 임명되는 관례가 있었던 듯하다. 그런데 시중과 국왕은 그런 관례를 깨고 도당유학생 출신인 자옥을 양근현 소수로 임명하였다.

이 사례에서 우리는 국학 출신자와 도당유학생 출신 사이에 진출하는 관직을 놓고 경쟁을 벌였으며, 집권자들은 도당유학생 출신을 상대적으로 선호했던 분위기를 읽을 수 있다. 특히 이 사단(事端)의 발생 시기가 바로 독서삼품과가 시행된 이듬해로서 삼품으로 평정된 일부 국학 학생들이 관리 임용을 대기하고 있었던 시기였을 가능성이 크다. 그런 상황에서 도당유학생 출신이 국학 출신자의 진출 통로를 잠식한 셈이었으니, 이 일이 국학에 미친 타격은 상당했지 않았을까 싶다. 도당유학생에 대한 선호는 이보다 10여년 후인 애장왕 즉위년(800)에도 입당숙위학생(入唐宿衛學生) 출신인 양열(梁悅)을 두힐현(豆肹縣) 소수(小守)로 임명했다는 기사가 보이고 있어, 그 후에도 지속되었던 것으로 보인다. 이러한 사례에서 보면 독서삼품과의 시행을 통한 국학의 쇄신은 기대만큼 성과를 거두지는 못했다고 할 수 있다.

4) 태자 제도를 통한 집요한 직계 왕위 계승의 추구

원성왕대의 정치 운영을 살피면 다른 시대에서는 보기 어려운 한두 가지의 특이한 현상이 발견된다. 그 중의 하나가 태자 제도를 통하여 직계 아들과 손자에게 왕위를 물려주려는 노력이 집요하게 거듭되었던 사실이다.

원성왕은 즉위 직후에 곧 사조(四祖)를 대왕으로 추봉하고 새로 오묘를 구성하는 한편 장자(長子)인 인겸(仁謙)을 태자로 책봉하였다. 왕자(王者)로서의 계통을 확립하여 정통성을 갖추는 한편 왕위의 장자계승(長子繼承)이라는 고래(古來)의 가장 이상적인 방식을 통하여 차기 왕위를 안정적으로 물려주려는 목적에서 취해진 조치였을 것이다. 비록 최종적으로 군신 혹은 국인의 추대라는 형식을 갖추기는 하였지만, 원성왕 자신이 정상적인 왕위 승계가 아니라 실력을 바탕으로 경쟁자를 물리치는 우여곡절을 겪고 왕위를 차지했던 만큼, 훗날 재현될지 모르는 왕위 계승 분쟁을 미연에 방지할 수 있도록 대비하는 일이 시급했기 때문이었다.

그러나 불행하게도 태자 인겸은 791년(원성왕 7) 정월에 사망하고 말았고, 혜충(惠忠)이라는 시호가 내려졌다. 태자로서의 활동 양상이나 사망의 이유는 찾아볼 수 없다. 다만 사망 기사에 잇달아 즉위 직후에 집사부 시중에 임명되었다가 곧바로 면직된 이찬 제공(悌恭)이 반란을 일으켰다가 복주(伏誅)되었던 사실이 보이고 있고, 반란 평정의 주인공이 인겸의 아들 언승(彦昇)으로 기록되어 있어, 그의 사망이 제공의 반란과 어떤 관련이 있을 가능성을 떠올려 볼 수 있다.

원성왕은 인겸이 사망한 이듬해(792)에 다시 차자(次子) 의영(義英)을 태자로 책봉하였다. 의영의 태자 책봉은 형의 사망에 따른 자연스러운 승계로도 볼 수 있지만, 인겸의 장자로서 원성왕의 적장손(嫡長孫)인 준옹(俊邕)이 이미 장성하여 정치 활동을 전개하고 있었던 점을 감안하면 그렇게 단정하기는 어렵다. 준옹은 789년(원성왕 5)에 견당사(遣唐使)의 임무를 마친 후 대아찬이 되었고, 이듬해에는 파진찬으로 재상(宰相)에 올랐으며, 인겸이 죽은 791년 10월에는 김종기를 이어 집사부 시중에 임명되었다. 이렇게 준옹이 이미 장성하여 국정 운영의 한 축을 담당할 정도로 활발한 정치활동을 전개하고 있었음에도 불구하고 태자 책봉에서 배제되었던 것이다. 이에 대해 준옹은 적지 않은 불만을 가졌던 것으로 보인다. 그는 792년(원성왕 8) 8월에 숙부 의영이 태자로 책봉되자 곧 병으로 시중 직에서 물러났다고 한다. 병을 핑계로 삼았지만 자신이 태자로 책봉되지 못한데 대한 불만의 표시가 아니었을까 싶다.

그러면 원성왕은 장성한 적장손 준옹이 있음에도 불구하고 왜 차자인 의영을 태자로 책봉한 것일까. 다양한 추론이 가능하지만, 성년이긴 했지만 정치 경험이나 경력 면에서 상대적으로 부족한 준옹을 차기 계승자로 세울 경우, 숙질(叔姪)간에 왕위 계승분쟁이 발생하거나 태종무열왕계와 같은 유력 정치세력이 왕위에 도전할 것을 염려했기 때문이 아닐까 한다. 의영의 태자 책봉에는 준옹보다 정치 경험이 풍부한 의영을 내세워 보다 안정적으로 직계 아들에게 왕위를 물려주려는 원성왕의 소망이 반영된 것으로 여겨진다.

이러한 원성왕의 소망은 794년(원성왕 10) 2월에 다시 태자 의영이 사망함에 따라 수포로 돌아갔다. 태자 의영에게는 헌평(憲平)이라는 시호가 내려졌다. 재위 기간 중의 연이은 태자 사망은 원성왕을 무척 곤혹스럽게 했을 것이다. 의영이 사망한 후 태자 책봉의 후보로는 삼자(三子)인 예영(禮英)과 적장손인 준옹을 들 수 있다. 원성왕은 795년(왕 11) 정월에 둘 중에서 준옹을 선택하여 태자로 책봉하였다. 시중에서 물러났던 준옹은 792년(원성왕 8)에도 병부령과 재상을 겸직하면서 권력의 중추를 장악하고 있었고, 태자 책봉 직전까지 동직(同職)에 계속 재임하면서 정치 경력을 쌓아왔을 뿐더러, 나이도 많아져 태자로서의 자격을 충분히 갖추었기 때문이었을 것이다. 만약 아들에게로의 왕위 계승만을 고집하여 다시 예영을 태자로 삼았을 경우, 적장손 준옹의 불만을 무마하기 어려웠던 것도 또 하나의 이유가 되었던 것 같다.

그런데 원성왕이 적장손인 준옹을 태손(太孫)이 아니라 태자로 책봉하고 있는 점이 주목된다. 이에 대해 신라의 경우 차기 왕위 계승자로 결정되면 계보에 의한 혈연관계와 무관하게 태자로 호칭했기 때문이라고 본 견해가 있다. 아마 중대인 효성왕 3년에 친제(親弟)인 헌영(憲英)을 태자로 책봉한 사례에 근거한 주장으로 여겨진다. 아무튼 원성왕은 손자 준옹을 태손이 아닌 태자로 책봉하여 후계자와의 관계를 한 세대 줄이고 있다. 여기에서 원성왕이 태자 제도를 통해 왕위를 계승하려는 의지가 매우 강했음을 짐작할 수 있다.

이와 같이 원성왕이 태자 제도를 통한 왕위 계승에 집착했던 이유는 무엇일까. 일단 태자의 책봉은 차기 왕위 계승자를 미리 확정하는 조치이므로, 왕위 계승 과정에서 발생할 수 있는 분란의 소지를 미연에 방지하여 순조롭고 안정적인 왕위 계승을 실현할 수 있다는 장점이 있다. 또 책봉된 태자는 정치 운영의 중심 인물로서의 위상을 갖게 되므로 다양한 정치 수업과 경험을 통해 왕위에 오른 후 국가를 경영할 수 있는 능력을 갖출 수 있는 기회를 갖는다. 그러므로 태자 제도를 통한 왕위 계승은 가장 정상적이면서도 명분이 뚜렷한 왕위 계승 방식이라 할 수 있겠다. 원성왕이 태자 제도에 대해 과도하게 집착했던 이유도 태자 제도가 가진 이러한 장점을 잘 알고 있었기 때문으로 보인다. 요컨대 원성왕이 유달리 태자 제도를 통한 직계 왕위 계승에 집착하여 거듭 태자를 책봉했던 것은 자신이 어렵게 차지한 왕위가 명분을 갖춘 가운데 정상적으로 직계 후손에게 계속 이어지기를 간절하게 바랐기 때문일 것이다.

5) 왕실 집단의 권력 독점

원성왕대의 정치 운영에서 찾아볼 수 있는 또 하나의 특징으로는 왕실 가족 내지 친족 집단에 의한 권력 독점 현상이 현저해졌던 사실을 들 수 있다. 이는 하대 권력구조의 특징이기도 하거니와, 원성왕대는 바로 그러한 권력 독점 내지 권력 집중의 전형(典型)이 확립되어 가던 시기로 평가되고 있다.

앞에서 살폈듯이 원성왕은 태자 제도에 강한 집착을 보여 재위 기간 동안 장자와 차자, 적장손에 이르기까지 세 차례의 태자 책봉을 단행하였다. 여기에는 순조로운 차기 왕위 계승에 대한 기대와 더불어 현실의 정치 운영에서 국왕인 자신과 태자 중심의 권력 운용이라는 목적도 숨어 있었던 것으로 보인다. 말하자면 원성왕과 태자가 권력의 정점에 서는 한편 왕실 가족과 근친 왕족들을 요직에 배치하여 왕실 친족집단에 의한 배타적인 권력 집중을 꾀했던 셈이다.

약간의 관련 자료가 남아 있는 원성왕의 손자들의 활동을 통해 이를 엿볼 수 있다. 먼저 인겸의 장자로 원성왕의 적장손인 준옹의 역관(歷官) 기록을 보면, 789년(원성왕 5)에 견당사의 임무를 수행한 후 대아찬이 되었고, 다음 해에는 파진찬으로 재상에 올랐으며, 791년(원성왕 7) 10월부터 이듬해 8월까지 시중으로 재임하다가 다시 병부령으로 전임되어 795년(원성왕 11) 태자로 책봉되기까지 그 자리에 있었음이 확인된다. 이를 따르면 태자로 책봉되기까지 여러 요직을 섭렵했던 셈이다. 그러나 준옹의 역관은 그 실상이 기록과는 조금 달리 볼 여지가 있다.

신라에는 한 명의 신료가 복수의 관직을 차지하는 겸직제가 널리 시행되었다. 진골 귀족의 경우 몇 개의 요직을 겸하는 방식으로 권력의 집중을 꾀한 사례가 종종 발견된다. 한 예로 771년(혜공왕 7)에 완성된 성덕대왕신종의 주성(鑄成) 공사를 지휘한 김옹(金邕)의 직함을 보면, "검교사 병부령 겸 전중령 사어부령 수성부령 감사천왕사부령 병 검교진지대왕사사 상상 대각간 신 김옹(檢校使 兵部令 兼 殿中令 司馭府令 修城府令 監四天王寺府令 幷 檢校眞智大王寺使 上相 大角干 臣 金邕)"이라고 기록되어 있어, 그가 적어도 중앙 관부 4곳의 장관 직과 재상 직, 나아가 사원 성전의 장관 직 2곳을 한 몸에 겸대하고 있었음을 알 수 있다. 이러한 겸직제의 존재에 유의하면 준옹의 경우도 하나의 관직을 차례로 돌아가며 역임했던 것이 아니라, 복수의 관직을 겸직하여 권력 집중을 도모했을 가능성을 배제할 수 없다. 우선 그는 790년(원성왕 6)에 재상에 오른 후 795년(원성왕 11) 태자로 책봉되기까지 재상 직을 계속 유지했던 것으로 생각된다. 당시의 재상이라는 관직은 재상회의의 구성원을 부르는 관명(官名)으로 복수의 인물이 재상에 임명되었다. 여러 명의 재상 중에는 다른 관직이 없이 재상만을 본직(本職)으로 삼는 인물도 있었지만, 대부분은 상대등, 시중, 병부령 등의 요직에 재임하면서 재상을 겸하고 있는 경우가 보통이었다. 그러므로 준옹도 시중이나 병부령에 재임하면서 재상을 겸하고 있었던 것으로 보아야 한다. 뿐만 아니라 역관 기록에서 그는 병으로 시중에서 물러난 후 곧 병부령이 되었다고 했는데, 이 역시 시중에서 병부령으로 전임되었다기보다 시중과 병부령을 겸직하고 있다가 시중 직만 면직된 사실을 전하는 것으로 이해함이 옳다. 그렇다면 준옹은 일시 시중, 병부령, 재상을 겸한 적도 있었고, 태자로 책봉되기 이전까지는 병부령과 재상을 겸직하고 있었다고 할 수 있다. 준옹은 역관 기록과는 달리 요직에 대한 겸직을 통하여 더 큰 권력을 장악하고 있었던 것이다. 그가 바로 원성왕의 적장손이자, 태자 인겸의 장자였던 점에서 그의 사례를 통해 왕실 가족의 권력 독점 현상을 엿볼 수 있다.

한편 준옹의 친동생인 언승(彦昇)도 원성왕의 손자로서 형과 비슷한 정치적 성장 과정을 거쳤는데, 왕실 가족의 권력 독점을 잘 보여주는 사례로서 주목할 만하다. 역관 기록을 종합하면, 언승은 형과 마찬가지로 790년(원성왕 6)에 견당사로 다녀와 대아찬이 되었으며, 이듬해(791)에는 역신(逆臣)을 주살한 공로로 잡찬에 올랐다고 하였다. 태자 인겸의 사망을 틈타 반란을 일으킨 이찬 제공을 죽이고 난을 평정하는 데 핵심적 역할을 수행했던 것 같다. 794년(원성왕 10)에는 잡찬으로 시중이 되었으며, 이듬해인 795년에는 재상이 되었고, 796년(원성왕 12)에 시중 직을 이찬 지원에게 물려주고 병부령이 되었다고 하였다. 언승의 경우도 역관 기록 그대로 여러 관직들을 번갈아가며 차례로 역임했다고 보는 것은 잘못이다. 언승은 794년(원성왕 10) 2월에 태자 의영이 죽은 직후 시중에 임명되어 796년 4월까지 동직(同職)에 재임하였음에도 불구하고 795년에 재상이 되었다고 하였다. 그러므로 시중에 재임 중 다시 재상에 임명된 795년부터 시중에서 퇴임하는 796년 4월까지는 최소한 시중과 재상 양직(兩職)을 겸직하고 있었음을 알 수 있다. 또 시중에서 퇴임 후 곧바로 병부령이 되었다는 기록도 실은 준옹과 마찬가지로 겸하고 있었던 시중과 병부령 가운데서 시중 직이 면직된 사실을 전하는 것으로 여겨진다. 그가 병부령이 된 시기는 형인 준옹이 785년(원성왕 11) 정월에 태자로 책봉된 시점으로 비정된다. 준옹이 태자로 책봉되어 병부령에서 떠나게 되자 동생인 언승이 그 자리를 승계한 것으로 추측되기 때문이다. 그렇다면 언승은 795년(원성왕 11) 정월부터 이듬해 4월에 시중에서 물러나기까지 약 1년 4개월동안 시중·병부령·재상 등 3개의 요직을 겸하고 있었음을 알 수 있다. 시중 직에서 물러난 후에도 병부령과 재상을 겸직했음은 물론이다.

이러한 왕실 가족의 권력 독점 현상을 시기별로 다시 정리해 보겠다. 먼저 원성왕의 장자 인겸이 태자로 있었던 785년(원성왕 1)에서 791년(원성왕 7)까지는 국왕과 태자가 정점에 위치해 있는 가운데 적장손인 준옹이 789년(원성왕 5)부터 대아찬·파진찬의 관등으로 재상에 올라 권력의 중심부로 진입하였고, 그 아우인 언승도 6년에 대아찬이 되고부터 정치적 발언권을 행사하기 시작했을 것이다. 물론 즉위 공신인 이찬 충렴과 이찬 세강이 상대등과 시중으로 있었지만, 권력의 추는 왕실 가족에게 기울어져 있었다고 할 수 있다. 790년(원성왕 6) 정월부터 이듬해 10월까지는 김주원과의 타협의 산물로 그 아들 김종기가 시중을 지냈지만, 이 시기에도 왕실 가족으로 권력이 집중되는 현상은 여전했을 것이다. 그 해에 왕의 손자 언승이 태자 인겸이 사망한 후 발생한 제공의 반란을 평정하는데 큰 공을 세울 수 있었던 것은 그가 이미 권력의 중심으로 진입했음을 시사하고 있다. 그리고 원성왕이 791년(원성왕 7) 10월에 김종기 대신 적장손 준옹을 시중으로 기용했던 것은 태자의 궐위(闕位)에 따른 왕실 가족의 권력 공백을 메우기 위한 조치였을 것이다.

이러한 왕실 가족의 권력 독점은 의영이 태자로 있었던 시기(792.8~794.2)에도 그대로 지속되었다. 792년 상대등 충렴이 사망하여 시중을 역임한 바 있는 즉위 공신 이찬 세강이 그 뒤를 이었고 이찬 김숭빈이 새로 시중이 되어 권력 집단의 일원이 되었지만, 병부령과 재상을 겸하고 있던 준옹과 제공의 반란을 평정하고 잡찬에까지 오른 언승 형제가 권력 행사의 주도권을 잡고 있었을 것이다. 794년(원성왕 10) 2월에 의영이 불의에 죽어 다시 태자 궐위의 사태가 발생하자, 숭빈을 물러나게 하고 언승을 시중에 앉힌 것은 3년 전과 마찬가지로 왕실 가족의 권력의 공백을 메우려는 비상 조치로 이해된다.

795년(원성왕 11) 정월 준옹이 태자로 책봉되어 조부인 원성왕과 함께 권력의 정점에 서게 된 후에도 약 1년 4개월 동안 언승이 시중 · 병부령 · 재상을 겸직하고 있었으며, 이듬해 4월 시중 직에서 물러난 후에도 병부령과 재상으로서 국왕, 태자와 더불어 권력의 핵심부를 차지하였다.

원성왕대에 그 모습을 드러낸 왕실 가족의 권력 독점 현상은 그 후에도 계속 이어졌다. 준옹이 소성왕으로 즉위한 후 친아우 언승은 재상과 병부령을 겸하고 있었으며, 다시 조카인 애장왕이 즉위하자 섭정이 되어 어룡성 사신을 겸하였고, 다시 상대등까지 겸하는 최고의 권력자로 군림하였다. 뿐만 아니라 804년(애장왕 5)에는 언승의 동생이자 왕의 숙부인 수종이 시중에 취임하였으며, 기록에는 보이지 않지만 막내 동생인 충공도 권력의 핵심에 참여하고 있었음이 틀림없다. 애장왕대에는 이들 외에도 예영(禮英)의 아들로서 원성왕의 손자이자 섭정 언승의 종형제가 되는 김헌정(金憲貞)이 시중에 기용되는 등 왕실 근친들까지 권력에 참여하게 되어 왕실 집단의 권력 독점 현상은 더욱 심화되어 갔다. 그리하여 왕실 가족 내지 왕실 집단의 권력 독점 현상은 계속 이어져 하대 권력구조의 하나의 특질로 자리잡게 되었다.

4. 애장왕대의 정치 · 사회 개혁의 시도와 원성왕계 왕통의 정착

1) 소성왕 시대

798년 12월 29일에 원성왕이 죽고 이듬해 정월에 적장손으로 태자에 책봉된 준옹이 왕위를 이었다. 그가 곧 소성왕이다. 소성왕은 원성왕대에 재상 · 시중 · 병부령 등의 요직을 겸하면서 정치 경험을 온축해 왔고, 795년부터 약 5년간 태자로서 국가 경영을 주도하기도 했다. 노련한 정치가로서의 면모를 갖추었던 것으로 보이지만, 즉위 이듬해 6월에 사망하고 말았다. 치세가 겨우 1년 반에 불과할 정도로 짧았다.

재위 기간이 짧았던 만큼 두드러진 치적을 남기지는 못하였다. 800년(소성왕 2) 정월에야 시중을 지원에서 충분(忠芬)으로 교체하고 있음에서 보면, 1년 동안 자신이 태자로 있을 당시의 권력구조를 그대로 유지했던 것으로 보인다. 즉위 후 아버지 혜충태자를 대왕으로 추봉하여 오묘에 부묘(祔廟)하였으며, 어머니 김씨를 성목태후(聖穆太后)로 봉하여 국왕으로서의 계통을 확립하였다. 그리고 원성왕의 죽음을 고하고 책봉을 요청하는 견당사를 보내자, 당의 덕종이 조문사 겸 책봉사로 위단(韋丹)을 파견하였는데, 그는 신라를 향하던 중 왕의 사망 소식을 듣고 되돌아가고 말았다.

소성왕의 치적으로 눈에 띠는 것은 799년(소성왕 원년) 3월에 청주 거로현(居老縣)을 학생 녹읍으로 삼게 한 것이다. 국학 학생들에게 학자(學資)를 제공하기 위한 것으로 원성왕의 독서삼품과 시행의 연장선상에 있는 국학 내실화 정책으로 볼 수 있다.

그는 800년(소성왕 2) 6월에 사망하기 직전, 13세였던 장자 청명(淸明)을 태자로 책봉하였다. 이 때의 태자 책봉은 유조에 의한 것일 가능성이 있다. 소성왕은 실권을 장악하고 있던 동생 언승과 장자 청명 사이에 왕위 계승을 둘러싼 다툼이 발생할 것을 염려하여 유조를 통해 그 난제를 해결하려 했던 것으로 보인다. 이는 애장왕(청명)이 즉위하자 숙부 언승이 섭정을 맡았던 데서 짐작이 가능하다. 신라에서는 진흥왕과 혜공왕의 사례에서 보듯이 어린 왕이 즉위했을 경우 모후가 섭정을 맡는 것이 관례였다고 할 수 있다. 그러나 애장왕의 경우 모후인 김씨 계화부인이 생존해 있음에도 불구하고 숙부 언승이 섭정을 맡고 있는 것이다. 소성왕이 유조를 통해 청명을 태자로 책봉하여 왕위를 계승하게 하는 대신, 동생 언승에게는 섭정으로서 실질적인 권력 행사를 보장해 주었기 때문일 것이다.

2) 애장왕의 즉위와 김언승의 섭정

소성왕의 유조를 통한 절묘한 역할 배분에 힘입어 태자 청명이 13세의 나이로 왕위에 올라 애장왕이 되었다. 비교적 순조로운 왕위 계승이었다. 그리고 숙부 언승이 병부령 겸 재상으로서 섭정을 시작하였다. 김언승은 섭정을 맡자마자 자신의 권력 기반을 더욱 공고히 하는 조치를 취하였다.

먼저 801년(애장왕 2)에 어룡성(御龍省) 사신(私臣)을 겸하였다. 종래의 어룡성은 왕의 행차와 관련된 업무를 직장(職掌)으로 하였으며, 어백랑(御伯郎; 이후 奉御 → 卿 → 監으로 개명)이 장을 맡고 있는, 그 자체 내성 예하의 소부(小府)에 지나지 않았다. 그러나 섭정 언승이 어룡성에 장관직인 사신(私臣)을 설치하고 자신이 그 자리에 취임하게 되면서 내성(內省)에 버금가는 위상을 가진 관부로 그 격이 높아졌다. 이로써 어룡성은 일종의 섭정부로 기능하는 권력의 핵심 기구로 자리 잡게 되었다. 언승의 권력 기반이 더욱 강화되었음은 의문의 여지가 없다.

어룡성 사신에 오른 후 그는 다시 상대등이 되었다. 단 이를 언승이 병부령이나 어룡성 사신 직을 떠나 상대등으로 전임한 것으로 보기는 곤란하다. 이들 여러 관직을 겸직했던 것으로 파악하는 것이 보다 옳을 듯하다. 섭정부로 활용하기 위해 그 위상을 크게 높이고, 자신이 신설하여 취임한 어룡성 사신 직을 금방 그만둔다는 것은 상식적 차원에서 잘 이해되지 않기 때문이다. 요컨대 김언승은 애장왕 즉위 후 상대등·어룡성 사신·병부령·재상을 겸직하고 있으면서 섭정을 맡고 있는 당대 최고의 권력자였던 것이다. 또 그는 804년(애장왕 5)에 동생 수승(秀昇 혹은 秀宗)을 집사부 시중에 임명하여 자신의 권력 기반을 더욱 공고히 하였다. 수종은 훗날 헌덕왕을 이어 왕위에 오른 흥덕왕 바로 그 사람으로, 『삼국유사』 왕력에서 "(애장왕은) 숙부인 헌덕(김언승)·흥덕(수종) 두 이간(伊干)에게 해를 입어 죽었다."라고 했을 정도로 형인 언승의 굳건한 정치적 동지였다.

애장왕대 전기 곧 김언승의 섭정기에 취해진 개혁으로는 801년(애장왕 2)에 단행된 오묘제에 대한 개편을 주목할 수 있다. 하대가 개막된 선덕왕은 물론 원성왕과 소성왕의 오묘에는 혜공왕의 오묘제 개혁을 통해 불천위가 된 태종대왕과 문무대왕의 신주가 여전히 모셔지고 있었다. 소성왕대까지 중대 왕실의 조상이 의연히 제사의 대상으로 남아있었던 것이다. 왕실의 조상 제사에서 중대의 그늘이 그대로 남아 있었다.

애장왕은 즉위 이듬해 2월에 즉위 의례 중의 하나였던 시조묘를 배알하고 오묘제에 대한 개편을 단행하였다. 먼저 태종대왕과 문무대왕의 2묘를 따로 세운 다음, 시조대왕을 수위에 두고, 고조인 명덕대왕(明德大王; 김효양), 증조인 원성대왕, 조부인 혜충대왕(惠忠大王), 아버지 소성대왕의 친묘(親廟) 넷을 더하여 새로 오묘를 구성하였다.

이러한 오묘제 개편은 중요한 의미를 내포하고 있었다. 왕실의 조상제사에서 중대 왕실의 잔영을 걷어 내고, 원성왕의 후손이 왕위를 이어가는 새로운 시대가 도래했음을 알려주고 있기 때문이다. 만약 혜공왕대의 오묘제를 그대로 시행하였다면 하대 왕실의 실질적인 개창자인 원성왕의 신주가 오묘에 입부(入 祔)되지 못하는 사태가 발생했을 것이다. 이를 고려하면 801년의 오묘제 개편 은 원성왕계 왕통의 본격적인 정착이라는 의미를 갖고 있음을 알 수 있다. 오묘 제 제사를 통하여 원성왕계의 결집력은 더욱 강화되어 갔을 것이다. 또 태종대 왕과 문무대왕묘를 그대로 훼철한 것이 아니라 별묘를 세우고 있는 점도 흥미 롭다. 태종무열왕계를 의식한 일종의 타협으로 보이기 때문이다. 이러한 오묘제 개편에서는 주제자(主祭者)인 애장왕을 앞세울 수밖에 없었지만, 개혁을 주도한 사람은 당대의 최고 권력자였던 섭정 언승이었음은 의심의 여지가 없다.

김언승 섭정 초기에 보이는 외교 관계의 변화도 유의할 만하다. 친당 외교 일변도에서 벗어나 대일본 관계를 개선하려는 노력이 경주되고 있는 것이다. 802년(애장왕 3)에는 김언승의 종형제인 김균정에게 대아찬을 수여하고 가왕 자(假王子)로 삼아 일본에 볼모로 보내려는 시도가 있었다. 균정이 사양하여 불 발로 끝났지만, 김언승이 주도하는 신라 조정이 일본에 대해 우호적인 입장을 가졌음을 엿볼 수 있는 대목이다. 이듬해에는 신라와 일본이 서로 사신을 교환 하여 우호를 맺었으며, 804년에는 일본 사신이 와서 황금 300량을 바치기도 했다. 한편『일본후기(日本後紀)』에는 그 해 9월에 일본이 신라에 사신을 보내, 당으로 가다 실종된 견당사의 신라 표착 여부를 물었다는 기사가 남아 있다. 모두 신라와 일본의 우호관계를 보여주는 것이다. 이러한 대일본 관계는 애장 왕대 후기에도 그대로 지속되었다.

3) 친정 개시를 둘러싼 갈등

13세의 나이에 왕위에 오른 애장왕은 809년(애장왕 10) 7월에 숙부인 김언승 등에게 시해되기까지 10년을 재위하였다. 애장왕의 치세를 개관하면 805년(애장왕 6)을 분수령으로 하여 정치 운영에서 일정한 변화가 일어났음이 감지되는데, 변화의 이면에는 애장왕의 친정(親政) 개시 문제가 숨어 있을 가능성이 높다.

물론 사료에는 애장왕의 즉위로 시작된 언승의 섭정이 언제 끝났는지를 알려주는 내용은 전혀 찾을 수 없다. 그러나 섭정체제가 809년(애장왕 10)까지 이어졌다고 보기는 어렵다. 이미 23세의 성년에 이른 애장왕이 그 때까지 섭정을 받았다고 생각할 수는 없기 때문이다. 따라서 재위 중에 섭정을 끝내고 친정을 시작했음이 분명한데, 그 시기로 애장왕 6년이 주목되는 것이다.

애장왕과 마찬가지로 어린 나이로 즉위하여 섭정을 받았던 진흥왕과 혜공왕의 사례에서 약간의 방증을 얻을 수 있다. 먼저 진흥왕은 7세에 왕위에 올라 모후 지소부인의 섭정을 받았다. 그런데 551년 정월에 이르면 연호를 개국(開國)으로 바꾸고 있는데, 이는 섭정을 끝나고 진흥왕의 친정 개시를 선언한 것으로 이해된다. 당시 그의 나이가 18세였다. 한편 8세에 즉위한 혜공왕도 모후인 만월부인의 섭정을 받았다. 혜공왕이 섭정에서 벗어나 친정을 시작한 시점은 명기되어 있지는 않지만 775년(혜공왕 11)로 비정해 볼 수 있다. 이와 관련하여 그 이듬해인 776년(혜공왕 12)에 오묘제를 대대적으로 개혁한 사실이 주목된다. 오묘의 개편은 신왕의 즉위 직후나 이듬해에 이루어지는 것이 일반적인데, 혜공왕은 왕 12년에 이르러서야 오묘제를 개혁하고 있는 것이다. 혜공왕이 이 해를 신왕의 즉위와 흡사하게 생각했다는 의미인데, 그러한 비중을 가진 정치적 변화로는 친정의 개시밖에 없다. 이렇게 혜공왕이 친정을 시작한 시기도 775년으로 18세가 되는 해였다.

이 두 사례에서 보면 신라의 경우 국왕이 어린 나이에 즉위하여 섭정을 받을 경우 18세에 이르면 친정으로 전환되는 관례가 있었다고 할 수 있다. 이를 참조할 경우 13세에 즉위한 애장왕도 18세가 되는 805년(애장왕 6)에 친정을 시작했을 가능성이 크다. 『삼국사기』 애장왕본기에는 그 해 정월에 어머니 김씨 계화부인을 대왕후(大王后)로 책봉하고, 왕비 박씨를 왕후로 삼았으며, 또 당으로부터 애장왕 자신은 "개부의동삼사(開府儀同三司) 검교태위(檢校太尉) 사지절(使持節) 대도독계림주제군사(大都督雞林州諸軍事) 계림주자사(雞林州刺史) 겸 지절충영해군사(持節充寧海軍使) 상주국(上柱國) 신라왕(新羅王)", 어머니 숙씨(叔氏; 사실은 김씨)는 대비(大妃), 아내 박씨는 왕비로 책봉을 받았다고 전한다. 모후와 왕비에 대한 책봉도 그러하지만, 왕에 대한 당의 책봉도 즉위 초반에 이루어지는 것이 일반적이다. 그런데 신왕의 즉위 초에 있어야 될 일들이 805년(애장왕 6)에 집중되고 있는 것이다. 그것은 이 해에 신왕의 즉위만큼 중요한 일이 있었다는 의미인데, 그러한 일로는 애장왕의 친정 개시를 제외하면 다른 일을 생각하기 어렵다.

친정의 개시 시기가 다가오자 언승의 섭정체제를 지지하는 세력과 애장왕의 친정 개시를 원하는 세력 사이에 상당한 갈등이 있었을 것이지만, 양자의 구체적인 갈등 양상은 알기 어렵다. 다만 805년(애장왕 5)에 보이는 한두 가지 기사는 애장왕의 친정에 대비한 움직임으로 여겨진다. 그해 7월에 애장왕은 알천에서 크게 군대를 사열하였다. 국왕의 군대에 대한 사열은 자신이 최고의 통수권자라는 위상을 과시하기 위한 상징적인 행사이므로, 친정을 앞둔 애장왕은 열병을 통해 자신이 최고 통수권자임을 드러내었던 것 같다. 곧 이어 임해전(臨海殿)을 중수하고 동궁(東宮) 만수방(萬壽房)을 새로 짓고 있는 사실도 유의된다. 임해전은 주로 국왕이 신하들에게 연회를 베푸는 전각이므로 국왕의 권위와 관련이 깊었고, 동궁 만수방은 애장왕의 후계자와 관련있는 건물이므로 역시 친정 개시에 대비한 움직임으로 볼 수 있다.

이러한 애장왕 5년과 6년에 걸친 애장왕의 친정에 대한 대비와 친정 개시에 대해 섭정을 맡았던 김언승 세력의 반발은 상당히 컸지 않았을까 싶다. 구체적인 움직임은 기록에서 찾을 수 없지만, 804년부터 애장왕 측의 친정 개시에 대비한 움직임이 있었던 직후, 몇 차례의 이변(異變)이 있었는데, 그 중 망덕사(望德寺)의 두 탑이 싸웠다는 이변은 애장왕 세력과 언승 세력의 대립과 갈등을 상징하는 것으로 여겨진다. 이때부터 시작된 두 세력의 갈등은 애장왕의 친정기 내내 이어져, 결국 숙부 언승에 의한 애장왕 시해 사건으로 귀결되었다.

4) 애장왕 친정기의 개혁 시도와 애장왕 시해

비록 805년(애장왕 6)에 애장왕의 친정이 시작되었지만, 숙부 김언승의 권력이 일시에 약화된 것으로 볼 수는 없다. 그는 여전히 상대등·어룡성 사신·병부령·재상을 겸하고 있었으며, 808년(애장왕 9)에는 아우인 충공(忠恭)과 함께 당으로부터 문극(門戟)을 내려받고 있을 정도로 여전히 최고의 신료로서 군림하고 있었다. 더구나 정치적 동지인 동생 수종이 집사부의 시중으로서 804년 이후 계속 재임 중이었으므로, 애장왕 친정기의 정치 운영에서도 김언승 세력은 강한 발언권을 유지했을 것이다.

물론 사안에 따라서는 애장왕이 국왕으로서 전면에 나서는 경우도 있었다. 일본과의 교섭 과정에서 그러한 예가 찾아진다. 806년에는 왕이 일본 사신을 조원전(朝元殿)으로 불러 접견하였고, 808년(애장왕 9)에도 일본 사신이 오자 왕이 두터운 예로서 그들을 접대하였다고 한다. 외교 의례의 진행 과정에서 신라 국왕으로서의 면모를 드러내고 있는 것이다.

현실 정치에서 주도권은 여전히 숙부인 언승이 장악하고 있었다. 그렇지만 언승도 친정을 시작한 애장왕을 권력 행사에서 전적으로 배제하기는 어려웠을 것이다. 오히려 친정이 계속될수록 애장왕의 발언권은 점차 강해져 갔을 것으로 예상된다. 이러한 시각에서 애장왕 친정기에 단행된 몇 가지 개혁은 주목해 볼 만하다.

애장왕 친정기의 개혁으로는 먼저 805년(애장왕 6)의 공식(公式) 20여조의 반시(頒示), 806년의 불사(佛事) 규제를 위한 교서의 반포, 808년(애장왕 9)의 지방 행정구역의 재정비를 들 수 있다. 애장왕은 친정을 시작한 그 해에 공식 20여조를 반포하였다. 율령의 세목인 식(式)에 대한 개정을 단행한 것으로 보이는데 그 내용은 알 수 없다. 다만 애장왕대에 사원 성전과 위화부 등에 남아 있던 전통적인 관직명을 고치거나, 하급 관원의 수를 감축하는 등 중앙관제에 대한 개정이 이루어지고 있는데, 이것이 공식 20여조의 반포와 관계가 있을 가능성이 있다. 어떻든 공식 20여조의 반포는 율령체제를 보완하기 위해 추진된 개혁이었으며, 이를 통해 구축된 좀더 세련된 지배체제는 애장왕의 친정 운영에 도움을 주었을 것이다. 아마 언승 세력이 바라는 바는 아니었을 것이다.

또 애장왕은 806년(애장왕 7)에 불사를 규제하는 교서를 내렸다. 절의 수리는 허락하지만 새로 짓는 것을 금하고, 불사에서 수를 놓은 비단이나 금과 은으로 된 그릇과 같은 사치품의 사용을 금지하는 내용이었다. 왕실과 귀족 사이에 성행하던 원찰의 건립이나 화려한 불사의 시행을 막고 사회경제적 폐단을 근절하려는 사회 개혁의 일환으로 생각된다. 그런데 여기에는 김언승 섭정기에 생겨난 폐단을 비판하는 의미가 담겨있음에 유의할 필요가 있다. 그 동안 왕실이 주체가 되어 거듭 불사를 추진한 바 있었기 때문이다. 모후인 계화부인의 무장사 미타전의 아미타불 조상, 왕실의 후원에 의한 해인사의 창건, 김언승 자신의 고선사 서당화상비의 건립 등이 그것인데, 교서에는 이에 대한 우회적인 비판이 담겨 있는 것이다. 애장왕은 이를 계기로 좀 더 강한 발언권을 갖게 되었을 것이다.

808년(애장왕 9)에는 지방 행정구역에 대한 재정비가 이루어졌다. 『삼국사기』에는 사자를 12방면으로 보내 여러 군읍(郡邑)의 경계를 나누어 획정하였다고 하였는데, 이러한 재정비 결과 2군 7현이 폐지되거나 다른 군현에 병합되었다는 견해가 있다. 757년(경덕왕 16)에 지명 개정 과정과 함께 지방 행정구역의 정비가 이루어진 바 있었는데, 50여년이 지나면서 지방 행정구역 사이의 경계가 불분명해진 경우가 발생했고, 흉년이나 기근 등으로 주민의 유리도산이 심해져 호구와 농토가 군현의 기본에 미치지 못하는 사례도 생겨난 것으로 생각된다. 이에 전국적 차원에서 실태 조사를 통해 지방 행정구역에 대한 재정비가 이루어졌던 것이다. 이는 군현제적 질서를 재구축하여 원활한 지방통치를 목적으로 했던 개혁이라고 할 수 있고, 결국 애장왕의 왕정 수행에 도움을 주었을 것이다. 이와 같이 애장왕 친정기에 추진된 일련의 개혁들은 점진적으로 애장왕의 친정체제를 공고화하는 데 기여하였다.

애장왕의 친정체제가 안정을 찾아갈수록 숙부 김언승과 그 세력은 실권(失權)의 위기를 느끼게 되었을 것이다. 김언승은 자신에게 닥친 위기를 돌파하기 위해 정변이라는 수단을 선택하였다. 애장왕이 친정을 시작한 지 5년이 되는 809년(애장왕 10)은 정월부터 연속하여 각종 이변이 속출하였고, 가뭄까지 들어 사회가 불안정해졌다. 이에 숙부 김언승은 아우 제옹(혹은 수종)과 함께 군대를 일으켜 궁궐을 침입하였다. 그리고 애장왕은 물론 시위하고 있던 왕의 동생 체명(體明)까지 죽이고, 스스로 왕위에 올랐다. 김언승과 함께 이 정변을 주도했던 인물은 애장왕의 또 다른 숙부 수종이었으며, 막내 숙부인 충공도 여기에 가담했던 것으로 보인다. 애장왕의 친정 개시로 타오르기 시작한 섭정 김언승과의 갈등의 불씨는 결국 숙부들에 의한 조카 시해와 왕위 찬탈이라는 전대미문의 사건으로 귀결되었다.

5) 원성왕계 왕통의 정착

사실 하대의 개막기인 선덕왕과 원성왕의 즉위는 유력한 진골 귀족들의 연합에 힘입은 바 컸다. 더구나 그들은 선덕왕이 나물왕 10세손, 원성왕이 12세 손인 데서 알 수 있듯이, 중대에서는 방계 김씨 왕족에 지나지 않는 존재였다. 그러나 하대에 이르면 이들이 왕위를 차지하거나 권력의 중추에 자리잡는 등 정권에 참여하는 진골 귀족의 범위가 크게 확대되었다. 따라서 하대의 집권자 들은 양적으로 크게 확대된 진골 귀족들에게 권력을 적절히 배분하는 방식으 로 정치를 운영하였다. 이에 따라 귀족연립의 형세가 나타나게 되었다.

그럼에도 불구하고 38대 원성왕 이후 20명에 달하는 신라왕 가운데서 신라 말의 3명의 박씨왕을 제외하면 모두가 원성왕의 후손이었다. 원성왕계 왕통이 신라 말까지 이어졌던 것이다. 이렇게 원성왕계가 하대를 일관하여 왕위를 독 점할 수 있게 된 이유는 어디에서 찾을 수 있을까?

이와 관련하여 먼저 주목되는 것이 오묘제의 변화이다. 원성왕과 소성왕은 선덕왕과는 달리 혜공왕에 의해 제정된 오묘제 규정을 준수하는 가운데 조부 와 아버지를 오묘에 입부하였다. 이로써 원성왕의 아들과 손자들은 오묘 제사 에 참례(參禮)할 수 있었으며, 이로써 원성왕의 직계 후손들은 왕실 가족임을 실 감하고 강하게 결속하게 되었을 것이다. 그러나 세대가 바뀌게 되면 이런 방식 의 오묘제 운영으로는 원성왕의 후손 모두가 오묘 제사에 참여하기 하기 어려 운 경우가 발생한다. 이에 애장왕 즉위 직후에 김언승은 혜공왕의 규정을 철폐 하고, 시조대왕과 애장왕의 직계 사조를 오묘로 모시게 되었다. 여전히 원성왕 의 후손이라면 누구라도 오묘 제사에 참여할 수 있게 된 것이다. 원성왕계 후 손들은 자신들이 국가적 제사인 종묘에서 조상을 제사지낼 수 있는 왕실 구성 원임을 재확인하면서 강한 결집력을 가지게 되었다. 이렇듯 개편된 오묘제가 원성왕계 왕통이 순조롭게 정착할 수 있었던 배경으로 작용하였다. 다만 오묘 제사의 비중 증대는 왕위 계승에서 직계 상속의 중요성을 절감하게 하였다. 원 성왕이 태자 제도를 통하여 직계 왕위 계승을 집요하게 추구했던 것도 이와 무관하지 않다. 한편 왕실 직계가 중요시되면서 방계의 차별도 나타나게 되었다. 그런데 세대가 계속 바뀌면 직계 사조를 모신 오묘 제사에서 배제되는 원성왕계 내부의 방계 혈족이 나타나기 마련이었다. 이로 인하여 원성왕계 내부에서 왕위 계승을 둘러싼 분쟁이 발생할 여지가 커졌다. 흥덕왕 사후 치열하게 전개되는 원성왕계 내부의 왕위 쟁탈전은 이러한 오묘제의 운영에서 비롯된 측면이 있다.

그리고 원성왕대 이후 발견되는 왕실 가족의 권력 독점 현상도 원성왕계 왕통의 정착에 중요한 요인이 되었다. 이미 앞에서 원성왕대 이후 왕실 가족이나 근친 왕족이 요직을 독점하고 권력을 장악했음을 설명하였거니와, 이러한 현상은 강력한 왕권이 작용하였던 중대 사회에서도 유례를 찾아보기 어려울 정도이다. 이러한 원성왕계 왕실 가족의 권력 독점은 당연히 차기 왕위 계승에서도 유리한 고지를 차지할 수 있게 하였다. 왕실 가족의 권력 독점 과정에서 종래의 요직인 상대등, 중시, 병부령 외에도 새로운 정치기구나 관직들이 권력기구로 부상하게 되었다. 상재상을 수반으로 하는 재상회의나 애장왕대에 섭정부로서의 위상을 갖게 된 어룡성은 그 대표적 사례이다.

제2장 「여신라왕김중희서」로 본 헌덕왕의 즉위 사정

1. 문제의 제기

「여신라왕김중희서(與新羅王金重熙書)」[1]는 당 헌종이 신라 애장왕에게 내린 한 통의 칙서(勅書)로서, 당의 저명한 문장가 백거이의 문집인 『백씨장경집(白氏長慶集)』(권56, 한림제조3)을 비롯한 몇몇 문헌에 수록되어 오늘날까지 전해지고 있다. 칙서라면 나당간의 외교 관계에서 작성된 많은 외교문서 중의 하나였으므로 당시 당과 신라의 사정이 일정 부분 투영되어 있기 마련이다. 이 자료는 그 중에서도 헌덕왕 즉위 초의 사정이 반영되어 있다는 점에서 적지 않은 주목을 받아왔다. 예컨대 일찍이 스에마츠 야스카즈(末松保和)는 이를 신라 하고(下古) 여러 국왕들의 흥년(薨年)에 대한 기록을 재검토하는 단서로 삼으면서 여러 측면에서 음미한 바 있었고(末松保和, 1954, pp.413~432), 권덕영은 이 자료를 실

---

1) 이 칙서의 제목은 자료에 따라 조금씩 다르지만, 『문원영화(文苑英華)』의 그것을 따른다.

마리로 하여 『삼국사기』에 실린 헌덕왕 즉위년의 견당사 파견 기록이 착오임을 해명하였다(權悳永, 1997, pp.75~76).

이 「여신라왕김중희서(與新羅王金重熙書)」는 특히 두 가지 측면에서 주목할 필요가 있다고 본다. 첫째, 이 칙서의 작성 및 사급(賜給) 시기가 당 헌종 원화 5년(810; 헌덕왕 2)의 겨울로 추정 됨에도 불구하고(권덕영, 1997, p.75), 그 대상을 신라왕 김중희 곧 애장왕으로 기록하고 있는 점이다. 칙서가 작성된 시점에서 보면 애장왕은 그보다 1년여 전인 809년(애장왕 10) 7월에 숙부인 김언승 등에게 살해되었고, 그 뒤를 이어 언승 자신이 왕위에 올라 재위 중인 상황이었다. 따라서 통상적인 경우라면 이 칙서는 신라왕 김언승에게 내려주는 것으로 작성되어야 마땅하지만, 여기에는 아직 애장왕이 칙서의 수신자로 등장하고 있다. 이는 당 조정이 그 때까지 애장왕의 사망과 헌덕왕의 즉위 사실을 인지하지 못하고 있었음을 시사하고 있다. 그렇다면 우리는 이 칙서를 통해 조카를 시해하고 비상(非常)한 방식으로 왕위에 오른 김언승이 즉위 이후에도 국내외적으로 상당한 곤경에 처해 있었던 사정을 엿볼 수 있겠다.

둘째, 이미 지적되어 있듯이 이 칙서는 『삼국사기』에 수록된 헌덕왕 즉위년 기사의 오류를 밝히는 방증 자료가 될 수 있다. 『삼국사기』 헌덕왕본기에는 그가 왕위에 오른 직후인 810년 8월에 이찬 김창남(金昌南)을 애장왕의 죽음을 알리는 고애사(告哀使)로 당에 파견하였으며, 이에 부응하여 당 헌종은 정사 최정(崔廷)과 부사 김사신(金士信)을 신라에 보내 헌덕왕과 그 왕비를 책봉했던 것으로 기록하고 있다. 그러나 이는 『구당서』 신라전을 비롯한 중국의 각종 문헌에서 고애·하정 겸 청책봉사(告哀·賀正·請冊封使) 김창남의 입당과 책봉사 최정 등의 신라 파견 시기를 원화 7년(812; 헌덕왕 4)으로 기록한 것과는 시기 면에서 3년의 차이가 보이고 있다. 이렇게 서로 다른 기록 중에서 옳은 것은 물론 후자이다(권덕영, 1997, p.75). 이에 더하여 「여신라왕김중희서」는 『삼국사기』 헌덕왕 즉위년의 견당사 파견 기사가 잘못 편년되어 있음을 거듭 확인시켜 주고 있는 것이다.

스에마츠 등의 종래의 연구 역시 이상의 두 가지 측면을 주목했고, 도출된 결론 역시 충분한 설득력을 갖고 있다. 그렇지만 좀 더 세심하게 살펴보면 새로 검토되어야 할 필요가 있다고 여겨지는 약간의 문제가 남아 있다.

첫째, 「여신라왕김중희서」의 말미 부분에는 견당사 김헌장(金憲章)의 귀국에 즈음하여 신라 국왕과 왕모 및 왕비 등 왕실 세력에 대한 신물(信物)의 하사와 더불어 '부왕(副王)'과 재상 이하에게도 물품을 하사한 내용이 보인다. 그런데 여기에 언급된 부왕은 이 자료를 제외하면 역대 신라왕에게 내려진 칙서에서 더 이상 발견되지 않는 독특한 칭호이다. 부왕은 『신당서』 발해전(渤海傳)에 발해왕의 장자(長子)에 대한 칭호라고 나오고 있기는 하지만, 발해와는 달리 신라가 부왕을 정식의 제도로 운영했거나 혹은 특정한 인물에 대한 칭호로 사용된 사례는 찾아볼 수 없다. 그렇다면 이 칙서의 부왕은 관행적이거나 상투적인 칭호가 아니라 당시 신라의 특수한 사정이 반영된 특정인을 지칭하는 칭호라고 보지 않을 수 없다. 그러면 「여신라왕김중희서」에서 국왕·왕모·왕비 등 왕실 구성원의 하위에 위치했지만 재상보다는 높은 위상을 가졌던 신라의 부왕(副王)은 과연 누구였는지, 그리고 유독 이 칙서에만 부왕이 물품 사여 대상자로 등장하는 이유가 무엇인지 등이 의문이지만 아직 이에 대한 해명이 이루어지지 않았다.

둘째, 『삼국사기』 헌덕왕본기에 기록된 즉위 초의 일련의 기사를 보면, 그의 정치 운영이 여느 신왕(新王)의 그것과 마찬가지로 매우 순조롭고 정상적이었던 것으로 파악된다. 그런데 이러한 이해를 더욱 심화시켰던 것은 헌덕왕 즉위 직후인 809년 8월에 고애사 겸 청책봉사 김창남을 당에 보내 애장왕의 죽음과 신왕의 즉위를 알리자, 당 헌종이 책봉사를 보내 헌덕왕을 책봉했다는 기사라고 할 수 있다. 왜냐하면 헌덕왕이 즉위한 다음 달에 당으로부터 무난히 책봉을 받았다는 것은 당이 헌덕왕의 즉위에 아무런 문제가 없었다고 보면서 그의 왕자(王者)로서의 정통성을 공인했다는 의미로 풀이될 수 있기 때문이다. 그러나 『삼국사기』와는 달리 고애사 김창남의 입당과 당 헌종의 책봉사 파견 시점이 중국 사료에서와 같이 이보다 3년 늦은 헌덕왕 4년(812)이었다면 이야기가 달라진다. 상식적인 차원에서 쉽게 예상할 수 있듯이, 숙부로서 조카인 애장왕을 시해하고 왕위를 찬탈한 헌덕왕이 즉위 초반의 통치에서 상당한 애로를 겪었다고 볼 수 있기 때문이다. 「여신라왕김중희서」는 이러한 추론을 뒷받침하는 일차 사료가 될 수 있다. 그러므로 이 칙서를 고려하는 가운데 헌덕왕 즉위 초기의 정국 운영 양상을 재검토해 볼 필요가 있을 것 같다.

셋째, 헌덕왕 즉위 초에 정상적이고 순조로운 통치가 이루어졌다고 이해하게 만들었던 핵심 기사, 즉 고애사 김창남의 입당과 당의 책봉사 파견 시기를 과연 누가 어떤 의도로 3년을 앞당겨 즉위년 8월조에 편년했을까 라는 의문이 제기될 수 있다. 이에 대해서는 『삼국사기』 편찬자의 책임으로 돌리는 견해가 나와 있지만(末松保和, 1954, p.417), 그대로 따르기에는 석연치 못한 구석이 남아 있다. 그러므로 이 문제 역시 새로 검토되어야 한다.

이 글은 이상의 문제 제기를 바탕으로 「여신라왕김중희서」를 활용하여 헌덕왕 김언승의 즉위와 그 직후의 통치를 재조명해 볼 목적에서 마련되었다. 먼저 『삼국사기』를 중심으로 국내 사료를 종합하여 809년 7월 김언승이 정변을 통해 조카인 애장왕을 살해하고 왕위에 오르는 과정과 즉위 직후의 통치 양상을 개관하고자 한다. 다음으로 각종 중국 문헌 사료를 종합하여 헌덕왕 즉위 초의 견당사 파견 시점을 정리하고 파견의 의도를 헤아려 볼 것이다. 이어서 「여신라왕김중희서」를 분석하여 여기에 부왕이 일반 신료로서는 최상위의 물품 사여 대상자로 등장하는 이유와 부왕이 누구인지를 밝혀 헌덕왕 즉위 초기에 보이는 통치상의 애로를 추론해 보고자 한다. 이러한 작업을 토대로 마지막으로 『삼국사기』에서 헌덕왕 즉위년에 견당사 파견 기사를 편년하는 오류를 범하게 된 이유를 생각해 보겠다.

사실 이 문제는 이미 여러 논자들에 의해 산발적으로 언급되어 온 것이다. 그럼에도 불구하고 이 글에서 재론하는 이유는 종래의 연구에서 간과했던 약간의 작은 문제들을 밝혀 보기 위해서이다. 이 소론이 이후 헌덕왕대 초반 정국을 제대로 이해함에 있어 하나의 디딤돌로 쓰일 수 있기를 바란다.

2.『삼국사기』로 본 헌덕왕의 즉위와 집권 초기의 통치

『삼국사기』 헌덕왕 즉위 기사에는 그가 왕위에 오르기까지의 관력(官歷)을 다음과 같이 요약하고 있다.

A. 헌덕왕(憲德王)이 왕위에 올랐다. 이름은 언승(彦昇)이고 소성왕(昭聖王)의 친동생이다. 원성왕 6년에 사신으로서 당나라에 갔다 와서 대아찬의 관등을 받았고, 7년에는 반역한 신하를 죽임으로써 잡찬이 되었으며, 10년에 시중이 되었고, 11년에 이찬으로 재상이 되었다. 12년에 병부령이 되었고 애장왕 원년에 각간이 되었으며, 2년에 어룡성 사신(私臣)이 되었고 얼마 안 있어 상대등이 되었다가 이때 와서 즉위하였다. 왕비는 귀승부인(貴勝夫人)인데 각간 예영(禮英)의 딸이다.(『삼국사기』 권10, 헌덕왕 즉위조)

후일 헌덕왕으로 즉위하는 김언승은 원성왕의 태자였던 인겸(仁謙)의 둘째 아들이자 소성왕의 아우로서 왕실과 매우 가까운 왕족이었다. 그가 정계에 진출하여 본격적으로 활동하기 시작했던 시기는 조부 원성왕의 치세였다. 790년(원성왕 6)에 견당사로 다녀 온 후 대아찬에 올랐으며 이듬해에는 반란을 도모한 이찬 제공(悌恭)의 목을 베는 공로를 세워 잡찬으로 승진하였다. 이 당시 언승의 나이는 정확하게 알 수 없지만 같은 해에 파진찬으로서[2] 시중이 된 맏형 김준옹(金俊邕; 후일의 소성왕)과 함께 정계의 주요 인물로 부상했던 것으로 보인다. 이어서 794년(원성왕 10)에는 잡찬으로 시중에 임명되었고, 이듬해에는 이찬으로 재상이 되었으며, 다시 그 이듬해에는 병부령이 되었다. 그런데 이러한 시중 → 재상 → 병부령은 얼핏 거듭된 전직(轉職)처럼 보이지만, 실은 796년(원성왕 12)에 이르러 김언승이 시중과 재상을 겸하고 있다가 다시 재상과 병부령의 양직(兩職)을 겸대(兼帶)하게 된 것으로 이해된다(李文基, 1984, pp.30~31). 이렇게 요직을 겸대함으로써 그는 795년(원성왕 11)에 태자로 책봉되어 차기 왕위 계승권을 확보한 맏형 준옹과 더불어 정계의 실세로 군림하게 되었을 것이다.

소성왕이 재위 2년 만에 사망하고 김청명(金淸明; 애장왕)이 13세의 어린 나이로 왕위에 오르자 김언승은 숙부로서 1등급 각간의 관등을 가지고 재상·병부령을 겸한 가운데 섭정을 맡아 드디어 신라 최고 권력자의 위상을 확보하게 되었다.

어린 애장왕의 즉위와 숙부 김언승의 섭정은 소성왕이 유조(遺詔)를 통해 절묘한 역할 배분을 시도했던 결과로 볼 수 있다. 소성왕은 800년(소성왕 2) 6월 사망하기 직전에 13세였던 장자 청명(淸明)을 태자로 책봉하여 차기 왕위 계승권을 부여하였다. 그러면서 한편으로는 종래의 모후(母后)에 의한 섭정이라는 관례(진흥왕과 혜공왕의 사례 참조)를 버리고 권력의 실세였던 아우 언승에게 섭정

2) 김준옹과 언승 형제의 관력(官歷)에서 관등 기록에는 미심한 점이 많다. 우선 원성왕 7년 김준옹이 시중에 임명되었을 때의 관등에 대해 대아찬 혹은 파진찬이라는 서로 다른 기록이 남아 있고, 사료 A에는 아우인 언승이 같은 해에 형인 준옹보다 상위 관등인 잡찬으로 승진했다고 나오고 있어 자못 의심의 여지를 남기고 있는 것이다. 심지어 애장왕 즉위조(800)에는 이미 각간이었던 언승에 대해 "아찬(阿湌) 병부령 언승이 섭정하였다."는 기록상의 오류를 범하고 있다.

직을 약속함으로써 장차 발생할 개연성이 컸던 숙질(叔姪) 간의 왕위를 둘러싼 다툼을 미연에 방지하려 했던 것으로 여겨진다.

소성왕의 유조에 의해 어린 애장왕의 섭정자로서 위상을 확보한 언승은 섭정을 시작하자마자 자신의 권력 기반을 더욱 공고히 하는 조치를 취하였다. 801년(애장왕 2)에 어룡성(御龍省) 사신(私臣)이 되었으며, 이어 상대등에 올랐다. 종래의 어룡성은 왕의 행차와 관련된 업무를 직장(職掌)으로 하였으며, 어백랑(御伯郞 ; 이후 奉御 → 卿 → 監으로 개명)이 장(長)을 맡고 있는 그 자체 내성 예하의 소부(小府)에 지나지 않았다. 그러나 섭정 언승이 어룡성에 장관직인 사신(私臣)을 신설하고 그 자리에 취임하게 되면서 어룡성은 내성(內省)에 버금가는 위상을 가진 내정의 수부(首府)로 그 격이 높아졌으며, 일종의 섭정부로서 일약 권력의 핵심 기구로 기능하게 되었다. 이에 더하여 그는 얼마 후 상대등에 취임하여 자신의 권력 기반을 더욱 강화해 나갔던 것이다.

다만 이러한 김언승의 관력을 이해함에 있어 약간의 주의가 필요하다. 관련 사료를 문면 그대로 받아들이면, 김언승은 애장왕 즉위 후에 병부령 → 어룡성 사신 → 상대등의 관직을 역임하면서 섭정의 역할을 수행했던 것으로 이해될 수도 있다. 그러나 이는 잘못이다. 왜냐하면 그가 섭정부로 활용할 목적으로 그 위상을 크게 높이고 자신이 신설·취임한 어룡성 사신 직을 금방 그만두고 상대등으로 전임했다고 생각하기는 어렵기 때문이다. 따라서 전임(傳任)인 것처럼 기록된 위의 관직들은 사실은 김언승이 겸대했던 관직을 나열하고 있다고 보아야 한다. 그렇다면 김언승은 애장왕의 치세 동안 재상·병부령·어룡성 사신·상대등 등 4개의 요직을 겸대한 채[3] 섭정을 맡고 있었던 당대 최고

---

3) 김언승이 재상직에 있었음은 여러 사료에서 확인된다. 대표적으로 『신당서』 신라전의 "(元和 3년) 又爲其宰相金彦昇·金仲恭·王之弟蘇(判)金添明丏門戟 詔皆可"에서 보듯이 808년(애장왕 9) 당시에도 그는 재상직에 있었다. 나아가 "(元和 7년 7월) 己卯 以新羅國 大宰相 金彦昇爲

의 권력자였다고 할 수 있다(李文基, 1984, pp.30~31).

그런데 최고의 권력자 김언승은 809년(애장왕 10) 7월에 돌연 군사를 동원하여 애장왕을 살해하고 스스로 왕위에 오르는 정변을 일으켰다.

B-1. 애장왕 10년(809) 추칠월 …… 왕의 숙부 언승 및 그 아우 이찬 제옹(悌邕)이 군사를 거느리고 궁궐로 들어가 난을 일으켜 왕을 죽였다. 왕의 아우 체명(體明)이 왕을 지키다가 함께 죽임을 당하였다. 왕의 시호를 추증하여 애장(哀莊)이라 하였다.(『삼국사기』 권10, 애장왕 7년조)

B-2. 제40대 애장왕, 김씨이며 이름은 중희(重熙)(혹은 청명(淸明)이라 하였다), 아버지는 소성왕, 어머니는 계화황후(桂花皇后)이다. 신묘년(800)에 즉위하여 10년간 다스렸다. 원화 4년 기축년(809) 7월 19일에 왕의 숙부인 헌덕·흥덕 두 이간(伊干)에 해를 입어 붕어(崩御)하였다.(『삼국유사』 권1, 왕력)

위의 두 사료를 종합하면 김언승이 정변을 일으킨 정확한 시기는 809년 7월 19일로 볼 수 있다. 그리고 정변을 주도한 핵심 인물은 언승과 그의 동생 제옹(혹은 수종; 흥덕왕)으로 애장왕의 숙부들이었으며, 사료 B에 명기되지는 않았지만 언승의 막내 동생 김충공·종제이면서 시중에 재임 중이던 김헌정(金憲貞; 혹은 獻貞)[4]·헌덕왕의 왕위 즉위와 함께 대재상과 상대등을 물려받은 김숭빈(金崇斌)·김헌정을 대신하여 헌덕왕에 의해 시중에 임명되는 김양종(金亮宗) 등 다수의 유력 진골 귀족들도 적극 가담했던 것으로 추정된다. 이들은 군대를 일

開府儀同三司 檢校太尉 持節大都督雞林州諸軍事 雞林州刺史 兼 寧海軍使 上柱國 封新羅國王(『舊唐書』 권15, 헌종본기하)"이라는 기사를 참조하면 그는 즉위 직전에는 재상 중에서도 최상위인 대재상이었을 가능성이 크다.
4) 헌덕왕 4년 견당사로 파견된 김헌장과 동일인이다(李基東, 「新羅 下代의 王位繼承과 政治過程」『新羅 骨品制社會와 花郎徒』, 一潮閣, 1984, pp. 165~166).

으켜 궁궐로 난입하여 애장왕과 그를 시위하던 그의 아우 체명(體明)을 살해함으로써 정변을 성공시켰다.

이 809년 7월의 갑작스러운 김언승의 정변은 805년(애장왕 6)부터 애장왕이 섭정을 벗어나 친정을 개시하면서부터 그 씨앗이 뿌려졌다. 805년에 18세에 이른 애장왕은 신라의 관례에 따라 섭정을 끝내고 친정을 시작하였다. 애장왕의 친정 개시는 지난 5년간 섭정으로서 최고의 권력을 누려왔던 김언승의 입지를 점차 위축시켜 나갔다. 물론 애장왕 친정기에도 김언승은 상대등을 비롯한 고위직을 여럿 겸대하고 있어 외형상 정치적 지위를 유지했던 것처럼 보이지만, 실질적인 권력의 행사에서는 상당한 견제와 제약을 받게 되었기 때문이다.

이 점 친애장왕 세력의 급속한 성장에서 방증을 얻을 수 있다. 친애장왕 세력을 대표했던 인물이 애장왕의 친아우 체명이었다. 『신당서』신라전에는 808년(애장왕 9)에 견당사로 파견된 김력기(金力奇)가 귀국할 때 황제로부터 문극(門戟)을 하사받은 3명의 신라 신료가 보이는데, 왕의 숙부인 재상 김언승과 그의 동생 김중공(金仲恭), 그리고 왕의 동생인 소판 김첨명(金添明)이 바로 그들이다. 여기에 보이는 김중공과 김첨명은 국내 사료에는 확인되지 않는 이름이지만, 숙부, 왕의 동생 등의 표현에서 보면 김언승의 막내 동생 김충공과 애장왕제 김체명으로 비정해도 문제가 없다. 그렇다면 808년에는 친애장왕 세력을 대표하는 왕의 친아우 김체명이 3등급 소판(잡찬)의 관등을 지닌 채 재상의 반열에 올라, 당 조정으로부터 김언승과 김충공에 버금가는 유력자로 인식될 정도로 성장해 있었음을 알 수 있다. 김체명은 809년의 정변에서 애장왕을 시위하다가 함께 피살된 데서 알 수 있듯이 애장왕을 지근 거리에서 보좌하는 측근으로 자리잡고 있었다. 그러므로 809년 7월의 김언승 등의 정변은 애장왕 친정기에 급속하게 성장한 친애장왕 세력과의 정치적 세력 다툼에서 수세에 몰린 김언승 세력이 불리한 정치적 환경을 일거에 타개하기 위해 찾아낸 마지막 카드였던 셈이다.

조카 애장왕을 시해한 김언승은 곧 바로 스스로 왕위에 올랐던 것으로 보인다. 그리고 죽은 왕에게 애장왕이라는 시호를 올렸다고 하는데, 이는 애장왕의 장례 절차의 진행까지 함축된 표현으로 볼 수 있고, 이를 주관한 사람이 헌덕왕이었음을 암시한다. 신라사상 전례가 없는 숙부가 조카를 시해하고 왕위를 찬탈한 사건은 신라 조야에 큰 파문을 불러 일으켰을 것임에 틀림없다. 불법적·반인륜적인 행위에 대해 비판의 분위기가 크게 형성되었음직하다. 이에 따라 헌덕왕이 왕자(王者)로서의 정통성을 확보하는 데도 상당한 어려움을 겪었을 것이다.

그런데 이상하게도 『삼국사기』 헌덕왕본기의 초기 기사를 훑어보면 그러했던 흔적이 잘 드러나지 않는다. 오히려 정상적인 왕위 계승을 통해 즉위했던 여느 신왕과 조금도 다르지 않게 매우 정상적이고 순조로운 통치가 이루어진 것으로 기록하고 있다. 『삼국사기』 헌덕왕본기 기사의 즉위 초기 이루어진 주요 통치행위를 정리하면 다음과 같다.

C-1. 809년(헌덕왕 1) 7월 : 왕위 즉위 직후 김숭빈(金崇斌)을 대재상 및 상대등에 임명.

C-2. 809년(헌덕왕 1) 8월 : 대사면 실시. 고애사 김창남을 당에 보내 애장왕 사망 통보, 당 헌종이 조제·책봉사로 정사 최정·부사 김사신을 보내 헌덕왕을 개부의동삼사(開府儀同三司) 검교태위(檢校太尉) 지절(持節) 대도독계림주제군사(大都督雞林州諸軍事) 겸 지절충영해군사(持節充寧海軍使) 상주국(上柱國) 신라왕(新羅王)으로, 아내 정씨(貞氏)를 왕비로 책봉, 대재상 김숭빈 등 3인에게 문극(門戟) 하사.

C-3. 810년(헌덕왕 2) 정월 : 양종(亮宗)을 시중에 임명. 2월 : 신궁 친사, 제방 수리 등 권농정책 시행. 10월 : 견당사 김헌장 파견.

C-4. 811년(헌덕왕 3) 정월 : 시중 양종을 이찬 원흥으로 교체. 2월 : 이찬 웅원을 완산주 도독에 임명. 4월 : 처음으로 평의전(平議殿)에 나가 정사(政事) 처리.

C-5. 812년(헌덕왕 4) 봄 : 시중 원흥을 균정으로 교체. 9월 : 급찬 숭정을 북국에 사신으로 파견.

즉위 후 4년 동안 행해진 헌덕왕의 통치는 대략 ① 상대등·시중·도독 등 주요 관직에 대한 인사의 단행, ② 대사면·신궁 친사 등 즉위 의례의 거행, ③ 당과 발해와의 외교 교섭 등 세 가지 유형으로 대별될 수 있다. ①의 경우 신왕 즉위 후의 정계 개편 작업이지만, 즉위 공신들에 대한 논공행상의 의미도 가졌을 것이다. ②는 자신의 왕위 즉위를 선포하는 행위로서 신왕 즉위 후에 관례적으로 행해졌던 즉위 의례의 일환이었다. ③은 대외적으로 특히 당으로부터 신왕의 즉위를 공인받기 위한 것으로 이 역시 신왕의 즉위에 부수되는 일반적인 절차의 하나였다. 이렇듯 『삼국사기』는 헌덕왕의 왕위 즉위나 즉위 초의 통치에서 어떤 어려움도 겪지 않았으며, 여느 신왕과 마찬가지로 평온하고 정상적인 정치 행위가 이루어진 것으로 서술하고 있다.

그런데 811년(헌덕왕 3)의 다음의 기사에서는 이와는 조금 다른 분위기가 읽혀진다.

D. (헌덕왕 3년) 여름 4월에 처음으로 평의전(平議殿)에 나아가 정사(政事)를 처리하였다(夏四月 始御平議殿聽政).(『삼국사기』 권10, 헌덕왕 3년조)

D에서는 헌덕왕이 즉위 3년이 되는 그 해 4월이 되어서야 처음으로 정청(政廳)인 평의전에 나아가 정사를 처리했다고 하였다. 이때부터 비로소 정상적인 통치가 행해졌다는 의미로 여겨진다. 그렇다면 그는 즉위 후 약 1년 8개월여 동안 정청에 나가 정무를 보지 못하는 비정상적인 상황에 처해 있었다고 할 수 있다. 이에 더하여 이미 밝혀져 있듯이 즉위년 8월의 고애사 김창남의 파견

과 이에 따른 당 헌종의 책봉사 파견 기사가 헌덕왕 4년의 사실을 3년 소급하여 기록한 잘못을 범한 것이라면, 『삼국사기』 헌덕왕 본기의 즉위 초 기사가 보여주는 것과는 달리 오히려 사료 D에서 간파되는 비정상적인 상황이 전개되었을 것이라는 추측이 가능하다.

이렇게 보면 『삼국사기』 헌덕왕본기의 즉위 초 기사는 헌덕왕이 즉위 과정에서 저지른 조카 애장왕의 시해와 왕위 찬탈이라는 불법적 행위를 숨기려는 의도에서 서술된 것이 아닌지 의심이 간다. 이 문제는 뒤에 다시 재론하기로 한다.

3. 중국 문헌 속의 헌덕왕 즉위 초의 견당사 파견과 그 의도

『삼국사기』 헌덕왕본기의 즉위 초 기사에는 2차례의 견당사가 파견되었던 사실이 기록되어 있다. 즉 즉위 직후인 809년 8월에 고애사 김창남을 당에 보내 애장왕의 죽음을 알렸고, 이에 당 헌종은 조제 겸 책봉사로 최정 등을 파견하여 헌덕왕과 왕비를 책봉하는 한편 대재상 김숭빈 등 3인에게 문극을 하사하였다. 그리고 이듬해인 810년 10월에는 왕자 김헌장을 견당사로 보내 금은 불상과 불경 등을 바치고 당의 순종(順宗)의 명복을 빌었다고 한다. 그러나 이 중 809년 8월의 고애사 파견이나 헌덕왕에 대한 책봉 기사는 그 시기가 중국 사료와는 다르다는 점이 누누이 지적되어 왔다(권덕영, 1997, pp.75~76). 그러므로 중복의 느낌이 없지 않지만 2차에 걸친 견당사의 파견시기와 파견의 의도를 살피기 위해 중국 문헌 속의 견당사 파견 기사를 재검토하기로 한다.

먼저 고애사 김창남의 파견 및 헌덕왕 책봉과 관련된 기사를 뽑아보면 다음과 같다.

E-1. (원화 7년) 6월 정해삭(丁亥朔) …… 계사 …… 기해 …… 을축 …… 기묘(己卯)에 신라국 대재상 김언승을 개부의동삼사 검교태위 지절대도독계림주제군사 계림주자사 겸 영해군사 상주국으로 삼고 신라국왕으로 책봉하였으며, 이어서 언승의 처 정씨(貞氏)를 비(妃)로 책봉하였다. 8월 초하루 새로 신라국 대재상 김숭빈 등 3인에게 마땅히 본국의 관례에 따라 극(戟)을 내려주었다.(『舊唐書』권15, 헌종본기 하, 원화 7년조)

E-2. (원화) 7년 중흥(重興)이 죽으니 그 재상 김언승을 세워 왕으로 삼았다. (김언승이) 김창남 등을 사자로 보내 고애하였다. 그 해 7월에 언승에게 개부의동삼사 검교태위 지절대도독계림주제군사 겸 지절충녕해군사 상주국 신라국왕을 내려주고, 언승의 처 정씨를 책봉하여 왕비로 삼았다. 이어서 그 나라 재상 김숭빈(金崇斌) 등 3인에게 극(戟)을 하사하되 또한 본국의 구례(舊例)에 준하여 지급하게 하였다. 겸하여 직방원외랑 섭어사중승 최정(崔廷)에게 명하여 부절을 가지고 조제(弔祭)하고 책봉케 했는데, 그 나라의 질자(質子) 김사신(金士信)을 부사로 삼았다.(『舊唐書』권199 상, 列傳149 상, 新羅國)

E-3. (원화) 7년 (중흥이) 죽고 언승이 즉위하여 와서 상(喪)을 알리니 직방원외랑 최정에게 명하여 조문하게 했다. 또 신왕을 임명하고 처 정씨를 왕비로 삼았다.(『新唐書』권220, 列傳145, 新羅)

E-4. (원화 7년) 7월 신라왕 김중희가 죽고 그 재상 김언승이 즉위하여 사신을 보내 알렸다. 조서를 내려 언승을 개부의동삼사 간교태위(簡較太尉) 사지절대도독계림주제군사 겸 지절 충영해군사 상주국으로 삼아 신라왕으로 책봉하고 처 진씨(眞氏)를 왕비로 삼았다. 이어 유사로 하여금 격식에 준하게 하고, 겸하여 직방원외랑 섭어사중승 최정을 사신으로 임명하였다.(『冊府元龜』권965, 外臣部 封冊3)

E-5. (원화 7년) 4월 신라의 하정사 겸 고애사(賀正兼告哀使) 김창남 등 54인이 조현(朝見)하였다.(『冊府元龜』권972, 外臣部, 朝貢5)

E-6. (원화 7년) 7월 경오에 신라 질자 시위위소경 사자금어대 김면(金沔)을 광록소

경(光祿少卿)으로 삼아 조제책립부사(弔祭冊立副使)로서 최릉(崔稜)을 따라 신라에 보냈다. 8월 초하루 정해에 신라국 대재상 김숭빈 등 3인에게 칙명을 내려 본국의 구례에 준하여 극을 하사하였다.(『冊府元龜』 권976, 外臣部, 褒異3)

E-7. (원화) 7년 중흥이 죽고 그 재상 김언승이 왕이 되어 김창남 등을 사신으로 보내 고애하였다. 7월 언승에게 개부의동삼사 검교태위 지절대도독계림주제군사 겸 지절충영해군사 상주국 신라왕을 제수하고, 처 정씨(正氏)를 책봉하여 왕비로 삼았다. 이어 대재상 김숭빈 등 3인에게 극을 하사하였는데, 또한 본국에 준하여 지급하게 했다. 겸하여 직방원외랑 섭어사중승 최정에게 명하여 부절을 가지고 조제하고 책립(冊立)하게 했으며, 그 나라 질자 김사신을 부사로 삼았다.(『唐會要』 권95, 신라)

먼저 고애사 김창남의 입당에서부터 헌덕왕의 책봉에 이르는 절차를 세분하여 생각해 보면, "고애사 김창남의 입당 및 조현(朝見), 헌덕왕 책봉 요청 → 김언승을 개부의동삼사 검교태위 지절대도독계림주제군사 계림주자사 겸 영해군사 상주국 신라국왕으로, 처 정씨(貞氏)를 왕비로 책봉함 → 대재상 김숭빈 등 3인에게 문극 하사 → 직방원외랑 섭어사중승 최정을 조제 및 책립 정사로, 신라 질자 김사신을 부사로 임명함 → 최정과 김사신 및 김창남 등 신라로 옴 → 헌덕왕과 왕비에 대한 책봉 의식 거행" 등의 과정을 거쳤을 것이다.

여기서 우선 주목할 것은 이러한 일련의 일들이 있었던 시기이다. 『삼국사기』와는 달리 사료 E에서 보듯이 중국의 모든 문헌에서 김창남의 입당과 당 헌종이 헌덕왕을 책봉한 시기를 원화 7년(812; 헌덕왕 4)으로 명기하고 있다. 따라서 위와 같은 절차는 모두 812년에 있었던 것이 분명하다. 다만 자료에 따라서는 이 일들이 일어난 월일(月日)까지 기록된 경우가 있어 좀 더 구체적으로 파악할 수 있다. 하정사 겸 고애사 김창남 등 54명의 신라의 견당사가 입당하여 조현했던 것은 812년 4월이었다(사료 E-5). 이 때 김창남 등은 당에 애장왕의 죽음을 알리고 신왕으로 즉위한 김언승에 대한 책봉을 요청했을 것이다.

당 조정은 이러한 요구에 부응하여 논의와 정해진 절차를 거쳐 같은 해 7월에 당 헌종이 헌덕왕과 왕비에 대한 책봉호를 내렸다(E-2·E-4·E-7 참조). 다만 종래의 연구에서 이를 6월 혹은 7월로 보는 유보적인 견해도 있었는데(권덕영, 1997, p.75), 이는 『구당서』 헌종본기(사료 E-1)의 두찬에 이끌린 결과로 볼 수 있다. 사료 E-1을 보면 원화 7년조의 서술에서 '6월 정해삭(丁亥朔)' 기사에 이어 '기사 …… 기해 …… 을축 …… 기묘'의 일진(日辰)이 이어지고 마지막 기묘일에 김언승에 대한 책봉 기사가 기록되어 있다. 김언승의 책봉이 6월에 있었던 것으로 착각하게 만들 소지가 충분하다. 그러나 E-1의 '을축'과 '기묘'를 '정해삭(丁亥朔)'에 맞추어 날짜를 환산해 보면 39일과 53일이라는 차이가 있어 결코 6월이 될 수 없다. 『심정종람(三正綜覽)』을 참조하면 을축은 '7월 정사삭(丁巳朔)'의 초9일이고, 기묘는 23일에 해당한다. 곧 사료 E-1은 '을축' 앞에 '7월'을 누락하고 있는 것이다.

따라서 당 헌종이 헌덕왕과 왕비를 책봉했던 정확한 시점은 812년(원화 7) 7월 23일임을 알 수 있다. 그리고 사료 E-2·E-7 등에는 대재상 김숭빈 등 3인에 대한 문극의 하사가 당 헌종의 헌덕왕 책봉에 이은 일련의 조치인 것처럼 기록되어 있지만, 여기에도 약간의 시차가 있었다. 즉 E-1·E-6을 보면 책봉호가 내려진 후 8일째가 되는 812년 8월 초하루에 대재상 김숭빈 등에게 문극을 하사하였으며, 그와 동시에 조제 겸 책립사로 정사 최정과 부사 김사신이 임명되었다. 당의 조제 겸 책립사 최정·김사신과 견당사 김창남 일행은 늦어도 812년 8월 초에는 당도(唐都) 장안을 출발하여 신라를 향했을 것이다. 이들은 견당사들의 일반적인 귀국 여정이 2~3개월이었던 점을 참조하면(권덕영, 1997, pp.227~231), 812년 9월이나 10월에는 신라 왕궁에 도착하여 헌덕왕에 대한 책봉의식을 거행했던 것으로 보인다.

이상 장황하게 하정사·고애사·청책봉사의 여러 가지 목적을 가진 견당사 김창남 일행의 입당과 귀국 시기를 검토하였다. 이로써 김창남 등의 입당과 귀국이 원화 7년(812; 헌덕왕 4) 4월에서 8월 사이에 있었던 일이었음이 거듭 확인되었다. 요컨대 헌덕왕은 애장왕을 시해하고 스스로 왕위에 오른 지 4년째가 되는 812년이 되어서야 뒤늦게 김창남 일행을 당에 보내 애장왕의 죽음을 알리고, 신왕인 자신의 책봉을 요청하였다. 이렇게 헌덕왕의 고애사 파견이 늦어진 이유를 부정한 방법으로 집권한 사실을 당에 알리기가 어려웠기 때문으로 풀이한 견해가 나와 있다(최홍조, 2013, pp.239~240). 물론 타당한 견해로 보이지만 당 조야의 인식에 대한 염려 외에도 다른 사정도 있었던 것 같다. 바로 국내의 사정이다.

앞에서 『삼국사기』 헌덕왕본기 즉위 초 기사의 일반적인 기조와는 달리 헌덕왕은 3년 4월에 처음으로 평의전에 나가 직접 정사를 처리할 수 있었다. 그 이전의 1년 8개월여 동안은 신왕으로 즉위해 있었음에도 불구하고 원만한 정치 운영이 불가능했음을 의미한다. 그러다가 811년(헌강왕 3) 4월 평의전에서의 청정(聽政)이 시작된 이후 비로소 헌덕왕이 주도하는 정상적인 정치 운영이 가능할 수 있었다. 이러한 국내 상황의 호전에 힘입어 이듬해인 812년 4월에 헌덕왕은 고애사 겸 청책봉사 김창남 등을 당에 보내 애장왕의 죽음을 알리고 신왕으로서 책봉을 받는 등 묵은 숙제를 해결할 수 있었던 것이다.

실은 헌덕왕은 812년 4월의 고애사 파견에 앞서 810년(헌덕왕 2) 10월에 왕자 김헌장을 견당사로 보낸 바 있었다. 『삼국사기』는 물론 중국의 여러 문헌에서도 이 사실이 확인된다.

F-1. 헌덕왕 2년(810) 겨울 10월에 왕자 김헌장(金憲章)을 당나라에 보내 금은으로 만든 불상과 불경 등을 바치고, "순종(順宗)을 위하여 명복을 빕니다"라고 아뢰었

다.(『삼국사기』 권10, 헌덕왕 2년조)

F-2. (원화) 5년(810) 왕자 김헌장이 와서 조공하였다.(『舊唐書』 권199 상, 列傳149 상, 新羅國)

F-3. (원화 5년) 10월 신라왕이 그 아들을 보내어 금은 불상 및 불경과 깃발(幡) 등을 바치고, "순종을 위하여 복을 빕니다"라고 상언(上言)하면서 아울러 방물을 바쳤다.(『册府元龜』 권972, 外臣部, 朝貢5)

F-4. 원화 5년 10월 신라왕이 그 아들을 보내 금은 불상을 바쳤다.(『唐會要』 권45, 像)

F-5. (원화) 5년 그 나라 왕자 김헌장이 와서 조공하였다.(『唐會要』 권95, 新羅)

사료 F에 보이듯이 헌덕왕은 즉위 2년(810 ; 원화 5) 10월에 왕자 김헌장을 견당사로 당에 파견하였다. 김헌장은 원성왕의 3자인 예영의 아들로서 헌덕왕의 종제(從弟)이다. 808년(애장왕 8) 정월에 시중에 임명되어 810년(헌덕왕 2) 정월에 양종에게 물려줄 때까지 재임하였다. 재임 중 헌덕왕이 주도한 정변에도 가담했음은 물론이다. 813년(헌덕왕 5)에 건립된 「단속사 신행선사비」의 비문을 찬한 황당위위경 국상 병부령 이간 김헌정(皇唐衛尉卿 國相 兵部令 伊干 金獻貞)과 동일 인물이다(李基東, 1984, pp.165~166).

헌덕왕이 정계의 중신이자 근친인 김헌장을 견당사로 파견했던 표면적인 목적은 금은 불상 및 불경과 번(幡) 등 각종 불교 관련 물품을 바치면서 5년 전에 죽은 순종의 명복을 빈다는 것이었다. 죽은 지 5년이 지난 시점에서 새삼스럽게 순종의 명복을 비는 것도 어색하거니와, 불상 등의 불교 물품을 바친 것도 이색적인 경우라고 할 수 있다. 이에 김헌장의 견당사 파견에는 표면적인 목적과는 다른 숨은 의도가 있었다고 할 수 있다. 그 실질적인 의도는 헌덕왕 자신의 애장왕 시해와 왕위 찬탈을 통한 불법적인 왕위 즉위에 대한 당 조정의 분위기를 파악하려는 데 있었다. 즉 당 조정이 신라에서 일어난 불법적인 왕위 교체 사실을 알고 있는지 여부를 살펴 나름의 대응책을 마련하려 했던 것이 아닐까 한다. 일종의 정탐사(偵探使)였던 셈이다.

그러나 당시 당 조정의 분위기는 신라에서 일어난 불법적인 왕위 교체를 알릴만한 여건이 조성되어 있지 않았던 것 같다. 이에 김헌장은 애장왕의 사망 소식을 알리지 못하였으며, 신라의 사정을 애매하게 얼버무리고 말았던 것으로 보인다. 이로 인하여 810년의 시점에서 애장왕을 수신자로 하는 「여신라왕김중희서」가 발급되었던 것이다.

4. 「여신라왕김중희서」에 반영된 헌덕왕 즉위 초의 딜레마

「여신라왕김중희서」라는 칙서는 중국 문헌에 4종이 전해지고 있다. ① 『백씨장경집(白氏長慶集)』 권56, 한림제조(翰林制詔)3(『백씨문집(白氏文集)』 권39, 한림제조3)의 「여신라왕김중희등서(與新羅王金重熙等書)」, ② 『문원영화(文苑英華)』 권471, 번서(蕃書)4, 신라서(新羅書)의 「여신라왕김중희서(與新羅王金重熙書)」, ③ 『전당문(全唐文)』 권284, 장구령(張九齡)2의 「칙신라왕김중희서(勅新羅王金重熙書)」, ④ 『전당문』 권665, 백거이(白居易)10의 「여신라왕김중희등서(與新羅王金重熙等書)」가 그것이다.

이러한 4가지의 칙서는 일단 표제에서부터 조금씩 다르다. 또 몇몇 글자에 출입이 있으며 문장의 서술 순서가 바뀐 경우도 있다.[5] 그러나 내용 면에서는 별반 차이가 없다. 다만 『전당문』 권284에 실린 칙서에서는 저자를 장구령으로 기록한 점이 특이한데, 이는 잘못이다. 장구령(673~740)은 당 현종대에 문한관으

---

5) 『전당문(全唐文)』 권284의 장구령(張九齡) 찬 「칙신라왕김중희서」에는 말미의 '宜官吏僧道將士百姓等'이라는 구절이 '宜官吏將士百姓僧道等'과 같이 순서를 바꾸어 서술되어 있다.

로 활동한 인물로서 이 칙서가 작성된 810년 당시에는 이미 사망하여 이 세상에 없었기 때문이다.

이상 현전하는 4가지의 칙서 중에서 일단 표준으로 삼은 수 있는 것은 『문원영화』의 그것이다. 이 글에는 『백씨문집』의 그것과 대교(對校)한 흔적이 남아 있어, 『문원영화』만의 고유한 저본이 존재했던 것으로 보이기 때문이다. 『문원영화』에 실린 「여신라왕김중희서」를 원문 그대로 전재하면 다음과 같다.

G. 「與新羅王金重熙書」

勅新羅王金重熙. 金憲章及僧沖虛等至, 省表兼進獻及進功德, 并陳謝者具悉. 卿一方貴族, 累葉雄材, 秉(註 : 集作仗)忠孝以立身, 資信義以爲國, 代承爵命, 日慕華風, 師旅叶和, 邊疆寧泰, 況又時修職貢, 歲奉表章, 進獻精珍, 忠勤並至, 功德成就, 恭敬彌彰, 載覽謝陳, 益用嘉歎, 滄波萬里, 雖隔於海東, 丹悃一心, 每馳於闕下, 以玆歎賞(註 : 集作嘉尚), 常屬寢興, 勉弘始終, 用副朕意. 今遣金憲章等歸國, 并有少信物, 具在(註 : 集作如)別錄, 卿母及妃并副王宰相已下, 各有賜物, 至宜領之. 冬寒, 卿比平安好, 卿母得如, 宜官吏僧道將士百姓等, 各家存問, 遣書指不多及.(『文苑英華』 권471, 蕃書4, 新羅書)

이 칙서는 밑줄 친 표제와 서두에서 분명하게 드러나듯이 신라왕 김중희 즉 애장왕에게 내려진 것이다. 견당사인 김헌장과 승려 충허가 도착하여 외교문서를 올리고 공물과 불교 물품을 바친 다음 신라로 귀국할 즈음에 일종의 답서로서 작성된 것이다. 따라서 작성 시기는 810년이며 특히 말미 부분에 '동한(冬寒)'이 언급되어 있으므로, 810년 겨울(11월 혹은 12월)임이 확실하다.

칙서의 내용를 통해 제기되는 의문은 두 가지이다. 하나는 이 칙서의 수신자가 애장왕으로 되어 있는 이유이고, 다른 하나는 신물을 하사받은 인물로서 국왕과 왕모·왕비 등 왕실세력과 더불어 일반 신료로서 부왕과 재상이 기록되어 있는데, 이 부왕이 누구였는가 라는 의문이다. 애장왕이 칙서의 수신자가 된 이유는 견당사 김헌장이 애장왕의 사망 사실을 당에 제대로 알리지 못했으므로, 당 조정은 여전히 애장왕이 재위 중인 것으로 판단할 수밖에 없었다. 그래서 수신자를 신라왕 김중희로 하고 있는 것이다.

그러면 물품 사여의 대상으로 기록된 부왕은 누구일까. 부왕은 사전적 의미로는 정식 국왕이 아닌 왕에 버금가는 차석(次席)의 왕으로 풀이될 수 있는데, 신라에서는 부왕이라는 제도를 운영한 적도 없었고, 부왕이란 칭호가 사용된 사례도 찾아볼 수 없다.[6] 그러면 부왕이 여기에 등장하는 이유는 무엇일까. 당 황제가 견당사를 통해 신라 신료에게 물품을 하사할 경우, 그 대상자들은 신라 사신의 요청에 따라 선정되는 것으로 보인다. 예컨대 808년(애장왕 8)에 재상 김언승과 그의 아우 김중공, 왕의 친아우 소판 김첨명이 문극을 하사받게 된 것은 견당사 김력기의 요청에 의한 것이었다. 그렇다면 이 칙서에서 물품 사여의 대상자로 기록된 부왕과 재상도 김헌장의 요청에 따른 것이라고 할 수 있다. 재상에 비정되는 인물로는 일단 상대등 김숭빈(헌덕왕 4년 대재상)과 견당사 김헌장(헌덕왕 5년 국상) 자신을 꼽을 수 있다. 그런데 부왕은 표기 순서상 이들보다 상위에 있던 존재였다. 상대등·재상보다 상위의 인물이라면 헌덕왕을 제외한 다른 인물을 생각할 수는 없다. 부왕은 곧 재위 중이던 헌덕왕에 비정되는 것이다.

재위 중인 헌덕왕이 부왕으로 칭해진 것은 김헌장의 보고에 따랐기 때문일 것이다. 그는 당 조정에 애장왕의 시해와 헌덕왕의 왕위 찬탈을 제대로 알릴 수가 없었다. 그리하여 헌덕왕은 엄연한 신라왕으로 재위 중이었지만 신왕임

---

6) 『삼국유사』 권3, 탑상4, 명주오대산보질도태자전기조에는 "정신태자의 아우 부군(副君)이 신라에 있으며 왕위를 다투다가 죽음을 당하였다(淨神太子弟副君 在新羅 爭位誅滅)"라 하여 태자의 아우가 부군의 칭호를 가진 것으로 기록되어 있고, 『삼국사기』 권10, 헌덕왕 14년조에는 친아우 수종을 부군(副君)으로 삼아 월지궁에 들게 했다는 기사가 보인다. 그러나 부군을 칙서의 부왕과 같은 칭호로 보기는 어렵다.

을 알리지 못하였고 국왕보다는 하위이지만 재상과는 구별되어 그 상위에 위치하는 부왕이라는 칭호로 이 칙서에 등장하고 있는 것이다. 이를 통해 우리는 불법적인 방식으로 왕위에 오른 헌덕왕이 경험했던 즉위 초의 딜레마를 읽어낼 수 있다.

5. 『삼국사기』 헌덕왕 즉위년 견당사 파견 기사의 편년 오류에 대하여

『삼국사기』 헌덕왕 즉위년 8월조에는 고애사 김창남의 당 파견과 당 헌종의 책봉사 파견을 다음과 같이 기록하고 있다.

H. (헌덕왕 즉위년; 809) 가을 8월에 대사면을 실시하였다. 이찬 김창남(金昌南) 등을 당나라에 보내 왕의 죽음을 알렸다. 헌종이 직방원외랑(職方員外郞)) 섭어사중승(攝御史中丞) 최정(崔廷)을 보내면서 신라의 질자(質子) 김사신(金士信)을 부사로 삼아 부절을 가지고 조문 제사하고, 왕을 개부의동삼사(開府儀同三司) 검교태위(檢校太尉) 지절(持節) 대도독계림주제군사(大都督雞林州諸軍事) 겸 지절충영해군사(持節充寧海軍使) 상주국(上柱國) 신라왕(新羅王)으로 책봉하고 아내 정씨(貞氏)를 왕비로 책봉하였으며, 대재상 김숭빈(金崇斌) 등 세 사람에게 문극(門戟)을 내려 주었다(註 : 살피건대 왕비는 각간 예영(禮英)의 딸인데, 지금 정(貞)씨라 하니 모를 일이다). (『삼국사기』 권10, 헌덕왕 즉위조)

그러나 이는 중국 문헌의 기록과 비교할 때 812년(헌덕왕 4; 원화 7)에 있었던 일을 3년을 앞당겨 편년한 오류임을 앞에서 거듭 지적해 두었다. 그러면 이러한 편년 오류를 범한 장본인은 누구일까. 이에 대하여 일찍이 스에마츠가 비교적 간략하게 자신의 견해를 내놓은 바 있다.

I. "사기(史記; 『삼국사기』)는 무슨 이유로 위와 같은 연월(年月)의 개역(改易; 3년을 앞당김)을 굳이 했던 것일까. …… 만약 당사(唐史)의 기록대로 원화 7년의 일로 본다면 신라에서는 헌덕왕 4년조에 수록되지 않으면 안 된다. 그런데 『삼국사기』는 헌덕왕 2년(원화 5년)조에서 이미 당사(唐史)에 의해 왕자 김헌장의 입당을 기록했으므로, 그보다 2년이 흐른 원화 7년에 이르러 비로소 고애사를 보낸다는 것은 불합리한 것으로 된다. 『삼국사기』의 편자는 이 불합리를 합리화하기 위해 원화 7년의 기사를 3년 전인 원화 4년에 해당하는 헌덕왕 즉위년조로 옮겼을 것이다."(末松保和, 1954, pp.417~418)

스에마츠는 『삼국사기』의 고애사 김창남 파견 기사의 편년 오류는 오류라기보다 이 책 편찬자에 의한 의도적인 개역(改易)의 결과로 이해했다. 즉 김창남 파견 기사를 헌덕왕 즉위년조로 옮긴 것은, 중국 문헌에 따라 파견 시기를 812년으로 편년할 경우 810년의 견당사 김헌장 파견 기사와의 사이에 불합리한 점이 발생하게 되므로, 이를 합리화하기 위해 수정을 가했다는 것이다.

스에마츠의 주장처럼 김창남 파견 기사의 편년 오류가 『삼국사기』 편찬자에 의해 이루어졌을 가능성을 완전히 배제할 수는 없다. 해당 기사의 문장 흐름이 『구당서』 신라전의 그것과 대동소이한 점에 유의하면 『삼국사기』 편찬자가 『구당서』 신라전 기사를 채록하면서 편년만 다르게 하여 3년을 소급했을 가능성도 있다. 또 해당 기사 말미에서 『구당서』 신라전에서 왕비의 성씨로 기록된 정씨(貞氏)에 대해 의문을 제기하는 세주를 베풀고 있는 점도 『삼국사기』 편찬자가 이 기사를 『구당서』에서 채록했을 가능성을 엿볼 수 있게 한다.

그러나 이 역시 하나의 가설에 지나지 않는다. 비록 후대의 자료이기는 하나

『삼국사절요』의 해당 기사를 음미하면 이와는 달리 파악될 여지가 크다.

J. (기축년 ; 애장왕 10년 ; 당 원화 4년, 추7월) 언승이 그 아우인 제옹과 더불어 그 임
금과 그 둘째 아우를 시해하고 언승이 스스로 왕위에 올랐다. 시호를 올려 애장이라
하였다. 가을 8월에 크게 사면하였다. 이찬 김창남 등을 당에 보내어 고애하였다. <u>이찬
김창남 등을 당에 보내 고애하되, "병으로 죽었다"고 말하면서</u> 또 승습(承襲)을 청하였
다. 황제가 직방원외랑 섭어사중승 최정을 보내면서 질자 김사신을 부사로 삼아 부절
을 가지고 조제(弔祭)하게 하였다. 언승을 개부의동삼사 검교태위 지절대도독림주제
군사 겸 지절충영해군사 상주국 신라왕으로 삼고 정씨를 왕비로 책봉하였으며, 재상
김숭빈 등에게 문극을 하사하였다.(『삼국사절요』 권13, 기축 애장왕 10년조)[7]

위의 사료에서 가장 특이한 내용은 고애사 김창남이 당 조정에 애장왕의 사
망 원인을 병사(病死)라고 보고했다는 것이다. 이는 『삼국사기』나 중국 문헌의
해당 기사에는 전혀 기록되어 있지 않은 완전히 새로운 사실이다. 그러면 이러
한 『삼국사절요』의 기사는 어디에서 유래한 것일까. 찬자에 의해 창작된 허구
적인 서술이 아니라면,[8] 이는 별도의 저본 사료에 의해 서술된 것으로 볼 수밖
에 없다. 곧 『삼국사절요』의 편찬자가 참조했던 저본 사료에 김창남이 당 조정
에 애장왕이 병으로 죽었다고 보고한 내용이 있었던 것이다. 이는 물론 헌덕왕
의 애장왕 시해를 숨기기 위한 의도였을 것이다.

그러면서도 『삼국사절요』의 편찬자가 이 기사를 애장왕 10년조(곧 헌덕왕 즉
위조; 809) 8월에 편년하고 있는 사실은 각별히 유의할 대목이다. 이 기사에서 이

---

7) 거의 같은 내용의 기사가 『동국통감』 권10, 신라기, 己丑 哀莊王 10년조에도 그대로 실려 있다.
8) 유학자들의 述而不作의 편사 태도를 감안하면, 허구적 사실을 의도적으로 창작 · 삽입했다고
　　보기는 어려울 것이다.

렇게 다른 내용을 서술하면서도 이를 『삼국사기』와 마찬가지로 애장왕 10년조에 편년하고 있는 이유는 무엇일까. 두 가지의 가능성을 상정할 수 있겠다. 하나는 내용 서술과 편년이 각각 서로 다른 저본에 근거하여 이루어졌을 가능성을 떠올릴 수 있다. 즉 내용 서술에서는 『삼국사기』의 그것과는 다른 별도의 저본 사료를 채록하였고, 편년은 『삼국사기』에 의거했다고 보는 것이다. 다른 하나로는 내용 서술과 편년 모두가 하나의 저본에 근거했을 가능성을 생각할 수 있다. 즉 『삼국사절요』 편찬에 이용된 저본 사료 자체에 들어 있는, 애장왕 10년 8월에 고애사 김창남이 애장왕의 사인을 병사로 보고했다는 기록을 그대로 채록했기 때문일 가능성도 있다.

두 가지 가능성 중에서 어느 쪽이 옳은지를 단정하기란 어려운 일이다. 그러나 일반적인 편사(編史) 작업에서 내용 서술과 편년을 서로 다른 저본에 의거하여 서술하는 것은 매우 드문 경우라고 할 수 있다. 오히려 대부분의 기사는 내용 서술과 편년을 하나의 저본에 의거하고 있다. 이를 고려하여 필자는 『삼국사절요』의 이 기사의 내용 서술과 편년이 『삼국사기』 해당 기사의 저본과는 구별되는 별도의 저본 사료에 근거한 것으로 생각하고 싶다.

이상의 추론이 허용된다면, 『삼국사절요』가 채록한 모종의 저본 사료처럼 고애사 김창남의 입당과 당 헌종의 책봉사 파견 시기를 중국 문헌의 원화 7년이 아닌 원화 4년 8월로 기록된 사료가 국내에 이미 존재하고 있었음을 알 수 있다. 그렇다면 『삼국사기』에서 김창남의 입당 시기를 헌덕왕 즉위년 8월로 편년했던 것도 이 책 편찬자에 의한 의도적 개역이 아니라 편찬에 이용한 저본 사료의 편년과 서술을 그대로 채록했던 결과일 수도 있다.[9] 요컨대 『삼국사기』에서

---

9) 『삼국사기』 해당 기사의 저본이 『삼국사절요』의 그것과 같았을 가능성도 있다. 다만 그럴 경우 『삼국사기』 찬자가 이미 애장왕 시해 사실을 서술했으므로, 김헌장이 당에 병사했다는 보고 사실이 허위임을 알고 의도적으로 삭제했을 것이다.

고애사 김창남의 입당 시기를 헌덕왕 즉위년 8월로 편년된 것이 스에마츠의 견해처럼 찬자의 의도적인 개역(改易)으로 보기는 어렵다고 생각한다. 『삼국사절요』의 해당 기사에 대한 검토에서 짐작되듯이 『삼국사기』의 편찬에 이용된 저본 자료에 김창남의 입당과 그에 따르는 일련의 기사를 헌덕왕 즉위년(809; 애장왕 10; 원화 4) 8월로 편년한 내용이 들어 있었고, 찬자가 이를 그대로 채록한 결과 원래보다 3년을 소급하게 된 편년상의 오류가 발생했을 가능성이 크다.

이상 살폈듯이 『삼국사기』의 해당 기사의 편년 오류는 편찬자에 의한 의도적 수정이 아니라 그 이전에 만들어진 저본 사료를 그대로 채록한 데서 발생한 것으로 볼 수 있다. 그렇다면 우리는 『삼국사기』의 저본 사료와 같이 누가 과연 이렇게 편년을 수정했을까 라는 의문에 답하지 않으면 안 된다.

이 문제의 해명과 관련하여 우선 주목할 것은 『삼국사기』·『삼국사절요』와 같이 이 기사를 헌덕왕 즉위년 8월로 편년했을 경우, 헌덕왕에 의한 애장왕 시해와 왕위 찬탈이라는 불법 행위가 은폐되거나 희석되는 결과를 가져 온다는 점이다. 이렇게 편년이 이루어지면 비록 헌덕왕이 즉위 과정에서 불법적 행위를 저질렀다고 해도 당의 황제는 그것을 문제 삼지 않았고, 그가 왕으로 즉위하자마자 즉위의 정당성을 인정해 주었으며, 책봉을 통해 신라국왕으로서의 정통성까지 공인했다는 이해가 성립되기 때문이다. 그런 만큼 헌덕왕의 즉위 과정에서 발생했던 불법적·비도덕적 행위에 대한 비판은 약화되기 마련이다. 이렇게 보면 이러한 편년의 수정은 『삼국사절요』의 해당 기사에 나오는 고애사 김창남이 애장왕의 사인을 병사라고 보고했던 사실과 맥락을 같이 한다고 하겠다. 양자 모두 김언승의 애장왕 시해와 왕위 찬탈을 은폐하려는 의도를 갖고 있기 때문이다.

이 점에 유의하면 해당 기사의 편년 수정은 헌덕왕의 즉위 과정의 불법성을 숨기면서 오히려 그를 옹호 내지 미화하려는 의도에 의한 것으로 추정해 볼 수 있다. 그렇다면 헌덕왕의 시대이거나 아니면 그에서 멀지 않은 시기에 고애사 김창남의 입당 시기가 사실보다 3년이 빠른 헌덕왕 즉위년 8월로 수정되었을 가능성이 크다. 헌덕왕의 치세로부터 상당한 시간이 흘렀거나 혹은 신라가 멸망한 후였다면 새삼스럽게 헌덕왕을 미화할 필요가 전혀 없었을 것이기 때문이다. 그래서 필자는 헌덕왕 재위 당시이거나 아니면 그를 이어 왕위에 오른 아우 수종(흥덕왕)의 재위 중에 고애사 김창남의 파견 시점을 헌덕왕 즉위년 8월로 수정하는 작업이 이루어졌던 것으로 본다.

다만 이럴 경우 편년이 수정된 기사가 어떤 과정을 거쳐 『삼국사기』는 물론 『삼국사절요』에까지 전해지게 되었는지가 궁금하다. 주지하듯이 『삼국사기』의 편찬에서 주된 저본 자료는 『구삼국사(舊三國史)』였다. 그러므로 헌덕왕 즉위년 8월조의 기사도 『구삼국사』의 그것을 전재했을 것으로 보인다. 고려 초기에 편찬된 『구삼국사』가 이 기사의 편년을 수정하여 헌덕왕을 미화해야 할 하등의 이유가 없었으므로, 『구삼국사』 편찬자도 편년 수정의 장본인일 수가 없다. 아마 『구삼국사』의 편찬을 위해 수집된 신라시대에 기록된 저본 사료에서 이미 편년이 수정되어 있었을 것이다.

그러면 신라시대의 저본 사료는 무엇이었을까. 다양한 가능성이 있겠지만, 아래에 보이는 『향사(鄕史)』를 간과할 수 없다.

K. 가만히 당에서 벼슬살이하던 날을 생각해 보니, 유자규(柳子珪)가 동국(東國; 신라)의 일을 기록한 것을 읽었는데 서술된 정사(政事)의 조목이 왕도(王道)가 아님이 없었다. 이제 향사(鄕史)를 읽어보니 완전히 성조대왕(聖祖大王; 원성왕) 때의 사적(事迹)이었다.(崔致遠, 「新羅國初月山 大崇福寺碑銘幷書」)

위의 사료에서 최치원이 활동했던 9세기 후반 헌강왕대에 『향사』로 표현된 신라 역사서가 있었음을 알 수 있다. 물론 이 『향사』는 고유한 서명(書名)이 아니라 신라에서 자신의 역사를 기록한 사서(史書)를 의미하는 최치원식 표현이다. 그런데 최치원은 유자규의 동국사에 수록된 내용이 곧 『향사』에 들어 있는 성조대왕 곧 원성왕의 사적이었음을 확인하고 있는 것이다. 이를 참조하면 두 가지 사실이 추지될 수 있다. 하나는 『향사』는 아무리 빨라도 원성왕대 이후 시점에 쓰여졌다는 점이고, 다른 하나는 원성왕의 사적이 기록되어 있었듯이 『향사』에는 다른 신라 역대 왕들의 치적을 포함하는 역사가 수록되어 있었을 것이라는 점이다. 어쩌면 재위 순서에 따라 역대 왕들의 역사가 실려 있었을지도 모르겠다. 그렇다면 『향사』에는 당연히 헌덕왕의 치적과 그 시대의 역사도 들어 있었다고 보아야 한다.

이렇게 『향사』가 신라 하대에 쓰여졌다면 그 속에 포함된 헌덕왕의 역사 기록에서, 그의 즉위 과정에서의 불법적·비도덕적 행위를 굳이 드러낼 필요는 없었을 것이다. 오히려 그의 왕위 즉위를 합리화하는 윤색이 가해졌을 가능성이 있다. 그러므로 고애사 김창남의 입당과 당 헌종의 책봉사 파견 시기를 3년을 올려 헌덕왕 즉위년 8월로 편년을 수정했던 장본인은 『향사』의 헌덕왕대 역사를 편찬했던 신라의 사관(史官)으로 추정해 볼 수 있고, 그는 애장왕의 사인까지 병사로 보고한 내용까지 수록했던 것으로 추정된다.

이상에서 검토했듯이 『삼국사기』에서 고애사 김창남의 입당과 당 헌종의 책봉사 파견 기사를 헌덕왕 즉위년(809) 8월에 편년한 것은 3년을 소급한 분명한 오류이다. 이를 『삼국사기』 찬자의 의도적 개역으로 파악한 견해가 있지만 따르기 어렵다. 왜냐하면 『삼국사절요』의 해당 기사를 주목하면 809년 8월에 고애사로 입당한 김창남이 당 조정에 애장왕의 사인을 병사로 보고했음이 기록된 별도의 저본 사료가 존재했음이 드러나기 때문이다. 그렇다면 『삼국사기』의 편년 오류는 편찬자의 의도적 개역이 아니라 809년 8월조로 편년된 저본 사료를 그대로 채록했던 데서 발생한 것으로 보아야 한다.

이 기사의 편년을 3년 소급하여 수정한 장본인은 신라 하대에 『향사』를 편찬했던 신라의 사관으로 볼 수 있다. 그는 이 기사의 편년 수정을 통하여 헌덕왕 즉위 과정의 불법적·비도덕적 행위를 은폐하면서 그의 왕위 즉위를 정당화하려 하였다. 이는 고애사 김창남이 헌덕왕의 애장왕의 시해 사실을 숨기기 위해 병사했다고 보고했던 사실이나 『삼국사기』 헌덕왕 즉위 초 기사에서 간파되는 정상적인 정치 운영이라는 일반적인 서술 기조와 맥락을 같이 하는 것이다. 이렇게 보면 『삼국사기』는 물론 『삼국사절요』에 이르기까지 신라 하대에 편찬된 『향사』가 일정한 영향을 미쳤음을 짐작할 수 있다.

<참고문헌>

『삼국사기』, 『삼국유사』, 『삼국사절요』, 『동국통감』, 『구당서』, 『신당서』, 『당회요』, 『책부원귀』, 『백씨장경집』, 『문원영화』, 『전당문』.

末松保和, 「新羅下古諸王薨年存疑」『新羅史の諸問題』, 東洋文庫, 1954.

權悳永, 『고대한중외교사－견당사연구－』, 일조각, 1997.

李文基, 「신라시대의 겸직제」『대구사학』26, 1984.

李基東, 「신라 하대의 왕위 계승과 정치과정」『신라 골품제사회와 화랑도』, 일조각, 1984.

최홍조, 「신라 신행선사비의 건립과 그 정치적 배경」『목간과 문자』11, 2013.

〈보론 Ⅰ〉 9세기 신라의 해양을 통한 국제 교류와 통제

1. 머리말

한국 고대사회의 성장과정은 주변 국가와의 부단한 교류와 갈등이라는 시각에서 파악이 가능하다. 그러한 교류와 갈등의 주된 마당으로 해양을 주목하게 된다. 3면이 바다로 둘러싸인 반도라는 지리적 조건 위에서 성장한 한국 고대의 여러 정치세력들은 해양을 통한 교류에 관심을 가질 수밖에 없었기 때문이다. 본격적인 국가체제를 구축했던 고구려·백제·신라 삼국이 중국과 왜와의 교류 과정에서 해양을 둘러싸고 치열한 경쟁을 거듭했던 사례는 이를 방증하고 있다.

삼국시대가 해양을 통한 국제 교류가 틀을 갖추기 시작한 시기라면, 그 뒤를 이은 남북국시대는 해양의 중요성에 대한 인식이 제고되면서, 본격적인 교류가 전개된 시기라고 할 수 있다. 이에 따라 신라와 발해의 경우 바다를 통한 국제 교류와 정치적 연대가 국가의 중요 정책으로 자리 잡게 되었음을 확인하게 된다. 특히 신라는 7세기 말에 해양 문제를 전담하는 선부(船府)라는 관서를 독립시켰으며, 이후 다양한 측면에서 국가적 차원의 지원책을 마련함으로서 본격적인 해양의 시대를 열어 나갔다. 그것이 결국 9세기 전반 장보고와 그의 해상왕국으로 대표되는 신라의 활발한 국제 교류로 귀결되었던 것으로 보아도 큰 무리는 없다.

장보고로 대표되듯이 9세기의 신라는 우리 역사에서 유래를 찾아보기 어려울 정도로 해양 활동이 활발했던 시기였다. 비록 국내적으로는 왕위 쟁탈전에서 파급된 정치적 혼란과 빈번한 자연재해로 인한 농촌경제의 피폐 그리고 골품체제가 가져다 준 사회적 갈등으로 신라 사회 전체가 점차 역동성을 상실해 가고 있었던 것이 사실이었지만, 해양에서는 종전에 볼 수 없던 새로운 모습들이 현출되고 있었다. 이 시기의 신라인들은 황해와 남해를 무대로 활발한 해상 활동을 전개했으며, 그것은 매우 다양한 형태의 국제적 교류 관계를 맺는 것으로 나타나기에 이르렀다.

이와 같은 9세기대의 신라의 국제 교류 양상에 대해서는 장보고를 화두로 삼아 지금까지 수많은 연구가 이루어져 왔고,[1] 근래에는 이른바 '육지사관(陸地史觀)'에서의 탈피를 주창하며 해양사의 관점에서 우리 역사를 연구하려는 경향이 하나의 흐름을 형성하고 있다.[2] 특히 후자와 같은 관점은 장차 우리 역사의 이해의 폭을 크게 확대시킬 뿐만 아니라 이 분야의 연구에서 새로운 지평을 개척하게 될 것으로 전망된다. 그렇지만 좀 더 대국적인 견지에서 전체적인 연구 상황을 개관할 때, 중요한 하나의 측면을 간과하고 있음을 발견할 수 있다.

---

1) 관련 연구성과 목록은 해상왕장보고연구회 편, 『7-10世紀韓中日交易研究文獻目錄 資料集』, (재)해상왕장보고기념사업회, 2001 참조. 단 본고의 논지전개와 관련된 성과는 그때그때 주기(註記)하기로 한다.
2) 윤명철, 『한민족의 해양활동과 동아지중해』, 학연문화사, 2002; 윤명철, 『한국해양사』, 학연문화사, 2003; 강봉룡, 『바다에 새겨진 한국사』, 한얼미디어, 2004; 최근식, 『신라해양사연구』, 고려대출판부, 2005.

즉 종래의 연구가 신라의 국제 교류의 실상을 해명하려는데 초점이 두어져 있었기 때문에, 그러한 교류에 대한 국가적 입장에서의 통제라는 측면에 대한 검토가 누락되고 있는 것이다.

한반도의 지정학적 조건을 고려하면, 해양은 9세기 신라에서도 가장 중심적인 교류의 장이었음은 자명한 사실이다. 그러나 해양은 다른 한편으로는 국가의 안전과 존립을 위협할 수 있는 외세의 침략 통로가 되기도 하였고, 국가적 통제에서 벗어난 세력 집단이 성장 발호할 수 있는 온상이 되어 국가 통치력을 훼손할 수 있는 가능성을 잠재하고 있는 장소이기도 했다. 동서고금의 어떤 국가에서도 해양을 통한 교류의 활성화를 희구했던 것과 비례하여 다른 한편으로는 해양에 대한 적절한 통제를 시도하지 않은 경우가 없었다. 이 점 9세기 신라의 경우도 전혀 다르지 않았다. 본격적으로 해양을 통한 교류의 활성화를 추진하는 한편으로는 이에 대한 적절한 통제 정책을 마련하였던 것이다. 비록 시기적으로는 약간의 차이가 있지만, 일본과의 교류가 빈번하던 신라 성덕왕대에 왕도 경주에서 해양으로 나가는 주 통로에 모화관문(毛火關門)을 축조하여 일본과의 교류에 대한 적절한 통제를 가하고 있는 것은 그 전조가 드러난 것이라고 할 수 있다.

이 글은 이러한 문제의식에서 9세기 신라로 시기를 한정하여 이 시기에 전개된 국제 교류의 실상을 공적 교류와 민간 교류로 나누어 살피면서 그 배후에 작용하고 있었던 해양을 통한 교류에 대한 국가적인 통제 양상을 구명해 보고자 한다. 협동연구의 대주제인 「한・중・일 삼국의 해양인식과 해금」의 본격적인 검토 대상인 해금정책(海禁政策)을 이해하기 위한 일종의 전사(前史)로서의 역할을 기대하기 때문이다.

이를 위하여 먼저 9세기 신라에서 국제 교류가 활성화되는 정치・사회적 배경을 살펴보고, 다음으로는 공적 교류와 민간 차원의 사적 교류로 나누어 그 전개의 실태와 통제의 양상을 고찰하고자 한다. 다만 9세기 신라의 국제 교류에 대한 논의는 이미 수많은 연구가 이루어졌으므로, 필자의 창견을 제시하기가 어렵다. 이에 교류의 양상에 대해서는 기존의 견해를 최대한 수렴 정리하는 것으로 하고, 그에 대한 국가적 통제 정책과 그것이 지닌 의미를 살펴보는데 초점을 맞추어 보기로 한다.

2. 9세기 신라의 국제 교류 활성화의 시대적 배경

9세기의 동아시아 세계를 정치적 측면에서 관찰하면, 국내적으로는 크고 작은 사건들이 일어나고 있었지만, 6~7세기대와 같은 국제적인 분쟁은 발생하지 않았다. 전쟁의 위협이 크게 감소하면서 교류를 위한 안정 기조가 유지되고 있었던 것이다. 이러한 시기에 신라에서는 그 이전보다 국제적 교류가 상대적으로 활성화되는 양상이 보인다. 거기에는 그럴만한 시대적 배경이 있었던 것으로 생각된다. 이에 몇 가지 측면으로 나누어 9세기에 신라의 국제 교류가 활성화되었던 정치·사회적 배경을 정리해 보고자 한다.

먼저 기본적인 전제 조건으로 9세기 동아시아의 국제적 환경을 들 수 있다. 그것이 신라의 국제 교류 활성화에 기여한 면이 많았던 것으로 여겨지기 때문이다. 당과 신라, 그리고 발해와 일본의 4국이 세력 균형을 이루고 있었던 9세기의 동아시아 세계를 다소 개괄적으로 묘사하면 다음과 같다.

우선 당은 8세기 중엽에 일어난 안사의 난의 후유증을 극복하고 9세기 초에 이르면 번진에 대한 대책을 수립하는 등의 개혁을 단행하면서 서서히 안정을 되찾아 갔다. 물론 미시적인 측면에서 보자면 적지 않은 문제들이 발생했지만, 전체적으로는 9세기 말의 황소의 반란에 이르기까지 번진체제의 안정화를 바탕으로 정상적인 국가 운영의 틀이 유지되고 있었던 것으로 볼 수 있다. 신라의 경우도 김헌창의 난이나 흥덕왕 사후의 왕위 쟁탈전 등의 국내적인 정정의 불안이 없지 않았지만, 그것이 국제적인 분란으로 파생되지는 않았으며, 일본의 경우도 헤이안 시대의 평화가 유지되고 있었다. 발해도 9세기 초 선왕대에 일시 팽창정책이 시행되었지만, 해동성국의 평화를 누렸다. 이러한 안정적인 동아시아의 국제 환경이 신라의 국제 교류 활성화를 추동하는 하나의 조건이 되었다.

국제적 교류와 관련하여 당에서의 상인들의 적극적인 활동도 주목할 필요가 있다고 본다. 845년 경 두목(杜牧)이 쓴 「상이태위논강적서(上李太尉論江賊書)」[3]에 의하면 강적(江賊)이라 지칭된 무장 상인단이 양자강 중·하류 유역을 때로는 습격·약탈하고, 때로는 상업 활동에 종사하면서 지방 관부가 단속하기도 어려울 정도로 적극적인 활동을 전개하고 있었음을 알 수 있다.[4] 이들은 차와 소금을 밀매하는 상인집단이었으므로 차적(茶賊)·염적(鹽賊)으로 불리기도 하였는데, 이러한 무장 상인단의 활동은 신라 민간인들의 적극적인 상업 활동과 무관하지 않았던 것으로 보인다.

물론 국제적 환경만이 교류의 활성화를 보장하는 것은 아니었다. 9세기 신라 국내에서도 국제 교류가 활성화될 수 있는 여건이 조성되고 있었다. 이를 몇 가지 각도에서 정리해 보기로 한다.

9세기 신라의 왕경 사회는 진골 귀족의 일대 번성기였다고 할 수 있다. 지방의 전장 경영[5]과 고리대 등을 통한 거대한 재산의 축적[6]과 왕위 쟁탈전을 틈탄 자립적 성격의 증대는 진골 귀족의 번영과 사치를 불러 왔고, 그것은 진기한 해외 물품에 대한 수요 증대로 연결되었다. 이러한 수요 증대는 공급의 욕

---

3) 杜牧, 『樊川文集』 권11.
4) 이에 대해서는 松井秀一, 「唐代後半期の江淮について」『史學雜誌』66-2, 1957 참조.
5) 金昌錫, 「통일신라기 田莊에 관한 연구」『韓國史論』25, 1991.
6) 金哲埈, 「新羅 貴族勢力의 基盤」『韓國古代社會研究』, 지식산업사, 1975 참조.

구를 촉진하였고, 그것은 국제 교류의 활성화로 귀결되기 마련이었다.

진골 귀족의 사치와 해외 물품의 선호는 이미 많은 지적이 있었다.[7] 예컨대 9세기로 막 접어든 806년(애장왕 7)에는 교서를 내려 "절을 새로 짓는 것을 금하되, 다만 수리하는 것은 허락한다. 또 수놓은 비단을 불교행사에 사용하는 것과 금은으로 만든 그릇의 사용을 금한다"[8]라는 금령이 발표되고 있다. 이는 외견상 불교 사찰이나 불교행사에서의 사치를 금하는 것이지만, 그 배후에는 이러한 호화 물품의 사용을 선호하던 진골 귀족에 대한 경고가 숨어 있는 것이다.

이 진골 귀족의 사치와 해외 물품에 대한 선호는 『삼국사기』 권33, 색복지·거기지·기용지·옥사지에 기록된 834년(흥덕왕 9)의 금령에서 더욱 뚜렷하게 드러나 있다. 먼저 교서의 첫머리를 보자.

A. 사람은 상하가 있고, 지위는 존비가 있어서 명례(名例)가 같지 않고 의복도 다른 것이다. 그런데 풍속이 점차 경박해지고, 백성들이 사치와 호화를 다투게 되어 오직 외래 물건의 진기함만을 숭상하고 도리어 토산품의 비야함을 혐오하니, 신분에 따른 예의가 거의 무시되는 지경에 빠지고 풍속이 쇠퇴하여 없어지는 데까지 이르렀다. 이에 감히 옛 법에 따라 밝은 명령을 펴는 바이니, 혹시 고의로 범하는 자가 있으면 진실로 정한 형벌이 있을 것이다.(『삼국사기』 권33, 색복지 서문)

이 교서에는 골품제적 신분질서를 재확립하고, 그 토대 위에서 초월적인 왕권의 수립을 꾀하려는 국왕의 의도가 담겨져 있지만,[9] 구체적으로는 당시 신라

---

7) 대표적으로 李龍範, 「三國史記에 보이는 이슬람商人의 貿易品」 『李弘稙博士 回甲記念 韓國史學論叢』, 신구문화사, 1969 참조.

8) 『三國史記』 권10, 哀莊王 7년조.

9) 武田幸男, 「新羅骨品制の再檢討」 『東洋文化研究所紀要』 67, 1975a, pp.116~126; 武田幸男, 「新羅・興德王代の色服・車騎・器用・屋舍制」 『榎博士還曆記念東洋史論叢』, 山川出版社, 1975b

사회가 토산(土産)에 대응되는 이물(異物), 즉 진귀한 해외산 물품들에 대한 선호가 극히 높았음을 지적하고 있는 것이다. 그 중 한 예로서 색복지의 진골 여성 관련 조항만을 보기로 하자.

B. 진골 여자는, 겉옷은 계수금라(罽繡錦羅)를 금하고, 속옷[內衣]·반비(半臂)·바지·버선·신발은 모두 계수라(罽繡羅)를 금하였다. 목도리[裱]는 계(罽) 및 수(繡)에 금은실[金銀絲]·공작꼬리[孔雀尾]·비취털[翡翠毛]을 쓴 것을 금하였다. 빗[梳]은 슬슬전(瑟瑟鈿) 대모(玳瑁)를 금하고, 비녀[釵]는 무늬 새긴 것과 구슬 꿴 것을 금하고, 관(冠)은 슬슬전을 금하였다. 포(布)는 28새 이하를 쓰고, 모든 색에서 자황(赭黃)을 금하였다.
(『삼국사기』 권33, 색복지)

이는 진골 여자가 입는 의복과 관련된 금령이다. 여기에는 목도리로서 사용을 금지한 공작꼬리, 동남아에 자생하는 비취조(翡翠鳥)의 털인 비취모, 빗과 관으로 사용할 수 없도록 한 중앙아시아산 에메랄드를 상감한 슬슬전(瑟瑟鈿), 빗으로 사용하지 못하게 한 열대 바다거북 껍질로 만든 대모(玳瑁) 등이 보이고 있다. 모두 신라 국내에서는 생산되지 않는 것들로서 국제 교류를 통한 수입품이 분명하다.[10]

색복지의 서문에서 해외산 물품에 대한 숭상을 비판하고, 구체적인 금령의 내용으로 외래산 물품명을 명기했던 것은 그만큼 9세기의 신라 사회에 이런 부류의 해외산 사치품이 유행하고 있었기 때문이었음은 말할 것도 없다. 또 그 것이 주로 진골 남자나 여자에게 사용 금지 물품으로 명시되었던 것은 외래 사치품의 주된 수요층이 주로 진골 귀족이었음을 시사하는 것이다. 이와 같이 진

참조.
10) 李龍範, 「앞의 논문」 참조.

골 귀족층의 외래 물품에 대한 수요의 증대는 다양한 통로를 이용한 국제 교류를 통하여 공급을 촉진시켰을 것이 틀림없다.

이상과 같은 9세기 전반의 진골 귀족층의 상황은 9세기 후반에도 크게 달라지지 않았던 것 같다.[11] 직접적인 것은 아니지만, 다음의 사료들이 참조될 수 있다.

C-1. (847년 9월 6일) 이곳은 신라국 제3재상의 말을 기르는 곳이다.(『入唐求法巡禮行記』 권4, 大中 원년 9월 6일조)

C-2. 당 선제 14년(859) 2월 부수(副守) 김언경(金彦卿)은 일찍이 제자의 예를 갖추고 문하의 빈객이 되어 녹봉을 덜고 사재를 내어 철 2500근을 사서 노사나불(盧舍那佛) 1구를 주조하여 선사가 거처하는 절을 장엄하였다. 교를 내려 망수댁(望水宅)과 이남댁(里南宅) 등도 금 150푼, 조 2,000곡(斛)을 내놓아 공덕을 꾸미는 데 도와 충당하였다.(「寶林寺 普照禪師塔碑」, 『譯註 韓國古代金石文』 3)

C-3. 왕이 좌우 근신과 더불어 월상루(月上樓)에 올라 사방을 바라보니, 서울의 민가는 즐비하게 늘어섰고 가악의 소리는 끊임없이 일어났다. 왕이 시중 민공(敏恭)을 돌아다보고, "내가 들으니 지금 민간에서는 집을 기와로 덮고 짚으로 잇지 아니하며, 밥을 짓되 숯으로 하고 나무로써 하지 않는다 하니 사실이냐" 라고 물으니, 민공이 대답하기를 "신도 일찍이 그러하다고 들었습니다" 라고 하였다.(『삼국사기』 권11, 헌강왕 6년조)

위의 사료들은 9세기 후반 신라 진골 귀족들의 생활상의 편린을 보여주는 몇 가지 예를 뽑아본 것이다. C-1은 847년 자각대사 엔닌(圓仁)이 당으로부터 일본으로 돌아가면서 견문했던 서남해의 구초도(丘草島)에 대한 이야기인데, 그 일대에 섬을 단위로 한 제3재상의 방목장이 존재했다는 것이다. 이는 반드시 제3재

---

11) 9세기 후반 진골 귀족층의 생활상에 대해서는 南漢鎬, 「9世紀 後半 新羅商人의 動向」 『靑藍史學』 1, 1997에서 특히 자세하게 논하고 있어 이를 참조하였다.

상에 한정되는 것이 아니라 일반적인 진골 귀족들의 경제 기반 가운데 하나로 서 섬을 단위로 한 목장이 있었음을 유추하게 한다.[12] 결국 그들이 축적했던 부 의 정도를 상징하고 있는 것이다.

C-2는 진골 귀족들이 그러한 경제적 기반을 바탕으로 대규모 불상의 조성과 불사에 참여했음을 보여주는 사례이다. 사재로서 보림사에 노사나불을 주조하 여 장엄했던 김언경은 보림사 3층 쌍탑의 조성에 참여한 김수종(金遂宗)과 동일 인물로 추정되는데, 35금입택(金入宅)의 하나인 장사댁(長沙宅)의 중시조일 가능 성이 크고, 또 망수댁(望水宅)과 이남댁(里南宅) 역시 금입택(金入宅)에 속하는 존재 임이 분명하다.[13] 이들 진골 귀족은 막대한 사재를 들여 지방에 위치한 장흥 보 림사의 장엄을 주도할 정도로 거대한 경제 기반을 보유하고 있었던 것이다.

C-3은 신라 왕도 경주의 번영을 보여주는 저명한 사료이거니와, 위의 두 가 지 사례에서 보면 경주의 번영이란 곧 진골 귀족들의 번영에 다름 아니었던 셈 이다.[14] 이와 같은 거대한 부를 소유한 진골귀족들의 해외 물품에 대한 선호가 9세기 전반보다 약화되었다고는 볼 수 없다. 오히려 9세기 후반에 이를수록 진 골 귀족의 자립성이 제고되어 갔던 점을 고려하면, 사치 풍조와 해외 물품에 대 한 수요는 더욱 높았을 것으로 여겨진다. 이 역시 신라 사회에 국제 교류의 확대 를 자극하는 중요한 배경이 되었을 것이다.

진골 귀족을 중심으로 한 왕경 사회에서의 외래 물품에 대한 선호 현상은 9

---

12) 宰相家가 섬을 단위로 한 목장을 소유했던 사실은 『新唐書』의 기록에서도 확인된다.(『新唐書』 권 220, 新羅傳) 한편 서남해 지역의 진골 귀족의 목장에 대해서는 서영교, 「淸海鎭과 西南海 岸의 田莊 牧場」, 『STRATEGY』 8, 한국해양전략연구소, 2001 참조.
13) 李基東, 「新羅 金入宅考」 『新羅 骨品制社會와 花郞徒』, 一潮閣, 1984; 徐毅植, 「統一新羅期 開 府와 眞骨의 受封」 『歷史敎育』 59, 1996 참조.
14) 李基東, 「앞의 논문」; 金甲童, 『羅末麗初의 豪族과 社會變動硏究』, 高麗大民族文化硏究所, 1984, p.14 참조.

세기 중후반에 이르면 지방 사회로까지 확대되었던 것으로 생각된다. 이 점은 다음의 사료에서 짐작이 가능하다.

　　D. 이 보다 앞서 상객(商客) 왕창근(王昌瑾)이 당으로부터 와서 철원의 시전(市廛)에 임시로 거주하고 있었다. 정명(貞明) 4년 무인년(918)에 저자에서 모습이 걸출하게 크고 머리카락이 온통 희며 옛 의관을 입은 사람을 보았다. 그는 왼손에는 옹기 사발을 들고 오른손에는 옛 거울을 가지고 있었는데, 창근에게 말하기를 "내 거울을 사겠는가" 하니 창근이 곧 쌀을 주고 바꾸었다.(『삼국사기』 권50, 궁예열전)

　　위의 사료는 비록 설화적 성격을 가진 내용의 일부이지만, 여러 가지 시사적인 사실을 함축하고 있다. 우선 철원지방에 시전(市廛)으로 표현된 시장이 존재하고 있었다. 그리고 여기에는 걸출하게 큰 키에 흰 머리카락을 한 외국 상인이 출입하거나 거주하기도 했다. 물론 당시의 철원은 궁예의 본거지였던만큼 정치·사회적 중심지의 하나였으므로, 각종 물산의 집산지로서도 기능했을 것이다. 이에 원근의 상인들이 시장이 모여들어 활발한 거래가 이루어지기도 했다. 이를 통해 부를 축적한 지방민들도 적지 않았을 것이다.

　　다음으로 왕창근과 노인 사이에 낡은 거울이 쌀과 거래되었다는 내용도 의미심장하다. 이어지는 사료에는 거울이 미래를 예언하는 기능을 가진 진기한 물건으로 묘사되고 있지만, 이는 일종의 완상(玩賞) 내지 골동품(骨董品)으로 인간의 생존에 필수적인 것이 아니다. 이러한 완상품 혹은 골동품이 시전을 통해 거래되었다는 것은 그 밖의 진기한 물품의 거래를 쉽게 유추하게 한다. 요컨대 위의 사료는 9세기 중·후엽에 이르면 신라의 지방 사회에서도 부민층이 성장하였고, 그들에 의한 진기한 물품에 대한 선호 현상이 확대되었던 저간의 사정을 간접적으로나마 전해주고 있는 것이다.

이와 같이 9세기 중후반에 이르러 해외 물품의 수요층이 경주를 중심으로 한 진골 귀족에서부터 각 지역으로 확대되었을 것이라는 추측은 지방에 진골 귀족들이 낙향하여 거주하게 되었던 사실에서도 하나의 방증을 얻을 수 있다. 9세기 신라에서 진골 귀족들의 왕위 쟁탈전이 치열했음은 주지의 사실이다. 이러한 정쟁의 전개과정에서 패배한 진골 귀족이나 왕경인들은 지방으로 이주하는 경우가 많았으며, 이들은 이주한 지역에서 커다란 영향력을 행사할 수 있는 지방 세력으로 자리잡기도 하였다.[15] 대표적으로 김주원(金周元)의 사례를 들 수 있다.[16] 바로 이들과 같은 낙향 귀족이나 새로 성장한 지방의 부민층들이 왕경의 진골 귀족과 마찬가지로 대외 물품의 수요자로 자리잡았을 것이다. 나아가 왕경 사회와 더불어 지방 사회에서까지 외래 물품의 수요가 늘어났다면, 곧 그것은 국제 교류의 활성화를 이끌어낸 주요한 추동력 가운데 하나였다고 할 수 있겠다.

이상에서 살핀 바처럼 9세기대에 신라 사회의 국제 교류 확대에 대한 요구가 점증되고 있었다고 하더라도, 교류 활동에 참여하는 실제적인 담당자가 없다면 그 자체 활성화되기란 불가능한 일이다. 다음 장에서 살피듯이 9세기대 신라의 국제 교류의 전반적인 양상을 보면, 국가 차원에서 전개되는 공적 교류 활동이 점차 퇴조해 가는 대신, 민간 차원의 교류가 크게 발달했던 사실이 간파된다. 교역의 성격이라는 측면에서 말하자면 종래 성행했던 공무역이 점차 쇠퇴하는 대신 민간 중심의 사무역이 활발하게 이루어졌던 것이다. 따라서 민간 차원의 국제 교류 내지 사무역의 담당자가 출현할 수 있었던 정치·사회적 조건이 이 시기 국제 교류 활성화의 또 다른 배경이라고 말해도 좋겠다.

9세기 신라 사회에서 민간인들이 국제 교류에 참여하게 되었던 이유는 분

---

15) 金甲童, 『앞의 책』, pp.14~16; 鄭淸柱, 『新羅末高麗初 豪族研究』, 一潮閣, 1996 참조.
16) 金貞淑, 「金周元世系의 成立과 그 變遷」 『白山學報』 28, 1984; 金昌謙, 「新羅 溟州郡王考」 『成大史林』 12·13合, 1997.

석 방법에 따라 매우 다양할 수 있지만, 가장 먼저 주목해야 할 것은 이 시기 백성들의 생존을 위협했던 각종의 재난이었다. 신라의 서부지역에서 발생했던 대표적인 몇 가지의 예만 들어둔다.

E-1. (814년) 하오월 나라의 서쪽지방에 홍수가 났으므로 사자를 보내 수해를 당한 주군의 백성들을 위문하고 1년간의 조조(租調)를 면제해 주었다.(『삼국사기』 권10, 헌덕왕 6년조)

E-2. (815년) 서쪽 변방의 주군에 큰 기근이 들고 도적이 벌떼처럼 일어났으므로, 군사를 내어 이를 토벌하였다.(『같은 책』, 헌덕왕 7년조)

E-3. (816년) 농사가 흉년이 들어 백성들이 굶주렸으므로 절동(浙東) 지방에까지 가서 먹을 것을 구하는 자가 170여명이나 되었다.(『같은 책』, 헌덕왕 8년조)

위의 사료는 9세기 초반 3년에 걸쳐 거듭 자연 재해의 피해를 입은 신라 서부 지역의 지방 백성들이 어떤 움직임을 나타냈는지를 보여주고 있다. E-2에서는 기근으로 인하여 백성들이 도적화되어 갔으며, E-3에서는 식량을 구하기 위해 국내를 벗어나 당나라의 절강 동쪽 지방에까지 진출했던 사실이 보인다.

이렇게 절박한 사정을 벗어나기 위한 몸부림이 백성들로 하여금 외국으로 시야를 돌리게 했으며, 그들이 바로 민간 차원의 국제 교류를 활성화 시킨 주역들이었다. 이 점 『일본기략(日本紀略)』을 통해 신라 상인이 출현한 시기를 보면 방증을 얻을 수 있다.

9세기 전반에 보이는 신라상인의 활동상을 『일본기략』에 의거하여 정리하면 다음과 같다.[17]

---

17) 이 부분은 李成市(金昌錫譯), 『동아시아의 왕권과 교역』, 청년사, 1999, pp.172~173의 서술을 크게 참조하였다.

F. 815년 신라 상인 31명이 장문국(長門國) 풍포군(豊浦郡)에 표착.

818년 신라 상인 장춘(張春) 등 14명이 대재부(大宰府)에 와서 나귀 4마리 헌상.

820년 신라인 이장행(李長行) 등이 검은 양[羖羅] 2마리와 백양(白羊) 4마리 헌상.

824년 신라인 장보고가 대재부 방문.

835년 무렵 일기(壹岐)에 신라 상인이 자주 방문함.

838년 일기(壹岐)에 신라 상인이 끊이지 않고 왕래함.

840년 장보고의 사자가 방물을 헌상함.

많은 연구자들에 의해 지적된 바이지만, 9세기로 접어들면서 일본에는 신라 중앙 정부와는 직접적인 관계가 없는 상인집단들의 내왕이 매우 잦아지며, 그러한 왕래의 시초가 814년 신라 상인 31인이 장문국에 표착한 사건이었다. 이들은 당시 일본의 수도인 평안경이 아니라 대재부를 중심으로 한 서일본 연해지역을 대상으로 활발한 상업활동을 전개하기 시작했던 것이다. 이성시는 833년 당시의 신라 상인들의 활동 상황을 전하는 귀중한 사료 하나를 다음과 같이 소개하고 있다.[18]

G. 내(惠雲)가 전에 대재부(大宰府)의 (관음사) 강사 겸 축전국(筑前國) 강사를 맡고 있을 때, 신라의 상객이 빈번하게 왕래하며 구리 저울[銅鋺]과 첩자(疊子) 등을 가져 왔다, 이 물품을 도량에 갖추기 위해 이들과 만나서 국가 강경용의 츤시(儭施; 불사를 위해 스님에게 준 물건)로 매입하는 자가 있었다.(惠雲, 『安祥寺伽藍縁起資財帳』)

위의 사료는 『안상사 가람연기 자재장』이라는 책에 나오는 신라 상인의 활

18) 李成市(金昌錫 譯), 『앞의 책』, p.173.

동상이 기록된 부분인데, 혜운이 대재부에 체류할 당시에 직접 견문했던 것이다. 일본의 승려들이 신라 상인이 가져 온 귀한 물품을 구입하여 사찰에 수장하였던 사실이 보이고 있다.

비록 일본의 사례이지만, 신라 사회에서 발생한 연이은 재난과 신라 상인이 일본에 본격적으로 출현한 시기가 맞물려 있는 점은 주목될 필요가 있다. 각종 재난으로 생존에 위협을 느낀 신라의 백성들이 민간 차원의 국제 교류 활동에 참여했음을 시사하고 있기 때문이다.

지금까지 논급한 바와 같이 9세기 신라에서 국제 교류가 활성화 되었던 시대적 배경으로는 평화를 기조로 하는 동아시아의 국제 정세를 기본 전제로 하여 신라 사회 내부의 진골 귀족과 지방 유력자층의 해외 물품에 대한 수요의 증대, 연이은 재난으로 인한 백성들의 외국에 대한 관심과 교류의 주역으로의 참여 등을 들 수 있다. 이에 더하여 항해 기술의 발전과 항로의 개척과 같은 또 다른 배경이 존재했을 가능성이 매우 높지만, 이는 장차 별도의 주제로 삼아 정밀하게 검토되어야 할 문제이므로, 이 글에서는 검토를 생략하기로 한다.

3. 해양을 통한 국제 교류의 제양상

발해를 제외한다면, 9세기 신라가 국제 교류의 주된 통로로 삼았던 것은 그 지정학적 조건에서 볼 때 해양일 수밖에 없었다. 그리고 그 주된 교류의 대상국이 당과 일본이었음은 재언할 필요도 없다.

신라와 당·일본 간의 교류는 크게 보아 국가 내지 정부가 주도하는 공적인 교류와 사적 혹은 민간 차원에서 이루어진 민간 교류로 이대별 할 수 있다. 이는 무역이라는 측면으로 한정하면, 공무역과 사무역으로 구분될 수 있는 것과 마찬가지이다. 공적 교류의 경우는 사절의 교환이 대표적이며, 민간 차원의 교류란 경제적 관계로서의 교역이 그 중심에 위치한다.

이에 아래에서는 먼저 9세기에 걸쳐 전개된 신라의 당·일본 양국과의 공적인 교류 양상을 사절의 파견 혹은 교환이라는 측면에서 정리하고, 다음으로 교역이라는 면에 주목하여 민간 교류의 양상을 검토하고자 한다. 이러한 기본적인 실태 파악을 바탕으로 하여 민간 교류에 대한 국가적 차원의 통제 양상을 정리해 보기로 한다.

1) 공적 교류의 쇠퇴

8세기대 신라 왕조의 국제 교류는 공적인 교류에 그 무게 중심이 놓여 있었다. 당과 일본과의 사절을 통한 공적 교류는 비록 시기적으로 약간의 진폭이 있었지만, 빈번한 사절 교환을 통해 비교적 순조롭게 유지되어 왔던 것으로 평가할 수 있다.

이러한 상황은 9세기 초반에도 유지되었다. 신라의 주된 교류 대상이었던 당과의 관계에서 이 점이 잘 드러난다. 신라의 당과의 교류는 견당사를 통해 이루어졌다. 말하자면 신라의 국제 교류의 전체적인 틀은 9세기 초까지 국가 통제 하에서 관리되고 있었던 셈이다.

견당사를 통한 국제 교류의 핵심은 물론 정치적인 측면이었다. 그들은 대제국이었던 당을 왕래하면서 신라의 국제적 지위를 고양·유지시키고 양국간의 각종 현안문제를 해결했던 외교사절이었기 때문이다. 그러나 교류의 성격이 반드시 정치적인 측면에만 국한된 것은 아니었다. 조공과 회사라는 형식으로 이루어지던 공무역을 담당하는 존재였고, 신학문과 사상·예술을 수입·전파하던 문화 사절이기도 하였다.[19] 작은 예로서 8세기 이후 견당사들에 의해 수입된 당의 견직물로 인해 신라에서도 고급 직물의 생산이 가능하게 되어 귀족들의 수요를 충족시키게 되었고, 동시에 이를 다시 당에 수출함으로서 신라 자체의 산업 발달에 크게 기여한 측면이 있었다.[20] 또 공무역을 통해 당의 물품뿐 아니라 동남 아시아와 아라비아 등지의 산물도 다량으로 매입하여 국내에 유통될 수 있었던 것도 견당사가 가진 국제 교류 상에서의 경제적 위상을 잘 보여주고 있는 것이다.[21]

그러나 9세기가 전개되면서 일본과의 교류는 물론 견당사로 대표되는 당과의 공적 교류도 서서히 쇠퇴하는 양상을 보이기 시작한다. 다음의 <표 1>을 보자.

〈표 1〉 9세기 신라의 견당사 파견 현황[22]

왕명	재위년도	재위기간	파견회수	왕명	재위년도	재위기간	파견회수
애장왕	800–809	10	5	문성왕	839–857	19	4
헌덕왕	809–826	18	10	헌안왕	857–861	5	1
흥덕왕	826–836	11	8	경문왕	861–875	15	4
희강왕	836–838	3	1	헌강왕	875–886	12	5
민애왕	838–839	2	–	정강왕	886–887	2	–
신무왕	839–839	1	1	진성여왕	887–897	11	6

---

19) 權悳永, 『古代韓中外交史; 遣唐使研究 』, 一潮閣, 1997, p.251.
20) 權悳永, 『앞의 책』, p.281.
21) 權悳永, 『앞의 책』, pp.281~282. 이 시기 이루어진 공무역이란 공적인 진공과 그에 대한 회사 이외에, 필요에 따라 이루어진 조공사들의 개인적인 교역, 그리고 조공사들이 행한 국가의 공인을 받지는 않은 밀무역까지를 포함하여 공적인 국가 사절에 의해 이루어진 교역을 통칭한다.
22) 이 표는 權悳永, 『앞의 책』, pp.320~325를 재정리한 것이다.

<표 1>에서 보듯이 9세기 신라에서는 견당사의 파견이 전반적으로 줄어들고 있으며, 특히 희강왕 이후 그 횟수가 급격히 감소하고 있다. 이러한 현상은 정치적 측면에서의 필요성이 감소되었기 때문으로도 풀이할 수 있지만, 견당사가 신라의 대당 교역을 주도해 왔던 점에 유의하면, 이들과는 다른 새로운 교역 주체가 등장했음을 시사하는 것으로도 파악할 수 있다. 이러한 시각에서 보면, 흥덕왕대의 견당사가 831년 이후에는 파견되지 않고 있는 점에 눈길이 간다.[23] 이 점 828년에 청해진이 설치되었던 사실과 무관하지 않을 것이다. 즉 828년경부터 장보고가 중심이 된 신라 상인들의 교역 활동이 본격적으로 진행되면서, 견당사의 파견이 감소했던 것으로 판단되는 것이다.

이와 같이 9세기 신라의, 당과의 공적 교류에서 보이는 특징적 양상은 이전의 8세기와 비교할 때 견당사의 파견으로 대표되는 공적 교류의 횟수가 크게 감소하고 있었던 점이다. 그러나 전술했듯이 당대의 신라 사회에서 당을 통한 각종 외래 물품의 수요는 감소되지 않았고, 오히려 확대일로를 걷고 있었다. 그럼에도 불구하고 공무역의 주체였던 견당사가 감소하고 있었던 것은 이와는 다른 통로, 즉 민간 교류의 증대가 그 이면에 숨어 있었던 것으로 볼 수밖에 없다.

이러한 양상은 일본과의 교류 양상에서도 간취된다. 종래 남북국시대 신라와 일본 관계에 대해서는 752년 신라에서 견일본사 김태렴(金泰廉)을 파견한 것을 분수령으로 하여 양국 관계가 경제적인 교역 관계로 전환하였다는 설명이 주류를 이루고 있다.[24] 이에 대해 전체적으로 보아 신라의 대외 교역 질서

---

23) 흥덕왕대의 견당사 파견 기록을 보면 831년 이후 836년에 신라가 한 차례 더 사신을 파견하여 조공을 하였다는 기록(『책부원귀』 권972, 외신부 조공5, 文宗 開成 元年 12월조)이 중국측 사서에 보이지만, 『삼국사기』에는 그 목적을 숙위라고 기록하였다(『삼국사기』 권10, 흥덕왕 11년조). 모종의 성격상 차이가 있었기 때문으로 보이는데, 조공과 회사라는 교역적 성격이 배제되었기 때문으로 볼 수 있겠다.
24) 石井正敏, 「8·9世紀の日·羅關係」 『日本前近代の國家と對外關係』, 吉川弘文館, 1987에서

는 9세기 초까지는 국가 관리 하에서 운영되었다는 주장도 있다.[25] 물론 8세기 후반 이후부터 신라 상인에 의한 사적 교역이 전개되었던 것도 사실이고, 사절의 교환도 현저하게 감소하였다. 다만 신라와 당의 관계를 참조할 때, 신라 왕조가 일본과의 관계를 방치했다고는 보기 어려우므로 정부 측의 일정한 개입이 이루어졌던 것은 사실로 보아야 할 것 같다. 그렇더라도 9세기 초반 이후 일본과의 공적 교류는 약화되어 가고 있었던 것이다.

2) 민간 교류의 활성화

앞 절에서 9세기 초반 이후 신라의 해양을 통한 국제 교류 양상 가운데 공적 교류가 쇠퇴하는 현상이 나타났음을 언급하였다. 이러한 공적 교류의 쇠퇴에 반하여 사적 혹은 민간 차원의 교류가 활성화되기 시작하였다. 이를 단적으로 보여주는 것이 장보고 집단의 활동이지만, 이에 대해서는 이미 수많은 연구 성과가 온축되어 왔으므로, 이 글에서 재론할 필요는 없겠다. 그래서 아래에서는 9세기 신라와 일본과의 교류 상황, 특히 장보고의 사망 이후의 상황에 초점을 두어 9세기 신라의 해양을 통한 국제 교류가 민간 차원에서 활성화되었음을 확인하고자 한다.

9세기 전반기에 이르러 신라의 대일본 교류가 민간 중심으로 전환되어 갔음은 다음 사료에서 엿볼 수 있다.

는 신라와 일본간의 교류 관계에 대해 752년을 기점으로 양국 간 교류가 경제적인 목적으로 변화하였고, 이후 공적인 교류 대신에 신라상인들의 활동에 의한 사적 교역으로 전환하게 되었다고 하였다.
25) 李成市(金昌錫 譯), 『앞의 책』, pp.89~92.

H-1. (831년) 어리석은 인민들이 가재(家財)를 다하여 고가(高價)의 (물품을) 다투어 사들이니, 물품은 고갈되고 가산을 탕진하는 폐가 생겼다. 외국 산물에 빠져들어 국내의 귀한 물건을 멸시하니 실로 이를 단속하지 않으면 폐가 그치지 않을 것이다. 마땅히 지태재부(知太宰府)에 명하여 엄히 금제를 시행하고 거래를 금해야 한다. 상인이 왔을 때 배 위의 물품들을 모두 가려서 맞는 물품은 역에 딸려 진상하고, 적합하지 않은 물품은 부관에서 살펴 두루 교역하게 하라. 그 가격의 높고 낮음은 제값(沽價)에 의거하라. 만약 어기는 자가 있으면 특히 중과(重科)에 처하고 관용치 않을 것이다.(『類聚三代格』권18)

H-2. (842년) 신라 상고(商賈)의 무리가 돛을 휘날리며 도착하면 가져온 물건은 임의로 민간에서 교역하게 하고, 끝나면 곧바로 물리치도록 하라.(『같은 책』)

H-1은 831년 9월에 일본 태정관(太政官)이 대재부에 내린 관부(官符)의 내용이다. 활동의 주체가 모호해 보이지만 이 조항이 '마땅히 신라인의 교관물(交關物)을 검령(檢領)할 사(事)'에 해당하고 있어서 신라 상인에 대한 교역 규정임을 짐작할 수 있다. 이렇게 태정관이 대재부에 신라 상인과의 교역 규정을 제정하기를 명령할 정도로 신라 상인의 일본에서의 활동이 빈번해졌다.

H-2에는 신라 상인의 입항이 흔히 있는 일이라는 입장에서 입항 후 신라 상인과 지방민과의 비교적 자유로운 수준의 교역을 허락했음이 보이고 있다. H-1보다 10여년 뒤의 상황인데, 장기 체제는 금지했지만 자유 교역을 인정해야 할 정도로 신라 상인의 일본 왕래와 상업 활동은 보편화되어 갔던 셈이다. 즉 9세기 전반에 이르면 신라와 일본의 해양을 통한 교류는 민간 차원의 그것이 중심을 이루고 있었다. 이에 따라 일본 정부는 종래의 외국과의 전통적인

대외 교역의 원칙을 변경하지 않을 수 없게 되었으며,[26] 교역에 대한 국가적 통제도 매우 어렵게 되어갔다.

9세기 전반 신라의 민간 차원의 대외 교류를 활성화 시키고 그것을 주도했던 것은 물론 청해진을 근거로 한 장보고 집단이었다. 하지만 이에 대해서는 이미 수많은 선행연구가 나와 있으므로 여기서는 자세한 언급을 생략한다. 그러나 841년 장보고의 사망과 청해진의 해체라는 교역의 핵이 소멸되고 난 이후에도 신라의 대외 교류의 주축은 민간 차원의 그것이었다. 9세기 후반의 상황을 살펴보면 이 점이 확인될 수 있다.

앞의 <표 1>을 보면 9세기 후반에 왕권이 어느 정도 안정을 회복한 다음에도 견당사의 파견이 증가하지 않음을 알 수 있다. 즉 헌안왕부터 진성여왕까지 40여 년간(856~897)의 견당사 파견이 16회에 그치고 있는 것이다. 그리고 이는 다른 시각에서 보자면 장보고 세력의 해체 이후에도 당과의 교류를 통해 신라 사회 내부의 외국 물품에 대한 수요를 충족 시켜주던 또 다른 세력이 존재했음을 짐작케 한다. 그러한 존재로는 민간 상인 집단을 상정할 수밖에 없다.

일본과의 교류도 마찬가지였을 것이다. 비록 9세기 전반의 사례와 같이 신라 상객·신라 상고 등으로 명확히 그 실체가 표현된 신라 상인의 활동은 사료에서 쉽게 찾아지지 않는다. 그러나 국내 사료를 통해 그 활동상이 유추되는 해상세력 출신 호족들의 존재나 일본 측 자료 속의 신라 해적(海賊)의 활동은 곧 9세기 후반 신라 민간 상인의 활동을 반영한 것으로 보아도 큰 무리는 없다.

9세기 후반을 전후하여 한반도 서남해안에는 교역이 가능한 조건을 갖춘 포구를 중심으로 해상 교역 세력들이 다수 등장하였다. 후당(後唐)과의 교류 과정에서 천주절도사(泉州節度使)를 자칭하였고[27] 후당 명종(明宗)으로 부터 권지

---

26) 田島公, 「大宰府鴻臚館の終焉」 『日本史研究』389, 1995 참조.
27) 金庠基, 「羅末 地方群雄의 對中通交」 『黃義敦古稀紀念 史學論叢』, 1960, pp.60~61.

강주사(權知康州事) 회화대장군(懷化大將軍)으로 책봉된 왕봉규(王逢規)[28]는 그 대표적 사례가 된다.[29] 또 송악(개성)을 근거지로 하면서 예성강 하구를 거점으로 삼아 활발한 대외교역을 전개했던 왕건(王建) 가문도 빠트릴 수 없다.[30] 이에 대해서는 이미 자세한 연구가 있었지만, 여기서는 이를 적극 수렴하여 9세기 후반의 신라 상인의 활동상을 파악하는 사례로서 이에 접근해 보고자 한다.

I-1. 강충(康忠)은 체모가 단정 근엄하고 재예(才藝)가 많았는데 서강(西江) 영안촌(永安村)의 부자집 딸 구치의(具置義)라고 하는 처녀에게 장가를 들어 오관산(五冠山) 마가갑(摩訶岬)에서 살았다. 이에 강충이 군의 사람들과 함께 산의 남쪽으로 옮겨 살며 소나무를 온 산에다 심고, 인하여 송악군(松嶽郡)이라고 개명하고 드디어 군의 상사찬(上沙湌)이 되었으며 또 마가갑의 집을 영업지(永業地)로 삼아 왕래하였다.(『고려사』 권 1, 고려세계)

I-2. 당나라 숙종 황제가 황자로 있을 때 바다를 건너 패강(浿江)의 서쪽 포구에 이르렀는데 조수가 물러가자 강기슭이 진흙투성이가 되는지라 따르던 관리가 배 안에서 돈을 꺼내어 깔고 언덕에 올라갔다. 후에 그 포구의 이름을 전포(錢浦)라 하였다. 작제건(作帝建)이 어려서 총명하여 지혜롭고 용맹이 있었다. 나이 5~6세에 어머니에게 묻기를 "나의 아버지는 누구십니까"라고 하니 어머니는 "당나라 사람이다"라고만 말하였는데 대개 그 이름을 알지 못하는 까닭에서 였다. 이에 아버지를 찾아보고자 상선을 타고 가다가 바다 가운데에 이르니 구름과 안개가 끼어 어두컴컴하여져서 배가 3일 동안을 나가지 못하였다. …… 이에 칠선(漆船)을 타고 칠보(七寶)와 돈을 싣고 바다를

---

28) 『삼국사기』 권12, 경명왕 8년조; 『新五代史』 권5, 同光 2년 정월조; 『册府元龜』 권972, 外臣 部, 朝貢, 同光 2년 정월조.

29) 이현모, 「羅末麗初 晉州地域의 豪族과 그 動向」 『歷史敎育論集』 30, 2003.

30) 金庠基, 「古代의 貿易形態와 羅末의 海上活動에 就하야」 『震檀學報』 1·2, 1934·1935.

건너 순식간에 언덕에 이르니 곧 창릉굴 앞 강변이었다. 백주(白州)의 정조(正朝) 유상희(劉相晞) 등이 듣고 말하기를 "작제건이 서해의 용녀에게 장가들고 돌아왔으니 참으로 큰 경사라 하겠다"고 하며 개주·정주·연주·백주 4개 주와 강화현·교동현·하음현(河陰縣) 3개 현의 사람을 거느리고 그를 위하여 영안성(永安城)을 쌓고 궁실을 지었다.(『같은 책』)

위 사료는 『고려사』 고려세계(高麗世系)에 인용된 김관의(金寬毅)의 『편년통록(編年通錄)』 중의 일부이다. 왕건의 선조인 호경(虎景)의 아들 강충에 대한 내용과, 왕건의 조부인 작제건에 대한 이야기이다. 설화적 색채가 강한 자료이기 때문에 선뜻 사실로 받아들일 수 있을지에 의문이 생길 수 있다. 그러나 이 설화의 배경에는 왕건 선대의 실제적인 활동 내용이 반영되어 있으므로, 이를 통해 우리는 왕건 선대의 상인으로서의 활동상을 추출할 수 있다.

이 사료에는 왕건 가문이 대대로 해양을 통한 교역에 종사했던 사실이 드러나 있다. I-1에서 강충의 처가가 되는 서강 영안촌의 부자집은 서강이라는 표현에 유의하면, 포구에 위치하여 강이나 바다를 통한 교역 활동의 결과로 부를 축적한 가문으로 보아도 큰 무리는 없다. 강충은 처가 쪽의 부에 힘입어 송악군의 상사찬이 되었다고 했다. 곧 송악군을 지배 권역으로 하는 호족으로 자립하게 되었음을 암시하고 있다.

나아가 I-2에는 왕건의 조부 작제건이 본격적으로 바다를 통해 교역 활동을 벌인 사실이 반영되어 있다. 당의 숙종이 황자 시절에 패강의 서쪽 포구에 이르러 진펄을 건너기 위해 바닥에 돈을 깔았다고 하는 이야기는 교역을 통해 부를 축적했던 이방인 출신 상인들이 존재했기 때문에 나올 수 있는 설화이다. 또 작제건이 아버지를 찾아 상선을 타고 바다로 나갔다가 바다 속 용녀와 혼인하여 막대한 부를 쌓았다는 설화는 반대로 바다를 통한 교역으로 많은 부를 쌓은 신라 상인이 있었던 역사적 사실을 배경으로 해야 만들어질 수 있는 이야기이다.

요컨대 사료 I는 서강과 패강, 개주·정주·염주·백주, 강화현·교동현·하음현 등의 지명을 참조할 때 왕건 가문으로 대표되는 해상 교역 세력이 한반도의 중서북부 서해안 지역(평안도·황해도·경기도 일대)을 근거로 하여 활발하게 교역 활동에 종사했음을 알려준다. 특히 숙종 설화나 서해 용녀와의 혼인 설화는 교역의 대상 지역이 지리적으로 가까운 중국이었음을 시사한다고 하겠다.[31]

이 시기 서해안 일대에서 교역에 종사한 유력 세력들이 속속 등장했음은 왕건의 혼인 기사에서도 추론이 가능하다.

J-1. 신혜왕후(神惠王后) 류씨(柳氏)는 정주인(貞州人)으로 삼중대광 천궁(天弓)의 딸이다. 천궁은 집이 크게 부유하여 그 읍의 사람들이 장자(長者)라고 칭하였다.(『고려사』권88, 후비열전)

J-2. 장화왕후(莊和王后) 오씨(吳氏)는 나주인(羅州人)인데 조부는 부돈(富伅)이고 아버지는 다련군(多憐君)이다. 대대로 나주의 목포에 살았는데 다련군이 사간(沙干) 연위의 딸 덕교에게 장가들어 왕후를 낳았다.(『같은 책』)

위의 사료는 왕건의 비인 신혜왕후와 장화왕후의 출신과 관련한 기록이다. 두 왕후의 출신 가문의 공통점은 정주와 나주라는 서해의 해상 교통의 요지를 근거로 하고 있었으며, 그 지역의 유력자로서 상당한 재력을 보유하고 있었던 점이다.[32] 먼저 정주의 류씨는 왕건이 나주를 정벌할 당시 군사기지로서 정벌

---

31) 朴漢卨, 「羅末麗初의 서해안교섭사 연구」, 『國史館論叢』7, 1989.
32) 姜熙雄은 이들의 이름 자체가 경제력과 관련이 있다고 보았다(姜熙雄, 「高麗 惠宗朝 王位繼承亂의 新解釋」 『韓國學報』7, 1977).

군을 머물게 하여 풍족하게 먹였다는 기록이나,[33] 이후 대규모의 전함을 수리하고 병사들을 묵게 하는 등의 기록[34]을 통해서 대단한 부자였음을 짐작할 수 있다. 또 나주 오씨는, 비록 후대의 자료이지만, 그 조상이 중국 상인으로서 해외 무역 상인들을 따라 신라로 왔다는 기록[35]이 암시하듯이 상업 활동으로 부를 축적했던 것으로 볼 수 있다. 말하자면 이들 가문의 경제력 역시 왕건 가문과 마찬가지로 9세기 후반대의 해상을 통한 교역을 바탕으로 축적되었으며, 해상 활동의 과정에서 이미 상호간에 접촉이 있었을 가능성이 크다.[36] 왕건과 두 왕후와의 혼인은 이러한 선대 이래의 관계가 배경이 되었을지도 모른다.

이상에서 살폈듯이 9세기 후반의 신라에서는 민간 상인들의 활동이 활발하였으며, 상업 활동을 통해 부를 축적한 그들이 호족세력으로 자립하는 경우가 많았음을 알게 되었다. 이는 결국 9세기 후반대에도 신라의 국제 교류 양상이 민간 교류 중심으로 전개되었음을 잘 보여주고 있는 것이다.

한편 많은 연구를 통해 9세기 전반 신라의 국제 교류를 주도했던 것이 장보고 세력이었음은 잘 밝혀져 있다.[37] 이들은 청해진을 거점으로 재당·재일본 신라 상인 집단까지 포섭하여 신라와 당, 그리고 일본 간의 교역을 장악함으로써, 민간 교류를 크게 활성화시켰던 것이다. 그러나 장보고는 문성왕 납비(納妃) 문제가 불씨가 되어 841년에 암살되고 말았으며,[38] 그의 사망과 근거지였던 청해진의 혁파는 동아시아 삼국의 기존 교역질서에 일정한 영향을 미치게 되었다.

---

33) 『고려사』 권1, 太祖 2년 기사조.
34) 『고려사』 권88, 后妃列傳.
35) 『증보문헌비고』 권49, 氏族4.
36) 이러한 시각에서의 접근은 張學根, 「장보고 해상세력과 고려건국의 연계성」 『STRATEGY』21, 2001이 참조된다.
37) 장보고와 그 세력에 대한 연구성과의 종합적인 정리는 高慶錫, 「淸海鎭 張保皐勢力 硏究」(서울대 문학박사 학위논문), 2006 참조.
38) 장보고의 사망 시점에 대해서는 서로 다른 기록이 보이나 841년으로 보는 것이 통설이다.

그럼에도 불구하고 신라의 해양을 통한 국제 교류의 주도권을 민간이 장악하고 있었던 사실은 크게 달라지지 않았다. 우선 장보고 사망 직후인 840년대에 그 뒤처리 과정에서 발생한 내용을 전하는 다음의 사료를 주목해 보자.

K. (842년) 신라인 이소정(李少貞) 등 40명이 축자대진(筑紫大津)에 도착하였다. 대재부에서 사신을 보내 온 까닭을 물으니 우두머리인 소정이 "장보고가 죽고 그의 부장(副將) 이창진(李昌珍) 등이 반란을 일으키고자 함에 무진주 열하(列賀, 別駕의 오기) 염장(閻丈)이 군사를 일으켜 토벌하여 평정하였으므로 지금은 이미 아무 걱정이 없습니다. 다만 적의 무리들이 망을 빠져나가 문득 당신들 나라에 도착하여 백성들을 소란스럽게 할까 두렵습니다. 만약 그 쪽에 도착한 배 중에서 공식문서를 가지지 않은 자가 있으면, 청컨대 있는 곳에 엄히 명하여 심문하여 붙잡아 들이십시오. 또 지난해 회역사(廻易使) 이충(李忠)과 양원(楊圓) 등이 가지고 온 물건들은 곧 부하 관리와 죽은 장보고 자손들에게 남겨진 것이니 바라건대 빨리 보내주십시오, 그런 까닭에 염장이 축전국(筑前國)에 올리는 첩장(牒狀)을 가지고 찾아뵈러 왔습니다."라고 하였다.(『속일본후기』권11, 承和 9年 정월 10일조)

K에는 장보고가 암살당한 뒤 부장 이창진을 중심으로 한 잔존세력이 저항을 꾀하다가 염장에 의해 진압 당하였고, 그 무리 중에서 일본으로 탈출한 자들을 파악하는 등 사후 뒤처리를 위하여 이소정 등 40명을 일본에 파견했음이 보이고 있다. 여기서 유의할 것은 이소정을 파견하여 이 사건을 수습했던 책임자가 무진주 별가 염장으로 추정되는 점이다. 물론 그는 직접 장보고 암살에 성공한 당사자이고, 또 무진주 별가라는 관직에 있었으므로 중앙 정부를 대리하여 책임자가 되었을 수 있다. 그러나 이소정이 소지한 첩문(牒文)이 신라와의 공적인 교섭창구인 대재부나 일본 조정이 아니라 축전국이며, 첩문을 통한 요

구의 이면에 앞으로도 계속 일본과 교류 관계를 유지하고 싶어 하는 의도가 읽혀진다. 이는 곧 염장 세력이 중앙정부 차원보다는 청해진과 같은 방식, 즉 민간 차원의 교류가 유지되기를 희망했음을 보여준다. 장보고의 사후에 보이는 이러한 현상은 이미 활성화된 민간 차원의 교류가 더 이상 되돌릴 수 없는 대세였음을 시사하는 것으로 여겨진다.

이렇게 9세기 후반에 신라의 일본과의 해양을 통한 교류가 민간 중심의 양상으로 고착되고 있었던 것은 일본 측 자료에 신라 백성에 대한 기록이나 신라 해적에 대한 기록이 크게 늘어나고 있는 점에서 거듭 확인될 수 있다.

L-1. (862년) 대재부에 명을 내려 지시하였다. 최근 경사(京師)에서 빈번하게 괴의한 일이 일어남을 보게 된다. 음양료(陰陽寮)가 주변 나라의 병사들이 와서 가만히 살펴볼 가능성이 많다고 보고하였다. 따라서 안이하게 위험을 잊지 말고, 열심히 경계에 힘쓰도록 하라.(『일본삼대실록』, 貞觀 8년 4월 17일조)

L-2. (862년) 천황이 칙명을 내렸다. 옛날 괴의한 일이 자주 보이면 기초(蓍草)나 거북으로 점을 쳤다. 신라의 적병이 항상 틈을 엿보므로 재앙이나 변괴한 일이 일어남이 오직 이 일과 관계가 있다.(『같은 책』, 정관 8년 11월 17일조)

위에는 일본 조정이 주변 나라 병사나 신라 적병을 언급하며 경계심을 나타내고 있는데, 그것이 신라 국가 차원의 군사력일 가능성은 낮다. 다음에서 보듯이 신라 해적을 의식한 것으로 보인다.

M-1. (869년) 대재부에서 "지난 달 22일 밤에 신라 해적이 배 두 척을 타고 박다진(博多津)에 와서 풍전국의 연공(年貢)인 견면(絹綿)을 약탈하여 곧 바로 도망하여 숨었습니다. 군사를 보내 뒤쫓았으나 적들을 사로잡지 못했습니다"라고 아뢰었다.(『일본삼대

실록』, 貞觀 11년 6월 15일조)

M-2. (893년) 대재부가 전령을 보내 보고하였다. 신라 해적이 비후국(肥後國)의 포전군(飽田郡)에 침입하여 사람과 집을 죽이고 불태우고 비전국(肥前國)의 송포군(松浦郡)으로 도망하였다.(『일본기략』 寬平 5년 5월 3일조)

M-3. (894년) 대재부가 전령을 보내어 신라해적이 대마도에 도착했음을 상주하였다. (『같은 책』 寬平 6년 3월 13일조)

M-1의 869년의 신라 해적 침입 사건은 이듬해 대재부에 거주하면서 교역 활동을 하고 있었던 신라 상인들을 경도(京都)로 압송했다가 육오(陸奧)의 공지(空地)로 추방하는 데까지 확산되었다.[39] 신라 해적의 침입이 대재부 주재 신라 상인에게까지 화가 미치게 된 이유는 해적으로 표현된 존재도 실은 상인 집단과 다르지 않았기 때문이다. 물론 M-2와 같이 일본 열도 곳곳의 해안 지역을 약탈했던 경우가 없지는 않았을 것이다. 그들은 유사시에 대비하여 일정 수준의 무장을 갖추고 있었기 때문이다. 그렇다고 하여 그들을 약탈만을 일삼는 해적으로 치부할 수는 없으며, 교역 활동을 주목적으로 하는 상인들로 이해되어야 한다. M-3의 경우에 보듯이 신라 해적으로 표현되었음에도 불구하고, 그들이 대마도에 도착했다고 하여 그들이 약탈자가 아니었음을 시사하고 있는 것이다. 이로써 볼 때 9세기 후반의 일본 측 사료에 신라 해적으로 기록된 존재는 곧 신라 상인에 다름 아니었다. 관평기(寬平期; 889~898)로 한정하더라도 일본 측 사료에는 신라 해적 기사가 10여 회나 빈출하고 있는데,[40] 이 역시 신라 상

---

39) 이 사례를 비롯한 신라 해적과 신라 상인의 관계에 대해서는 李炳魯, 「고대 일본열도의 신라 상인에 대한 고찰」 『日本學』 15, 1996a; 「일본 지배층의 對新羅觀 정책 변화의 고찰」 『大丘史學』 51, 1996b에서 자세하게 고찰된 바 있다.

40) 李炳魯, 「앞의 논문」(1996b), pp.19~20.

인들이 활발한 활동을 벌였던 증거로 풀이된다.

이상과 같이 9세기 후반에 이르면 신라의 해양을 통한 국제 교류는 민간 중심의 교류로 고착화되어 있었으며, 그것이 크게 활성화되고 있었던 것이다.

4. 민간 교류에 대한 국가의 통제 양상

9세기 신라의 해양을 통한 국제 교류 양상은 공적 교류가 쇠퇴하고, 민간 차원의 사적인 교류가 크게 활성화되어 있었다. 이렇게 민간 교류가 활성화되자 신라 중앙 정부는 이를 방치해 두지 않고 국가적 차원에서 나름의 다양한 통제 정책을 시행했던 것으로 보인다. 이 글에서는 그 가운데서 군진(軍鎭)의 설치와 운용을 통한 물리적 통제와 첩(牒)이라는 행정문서를 활용한 통제, 두 가지만을 골라 통제 정책의 일면을 살펴보기로 한다.

먼저 패강진에서의 물리적 단속을 보여주는 사례를 보기로 한다.

N. (814년) 처음 당나라에 갈 때 죄인의 무리와 함께 같은 배를 타고 취성군(取城郡)에 이르렀다. 군감(郡監)이 이를 알고 칼을 씌워 가두고 추궁하였다. (적인)선사가 옳고 그름[黑白]을 말하지 않으니 또한 다 같이 하옥(下獄)되었다. 군감이 사실을 갖추어 아뢰고 교(敎)를 받아 30여 명을 목 베었다. 마침내 순서가 선사에게 이르자 선사는 얼굴이 온화하여 죄인과 같지 않았고, 스스로 형장에 나아가니 군감이 차마 바로 죽이라고 하지 못하였다. 곧 다시 명령이 있어 석방되니 오직 선사만이 죽음을 면하였다.(「大安寺 寂忍禪師塔碑」『譯註 韓國古代金石文』3)

N은 814년에[41] 적인선사가 직접 겪은 일로서 입당 도중에 죽음 직전까지 몰렸던 일화이다. 일종의 밀항선으로 여겨지는 배에 죄수들과 함께 탄 적인선사는 신라 영역을 벗어나지 못하고 서북 변경에 위치한 패강진(浿江鎭)의 관할 구역인 취성군(取城郡; 황주)에서 군감의 단속에 걸려 어려움에 빠지게 되었다. 이 군감이라는 관직은 내지의 일반 군에는 보이지 않는 특이한 관직이다. N에는 그가 범법자를 체포하여 옥에 가둔 다음 상부[42]에 이 사실을 아뢰어 명령[敎]를 받아 30여인을 참수하는 등 형벌을 집행하는 당사자로 나오고 있다. 따라서 군감은 취성군의 치안을 책임지고 있었던 군의 최고 관직자로서 내지의 군태수에 비길 수 있겠다.

그런데 내지의 군태수와는 달리 취성군 군감은 불법 항해자를 단속하는 일도 수행하고 있다. 아마 해상교통로를 경비·감찰하는 임무까지 맡았던 것으로 보인다.[43] 그것은 취성군이 대중국 교통로상의 주요 거점 가운데 하나인 패강(대동강) 하구[44]와 인접한 지역이었고, 또 군진인 패강진에 소속되어 있었기 때문일 것이다. 이를 통해 우리는 해상교통로의 주요 거점 지역의 지방관이나 대부분 바다를 끼고 설치된 군진에 소속된 지방관들은 항로의 경비와 감찰, 통제의 임무가 부여되어 있었음을 짐작할 수 있다.

이러한 사실은 신라가 해양을 통한 교류에 대한 통제를 강화했음을 말해준다. N에서 보듯이 불법적인 경우 이를 단속하여 즉결 처분을 할 정도로 엄격하게 운

---

41) 이 비문에는 "乃以元和九載 秋八月 駕言西邁也. 時也 天不違乎至誠 人莫奪其壯志"라 하여 寂忍禪師가 元和 9년(814) 입당 도중 겪었던 어려움을 암시하고 있어, 위의 사료에 보이는 일화를 뒷받침하고 있다.

42) 이때 취성군 郡監이 보고하고, 명령을 받고 있는 상부는 패강진 본영이었다(李文基, 「景德王代 軍制改革의 實態와 新軍制의 運用」 『新羅兵制史研究』, 一潮閣, 1997, pp.421~422).

43) 李成市(김창석 역), 「앞의 책」 참조.

44) 『新唐書』 권43, 地理志7(下)에 인용된 賈耽의 方域道里數記 참조.

영하였던 것이다. 국가에서 허락받지 못한 민간 차원의 교류도 이러한 통제에서 자유로울 수 없었음은 물론이다. 해상교통로의 감찰 등을 통한 민간 차원의 교류에 대한 통제 시스템은 중앙집권력의 약화에 따라 점차 이완되어 갔겠지만, 신라 국가가 민간 교류를 그대로 방임하지는 않았음을 잘 보여주고 있다.

한편 신라 중앙 정부는 공적인 문서인 첩문의 발급을 통해 민간 교류를 통제하기도 하였다. 일본 측 사료에는 9세기 일본과의 교섭 과정에서 신라가 첩문을 발급했음이 다음과 같이 기록되어 있다.

O-1. (836년) 신라국 집사성에서 일본의 태정관에게 첩문을 보낸다. 기삼진(紀三津)이 조빙사(朝聘使)라 칭하고 예물을 가지고 있으나, 공첩(公牒)을 살펴보니 거짓이고 사실이 아니다. …… 오직 태정관에 첩을 보내고 아울러 청주(菁州)에 첩을 내어 사안을 헤아려 바다를 건너는 동안의 양식을 지급하여 본국으로 돌려보내니 처분하라. 서장(書狀)에서와 같이 판단하여 태정관에게 첩문을 보내니 청컨대 상세히 살피기 바란다.(『속일본후기』권5, 承和 3년 12월 2일조)

O-2. (845년) 대재부에서 역마를 달려 "신라인이 강주(康州)의 첩문 2통을 가지고 본국의 표류인 50여명을 압송하여 왔습니다"라고 말하였다.(『같은 책』권15, 承和 12년 12월 5일조)

O-3. (842년) 신라인 이소정 등 40명이 축자대진(筑紫大津)에 도착하였다. 대재부에서 사신을 보내 온 까닭을 물으니 우두머리인 소정이 " …… 만약 그 쪽에 도착한 배 중에서 공식문서를 가지지 않은 자가 있으면, 청컨대 있는 곳에 엄히 명하여 심문하여 붙잡아 들이십시오. …… 그런 까닭에 염장이 축전국(筑前國)에 올리는 첩장(牒狀)을 가지고 찾아뵈러 왔습니다'라고 하였다.『같은 책』권11, 承和 9年 정월 10일조)

O-1에는 신라 집사성이 일본 태정관에게 보낸 첩문과 청주(강주; 진주)에 발

급한 첩문 두 가지가 보인다. 전자는 국가 간의 공적 교류에 사용된 외교문서의 한 종류이고 후자는 신라 내부에서 관청 사이에 오고간 공문서이므로, 첩문은 일상적인 행정 업무 처리에 사용되는 것으로 볼 여지가 있다. 그러나 유의할 것은 집사성이 하필 청주로 첩문을 보내 기삼진 일행에게 한해 도중에 필요한 양식을 제공하라고 명령하고 있는 사실이다. 이는 청주가 일본과의 교류 업무를 담당한 관청이었음을 보여준다. O-2의 사료도 마찬가지이다. 일본 표류인을 호송하는데 강주에서 발급한 첩문을 소지한 신라인이 그 책임을 맡고 있다. 역시 강주(=청주)가 일본과의 교류에 있어 이를 공적으로 보증하는 기관으로 기능했음을 말하고 있다. 따라서 O-1·2에 보이는 첩문은 단순한 행정문서가 아니라 공적 교류임을 보증하는 문서로 기능했다고 하겠다. 그렇다면 이러한 첩문을 소지하지 않았을 경우는 결국 통제의 대상이 되었음이 분명해 보인다. 요컨대 첩문이 민간 교류를 통제하는 하나로 수단으로 활용되었던 것이다. 그래서 O-3에는 이소정이 무주 별가 염장의 첩문을 소지했다고 강조하면서, 이전에 탈출한 배 가운데서 공식문서, 곧 첩문을 갖고 있지 않은 자는 체포하기를 요구하고 있는 것이다. 이를 통해 국가 차원에서 발급되어 교류 통제의 수단으로 기능했던 첩문이 민간 차원에까지 확산되어 갔음을 짐작할 수 있다.

이상 9세기의 신라는 군진이나 해상교통로 상에 위치한 주요 거점의 지방관에게 항해의 감시·감찰 임무를 부여하여 민간 차원의 교류를 통제하였으며, 또 '첩'이라는 문서를 활용하여 통제를 시도하였다. 이러한 민간 교류에 대한 통제는 궁극적으로 해금이나 해방(海防) 정책의 실마리가 될 가능성이 있었지만, 신라 말기 대혼란의 시대가 도래하면서 더 이상 진전을 보지 못하고 말았다.

5. 맺음말

지금까지 대단히 거칠게 9세기 신라 왕조의 해양을 통한 국제 교류의 양상과 그 시대적 배경, 그리고 민간 교류의 활성화에 대응한 정부 차원의 통제정책을 개관하였다. 이미 많은 연구 성과가 온축된 부분이므로, 기존의 연구를 수렴·정리하면서 약간의 견해를 덧붙이는 방식으로 논지를 전개하였다. 이제 이상에서 논의한 바를 요약하고, 민간 교류에 대한 통제정책이 가진 역사적 의미를 공동연구의 주제인 「한·중·일 삼국의 해양인식과 해금」이라는 전체 맥락에 맞추어 그 역사적 의미를 생각해 보는 것으로 맺음말에 대신하고자 한다.

첫째, 9세기 신라의 국제 교류의 양상은 공적 교류와 민간 교류로 대별되며, 양자 모두 활발한 전개 양상을 나타내었지만, 특히 민간 교류가 크게 활성화되고 있었다. 둘째, 9세기 신라의 국제 교류가 활성화되었던 시대적 배경으로는 진골 귀족들이 부의 축적을 바탕으로 외국산 진기한 물품에 대한 수요가 크게 늘어났으며, 골품제의 억압으로 정치·사회적 성장이나 진출이 차단되었던 하급 계층들이 바다를 통한 외국과의 교역을 하나의 성장 수단으로 인식하게 되었고, 항해술이 발달하고 새로운 항로가 개척되었던 사실 등을 지적할 수 있다. 셋째, 민간 교류의 활성화는 신라 중앙 정부의 위기 의식을 촉진하여, 여러 가지 통제정책을 시행하게 하였는데, 지방 관부에서 교류를 허락하는 '첩'의 발급을 통하여 통제하게 하거나, 군진을 비롯한 군사적 거점에서 무력을 통해 단속하는 강경책을 사용하기도 하였다. 이러한 통제정책은 궁극적으로 해금정책으로 발전할 소지가 있었지만, 정세의 변화로 더 이상 효력을 발휘하지 못하게 되었다.

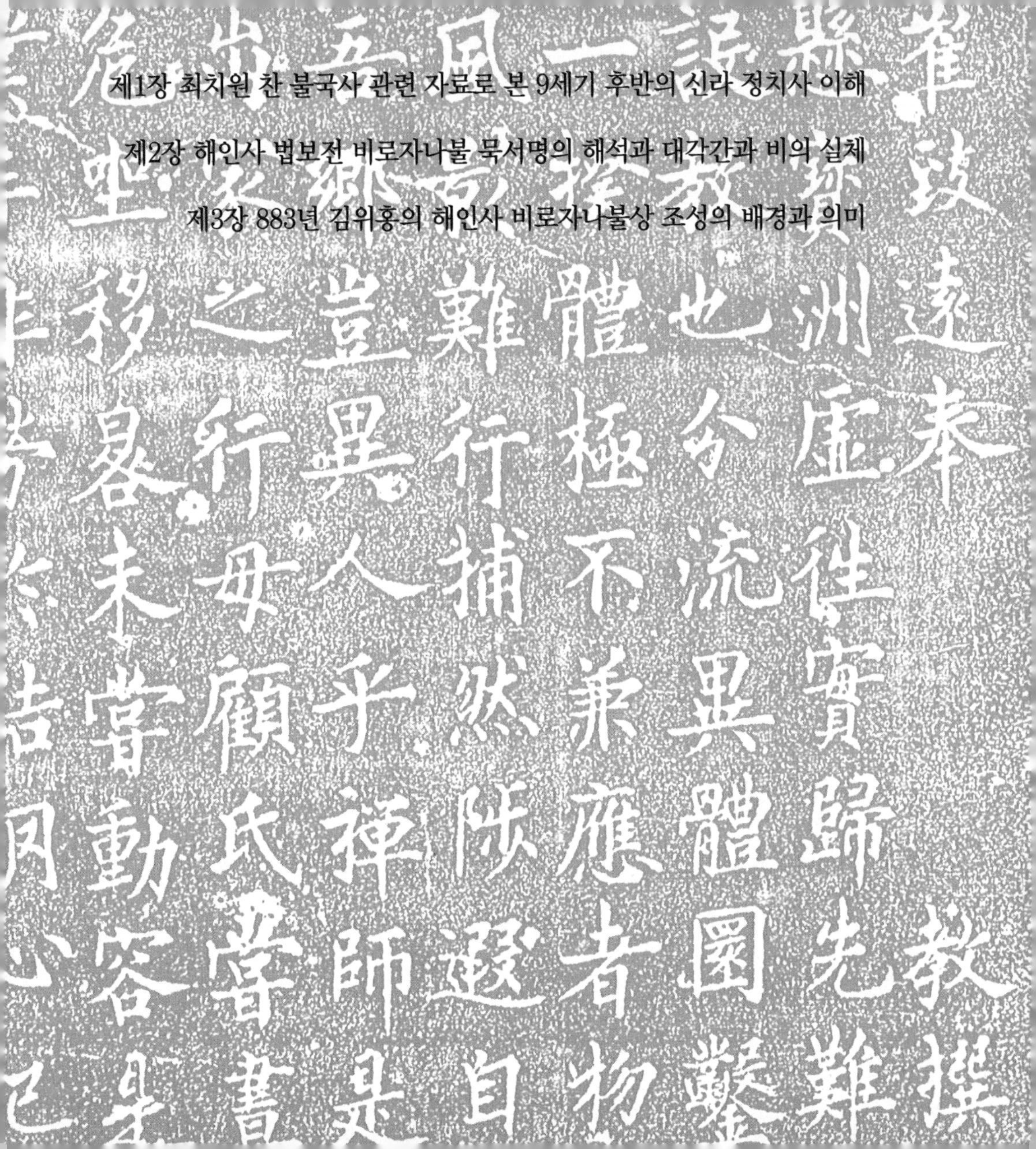

제1장 최치원 찬 불국사 관련 자료로 본 9세기 후반의 신라 정치사 이해

제2장 해인사 법보전 비로자나불 묵서명의 해석과 대각간과 비의 실체

제3장 883년 김위홍의 해인사 비로자나불상 조성의 배경과 의미

제1장 최치원 찬 불국사 관련 자료로 본 9세기 후반의 신라 정치사 이해

1. 머리말

『신라국동토함산 화엄종불국사사적(新羅國東吐含山 華嚴宗佛國寺事蹟)』(이하 『불국사사적』으로 줄임), 『경상도 강좌대도호부 경주동령토함산 대화엄종불국사 고금역대제현계창기(慶尙道 江左大都護府 慶州東嶺吐含山 大華嚴宗佛國寺 古今歷代諸賢繼創記)』(이하 『불국사고금창기』로 줄임), 목판본 『호남도 구례현지리산 대화엄사사적(湖南道求禮縣地異山 大華嚴寺事蹟)』(이하 목판본 『화엄사사적』으로 줄임), 필사본 『호남도 구례현지리산 대화엄사사적(湖南道求禮縣地異山 大華嚴寺事蹟)』(이하 필사본 『화엄사사적』으로 줄임) 등 조선 후기에 편찬된 사지류(寺誌類)에는,[1] 제목이 조금씩 다르

---

1) 『불국사사적』·『불국사고금창기』·목판본 『화엄사사적』 필사본 『화엄사사적』 등 4종의 문헌은 몇 차례 간행되어 세상에 알려졌다. 먼저 『불국사사적』은 1917년에 木村靜雄에 의해 35부 한 정판으로 石刷된 바 있고(木村靜雄, 「佛國寺事蹟石刷に就て」『佛國寺事蹟』, 1917), 『불국사고

고 문자상 출입이 있으며 또 수록된 자료의 종류에서 차이가 있기는 하지만, 9세기 후반에 최치원이 찬술했다는 10여종의 불교 관계 저술들이 전해지고 있다. 이들 자료 중의 일부는 1087년~1090년 사이에 편찬된『원종문류(圓宗文類)』에 실려 있기도 하고,[2] 2종의 글이 혼효(混淆)되어 하나의 글인 것처럼 왜곡된 형태로 1478년에 편찬된『동문선(東文選)』에 수록된 사례도 찾아진다.[3] 이 가운데서 특히 주목되는 것은 불국사와 관련된 것으로 나오고 있는 6종의 찬(讚)과 원문류(願文類)이다.[4] 아마 이들 자료는『계원필경집(桂苑筆耕集)』20권,『중산복궤집(中山覆簣集)』5권,『사시금체(私試今體)』1권,『오언칠언금체시(五言七言今體詩)』1권,『잡시부(雜詩賦)』1권,『사륙집(四六集)』1권,『제왕연대력(帝王年代曆)』,『고운

금창기』는 1937년 姜裕文이 발문을 붙여 경북불교협회에서 간행하였다(姜裕文,「佛國寺古今創記跋」『佛國寺古今創記』, 慶北佛敎協會, 1937). 그리고 1965년 고고미술동인회에서 2종의 불국사 관련 문헌과 목판본『화엄사사적』을 筆耕하여,『佛國寺・華嚴寺事蹟』이란 제목의 油印本으로 고고미술자료 제7집으로 간행한 바 있다. 그 가운데서『불국사고금창기』는『佛國寺古今歷代記』라는 표제를 가지고 있으며, 내용에서도 미세한 차이가 있는데, 저본이 서로 다르기 때문이다. 그 뒤『불국사사적』과『불국사고금창기』는『佛國寺誌(外)』, 亞細亞文化社, 1983에 수록되어 다시 출판되었고, 2종의『화엄사사적』은『華嚴寺誌』, 亞細亞文化社, 1997로 영인 출판되었다. 필자는 주로『불국사지(외)』와『화엄사지』에 수록된 자료를 참조하고, 필요할 경우『佛國寺・華嚴寺事蹟』에 실린 것을 동시에 이용하였다.

2) 『圓宗文類』권22『韓國佛敎全書』4, 東國大 出版部, 1984 및 朴鎔辰,「大覺國師 義天 硏究」(국민대 박사학위논문), 2004, pp.82~100 참조.

3) 『東文選』권50, 讚,「華嚴佛國寺繡釋迦如來像幡贊并序」는 후술되는「華嚴宗佛國寺毘盧遮那文殊普賢像讚」과「華嚴宗佛國寺阿彌陀佛像讚」의 2편의 글을 혼합하고 있는 오류를 범하고 있다. 이러한『동문선』의 오류에 대해서는 일찍이 李基白,「解題」『崔文昌侯全集』, 成均館大 大東文化硏究院, 1972, p.1에서 지적된 바 있었고, 崔英成,「解題」『譯註 崔致遠全集』2(孤雲文集), 아세아문화사, 1999, p.29에서도 더욱 신랄한 비판을 가하고 있다.

4) 실제로 불국사와 직접 관련된 글은 5종이다.「결화엄경사회원문」은 원래 불국사와 무관한 자료이나『불국사고금역대기』에서는 약간의 불국사 관련 구절을 첨가하여 마치 불국사 관련 자료인 것처럼 왜곡하여 수록하였다(金相鉉,「불국사의 문헌자료 검토」『芝村金甲周敎授華甲紀念史學論叢』, 1994;『신라의 사상과 문화』, 一志社, 1999, pp.456~457). 그러나 본고에서는 이 자료가『불국사고금창기』의 협주를 통해 9세기 후반의 왕실과 귀족들의 실체를 혼동하게 만드는 데 근거로 활용되었던 점을 중시하여 검토의 대상으로 삼기로 한다.

문집(孤雲文集)』 30권 등 방대한 최치원(崔致遠)의 저작(著作) 속에는 들어 있지 않았던 것 같다.[5] 그 내용이 불교 관계 저술이므로, 사찰 관련 기록이나 불교 관련 문헌에 편린으로 전승되어 오다가, 조선 후기에 이르러 사지(寺誌) 편찬 과정에서 수습되어 채록되었던 것으로 보인다. 그리하여 20세기 전반기에 사지(寺誌)에 관심을 가졌던 일부 선학(先學)들이 이를 주목하기 시작했다.[6] 근래에 이르러 다시 습유(拾遺)의 형태로 최치원의 문집을 재구성하면서 이들을 최치원의 진작(眞作)으로 보아 수록하게 되면서,[7] 본격적으로 사료로 활용되기에 이르렀다. 어쨌거나 한동안 널리 알려지지 않고 있었던 최치원의 글이 전혀 성격을 달리하는 자료에서 그 모습을 드러낸 셈이었으므로, 재등장한 직후부터 학계의 관심의 표적이 되었던 것은 당연한 일이었다고 할 수 있고, 이들을 사료로 이용하여 9세기 후반의 역사상을 복원하려는 시도도 매우 바람직한 것으로 여겨진다.

돌이켜보면 학계에서 초기의 검증 과정에서 위작 여부에 대한 의심으로 사료적 가치에 대한 평가를 보류하는 일부 견해가 나오기도 했지만,[8] 곧 최치원의 진찬(眞撰)으로 파악하는 견해가 대세를 이루게 되었다.[9] 이들 자료는 최치

---

5) 張日圭, 「최치원의 저술」『北岳史論』10, 2003 참조.
6) 대표적으로 논고로는 今西龍, 「朝鮮地異山華嚴寺事蹟記に就て」『佛敎史學』2-8, 1912; 『高麗及李朝史研究』, 國書刊行會, 1974; 閔泳珪, 「佛國寺古今歷代記解題」『學林』3, 1954; 考古美術同人會, 『佛國寺 華嚴寺事蹟』(考古美術資料 7), 1965 등이 있다.
7) 『崔文昌侯全集』, 成均館大 大東文化研究院, 1972는 續集에 이들 6종의 자료를 모두 수록함으로써 이후 학계에 지대한 영향을 미쳤다. 현재까지도 많은 연구자들이 이를 기준 자료로 삼아 논지를 전개하고 있다.
8) 高裕燮, 『韓國美術文化史論叢』, 서울신문사, 1949, p.172. 단 이는 워낙 간략한 언급에 지나지 않아 진의를 파악하기가 쉽지 않지만, 문면에서 보면 후술되는 夾註의 신빙성에 의심을 두고 전체를 최치원의 眞作으로 파악하기를 유보한 견해로 판단된다.
9) 『崔文昌侯全集』과 崔英成, 『앞의 책』에서 이 6종의 자료를 모두 수록하고 있는 사실이 이를 단적으로 보여주고 있다.

원의 저술이라는 것 하나만으로도 상당한 가치를 지닌 것이지만, 그에 더하여 신라 하대의 대표적인 화엄종 사찰 가운데 하나인 불국사와 관련된 내용을 담고 있어 그 시기 화엄종의 동향을 시사하고 있다.[10] 그 뿐만 아니라, 일부 왕실 세력과 진골 귀족들의 동향의 일단(一端)을 보여주고 있다는 점에서 9세기 후반의 정치사 복원을 위한 사료로서도 귀중한 가치를 갖고 있다고 할 수 있다.[11] 다만 이들 자료가 역사적 사실 복원을 위한 사료로서 활용되기 위해서는 몇 가지의 기초적인 검토가 선행되어야 한다고 본다.[12]

첫째, 이들 자료의 정확한 원문의 확정이 필요하다. 이들 자료는 주로 사찰 관계 기록이나 불교 관련 문헌을 통해 전승되는 동안 여러 차례 필사가 거듭되었고, 그 과정에서 문자상의 출입과 오탈자(誤脫字)가 다수 포함되기에 이르렀다. 나아가 때로는 현실적 필요에 따라 후대의 윤색과 보입(補入)이 행해지기도 하였고, 변려문에 익숙하지 못한 후인들에 의한 임의적인 개찬(改竄)이 더해지기도 하였다. 그 결과 원문(原文)은 상당한 손상을 입게 되었던 것으로 보인다. 따라서 각종 소전자료를 치밀하게 대교(對校)하고 문리(文理)를 살펴 원문을 확정하는 작업이 가장 먼저 이루어져야 함은 재언의 여지가 없다. 그런데 다행스럽게도 근래 최영성(崔英成)에 의해 이 문제는 거의 해결된 것으로 보인다. 그는 여러 판본과 필사본을 꼼꼼하게 대조하여 후대인에 의해 임의로 보입(補入)되었거나 가필(加筆)된 부분을 찾아내어 제외하는 등 원문을 확정하는 한편, 자세

---

10) 이들 자료를 신라 하대 화엄종과 관련지어 주목한 연구로는 金福順, 「崔致遠의 佛敎關係著述에 대한 檢討」『韓國史硏究』43, 1983; 曺庚時, 「新羅 下代 華嚴宗의 構造와 傾向」『釜大史學』13, 1989; 張日圭, 「崔致遠의 華嚴僧傳 찬술과 海印寺의 화엄사상」『新羅史學報』창간호, 2004, pp.220~223 등을 들 수 있다.
11) 이러한 관점에서 이들 자료를 적극 활용한 연구로 金昌謙, 『新羅 下代 王位繼承 硏究』, 景仁文化社, 2003을 들 수 있다.
12) 이들 자료에 대한 기초적 검토로는 今西龍 · 閔泳珪 등의 선각적인 논문과 더불어 金相鉉, 『앞의 책』, pp.423~477이 있다.

한 주석과 번역을 더한 역작을 발표하였다.[13] 이러한 연구 성과는 충분히 신뢰할 만하다고 판단된다. 이에 이 글에서는 원문의 확정 문제는 전적으로 최영성의 견해를 따르고자 한다.

둘째, 이들 자료를 역사 복원을 위한 사료로서 이용하고자 할 때, 또 하나 반드시 검토되어야 할 것이 이들 자료에 부가된 협주(夾註)이다. 이 자료들을 수록하고 있는 문헌 가운데 특히 『불국사고금창기』의 자료에는 종종 협주가 달려 있음을 볼 수 있다. 협주의 내용은 대부분이 자료에 등장하는 인물이나 사물에 대한 보완 설명으로, 일견 일정한 설득력을 지닌 것처럼 보이기도 한다. 그래서 기왕의 연구자들 가운데는 그 내용을 전적으로 신빙하여 논지를 전개한 사례가 산견된다. 그러나 『불국사고금창기』에 수록된 자료에 달린 협주에는 그 자체 모순된 내용이 발견될 뿐 아니라 무조건 믿고 따르기에는 많은 문제가 있는 것으로 여겨진다. 이에 협주를 이용하여 역사를 복원하기 위해서는 내용 자체에 대한 면밀한 검토는 물론 협주의 작성 시기나 작성자에 대한 고려도 반드시 필요하다고 생각된다.

셋째, 이들은 근본적으로 9세기 후반의 불국사 관계 자료이므로 이 시기 불교계의 동향 파악에 대단히 유효한 자료임에 분명하다. 하지만 그 가운데는 9세기 후반의 정치·사회적 상황과 무관할 수 없는 일부 왕실세력과 귀족들이 등장하기도 한다. 그렇다면 이들의 실체와 동향을 파악하여 9세기 후반의 정치사 복원을 위한 기초 사료로 활용할 필요성이 제기된다. 하지만 종래의 연구는 협주에 현혹된 결과 반드시 만족할 만한 이해에 도달했다고 보기는 어려운 경우가 많은 것 같다.

---

13) 崔英成, 『앞의 책』 참조.

이 글은 이상과 같은 문제의식에 기초하여 특히 둘째와 셋째 문제에 초점을 두어 논의를 전개하고자 한다. 먼저 관련 자료를 정리한 다음 일부 자료에 더해진 협주의 신빙성 여부를 가늠해보고, 마지막으로 등장인물의 실체 파악과 동향에 대해 일별해 볼 것이다. 이러한 시도는 최영성의 자료에 대한 원문 확정과 자세한 주석 및 번역 작업에 크게 힘입었음을 분명히 밝혀둔다.

2. 관련 자료의 정리와 검토

1) 수록 문헌과 관련 자료 개관

『불국사고금창기』, 『불국사사적』, 『화엄사사적』 등 조선 후기에 편찬된 사지류(寺誌類)에는 9세기 후반 최치원이 찬술했다는 도합 11종의 저술을 확인할 수 있다.[14] 그 가운데서 본고가 검토 대상으로 삼은 것은 불국사와 관련 있는 것으로 기록된 6종의 찬(讚)과 원문류(願文類)이다. 이들 자료는 수록된 문헌에 따라 제목에서부터 조금씩 차이가 있고, 내용의 기술에서도 문자상의 출입은 물론 후대의 가필(加筆)이나 보입(補入)이 종종 발견되고 있어 약간의 정리가 필요하다.

먼저 수록된 문헌과 그 제목을 정리하여 보면 다음의 <표 1>과 같다.

<표 1>에서 주목할 것은 두 가지 측면이다. 하나는 <표 1>에서 보듯이 최치원이 찬한 6종의 자료 모두를 수록한 문헌은 1종에 불과하고, 대부분은 부분

---

14) <표 1>에서 보듯이 최치원이 찬술한 글을 가장 많이 수록하고 있는 것이 필사본 『화엄사사적』이다. 여기에는 본고에서 검토 대상으로 삼은 불국사 관련 6종의 자료 이외에도 5종의 자료가 더 수록되어 있다(『華嚴寺誌』, 亞細亞文化社, 1997 참조).

적으로 수록하고 있을 뿐이라는 점이다. 즉 6종 모두가 수록되어 있는 문헌은 필사본 『화엄사사적』밖에 없고, 『불국사고금창기』와 목판본 『화엄사사적』이 5종의 글을 수록하고 있으며, 『불국사사적』에 3종, 『원종문류』에는 2종만이 실려 있다. 『동문선』에는 자료 C 「석가여래상번찬」 1종만 실려 있는데, 앞에서 지적했듯이 서(序)는 표제의 그것이지만 찬(讚)은 자료 B 「아미타불상찬」의 그것을 가져와 하나의 글로 엮는 착오를 범하고 있는 것이다.[15] 이는 최치원이 찬한 불국사 관련 자료가 일괄사료로 전해졌던 것이 아님을 시사한다. 조금 뒤에 관련 자료의 개별적 검토 과정에서 드러나겠지만, 불국사에 전승되어 오던 것이 부분적으로 채록되다가 결국 조선 후기에 이르러서야 6종 전체가 수습되어 종합 정리되는 과정을 거쳤던 것으로 판단된다.

다른 하나는 수록 문헌에 따라 제목이 상당히 다르게 기록되어 있다는 점이다. 이렇게 제목이 서로 다르게 된 것은 각 문헌의 편찬자가 가졌던 모종의 목적과 의도에 따른 왜곡이나 가필에서 말미암은 것이다. 따라서 6종의 자료에 대한 개별적인 검토에 앞서 이들을 수록하고 있는 문헌에 대해 개관할 필요가 있겠다. 그래야만 개별 자료들의 수습과 정리에 대한 단서가 잡힐 수 있을 것으로 생각되기 때문이다. 이제 『원종문류』[16]와 『동문선』을 제외한 나머지 4종의 수록 문헌을 일별하기로 한다.

---

15) 李基白, 「앞의 글」(1972), p.1; 崔英成, 『앞의 책』, p.29.
16) 朴鎔辰, 「앞의 논문」, pp.82~100에서 『圓宗文類』에 대한 자세한 고찰이 이루어져서 좋은 참고가 된다.

⟨표 1⟩ 최치원 찬 불국사 관련 자료의 수록 문헌과 제목

구분	『불국사 사적』 (1708)	『불국사 고금창기』 (1740)	목판본 『화엄사사적』 (1636)	필사본 『화엄사사적』 (1740 이후)	東文選 (1478)	圓宗文類 (1087년경)
A[17]	毘盧佛幷二 菩薩像 讚幷序	大華嚴宗佛國寺 毘盧遮那文殊普 賢像讚幷序	崔致遠所撰 華嚴寺毘盧遮那 幷二菩薩像讚幷序	崔致遠所撰 華嚴寺毘盧遮那 幷二菩薩像讚幷序	×	×
B[18]	阿彌陀佛像 讚幷序	大華嚴宗佛國寺 阿彌陀佛像讚幷序	崔致遠所撰 華嚴寺阿彌陀佛 像讚幷序	崔致遠所撰 華嚴寺阿彌陀佛 像讚幷序	×	華嚴佛國寺 阿彌陀佛畫 像讚
C[19]	釋迦如來 像幡 讚幷序	王妃金氏爲考繡 釋迦如來像幡讚 幷序	崔致遠所撰 華嚴寺釋迦如 來像幡讚幷序	崔致遠所撰 華嚴寺繡迦如 來像幡讚幷序	華嚴佛國寺 釋迦如來繡 像幡讚幷序	×
D[20]	×	上宰國威大臣等 奉爲憲康大臣結 華嚴經社會願文	崔致遠所撰 奉爲憲康大王結 華嚴經社會願文	崔致遠所撰 奉爲憲康大王結 華嚴經社會願文	×	華嚴經社會 願文
E[21]	×	王妃金氏奉爲先 考及亡兄追福施 穀願文	崔致遠所撰 王妃金氏奉爲先 考及亡兄追福施 穀願文	崔致遠所撰 王妃金氏奉爲先 考及亡兄追福施 穀願文	×	×
F[22]	×	×	×	崔致遠所撰 王妃金氏爲亡弟 追福施穀願文	×	×
기타저술	없음	없음	1.崔致遠所撰 爲故昭 儀僕射齋詞 2.崔致遠所撰 同前詞 3.없음 4.崔致遠所撰 海東浮 石尊者義湘讚日文 5.崔致遠所撰 故麟經 證義大德圓測和尙諱 日文 6.없음	1.崔致遠所撰 爲故昭 儀僕射齋詞 2.崔致遠所撰 同前詞 3.崔致遠所撰 故終南 山華嚴大宗智儼和尙 社會文 4.崔致遠所撰 海東浮 石尊者義湘讚日文 5.崔致遠所撰 故麟經 證義大德圓測和尙諱 日文 6.없음	–	1.없음 2.없음 3.故修南山儼和 尙報恩社會願文 4.海東華嚴初祖 忌晨願文 5.없음 6.華嚴社會願文

---

17) 아래에서는 '자료 A「비로자나불상찬」'으로 줄인다.

18) 아래에서는 '자료 B「아미타불상찬」'으로 줄인다.

19) 아래에서는 '자료 C「석가여래상번찬」'으로 줄인다.

20) 아래에서는 '자료 D「화엄사회원문」'으로 줄인다.

21) 아래에서는 '자료 E「선고망형원문」'으로 줄인다.

22) 아래에서는 '자료 F「망제원문」'으로 줄인다.

(1) 『불국사사적』

『불국사사적』에는 그 찬술 및 간행과 관련하여 다음과 같은 기록이 발견된다.[23]

A. 경력(慶曆) 6년 병술년(1046) 2월일에 국존인 조계종 원경충조대선사(圓鏡冲照大禪師) 일연이 찬하다. 강희(康熙) 47년 무자년(1708) 8월일에 개간하며, 계천(繼天)이 삼가 쓰고, 재숙(載肅)이 교정하였다.[24]

위의 기사는 『불국사사적』이 경력(慶曆) 6년(1046) 2월에 일연(一然)에 의해 찬술되었으며, 강희(康熙) 47년(1708; 숙종 34)에 개간(改刊)했는데, 이 때 계천(繼天)이 글씨를 쓰고 재숙(載肅)이 교정(校正)을 보았다고 하고 있다. 여기서 먼저 문제가 되는 것은 찬술시기와 찬자가 일연이라는 기사의 신빙성 여부이다. 만약 찬자가 『삼국유사』를 편찬한 일연이라면, 이 책의 찬술시기가 그의 탄생보다 150여년이나 빠르게 되어 모순이다. 그래서 양자가 동명이인(同名異人)일 가능성도 타진되었다.[25] 하지만 그 내용이 『삼국유사』의 몇몇 내용을 적당히 꾸며서 만든 것에 지나지 않기 때문에[26] 후대의 누군가가 일연에 가탁(假託)했을 것이라는 추론[27]이 설득력이 있다.

그러면 후대에 일연에 가탁하여 『불국사사적』을 편찬한 인물은 누구이며 그 시기는 언제일까? 사료 A에서 『불국사사적』의 교정자로 나오는 재숙의 「후발(後

---

23) 아래에서 이 책과 관련된 자료는 『佛國寺誌(外)』, 亞細亞文化社, 1983, pp.1~40에 영인·수록된 『佛國寺事蹟』을 인용하기로 한다.

24) 『佛國寺誌(外)』, p.23.

25) 木村靜雄, 「앞의 글」 참조.

26) 金相鉉, 『앞의 책』, pp.463~464.

27) 今西龍, 『앞의 책』, pp.75~76; 金相鉉, 『앞의 책』, p.463.

跋)에 의하면,[28] 『불국사사적』의 중간(重刊)을 발의하고 추진한 인물은 회인(懷忍)이었고, 재숙은 그의 뜻에 따라 교정을 보고 발문을 썼으며 그 때가 강희 47년 무자년(1708)이었음을 알 수 있다.[29]

그런데 여기에는 중간의 저본이 되었던 원본 『불국사사적』의 존재가 언급되고 있어 검토할 필요가 있다. 즉 이미 많은 훼손이 가해진 원본을 회인이 직접 소매 속에 넣어 가지고 와서, 그것이 일연 대선사가 찬술한 것이라고 하면서 사재를 털어서까지 중간하기를 간절히 희망했다는 것이다. 만약 이것이 사실이라면, 『불국사사적』은 1708년 당시에 이미 심하게 훼손된 상태이긴 했지만 원본(原本)이 존재했으며, 그 책은 경력 연간에 일연 대선사가 편찬한 것이라는 전승을 갖고 있었던 셈이다. 그렇지만 위에서 언급했듯이 원본의 찬술시기와 찬자에 대한 소전(所傳)은 사실로 보기 어렵다.

그렇다면 재숙이 「후발」을 통해 밝힌 원본의 존재는 어떻게 이해해야 할까. 중간에 관여한 회인이나 재숙과 계천 등이 『불국사사적』을 새로 만들어 이를 일연에게 가탁해야 할 어떤 특별한 목적이나 이유를 알려주는 결정적인 입증 자료가 없는 한, 원본의 존재는 사실로 인정해야 옳을 것 같다. 요컨대 『불국사사적』은 적어도 회인·재숙·계천 등이 이를 중간했던 1708년 이전에 편찬된 원본이 존재했으며, 그 편찬 시기는 전쟁으로 인한 훼손을 특별히 언급하고 있는 점에서 늦어도 양란(兩亂) 이전으로 소급되는 것으로 보아야 한다. 그러나 원

---

28) "前僧統贊照通政懷忍等 袖古跡而來示之日 此乃慶歷中大禪師一然之所撰 以板本爲黑龍 兵燹煨爐 而文卷亦多蟲損 未分魚魯 無人鋟梓 爲衆所慘 少髣懷忍 盡舍己財 切欲重刊 願爲釐之改刊流傳 仔後昆知創寺首尾 以且述文跋 以識重刊之年月 如何 余日 古人有言 苟非三尺喙五毫筆 焉然措辭 其間駕說于后 余豈敢妄生校跋之意 請之不倦 故乃稽本跡謹綴數語 以爲淸遠一助云爾 時戊子孟秋下澣 白蓮 載肅 謹跋"(『佛國寺誌(外)』, pp.37~40).

29) 『불국사고금창기』에도 동일한 사실이 "(康熙)四十七年 戊子 古蹟板開刊 自備斗華 懷忍"(『佛國寺誌(外)』, p.86)와 같이 기록되어 있다.

본의 편찬자가 누구인지는 현재로서는 알 길이 없다.

이 글의 검토 대상이 되는『불국사사적』에 수록된 3종의 최치원의 글은, 불국사의 역대 사적을 서술한 본문과 재숙의「후발」사이에 마치 부록처럼 수록되어 있다. 따라서 원본『불국사사적』에는 이 글은 수록되어 있지는 않았던 것으로 생각된다. 아마 중간 당시에 별도로 전승되어 오던 것을 새로 수습하여 수록하였을 것이다. 단 후술되듯이 이들을 포함하는 최치원의 저술들이 이보다 이른 시기인 1636년 무렵에 중관해안(中觀海眼)에 의해 수습되어 목판본『화엄사사적』에 수록된 바 있었는데,[30] 양자를 비교하면 제목과 본문 내용에서 일정한 차이가 있어,『불국사사적』의 중간자(重刊者)들이 목판본『화엄사사적』의 그것을 참조했다고 보기는 어렵다. 그러므로『불국사사적』에 실린 3종의 최치원의 글은 불국사에 따로 전승되어 오던 것을 중간 과정에서 새로 수습하여 수록했을 것으로 추정된다.

(2)『불국사고금창기』

『불국사고금창기』는 1740년(영조 16) 활암동은(活菴東隱)이 편찬한 것으로,[31] 법흥왕대의 불국사의 창건에서부터 18세기 중반에 이르는 중수 혹은 중창의

---

30) 아래의 (3) 목판본『화엄사사적』에서 재론한다.

31) 한편『불국사고금창기』의 찬자와 관련하여 다른 견해도 나와 있다. 吳京厚는 이 책의 체제와 내용이 17세기에 中觀海眼에 의해 편찬된 호남의 3종의 사지(『화엄사사적』·『금산사사적』·『대둔사사적』)와 동일한 부분이 매우 많은 사실에 착목하여, 중관이 1612년(광해군 4)에 불국사의 범종각과 좌우경루 등을 중건하면서『불국사사적기』를 편찬했을 것으로 추정하면서, 활암동은이 이 중관의『불국사사적기』를 저본으로 하여『불국사고금창기』를 찬술했으므로 이런 현상이 나타났다는 것이다(吳京厚,「17세기 佛國寺古今創記와 湖南의 寺刹事蹟記」『新羅文化』19, 2001). 매우 흥미로운 추론으로 본고에서 검토하는 최치원의 저술의 전래와 채록에 대해서도 일정한 시사를 얻을 수 있지만, 입증자료에 불분명한 점이 있어 이 글에서는 이를 따르지 않는다.

역사가 연대기적으로 서술되어 있다.[32] 현재 널리 이용되는 자료는 내용을 조금 달리하는 2종의 필사본이다. 그 중 『불국사지(외)』에 수록된 것은 『불국사고금창기』라는 표제를 달고 있는데, 동은의 편찬 이후인 1750년부터 1798년까지의 기록이 더해져 있다. 한편 『불국사·화엄사지』에 수록된 『불국사고금역대기』라는 표제의 문헌에는 동은의 편찬 이후부터 1856년까지의 기록과 1767년에 작성된 사미(沙彌) 만연(萬淵)의 발문이 포함되어 있는 등 상당히 혼란스럽다. 양자의 내용을 대조하면 부분적인 누락이나 상이점이 제법 발견되지만, 그것은 필사과정에서의 오류 때문으로 볼 수 있어, 대체적인 내용은 동일한 것으로 판단해도 대과(大過)는 없고, 특히 동은이 직접 편찬한 부분은 거의 같은 것으로 보인다.

이 『불국사고금창기』는 일찍부터 상당한 착오와 혼란이 개재되어 있음이 지적되어 왔다.[33] 전체적으로 연대 순차(順次)와 연호 대조에 많은 착오가 있으며, 일부러 옛 기록을 고쳐서 왜곡한 사례도 종종 발견된다. 그래서 불국사의 연혁이나 혹은 역대 사적에 대한 기사는 그 신뢰도가 크게 떨어지는 것으로 평가되고 있다.

이 글의 검토 대상인 최치원의 저술은 두 필사본 모두에 각각 5종이 수록되어 있는데(<표 1> 참조), 수록된 순서를 보면 양자 모두가 당 희종 광계(光啓) 원년(885; 헌강왕 11)[34]의 중창 기사에 뒤이어 기록되고 있고, 마지막 자료인 자료 E 「선고망형원문」에 잇달아 송 인종 천성(天聖) 2년(1024)의 중영(重營) 기사가 이어지고 있다. 이는 최치원의 글들이 동은 이후 후대의 필사자(筆寫者)에 의해

---

32) 姜裕文, 「佛國寺古今創記跋及同年表」 『佛國寺古今創記』, 慶北佛敎協會, 1937; 『佛國寺·華嚴寺誌』, 考古美術同人會刊, 1965; 金相鉉, 「앞의 책」, p.464.
33) 姜裕文, 「앞의 글」 金相鉉, 「앞의 책」, pp.464~465.
34) 『불국사고금창기』에서는 이 해를 신라 진성여왕 원년이라고 기록하였으나, 이 역시 연호 대조에서 착오를 범한 사례 가운데 하나이다.

추가로 보입된 것이 아니라, 찬자인 동은 자신이 상정한 연대 순서에 의해 편찬되었음을 의미한다. 여기서 우리는 동은(東隱)이 최치원의 글들이 대략 광계 원년 무렵에 찬술된 것으로 생각했음을 짐작할 수 있다.[35]

그런데 문제는 동은이 최치원이 찬한 이 5종의 글을 어디에서 보고 채록했을까 라는 점이다. 우선 불국사에 함께 전승되어 오던 것을 수습하여 채록했을 가능성을 떠올릴 수 있다. 그러나 그 밖의 참고 자료도 있었던 것으로 보인다. 이미 1636년 무렵에 중관해안(中觀海眼)이 일찍이 자신이 불국사에 체류하면서 수습했던 최치원의 글들을 목판본 『화엄사사적』 편찬과정에서 5종을 수록한 바 있었고,[36] 1708년에 회인 등에 의해 중간된 『불국사사적』에도 3종의 글이 수록되어 있기 때문이다.

『불국사고금창기』에는 「상량문」, 「복장기」, 「석원사림비」, 「동국승사비」, 「계림본기」, 「동조비문」, 「동국승전」, 「삼국승록」 등 여러 종류의 인용 전거가 기록되어 있지만, 대부분이 다른 책에서는 확인되지 않는 특이한 전적들이다. 그래서 강유문은 동은이 실제로 본 것으로는 1708년에 개간된 『불국사사적』과 상량문, 그리고 자신이 견문한 것에 지나지 않을 것이라고 지적한 바 있다.[37] 이를 참조하면 『불국사고금창기』의 자료 3종(<표 1>의 자료 A · B · C)은 동은이 『불국사사적』에 수록된 그것을 보았을 가능성이 있다.[38] 그와 더불어 『불국사고금창기』의 체제와 구성 및 서술 내용이 중관해안이 편찬한 호남지역의 사지인 『화엄사사적』 · 『대둔사사적』 · 『금산사사적』 등과 매우 유사한 사실이 주목된다. 오경후(吳京厚)는 이 점에 착목하여, 1612년 불국사에 머물고 있었던 중관해안(中觀海

---

35) 이 점은 최치원이 찬술한 글들의 말미에 찬술시기를 가필한 인물을 파악하는 데 중요한 단서가 될 수 있다.
36) 후술되는 (3) 목판본 『화엄사사적』에서 자세하게 다룬다.
37) 姜裕文, 「앞의 글」 참조.
38) 그러나 자료마다 가필과 왜곡을 가했음은 소절 2) 관련 자료의 개별적 검토에서 재론한다.

眼)이 중창불사와 더불어 『불국사고금창기』의 저본이 된 「불국사사적기」를 찬술했을 것이라는 견해를 내놓기도 했다.[39] 과연 중관해안이 불국사의 사지를 찬술했을지 여부는 별도의 입증자료가 없어 단정하기 어렵다. 그러나 동은이 『불국사고금창기』를 편찬하면서, 『화엄사사적』을 비롯한 중관해안이 찬술한 호남지방의 사지를 보았을 가능성은 매우 크다고 본다. 그것이 상호 유사한 체제와 구성을 보여주며 또 같은 내용이 중복 수록된 이유일 것이다. 그렇다면 『불국사고금창기』에 수록된 최치원이 찬한 5종의 글은, 편찬자인 활암동은이 『화엄사사적』에 수록된 것을 참조하면서 중관해안이 화엄사와 관련된 것인 양 개변(改變)했던 내용을 새로 불국사의 그것으로 고쳐 실은 것으로 추정해도 좋지 않을까 한다.

(3) 목판본 『화엄사사적』

『화엄사사적』은 근래 목판본과 필사본 2종류가 『화엄사지』로 묶여져 공간된 바 있다.[40] 이 가운데 목판본에 대해서는 그것이 가진 오류를 포함하여 이미 상당한 연구가 이루어졌다.[41] 이 목판본 『화엄사사적』은 중관해안(中觀海眼)이 1630년(인조 8)에 화엄사 승려들의 간곡한 청에 의해 편찬을 시작하여 1636년(인조 14) 11월에 이르러 완성한 것을 60여 년 뒤인 1696년(숙종 22)에 백암성총(栢庵性聰)이 발문을 덧붙여 간행한 것이다. 그러나 이 책의 내용은 오류가 많아 일찍부터 비판의 대상이 되어 왔다. 이마니시 류(今西龍)는 10여 가지의 오류를 지적한 바 있었고,[42] 김상현 역시 자료의 활용이나 서술 방법 등에 많은 문제가 있

---

39) 吳京厚, 「앞의 논문」, pp.15~17.
40) 『華嚴寺誌』, 亞細亞文化社, 1997.
41) 今西龍, 「앞의 논문」 金相鉉, 「華嚴寺의 創建 時期와 그 背景」 『東國史學』37, 2002.
42) 今西龍, 「앞의 논문」.

음을 일일이 사례를 들어 논증하면서 화엄사와 무관한 옛 기록에 의도적으로 화엄사라는 사명(寺名)을 덧붙여 왜곡한 것이 그렇지 않은 것보다 더 많기 때문에 이 책은 결코 그대로 믿을 수 없다고 논단하고 있다.[43] 이러한 기존의 연구를 참조하면, 일단 목판본 『화엄사사적』에서 화엄사의 역대 사적에 대한 기록의 사료적 신빙도는 크게 낮은 것으로 판단된다.

그러나 이 글에서 다루는 최치원의 저술에 대해서는 유의할 만한 측면이 있다. <표 1>에서 볼 수 있듯이 목판본 『화엄사사적』에는 도합 9종의 최치원의 글이 실려 있는데, 특히 5종의 글은 불국사 관련 자료를 화엄사의 그것으로 왜곡하여 수록한 것이다. 그러면 중관해안이 이 불국사 관련 자료를 언제 어디에서 보았던 것일까? 이와 관련하여 다음의 기록이 주목된다.

B. 만력 40년(1612; 광해군 4)에 대사 해안(海眼)이 범종각(梵鐘閣), 좌경루(左經樓)·우경루(右經樓)와 남쪽 행랑(行廊)을 중건하였다.[44]

위의 기사에는 해안(海眼)이 1612년에 왜란으로 크게 파괴된 불국사의 범종각과 좌우경루 등의 전우(殿宇)를 중건한 사실이 보이고 있다. 만년에 지리산 일대에 머물렀던 해안은 임란 직후 40대 후반에는 불국사에 머물면서 불국사의 중창불사를 일으키기도 했던 것이다.[45] 아마 해안이 불국사와 관련된 최치원의 글을 수습했던 것은 이 무렵이었을 것으로 추측된다. 해안은 이 때 수습한 최치원의 글 가운데 5종을 마치 화엄사와 관련된 자료인 것처럼 왜곡하여 1636년 무렵 『화엄사사적』을 편찬하면서 이를 수록했던 것이다. 따라서 조선

---

43) 金相鉉, 「앞의 논문」(2002), pp.93~99.
44) 『佛國寺誌(外)』, p.74.
45) 吳京厚, 「앞의 논문」에서는 특히 이 점을 주목하였다.

후기에 불국사에 전승되고 있던 최치원 찬 불국사 관련 자료를 다시 수습하여 자료로 활용했던 최초의 인물은 중관해안(中觀海眼)이었다고 할 수 있다. 이 목판본 『화엄사사적』에 수록된 5종의 최치원 찬 불국사 관련 자료는, 중관해안이 그것을 화엄사와 관련된 자료로 왜곡하는 과정에서 제목과 내용 서술에 상당한 개변이 이루어진 것은 사실이다.

(4) 필사본 『화엄사사적』

한편 필사본 『화엄사사적』은 『화엄사지』에 처음 수록되어 공간된 것인데,[46] 전체적인 내용은 목판본의 그것과 거의 같고 다만 서(序)와 발(跋)이 빠져있다. 그러나 양자를 비교해 보면 필사된 방식 자체가 목판본의 형식을 최대한 본받고 있어 목판본이 저본이었음을 쉽게 확인할 수 있다. 따라서 필사본은 목판본의 간행 이후 얼마간 세월이 흐른 후에 새로 필사된 것으로 여겨진다.

필사된 시기와 관련해서는 필사본의 말미에 다음과 같은 구절이 주목된다.

C. 때는 경술년 춘3월일에 포월(抱月)선사의 명에 의하여 병헌(秉憲) 사미(沙彌)가 빠진 글자를 보완하여 써 두었다.[47]

이에 의하면 경술년 3월에 사미(沙彌) 병헌(秉憲)이 포월선사(抱月禪師)의 명에 의하여 빠진 부분을 보완하여 필사했음을 알 수 있는데, 화엄사와 관련이 있는 승려인 포월(抱月)이 어느 때 인물인지를 밝혀낸다면 필사시기를 파악할 수 있겠다. 그러나 이 자료의 포월이 과연 어느 시기에 활동한 승려인지를 분명히 알기 어려워, 필사시기에 대한 대략적인 범주부터 설정해 보기로 하겠다.

---

46) 金吉雄, 「解題」 『華嚴寺誌』, 亞細亞文化社, 1997.
47) 『華嚴寺誌』, p.131.

이와 관련하여 필사본 『화엄사사적』에는 다른 문헌에 수록된 바가 없는 자료 F 「망제원문」이라는 최치원의 글 1종이 추가되어 있는 점에 유의할 필요가 있다. 이 자료는 내용에서 보건대, 자료 E 「선고망형원문」의 주인공인 왕비 김씨가 먼저 죽은 동생을 추복하기 위해 곡식을 시납하면서 지어진 원문(願文)으로서, 두 자료가 같은 맥락을 갖고 있다. 따라서 최치원이 비슷한 시기에 찬술했던 불국사 관련 자료로 볼 수 있다.

그런데 이것이 필사본 『화엄사사적』에만 수록된 것을 어떻게 이해해야 할까. 입증할 만한 확실한 근거는 없지만, 다음과 같은 추론은 가능할 성싶다. 이 자료는 1612년경 불국사에 머물면서 중수불사를 주관했던 중관해안에 의해 수습되었을 것이다. 그런데 그는 어떤 이유에서인지는 알 수 없지만, 이 자료를 목판본 『화엄사사적』에 수록하지 않고 따로 전존(傳存)시켰던 것으로 생각된다. 이를 사미 병헌이 필사 과정에서 새로 확인하여 필사본 『화엄사사적』에 추가했던 결과, 자료 F는 여기에만 유일하게 남게 되었을 것이다.

이러한 전승 과정에 대한 추론을 바탕으로 하면 필사본 『화엄사사적』의 필사시기에 대해서도 약간의 시사를 얻을 수 있다. 만약 『불국사고금창기』가 편찬된 1740년 이전에 필사본 『화엄사사적』이 만들어졌다면, 『화엄사사적』을 참조했음이 분명한 『불국사고금창기』에 자료 F 역시 수록되었을 개연성이 높다. 그러나 『불국사고금창기』에 자료 F가 빠져있는 것은 필사본 『화엄사사적』의 필사시기가 1740년의 『불국사고금창기』의 편찬 이후였음을 말하는 것이다. 이에 필자는 필사본 『화엄사사적』의 필사시기를 일단 1740년 이후로 비정한다.[48]

___

48) 구체적인 필사 시기로는 1740년 이후의 경술년, 즉 1790년(정조 14), 1850년(철종 1), 1910년 등이 상정될 수 있겠다. 그런데 「直指寺 霽山堂 淨圓禪師碑」(1943년 건립)에는 비 건립의 발기인으로 당시 직지사 주지였던 抱月奉律이라는 원로 승려가 보이고 있다(李智冠, 『韓國高僧碑文總集(朝鮮朝·近現代)』, 伽山佛教文化研究院, 2000, pp.878~879). 그의 구체적인 행적을 알 수는 없지만, 그가 秉憲 沙彌에게 『화엄사사적』의 필사를 명한 抱月 바로 그

요컨대 필사본 『화엄사사적』에서는 중관해안이 편찬한 목판본 『화엄사사적』에 수록된 5종의 최치원 찬 불국사 관련 자료를 전재하는 한편, 미처 수록하지 않았던 자료 F를 추가 수록하게 됨으로써, 9세기 후반 최치원이 찬한 6종의 불국사 관련 자료 모두가 세상에 알려지게 되었다. 다만 이 책에 수록된 최치원의 글도 목판본과 마찬가지로 화엄사와의 관련성을 주장하기 위해 일정한 개찬(改竄)이 이루어졌음은 물론이다.

2) 관련 자료의 개별적 검토

이상에서 9세기 후반 최치원이 찬술한 6종의 불국사 관련 자료가 수습되어 조선 후기에 편찬된 사지류에 수록되는 과정에 대해 검토하였다. 불국사에 전승되어 오던 이들 자료를 조선 후기에 이르러 최초로 수습했던 인물은 중관해안이었다. 그는 임란 직후인 1612년 무렵 불국사에 체류하면서 이들 자료를 수습했다가, 1636년경 목판본 『화엄사사적』을 편찬하는 과정에서 5종의 자료(자료 A·B·C·D·E)를 마치 화엄사 관련 자료인 것처럼 왜곡하여 수록하였고, 이는 1696년 목판본으로 간행되었다. 한편 1708년에는 회인(懷忍), 재숙(載肅), 계천(繼天) 등이 『불국사사적』을 중간하면서 3종의 자료(자료 A·B·C)를 수록하였으며, 1740년에는 활암동은이 『불국사고금창기』를 편찬하면서 『불국사사적』과 목판본 『화엄사사적』을 참조하여 5종의 자료(자료 A·B·C·D·E)를 다시 수록하였다. 그리고 1740년 이후 어느 시기에 포월선사의 명에 의해 사미 병헌이 목판본 『화엄사사적』을 저본으로 새로 필사본 『화엄사사적』을 편찬하면서, 중관해안에 의해 수습되었으나 목판본에는 수록되지 않았던 자료 F를 덧붙

사람일 가능성도 배제할 수 없다. 그렇다면 필사본 『화엄사사적』의 필사시기는 1910년으로 비정해 볼 수도 있다.

여 수록하게 되었다. 이로써 9세기 후반에 최치원이 찬술한 6종의 불국사 관련 자료 모두가 세상에 알려지게 되었던 것이다.

그러면 아래에서는 6종의 자료를 개별적으로 검토해 보기로 하겠다. 이미 부분적으로 언급했지만, 6종의 자료는 수록문헌에 따라 제목도 다르고, 본문의 서술에서도 찬자나 필사자의 목적과 의도에 의해 가필(加筆)이나 보입을 통해 개변(改變)이 이루어지기도 하였다. 이에 여기서는 먼저 전체적인 내용을 간략하게 소개하고, 제목과 찬술 시기를 추정해 보며, 후대의 가필이나 보입에 의해 왜곡된 부분을 바로잡아 보기로 한다.

(1) 자료 A 「비로자나불상찬」

자료 A는 헌강왕의 비빈(妃嬪) 중의 하나인 수원권씨(脩媛權氏, 법호 秀圓)가 출가하여 불국사에 머물면서 사망한 헌강대왕을 추복하기 위해 불국사 광학장(光學藏) 강실(講室) 왼쪽 벽에 그리도록 한 비로자나불과 문수 보현보살상에 대한 서와 찬이다.

<표 1>을 보면 먼저 이를 수록한 4종의 문헌에 실린 제목이 서로 다른 점이 눈에 띈다. 이 중 2종의 『화엄사사적』에 수록된 제목 중에 화엄사가 포함되어 있는 것은 명백한 오류로서, 중관해안이 자신이 수습했던 불국사 관련 자료를 화엄사의 그것으로 꾸미기 위해 가필한 부분이다. 한편 『불국사고금창기』의 그것은 『화엄사사적』의 제목을 의식하여 동은이 불국사 관련 기록임을 강조하려는 의도에서 "대화엄종불국사"를 가필했을 개연성이 있고, 『불국사사적』의 「비로불병이보살상 찬병서」는 너무 축약된 느낌을 준다. 따라서 원래의 제목은 「화엄불국사 비로자나불 문수보현보살상찬병서」정도로 보아도 좋지 않을까 한다.

다음으로 본문의 서술에서 2종의 『화엄사사적』에서는 "불국사 광학장 강실"을 "화엄사(華嚴寺) 광학장 강실"로 고쳐 놓았는데, 이 부분도 중관해안이 이 자

료를 화엄사의 그것으로 꾸미기 위한 목적에서 왜곡한 것으로 판단된다. 한편 『불국사사적』에는 '불국사 강실'이라 하여 광학장이라는 전우 명칭이 빠져 있다. 그러나 불국사에 광학장이라는 전우가 있었다는 사실이 확인되므로[49] 『불국사사적』의 경우 전우 명칭을 누락시킨 것으로 볼 수 있다. 또 『불국사사적』에는 2종류의 찬 가운데서 불찬(佛讚)이 누락되어 있으며, 이보살찬(二菩薩讚)에도 1장(章) 16구(句)라는 전체 구성을 소개한 후[50] 찬문을 기록하고 있어 본문의 서술이 무조건적인 전재가 아니라, 때로는 찬자의 견해를 추가하여 서술하기도 했음을 알 수 있다.

자료 A의 찬자와 찬술시기에 대해서는 다음과 같은 기록이 보인다.

D-1. 도통순관(都統巡官) 치원(致遠)이 찬하다.(『불국사사적』)

D-2. 광계 정미년(光啓 丁未; 887; 정강왕 2) 정월 8일 계원행인(桂苑行人) 최치원이 찬하다(註 ; 동조비문(東祖碑文)에서 나왔다).(『불국사고금창기』)

찬자인 최치원의 직함을 『불국사사적』에는 도통순관, 『불국사고금창기』에서는 계원행인이라 칭했는데, 어느 것이나 최치원 자신이 스스로 표기했던 직함이나 칭호이므로,[51] 과연 어느 쪽이 원문의 표기를 옮긴 것인지 모르겠다. 어쩌면 양자 모두 후대의 가필이었을 가능성도 배제할 수 없다. 찬술시기에 대해

---

49) "光學藏 講室(註; 二十一間 所安釋迦繡像一幀 及左壁獻康大王畫相 乃景文朝善畫尼圓海之所筆 北寺定公主女也 以畫繡稱世第一)"(『불국사고금창기』, p.49).

50) "…… 承命颺言而讚之 曰 二菩薩讚 一章十六句 有一生菩薩……" 이 부분은 원문에는 없는 것을 『불국사사적』의 찬자가 덧붙인 일종의 해설이다.

51) "前西國 都統巡官 承務郞 侍御史 內供奉 賜紫金漁袋 臣 崔致遠 奉敎撰 幷書篆額"(『진감선사비』). ; "淮南入本國送國信詔書等使 前東面都統巡官 承務郞 侍御史 內供奉 賜紫金魚袋 臣 崔致遠 奉敎撰"(『낭혜화상비』).

서는 『불국사고금창기』에 광계(光啓) 정미년(丁未年) 정월(正月)로 기록되어 있는데, 이 해는 887년(정강왕 2) 정월로서 본문의 내용과 모순된다. 내용 가운데는 "증태부헌강대왕(贈太傅獻康大王)" 혹은 "증태부선왕(贈太傅先王)"이라는 구절이 보이는데, 이는 곧 헌강왕이 당으로부터 태부로 추증된 이후에 이 글이 찬술되었음을 알려 준다. 헌강왕이 태부로 추증된 시기는 빨라도 진성여왕 즉위 이후로 추정되므로 이 글 역시 진성여왕 즉위 이후에 찬술된 것이 분명하다. 또 본문의 "(중국에서) 올 때는 계원행인이나 갈 때는 상구사자 최치원(有來爲桂苑行人去作桑丘使者致遠)"이라는 구절을 참조하면, 이 글은 최치원이 당에 두 번째로 입당한 진성여왕 7년(893) 이후에 작성된 것으로 보아야 한다.[52] 따라서 이 글의 찬술시기는 광계 정미년(887)이 아니라 893~896년으로 추정되며, 『불국사고금창기』의 기록은 후대의 가필로 인한 오류로 보아야 한다.[53]

(2) 자료 B 「아미타불상찬」

자료 B는 단월(檀越) 김승상(金丞相)이 동악 기슭에 세운 절인 불국사의 강실(講室; 譚舍) 서벽에 그린 아미타불 화상(畫像)에 대한 서와 찬이다. 창건자인 김대성을 의미하는 김승상이라는 표현이나 위치를 동악 기슭이라 한 점, 또 찬의 "동해동산유주사(東海東山有住寺) 화엄불국위명자(華嚴佛國爲名字)"라는 구절에서 불국사 관련 자료임이 드러난다.

<표 1>에서 보듯이 자료 B의 제목도 수록문헌에 따라 서로 다른데, 『화엄사사적』의 경우 자료 A와 마찬가지로, 이 글이 마치 화엄사와 관계있는 것처럼 보이도록 중관해안이 화엄사를 제목에 보입한 것이므로 사실이 아니다. 그리고

---

52) 이러한 본문 내용의 검토에 바탕한 찬술 시기에 대한 자세한 비판은 崔英成, 『앞의 책』, p.199 참조.
53) 崔英成, 『앞의 책』 p.199 주 40.

「아미타불상찬병서」라는 『불국사사적』의 제목도 자료 A와 마찬가지로 축약된 것으로 보이므로, 『불국사고금창기』의 그것과 자료 C를 참조하면 「화엄불국사 아미타불상찬병서」를 원래의 제목으로 볼 수 있겠다.

본문의 내용 가운데 『화엄사사적』에 수록된 자료에는 자료 A와 마찬가지로 후대에 왜곡한 부분이 있다. 즉 "고 단월 김승상께서 동악의 기슭에 절을 세우셨다(故檀越金丞相建刹東岳之麓)"에서 동악(東岳)을 남악(南岳)으로 개변하였고, 찬의 "동해동산유주사(東海東山有住寺)"를 "동해남산유주사(東海南山有住寺)"로 고쳐 놓았다. 이 역시 불국사 관련 자료인 자료 B를 화엄사의 그것으로 만들기 위해 중관해안이 일부러 고친 부분으로 볼 수 있다. 찬자와 찬술시기에 대해서는 『불국사사적』에 "계원행인 최치원찬", 『불국사고금창기』에 "동년월일 자금어대 최치원찬(주; 동조비문(東祖碑文))"이라는 기록이 보인다. 여기서 후자의 '동년월일(同年月日)'은 자료 A의 '광계 정미 정월일'과 같은 때라는 의미로 풀이되지만, 『원종문류』나 『불국사사적』 등에 수록된 자료에는 이런 기록이 없으므로 후대의 가필로 보는 것이 합리적이다.[54] 찬술시기는 분명하지 않지만, 글의 성격 면에서 대체로 불국사에 그려진 화상(畫像)에 대한 찬인 자료 A와 흡사하므로, 비슷한 시기인 893~896년경에 찬술된 것으로 생각된다.

(3) 자료 C 「석가여래상번찬」

자료 C는 전주대도독을 지낸 김공이 타계하자, 그 부인이 불국사로 출가하여 비구니가 되어 그의 명복을 빌기 위해 중화(中和) 6년(886) 5월 10일에 기진(寄進)했던, 수를 놓은 석가모니불상 1탱(幀)에 대한 서와 찬이다. 이 자료는 특히 제목에서부터 많은 왜곡이 가해져 있다. 『불국사고금창기』에는 "왕비김씨위고(王妃金氏

---

54) 崔英成, 『앞의 책』, p.207 주 93.

爲考)"라는 구절을 덧붙여 본문의 내용과 전혀 다르게 주인공을 왕비 김씨인 것처럼 왜곡하였고, 추복 대상도 왕비 김씨의 선고(先考)인 것처럼 가필하고 있다. 반면 『화엄사사적』에 수록된 자료에는 자료 A · B와 마찬가지 의도에서 화엄사를 가필하였다(<표 1>참조). 한편 『불국사사적』에는 「석가여래상번찬병서」라 하여 이것이 수를 놓은 상(像)인 사실을 생략하였다. 그러므로 원래의 제목은 『동문선』의 그것처럼 「화엄불국사 수석가여래상번찬병서(華嚴佛國寺 繡釋迦如來像幡讚幷序)」로 보아도 좋지 않을까 한다.

　수록 문헌에 따른 서술 내용은 별반 차이가 없다. 다만 2종의 『화엄사사적』과 『불국사고금창기』에는 추복 시기에 대하여 "당희종(唐僖宗) 중화6년 병오 5월 10일"이라고 기록하고 있는데, 여기서 "당희종(唐僖宗)"은 후대의 가필에 의한 연문(衍文)이 분명하다.[55] 재위 중에 사용하는 연호와 사망한 후에 추증되는 묘호(廟號)를 동시에 기록하고 있는 것 자체가 어색할 뿐만 아니라 『불국사사적』에는 이 부분이 없기 때문이다. 그리고 후술되듯이 『불국사고금창기』에는 협주를 통해 등장인물에 대한 보족적(補足的) 설명을 가하고 있는데, 이는 모두 왜곡된 것으로 전혀 사실이 아니다.

　한편 찬술시기에 대해서는 『불국사고금창기』에 "중화6년 병오 상월일(相月日) 상구사자 최치원찬"이라는 구절을 살필 수 있다. 여기서 찬술시기에 대한 기록은 본문 속에 "중화6년 병오 5월 10일"이 나오고 있어 따라도 좋을 듯싶지만, 최치원의 직함을 상구사자라 한 것은 분명한 오류이다. 그가 자신을 상구사자로 표현하게 된 것은 하정사로 입당한 893년(진성여왕 7) 이후의 일이기 때문이다. 이렇게 찬자의 직함 표기에 오류가 있고 찬술시기 역시 본문을 참조하여 충분히 작문이 가능한 부분임을 고려할 때, 『불국사고금창기』의 찬술시기와

---

55) 이를 통해서도 『불국사고금창기』의 편찬에 『화엄사사적』이 참조되었음을 짐작할 수 있다.

찬술자에 대한 기록은 후대인의 가필에 의한 것으로 보인다.[56] 그렇지만 자료 C의 찬술 시기는 중화 6년(886)으로 비정해도 큰 무리는 없다.

(4) 자료 D「화엄사회원문」

자료 D는 헌강왕이 승하한 후 명복을 빌기 위해, 뒤를 이어 즉위한 정강왕이 발의하고 상재(上宰)인 서발한 김림보와 국척(國戚) 중신인 김일 · 김순헌 등과 북궁장공주(北宮長公主, 후의 진성여왕)가 참여하여 의희본(義熙本) 화엄경과 정원신경(貞元新經)을 사경하고 1년에 2회씩 모여 이를 읽는 결사를 맺은 사실을 적은 원문이다. 이 자료도 수록 문헌마다 제목에서부터 상당한 차이가 있다.『불국사고금창기』에는 「나조상재국척대신등 봉위헌강대왕 결화엄경사 원문(羅朝 上宰國戚大臣等 奉爲獻康大王 結華嚴經社願文)」이라 하였고, 2종류의『화엄사사적』에는 「최치원소찬 봉위헌강대왕 결화엄경사회 원문(崔致遠所撰 奉爲憲康大王 結華嚴 經社會 願文)」이라 하였다. 이 두 제목은 '나조'나 '최치원소찬' 등의 표현 자체에서 후대의 가필임이 저절로 드러나 있다. 최치원이 지은 원문에 나조(羅朝)니 최치원소찬(崔致遠所撰) 등의 표현이 들어 있을 리가 만무하기 때문이다. 다만 '봉위헌강대왕(奉爲獻康大王)'이라는 부분은 본문 내용에 정합적이긴 하지만,『원종문류』에 이 부분이 빠져 있는 점에 비추어보면 "상재국척대신등 봉위헌강대왕"이나 "봉위헌강대왕"이라는 구절도 역시 후대에 가필된 것으로 생각된다. 원래의 제목은「결화엄경사회원문」이나 아니면「화엄경사회원문」이었을 것이다.

한편 본문의 내용 가운데서도 후대의 가필이 발견된다. 수록문헌 사이에 차이가 보이는 부분을 적시하면 다음과 같다.

---

56) 崔英成,『앞의 책』, p.213 주 133.

E-1. 당력(唐曆)의 경오년(景午年) 7월 5일에 헌강대왕(憲康大王)이 승하하심에 재상개[台庭]의 중후한 덕망을 지닌 분들과 종실의 훌륭한 친척[懿親]들이 서로 함께 명복을 받들고자 화엄경(華嚴經) 2부를 이룩한 뒤, 장차 묘원(妙願)을 아뢰고자 이에 이 글을 짓습니다. …… 이와 같이 뭇사람들의 원하는 것이 일치되어 1년에 두 번 모임을 갖기로 약속하고 능침(陵寢) 북사(北寺)에 모여 백편의 진전(眞詮)을 전독(轉讀)하기로 했습니다.[57](『圓宗文類』)

E-2. 당력(唐曆)의 경오년(景午年) 7월 5일(註: 당의 희종 광계(光啓) 2년 병오년 7월이다. 당력에서는 선조의 휘(諱)를 피하여 병(丙)을 경(景)으로 썼다.)에 헌강대왕(憲康大王)이 승하하심에 재상개[台庭]의 중후한 덕망을 지닌 분들과 종실의 훌륭한 친척[懿親]들이 서로 함께 명복을 받들고자 화엄경(華嚴經) 2부를 이룩한 뒤, 장차 묘원(妙願)을 아뢰고자 이에 이 글을 짓습니다. …… 이와 같이 뭇사람들의 원하는 것이 일치되어 1년에 두번 모임을 갖기로 약속하고 능침(陵寢) 북사(北寺)에 모여 백편의 진전(眞詮)을 전독(轉讀)하기로 했습니다.[58](2종의 『화엄사사적』)

E-3. 경력(慶曆) 경오년(景午年) 7월 5일에 헌강대왕(憲康大王)이 승하하심에 재상개[台庭]의 중후한 덕망을 지닌 분들과 종실의 훌륭한 친척[懿親]들이 서로 함께 명복을 받들고자 화엄경(華嚴經) 2부를 이룩한 뒤, a.모두 경성(京城)의 동쪽 불국사의 원측화상(圓測和尙) 강단(講壇)에 나아가, 장차 묘원(妙願)을 아뢰고자 이에 이 글을 짓습니다. …… 이와 같이 뭇사람들의 원하는 것이 일치되어 1년에 두 번 모임을 갖기로 약속하고 b.불국사 광학장에 모여 백편의 진전(眞詮)을 전독(轉讀)하기로

---

57) "唐曆景午相月五日 獻康大王 宮車晏駕 台庭重德 宗室懿親 相與追奉冥福 成華嚴經兩部 將陳妙願 乃著斯文 ……如是衆願僉諧 年約兩會 集於陵寢北寺 轉讀於百編眞筌……."
58) "唐曆景午相月五日(註: 唐僖宗 光啓二年丙午七月也. 唐曆以避先祖諱 以丙爲景也) 獻康大王 宮車晏駕 台庭重德 宗室懿親 相與追奉冥福 成華嚴經兩部 將陳妙願 乃著斯文 ……如是衆願僉諧 年約兩會 集於陵寢北寺 轉讀於百編眞筌……."

했습니다.[59]『(불국사고금창기』)

밑줄 그은 부분을 비교하면 드러나듯이, E-3의 『불국사고금창기』에 수록된 본문은 E-1·2에 비해 두 부분에서 큰 차이가 있다. 즉 a는 E-1·2에는 없는 문장이 추가된 것이고,[60] b는 능침북사(陵寢北寺)를 불국사광학장(佛國寺光學藏)으로 고쳐 쓴 것이다. 그 내용에서 볼 때 두 가지 모두 자료 D가 불국사와 관련된 자료임을 보이기 위해 의도적으로 가필하거나 개변한 것이다. 그 의도에서 보면 이러한 가필과 개변은 『불국사고금창기』의 편찬 과정에서 찬자인 활암동은에 의해 이루어졌을 것이다.[61] 그러므로 자료 D는 실제로는 불국사와 무관한 자료이며, 능침북사(陵寢北寺) 즉 헌강왕릉으로부터 서북쪽에 위치한 절[62]인 보리사(菩提寺)와 관련된 자료로 보는 것이 합리적이다.[63]

자료 D의 찬술시기에 대해서는 『불국사고금창기』에 "중화2년 계원행인 최치원찬(주; 동국승사비에서 나왔다)"라는 기록이 보인다. 그러나 이 글이 중화 2년

---

59) "慶曆景午相月五日 獻康大王 宮車晏駕 台庭重德 宗室懿親 相與追奉冥福 成華嚴經兩部 查詣京城東佛國寺 圓測和尙講壇 將陳妙願 乃著斯文……如是衆願僉諧 年約兩會 集於佛國寺光學藏 轉讀於百編眞筌."

60) 이 부분의 작문에는 자료 E의 "京城東山光學寢陵 佛國寺表訓瑜伽圓測三聖講院"이라는 구절이 참조되었을 것이다.

61) 이와 관련하여 『불국사고금창기』에서 최치원의 저술 5종을 수록한 부분 앞에 신라시대에 있었던 각종 重創佛事를 기록하면서 마지막으로 아래와 같은 기록을 남기고 있는 점이 주목된다. "唐僖宗 光啓元年 丁未 新羅 眞聖女王元年 重創 眞聖女主 卽位之初年 與諸伯同后共發心 追奉尊靈 獻康定康兩大王 及先考亡兄 施縠於佛國寺 修薦席 請圓測和尙 轉講華嚴經"(『불국사고금창기』, p.51). 그러나 여기에는 전혀 사실과 맞지 않게 광계 원년(885)에 圓測和尙을 불국사에 청해 화엄경을 轉講했다고 하고 있다. 이는 위의 사료 ③-a의 "圓測和尙講壇"과 관련성을 염두에 둔 작문으로 볼 수 있다. 여기서도 사료 E-3의 가필이나 개변이 『불국사고금창기』의 편찬과 밀접히 연결되어 있음이 확인되는 셈이다.

62) "秋七月五日 薨 諡曰憲康 葬菩提寺東南"(『삼국사기』 권11, 헌강왕 12년조).

63) 崔英成, 『앞의 책』, p.233 주 87.

(882)에 찬술되었다는 것은 명백한 잘못이다. 본문 내용에 의하면 이 글은 헌강왕이 승하한 후, 북궁장공주가 진성여왕으로 즉위하기 이전인 정강왕의 재위 연간(886. 7.~887. 7.)에 찬술되었음이 드러나 있기 때문이다. 그리고 후술되듯이 출전으로 기록된 「동국승사비」도 실재하지 않은 자료이다. 따라서 이 부분 역시 후대인에 의한 가필로 보아야 한다.[64]

(5) 자료 E「선고망형원문」

자료 E는 왕비 김씨가 부군인 국왕이 사거한 후 출가하여, 이찬이었던 선고(先考)와 망형(亡兄)의 명복을 빌고자 벼 3,000점(苫)을 불국사에 시납한 사실을 담은 원문이다. <표 1>에서 알 수 있듯이 이 자료는 두 종류의 『화엄사사적』과 『불국사고금창기』에만 수록되어 있는데, 제목을 보면 『화엄사사적』에서 '최치원소찬'이라는 구절이 가필된 정도이고, 나머지는 큰 차이가 없다. 따라서 원래의 제목은 「왕비김씨봉위선고급망형 추복시곡원문」으로 추정할 수 있고, 이는 내용과도 부합된다.

다만 본문의 서술에서는 왜곡이 가해져 있다.

F-1. 이제 선고(先考)이신 이찬(夷粲)과 죽은 형[亡兄]의 명복을 빌고자 벼 3,000점(苫)을 무주 지리산 화엄사 광학장에 함께 희사(喜捨)합니다.[65](2종의 『화엄사사적』)

F-2. 이제 선고이신 이찬과 죽은 형의 명복을 빌고자 벼 3,000점(苫)을 서울[京城]의 동쪽 산에 있는 광학침릉(光學寢陵)과 불국사의 표훈(表訓) 유가(瑜伽) 원측(圓測)의 삼성강원(三聖講院)에 함께 희사(喜捨)합니다.[66](『불국사고금창기』)

---

64) 崔英成, 『앞의 책』, p.229 주 71.

65) "今奉爲先考夷粲及亡兄追福 共捨稻穀三千苫 <u>於武州智異山華嚴寺光學藏</u>".

66) "今奉爲先考夷粲及亡兄追福 共捨稻穀三千苫 <u>於京城東山光學寢陵 佛國寺表訓瑜伽圓測三聖</u>

위 사료에서 밑줄 친 부분은 도곡(稻穀) 3,000점(苫)의 시납처(施納處)에 대한 기록인데, 『화엄사사적』과 『불국사고금창기』의 기록이 서로 다르다. 그 이유는 두 문헌의 찬자가 각각 자료 E가 화엄사 혹은 불국사와 관련되어 있다는 사실을 보여주기 위한 것이 분명하다. 그러면 어느 쪽이 개변된 것일까. 단서가 되는 것이 광학장이라는 전우(殿宇) 명칭이다. 이미 앞에서도 보았듯이 광학장은 불국사의 부속 건물이었다. 그런데 F-1에서 이 건물을 화엄사의 부속 건물로 쓰고 있으니, F-1이 고쳐진 것임을 알 수 있다.[67] 아마 『화엄사사적』의 찬자인 중관해안이 그 편찬 과정에서 불국사 관련 자료인 「선고망형원문」를 화엄사의 그것으로 날조하기 위해 이 부분을 고쳤을 것이다. 그러나 『불국사고금창기』의 찬자는 『화엄사사적』을 참조하면서도 이 부분을 원래의 모습으로 되돌렸던 셈이다.

자료 E의 찬술시기에 대해서는 『불국사고금창기』에 "중화 정미년 창월(暢月; 11월) 부성군태수 최치원(주; 동국승사비에서 나왔다)"라는 기록이 보인다. 중화 정미년 11월은 887년(진성여왕 1)으로, 최치원이 진성여왕에게 시무10여조를 제출하기 7년 전으로서 그는 중앙 정계에서 활동 중이었다. 따라서 이때 최치원이 부성군태수일 수는 없다. 전거로 나오는 「동국승사비」도 실재가 확인되지 않는 자료이다. 따라서 이 부분도 후대인의 가필로 생각된다.[68] 이를 제외하면 자료 E의 찬술시기를 분명하게 알 수 있는 단서는 찾을 수 없다.[69]

講院".

67) 崔英成, 『앞의 책』, p.236 주 105.

68) 崔英成, 『앞의 책』, p.237 주 115.

69) 다만 후술되듯이 시납자인 왕비 김씨의 실체가 헌강왕의 後妃로서 효공왕을 출생한 생모로 비정되는 점이 하나의 단서가 될 수 있다. 그는 『삼국사기』에 의하면 효공왕 2년(898)에 왕태후로 책봉되고 있어, 그 이전에 찬술되었음을 알 수 있지만, 정확한 찬술 연대의 비정은 불가능하다.

(6) 자료 F 「망제원문」

자료 F는 자료 E의 주인공과 같은 인물인 왕비 김씨가 먼저 죽은 아우를 추복하기 위하여 곡식 1,000점(苫)을 불국사에 시납한 사실이 담겨져 있는 원문이다. 다만 자료의 본문 속에 다음과 같은 구절이 보이고 있어, 과연 이것이 불국사 관련 자료인지에 대해 의문이 제기될 여지가 있다.

G. 그리하여 마침내 죽은 아우[亡弟]를 위하여 <u>화엄사 광학장(光學藏)에서</u> 명복을 빌고, 도곡(稻穀) 1,000점(苫)을 경건하게 희사합니다.[70](필사본 『화엄사사적』)

『화엄사사적』에만 수록된 자료 F는, 위의 밑줄 친 바처럼 곡식 1,000점을 시납한 곳을 화엄사 광학장이라 하였다. 따라서 문면을 따르면 자료 F는 화엄사 관련 자료로 파악되어야 한다. 그러나 위에서 거듭 언급했듯이 광학장은 불국사에 있었던 전우 명칭이었다. 그렇다면 이 부분은 『화엄사사적』의 찬자가 불국사를 화엄사로 고쳐 쓴 것임을 알 수 있다. 따라서 자료 F는 왕비 김씨가 망제(亡弟)를 추복하기 위해 불국사에 도곡(稻穀) 1,000점을 기진한 내용을 담고 있는 불국사 관련 자료라고 하겠다. 이 점은 시납자 왕비 김씨가 자료 E의 주인공과 동일한 인물이라는 데서도 방증을 얻을 수 있다.

그러면 불국사 관련 자료인 자료 F가 필사본 『화엄사사적』에만 수록된 이유가 어디에 있을까. 전술한 바 있듯이 자료 F도 나머지 5종의 자료와 마찬가지로 1612년경 중관해안에 의해 수습되었던 것으로 보인다. 그러나 무슨 이유에서인지 이 자료만 목판본 『화엄사사적』에는 수록되지 않은 채 화엄사에 전존(傳存)되다가 필사본 『화엄사사적』의 편찬 과정에서 필사자인 사미 병헌에 의해 재

---

70) "遂爲亡弟 追福於華嚴寺光學藏 敬捨稻穀一千苫".

발견되어 새로 추가되었기 때문으로 생각된다.

자료 F의 찬술시기에 대해서는 특별한 기록이 보이지 않는다. 내용에서 보면 시납자인 왕비 김씨가 먼저 선고(先考)와 망형(亡兄)의 명복을 빌기 위해 곡식 3,000점을 불국사에 시납하면서 자료 E가 찬술되었으며, 그보다 조금 늦은 시기에 망제(亡弟)를 위해 또 곡식 1,000점을 시납하면서 자료 F가 찬술된 것으로 추측된다. 따라서 이 자료의 찬술 시기는 자료 E보다는 조금 늦거나 비슷한 것으로 볼 수 있다. 그러나 그 정확한 시기는 알 수 없다.

3. 『불국사고금창기』 수록 자료의 협주의 신빙성 문제

1) 협주(夾註)의 내용과 신빙성 검토

이상에서 사지(寺誌)를 중심으로 현전되고 있는 최치원 찬 불국사 관련 자료들을 개관하였다. 그런데 유독 『불국사고금창기』에 수록된 5종의 자료(자료 A·B·C·D·E)에만 협주(夾註)가 달려 있어 눈길을 끈다.[71] 그 중에는 후대의 연구자들이 논지 전개의 결정적 논거로 삼는 내용까지 들어 있어, 협주 자체가 9세기 후반 신라 정치사 이해의 핵심 사료로 기능하고 있다는 느낌까지 주고 있다. 그럼에도 불구하고 이 협주가 과연 역사적 사실을 전하고 있는지 여부에 대해서는 거의 검토가 이루어지지 못하였다. 이에 아래에서는 『불국사고금창기』에 수록된 5종의 자료에 베풀어져 있는 협주가 어떤 내용인지를 알아보고

---

71) 2종의 『화엄사사적』에 수록된 자료 중에는 자료 A 「비로자나불상찬」에 헌강대왕에 대한 보충 설명 1종, 자료 D 「결화엄사회원문」에 연대 고증에 대한 1종 등 2종의 협주가 보이지만 예외적인 경우이다.

그 신빙성 여부를 살펴보기로 한다.

(1) 자료 A 「비로자나불상찬」의 협주 검토

자료 A에는 다음과 같은 4종류의 협주가 달려 있다.[72]

H-1. 大華嚴宗佛國寺毘盧遮那(註; 眞興王所鑄佛)文殊普賢像讚幷序(註; 崔致遠撰).

H-2. 佛國寺光學藏(註; 媛妃權氏 落采爲尼 法號秀圓 亦名光學)講室 左壁畵像者 …….

H-3. …… 左壁畵像者 贈太傅獻康大王(註; 景文王元子 贈太傅 名曰晸 唐乾符乙未立 在位十二年) 脩媛權氏 法號秀圓 …….

H-4. 光啓丁未 正月八日 桂苑行人 崔致遠撰(註; 出東祖碑文).

H-1은 자료 A의 제목인데, 비로자나불에 대한 보완 설명의 형태로 "진흥왕에 의해 주조된 부처"라는 협주와 이 글을 "최치원이 찬했다"는 협주가 붙어 있다. 후자는 사실이긴 하지만 누구나 알 수 있는 내용이므로 협주로서의 의미가 없다.[73] 한편 전자는 협주의 내용 자체에 명백한 오류가 포함되어 있다. 이 글의 서와 찬문의 구절을 통해 이 비로자나불은 주조(鑄造)된 부처가 아님이 확인될 뿐만 아니라, 조성 시기도 진흥왕대가 아님이 분명히 드러나기 때문이다.[74]

자료 A의 본문 서술을 보자.

J-1. 불국사 광학장의 강실 왼쪽 벽에 그린 비로자나불상[左壁畵像者]은 태부에 추

---

72) 이하 협주를 검토하기 위한 자료는 그 本意를 살리기 위해 원문을 그대로 인용하면서 협주는 "(註; ……)"의 형식으로 표시하고 밑줄을 그어둔다.

73) 본문의 제일 뒷부분에 다시 명기되어 있다(H-4 참조).

74) 崔英成, 『앞의 책』, pp.199~200 주 41 참조.

증된 헌강대왕의 수원권씨(脩媛權氏), 법호(法號) 수원(秀圓)이 존령(尊靈)의 명복을 추봉하기 위해 모신 것이다.

J-2. 이에 고개지[虎頭]와 같은 묘수(妙手)를 불러 부처[螺髻]의 형의(形儀)를 그렸는데, 보살이 좌우로 단엄하게 늘어섰고 가람은 동서로 빛났다.

J-3. 공을 이룬 장인의 위대함이여. 임금을 가까이에서 모시는 나는 이 절에 부끄럽도다. 붓끝이 여러 사람의 눈을 즐겁게 하나니 화려한 단청이 이 글발보다 낫구나.

J-1·2·3에 의하면, 수원권씨가 헌강대왕의 명복을 빌기 위해 조성한 비로자나불상은 주조된 금속제의 부처[鑄佛]가 아니라 화상(畵像)임을 쉽게 알 수 있다. 좌벽의 화상(畵像)이라는 표현은 물론이거니와 J-2·3을 통해서도 화가의 붓으로 그린 그림임이 저절로 드러난다. 그렇다면 H-1의 협주에서 이를 마치 진흥왕이 주성(鑄成)한 것인 양 기록한 것은 불상의 재료는 물론 제작 시기까지 오류임은 재언할 필요조차 없다. 이 화상은 헌강대왕의 명복을 빌기 위해 그가 사망하고 당으로부터 태부로 추증된 이후에 조성된 것이기 때문이다. 그럼에도 불구하고 협주를 통해 잘못된 설명을 덧붙인 것은 후대의 인물 누군가가 불국사에 모셔진 금동불상을 마치 자료 A에 묘사된 불상과 같은 것처럼 인식하게 하여,[75] 당시 모시고 있던 불상이 매우 오랜 시기에 조성된 유서 깊은 것으로 과장하려는 의도 때문일 것이다.

협주 H-2는 강실(講室)이 있는 광학장이라는 전우(殿宇)의 명칭이 유래한 바를 설명하기 위한 것으로 볼 수 있다. 협주의 내용이 원비(媛妃)인 권씨가 머리를 깎고 비구니가 되어 법호(法號)를 수원(秀圓)이라 했고, 또한 이름을 광학(光

---

75) 文明大,「佛國寺 金銅如來坐像二軀와 그 造像撰文(碑銘)의 研究」『美術資料』19, 1976에서는 자료 A의 비로자나불과 현재 불국사에 봉안된 비로좌나불과의 관련성을 추구하고 있으나, 자료 A에 묘사된 불상은 畵像이므로 양자는 아무런 관련이 없다.

學)이라고 하기도 했다고 했으니, 이 건물의 명칭이 광학장(光學藏)으로 불리게 된 것이 원비 권씨로부터 비롯됐다는 의미일 것이다. 그러나 사실 여기서 굳이 새로운 정보라고 할 수 있는 것은 수원권씨가 출가한 후의 법호(法號)에 광학이 라는 이명(異名)이 있었으며, 수원을 원비(媛妃)로 높여 부른 것 정도일 뿐이고, 나머지는 본문 서술 속에 모두 나오는 내용이다. 예컨대 수원권씨가 출가하여 머리를 깎고 비구니가 된 것은 본문 내용의 "거울에 비쳐 볼만한 머리카락을 깎아 없애고[削除可鑑之髮]" 등의 표현에서 충분히 유추할 수 있고, 법호(法號) 가 수원(秀圓)이라는 것은 그 구절이 그대로 본문에 명기되어 있는 것이다. 또 원비(媛妃)라는 것도 수원(脩媛)에 대한 존칭으로 보통 사용될만한 용어이다. 특 히 본문에 수원권씨가 헌강왕의 비빈(妃嬪)으로 명기되어 있어서 원비로 높여 불러도 그리 어색한 것은 아니다. 이런 의미에서 협주 H-2는 그 자체 주로서의 가치를 갖지 못하는 것으로 평가할 수 있다. 협주 H-2는 자료 A의 내용을 알고 있는 후대인에 의한 작문일 가능성이 높다.

협주 H-3은 본문의 헌강대왕에 대한 보충 설명이다. 헌강왕이 경문왕의 원 자이며, 이름이 정(晸)이었고, 당으로부터 태부(太傅)로 추증된 것은 모두 사실 에 부합하며 당(唐) 건부(乾符) 을미(乙未)에 즉위하여 재위기간이 12년이라는 사실도 올바르다. 말하자면 H-3은 정확한 사실을 전하고 있어 일단 신빙성을 갖추고 있는 것으로 판단할 수 있다. 다만 이러한 수준의 협주는 『삼국사기』 연 표나 『삼국유사』 왕력만 보았다면 누구나 덧붙일 수 있는 평범한 내용임에 유 의할 필요가 있다. 이에 더하여 본문에 태부(太傅)가 명기되어 있음에도 불구하 고 협주로서 다시 증태부(贈太傅)를 반복하고 있는 것도 어색하다는 점을 고려 해야 한다. 요컨대 협주 H-3은 그것이 사실에 부합하는 내용임에는 틀림없으 나, 일정 수준의 신라사에 대한 지견을 가졌거나 관련 사서를 참조한다면 누구 나 덧붙일 수 있는 평범한 그것에 지나지 않는다. 따라서 이 사례만을 들어 『불국사고금창기』 수록 자료의 협주 모두를 신빙할 수 있다고 판단한다면 성급하다는 비판을 면하기 어렵다.

이와 관련하여 목판본 『화엄사사적』의 다음과 같은 협주를 참조할 수 있다.

K. 태부로 추증되신 헌강대왕(註; 경문대왕의 원자이다. 태부로 추증되었다).[76](목판본 『화엄사사적』 수록 자료 A)

목판본 『화엄사사적』에 수록한 5종의 최치원의 저술에는 2개의 협주가 붙어 있는데, 위의 것은 그 중의 하나이다. 보다시피 그 내용은 대단히 평범한 것으로 아마 목판본 『화엄사사적』의 편찬자인 중관해안이 가한 것으로 생각된다. H-3의 협주는 이를 참조하면서 자신이 알고 있는 내용을 조금 더 부가한 것에 불과하다고 본다.

H-4의 출동조비문(出東祖碑文)이라는 협주는 출전(出典)을 밝힌 내용이지만, 무엇에 대한 협주인지가 확실하지가 않다. 일견 이 글 전체가 「동조비문」이라는 저술에서 나왔다는 의미로도 볼 수 있고, 말미에 기록된 "광계정미 정월 8일 계원행인 최치원찬"이라는 찬술시기와 찬자만을 한정한 협주일 수도 있겠다. 양자 중 후자의 가능성이 높을 것 같다. 왜냐하면 『불국사사적』에는 찬술시기는 언급하지 않고 찬자에 대해 "도통순관(都統巡官) 치원찬(致遠撰)"이라고만 기록하고 있으므로, 『불국사사적』을 보았음이 분명한 『불국사고금창기』의 찬자가 이와 다른 기록을 「동조비문」에서 보았다는 것으로도 풀이해 볼 수 있기 때문이다. 그러나 어느 쪽이라고 하더라도 협주 자체를 그대로 믿기는 어렵다고 생각한다. 우선 「동조비문」이라는 문헌 자체의 존재 여부가 불분명하다. 또 서명(書名)에 의하면

---

76) "贈太傅獻康大王(註; 景文大王之元子也. 贈太傅)".

이 책은 우리나라 고승들의 비문을 모은 것으로 추정되는데, 최치원이 찬한 이 글의 성격과 서명이 조금도 부합되지 않는다.[77] 뿐만 아니라 찬술시기에 대한 기록 역시 신빙성이 떨어진다. 광계 정미 정월은 887년(정강왕 2) 정월이지만, 본문의 서술과 그 시기가 어긋나기 때문이다. 자료 A의 찬에는 "증태부선왕(贈太傅先王)"이라는 구절이 보이는데, 이는 곧 헌강왕으로 적어도 진성여왕 이후에야 사용될 수 있는 칭호이다. 또 (중국에서) 올 때는 계원행인이나 갈 때는 상구사자[有來爲桂苑行人 去作桑丘使者致遠]라는 본문 구절을 참조하면, 이 글은 최치원이 당에 두 번째로 입당한 진성여왕 7년(893) 이후에 작성된 것이 분명하다.[78] 따라서 협주 H-4 믿기 어려운 것으로 후인의 가필(加筆)로 보는 것이 옳겠다.[79]

(2) 자료 B 「아미타불상찬」의 협주 검토

자료 B에는 다음과 같은 3종의 협주가 달려 있다.

L-1. 大華嚴宗佛國寺阿彌陀佛像(註; 眞興王所鑄佛)讚并序

L-2. 景行支公與遠公 存沒皆居佛國中(註; 本寺後 烽臺下 三庵主脉之處 有祈雨祭壇 或有大旱之年 方伯本主 至誠設祭 則雨來可知)

L-3. 同年月日 紫金魚袋 崔致遠撰(註; 東祖碑文)

먼저 제목에 달려있는 협주 L-1은 불국사의 아미타불상이 진흥왕이 주조한 부처라는 보완 설명이지만, 앞의 H-1과 마찬가지로 잘못이다. 『원종문류』에서

---

77) 혹 「동조비문」이 다른 자료의 전거로 기록된 「동국승사비」를 의미할 수도 있지만, 후자 역시 그 이름에서 보면 최치원의 찬문이 수록되기에는 어울리지 않는다.

78) 이러한 본문 내용의 검토를 바탕으로 한 찬술 시기에 대한 자세한 비판은 崔英成, 『앞의 책』, p.199 참조.

79) 崔英成, 『앞의 책』, p.199에서는 이 부분을 후인의 가필로 보아 삭제하고 있다.

이 글의 제목을 「화엄불국사 아미타불화상찬(華嚴佛國寺 阿彌陀佛畫像讚)」이라 한 데서 알 수 있듯이 이는 주조 불상이 아니라 역시 화상(畫像)이었기 때문이다. 이 불상이 화상임은 자료 B의 본문의 서술에서도 거듭 확인된다.

　　M. 이에 담사(譚舍; 講室)의 서쪽 벽에 무량수불(無量壽佛)의 상(像)을 경건히 그려 모 시게 되었으며, 이미 성상(聖像)을 그리는 일이 이룩되고 나서는 이에 부유(腐儒)에게 전후 사실을 기록해 주기를 청하였다.

　　M은 최치원이 이 글(자료 B)을 찬술하게 된 경과를 간단하게 언급한 것인데, 아미타불상이 강실 서벽에 그려진 화상임이 잘 드러나 있다. 화상(畫像)이 분명한 아미타불상을 진흥왕이 주조한 부처라고 협주를 붙인 의도와 목적은 앞에서 본 자료 A의 경우와 같은 것으로 판단된다.

　　협주 L-2는 사실 엉뚱한 내용이라고 할 수밖에 없는데, 『불국사고금역대기』라는 서명을 가진 필사본에만 들어있고,[80] 『불국사고금창기』라는 표제를 가진 필사본에는 생략되어 있다.[81] 자료 B의 찬이 끝나는 부분에 불국사의 뒷산에 기우제를 지내는 제단이 있었고, 가뭄이 들면 지방관이 기우제를 지낸다는 내용을 덧붙인 것인데, 왜 이 부분에 이런 협주가 가해져야 하는지가 의문이다. 따라서 이는 비록 그것이 사실일지라도 협주의 내용 자체가 그리 신빙성이 높지 않음을 웅변하고 있는 것이다.

　　협주 L-3은 앞에서 검토한 H-4와 마찬가지로 후인에 의한 명백한 가필(加筆)로 보인다. 「동조비문」이라는 출전 자체가 불분명한 존재일뿐더러 『원종문

---

80) 考古美術同人會, 『앞의 책』(考古美術資料 7), p.12 및 이를 그대로 수록한 成均館大 大東文化 研究院, 『崔文昌侯全集』, p.218 참조.
81) 『佛國寺誌(外)』, p.56.

류』에 수록된 자료 B에는 이러한 내용은 찾아볼 수 없기 때문이다.[82] 이 경우도 협주의 신빙성을 의심케 하는 대표적인 사례라고 할 수 있겠다.

(3) 자료 C「석가여래상번찬」의 협주 검토

『불국사고금창기』에 수록된 자료 C에는 3종류의 협주가 베풀어져 있다. 이 협주에는 특히 9세기 후반의 왕실 세력 및 일부 귀족의 실체에 대한 중요한 내용이 포함되어 있어 종래 여러 연구자들의 주목을 끌어왔다. 그러나 대부분의 연구자들이 협주의 신빙성 여부에 대한 검토를 생략한 채, 그대로 신빙하는 입장에서 논지를 전개하여 결과적으로 9세기 후반 신라 정치사까지 왜곡하는 경우가 발생했다. 이에 자료 C의 협주는 그 내용부터 신빙성 여부까지 더욱 꼼꼼하게 살펴 볼 필요가 있다.

> N-1. 王妃金氏(註; 金大城三世孫女也)爲考繡釋迦如來像幡讚幷序.
>
> N-2. …… 故全州大都督金公(註; 蘇判公順憲 大成子) 少昊玄裔 太常令孫 …….
>
> N-3. …… 少昊玄裔 大常(註; 大常 卽 金文亮)令孫 …….[83]

먼저 N-1은 자료 C의 제목에 달린 협주인데, "왕비 김씨가 선고를 위하여 수(繡)를 놓아 만든 석가여래상(釋迦如來像) 번(幡)에 대한 찬과 서문"이라고 하면서,[84] 특별히 왕비 김씨에 대하여 "김대성(金大城)의 3세 손녀"라는 협주를 달고 있다. 곧 김대성의 손녀가 9세기 후반에 신라의 왕비가 되어 돌아가신 아버지

---

82) 崔英成, 『앞의 책』, p.207 참조.

83) N-3은 특별히 협주(夾註)가 아니라 두주(頭註)처럼 기록되어 있다(『佛國寺誌(外)』, p.56 참조).

84) <표 1>에서 보듯이 자료 C의 제목에 '王妃金氏爲考'가 들어있는 것은 『불국사고금창기』가 유일하다.

를 위하여 불국사에 수를 놓아 만든 석가여래상번(釋迦如來像幡)을 기진(寄進)했음을 찬양한 글이라는 것이다. 협주에 나오는 김대성은 경덕왕대에 불국사와 석굴암을 창건했다는 바로 그 사람일 것이다.

그러면 『불국사고금창기』에 수록된 자료 C의 제목이 본문의 내용과 부합하는지 여부부터 살펴보자. 자료 C의 본문 내용을 요약하면 다음과 같다. 고(故) 전주대도독(全州大都督) 소판 김공(金公)의 부인이 남편이 사망하자 머리를 깎고 출가하여 비구니가 되어 남편의 명복을 빌고자 하였다. 그래서 중화(中和) 6년 (886; 헌강왕 12년) 5월 10일에 수를 놓은 석가모니불상번(幡) 1탱을 바쳐 남편의 명복을 빌었다는 것이다.

자료 C의 본문 어디에도 왕비 김씨나 그의 추복(追福)의 대상이라는 선고(先考)에 대한 서술은 찾아볼 수 없다. 따라서 제목 속의 추복(追福) 행위의 주인공이 왕비 김씨이며 추복 대상이 그의 선고(先考)라고 한 것은 전혀 사실이 아니다. 『동문선』에서 이 자료의 제목을 「화엄불국사석가여래수상번찬병서(華嚴佛國寺釋迦如來繡像幡讚幷序)」라 한 것을 참조하면, "왕비김씨위고(王妃金氏爲考)" 부분은 후대인에 의한 잘못된 가필임을 알 수 있다.[85] 제목 자체에 후대에 잘못 가필된 부분이 들어있고, 하필 가필된 왕비 김씨에 김대성의 3세 손녀라는 협주 N-1이 달려있으니 이를 사실로 인정해서는 곤란하다.

협주 N-2는 추복의 대상인 고 전주대도독 김공이 누구인지를 밝히는 협주이다. 그 내용은 그가 "소판(蘇判) 관등을 가졌던 김순헌(金順憲)이라는 인물로서 김대성의 아들"이라는 것이다. 한편 두주 N-3에는 더욱 매력적인 내용이 들어 있다. 전주대도독의 계보를 설명하는 "고(故) 전주대도독(全州大都督) 김공(金公)은 소호씨(少昊氏)의 아득한 후예이며, 대상(大常)의 영손(令孫)이다(故全州大都督

---

85) 그럼에도 불구하고 왕비 김씨를 표제에 등장시킨 것은 후술되는 자료 E의 표제를 참조했기 때문일 것이다. 어쩌면 두 사람을 같은 인물로 보도록 유도한 것인지도 모르겠다.

金公 少昊玄裔 大常令孫'라는 구절 중의 대상(=태상)에 주를 베풀어 대상이 곧 김문량이라고 보충 설명을 가하였다. 이 두주에 의하면 전주대도독 김공은 곧 김문량의 손자가 되는 셈이다.

이렇게 『불국사고금창기』에 수록된 자료 C에 달린 협주 3종을 종합하면 매우 흥미로운 자료 하나가 구성될 수 있다. 즉 대상 김문량(金文亮) → 김대성(金大城) → 전주대도독 소판 김순헌(金順憲) → 왕비 김씨라는 4대에 걸친 신라 유력 귀족 가문의 계보가 확인되는 것이다. 신라 중대에서 9세기 후반에 이르는 이러한 귀족 가문의 계보는 『삼국사기』·『삼국유사』 등 각종 문헌자료에서 전혀 파악되지 않는 점에서 더욱 매력적일 수밖에 없다. 실로 그대로 믿고 따르고 싶을 정도로 대단히 유혹적인 내용이다.

그러면 자료 C의 협주를 통해 재구성되는 4대에 걸친 왕비 김씨의 계보는 역사적 사실을 제대로 반영하고 있을까? 제목 속의 왕비 김씨에 달려있는 김대성의 3세 손녀라는 협주가 신빙성이 크게 떨어짐을 앞에서 지적해 두었지만, 그 밖의 여러 정황도 이를 사실로 보기 어렵게 만들고 있다.

첫째, 협주 N-2에서 김대성의 아들인 소판 김순헌(金順憲)이라고 한 전주대도독 김공과 김대성은 부자관계(父子關係)로 볼 수 없는 점을 들 수 있다. 두 사람의 사망 시기에서 추정되는 연령이 차이가 너무 크기 때문이다.

김대성은 재상[國宰] 김문량(金文亮)의 아들로 환생하여 불국사와 석불사(석굴암)를 창건한 인물임은 두루 아는 사실이다. 불국사에 전해지는 기록[寺中有記]에는 751년(천보 10; 경덕왕 10)부터 불국사를 세우다가 완성하지 못하고 774년(대력 9; 혜공왕 10) 12월에 사망했다고 하였다.[86] 그는 745년(경덕왕 4) 5월부터 750년(동 9) 1월까지 4년 8개월간 이찬으로 중시(中侍)를 역임하였고,[87] 여러

---

86) 『삼국유사』 권5, 효선9, 大城孝二世父母 神文代조.
87) 『삼국사기』의 김대정(金大正)이 곧 김대성과 같은 사람이다(李基白, 「新羅 執事部의 成立」『新

사료에 대상(大相) 혹은 승상(丞相)이라는 직함으로 기록되어 있어, 재상의 지위에까지 올랐던 경덕왕·혜공왕대의 중신이었음을 짐작할 수 있다.

그런데 그의 아들 김순헌이라고 주기된 전주대도독 김공의 사망 시기는 자료 C에서 아래와 같이 기록하였다.

O. 고 전주대도독 김공은 소호씨(少昊氏)의 아득한 후예이며, 태상(太常)의 영손(令孫)이다. 수레의 장막을 걷고[褰帷] 세속을 안찰(按察)하는데 능하여 일찍부터 병부(兵符)를 나누어 가졌으며, 나랏일을 근심하여 좌불안석으로 현자(賢者)들을 간절히 구하여 금초관(金貂冠) 쓰기를 기다렸는데, 어찌 큰 내를 다 건너지 못하고 좋은 재목이 먼저 꺾일 줄을 생각이나 하였으리요. 부인은 덕이 난초(蘭草)와 혜초(蕙草)처럼 향기롭고 예(禮)는 마름[蘋]이나 흰 쑥[蘩]처럼 깨끗했는데, 갑자기 부군(夫君·所天)을 잃게 됨에 죽은 목숨같이 하였다. 그러다가 풀죽은 마음[灰心]을 쓸어안고 절개를 맹세하였으며, 구름 같은 머리털을 깎아 모습을 바꾸고는 이에 정재(淨財)를 희사하여 명복을 비는 일을 이루었다. (唐 僖宗 ; 衍文) 중화(中和) 6년 병오년(886) 5월 10일에 삼가 석가여래불상번 일탱(一幀)에 수를 놓고, 받들어 소판공(蘇判公)을 위해 장엄구(莊嚴具)로 고하는 것을 마쳤다.[88] (「석가여래상번찬」)

O에 의하면 전주대도독 김공의 부인은 남편이 사망한 후 얼마 지나지 않아 출가하여 비구니가 되었으며, 그로부터 얼마 후인 886년(중화 6) 5월에 죽은 남편의 명복을 빌기 위해 수를 놓은 석가여래상번(釋迦如來像幡)을 불국사에 기진하였음을 알 수 있다. 이를 보면 전주대도독 김공의 사망 시기는 886년보다 크게 앞서지 않는다고 할 수 있다. 아무리 올려 잡더라도 880년을 벗어나지는

羅政治社會史研究』, 一潮閣, 1974, pp.168~169).
88) 崔英成, 『앞의 책』, pp.213~214. 단 어색한 표현은 필자가 약간의 수정을 가하였다.

않을 것이다.

이와 같이 김대성이 774년에 사망하였고, 그의 아들이라는 전주대도독 김공의 사망 시기가 880년대라면, 전주대도독 김공이 김대성이 사망하던 해에 태어났다고 가정하더라도 그의 사망 시 연령은 100세가 훨씬 넘게 된다. 만약 『불국사사적』의 기록을 따라 김대성이 김문량의 아들로 환생한 해를 700년(효소왕 9)으로 본다면,[89] 김대성은 76세에 사망한 셈이 되어, 그의 아들이라는 전주대도독 김공의 사망 당시 연령은 적어도 120세 이상이어야 한다. 아무리 극단적인 경우를 상정하더라도 이런 일은 있을 수 없다. 더구나 O에서 전주대도독 김공은 자신의 포부를 마음껏 펴지도 못한 채 중도에 꺾인 존재라고 했으니, 100여세의 고령(高齡)은 커녕 그리 많지 않은 나이에 죽은 것으로 보아야 한다. 따라서 김대성과 그의 아들로 주기(註記)된 전주대도독 김공이 부자 관계였다는 것은 도저히 성립될 수 없다. 그렇다면 자료 C의 추복의 대상인 전주대도독 김공이 "김대성의 아들 소판 김순헌"이라는 협주 N-2는 잘못임이 명확하다고 하겠다.[90]

그러면 협주 N-2의 전주대도독 김공이 "소판공 순헌 대성자(蘇判公 順憲 大成子)"라는 주기의 근거는 무엇일까. 혹시 별도의 전거에 의해 붙여진 협주로서 일정한 신빙성을 가지는 것으로 생각해 볼 수는 없을까. 주기 중에 전주대도독 김공의 관등이 소판인 점이 사실과 부합하고, 자료 C만으로는 도저히 알 수 없는 김순헌이라는 새로운 인명도 나오고 있어 그 가능성을 일거에 배제할 수는 없기 때문이다.

---

89) 黃壽永, 「佛國寺의 創建과 그 沿革」『불국사 복원공사보고서』, 문화재관리국, 1976. pp.28~29; 金南允, 「佛國寺의 창건과 그 위상」『新羅文化祭學術發表會論文集』18, 1997, p.39.
90) 金大城을 大成으로 오기한 사실도 협주 N-2의 신뢰도를 떨어뜨린다. 협주자의 정확성에 의심을 주고 있기 때문이다.

그러나 조금만 시야를 넓혀 보면, 협주 N-2의 근거는 금방 발견된다. 먼저 소판공은 자료 C의 본문 속에서 소판공이라 하여 전주대도독 김공의 대명사로 사용되었음이 확인된다(앞의 O의 마지막 부분 참조). 협주 N-2를 붙인 협주자(夾註者)는 아마 이를 그대로 옮겨 썼을 것이다. 한편 김순헌이라는 인명은 자료 C의 본문에서는 찾을 수 없다. 그러나 공교롭게도 불국사에 같이 전승되어 왔음이 분명한 자료 D「화엄사회원문」에 소판(蘇判)의 관등을 가진 순헌(順憲)이라는 인물이 나오고 있음을 간과할 수 없다.

P. 이때 상재(上宰)인 서발한(舒發韓) 김림보공(金林甫公)과 왕실의 친척(國戚)으로 중신인 소판 김일(金一)과 순헌(順憲) 등이 있었습니다. 어떤 이는 값이 갑절인 황금[兼金]처럼 상서로운 색깔이 빛나는 인재이기도 하고, 또 어떤 이는 반석과 같은 가문의 귀족으로서 조정[廊廟]의 보배임이 높이 드러난 동량의 그릇을 깊이 간직한 이들이었습니다.[91] (「화엄사회원문」)

P에는 정강왕이 주도한 헌강왕의 명복을 비는 화엄경사회에 참여한 3명의 중신이 보인다. 거기에 소판(蘇判) 순헌(順憲)이 포함되어 있다. 헌강왕이 886년 7월 5일에 사망했으므로,[92] 그의 명복을 비는 화엄경사회(華嚴經社會)는 사망한 날 이후부터 정강왕이 사망하는 887년 7월 5일[93] 사이에 결성되었다고 하겠다.

---

91) "粤有上宰舒發韓金公林甫, 國戚重臣, 蘇判金一順憲等, 或兼金瑞彩, 或盤石貴宗, 高標廊廟之珍, 深蘊棟樑之器."(『圓宗文類』 권22) 그런데 『佛國寺古今創記』에 수록된 자료 D에는 밑줄 친 부분을 "國戚重臣 蘇判順憲金一等"이라 하여 김순헌과 김일의 순서를 바꾸어 기록하고 있다. 이 역시 『불국사고금창기』의 찬자가 김순헌이라는 존재에 유의했음을 보여주는 증거일 것이다.

92) 『삼국사기』 권11, 헌강왕 12년조. 이 밖에도 헌강왕의 사망 시점을 886년 7월 5일로 명기한 자료는 제법 많다.

93) 『삼국사기』 권11, 정강왕 2년조.

자연히 소판 김순헌이 화엄경사회에 참여한 시점이 886년 7월 5일~887년 7월 5일임을 알 수 있다. 그런데 앞에서 살폈듯이 전주대도독 김공은 886년에 5월에는 이미 사망하여 추복의 대상이 되어 있다. 이미 사망한 전주대도독 김공과 살아서 활동하고 있는 소판 김순헌은 같은 인물일 수가 없음이 당연하다. 요컨대 전주대도독 김공과 소판 김순헌은 생존 시기조차 다른, 전혀 다른 사람이었다.[94] 협주 N-2를 붙인 이는 이를 전혀 고려하지 않고, 자료 D「화엄사회원문」에 등장하는 김순헌의 이름을 끌어다 전주대도독 김공의 이름인 것처럼 협주를 달았던 것이다.

둘째, N-3의 주기에도 문제가 많다. 이 경우는 그 위치부터가 협주(夾註)가 아니라 두주(頭註)로서 상례를 벗어나 있다.[95] 뿐만 아니라 주기의 내용도 지극히 평범한 정보에 지나지 않는다. 주기가 더해진 "대상영손(大常令孫)"이란 구절에서 영손이 곧 남의 손자에 대한 존칭이라는 사실은 상식에 속한다. 이에 착목하면 대상은 곧 김대성의 아들로 비정한 전주대도독 김공의 조부가 되어야 하며, 그 조부는 불국사 창건 연기에 의하면 김문량(金文亮)일 수밖에 없다. 그래서 "대상은 곧 김문량이다"라는 주기를 붙인 것으로 보인다.

그러나 자료 C의 해당 부분을 보면, 전주대도독 김공의 출자에 대한 서술이 긴 하지만 대상영손이 그의 친조부를 염두에 둔 표현이 아닐 가능성이 크다. 그 구절을 다시 인용한다.

Q. 고(故) 전주대도독(全州大都督) 김공(金公)은 소호씨(少昊氏)의 아득한 후예이며,

　　대상(大常)의 영손(令孫)이다故全州大都督金公 少昊玄裔 太常令孫.(「석가여래상번찬」)

---

94) 최영성은 협주 N-2를 따라 이 김순헌을 전주대도독 김공과 같은 인물로 보고 있다(崔英成, 『앞의 책』, p.232 주 80). 그러나 이는 잘못이다.

95) 주의 위치에서 보면, N-3은 여타 협주보다 늦은 시기에 가해졌을 가능성도 있다.

위에서 보듯이 "소호현예 태상영손"은 대구(對句)로서 소호와 태상, 현예(玄裔)와 영손(令孫)이 각각 짝을 이룬다. 소호는 곧 소호금천씨(少昊金天氏)인데, 중국 상고 전승에 나오는 존재로서 신라 김씨 왕실의 시조로 표방되기도 했다.[96] 따라서 전주대도독 김공이 소호현예라는 것은 역시 소호금천씨의 후예임을 표방한 김씨 왕족의 일원임을 알려준다. 이를 참조하면 대상(大常)도 전주대도독 김공의 친조부보다는 김씨의 출자와 관련된 존재로 파악되어야 하며, 영손도 남의 손자에 대한 존칭이 아니라 현예에 대응되는 훌륭한 후손 정도로 풀이하면 무난할 것 같다.

대상(大常, 太常)은 주(周)를 비롯한 고대 중국왕조의 관직명으로 종묘예의(宗廟禮儀)를 관장하는 직책이기도 하지만, 중국 상고의 전승에서 황제(黃帝)의 신하로 나오는 존재이기도 하다.[97] 필자는 김문량(金文亮)이 대상에 비의(比擬)될 만한 신라의 관직에 재임했던 증거가 없는 점에서[98] 후자와 같이 이해하는 것이 옳다고 본다. 그렇다면 "소호현예(少昊玄裔) 대상영손(大常令孫)"이라는 구절은 전주대도독 김공의 출자를 설명하는 것으로, 그가 중국 상고의 전승에 등장하는 탁월한 존재로부터 나온 유서 깊은 김씨 가문의 후손임을 과시하는 내용이라 할 수 있다. 이러한 이해가 가능하다면 영손을 손자의 존칭으로 보는 상식에 근거하여 대상(大常)을 곧 김문량이라고 한 주기 N-3은 사실로 보기 어려운 것이다.

이상 길게 논급하였지만 자료 C에 더해진 협주 N-1 · 2 · 3의 내용은 역사

---

96) 李文基, 「新羅 金氏 王室의 少昊金天氏 出自觀念의 標榜과 變化」『歷史教育論集』23 · 24合, 1999 참조.

97) "黃帝得蚩尤 而明於天道 得大常 而察於地理"(『管子』五行篇).

98) 김문량은 706년(성덕왕 5)부터 711년(동 10)까지 중시를 지낸 김문량(金文良)과 동일 인물로 생각되는데(李基白, 『앞의 책』, pp.168~169), 『삼국유사』 권5, 효선9, 大城孝二世父母 神文代조에 국재(國宰)로 기록되어 있을 뿐 나머지 그의 정치적 역관은 더 이상 알 수 없다.

적 사실과 조금도 부합하지 않는다. 물론 협주를 통해 복원 가능한 대상 김문량(金文亮) → 김대성(金大城) → 전주대도독 소판 김순헌(金順憲) → 왕비 김씨라는 4대에 걸친 신라 유력 귀족 가문의 계보 또한 사실일 수가 없다. 후대의 협주자는 그가 가진 상식과 불국사의 창건 연기 설화, 그리고 불국사에 전승되어 온 다른 최치원의 글들의 편린을 조합하여 안상(案上)에서 협주를 조작한 것으로 여겨진다.

그럼에도 불구하고 아직 많은 논자들이 협주 N-1·2와 두주 N-3의 내용을 사실로 믿고, 이를 9세기 후반 신라사 복원의 중요 사료 가운데 하나로 활용하고 있음이 눈에 띈다. 특히 이 자료의 왕비 김씨를 헌강왕의 정비인 의명부인으로 보고, 의명부인 김씨 → (부)김순헌 → (조)김대성 → (증조)김문량으로 복원되는 가짜 계보에 근거하여 논지를 전개하고 있어,[99] 주의가 요청된다.

마지막으로 그러면 왜 이러한 조작이 필요했는지에 대해 살펴보자. 이 점 N-1에서 내용과는 전혀 무관하게 이 글이 마치 김대성의 3세 손녀인 왕비 김씨가 선고를 추복하는 것처럼 제목을 왜곡하고 있는 것이나, N-2에서 자료 D 「화엄사회원문」 속의 소판 순헌을 끌어와 그가 곧 주인공 전주대도독 김공이며, 또 김대성의 아들이라고 주기한 사실, 또 N-3에서 출자에 대한 기록의 한 부분인 대상영손(大常令孫)이라는 구절을 영손을 손자의 존칭으로 보고, 대상을 김대성의 아버지 김문량이라고 주기한 사실 등이 그 이유를 스스로 말하고 있

---

99) 이 자료를 가장 적극적으로 활용한 연구로는 金昌謙, 『新羅 下代 王位繼承 研究』, 景仁文化社, 2003, pp.63~67을 들 수 있다. 그러나 최근까지도 헌강왕 시대를 대상으로 하는 연구 중에는 날조된 계보에 입각하여 자신의 논지를 펴고 있는 경우가 보인다. 눈에 띄는 몇몇 연구만 나열하면 다음과 같다. 張日圭, 「앞의 논문」(2004), p.222; 宋銀日, 「신라하대 憲康王의 친정체제 구축과 魏弘」 『新羅史學報』5, 2005, pp.107~108; 전기웅, 『新羅의 멸망과 景文王家』, 혜안, 2010, p.113; 조범환, 「9세기 해인사 법보전 비로자나불 조성과 단월세력-묵서명에 대한 검토를 중심으로-」 한국고대사탐구학회 제47차 정기발표회 발표문, 2015, pp.10~11.

다. 곧 자료 C의 협주자는 불국사의 창건자 김대성의 직계 후손들이 불국사와 오래도록 깊은 인연을 맺고 있었음을 강조하고 싶었던 것이다. 그러한 의도 때문에 가능한 부분마다 그것을 뒷받침할 수 있는 내용을 선별하여 협주를 덧붙였던 것으로 보인다.

(4) 자료 D 「화엄사회원문」의 협주 검토

『불국사고금창기』에 수록된 자료 D에는 다음과 같은 3종의 협주가 달려 있다.

R-1. 聖上(註: 定康大王)當壁嘉徵 嗣膺寶位…….

R-2. 乃上言曰 竊見太和中(註: 文宗) 有僧均諒等…….

R-3. 中和二年 桂苑行人 崔致遠撰(註: 出東國僧史碑).

R-1은 성상(聖上)의 실체에 대한 주기인데, 당시의 국왕이 정강왕이었으므로 올바른 내용이다. R-2는 태화(太和)가 당 문종의 연호임을 밝힌 것으로 사실에 부합한다. 이 점 비록 협주는 아니지만 자료 C에서 "중화 6년 병오"라는 구절 앞에 "당 희종"이라는 연문(衍文)을 가필한 것과(앞의 사료 O 참조) 맥락을 같이 하고 있다. 그러나 협주 R-1·2가 역사적 사실과 부합되는 것은 사실이지만, 그것을 특별한 정보라고 하기는 어렵다. 당의 연호에 대한 지식이나 자료 D의 본문에 대해 약간의 이해만 있다면 쉽게 덧붙일 수 있는 내용이기 때문이다.

협주 R-3은 자료 D의 말미에 찬술 연대와 찬술자를 기록하면서 그 출전(出典)을 협주로 붙인 것이다. 곧 『동국승사비』라는 자료에서 중화 2년(882)이라는 천술 연대와 찬술자가 계원행인 최치원이라는 것을 인용했다는 의미이다. 앞에서 본 자료 A에 대한 H-4, 자료 B에 대한 L-3의 협주와 같은 맥락에 있다고 하겠다. 출전이라고 주기된 『동국승사비』라는 제목 자체가 "우리나라 역대 승려들의 역사를 기록한 비석"으로 해석될 수 있는데, 이러한 금석문이나 서책이 실재(實在)했던 어떤 증거도 찾을 수 없다. 설령 있었다고 하더라도 자료 D와 같은 글이『동국승사비』에 수록될 수는 없었을 것이다. 따라서 이 역시 협주자의 날조로 파악된다.

(5) 자료 E「선고망형원문」의 협주 검토

자료 E에는 아래의 단 한건의 협주가 가해져 있다.

S. 中和丁未年 暢月 富城郡太守 崔致遠(註; 出東國僧史碑)

앞에서 살핀 자료 A에 대한 H-4, 자료 B에 대한 L-3, 자료 D에 대한 R-3의 협주와 마찬가지로 자료 E의 찬술시기와 찬술자의 출전이『동국승사비』라는 협주이다. 이미 앞에서 밝혔듯이『동국승사비』가 실재하지 않는 자료이므로, 협주 S는 협주자에 의한 조작이다. 중화 정미년(887)이라는 찬술시기와 최치원이 부성군태수가 된 시점 사이에 적어도 6년 이상 차이가 있어[100] 이 또한 사실이 아니다.

2) 협주의 작성자와 작성 시기

위에서『불국사고금창기』에 수록된 5종의 최치원의 저술[101]에 가해진 협주는 모두 후대인에 의한 것으로서 그 사료적 신빙도가 매우 낮다는 사실을 밝혔다. 그러면 이러한 협주를 작성한 인물과 시기 및 그 의도는 어디에 있었는지

---

100) 崔英成,『앞의 책』, p.237 주 115 참조.
101) <표 1>에서 정리했듯이『불국사고금창기』에는 자료 F「망제원문」은 수록되어 있지 않다.

를 검토해 보기로 한다.

먼저 주목되는 것은 『불국사고금창기』의 편찬이 있기 이전에 이들 자료를 수습하여 수록했던 목판본 『화엄사사적』이나 『불국사사적』에서는 협주가 거의 발견되지 않는다는 사실이다.[102] 특히 이들 문헌은 『불국사고금창기』 편찬의 주된 참고 자료가 되었다는 점에서, 결국 이 협주는 『불국사고금창기』의 편찬과 무관할 수 없다는 결론에 이르게 된다. 따라서 협주의 작성자는 곧 『불국사고금창기』의 편찬자인 활암동은(活庵東隱)임을 알 수 있고, 협주의 작성 시기도 『불국사고금창기』가 편찬된 1740년(영조 16) 무렵으로 비정할 수 있다.

이러한 사실은 협주의 내용 자체에서도 입증될 수 있다. 앞에서 자료 B의 협주 L-2의 내용이 불국사 뒤쪽 봉수대 아래에 있는 기우제단과 관련된 엉뚱하기 짝이 없는 것임을 지적하였거니와, 『불국사고금창기』에는 이와 유사한 아래와 같은 내용도 보인다.

T. 산맥의 비조인 백두에서 꿈틀거리고 비틀거리며 내려와 주의 남쪽 치술령에 이르러 동쪽 방면으로 돌아나가 비스듬히 이어져 솟았으니 성조산(聖祖山)이다(주; 일맥은 남으로 가서 봉서산이 되고, 일맥은 북으로 와서 토함산이 되었다. 높은 고개가 만 길인데 경(庚)에서 들어와 유좌묘향(酉坐卯向)이 곧 석불사이고, 갑(甲)에서 묘(卯)로 떨어져 임좌병향(壬坐丙向)하니 불국사이다. ……).[103](『佛國寺誌(外)』, p.50)

T의 협주는 석불사(석굴암)와 불국사의 위치에 대한 풍수지리적 소견을 보여

---

102) 목판본 『화엄사사적』에는 2종의 협주가 가해져 있으나, 연대를 고증하거나 인명에 대한 보완설명을 시도한 것으로 별다른 의미를 갖지 못한다.

103) "山脉鼻祖白頭蜿蜒而來 至州南鵄述嶺 還轉東面 迤邐而陟之聖祖山(註; 一脉南去爲鳳栖山 一脉北來爲吐含山 高峙萬仞 自庚充入 酉坐卯向 乃石佛寺 自甲卯落 壬坐丙向 是佛國寺也)".

주는 내용인데, 이는 자료 B의 협주 L-2에서 기우제단의 위치를 주맥과 관련지어 설명하는 것과 같은 방식이다. 이를 통해 협주 L-2와 T에 협주를 가한 인물이 동일인임이 드러난다. 그가 곧 『불국사고금창기』를 편찬한 활암동은일 것이다.

활암동은이 이렇게 사실과 다른 왜곡된 협주를 가한 의도와 목적은 전술한 협주의 내용을 통해서 짐작할 수 있다. 그는 『불국사고금창기』의 편찬을 위해 목판본 『화엄사사적』을 참조하는 과정에서 최치원이 찬술한 불국사 관련 자료가 마치 화엄사의 그것인 양 왜곡되어 있었음을 알게 된 것으로 보인다. 그래서 이들 5종의 자료가 불국사 관련 자료임을 강조할 필요가 있었을 것이다. 그리하여 자신의 의도를 부각시킬 수 있는 대목마다 협주를 붙인 것으로 판단된다. 실제로 불국사와 무관한 자료인 자료 D 「화엄사회원문」의 경우, 제목은 물론 본문 내용에까지 가필하여 불국사 관련 자료인 것처럼 꾸미내거나, 사실과 전혀 다른 불국사의 창건자인 김대성의 후손이 여전히 불국사와 깊은 관련을 맺고 있었음을 강조하는 협주를 곳곳에 더하고 있는 데서 짐작이 가능하다. 이와 같이 1740년에 활암동은이 『불국사고금창기』를 편찬하는 과정에서 최치원이 찬술한 5종의 자료가 불국사 관련 자료임을 강조하기 위해 덧붙인 협주는 사료적 신빙성이 전혀 없다고 하겠다.

4. 자료로 본 9세기 후반 정치·사회적 동향의 한 단면

앞에서 『불국사고금창기』에 수록된 최치원의 글에 가해진 협주는 그 사료적 신빙성이 전혀 없다는 사실을 지적하면서, 협주의 내용을 근거로 9세기 후반의 신라사를 복원하려 해서는 안 된다는 점을 거듭 강조하였다. 그러나 협주가 아닌 최치원이 찬술한 글 자체는 당대인이 작성한 일차 사료로서 매우 귀중한 가치를 지니고 있다. 그 속에는 9세기 후반의 신라 불교계의 동향이나 신라 왕실과 귀족 세력의 움직임을 시사하는 귀중한 정보가 숨어 있기 때문이다. 그래서 아래에서는 최치원이 찬술한 불국사 관련 자료를 통해 엿볼 수 있는 9세기 후반 신라의 정치·사회적 동향과 관련된 한 단면을 알아보고자 한다.

1) 등장 인물의 실체

6종의 최치원 찬 불국사 관련 자료에는 다양한 인물들이 등장하고 있는데, 이들을 정리하면 다음의 <표 2>와 같다.

〈표 2〉 자료의 등장 인물

자료	추복대상 인물	참여인물			거론된 인물
		왕실세력	진골귀족	기타	
A	贈太傅 獻康大王	脩媛權氏	-	-	-
B	?	-	-	佛國寺 僧侶	檀越 金丞相 (創建者 金大城)
C	全州大都督 金公 (蘇判)	-	金公의 夫人	-	-
D	獻康大王	聖上(定康王) 北宮長公主	上宰 金林甫(舒發韓), 國戚重 臣 金一(蘇判)·順憲(蘇判)	別大德 賢俊	宣懿王后, 僧 均諒
E	先考(夷粲) 亡兄	王妃金氏	-	-	-
F	亡弟	王妃金氏	-	-	-

<표 2>에서 보듯이 등장 인물은 대략 왕실 세력, 진골 귀족 그리고 기타의 인물로 나누어 볼 수 있다. 이 가운데서 진골 귀족인 전주대도독 소판 김공이나 상재인 서발한 김림보, 국척중신(國戚重臣)인 소판 김일과 김순헌에 대한 언급은 다음으로 미룬다. 여기서는 먼저 왕실 세력 가운데서 미상의 인물만을 골라 살펴보기로 하겠다. 왕실 세력으로는 추복 대상인물인 헌강왕을 비롯하여

정강왕, 후일 진성여왕으로 즉위하는 북궁장공주 등 경문왕의 직계 자녀들과 수원권씨(脩媛權氏)와 왕비 김씨(王妃金氏)라는 국왕의 비빈(妃嬪) 2명이 등장하고 있다. 이 가운데서 경문왕의 자녀들에 대해서는 더 이상의 설명이 필요하지 않으므로 생략하고, 2명의 비빈의 실체에 대해 알아본다.

(1) 수원권씨(脩媛權氏)

수원권씨는 현전사료 가운데서 유일하게 자료 A 「비로자나불상찬」에서만 파악되는 인물이다. 본문 내용에 의하면 헌강왕의 비빈(妃嬪) 중에 하나임이 분명하다. 그런데 『삼국사기』와 『삼국유사』에서는 헌강왕의 비빈으로는 정비인 의명부인(懿明夫人; 懿明皇后)과 또 효공왕을 낳은 김씨 등 2명만이 확인되고 있어, 이를 통해 또 다른 헌강왕의 비빈들이 존재했음을 짐작할 수 있다.

한편 자료 A에는 수원권씨와 관련하여 "원비(媛妃)는 …… 이미 위로 하늘처럼 받들었던 부군(夫君)을 잃었음에 돌아갈 날이 얼마 남지 않았노라 하시고는, 거울에 비춰볼 만한 머리털을 깎아 없애고 흐르지 않는 마음을 맑게 하였다"[104]라는 구절이 보인다. 여기서 수원권씨도 죽음이 멀지 않았다고 언급하고 있음을 보면, 적어도 그 연령이 장년에 이르렀음을 짐작할 수 있다.

이 수원권씨의 사례를 통해 우리는 국왕의 비빈제도를 비롯한 9세기 후반 신라의 정치 · 사회적 상황에 대한 한두 가지의 새로운 지견을 얻을 수 있다. 수원권씨에서 수원(脩媛)은 당의 후비(后妃)제도에 등장하는 직명이다.

U. 당은 수의 제도를 따라 황후(皇后) 아래에 귀비(貴妃), 숙비(淑妃), 덕비(德妃), 현비(賢妃) 각 1인이 있었는데 부인(夫人)으로 삼았으며, 정1품(正一品)으로 소의(昭儀), 소

---

104) 崔英成, 『앞의 책』, p.200.

용(昭容), 소원(昭媛), 수의(修儀), 수용(修容), 수원(修媛), 충의(充儀), 충용(充容), 충원(充媛) 각 1인으로 9빈(九嬪)으로 삼았다.[105]

수원은 당제(唐制)에서 정1품 9빈(九嬪) 가운데 하나였다. 이를 참조하면 수원 권씨 역시 헌강왕의 비빈 중의 하나임을 알 수 있고, 여기서 우리는 당제를 참조한 신라 국왕의 비빈제도가 시행되었을 가능성을 엿볼 수 있다. 다만 그렇다고 하더라도 이 당시 신라의 국왕 비빈제도가 당의 후비제도와 동일한 것이라고 단정할 수는 없다. 당의 문물에 익숙한 최치원이 헌강왕의 비빈 가운데 하나를 임의로 수원이라는 칭호를 붙였을 가능성도 남아있기 때문이다. 어쨌든 수원권씨의 사례를 통해 당의 문물제도 수용에 적극적이었던 9세기 후반의 경문왕·헌강왕대에 당의 후비(后妃) 제도를 참용하여 신라의 비빈제도가 정비되었을 가능성을 엿볼 수 있다. 이러한 점에서 수원권씨의 존재는 현재 『삼국사기』를 비롯한 각종 문헌자료에서 전혀 그 실태를 알 길 없는 9세기 후반의 국왕의 비빈제도 내지 내명부 제도의 이해에 하나의 실마리를 제공하고 있는 셈이다.

이와 더불어 권씨(權氏)라는 성씨가 사용되고 있는 사실도 눈길을 끈다. 이 시기에 권씨라는 성씨가 자료에 등장하고 있는 점에 대해서는 두 가지의 서로 다른 이해가 가능할 것 같다. 하나는 이 시기에 이미 권씨라는 성씨가 출현했다고 보는 것이다.[106] 권씨 가운데 대표적인 안동 권씨는 고려시기 이래 우리나라의 유수한 명문거족의 하나라는 위상을 가졌다.[107] 만약 이 자료의 권씨의 등장을 인정한다면 권씨는 9세기 후반에 벌써 국왕의 비빈을 배출할 정도로 유

---

105) 『구당서』권51, 열전1, 후비(상).
106) 金昌謙, 『앞의 책』, p.67 주 102)에서는 이를 권씨라는 성씨의 출현으로 보아, 권씨의 유래가 안동권씨의 시조인 권행(權幸)에 대한 사성 시점보다 오래된 것으로 이해하였다.
107) 李樹健, 『韓國中世社會史硏究』, 一潮閣, 1984, pp.204~205 및 pp.305~306.

력 가문으로 자리 잡고 있었던 셈이 된다.

다른 하나는 신라 하대의 왕비의 성씨가 다양하게 기록된 사실과 같은 맥락에서 이해하는 것이다. 즉 신라 하대의 경우 실제로는 김씨 출신인 왕비의 성씨가 숙씨(叔氏)·신씨(申氏)·정씨(貞氏) 등과 같이 다양하게 기록되어 있다. 이는 당과의 교류 과정에서 동성불혼을 행하지 않고 김씨 족내혼이 이루어진 데 대한 비판을 피하기 위하여 왕비의 성씨를 고친 결과이다. 이러한 현상은 왕실만이 아니라 나말여초 시기 최치원·최언위 등이 찬한 고승비문에서도 보이고 있는 현상이다.[108] 이러한 사실들을 참조하면 수원권씨의 경우도 실제로는 김씨였지만 김씨 족내혼을 숨기려는 최치원에 의해 권씨로 개서(改書)되었을 가능성도 있다. 두 가지의 가능성 가운데서 필자는 후자 쪽의 개연성이 크다고 본다.

(2) 왕비 김씨(王妃金氏)

다음으로 자료 E「선고망형원문」과 자료 F「망제원문」에 선고·망형·망제의 명복을 빌기 위해 많은 곡식을 희사한 주인공으로 기록된 왕비 김씨의 실체에 대해 검토해 보기로 하자. 이 인물은 종래 『불국사고금창기』에 수록된 자료 C「석가여래상번찬」에 달린 협주(夾註)에 현혹되어 김대성의 손녀이자 김순헌의 딸로서 곧 헌강왕의 정비(正妃)인 의명부인(懿明夫人)에 비정하는 견해가 나오기도 했다.[109] 그러나 앞에서 설명했듯이 자료 C는 전주대도독 김공의 부인이 사망한 부군의 명복을 비는 내용으로 왕비 김씨와는 아무런 관계가 없다. 따라서 현재로서는 왕비 김씨가 9세기 후반에 생존해 있던, '김씨 성을 가진 국왕의 비'라는 사실 그 이상은 잘 알 수가 없는 형편이다.

그러나 자료 E·F의 다음과 같은 구절들은 그의 실체의 이해함에 있어 좋은

---

108) 李樹健, 『앞의 책』, pp.117~118.
109) 앞의 주 99 참조.

참고가 된다.[110]

V-1. 제자 자매는 숙세(夙世)부터 선한 인연에 의지하여 귀족의 자제로 태어나게 되었으나, 어린 나이에 어버이를 잃고 가느다란 숨을 몰아쉬며 살고자 했던지라, 능히 (지극한 효녀인) 제영(緹縈)의 아름다운 발자취를 따르지도 못했고, 한갓 스스로 (굴원 (屈原)의 누이인) 여수(女嬃)의 깊은 포한(抱恨)처럼 (망형의 죽음에) 마음 상했을 따름이었습니다.(「선고망형원문」)

V-2. 어려서부터 장성하기까지 비록 살아있으나 죽은 것과 다름없었으니, 어찌 유태보(劉太保)의 여러 손자들이 두 조정에 걸쳐 거듭 뽑히게 된 것과, 왕사공(王司空; 王基)이 남긴 예법(禮法)으로 동성(同姓) 간에도 혐의할 것이 없게 될 줄 생각이나 했겠습니까. 비로소 (시집을 가서) 부덕(婦德)을 닦게 되었으나 얼마 되지 않아서 부부가 해로(偕老)하는 일이 어긋나 버렸습니다. 5일만에 돌아오겠다던 아름다운 기약은 날로 멀어져만 가고, 삼성(三星)이 높다랗게 늘어서 있다가 저마다 흩어져 버렸으니, 운우(雲雨)의 정은 참으로 허망한 꿈일 뿐이오, 부형(父兄)에 대한 그리움(陟岵陟崗之戀)은 그 슬픈 정회를 다 표현하기 어렵습니다.(「위의 글」)

V-3. 드디어 얼굴을 돌보지 않고 머리털을 깎으며, 위와 창자를 깨끗이 씻은 채 좋은 인연 심는 것을 생각하고 경건하게 묘교(妙教)를 따랐습니다. 이제 선고이신 이찬(夷粲) 및 망형(亡兄)의 명복을 빌고자 벼 3,000점(苫)을 서울 동쪽 산에 있는 광학능침(光學寢陵)과 불국사의 표훈(表訓)·유가(瑜伽)·원측(圓測)의 삼성강원(三聖講院)에 함께 희사하옵니다.(「위의 글」)

V-4. 제자 자매는 어려서 부모를 잃어 (하늘이) 원망스럽고 가혹하다는 생각을 깊이 품어 왔는데, 누구를 믿고 누구를 의지해야 하느냐 하는 생각에 풀이 죽고, 우러러 따

110) 아래의 번역문은 崔英成, 『앞의 책』의 그것을 크게 참조하였다.

를 분이 안 계시고 몸을 의탁할 데가 없다는 점에 피눈물을 흘렸습니다.(「망제원문」)

V-5. 더구나 형제자매의 외로운 서글픔을 머금어, 우애하는 슬픔이 갑절로 응어리
졌음에도 하늘의 도움을 받지 못한 죄책을 면할 길이 없었는데, 유경(劉景)이 주대(周
代)의 종실(宗室)을 분변하고, 이홍(李弘)이 위조(魏朝)의 예법(禮法)을 분별하였듯이,
남의 며느리가 되어 재상가(宰相家)에 공(功)이 되고, 부도(婦道)를 받들어 행하여 왕가
(王家)의 본보기가 될 줄 어찌 기약이나 했겠습니까.(「위의 글」)

V-6. 지금 기국(杞國)에 근심이 깊어지고(=임금이 승하하고) 초양왕(楚襄王)의 양대
(陽臺)의 꿈만 화려하듯이, 괴연(塊然)히 홀로 있으면서 망연자실하여 죽은 것처럼 지
내지만, 그렇다고 임금의 곁을 떠나 정성을 아뢸 수도 없는 지라 부질없이 비구니나
본받고자 할 뿐입니다. …… 그리하여 마침내 죽은 아우를 위하여 불국사 광학장에서
명복을 빌고 도곡(稻穀) 1,000점(苫)을 경건히 바칩니다.(「위의 글」)

위의 사료를 살펴보면 왕비 김씨의 실체와 관련하여 우리는 다음과 같은 사
실들을 짐작할 수 있다. 첫째, 그는 귀족 가문 출신으로서 아버지는 이찬(伊湌)
의 관등을 가졌던 인물이었다. 둘째, 그의 오라비와 여동생이 확인되므로 형제
는 삼 남매였으며, 어린 나이에 부모와 오라비가 죽어 두 자매만이 외롭게 성
장하였다. 셋째, 성씨는 김씨로서 자신은 왕가와 혼인하여 왕비가 되었고, 여동
생은 재상가의 며느리가 되었는데, 동생이 왕비 김씨보다 일찍 세상을 떠났다.
넷째, 왕과 혼인한 후 얼마 지나지 않아 국왕이 승하하였고, 자신은 출가하여
비구니로 생활하면서 선고와 망형 그리고 망제의 추복을 빌기 위하여 불국사
에 많은 곡식을 시납하였다.

이상의 사실에서 왕비 김씨의 실체 파악과 관련하여 특히 주목할 점은 두 가
지이다. 하나는 아버지가 이찬의 관등을 가졌던 엄연한 진골이었지만, 어린 나
이에 부모는 물론 오라비까지 사망하여 형세가 기울어진 영락(零落)한 진골가

문 출신이라는 점이고, 다른 하나는 왕과 혼인하여 왕비가 되었지만 얼마 지나지 않아 국왕이 사망하고 말았다는 사실이다. 이를 9세기 후반에 생존하고 있었던 김씨 성을 가진 왕비라는 사실과 함께 고려한다면, 왕비 김씨의 실체는 어느 정도 드러날 수도 있지 않을까 싶다.

그런데 신라 국왕의 혼인에 대한 기록이 남아 있는 『삼국사기』 신라본기나 『삼국유사』 왕력 기사를 통해서는 9세기 후반의 왕비 가운데서 이러한 조건에 그대로 부합하는 존재는 쉽게 확인되지 않는다. 다만 김씨로서 국왕과 혼인했다가 얼마 지나지 않아 국왕이 붕어했다는 사실을 중시하면, 가능성이 있는 인물이 전혀 없지는 않다. 일단 효공왕의 생모(生母)인 김씨가 후보로서 주목된다.

W-1. 10월에 헌강왕(憲康王)의 서자(庶子) 요(嶢)를 세워 태자로 삼았다. 일찍이 헌강왕이 관렵(觀獵)을 가다가 길가에서 한 여자를 보았는데, 용모가 아름다워 왕이 마음으로 사랑하였다. 이에 명을 내려 뒷 수레에 태워 유궁(帷宮)에 이르러 야합(野合)하니 곧 임신하여 아들을 낳았다. 성장하자 체모가 괴걸(魁傑)하였으므로 이름을 요(嶢)라 하였다. 진성왕이 이를 듣고 궁궐로 불러들여 손으로 그 등을 어루만지며 말하기를 "나의 형제자매는 골법(骨法)이 남과 다르다. 이 아이는 등에 두 뼈가 솟아있으니 진실로 헌강왕의 아들이다"라고 하였다. 이에 유사에게 명을 내려 예를 갖추어 책봉하여 받들게 하였다.(『삼국사기』 권11, 진성왕 9년조)

W-2. 효공왕이 즉위하였다. 이름은 요(嶢)이고 헌강왕의 서자로 어머니는 김씨이다.(『삼국사기』 권12, 효공왕 즉위조)

W-3. 춘정월에 어머니 김씨를 높여 의명왕태후(義明王太后)로 삼았다.(『삼국사기』 권12, 효공왕 2년조)

W-4. 제52대 효공왕은 김씨로 이름은 요(嶢)이다. 아버지는 헌강왕이고 어머니는 문자왕후(文資王后)이다.(『삼국유사』 권1, 왕력)

W-5. 6월에 왕이 좌우의 신하들에게 "근년 이래로 백성은 곤궁하고 도적들이 벌떼 같이 일어나니, 이는 내가 덕이 없는 탓이다. 어진 이에게 자리를 비켜 왕위를 양보하고자 하는 나의 뜻은 결정되었다"라고 하였다. 이에 왕위를 태자 요에게 물려주었다. 그리고 당에 사신을 보내 표를 올려 상주하기를 "…… 신의 질남(姪男) 요는 신의 망형 정(晸)의 자식인데, 나이가 거의 지학(志學, 15세)에 이르렀고, 그릇이 종사를 일으킬 만하므로 밖에서 구하여 데려오지 않고 안에서 천거하게 되었습니다. 근래에 이미 정치를 임시로 맡겨 다스리게 하여 나라의 재앙을 진정시켰습니다"라고 하였다.("삼국사기』 권11, 진성왕 11년조)

W-6. 가만히 생각하옵건대 신의 조카 요(嶢)는 신의 망형 정(晸)의 자식인데, 연령은 지학(志學; 15세)에 가깝고, 재기(才器)는 종실을 일으킬 만하옵니다.("양위표』 『譯註崔致遠全集』2, p.102)

위의 사료는 제52대 효공왕으로 즉위하는 요(嶢)의 출생과 태자 책봉, 즉위 등과 관련된 내용을 가려 뽑아 본 것인데, 여기에 그의 생모와 관련된 기록이 포함되어 있다. 먼저 W-1에 의하면 헌강왕과 요(嶢)의 생모는 정상적인 혼인이 아니라 야합(野合)을 통해 결합하여 요를 낳은 것으로 되어 있다. W-1·2에서 요를 헌강왕의 서자(庶子)라고 표현한 것은 그 때문이다. 그런데 이 헌강왕과 요의 생모가 혼인했던 시점은 대략 884년(헌강왕 10)으로 비정된다. 왜냐하면 W-1에서는 야합 이후 곧 요를 출생했다고 하였고, W-5·6에서는 897년에 요가 왕위에 오를 당시의 연령을 지학(志學; 15세)에 가깝다고 하고 있어, 그 출생 시기가 885년 전후로 추산되기 때문이다. 그렇다면 헌강왕은 요의 생모와 혼인한 지 약 3년 만에 사거한 셈이므로, 양자의 부부로서의 생활 기간은 그리 길지 못했다. 한편 이 요의 생모는 W-2에서 보듯이 김씨였으며, 친아들인 효공왕이 즉위한 후에는 왕태후로 책

봉되기도 했다.[111]

이상에서 보면 자료 E·F의 왕비 김씨와 요의 생모 김씨는 상통(相通)하는 바가 있다. 성씨가 김씨였고, 효공왕 2년(898)에 왕태후로 책봉되고 있는 점에서 당시까지 생존하고 있었음이 분명히 확인될 뿐더러, 헌강왕과 혼인한 후 3년만에 국왕이 사망했다는 점 등이 그러하다. 그러나 자료 E와 F의 왕비 김씨가 곧 효공왕의 생모 김씨와 동일인이라고 단정하기 위해서는 한 가지 중요한 의문이 해명될 필요가 있다. 즉 W-1·2에서 요를 헌강왕의 서자라고 했고, 생모는 정식 혼인이 아닌 야합을 통해 요를 출생했으며, 요가 적어도 895년(진성여왕 9)에 왕궁으로 들어와 태자로 책봉되기 전까지 왕궁이 아닌 여항(閭巷)에서 성장한 것으로 보이는 점 등을 고려할 때, 요의 생모를 과연 왕비라는 호칭으로 부를 수 있었을까 라는 의문이 그것이다. 기존의 연구에서 효공왕의 신분을 비진골(非眞骨)로 규정하거나,[112] 혹은 처용설화의 주인공 처용의 실체를 요(嶢)에 비정하면서 그 생모를 울산 지방 유력자의 딸로 보는 흥미로운 견해[113]가 제기된 것은, 서자로 표기된 요의 신분상의 문제와 그 성장 과정의 특이함에 착목한 결과로 생각된다. 그러나 이와 더불어 자료 E·F의 왕비 김씨를 헌강왕의 정비 의명부인으로 이해하게 만드는 『불국사고금창기』의 협주에 현혹되어 이 사람을 효공왕의 생모로 파악하려는 문제의식이 없었던 것도 하나의 원인이 아닐까 한다.

그러면 최치원이 자료 E·F와 같이 효공왕의 생모 김씨를 왕비 김씨로 지칭할 수 있었을지에 대해 검토해 보자. 필자는 무엇보다 효공왕이 즉위 후 생모 김씨

---

111) 단 왕태후의 칭호에는 모종의 착오가 있는 것 같다. W-3의 義明王太后는 『삼국사기』와 『삼국유사』에서 헌강왕의 정비로 기록된 懿明夫人(懿明王后)과 음이 같고, W-4의 文資王后는 경문왕의 정비인 寧花夫人의 시호이기 때문이다.

112) 金昌謙, 「新羅下代 孝恭王의 卽位와 非眞骨王의 王位繼承」 『史學研究』58·59合, 1999.

113) 金基興, 「신라 處容說話의 역사적 진실」 『歷史敎育』80, 2001.

를 의명왕태후로 책봉하고 있는 사실(W-3)을 주목하고 싶다. 이렇게 태후로의 책봉이 가능했던 것은 요의 생모 김씨가 그 이전에 이미 왕비의 지위를 확보하고 있었기 때문이 아닐까 한다. 효공왕의 생모 김씨가 왕비의 지위를 얻게 된 시점은, 아마 헌강왕이 적통(嫡統)의 사자(嗣子)가 없는 가운데서 요(嶢)를 얻게 된 885년(헌강왕 10) 무렵이거나, 아니면 요가 태자로 책봉된 895년(진성여왕 9) 둘 중에 하나일 가능성이 크다. 특히 후자의 경우라면, 태자의 생모(生母)를 왕비로 칭하는 것은 전혀 어색할 것이 없다고 본다.

이와 같이 효공왕의 생모가 왕비로 지칭될 수 있었다면, 최치원이 찬한 자료 E · F에 나오는 왕비 김씨의 실체를 효공왕의 생모 김씨로 비정해도 큰 무리는 없을 것 같다. 이를 인정할 수 있다면, 효공왕의 생모의 출신 신분이나 효공왕의 출생과 성장 과정 그리고 왕위 즉위의 배경 등에 대해서는 기존 견해와는 전혀 다른 이해가 가능해질 수 있다. 우선 생모 김씨는 어린 나이에 부모와 오라비가 죽어 형세가 기울어지긴 했지만, 아버지가 이찬의 관등을 지냈던 엄연한 진골 신분 출신이었다. 이를 감안하면 설화적인 성격이 강한 기사에서 헌강왕과의 혼인을 야합으로, 그래서 효공왕을 헌강왕의 서자라고 표현하였지만, 이 문제는 문면과는 다른 시각에서 이해되어야 할지도 모르겠다. 어쩌면 모종의 정치적 상황으로 인하여 왕위 계승 다툼에서 밀려날 수밖에 없었기 때문에, 요와 생모에 대한 기사가 사실과 달리 신분상 하자가 있는 것처럼 기록되었을 가능성도 배제할 수 없기 때문이다. 나아가 요의 출생과 성장 과정도 당시의 정치 상황과 관련지어 새롭게 이해될 필요가 있겠다. 예컨대 895년에 요가 태자로 책봉되기 이전에 왕궁이 아닌 여항(閭巷)에서 성장하게 되었던 것은 헌강왕 사후 왕비 김씨의 출가로 말미암을 것일 수 있는 것이다.[114] 어쨌든 최치원

114) 이러한 이유에서 요의 존재가 진성여왕대에 이르러서야 비로소 왕실에 알려지게 되었다거나(金昌謙, 『앞의 책』, p.138), 태자 책봉 이전까지 왕자로서 요의 존재가 왕실과 지배층에게

이 찬한 자료 E·F의 왕비 김씨가 효공왕의 생모 김씨와 동일인이라면, 이는 9세기 후반의 정치사 복원에 중요한 실마리가 될 것이 분명하다.

2) 자료로 본 약간의 동향

(1) 9세기 후반 진골 김씨의 소호금천씨 출자관념의 표방

자료 C「석가여래상번찬」에는 추복의 대상인 전주대도독 소판 김공의 출자를 "소호씨(少昊氏)의 아득한 후예이며, 대상(大常)의 영손(令孫)이다(少昊玄裔 太常令孫)"라고 서술하였다. 이 부분은 진골 신분인 김씨 귀족이 자신의 출자를 소호금천씨에서 구하고 있음을 보여주는 것으로 가볍게 보아 넘길 수 없다.

주지하듯이 신라 김씨 왕족의 출자관념은 알지(閼智)로부터 그 연원을 구하는 '천강금궤설(天降金櫃說)'과 중국 상고의 전승에 나오는 소호금천씨(少昊金天氏)에서 구하는 '소호금천씨 출자설'의 두 유형이 있었음이 확인되고 있다.[115] 이 가운데서 후자는 현존하는 몇몇 금석문자료와 문헌자료에 기록되어 있는데, 시기적 측면에서 크게 두 부류로 나누어진다. 하나는 7세기 후반대의 것으로 「김유신비(金庾信碑)」(문무왕 13년 ; 673년경 건립), 「문무왕비(文武王碑)」(신문왕 2년 ; 682년 건립), 「김인문비(金仁問碑)」(효소왕 4년 ; 695년경 건립) 등이며, 다른 하나는 「흥덕왕릉비(興德王陵碑)」(경문왕 12년 ; 872년경 건립 추정), 박거물(朴居勿) 찬(撰) 「삼랑사비(三郎寺碑)」(경문왕대 건립 추정), 국자박사(國子博士) 설인선(薛仁宣) 찬(撰) 「김유신비(金庾信碑)」(경문왕대 건립 추정) 등의 9세기 후반의 자료이다. 현존하는 '소호금천씨 출자설' 관련 자료가 두 시기에 집중되어 있는 것은 우연의 결과가 아

공인되지 못했다는 견해(全基雄,「新羅 下代末의 政治社會와 景文王家」『釜山史學』16, 1989, p.14) 등은 재고의 여지가 있다고 생각한다.
115) 李文基,「앞의 논문」(1999) 참조. 이하 '소호금천씨 출자설'에 대한 서술은 이에 의거하였다.

니라, 시대에 따른 김씨들의 시조 인식의 변화상이 반영되어 있기 때문이다. 다시 말하면 7세기 후반대와 9세기 후반대의 자료에만 '소호금천씨 출자설'이 남아 있는 것은 바로 이 시기가 김씨들에 의해 소호금천씨 출자관념이 표방되었던 시기였기 때문이었다.

886년 경에 찬술된 자료 C에서 전주대도독 김공의 출자를 "소호현예(少昊玄裔) 태상영손(太常令孫)"이라 하고 있는 것은 김공도 역시 소호금천씨 출자관념을 표방하고 있었음을 보여주고 있다. 그렇다면 우리는 여기서 9세기 후반에 진골 귀족인 김씨가 '소호금천씨 출자설'을 따르고 있었던 사례 하나를 추가할 수 있게 된 셈이다.

그런데 '소호금천씨 출자설'은 9세기 후반 경문왕대에 이르러 왕실의 시조 관념으로 재등장한 바 있다. 그 배경은 경문왕의 즉위 이후 그의 직계 후손이 왕위를 독점하면서 왕족의식이 고양되어 일종의 신성족(神聖族) 관념을 갖게 되었고 경문왕이 중국적 예제의 수용을 상징하는 '소호금천씨 출자설'을 다시 표방함으로써 기존의 왕실과 여타 김씨와의 차별성을 강조하고 새로운 시대의 등장을 선언하고자 했던 데에 있었다. 그런데 자료 C에는 경문왕 가계와의 친연성의 정도를 명확하게 알 수 없는 전주대도독을 지낸 진골 귀족 김씨가 '소호금천씨 출자설'을 따르고 있어, 경문왕과 그 직계만이 아니라 신라의 김씨 왕족은 모두가 소호금천씨 출자관념을 표방했던 것은 아닐까라는 의문이 제기될 수도 있겠다.

그러나 필자는 다음과 같은 두 가지의 측면에서 이 문제를 이해하고 싶다. 하나는 전주대도독 김공의 부인이 하필 불국사에 수를 놓은 석가모니불상번(幡) 1탱(幀)을 기진하여 남편의 명복을 빌었던 사실을 주목할 필요가 있을 것 같다. 헌강왕의 후비로서 효공왕의 생모인 왕비 김씨가 선고와 망형·망제를 추복하기 위하여 불국사에 도곡(稻穀)을 기진했던 점을 보면, 당시 불국사는 경문왕 및 그 직계 자녀를 포함하는 9세기 후반의 신라 왕실과 상당히 깊은 관련을 가진 사찰로 추정해 볼 수 있고, 이 점에서 전주대도독 소판 김공도 이 시기 왕실세력의 일원으로 생각해 볼 수 있는 여지가 있는 것이다. 이러한 추측이 틀리지 않다면 그의 출자를 '소호금천씨 출자설'에 입각하여 기술한 것은 조금도 이상한 일이라고는 할 수 없겠다.

다른 하나는 886년이라는 자료 C의 작성 시기에 유의할 필요가 있다고 본다. 일찍이 7세기 후반 경에 무열왕과 그 직계 후손들이 알지(閼智)에서 김씨의 연원을 구하는 '천강금궤설'을 대신하여 '소호금천씨 출자설'을 표방했다가, 8세기 후반에 이르면 다시 천강금궤설이 재등장하여 김씨의 연원을 설명하는 출자전승으로 자리 잡게 되었다. 이에 따라 소호금천씨 출자설은 한동안 수면 아래에 숨어 있다가 9세기 후반 경문왕의 즉위 이후 다시 왕실의 출자관념으로 표방되기에 이르렀다. 경문왕가 왕실의 소호금천씨 출자설의 표방은 세월이 흐르면서 왕실 근친이나 일부 친왕적인 진골 귀족에게도 파급되었을 가능성이 크다. 이러한 관점에서 자료 C의 전주대도독 소판 김공의 경우, 이와 같은 소호금천씨 출자설이 진골귀족에게도 파급되고 있었던 상황을 보여주는 것으로도 해석해 볼 수 있다.

위의 두 가지 추론 가운데서 어느 것이 옳을지는 단정하기 어렵다. 하지만 이 사례를 통해 우리는 9세기 후반에 경문왕과 그 직계자녀를 중심으로 한 신라 왕실세력이 소호금천씨 출자설을 표방하면서 알지에서 연원을 구하는 천강금궤설(天降金樻說)을 내세웠던 여타의 김씨 왕족들과의 차별화를 꾀했던 사실을 다시 한번 확인할 수 있게 되었다.

(2) 자료 D「화엄사회원문」으로 본 정강왕대의 정치세력

자료 D「화엄사회원문」이 불국사 관련 자료가 아님은 앞에서 지적한 바 있다. 헌강왕릉의 위치와 능침북사(陵寢北寺)라는 본문의 내용에서 보면 남산 동록의 보리사(菩提寺)와 관련된 자료일 것이다.[116] 자료의 작성 시기는 정강왕이 왕위에 재위 중이므로 886년 7월 이후에서 887년 7월 이전 사이임이 분명하다.

그 주된 내용을 정리해 보면 다음과 같다. 헌강왕이 사망하고 정강왕이 왕위를 이은 뒤, 형의 명복을 빌기 위해 별대덕 현준에게 화엄경을 강(講)하도록 하였다. 그러자 현준이 태화연간(太和年間; 827~835)에 선의왕후를 추복하기 위한 균량을 비롯한 승속의 무리들이 사회(社會)를 결성했던 사례를 들어 화엄경을 사경할 것을 정강왕에게 권유하였다. 이에 정강왕이 시서학사(侍書學士)로 하여금 『화엄경(華嚴經)』 「세간정안품 제1(世間淨眼品 第一)」을 쓰게 하고, 화엄경사회를 결성하였으며, 여기에 상재인 서발한 김림보와 국척중신(國戚重臣)인 소판 김일과 김순헌 등이 참여하여 의희본 화엄경과 정원신경을 사경하였고, 북궁장공주가 사경을 표구하고 치장하는 재물을 희사하였다. 이후 화엄경을 전독(轉讀)하는 사회를 능침북사에서 1년에 두 차례씩 열어 헌강왕의 명복을 빌기로 하였다.

여기에는 문헌사료에서는 확인되지 않는 정강왕대의 중요한 정치적 인물이 등장하고 있다는 점이 눈길을 모은다. 정강왕은 886년 7월에 왕위에 올랐다가 이듬해인 887년 7월에 사거하였으므로, 재위기간은 만 1년에 불과하였다. 그래서 『삼국사기』 신라본기의 관련기사 역시 소략하기 짝이 없으며, 중요한 정치적 인물로는 정강왕의 즉위 직후에 시중에 임명되었고, 죽음에 앞서 진성여왕에게 계위(繼位)하라는 유조(遺詔)를 받았던 준흥(俊興)이 기록에 등장할 뿐이다. 그런데 이 자료에는 상재 김림보와 소판 김일, 김순헌 등의 중신 그리고 정

---

116) 崔英成, 『앞의 책』, p.233 주 87.

강왕을 이어 왕위에 오르는 북궁장공주(北宮長公主)가 보이고 있는 것이다. 이 가운데서 소판 김일은 872년(경문왕 12) 당시에 대나마로서 송악군태수를 역임했으며,[117] 890년(진성여왕 4)에는 낭혜화상의 보살계제자로 소판으로서 무주도독에 재임 중이었던 김일(金鎰)[118] 바로 그 사람일 것이다. 그는 881년(헌강왕 7) 당시 헌강왕의 부름을 받고 왕경에 온 낭혜화상 무염으로부터 재상이 될 만한 공재(公才)와 공망(公望)을 아울러 갖춘 인물로 평가되기도 했다.[119] 이를 참조하면 상재인 김림보나 소판 김순헌도 왕실의 근친이었을 뿐만 아니라 정치적으로도 매우 비중이 컸던 인물로 보는 것이 옳다. 그렇다면 이들은 정강왕대의 정치과정이나 진성여왕의 즉위 등의 중요한 정치적 현안에서도 상당한 역할을 했던 것으로 생각되지만, 기존의 연구에서는 이들을 간과하고 있는 경우가 많다.[120]

「화엄사회원문」을 통해 확인되는 정강왕대의 정치세력의 동향과 관련하여 필자가 각별히 주목하고 싶은 것은 위홍(魏弘)이 등장하지 않고 있는 사실이다. 위홍은 865년(경문왕 5년)에 태제상국(太弟相國)으로 왕을 대신하여 종묘에 재(齋)를 올렸고,[121] 871년(동왕 11)에 무염이 왕도로 경문왕을 방문했을 당시에도 태제상국(太弟相國)으로 국왕과 왕비, 왕세자를 제외한 나머지 왕실세력 가운데서는 최고의 위상을 갖고 있었다.[122] 또 871년에 시작되어 이듬해에 마무리된 황룡사 9층목탑의 중건에서는 상재상(上宰上) 이간(伊干) 병부령평장사(兵

---

117) 「新羅皇龍寺九層木塔刹柱本記」『韓國金石遺文』, 黃壽永 編, 제4판, 一志社, 1985, p.162.
118) 「大朗慧和尚白月葆光塔碑銘」『譯註 崔致遠全集-四山碑銘-』1, 崔英成 編, 아세아문화사, 1998, p.56 및 p.101.
119) 「大朗慧和尚白月葆光塔碑銘」『앞의 책』, p.84 및 p.135.
120) 한 예로 李培鎔, 「新羅下代 王位繼承과 眞聖女王」『千寬宇先生還曆紀念 韓國史學論叢』, 正音文化社, 1985를 들 수 있다.
121) 「大崇福寺碑銘」『譯註 崔致遠全集-四山碑銘-』1, 崔英成 編, p.206 및 p.238.
122) 「大朗慧和尚白月葆光塔碑銘」『위의 책』, p.76 및 p.124.

部令平章事)로서 감수성탑사(監修成塔事)를 맡아 대공사를 이끈 바 있었다.[123) 그리고 헌강왕 즉위 후에는 상대등에 임명됨으로써[124) 정국 운영에서 주도적 역할을 수행했을 것으로 추측된다. 상대등에 취임한 후 한동안 사료를 통해 흔적이 보이지 않다가, 다시 진성여왕이 즉위하면서 국정을 좌우하게 되었고, 888년(진성여왕 2년)에 사망하여 혜성대왕(惠成大王)으로 추존된 사실이 확인된다.[125)

그러면 경문왕대와 헌강왕대 그리고 진성여왕 즉위에서 동 2년에 이르기까지 정치적으로 중요한 위상을 가지고 있었던 위홍이, 헌강왕 사후 추복을 위해 정강왕이 주도했던 화엄경사회에 참여한 흔적이 보이지 않는 이유는 어디에 있는 것일까? 위홍은 헌강왕의 숙부로서 윗세대의 인물이므로 헌강왕을 추복하는 모임에 참여하기에는 격이 맞지 않았기 때문으로 생각되기도 한다. 그러나 화엄경사회에 참여한 김림보의 직함이 상재(上宰)로 나오고 있어 그렇게 볼 수만은 없을 것 같다. 위홍은 이미 경문왕대에 상재상과 병부령을 겸직하고 있었다. 그 후 헌강왕대에는 상대등이었던 사실만 기록에 보이지만 여전히 상재상도 겸직하고 있었던 것으로 보는 것이 순리이다.[126) 그런데 앞서 보았듯이 정강왕대에는 김림보(金林甫)가 상재상이었다. 상재상이 복수제라는 증거가 없는 이상,[127) 우리는 정강왕대에 이르러 위홍이 상재상의 자리에서 밀려나고

---

123) 「新羅皇龍寺九層木塔刹柱本記」『韓國金石遺文』, 黃壽永 編, 제4판, 一志社, 1985, p.164.
124) 『삼국사기』 권11, 헌강왕 즉위조.
125) 『삼국사기』 권11, 진성왕 2년조.
126) 상대등과 재상의 겸직문제는 李文基, 「新羅時代의 兼職制」『大丘史學』26, 1984, pp.28~46 참조.
127) 木村誠, 「新羅의 宰相制度」『人文學報』118, 東京都立大學, 1977 ;『古代朝鮮의 國家와 社會』, 吉川弘文館, 2004, pp.251~253에 정리된 <표>「新羅宰相一覽」에서는 상재상이 복수제였던 흔적을 찾아볼 수 없다. 단 木村誠은 金林甫가 上宰였던 시기를 883년(헌강왕 9)으로 보고 있다.

김립보가 그 자리를 계승한 것으로 볼 수밖에 없다. 말하자면 『삼국사기』를 비롯한 각종 문헌자료에서 전혀 확인되지 않는 정강왕대의 새로운 정치 주도 세력의 형성과 위홍의 정치적 소외 등과 같은 중요한 사실이 이 「화엄사회원문」을 통해 어렴풋이 모습을 드러내고 있는 것이다. 그리고 이 화엄경사회에서 진성여왕으로 즉위하게 되는 북궁장공주의 역할이 비교적 소극적으로 기록되고 있는 점도 위홍의 실세(失勢)와 일정한 연관이 없지 않을 것이다. 요컨대 자료 D「화엄사회원문」은 정강왕대에 진행된, 경문왕대 이래의 실질적인 정치 주도자였던 위홍의 정치적 소외와 그를 대체하는 신정치세력의 형성이라는 새로운 사실을 우리에게 알려주고 있는 것이다.

5. 맺음말

이 글은 『불국사사적』·『불국사고금창기』·『화엄사사적』 등 조선 후기에 편찬된 사지류(寺誌類)에 전해지는 최치원이 찬술한 9세기 후반의 불국사 관련 자료를 정리하고, 그와 관련된 몇 가지 사항을 살펴본 것이다. 특히 『불국사고금창기』에 가해진 협주(夾註)가 구체적인 검토도 없이 연구자들에 의해서 9세기 후반의 정치사회적 상황을 파악하는 근거 자료로 이용되고 있는 현상에 주목하여, 협주의 신빙성 여부를 검토하는 데 역점을 두었다. 구체적인 논증 과정을 생략하기 어려워 비교적 장황한 글이 되고 말았지만, 지금까지 논의한 바를 정리하여 결론에 대신하고자 한다.

첫째, 이 글에서 검토대상으로 삼은 불국사 관련 자료는 자료 A「비로자나불상찬」· 자료 B「아미타불상찬」· 자료 C「석가여래상번찬」· 자료 D「화엄사회원문」· 자료 E「선고망형원문」· 자료 F「망제원문」등 6종의 찬(贊)과 원문류(願文

類이다.[128] 이들 자료는 1087년경에 편찬된 『원종문류』와 1478년에 편찬된 『동문선』에 부분적으로 수록된 경우를 제외한다면, 목판본 『화엄사사적』(1636)에 5종, 『불국사사적』(1708)에 3종, 『불국사고금창기』(1740)에 5종 등과 같이 부분적으로 수록되어 있으며, 6종 모두가 수록된 것은 필사본 『화엄사사적』(1740 이후)이 유일하였다. 이들 자료의 수습과 정리과정을 요약하면 다음과 같다. 조선 후기에 이르러 최치원이 찬한 불국사 관련 자료가 가장 먼저 수록된 문헌은 1636년경에 중관해안(中觀海眼)이 편찬한 목판본 『화엄사사적』이다. 이렇게 불국사 관련 자료가 『화엄사사적』에 먼저 수록된 이유는 중관해안이 1612년경 불국사에 머물면서 당사(當寺)에 전존(傳存)되어 오던 자료를 수습했다가 그 중 5종의 자료(자료 A, B, C, D, E)를 1636년에 『화엄사사적』의 편찬과정에서 마치 화엄사 관련 자료인 것처럼 가필과 왜곡을 가하여 수록했기 때문이었다. 따라서 조선 후기에 최치원이 찬한 불국사 관련 자료를 최초로 수습 정리한 인물은 중관해안이라고 할 수 있겠다. 다만 그는 목판본 『화엄사사적』의 편찬과정에서 무슨 이유에서인지 자료 F 『망제원문』은 수록하지 않았다. 이 자료는 후일(빨라도 1740년 이후) 목판본 『화엄사사적』을 필사한 필사본 『화엄사사적』이 편찬되는 과정에서 사미 병헌(秉憲)에 의해 뒤늦게 수습되어 추가로 수록되었다. 한편 1708년에는 회인(懷忍)·재숙(載肅)·계천(繼天) 등이 『불국사사적』을 중간(重刊)하게 되는데, 그들은 최치원이 찬한 3종의 글(자료 A, B, C)만을 수습하여 여기에 수록하였다. 그러나 그 자료 계통은 목판본 『화엄사사적』과는 달랐으며, 중간 당시까지 불국사에 전승되어 오던 것을 채록한 것으로 보인다. 또 1740년에 활암동은(活庵東隱)이 편찬한 『불국사고금창기』에도 5종의 자료(자료 A, B, C, D, E)가 수록되었는데, 이는 중관해안의 목판본 『화엄사사적』과 『불국사사적』에 수록된 최치

---

128) 이 가운데서 자료 D 『화엄사회원문』은 직접적인 불국사 관련 자료가 아님은 앞에서 지적해 둔 바 있다.

원의 글들을 참조하면서 중관해안에 의해 화엄사 관련 자료인 것처럼 왜곡·가필된 부분을 불국사와 관련된 것으로 고쳐 실은 것으로 추정된다. 이와 같이 최치원이 찬한 9세기 후반의 불국사 관련 자료는 조선 후기에 수습 정리되어 사지류에 수록되는 과정에서 편찬자의 목적에 따라 가필과 보입, 개서 등 상당한 개변(改變)이 이루어졌다는 특징이 있다.

둘째, 활암동은(活庵東隱)이 편찬한 『불국사고금창기』에 수록된 5종의 자료에는 여러 종류의 협주(夾註)가 가해져 있고, 그 중에는 매우 흥미로운 내용이 발견되기도 하여 이를 그대로 신빙하는 경우도 종종 있었다. 그러나 이를 자세하게 살펴보면, 상당수는 후대인에 의한 근거 없는 가필에 지나지 않거나 안상(案上)에서 작문한 경우이며, 본문 내용과 상치되는 경우도 있고, 오류를 범한 사례도 많아서 어느 하나도 그대로 신빙하기 어렵다. 그것은 협주의 대부분이 『불국사고금창기』를 편찬한 활암동은에 의해 자료들이 모두 불국사와 관련되어 있음을 강조하려는 의도에 의해 덧붙여졌기 때문이다. 따라서 조선 후기에 근거 없이 덧붙여진 협주에 현혹되어 이를 9세기 후반의 신라사를 복원하는 근거사료로 삼는 것은 전혀 설득력을 가질 수 없다.

셋째, 6종의 자료에 등장하는 인물 가운데서 특히 주목되는 것은 자료 E와 F에서 선고(先考), 망형(亡兄), 망제(亡弟)의 명복을 빌기 위해 도곡(稻穀)을 시납(施納)한 왕비 김씨이다. 이 인물은 종래 『불국사고금창기』의 협주에 현혹되어 헌강왕의 정비인 의명부인에 비정되기도 했다. 그러나 자료의 내용과 문헌기록을 통해 볼 때, 왕비 김씨는 지금까지 그 실체가 모호했던 효공왕의 생모 김씨로서 곧 헌강왕의 후비(後妃)임을 알 수 있었다. 이는 효공왕의 성장과정이나 왕위 계승 등을 포함하는 9세기 후반의 정치사를 올바르게 파악함에 있어 귀중한 단서가 될 수 있을 것으로 본다.

넷째, 6종의 자료를 통해 우리는 비록 편린에 지나지 않지만, 9세기 후반의 정치·사회적 동향의 일단을 파악할 수 있었다. 「석가여래상번찬」의 전주대도독 소판 김공의 출자에 대한 기록을 통해 이 시기 경문왕가 왕실을 중심으로 한 일 군의 김씨 귀족들이 소호금천씨 출자설을 따르고 있음이 재삼 확인되었고, 정강 왕 재위 당시에 작성된 「화엄사회원문」의 등장인물을 통해 경문왕대 이래의 정 치적 유력자였던 위홍(魏弘)의 실세(失勢)와 그를 대신한 새로운 정치세력의 등장 사실을 짐작할 수 있었다.

제2장 해인사 법보전 비로자나불 묵서명의 해석과 대각간과 비의 실체

1. 문제의 제기

2005년 7월 4일, 해인사는 법보전 목조 비로자나불의 내부 등판 쪽에 묵서(墨書)가 쓰인 목판(木板)이 부착되어 있으며, 이 목판에 쓰인 2행의 묵서 중에는 중화(中和) 3년 계묘(883; 헌강왕 9)라는 연호(年號)와 간지(干支)가 명기되어 있다는 사실을 공개하였다. 공개 직후 언론은 종래 조선 초기에 제작된 것으로 보아왔던 이 불상이 묵서를 근거로 할 때 883년에 조성된 현존 최고(最古)의 목조불이라고 특필하였고,[1] 명문에 대한 초보적인 판독과 해석은 물론 명문에 등장하

---

[1] 그 때까지 현존 최고(最古)의 목조불상으로는 지원(至元) 11년(1274)이라는 중수 연대가 명기된 서울 개운사(開雲寺) 아미타불 좌상으로 인정되어 왔으며, 1280년의 수보(修補) 기록을 복장(腹藏)한 충남 서천 개심사(開心寺) 목조아미타여래좌상의 조성연대가 가장 빨랐을 가능성이 제시되고 있을 정도였다(강우방, 「海印寺 木造 毘盧遮那佛像考」『9세기 해인사 비로자나불의 역사성과 예술성』, 법보종찰 해인사, 2005).

는 대각간(大角干)을 『삼대목(三代目)』을 편찬한 김위홍(金魏弘)으로 추정하는 견해까지 소개하였다.[2] 그 후 12월 10일에는 「9세기 해인사 비로자나불의 역사성과 예술성」이라는 제목의 학술강연회가 개최되어 사계의 전문가들에 의해 본격적인 연구 성과가 발표되었다.[3] 조형적 특징과 양식사적 위치와 같은 미술사적인 측면(강우방)과 9세기 후반 신라 왕실의 후원에 힘입은 해인사의 창건과 발전을 배경으로 한 명문의 해석 등 역사적 측면(김상현)에 대한 검토가 이루어졌고, 이두문(吏讀文)으로 된 명문에 대한 정치한 해독이 시도되었으며(남풍현), 과학적 분석 방법을 이용한 불상의 재질과 제작연대에 대한 연구 결과(박상진)도 발표되었다. 참여한 토론자들도 예리한 반론을 제시하는 등,[4] 이 학술회의를 통해 법보전 비로자나불상과 내부 묵서명에 대한 이해는 큰 진전을 보았다.

그럼에도 불구하고 이 불상과 내부 묵서명의 세부적인 이해를 둘러싸고는 의견이 엇갈린 부분도 없지 않았다. 대표적인 것이 불상의 조성연대와 관련된 문제이다. 법보전 비로자나불의 경우 내부 묵서명에 중화 3년 계묘가 명기되어

---

2) 「조선일보」 2015년 7월 5일자 및 「동아일보」 2015년 7월 5일자의 관련 기사 참조. 모두 진홍섭(전 문화재위원회 위원장)의 견해를 중심으로 보도하고 있다. 한편 학계에서도 발견 직후인 동년 8월에 김창겸이 발 빠르게 학술지를 통해 이 자료를 소개하면서 자신의 의견을 덧붙인 논고를 발표하였다(金昌謙, 「합천 해인사 비로자나불좌상의 '大角干'銘 墨書」『新羅史學報』4, 2005, pp.301~308).

3) 2005년 12월 10일 해인사 보경당에서 개최된 학술강연회에서는 4편의 논문이 발표되고 이에 대한 진지한 토론이 이어졌다(「법보신문」 2005. 12. 21일자 학술강연회 현장에 대한 스케치 기사 참조). 발표자료집 『9세기 해인사 비로자나불의 역사성과 예술성』, 법보종찰 해인사, 2005에 수록된 4편의 발표문은 다음과 같다. 강우방, 「海印寺 木造 毘盧遮那佛像考」, 金相鉉, 「9세기 후반의 해인사와 신라 왕실의 후원」, 박상진, 「해인사 목조 비로자나불의 재질과 제작연대 분석」, 남풍현, 「중화삼년에 조성한 해인사 불상의 내면 묵서 해독」. 이 가운데서 김상현은 발표문을 보완하여 김상현, 「九世紀 후반의 海印寺와 新羅 王室의 후원」『新羅文化』28, 2006 이라는 정식 논문으로 발표하였다.

4) 토론자는 김리나·조범환·박원규·정재영 등 4명으로서 그들의 토론문은 『앞의 발표자료집』, pp.64~77에 수록되어 있다.

있으므로, 이 불상이 883년(헌강왕 9) 당시 혹은 그 직전에 조성된 것[5]이라는데 이견은 없었다.[6] 그런데 명문의 오른쪽 줄에 '우좌비주등신(右座妃主燈身)'이라는 구절이 기록되어 있는 바, 여기서 우좌를 '오른쪽 자리의 불상 혹은 부처'로 이해한다면, 2구의 불상이 조성되어 왼쪽 자리의 불상[법보전 비로자나불]과 함께 좌우 쌍불(雙佛)의 형태로 봉안되었던 것으로 상정해 볼 수 있게 된다. 이에 착안하여 법보전 비로자나불과 짝을 이루는 불상을 해인사에서 찾아본 결과 대적광전에 봉안되어 있던 목조 비로자나불 좌상이 그것일 것으로 지목되었다. 마침 두 불상은 외형적인 조형상의 양식과 특징이 비슷하여 동형쌍불(同形雙佛)로 불리고 있었을 뿐만 아니라, 계측 결과 제원(諸元)까지 거의 같음이 확인되어[7] 두 불상을 883년에 조성된 2구의 불상으로 이해하기에 이르렀다. 물론 이에 대해 두 불상의 형식·양식·제작기법 등을 감안하여 대적광전 비로자나

---

5) 손영문, 「海印寺 法寶殿 및 大寂光殿 木造毘盧遮那佛像의 硏究」『美術史學硏究』270, 2011, p.27에서 법보전 비로자나불의 양식적 특징을 들어 조성연대를 883년 이전으로 보았다. 그러나 묵서명의 기록과의 관련성에 대해서는 명시적으로 밝히지 않았다.

6) 간혹 목판에 남은 생생한 자귀자국이나 너무 선명한 묵서로 볼 때, 후대에 조작되었을 가능성을 조심스럽게 지적한 논자도 없지는 않았다(金昌謙, 「앞의 논문」, pp.307~308; 손영문, 「앞의 논문」, p.6). 그러나 후대인이 불상의 내부에 조작한 목판을 어렵게 부착해야 할 목적이나 의도 등을 떠올릴 수 없으므로, 목판이나 묵서명이 후대에 조작되었을 가능성은 없다고 봐도 무방할 것이다.

7) 경상남도 문화재위원회에서 계측한 두 불상의 크기는 아래의 <표>와 같다.

대적광전 비로자나불		법보전 비로자나불
125.0(cm)	높이	126.0(cm)
27.4	얼굴 길이	26.7
25.1	얼굴 너비	24.5
63.5	어깨 폭	64.0
95.5	무릎 폭	97.3
75.5	두 팔꿈치 거리	76.0
38.0	배 두께	38.5
7.0	윗입술 너비	7.1
6.15	콧방울 너비	6.1

불의 조성시기를 법보전 불상보다 80여년 빠른 802년 해인사 창건 당시로 비정하는 견해[8]가 나오기도 했지만 그리 주목을 끌지는 못하였다.[9]

동 학술강연회에서 과학적 방법에 의한 두 불상의 재질과 조성연대에 대한 분석 결과가 발표되면서 조성연대에 대한 이해는 새 국면을 맞게 되었다. 박상진은 광학 현미경과 주사 현미경을 통해 목재의 세포를 살핀 결과 불상 제작에 사용된 목재가 100~120년생 정도의 향나무이며, 질량분석이온빔가속기(AMS)를 통한 분석에서는 법보전 비로자나불의 조성연대가 AD.745~955년, 대적광전 불상은 그보다 150~200년 늦은 AD.950~1,090년으로 추정됨을 발표하였다.[10] 그 후 다시 두 불상의 조형적 특성을 세밀히 고찰하여 대적광전 비로자나불의 조성 시기를 법보전 불상과 거의 비슷한 시기이거나 이보다 조금 늦은 고려 초 희랑대사(希郞大師)의 해인사 중창 시점으로 추정하는 견해가 나왔지만,[11] 다분히 과학적 분석 결과를 의식한 결론으로 볼 수 있다.

이와 같은 두 불상의 조성연대에 대한 과학적인 분석 결과를 중시한다면, 종래 명문 오른쪽 줄의 '우좌'라는 기록에 이끌려 883년에 2구의 불상을 조성하여 각각 대각간님과 비님의 '등신(燈身)'을 서원(誓願)했던 것으로 보는 묵서명에 대한 전반적인 이해 체계는 재검토될 필요가 있다. 두 불상은 동시기에 조성된 것이 아니기 때문이다. 그렇다면 그 전제가 되는 명문의 정확한 판독과 해석부터 시각을 달리한 새로운 접근이 요청된다. 나아가 발견 이래 가장 크게 논란이 되어온 묵서명 속의 대각간과 비가 과연 누구인지도 해명되어야 한다. 또

---

8) 강우방, 「앞의 발표문」, pp.16~17. 그는 이 불상이 해인사 창건 후 대적광전의 주존불이었을 것으로 추측했다.

9) 토론자인 김리나도 강우방의 견해를 적극적으로 지지하지 않고 있다(「토론문 1」 『앞의 발표자료집』, p.66).

10) 박상진, 「앞의 발표문」 참조.

11) 손영문, 「앞의 논문」, pp.21~28.

그들이 비로자나불의 조상기(造像記)에 등장하는 이유나 대각간과 비가 해인사에 비로자나불상을 조성 봉안하게 된 정치적 배경, 그것이 가지는 역사적 의의 등에 대해서도 다시 살펴보아야 함은 물론이다.

이 글은 이상의 문제제기를 바탕으로 법보전 비로자나불상 내부 묵서명에 초점을 두어, 선행연구를 적극 수렴한 위에서 필자 나름의 판독을 시도하여 기설을 보완하겠다. 그리고 사용된 용어를 하나하나씩 검토하여 종합하는 방식을 취하여 새로운 해석안을 제시하고자 한다. 이러한 판독과 해석을 토대로 묵서명의 주인공인 대각간과 비가 과연 누구인지 그 실체를 밝혀볼 것이다.

이런 점에서 이 글은 883년에 대각간과 비가 해인사에 목조 비로자나불상을 조성 봉안함에 있어 어떤 역할을 수행하였으며, 그들이 하필 해인사를 대상으로 불상을 기진하게 된 배경, 그리고 그러한 사건이 가진 의미 등을 살피는 본격적인 작업[12]에 앞서는 일종의 기초 작업의 성격을 갖는다고 할 수 있다.

2. 묵서명의 판독과 해석

1) 판독

<그림 1>에서 보듯이 법보전 비로자나불 내부 목판에는 2줄의 묵서가 기록되어 있다. 자획이 비교적 선명하여 대부분의 글자를 쉽게 판독할 수 있어 이견이 거의 없는 실정이다.[13]

---

12) 이러한 문제들은 李文基, 「883년 金魏弘의 海印寺 비로자나불 造成의 政治的 背景과 意味」『大丘史學』119, 2015; 본서 제Ⅱ부 제3장에서 다루었다.
13) 김창겸은 오른쪽 줄 제7자 '燈(?)'('앞의 논문」, p.302), 김상현은 오른쪽 줄 제6자 '主(?)', 왼쪽

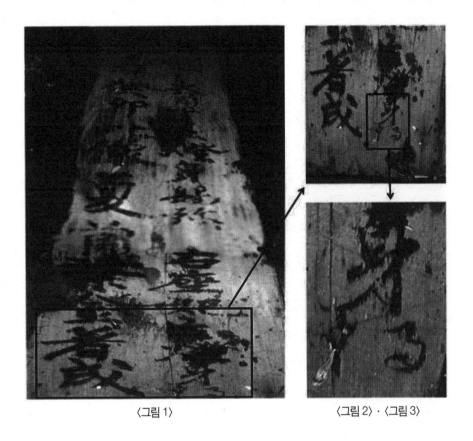

〈그림 1〉   〈그림 2〉 · 〈그림 3〉

그런데 하단부를 부분 확대한 <그림 2 · 3>을 보면, 오른쪽 줄 마지막 부분 '주등신(主燈身)' 아래에, 마치 협주(夾註)나 구결토(口訣吐)처럼 가운데에 상당한 간격을 두고 좌우로 나뉘어 세필(細筆)로 쓰인 초서풍(草書風)의 글자가 분명히 보이고 있다. 이 글자의 판독을 둘러싸고 상당한 논란이 있어 왔다. 핵심은 한 글자로 볼 것인가 아니면 두 글자로 보아야 하는가라는 것이었으며, 여기서 나아가 그렇다면 이를 무슨 글자로 읽어야 하는가가 과제로 떠올랐다. 학술강연

줄 제11자인 '柒(?)'과 같이(「앞의 논문」, p.249) 각각 의문 부호를 덧붙여 판독상 여지를 남기고 있지만, 이 글자들은 각각 '燈' · '主' · '柒'임이 분명하다.

회 이후에는 '두 글자'설을 따르는 연구자가 주류를 이루었다. 다만 그들은 대부분 이 글자가 무슨 자인지에 대해서는 판독 불능의 미상의 글자로 의견을 유보하였다.[14] 물론 '두 글자'설 지지자로서 판독을 시도한 논자들도 있었다. 남풍현은 이를 '月中'으로 읽으면서 묵서를 기록한 스님의 이름으로 추측하는 가장 적극적인 견해를 내놓았다.[15] 또 정재영은 남풍현 발표에 대한 토론에서 이를 좌 → 우 순서로 읽어 'ㅓ□'라는 판독안을 내놓았고,[16] 최완수는 근거는 밝히지 않은 채 'ㅓ 多'로 읽었다.[17]

한편 '한 글자'설은 발견 직후에 진홍섭에 의해 제기되었는데, 김상현 등이 이에 동조하였다. 그러나 이들은 이 글자를 판독 하지 않고 미상으로 남겼다.[18] 다만 김창겸은 '한 글자'설을 따르면서 자신의 판독안을 제시하고 있어[19] 주목을 끈다. 그는 실제 용례는 들지 않고 막연하게 후대 고문서(조선시대 고문서?)에서의 사용례를 참조하여 이 글자가 '得(?)'일 가능성을 제시하였다. 자형(字形)에서 보면 충분히 유의할만한 견해로 생각된다.

---

14) '두 글자'설에 동의하면서 판독미상의 글자로 남긴 연구자들은 金相鉉, 「앞의 발표문」, p.34; 남풍현, 「앞의 발표문」, p.55; 정재영, 「토론문4」『앞의 발표자료집』, pp.72~73; 이성근, 「해인사 두 분 비로자나부처님에 대하여」 『修多羅』17, 海印寺僧伽大學, 2006, p.226; 海印寺 聖寶博物館, 『해인사 비로자나불복장유물 특별전 圖錄』, 2008, p.12; 손영문, 「앞의 논문」, pp.10~11 등이다. 이중 김상현은 발표문을 정식 논문으로 공간하면서 '한 글자'설로 의견을 바꾸었다(김상현, 「앞의 논문」, p.249). 최근 다시 '두 글자'설을 따르는 주장이 나왔다. 曹凡煥, 「9세기 해인사 법보전 비로자나불 조성과 단월세력─묵서명에 대한 검토를 중심으로─」, 한국고대사탐구학회 제47차 정기발표회 발표문, 2015.3.28.에서는 이 글자가 두 글자임이 틀림없다는 사실이 거듭 강조되고 있다.

15) 남풍현, 「앞의 발표문」, p.61. 단 그는 후술되듯이 2줄로 된 묵서의 선후 관계를 좌 → 우로 파악하는데, 이 글자만 우 → 좌로 읽어 미묘한 논리 모순을 드러낸다.

16) 정재영은 토론을 통해 이 글자를 '月中'보다는 좌에서 우로 읽어야 자연스럽다면서 'ㅓ □'으로 읽고 있다(앞의 토론문」, p.74).

17) 최완수, 「풍류가 살아 있고 문화재가 숨어 있는 절」『ASIANA CULTURE』18, 2006 11월호, p.51.

18) 「조선일보」 2005.7.5.일자; 김상현, 「앞의 논문」, p.249.

19) 金昌謙, 「앞의 논문」, pp.302~304.

필자는 이 글자가 다른 글자에 비해 세필(細筆)이며 크기가 조금 작고 좌우획 사이의 간격이 유난히 넓어 글자 모양이 어색하다는 점을 인정한다. 그리고 윗 글자들과는 달리 초서체(草書體)로 쓰여 있어 뭔가 일관성이 없다는 느낌도 받는다. 그렇지만 거듭 관찰해 본 결과 아무래도 두 글자보다는 한 글자로 읽어야 옳다고 생각하게 되었다.

우선 비록 두 획 사이의 간격이 넓긴 하지만 이 글자가 윗 글자들이 쓰인 가로 범위를 벗어나지 않고 있어 서자(書者)가 글자의 폭을 고려한 것으로 여겨진다. 한편 자획이 선명한 오른쪽 획은 혹시 독립된 한 글자로서, '而'·'事'의 초서(草書)로 읽힐 가능성이 없지는 않다(<그림 4>의 Ⅰ·Ⅱ 참조). 그러나 왼쪽 획은 목판의 송진이 흘러나와 생긴 자국이 묵흔(墨痕)과의 구별을 방해하고 있긴 해도,[20] 자세히 관찰하면 부수 'ㅓ'이나 'ㅓ'의 흘림체인 'ㄴ'가 거의 분명하여 그것만으로는 도저히 한 글자로 성립될 수 없다.[21] 이에 이 글자는 좌우 획을 합하여 한 글자로 보아야 옳다고 본다.

<그림 4> 而·事·得의 초서(草書)[22]

Ⅰ(而)	Ⅱ(事)	Ⅲ-1(得)	Ⅲ-2(得)	Ⅲ-3(得)
<당태종(唐太宗)>	<왕희지(王羲之)>	<왕희지(王羲之)>	<왕헌지(王獻之)>	<(晋) 위관(衛瓘)>

20) 남풍현이 이를 '中'으로 읽었던 것은 송진자국까지 묵흔으로 보았기 때문으로 여겨진다. 사진을 확대 관찰하면 송진자국과 묵흔은 색깔이 달라 구별이 가능하다.

21) 왼쪽 획 'ㅓ'를 향가에 나타나는 '伊'의 략자(略字=半字)일 가능성이 있다는 견해도 나왔지만(정재영, 「앞의 토론문」, p.76), 무슨 의미인지가 전혀 드러나지 않아 따르지 않는다.

22) 이는 伏見冲敬편(車相轅 훈역), 『書道大字典』, 敎育出版公社, 1984; 赤井淸美편, 『行草大字典』, 東京堂出刊, 1982를 일별(一瞥)하면서 그 중 근사(近似)한 자형(字形)을 골라 뽑은 것이다.

이를 한 글자로 판독할 수 있다면, 좌우의 획을 함께 고려할 때 가장 근사(近似)한 글자는 '득(得)'이라고 할 수 있다(<그림 4>의 Ⅲ-1·2·3 참조). 일찍이 김창겸이 고문서의 자형을 참조하여 '得(?)'으로 읽었던 것은[23] 올바른 판독이었다고 생각한다. 이를 '得'으로 읽을 수 있음은 후술되는 이 문장에 대한 해석을 통해서도 방증을 얻을 수 있다. 이에 필자는 이 글자를 '得'으로 판독해 둔다.

이와 더불어 좌우 2행으로 기록된 묵서의 선후 관계에 대해서도 이견이 있다. 남풍현과 정재영은 신라시대 불가(佛家)의 조성기(造成記)에는 조성과정이 앞에 나오고 뒤에 서원이 기록되는 관례가 있으므로 이 묵서도 내용상 좌 → 우로 읽어야 한다고 주장하였다.[24] 그러나 이 묵서는 조성 시기보다 서원의 수혜자와 그 내용에 더 큰 비중을 두어 먼저 기록한 것으로 볼 수도 있어, 다수의 견해처럼 한문의 보편적인 형식에 따라 우 → 좌의 순서로 읽어야 옳다고 본다. 그렇다면 오른쪽 줄이 제1행, 왼쪽 줄이 제2행이 되겠다.

요컨대 법보전 비로자나불의 내부 묵서는 제1행 17자, 제2행 14자 도합 31자로 구성되어 있다. 이상을 종합한 판독문을 보이면 아래와 같다.

	1	2	3	4	5	6	7	8	9	10	11	12	13	14	15	16	17
1행	誓	願	大	角	干	主	燈	身	賜	弥	右	座	妃	主	燈	身	得
2행	中	和	三	年	癸	卯	此	像	夏	節	柒	金	着	成			

* 1행 제2자와 3자 사이, 제10자와 11자 사이는 서자(書者)가 의도적으로 글자를 띄워 쓴 것으로 보이는데, 판독문에서는 표시를 생략하였다.

23) 金昌謙, 「앞의 논문」, pp.302~304.
24) 남풍현, 「앞의 발표문」, p.56; 정재영, 「앞의 토론문」 참조.

2) 해석

앞에서 판독한 묵서명에는 신라식 한문 표기와 이두가 사용되고 있을뿐더러, '등신(燈身)'과 같은 용례가 희소(稀少)한 용어까지 포함되어 있어 그 해석이 쉽지가 않다. 이에 선행연구에서도 다양한 해석안이 나온 바 있는데, 이를 발표 순으로 소개하면 다음과 같다.

　가. 진홍섭안(『조선일보』, 2005.7.5일자.)
　① 해석 : "맹세해 바라기를 대각간님의 등신불(等身佛)과 그 오른쪽으로 부인의 등신불(等身佛)을 두 구 만드노니, // 중화 3년 계묘년(883) 여름에 이 상에 금칠을 했다."
　② 특징 : 원문의 등신(燈身)을 '등신(等身)'의 오기(誤記)로 봄. '비(妃)'를 부인으로 해석함. '사미(賜弥)' 등의 동사적 표현을 의식하지 않고 '만드노니'로 뭉뚱그려 풀이함. 883년에 대각간의 등신불과 부인의 등신불 2구가 조성된 것으로 이해함.

　나. 남풍현안(1)(『연합뉴스』, 2005.7.11일자.)[25]
　① 해석 : "서원(誓願) ; 대각간(大角干)님께 등신(燈身: 빛의 몸)을 주시며 우좌(右座)는 왕비(王妃)님에게 등신(燈身) … // 중화삼년(中和三年: 계묘년)에 이 불상(佛像)을 하절(夏節)에 금(金)을 칠하여 완성하였다."
　② 특징 : 문제가 되는 용어인 '등신(燈身)'을 '빛의 몸', '사미(賜弥)'를 '주시며', '비주(妃主)'를 '왕비님'으로 풀이함. 좌우 자리에 2구의 불상이 조성된 것으로 파악함.

　다. 김창겸안(「합천 해인사 비로좌나불좌상의 대각간명 묵서」『신라사학보』4, 2005.8.)

25) 김상현은 「앞의 발표문」과 「앞의 논문」에서 이 해석을 따랐다(「앞의 논문」, p.249).

① 해석 : "맹세하며 바라오니, 대각간님의 등신이시며, 오른쪽에 앉은 부인님의 등신을 얻음은 … // 중화 삼년 계묘년이며, 여름 이 불상에 금칠하기를 완성했다."

② 특징 : 핵심 용어인 '등신(燈身)'의 의미 해석을 유보하여 진의가 잘 드러나지 않음. '비(妃)'를 '부인'으로 풀이함. 2구의 불상이 조성된 것으로 봄.

라. 남풍현안(2)(「중화 삼년에 조성한 해인사 불상의 내면 묵서 해독」『9세기 해인사 비로자나불의 역사성과 해인사』, 법보종찰 해인사, 2005.12.)

① 해석 : "중화삼년(계묘년, 883년)에 이 불상을 하절(夏節)에 금까지 칠하여 조성하기를 마치었다. // 서원(誓願)은 대각간님에게 등신(燈身)을 주시며 우좌(右座)에 앉은 비(妃: 부인)에게도 등신을 … 월중(月中)."

② 특징 : 글의 순서를 왼쪽 줄에서 오른쪽 줄로 이어진 것으로 봄. 남풍현 안(1)과 대동소이하나, 대각간을 김위홍에, 비를 왕비가 아니라 '부인'으로 보면서 당시 공주였던 진성여왕(김만)에 비정함. '사미(賜弥)'의 '사(賜)'를 '주시다'로, '미(弥)'를 이두 '며'로 풀어 '주시며'로 해석함. '우좌(右座)'를 '오른쪽에 앉은'으로 해석하여 조성된 불상이 반드시 2구가 아닐 수도 있음을 시사함. '등신(燈身)'을 '어리석음을 없애는 지혜의 본체' 또는 비로자나부처의 법력(法力)으로 얻을 수 있는 능력으로 '세상을 밝게 비추는 본체'라는 뜻으로 이해함. 마지막 글자를 '월중(月中)'으로 읽음.

마. 정재영안(남풍현 발표에 대한 「토론문4」『9세기 해인사 비로자나불의 역사성과 해인사』, 법보종찰 해인사, 2005.12.)

① 해석 : "중화 삼년(883년) 계묘 하절에 이 불상을 칠(漆)하고(옻칠을 하고) 금박을 붙여 만들었다. // 서원한 대각간님의 등신(燈身)이시며, 오른쪽에 앉아 있는 것은(불상은) 비(妃)님(부인)의 등신(燈身)이시다."

② 특징 : 글의 순서를 남풍현 안(2)과 같이 좌에서 우로 읽음. '등신(燈身)'을 남풍현

안(2)을 따르며, '사미(賜弥)'를 존경법어미인 '이시며'로 풀이함. '비(妃)'를 대각간의 '부인'으로 비정하면서 좌우에 앉은 2구의 불상이 조성된 것으로 이해함.

바. 이성근안(「해인사 두 분 비로자나부처님에 대하여」『修多羅』17, 해인사 승가대학, 2006.1.)

① 해석 : "서원합니다. 대각간님 등신하시고 오른쪽의 비님도 등신하십시오. // 중화 3년 계묘에 이 상(像)의 하절(夏節: 오동나무 부분)에 옻을 칠하고 금 옷을 입히기를 시작하여 이루었습니다."

② 특징 : '등신(燈身)'의 의미를 밝히지 않았고, '사미(賜弥)'를 '하시고'로 풀이함. 보통 여름철로 해석되는 '하절(夏節)'을 불상의 '오동나무(로 만든) 부분'이며, '칠(柒)'은 이 부분에 옷을 칠한 것으로 이해하고, 또 '금착(金着)'을 '금 옷을 입히기 시작하여'로 문장에는 없는 부분을 추가 부연하기도 함.

사. 최완수안(「풍류가 살아있고 문화재가 숨어 있는 절」『ASIANA CULTURE』18, 2006. 11월호, p.51)

① 해석 : 서원한 대각간님 비로자나이시며 우좌는 왕비님 비로자나이다. // 중화 3년 계묘에 이 상을 하절에 칠하고 금 올려 이루어내다."

② 특징 : '등신(燈身)'을 비로자나로, '사미(賜弥)'는 '이시며'로 해석함. 2구의 불상이 병존한 것으로 봄. '칠금착(柒金着)'을 '칠하고 금 올려'로 풀이하여 불상의 장엄에 2단계의 작업이 있었던 것으로 파악함.

아. 해인사 성보박물관안(『해인사 비로자나불복장유물 특별전도록』, p.12, 2008.10)

① 해석 : "서원합니다. 대각간님의 비로자나부처님이시며 오른쪽의 부처님은 비님의 부처님입니다. // 중화 3년 계묘년 여름 부처님을 금칠하여 이루었습니다."

② 특징 : '등신(燈身)'을 '비로자나부처님'으로 의역하고 '사미(賜弥)'를 존경법어미인 '이시며'로 풀이함. '우좌(右座)'를 '오른쪽의 부처님'으로 보아 2구의 비로자나불상이 조성된 것으로 파악함.

자. 박혜인안「신라 헌강왕대 해인사 비로자나불의 조성과 김유신의 상징화」(동아대대학원 석사학위논문), 2010.2.)

① 해석 : "서원하기를 대각간님께 등신(等身[26]; 몸에 빛)을 주시며, 오른쪽에 앉은 비에게도 등신(等身)을 주시며 … // 중화 삼년(계묘년, 883), 이 상을 여름에 금을 칠해 입히는 것이 완성되다."

② 특징 : 신라식 문장임에 유의하여 우리말 순서처럼 해석함. 대각간 김유신과 비를 상징화한 2구의 등신불상(等身佛像)이 만들어진 것으로 파악함.

차. 손영문안「海印寺 法寶殿 및 大寂光殿 木造毘盧遮那佛像의 硏究」『美術史學硏究』270, 2011.)

① 해석 : "서원은 대각간님에게 등신(燈身)을 주시며, 오른쪽에 앉은 비에게도 등신을 … // 중화 삼년(계묘년, 888)에 이 불상을 하절에 금까지 칠하여 조성하기를 마치었다."

② 특징 : 해석에는 드러나지 않지만 '등신(燈身)'을 '깨달음=정각(正覺)'으로, '우좌비(右座妃)'를 '오른 쪽에 앉은 부인'으로 풀어 비를 부인으로 단정함. '칠금착(柒金着)'을 금을 칠하는 작업으로 파악함.

카. 조범환안「9세기 해인사 법보전 비로자나불 조성과 단월세력−묵서명에 대한 검토를 중심으로−」, 한국고대사탐구학회 제47차 정기발표회 발표문, 2015.3.28.)

---

26) 전후의 서술로 보면 '燈身'을 '等身'으로 오기(誤記)한 것으로 보인다.

① 해석 : "서원한 대각간님께 등신을 주시며, 오른쪽에 앉은 부인님의 등신을 주시며 // 중화 삼년 계묘 여름철에 이 불상을 칠하고 금박을 붙여 만들었다."

② 특징 : '대각간님'을 '서원한' 주체로 해석함. '우좌비주(右座妃主)'를 '오른 쪽에 앉은 부인님'으로 풀어 비를 부인으로 단정. 2구의 불상이 조성되지 않았음을 시사함. '칠금착(柒金着)'을 칠하고 금박을 붙이는 2단계 작업으로 파악함.

위에서 보듯이 선행연구들은 대체로 오른쪽 줄이 서원의 수혜자와 서원의 내용, 왼쪽 줄이 이 불상의 조성 기록이라는 큰 틀의 이해에는 동의하고 있다. 그러나 세부적으로 보자면 적지 않은 의견 차이가 드러난다. 특히 해석을 둘러싸고 쟁점이 되어 온 문제를 보면, <1행> (가) 서원의 수혜자인 대각간과 비의 비정, (나) 서원의 목적 내지 내용인 '등신(燈身)'의 의미, (다) '사미(賜弥)'가 '동사 賜(주시다)+弥(이두 며)'의 '주시며'인가 아니면 '존경법어미 ㅅ(>시)+며'로서 '(이)시며'로 풀어야 하는가, (라) '우좌'를 '오른쪽의(혹은 오른쪽 자리의) 부처(혹은 불상)'으로 보아 이때 2구의 불상이 함께 조성되었는지 여부, (마) 비는 왕비인가 아니면 대각간의 부인으로 해석할 것인가, <2행> (바) 해석상 큰 차이는 없지만, '차상(此像)'과 '하절(夏節)' 해석의 선후 문제, (사) '칠금착성(柒金着成)'을 통해 파악되는 불상에 대한 장엄(莊嚴)이 금칠만인지 아니면 옻칠과 금을 입히는 두 가지 작업인지 여부 등 7가지 정도로 정리될 수 있을 것 같다.

이 중에서 (가)는 절을 달리하여 자세히 살피기로 하고, 여기서는 나머지 6가지 문제에 대해 필자의 의견을 밝힌 후 나름의 해석안을 제시하고자 한다.

1행부터 살펴보자. 1행은 선행연구에서처럼 서원의 수혜자와 내용을 기준으로 하면, '誓願 / 大角干主燈身賜弥 / 右座妃主燈身得'의 3부분으로 나눌 수 있다. 서자(書者)가 나누어지는 부분을 의도적으로 띄어 쓰고 있는 점도 이를 뒷받침한다.

첫머리의 '서원'은 '원(願)을 세우고 그것을 이루고자 맹세하다'라는 사전의 해석[27]을 그대로 따라도 문제는 없을 것 같다.[28] 이에 그 뜻을 살리면서 '서원 합니다'로 해석한다. 이어지는 '대각간주(大角干主)'의 '주(主)'는 그 뒤의 '비주(妃 主)'의 경우와 마찬가지로 존칭어미인 '님'을 나타내는 신라식 표기이다.[29] 이 대각간님과 비님은 문의(文意)상 일단 세운 원(願)이 그들에게 이루어지기를 바 라는 서원(誓願)의 수혜자[30]라고 할 수 있다.

<1행> (나) '등신(燈身)'은 불경에서조차 사용례가 드물 정도로[31] 희귀한 용 어이므로, 해석이나 정확한 의미 부여를 포기하거나 유보한 견해가 종종 있었 다. 발견 직후에는 이를 '등신(等身)'의 오기(誤記)로 보고 뒤의 '우좌'와 연결시켜 2구의 등신불(等身佛)이 조성된 사실을 말하는 것으로 풀이된 적도 있었지만,[32] 명시적으로 이를 지지하는 논고는 나오지 않았다.[33] 그러다가 2005년 12월 의 학술대회에서부터 '등신(燈身)'에 대한 본격적인 견해가 발표되기 시작했다. 먼저 남풍현은 발견 직후 '빛의 몸'(1안)이라 하여 직역에 가까운 해석을 시도하 였지만,[34] (2)안에서는 『진본화엄경(晉本華嚴經)』 제55권에서의 용례를 근거로

---

27) 『표준국어대사전』 서원(誓願)조 참조.
28) '誓願'의 신라시대 용례는 「新羅華嚴經寫經造成記」(755년)에서 발견된다(남풍현, 「앞의 발표 문」 p.58).
29) 金完鎭, 『鄕歌解讀法研究』, 서울대출판부, 1980, p.95.
30) 김상현, 「앞의 논문」 p.17에서는 '被發願者'라고 표현하였고, 필자도 서원의 대상자라는 용어 를 생각한 바도 있으나, 서원한 내용이 그들에게 실현되기를 바라는 존재라는 의미를 살려 '서 원의 수혜자'로 표기한다.
31) 남풍현은 『晉本華嚴經』 권55에서의 용례 하나만을 제시하고 있고(「앞의 발표문」 p.59), 박혜 인도 『대방광불화엄경』에서 찾아낸 같은 용례 하나를 소개하고 있다.
32) 『조선일보』 2005.7.5.일자에 소개된 진홍섭의 의견이다.
33) 박혜인, 「앞의 논문」에서는 등신불로 생각하면서도 한편으로는 '몸에 빛'으로 직역하고 있어 정확한 논지를 가늠하기 어렵다.
34) 김상현의 이 해석을 지지하였다(「앞의 논문」 p.249).

'어리석음을 없애는 지혜의 빛을 발하는 본체'라고 해석하면서 나아가 '등신'을 비로자나부처의 법력(法力)으로 얻을 수 있는 능력으로서 '세상을 밝게 비추는 본체'라는 뜻으로 이해하였다.[35] 그리고 손영문은 '등신'을 불교의 보편적 진리인 '깨달음' 곧 정각(正覺)으로 해석했지만 명확한 논거는 제시하지 않았고,[36] 박혜인은 남풍현의 해석에 의거하면서도 '몸에 빛'으로 축약하여 해석하였다.[37] 한편 별도의 전거없이 '비로자나부처'로 의역한 견해도 나온 바 있다.[38]

우리는 먼저 '등신'의 해석과 관련하여 각별히 유의해야 할 점이 있다고 본다. 전체적인 서술의 흐름이나 이어지는 '사미(賜弥)'의 해석과 관련지어 보면, '등신'이란 비로자나불의 조성을 통해 대각간님과 비님에게 꼭 이루어지기를 바라는, 서원의 목적 내지 내용이 되어야 한다는 사실이다. 따라서 그 뜻은 상당히 구체적이어야 할 것이다. 이에 유의하면 '등신'을 '비로자나부처'라거나 혹은 불교의 보편적 진리인 '정각'으로 해석하는 것은 아무래도 모호하고 막연하다고 할 수밖에 없다. 기존의 견해 가운데서 가장 합리적인 것은 남풍현 (2)안, 곧 비로자나부처의 법력으로 얻을 수 있는 능력으로서 '세상을 밝게 비추는 본체'라는 해석이 아닐까 한다. 조성·봉안한 비로자나불상의 법력에 힘입어 지혜의 빛으로 세상을 밝게 비추는 존재가 될 수 있기를 바라는, 서원의 목적이 잘 드러나기 때문이다. 이에 필자는 남풍현의 견해에 따라 '등신'을 '세상을 밝게 비추는 본체'라는 해석을 따르면서, 실제 사용례가 가진 의미를 종합하여 '지혜의 빛으로 세상을 밝히는 몸'으로 이해해 둔다.

(다) '사미(賜弥)'는 '동사 賜(주시다)+弥(이두 며)'의 '주시며'라는 풀이와 '존경법

---

35) 남풍현, 「앞의 발표문」, pp.59~60. 정재영도 이에 적극 동의하였다(「앞의 토론문」, pp.75~76).
36) 손영문, 「앞의 논문」, p.11.
37) 박혜인, 「앞의 논문」, pp.14~15.
38) 최완수, 「앞의 논문」 및 해인사 성보박물관, 「앞의 도록」, p.12.

어미 'ㅅ(>시)+며'로서 '(이)시며'라는 풀이가 나와 있다.[39] 이 중 후자와 같이 해석한다면 서원의 내용 혹은 목적이 무엇인지가 잘 드러나지 않는다. 반면 '주시며'로 풀어보면, 서원의 목적인 '등신'을 내려달라는 의미가 잘 살아난다. 이에 필자는 남풍현의 '주시며'라는 해석을 따른다.

여기서 우리는 1행의 마지막 글자가 '득(得)'임을 상기할 필요가 있다. 왜냐하면 '사미'와 '득' 사이에 대응관계를 엿볼 수 있기 때문이다. '賜弥(주시며)'가 베풀어지기를 바라는 표현이라면, '得'은 얻기를 바라는 표현이라고 할 수 있다. 뉘앙스 면에서 전자가 수동적, 후자가 능동적이라는 차이는 있지만 결과적으로 '등신'='지혜의 빛으로 세상을 밝히는 몸'에 이르기를 바라는 서원의 목적은 양자가 다르지 않다. 이 점 또한 '사미'를 '주시며'로 해석함이 타당함을 뒷받침하고 있고, 한편으로는 1행 마지막 글자를 '득'으로 판독하는 것이 해석상으로도 무리하지 않음을 보여주는 것이다.

(라) '우좌'에 대한 해석은 이 불상과 더불어 또 하나의 불상이 조성되었는지 여부와 직결되어 있다. 많은 논자들은 2구의 불상이 조성되었다고 상정하면서[40] '우좌'를 '오른쪽 자리(의 부처 혹은 불상)'으로 해석하였다. 이 해석은 말하자면 2구의 불상(대각간의 서원을 담은 좌좌(左座) 불상과 비의 서원을 담은 우좌 불상)이 나란히 모셔져 있는 모습을 상정하면서[41] 내려진 것으로 볼 수 있다. 그러나 과학적 목재 분석 결과 짝을 이루는 불상으로 지목된 대적광전 비로자나불상은 법보전 불상과 조성연대에서 150~200년이라는 시차가 있음이 밝혀졌다. 이때

---

39) 이성근은 '하시고'라고 풀었는데(「앞의 논문」, p.227), 의미상 큰 차이는 없지만 '등신'이 명사적 어휘이므로 적합한 해석이라고는 할 수 없다.

40) 앞에서 소개한 선행연구의 진홍섭 · 남풍현(1) · 김창겸 · 정재영 · 최완수 · 해인사성보박물관 · 박혜인의 견해 참조.

41) 해인사가 대적광전 서쪽에 대비로전이라는 전각을 신축하고, 여기에 법보전 비로자나불과 대적광전 비로자나불을 옮겨 좌우에 함께 봉안한 것도 이러한 상정에 의한 것으로 볼 수 있다.

2구의 불상이 함께 조성되지 않았던 것이다. 또 이 묵서명은 봉안되기 이전, 조성의 마지막 단계에 기록된 것이다. 그렇다면 나중에 봉안되고 난 후의 상황이 명문에 반영되어 있다고 보는 것은 논리비약이 아닐까 싶다. 2행에 이 불상을 지칭하는 '차상(此像)'이 명기되어 있으므로, 오른쪽 자리의 불상이라면 '우좌상(右座像)' 정도로 기록되어야 하지 않을까? 이렇듯 2구의 불상이 좌우로 앉은 모습을 상정하면서 내린 '우좌'에 대한 해석은 더 이상 설득력을 갖지 못하게 되었다.

그래서 남풍현(2안)의 이와 전혀 다른 해석이 눈길을 끈다. 그는 '우좌'를 연접한 '비주(妃主)'와 묶어, '우좌에 앉은 부인님'으로 해석하면서[42] 이때 반드시 2구의 불상이 함께 조성된 것이 아닐 수도 있음을 시사하였다. 손영문은 이 견해를 계승하여 '우좌비(右座妃)'를 동양의 음양설인 '좌고우비(左高右卑)'의 원리가 적용된 표현으로 '우좌'를 남편[左]보다 하위인 부인[右]의 위상을 보여주는 수식어 정도로 이해하였다. 이럴 경우 '우좌'는 별도로 해석될 필요는 없다. 그리고 그는 이때 1구의 불상을 조성하면서 대각간 부부의 서원을 담은 것으로 보았다.[43] 이러한 주장의 배경에는 법보전 비로자나불과 쌍(雙)을 이루는 것으로 지목된 대적광전 비로자나불의 조성연대가 과학적 목재 분석 결과 동시기가 아니라 150~200년의 시차가 있다는 연구 결과에 힘입은 바가 컸을 것이다. 이후 '우좌'에 대한 해석은 2구의 불상이 조성된 것은 아니라고 보면서도 '오른쪽에 앉은' 혹은 '오른쪽 자리에 앉은' 정도로 정리되고 있는 것으로 보인다.[44]

필자 역시 883년에는 1구의 불상만이 조성되었다고 생각하며, '우좌'를 일단 '오른쪽에 앉은' 혹은 '오른쪽 자리에 앉은'으로 해석하는데 동의한다. 다만 이

---

42) 남풍현, 「앞의 발표문」, p.60.
43) 손영문, 「앞의 논문」, p.11.
44) 앞의 이성근안 및 조범환안 참조.

에 덧붙여 '좌(座)'의 원의(原義)를 존중하여, 미묘한 차이가 있을 뿐이지만, '우좌'가 '오른쪽 자리의'로 풀이될 가능성도 열어두고 싶다. 그렇다고 나란히 모셔진 2구의 불상을 상정하는 것은 물론 아니다. 그보다는 신라의 사찰에는 여러 전각에 불보살(佛菩薩)은 물론 고승·국왕·고위 신료 등을 그린 화상(畫像)이 벽에 모셨던 경우가 있었음을 주목하고 싶다. 몇몇 사례만을 열거하면, 흥륜사에는 보현보살 벽화가 있었고,[45] 불국사 광학장(光學藏) 강실(講室)에는 헌강왕의 빈어(嬪御)인 수원권씨(脩媛權氏)가 바친 비로자나불과 문수·보현보살 화상이 모셔져 있었다.[46] 또 불국사 강실의 서벽에는 아미타불상의 화상이 그려졌고,[47] 불국사에는 고 전주대도독 소판 김공(金公)[48]의 부인이 망부(亡夫)의 명복을 빌기 위해 기진한 석가모니 불상을 그려 수놓은 번(幡)까지 봉안되어 있었다.[49] 부석사의 벽에는 신라왕의 화상(畫像)이 그려져 있었는데 궁예가 남쪽으로 순행하다가 이를 보고 칼로 찔러 그때의 칼자국이 화상에 남아있었다는 일화가 『삼국사기』에 전해지고 있다.[50] 불교가 더욱 성행하는 고려시대에 이르면, 국왕과 왕비의 진영(眞影)을 모신 왕실원당으로서 진전사원(眞殿寺院)이 널리 창

45) 『삼국유사』 권5, 탑상4, 興輪寺壁畫普賢조.
46) 崔致遠(崔英成譯), 「大華嚴宗佛國寺毘盧遮那文殊普賢像讚并序」 『譯註 崔致遠全集』 2, 아세아문화사, 1999. 한편 『佛國寺古今創記』에 실린 이 글의 주기(註記)에는 광학장의 왼쪽 벽에 헌강왕의 초상도 봉안되어 있었다는 기록도 보이지만, 주기의 신빙성에 문제가 있어 판단을 유보한다.
47) 崔致遠, 「大華嚴宗佛國寺阿彌陀佛像讚并序」 『위의 책』.
48) 흔히 이름 불명의 이 인물의 정체를 『佛國寺事蹟』과 『佛國寺古今創記』에 수록된 같은 글에 베풀어진 "王妃 金氏(註: 金大城三世孫女也)" "故全州大都督 金公(註: 蘇判公順憲 大成子)"라는 주기(註記)에 이끌려, 이름은 소판(蘇判) 김순헌(金順憲)이며, 김대성(金大城)의 아들이자 헌강왕비 의명부인 김씨의 아버지로 이해하는 견해가 종종 있어 왔다. 그러나 이러한 주기가 사실과 전혀 다른 오류임은 李文基, 「崔致遠 撰 9세기 후반 佛國寺 關聯資料의 檢討」 『新羅文化』 26, 2005, pp.235~240; 본서 제Ⅱ부 제1장에서 자세히 논증한 바 있다.
49) 崔致遠, 「華嚴佛國寺繡釋迦如來像幡讚并序」 『앞의 책』.
50) "嘗南巡 至興州浮石寺 見壁畫新羅王像 發劍擊之 其刃迹猶在"(『삼국사기』 권50, 궁예열전).

건되었으며, 공신이나 관인들의 원당에도 국왕의 진영과 함께 공신의 초상이 함께 봉안되기도 하였다.[51]

이러한 사례를 참조할 때 혹시 해인사에는 883년에 목조 비로자나불상을 조성 봉안하는 대각간 부처(夫妻)가 좌우로 나란히 앉은 모습의 화상이 어느 전각의 벽에 그려져(혹은 걸려) 있었던 것은 아닐까? 불상 내부 묵서명을 쓴 서자는 이 화상을 보고 대각간의 부인을 '우좌비(右座妃)' 즉 '오른쪽 자리의 부인'으로 표현했을 가능성도 배제할 수 없다고 본다. '우좌'의 해석과 관련하여 하나의 의견으로 제시해 두고 싶다.

(마) 비는 의미 그대로 '왕비'로 해석하는 견해[52]와 만약 왕비라면 기록된 순서상 대각간의 뒤에 나올 수 없으므로 왕비가 아니라 대각간의 '부인'으로 보아야 한다는 주장이 제기되었다.[53] 남풍현은 비의 의미에는 왕비 외에 배필의 의미도 있음을 지적하여 '부인'설에 힘을 실었다.[54] 필자도 이 견해를 따라 비를 대각간의 '부인'으로 보아둔다. 어쩌면 신라 말 9세기 후반에 이르면 대각간과 같이 정치적 위상이 매우 높은 고위 신료의 부인들을 비라고 칭하는 법제적·사회적 관행이 성립되어 있었는지도 모르겠다.[55] 검토가 필요한 문제라고 본다.

다음으로 살펴볼 것은 <2행> (바) '차상하절(此像夏節)'의 해석에서 풀이의 순서 문제이다. 전체적으로 보면 때를 나타내는 '하절(夏節)'은 앞의 '중화삼년계묘

---

51) 고려시대 원당에 진영(眞影)을 봉안했던 사례는 韓基汶, 『高麗寺院의 構造와 機能』, 民族社, 1998, pp.217~351에 잘 정리되어 있어 좋은 참고가 된다.

52) 앞의 남풍현(1)안; 최완수, 「앞의 글」, p.51; 김상현, 「앞의 논문」, p.251.

53) 발견 직후 진홍섭에 의해 제기된 이후 대부분의 연구자들은 '부인(夫人)'설을 따르고 있다. 특히 曺凡煥, 「앞의 발표문」, p.8에서는 '왕비(王妃)'설의 문제점을 자세히 지적하고 있어 참조된다.

54) 남풍현, 「앞의 발표문」, p.60.

55) 9세기 후반 신라 왕실에서는 당제를 모방한 비빈제(妃嬪制)가 시행되었음이 확인되는데, 이와 더불어 내명부(內命婦)와 외명부제(外命婦制)의 성립 가능성도 유추해 볼 수 있다. 외명부제의 시행과정에서 최고위급 관등자의 부인이 비로 칭해졌을 가능성이 있다.

+하절(中和三年癸卯+夏節)'과 같이 연호와 간지에 연접되어 기록되는 것이 순조로운 문장 구성이라고 할 수 있다. 한 연구자는 이러한 문장 구성에 의문을 품고 '차상하절(此像夏節)'을 명사구로 보아 '차상(此像)의 하절(夏節)', 즉 불상 중 오동나무로 만든 부분[56]으로 해석하기도 했지만,[57] 설득력이 약하다. <2행>과 같은 신라식 표기로 이루어진 문장에서는 시간어인 '하절(夏節)'과 주어인 '차상(此像)'이 기록 순서상 도치되어 있다고 해도 해석에 큰 문제가 따르지는 않는다.[58] 혹시 불상에 옻칠을 하는 시기로는 보통 여름철이 적당하지 않은데, 그럼에도 불구하고 이 불상은 특별히 하절에 옻칠을 했으므로 '차상하절(此像夏節)'로 기록했을 지도 모르겠다. 어떻든 이 부분은 쓰인 순서 그대로 '이 불상은 여름철에'로 풀이해 둔다.

끝으로 (사) '칠금착성(柒金着成)'의 해석에 대해 살펴본다. 논란은 결국 이 부분의 문장 구조를 칠금(柒金)+착성(着成)으로 볼 것인가, 아니면 칠(柒)+금착(金着)+성(成)으로 파악하는가의 문제로 정리된다. 전자와 같이 읽으면 "불상에 금칠을 하고 완성했다"로 해석되며, 불상에 대한 장엄이 금(혹은 금박)을 입히는 일 한 가지였던 것으로 이해된다. 이러한 해석은 발견 직후에도 이루어졌지만,[59] 특히 남풍현이 '착성(着成)'을 신라시대 조성기에 흔히 보이는 '료성(了成)'과 같은 뜻으로 '(금칠하여) 이루기를 마치다'로 풀이한 견해[60]의 영향이 큰 것으로 여겨진다.[61] 그러나 이에 대해 학술강연회의 토론 과정에서 후자와 같이 읽어야

---

56) 논거로서 '夏'가 '榎(개오동나무 가)'와 의미가 통하는 점을 들었지만 설득력이 없다.
57) 이성근, 「해인사 법보전 비로자나불 묵서명에 대하여」 『月刊 海印』 2005년 8월호, 2005; 이성근, 「앞의 논문」 pp.227~228.
58) 어느 쪽을 먼저 해석하더라도 의미가 통한다는 뜻이다.
59) 앞의 진홍섭안, 김창겸안 참조.
60) 남풍현, 「앞의 발표문」 p.57.
61) 앞의 해인사 성보박물관안, 박혜인안 참조.

한다는 반론이 제기되어,[62] "옻칠을 하고 금(혹은 금박)을 입혀 완성했다"라는 해석이 이후 여러 연구자들의 지지를 받았다.[63] 후자와 같이 해석한다면, 불상을 제작한 후 장엄하는 과정이 옻칠하는 1단계와 금(혹은 금박)을 입히는 2단계 작업으로 이루어진 것으로 상정되며, 묵서명에 바로 이러한 과정이 반영되었다고 보는 것이다. 보통 목불(木佛)의 개금불사(改金佛事) 진행 과정을 보면, 옻칠 작업이 선행되고, 몇 차례 옻칠을 한 다음 그것이 마른 후 금을 입히는 작업이 이루어진다. 이를 참조하더라도 '칠금착성(柒金着成)'은 "옻칠을 하고 금을 입혀 이루었다(혹은 완성하였다)"로 해석함이 옳겠다.

이상에서 비로자나불 내부 묵서명을 이해하는데 논란이 있어 온 문제들을 정리하면서 필자의 의견을 밝혔다. 이를 정리하여 필자의 해석안을 보이면 다음과 같다.

(1행) "서원(誓願)합니다. 대각간(大角干)님께는 '지혜의 빛으로 세상을 밝히는 몸(燈身)'을 주시며, 오른쪽에 앉은(혹은 오른쪽 자리의) 부인(妃)님께서는 '지혜의 빛으로 세상을 밝히는 몸(燈身)'을 얻으소서.

(2행) 중화 3년 계묘(883년; 헌강왕 9년)에 이 불상은 여름철[夏節]에 옻칠을 하고 금을 입혀 이루었다(혹은 완성하였다)."

3. 묵서명 속 대각간과 비의 비정

비로자나불 내부 묵서명이 발견된 후부터 지금에 이르기까지 가장 큰 관심

---

62) 정재영, 「앞의 토론문」, p.75.
63) 앞의 이성근안, 최완수안, 조범환안 참조.

을 끌어 왔던 것은 단연 제1행에 등장하는 명문의 주인공 대각간과 비가 과연 누구인가라는 문제였다. 이 문제가 제대로 해명되지 않는 한, 귀한 묵서명은 단지 이 불상이 현존 한국 최고(最古)의 불상임을 입증하는 자료로서 기능하는데 그치고 말게 된다. 많은 관심이 대상이 되었던 만큼 이에 대해서는 지금까지 여러 의견이 제시되었으며, 그를 뒷받침하기 위해 다양한 논거들이 검토되었다. 그럼에도 불구하고 이견은 여전히 해소되지 않고 있으며,[64] 주장의 근거에도 부실한 점이 없지 않다. 이에 지금까지의 연구 성과를 정리하면서 대각간과 비의 비정 문제를 차분하게 재검토할 필요가 있겠다.

묵서명이 세상에 알려진 이후부터 해인사 측은 한동안 대각간을 김위홍으로, 비를 진성여왕이라고 추정해 왔다. 논거 중의 하나는 소속 암자인 원당암(願堂庵)에 두 사람과 관련된 이야기가 전해진다는 것이었다.[65] 이에 더하여 매계(梅溪) 조위(曹偉)의 「서해인사전권후(書海印寺田券後)」(『梅溪集』 권4)를 통해 890년(진성여왕 4년)부터 해인사가 '혜성대왕원당(惠成大王願堂)'으로 불렸으며, 김위홍이 진성여왕의 '필(匹)'로 나올뿐더러(『삼국유사』 왕력, 제51 진성여왕조) 평소 두 사람이 정을 통하는 관계였다는 기록(『삼국사기』 진성여왕 2년조)까지 알고 있는 사람이라면, 묵서명 속의 대각간으로 김위홍을, 그 배필인 비로 진성여왕을 떠올린 것은 그리 이상한 일이 아니었다. '대각간=김위홍'·'비=진성여왕'설이 별다른 저항감 없이 일반 대중에게도 널리 수용되었던 데에는 그럴법한 이유가 있었던 것이다.

---

64) 최근에 열린 한국고대사탐구학회 제47차 정기발표회(2015.3.28.)에서의 조범환의 발표와 이에 대한 김창겸의 토론 내용을 통해 이 점이 잘 드러난다.

65) 「한국일보」, 2005.7.5.일자 관련기사는 해인사 박물관 성공스님의 위와 같은 발언을 전하고 있다. 한편 해인사는 2006년부터 2010년까지 5년간 칠월칠석에 '비로자나데이 ; 천년의 사랑'이라는 축제를 개최했는데, 비록 표면적으로 비로자나불을 내세우고 있지만 실은 천년 전의 '진성여왕과 김위홍의 사랑 이야기'를 축제의 모티프로 삼고 있었다.

다만 '대각간=김위홍'설을 따르더라도 '비=진성여왕'설을 두고는 의견이 엇갈렸다. 남풍현은 비에는 배필의 뜻도 있음을 지적하고, 진성여왕을 김위홍의 배필로 생각하면서 아직 왕위에 오르지 않았지만 왕의 친여동생으로서 장차 왕위에 오를만한 위치에 있었던 그를 비로 부를 수 있다고 하였다.[66] 또 이성근도 숙질간인 김위홍과 진성여왕은 정략적으로 결혼한 관계였고, 조위의 해석에 따라 당시 해인사는 북궁으로 불리는 왕실의 원당이었는데, 진성여왕이 김위홍 사망 후 그의 원당으로 지정하고 있으므로 명문의 비는 진성여왕을 지칭하는 것이라는 결론을 내렸다.[67]

그러나 '비=진성여왕'설에 대한 반론도 이어졌다. 발견 직후 진홍섭은 비를 부인이라고 해석한 바 있고,[68] 김창겸도 대각간이 김위홍이라면,[69] 비는 그의 아내인 부호부인(魚好夫人)이 되어야 한다고 하였으며,[70] 학술회의 토론에서 정재영도 대안을 내놓지는 않았지만 비를 부인(配匹)으로 해석하는 견해에 동의하였다.[71] 그 후 손영문은 이를 계승하여 대각간=김위홍, 비=강화부인(康和夫人)이라는 견해를 밝히기도 했다.[72]

사실 883년 당시 18세 정도로 추정되는 진성여왕이 김위홍과 정식으로 혼인을 맺었던 증거는 없으며, 사통(私通) 관계였다고 보기에도 어려운 점이 있다.[73]

---

66) 남풍현, 「앞의 발표문」, pp.60~81.
67) 이성근, 「앞의 논문」, pp.233~234.
68) 「조선일보」, 2005.7.5일자.
69) 金昌謙, 「앞의 논문」, p.305에서는 대각간이 김위홍인지 여부를 고심했지만 결국 결론을 유보하고 말았음을 읽어낼 수 있다.
70) 金昌謙, 「앞의 논문」, p.305.
71) 정재영, 「앞의 토론문」, p.76.
72) 손영문, 「앞의 논문」, pp.10~11.
73) 권영오, 「김위홍과 진성왕대 초기 정국 운영」 『大丘史學』76, 2004, pp.39~44; 『新羅下代 政治史 硏究』, 혜안, 2011, p.241.

또 재위 중인 헌강왕의 누이로서 북궁장공주(北宮長公主)라는 칭호를 가지고 있었던 즉위 전의 진성여왕이 왕비 혹은 고위 관직자의 부인의 칭호로 적합한 비로 지칭되었다 보는 것도 무리이다.[74] 그래서 '비=진성여왕'설은 더 이상 지지를 얻지 못하게 되었고, '비=대각간 부인'설이 타당한 것으로 받아들여졌다.

이러한 논의에 대해 김상현은 '비=진성여왕'설만이 아니라 '대각간=김위홍' 설까지도 부정하는 전혀 새로운 주장을 펼쳤다.[75] 그의 결론은 명문의 대각간이 김위홍이 아니므로, 비도 진성여왕은 물론 아니거니와 그의 처 부호부인도 아니라는 것으로 요약된다. 그는 '대각간=김위홍'설에 대한 비판으로 두 가지 논거를 들었다. 하나는 888년(진성여왕 2) 사망 당시 김위홍의 관등이 각간이었으므로 그보다 이전인 883년에 대각간일 수 없다는 점이고, 다른 하나는 우리나라 불상 조성기의 발원 내용이 대체로 망자(亡者)에 대한 추복(追福)을 비는 내용으로 되어 있으므로 이 묵서명의 발원도 대각간과 비가 죽은 후의 그것으로 보아야 한다는 것이었다. 그런 만큼 883년 당시에 엄연히 생존해 있던 김위홍을 묵서명의 대각간으로 볼 수 없으며, 비 또한 김위홍의 처인 부호부인일 수가 없다는 것이다.[76]

김상현의 반론은 후속 연구자들에게 상당한 영향을 미친 것으로 보인다. '대각간=김위홍'설을 대신하는 대안들이 모색되기 시작했기 때문이다. 박혜인은 그 대안으로 '대각간=김유신'·'비=지소부인(智炤夫人)'이라는 다소 파격적인 주장을 선보였다.[77] 그는 883년 해인사에 대각간과 비를 상징화한 2구의 불상이

---

74) 박혜인, 「앞의 논문」, pp.17~18.
75) 김상현, 「앞의 논문」, pp.251~252. 한편 최완수, 「앞의 논문」, p.51에서는 근거를 제시하지 않은 채, 비=헌강왕비인 의명부인, 대각간=의명부인의 친정 부친이라고 보았다.
76) 김상현, 「앞의 논문」, pp.251~252. 그렇다면 대각간과 비가 과연 누구인지가 궁금한데, 그는 이에 대해서는 언급을 피하고 있어 아쉬움을 남겼다.
77) 박혜인, 「앞의 논문」 참조.

조성된 것으로 보고, 분열의 조짐이 드러나고 있었던 헌강왕대의 정치·사회적 분위기 속에서 신라 왕실은 김유신과 그의 아내를 상징화한 비로자나불을 해인사에 조성함으로써 합천 지역을 결속시키려 했다고 주장하였다. 최근 조범환도 '대각간=김위홍'설의 대안을 모색한 끝에 대각간을 헌강왕비 김씨 의명부인(義明夫人)의 조부인 김대성(金大城)으로, 비를 그의 부인으로 비정하는 견해를 발표하였다.[78]

이상의 정리에서 짐작되듯이 대각간의 비정을 둘러싸고는 '김위홍'설과 '기타 인물(김유신·김대성·미상 인물)'설[79]로 갈려져 있고, 비에 대해서는 '진성여왕'설이 퇴조하고 '대각간의 부인'설이 많은 지지를 얻고 있는 실정이다. 그래서 비는 대각간을 누구로 보는가에 따라 비정이 달라질 수밖에 없다.

필자는 이상의 논의 가운데서 '대각간=김위홍'설과 '비=그의 아내 부호부인(일명 강화부인)[80]'설이 타당하다고 생각한다. 첫 번째 이유는 '대각간=김위홍'설

---

78) 조범환, 「앞의 발표문」, pp.9~12.

79) 김창겸은 조범환의 발표에 대한 토론에서, 조범환이 검토 결과 성립 가능성을 부정했던 경문왕의 부 김계명(金啓明)을 대각간으로, 그의 처 광화부인(光和夫人)을 비로 비정하는 신설을 언급하였다(「조범환 발표에 대한 토론문」, 2015.3.28.). 논거는 해인사(海印寺) 전권(田券)의 강화부인(康和夫人)이 광화부인(光和夫人)의 이표기(異表記)일지 모르며, 김계명도 경문왕에 의해 의공대왕(懿恭大王)으로 추봉되기 전에 대각간으로 추증되었을 가능성이 있다는 점을 들었다. 워낙 간략한 언급에 지나지 않으므로, 비평은 생략하며 하나의 신설로 소개하는데 그친다.

80) 조위는 「서해인사전권후」에서 신라 전권에 혜성대왕(惠成大王)과 강화부인이 기록되어 있음을 확인하고, "곧 여기서 말하는 혜성대왕은 바로 위홍임을 의심할 바 없고, 강화부인 또한 반드시 위홍의 처일 것이다(則此云惠成大王者其爲魏弘無疑, 而康和夫人亦必弘之妻也)"라고 하여, 강화부인을 김위홍의 처로 생각하였다. 그런데 『삼국유사』 권2, 기이2, 眞聖女大王 居陁知 조에는 위홍의 처를 강화부인이 아니라 부호부인이라고 하였다. 이에 전권(田券)의 강화부인은 위홍의 처가 아니라, 해인사에 토지를 기진한 왕족 또는 귀족의 부인으로 보는 견해가 나왔다(하일식, 「해인사전권과 묘길상탑기(妙吉祥塔記)」 『역사와 현실』24, 1997, pp.21~22). 그러나 조위가 강화부인을 위홍의 처로 본 데에는 그럴만한 이유가 있었을 것이다. 필자는 사료에 전하는 신라 여인들의 이름이 종종 다르게 나타나기도 하는 점을 감안하여, 강화부인을 부호부인의 다른 이름으로 보아둔다.

에 대한 가장 유력한 반론인 김상현의 견해 자체에 수긍하기 어려운 점이 있기 때문이다. 김상현의 견해가 가진 문제점은 아래와 같다.

(1) 888년(진성여왕 2) 사망 당시 김위홍의 관등이 각간이었으므로, 5년 전인 883년에 대각간일 수 없다는 주장에 대하여.

『삼국사기』에는 다음과 같은 기사가 보인다.

A-1. 왕은 평소 각간(角干) 위홍(魏弘)과 더불어 정(情)을 통해 왔는데, 이때 이르러서는 늘 궁궐에 들어와 일을 마음대로 처리하였다. 이에 그에게 명하여 대구화상(大矩和尙)과 함께 향가(鄕歌)를 모아 편찬하도록 하였는데, 그 책을 일러 삼대목(三代目)이라 하였다. 위홍이 죽자 혜성대왕(惠成大王)으로 추존하였다."(『삼국사기』 권11, 진성왕 2년조)

A-1에는 사망 당시 김위홍의 관등을 각간으로 기록하고 있어, 각간이 그의 최후의 관등처럼 이해할 여지가 있다. 그러나 이 기사를 자세히 보면 반드시 위홍의 당시 상황을 정확하게 기록하려 하기보다 그의 행태를 비판적으로 서술하고 있음이 드러난다. 따라서 각간도 당시 그가 소지한 정확한 관등이 아니라 그를 부르는 통상적인 호칭에 포함된 것을 그대로 기록했을 가능성이 있다. 또 『삼국사기』의 편년 기사 중에는 유독 특정 인물의 관등 기록에서 오류가 자주 발견되는 사실도[81] 무시할 수 없다. 그러므로 위의 사료만으로 사망 당시

---

81) 대표적으로 김준옹(金俊邕; 소성왕)과 언승(彦昇; 헌덕왕) 형제의 관등 기록을 들 수 있다. 791년 (원성왕 7) 김준옹이 시중에 임명되었을 때의 관등에 대해 대아찬 혹은 파진찬이라는 서로 다른 기록이 남아 있고, 헌덕왕 즉위조(809)에는 아우인 언승이 같은 해에 형인 준옹보다 상위 관등인 잡찬(迊飡)으로 승진했다는 기록까지 있다. 심지어 애장왕 즉위조(800)에는 이미 각간이었던 언승에 대해 "아찬(阿飡) 병부령 언승이 섭정하였다"는 기록상의 오류를 범하고 있는 것이다.

김위홍의 관등이 각간이었다고 단정할 수는 없다고 본다.

오히려 이보다 중시해야 할 것이 다음의 기사라고 생각한다.

A-2. 제51대 진성여왕(眞聖女王), 김씨로 이름은 만(曼)이다. 헌강왕과 정강왕의 동모매(同母妹)이다. 왕의 배필은 위홍 대각간이니 혜성대왕(惠成大王)으로 추봉되었다.(『삼국유사』 권1, 왕력1, 진성여왕조)

위의 기사에도 사실성에 의문이 가는 부분도 있고, 재간(再刊) 과정에서의 오자(誤字)와 탈자도 포함되어 있다. 그러나 위홍의 관등을 대각간으로 기록한 점은 주목될 필요가 있다. 그가 사망하여 혜성대왕으로 추봉되기 전에 대각간이었음을 알려주기 때문이다.[82] 만약 김위홍의 역관(歷官)에서 대각간으로 승진한 적이 없었다면 이런 기록은 남을 수가 없다.[83] 김위홍은 생전에 분명히 대각간에까지 올랐던 것이다. 문제는 각간에서 대각간으로 승진했던 시기가 언제인가일 것이다. 진성여왕 즉위 후로 추정하는 견해도 있지만,[84] 필자는 880년

---

82) 김위홍과 비슷한 관력(官歷)을 지닌 효성·성덕·경덕왕대에 활동한 김사인(金思仁)의 관련 기록이 참조될 수 있다. 한 개인으로서는 상대적으로 많은 기록이 남아있는 김사인의 활동을 『삼국사기』를 통해 정리하면 다음과 같다. (732년) 이찬·장군 → (741년) 대신 → (745년) 이찬·상대등 → (756년) 상대등 → (757년) 상대등 퇴임. 이를 따르면 김사인이 역임한 최고의 관등은 이찬이어야 한다. 그러나 이와는 전혀 다른 내용을 전하는 일차사료가 있다. 즉「무진사종명(无盡寺鐘銘)」에는 "天寶四載 乙酉 思仁大角干爲賜 夫只山村 无盡寺鍾成教受內 成記"이라 하여 천보 4년(745; 경덕왕 4) 당시에 김사인이 대각간이었던 것으로 기록되어 있다. 문헌과 종명(鐘銘) 중 신빙성이 큰 것은 당연히 후자이다. 아마 745년 임명 당시 김사인은 각간이었으며, 상대등 임명과 동시에 대각간으로 승진했음직하다. 이를 통해서도『삼국사기』의 관등 기록이 가진 부정확성이 거듭 확인된다.

83) 그래서 김상현,「앞의 논문」 p.252에서도 김위홍이 대각간이었을 가능성을 완전히 배제하지는 못하고 있다.

84) 曺凡煥,「앞의 발표문」 p.7.

(헌강왕 6)으로 파악한다.[85] 이상에서 김상현의 반론 중 첫 번째 논거는 따르기 어려움을 알 수 있다.

(2) 묵서명의 발원(發願) 내용이 죽은 자를 추복하기 위한 것이라는 주장에 대하여.

이는 우리나라 불상 조성기의 발원 내용이 대체로 망자에 대한 추복을 비는 내용으로 되어 있으므로, 이 묵서명의 발원도 마찬가지로 대각간과 비가 죽은 후에 명복을 비는 것으로 보아야 한다는 것이다. 그러므로 883년 당시에 엄연히 생존해 있던 김위홍은 묵서명의 대각간일 수가 없으며, 부인을 지칭하는 비 또한 부호부인이 될 수가 없다는 주장이다. 물론 이를 따르는 후속 연구자도 있었다.[86]

신라의 불상 조상기(造像記)나 탑지(塔誌) 등을 살펴보면 죽은 자를 추복하는 내용이 많은 것이 사실이다. 그러나 예외적인 경우도 없지 않은데, 우선 살아있는 현재의 국왕의 복을 빌고 있음이 산견된다.[87] 뿐만 아니라 「감산사 미륵상 조상기(甘山寺 彌勒像 造像記)」와 「감산사 아미타상 조상기(甘山寺 阿彌陀像 造像記)」의 발원문 속의 아래와 같은 구절을 주목할 필요가 있다.

B-1. 개원(開元) 7년 기미(719 ; 성덕왕 18) 2월 15일 중아찬(重阿湌) 김지성(金志誠)은 돌아가신 아버지[亡考] 인장(仁章)일길찬(一吉湌)과 돌아가신 어머니[亡妣] 관초리(觀

---

85) 李文基, 「앞의 논문」(2015); 본서 제Ⅱ부 제3장 참조.
86) 박혜인, 「앞의 논문」, p.17; 曺凡煥, 「앞의 발표문」, p.6.
87) 「甘山寺 彌勒像 造像記」·「甘山寺 阿彌陀像 造像記」, 「法光寺 石塔誌」, 「昌林寺 無垢淨塔願記」 등의 발원(發願)에는 살아있는 國主大王·今上·國王의 복을 비는 내용이 포함되어 있다.

育里)를 위하여 감산사(甘山寺) 한 곳, 석아미타상(石阿彌陀像) 1구, 석미륵상(石彌勒像) 1구를 삼가 조성하였습니다. …… 엎드려 바라건대 이 작은 정성이, 위로는 국주대왕(國主大王)께서 천년의 장수를 누리시고 만복이 널리 뻗치시며, 개원이찬(愷元伊湌) 공께서는 번뇌의 세속사를 벗어나 태어남이 없는 묘과(妙果)를 증득(證得)하시고, 아우 양성소사(良誠小舍)·현도사(玄度師)·누나 고파리(古巴里)·전처(前妻) 고로리(古老里)·후처(後妻) 아호리(阿好里)와 겸하여 서형(庶兄) 급한일길찬(及漢一吉湌)·일동살찬(一憧薩湌)·총경대사(聰敬大舍)·누이 수힐매리(首肹買里) 그리고 끝없는 법계(法界)의 일체 중생에게까지 미쳐, 함께 육진(六塵)을 벗어나 모두 부처의 경지에 오르소서.(「甘山寺 彌勒像 造像記」)

B-2. (김지전(金志全)은) 자애로운 부모 은덕에 보답함은 부처님의 힘만한 것이 없으며 성스러운 임금의 은혜에 보답함은 삼보의 인(因)을 넘는 것이 없다고 여겼습니다. 그러므로 국주대왕(國主大王)과 이찬(伊湌) 개원공(愷元公), 망고(亡考)와 망비(亡妣), 망제(亡弟) 소사(小舍) 양성(良誠)·사문(沙門)인 현도(玄度)·망처(亡妻) 고로리(古老里)·망매(亡妹) 고보리(古寶里) 그리고 처(妻) 아호리(阿好里) 등을 위하여 감산장전(甘山莊田)을 희사하여 이 가람을 세웠습니다. 이에 석아미타상 1구를 조성하니 엎드려 바라건대 이 작은 인연이 피안(彼岸)에까지 넘어가 사생(四生)·육도(六道)의 중생 모두 보리(菩提)를 증득(證得)하소서.(「甘山寺 阿彌陀像 造像記」)[88]

사료 B-1·2는 주지하듯이 719년(성덕왕 18)에 중아찬 김지성이 감산장전을 희사하여 감산사를 세우고 그곳에 석조 미륵보살상과 아미타불상 각 1구를 조성 봉안하면서 새긴 조상기이다. 여기에서 확인되는 추복 대상 인물에는 죽은 자가 훨씬 많지만 살아있는 자도 포함되어 있다는 사실에 유의할 필요가 있

---

88) B-1·2의 해석은 韓國古代社會研究所編, 『譯註 韓國古代金石文』3, 駕洛國事蹟開發研究院, 1992, pp.300~301의 해석문을 참조하였다.

다. 국왕과 그의 후처(後妻)인 아호리는 분명히 생존해 있었고, 이찬 개원공도 당시 살아 있었을 가능성이 높다.[89] 이렇게 살아있는 자가 조상기에서 복을 비는 대상이 되고 있는 사례는 신라 불상의 조상기에 보이는 발원 수혜자 모두를 일률적으로 죽은 자로 규정할 수 없음을 말해준다. 따라서 비로자나불 묵서명의 대각간과 비도 반드시 죽은 자라고 단언할 수 없다. 이에 그들이 죽은 자라는 가정 위에서 나온, 대각간과 비가 김위홍과 그의 부인일 수 없다는 김상현의 논리는 성립되기 어렵다고 본다. 오히려 김개원과 같은 고위 신료가 살아있음에도 발원의 수혜자가 되고 있는 점은 묵서명의 대각간과 비의 실체를 탐색하는데 좋은 시사가 될 수 있다.

그러면 '대각간=김위홍'설을 반대하며 나온 '기타 인물(김유신·김대성·미상 인물)'설은 어떤지를 살펴보자. 먼저 '미상 인물설'은 논외로 한다. 박혜인의 '대각간=김유신'설에 대해서는 최근 조범환에 의해 비판이 이루어진 바 있다.[90] 먼저 김유신은 대각간보다 상위의 관등인 태대각간에 올랐으며 흥덕왕대에는 흥무대왕으로 추봉되기까지 한 인물인데, 그를 883년 당시에 대각간으로 지칭하는 것이 어색함을 지적하였다.[91] 그리고 해인사에 비로자나불을 조성한 목적이 신라 말 이탈해 가는 합천의 지방세력을 결속하는데 있었다면, 더더욱 대각간보다 흥무대왕을 강조하는 것이 유리했을 것이라고 하였다. 그래서 '대각

---

89) 김개원은 『삼국사기』의 김예원(金禮元)과 동일인인데(李基白, 「新羅 執事部의 成立」 『新羅 政治社會史 硏究』, 一潮閣, p.156), 무열왕의 여섯 번째 적자(嫡子)이며, 665년 이찬(아찬의 잘못), 667년 대아찬, 668년 대당총관, 671~673년 이찬·집사부 중시, 683년 이찬으로 신문왕의 혼인 주관, 695~706년 상대등 등의 활동 기록이 찾아진다. 이렇게 문헌사료에서는 719년에도 그가 생존했는지 여부는 분명히 드러나지 않는다. 그러나 「아미타상조상기」는 망자(亡者)를 명확히 표현하여 분명히 구별하고 있는데, 김개원에 대해서는 망자임을 시사하는 어떤 표현도 찾아볼 수 없다. 그러므로 719년 당시에 김개원은 살아있었을 가능성이 높다.

90) 조범환, 「앞의 발표문」, p.7.

91) 박혜인이 방증자료로 삼은 「仲和三年銘 金銅舍利器記」에는 김유신을 대각간이 아니라 '유신각간(裕神角干)'으로 기록하였다.

간=김유신'설은 성립하기 어려운 주장으로 보았다. 타당한 비판으로 생각되거니와, 이에 더하여 만약 대각간과 비가 김유신 부부라면 그들이 해인사와 어떤 인연이 있었기에 신라 왕실이 여기에 이들을 상징화한 불상을 조성·봉안하게 되었는지도 해명되어야 할 문제일 것이다. 그러므로 많은 해결 과제를 남긴 '대각간=김유신'설은 설득력이 약하다고 생각한다.

'대각간=김대성'설[92]에서는 먼저 883년의 비로자나불상 조성의 단월(檀越)로서 헌강왕비인 김씨 의명부인 세력을 주목하였다. 그리고 『최문창후전집』(성균관대 대동문화연구원, 1982)에 수록된 최치원 찬 「왕비김씨위고수석가여래번찬병서(王妃金氏爲考繡釋迦如來幡讚幷書)」라는 글에서 제목의 '王妃金氏(註:金大城三世孫女也)', 본문의 '故全州大都督金公(註: 蘇判公順憲 大成子)', '少昊玄裔 太常(註; 太常卽金文亮)令孫' 등 3곳에 베풀어진 주기(註記)를 따라 김문량(金文亮) → 김대성(金大城) → 김순헌(金順憲) → 의명부인(義明夫人)으로 이어지는 이르는 헌강왕비의 세계(世系)를 상정한 후, 헌강왕비(의명부인)를 중심으로 하는 정치세력이 불상을 조성하면서 발원문에 조부인 김대성을 대각간으로, 그의 아내를 비로 표현한 것으로 보았다. 그러나 이 주장에는 문제가 적지 않다. 작게는 김대성의 관등이 대각간이었다는 증거가 없는 점이고,[93] 무엇보다 큰 문제는 의명부인의 세계 복원을 위해 근거로 삼은 자료의 주기(註記) 자체가 전혀 사실과는 동떨어진 오류임을 간과한 점이다. 후대에 편집된 자료집(특히 『불국사고금창기』)에 실린 최치원의 글에 첨가된 주기는 사실과 크게 다른 오류투성이임은 이미 밝혀져 있다.[94] 이에 자세한 언급은 생략하지만, 한 가지만 지적해 두기로 하겠다.

---

92) 曺凡煥, 「앞의 발표문」, pp.9~12.

93) 김창겸의 토론문에서도 지적된 사실이다.

94) 李文基, 「崔致遠 撰 9세기 후반 佛國寺 關聯資料의 檢討」『新羅文化』26, 2005; 본서 제Ⅱ부 제1장 참조. 성균관대 대동문화연구원이 간행한 『崔文昌侯全集』에 수록된 최치원의 불국사 관련 글들은 『佛國寺事蹟』·『佛國寺古今創記』·『華嚴寺事蹟』 등에 실린 것을 그대로 전재한

주기에서 김대성의 아들이자 의명부인의 아버지라고 기록된 김순헌(金順憲)의 실체와 관련된 문제이다. 「왕비김씨위고수석가여래번찬병서」의 본문과 주기를 종합하여 이해하면, 김순헌은 헌강왕비 의명부인의 부이자 김대성의 아들로서, 소판으로 전주대도독을 지냈으며, 886년(헌강왕 12) 5월에서 그리 멀지 않은 시기에 사망했던 존재로 나온다. 그런데 그의 아버지인 김대성은 774년(혜공왕 10)에 죽었음이 확인된다. 따라서 이 기록이 옳다면 부자간의 나이차가 최소한 100세를 넘어야 한다. 상식으로 이해될 수 없으므로, 도저히 사실로 인정할 수가 없다. 또 다른 글인 「결화엄경사회원문(結華嚴經社會願文)」의 본문에는 소판 김순헌은 886년 7월 이후 헌강왕을 추복하는 결사에 국척(國戚)으로서 참여하고 있는 생존 인물로 등장한다. 앞의 886년 5월 이전에 사망했다는 기록과 현저히 배치된다.[95] 그런데 이러한 문제들은 주기가 후대에 가필이 이루어지면서 범한 오류에서 파생된 것이다. 주기를 제외하고 본문만을 따르면, 수놓은 석가여래상 번을 불국사에 기진한 주인공은 김씨 왕비가 아니라 고 전주대도독의 부인임이 분명히 드러나 있고, 그래서 이들 자료에서 김문량 → 김대성 → 김순헌 → 의명부인에 이르는 헌강왕비의 세계를 복원하기란 불가능함을 알 수 있다.[96] 따라서 잘못된 자료를 토대로 설정된 조범환의 '대각간=김대성'설은 잘못일 수밖에 없다.

이상 선행연구들을 검토하녀서 '대각간=김위홍'설에 대한 반론은 물론이거니와 그 대안으로 제시된 '대각간=기타 인물'설도 문제가 있음을 지적하였다.

것이 많다. 그 과정에서 후대에 가필된 협주도 무비판적으로 실리게 되어 학계에 혼란을 주기에 이르렀다.
95) 김상현의 김순헌의 사망 시기에 혼란이 있다는 지적이나(「앞의 논문」, p.252의 주 52), 조범환이 김순헌의 몰년에 착오가 있다는 추측은 모두 후대의 주기를 사실인양 곡해한 데서 나온 불필요한 문제제기이다.
96) 李文基, 「앞의 논문」(2005), pp.235~240; 본서 제Ⅱ부 제1장 참조.

비판의 과정에서 필자의 견해가 어느 정도 드러났지만, 묵서명의 대각간은 김위홍임이 분명하다고 본다. 앞에서 언급한 내용을 요약·제시하여 그 근거를 재확인하고자 한다.

지금까지 '대각간=김위홍'설은 뚜렷한 근거를 제시하지 않아 일종의 선입견에 의한 비학문적인 주장인 것처럼 인식되어 왔다. 특히 이 설은 '비=진성여왕'설과 하나의 세트를 이루고 있기도 해서 더 많은 비판을 불러온 느낌이 있다. 그러나 '비=진성여왕'설과 '비=왕비'설은 묵서에 기록된 순서에 유의하면 기각될 수밖에 없다. 가장 설득력 있는 견해는 '비=대각간 부인'설이다. 그렇다면 대각간이 누구인지가 밝혀진다면, 비의 실체도 자연히 드러나게 된다.

선행연구의 '대각간=김위홍'설에 대한 비판을 정리하면, 그 논거가 두 가지로 요약된다. 하나는 883년 당시 김위홍의 관등이 대각간이 아니라고 파악했던 점이고, 다른 하나는 묵서명에서 서원의 수혜자로 기록된 대각간과 비는 이미 죽은 자여야 하는데, 당시 김위홍은 엄연히 생존해 있었다는 사실이었다.

그러나 사망 당시 김위홍의 관등을 각간으로 기록한 사료는 관등에 관한 한 그 신빙성이 매우 약하여 따르기가 어렵다. 오히려 시기를 명기하지 않았지만 김위홍을 대각간으로 기록한 자료가 보이는 것은 그가 생전에 대각간에 올랐던 사실에 근거한 것이므로[97] 상대적으로 더 큰 신빙성을 가진다. 따라서 묵서명의 대각간을 김위홍으로 비정하는 것은 큰 문제가 없다.

또 서원의 수혜자가 반드시 죽은 자여야 한다는 것도 반드시 옳은 주장은 아니다. 산 자가 서원(발원)의 수혜자가 된 사례가 확인되기 때문이다. 그러므로 김위홍이 생존해 있었으므로 묵서명의 대각간이 아니라는 견해는 설득력을 잃게 되었다. 묵서명의 대각간을 김위홍으로 비정해도 아무런 문제가 되지 않는

---

97) 李文基, 「앞의 논문」(2015); 본서 제Ⅱ부 제3장에서 김위홍이 대각간으로 승진하는 시기가 880년(헌강왕 6)임을 논증한 바 있다.

다. 그밖의 '대각간=김위홍'설을 비판하는 입장에서 대안으로 제시된 '대각간=김유신'설이나 '대각간=김대성'설이 따르기 어려운 견해임은 앞에서 자세히 언급했으므로 재론하지 않는다.

사실 883년 당시의 신라 왕실과 정치계의 주요 인물을 살펴보더라도 묵서명의 대각간에 비정될만한 인물로는 김위홍 밖에 없다. 경문왕계 왕실의 최고 어른이었고, 상재상·병부령·상대등의 3개 요직을 겸대한 바 있는 그를 대각간에 비정하는 것은 하등 이상한 일이 아닌 것이다. 이렇게 묵서명의 대각간을 김위홍으로 비정하면, '비=대각간 부인'설에 의해 비는 자연히 그의 처인 부호부인(일명 강화부인)에 비정된다.

이에 더하여 또 하나의 근거가 되는 것이 김위홍·부호부인 부처(夫妻)와 해인사 사이의 두터운 인연이다. 이 묵서명은 비로자나불을 조성하여 해인사에 봉안하는 과정에서 작성된 서원문(발원문)이다. 그러므로 서원의 수혜자로 기록된 대각간과 비는 평소 해인사와 깊은 연고를 맺고 있었던 존재임이 틀림없을 것이다. 883년 당시 해인사와 연고를 맺었던 인물로는 김위홍 부처를 제외하면 더 이상 찾기가 어려워진다.

조위의 「서해인사전권후」에서 보듯이, 그가 검토한 해인사 전권에 의하면 890년(진성여왕 4; 대순 1년 경술년)부터 해인사는 혜성대왕원당(惠成大王願堂)이라고 칭해졌다. 적어도 그때부터 해인사는 혜성대왕으로 추봉된 김위홍의 원당으로 변화했던 것이다. 그런데 어떤 사찰이 특정인의 원당이 될 경우는 그 이전에 이미 그 인물과 사찰 사이에는 깊은 인연이 성립되어 있어야만 했다. 고려시대 관인들의 원당은 단월에 의한 기진 등의 물적 지원이 힘입어 운영되었으며, 연고가 없는 사찰이 돌연히 특정인의 원당으로 되는 경우는 거의 없다는 지적[98]

---

98) 韓基汶, 『앞의 책』, pp.275~295.

은 참조할만하다. 해인사가 890년(진성여왕 4) 이후 혜성대왕원당이 된 것은 그 이전 김위홍과 해인사 사이에 깊은 관계가 맺어져 있었음을 방증하고 있다.

김위홍 부처와 해인사의 인연은 그가 사망하고 나서 비로소 맺어진 것이 아니었다. 조위는 또 해인사가 885년(헌강왕 11; 중화 5년 을사년)까지 북궁해인수 (北宮海印藪)로 불렸다고 하였다. 북궁은 즉위 전 진성여왕이 북궁장공주(北宮長公主)로 칭해졌음에서 알 수 있듯이 헌강왕·정강왕의 친누이인 장공주 김만(金曼)의 호칭으로 보아야 한다. 해인사는 북궁해인수라 칭해질 정도로 북궁장공주과 긴밀한 관계에 있었던 것이다.[99] 여기에서 보면 883년 당시에도 해인사는 북궁해인수로도 불렸을 것이며, 김만이 해인사의 가장 비중이 큰 후원자로서의 위상을 갖고 있었을 것이다.

그런데 김위홍과 그의 처 부호부인은 이 북궁장공주와 어릴 때부터 깊은 관계를 맺고 있었다. 김위홍은 숙부였으며, 부호부인은 북궁장공주의 유모였기 때문이다.[100] 따라서 주요 단월인 북궁장공주를 매개로 김위홍 부처(夫妻)도 883년 이전부터 평소 해인사와 깊은 연고를 맺고 있었던 것으로 짐작된다. 이런 인연에 기반하여 김위홍 부처는 883년 해인사에 목조 비로자나불상 1구를 조성·봉안하게 되었고, 그 내부 묵서명에 서원의 수혜자로 기록되기에 이르렀던 것이다. 이를 통해서도 묵서명의 대각간은 김위홍이며, 비는 그의 처 부호부인임을 넉넉히 짐작할 수 있다.

---

99) 북궁해인수가 전권의 기록인 점에서 보면, 토지매입의 주체가 북궁이었을 것이다. 한편 비록 전권에서는 매임이라 기록되어 있을지라도 사실은 왕족이나 귀족들에 의한 기진이었다는 견해가 있다(하일식, 「앞의 논문」, pp.21~22). 그렇다면 북궁은 기진을 독려하거나 이끌어낸 배후의 후원자일 수도 있겠다.

100) 『삼국유사』 권2, 기이2, 眞聖女大王 居陁知조.

4. 맺음말

지금까지 2005년 7월 4일 처음으로 세상에 알려진 해인사 법보전 비로자나불 내부의 묵서명에 대해, 기존의 판독을 보완하고 사용된 용어 하나하나를 검토하는 방식으로 새로 해석을 시도하였다. 그리고 명문에서 서원의 수혜자로 등장하는 대각간님과 비님이 누구인지 그 실체를 해명하였다. 이상의 논의를 통해 밝혀진 내용을 정리하여 맺음말로 삼는다.

첫째, 2행 31자로 구성된 묵서명의 판독에서 가장 논란이 많았던 것은 1행의 마지막 글자(17번째 글자)였다. 필자는 이를 한 글자로 보고 자형을 살펴 '득(得)'으로 판독하였다.

둘째, 많은 이견이 있어 왔던 해석은 사용된 용어를 하나하나씩 검토하여 다음과 같은 해석안을 내놓았다. (1행) "서원(誓願)합니다. 대각간님께는 '지혜의 빛으로 세상을 밝히는 몸[燈身]'을 주시며. 오른쪽에 앉은(혹은 오른쪽 자리의) 부인[妃]님께서는 '지혜의 빛으로 세상을 밝히는 몸[燈身]'을 얻으소서. (2행) 중화 3년 계묘(883년; 헌강왕 9년)에 이 불상은 여름철[夏節]에 옻칠을 하고 금을 입혀 이루었다."

셋째, 가장 많은 관심을 끌었던 명문의 주인공 대각간과 비의 실체에 대해서는, 선행연구 성과를 비판적으로 검토하고 필자 나름의 견해를 더하여 대각간은 김위홍, 비는 그의 처인 부호부인(일명 강화부인)임을 밝혔다.

이상이 이글에서 논의한 핵심적인 결론이다. 그러나 이는 김위홍 부처가 883년 목조 비로자나불상의 조성에서 어떤 역할을 수행하였으며, 그들이 하필 해인사에 불상을 조성 기진하게 된 정치적 배경, 그리고 이것이 9세기 후반 신라 정치사에 미친 영향과 그 의미 등의 문제를 해명하기 위한 기초 작업에 지나지 않는다고 할 수 있다.

제3장 883년 김위홍의 해인사 비로자나불상 조성의 배경과 의미

1. 머리말

1행 17자, 2행 14자 모두 31글자로 구성된 해인사(海印寺) 법보전(法寶殿) 비로자나불 내부 묵서명은 2005년 7월 4일 세상에 그 존재가 알려진 이래 전체적인 이해를 둘러싸고 상당한 논란이 있어 왔다. 이 불상은 내부 목판에 기록된 명문을 통해 그 조성연대가 883년(헌강왕 9; 중화 3년 계묘년)임이 확인되어 현존 한국 최고(最古)의 목조불(木造佛)로 인정되었지만,[1] 명문의 판독과 해석, 명문에 등장하는 대각간과 비의 실체를 둘러싸고는 견해가 크게 엇갈렸던 것이

---

[1] 모든 논자가 이에 동의하지만, 손영문, 「海印寺 法寶殿 및 大寂光殿 木造毘盧遮那佛像의 硏究」 『美術史學硏究』270, 2011, p.27에서는 이 불상의 양식적 특징을 들어 조성연대를 883년 이전으로 추정하였다. 그러나 이럴 경우 그 내부에 왜 883년이 명기된 묵서명을 남겼는지가 설명될 수 없어 따르지 않는다.

다. 그래서 필자도 묵서명의 함의를 제대로 이해하기 위한 기초 작업의 일환으로, 선행연구를 세심하게 정리하면서 명문의 판독과 해석, 대각간과 비의 비정 등에 대한 의견을 발표한 바 있다.[2]

명문에 대한 기존의 판독에서 판독 미상의 글자로 남겨 두었거나 특별한 근거 없이 의견만 나와 있던 제1행 마지막 글자(제17자)를 '득(得)'으로 읽어 기존의 판독을 보완하였고, 명문에 사용된 용어를 하나씩 검토하여 이를 종합하는 방식으로 새로운 해석을 시도하였다. 그리고 발견 이래 가장 큰 관심의 대상이었고, 논란이 많았던 명문의 주인공 대각간과 비가 883년 당시 재위 중이었던 헌강왕의 숙부였던 김위홍(金魏弘)과 그의 처 부호부인(兜好夫人)[3]임을 알 수 있었다.

그러나 그것은 이 불상과 묵서명에 대한 기초 연구였으므로 불상과 묵서명을 올바르게 이해하기 위해서는 몇 가지 의문들이 좀 더 해명되어야 한다. 예컨대 이 불상을 조성함에 있어 김위홍 부처는 어떤 역할을 수행했을까, 그들은 왜 883년이라는 시점에 하필 해인사에 목조 비로자나불상을 조성 · 기진(寄進)하게 되었을까, 이 불상의 조성이 가지는 의미는 무엇일까 등의 의문이 그것이다.

이 글은 이러한 의문을 해명할 목적으로 마련되었다. 다만 이상의 문제들을 검토함에 있어 필자는 신앙적 혹은 불교 교리적 측면보다는 정치 · 사회적인 측면에 관심을 기울이고자 한다. 왜냐하면 해인사는 창건과 발전 과정에서 신라 왕실의 적극적인 후원을 받았던 왕실사찰(王室寺刹)이었으므로,[4] 이곳에서

---

2) 李文基, 「海印寺 法寶殿 비로자나불 內部 墨書銘의 解讀과 大角干과 妃의 實體」 「歷史敎育論集」55, 2015; 본서 제Ⅱ부 제2장.
3) 「삼국유사」 권2, 기이2, 眞聖女大王 居陁知조.
4) 崔源植, 「新羅 下代의 海印寺와 華嚴宗」 「韓國史硏究」49, 1985; 김상현, 「九世紀 후반의 海印寺와 新羅 王室의 후원」 「新羅文化」28, 2006 참조.

의 불상 조성과 기진은 정치적 의도가 다분히 내포된 일종의 정치행위로 여겨지기 때문이다. 더구나 그 주인공이 경문왕대부터 헌강왕대 초반까지 최고의 정치적 실세였던 김위홍 부처라면 이 불상의 조성에는 더 큰 정치적 함의가 내포되어 있었다고 보아야 한다. 이에 아래에서는 먼저 불상 조성에서의 김위홍 부처의 역할을 살피고, 이어 그들이 해인사에 불상을 조성·기진하게 된 정치적 배경과 그러한 행위가 9세기 후반 신라 정치사에 미친 영향을 검토하고자 한다.

이 글을 통해 883년에 해인사에 조성·봉안된 목조 비로자나불상의 배후에 숨어있는 역사적 진실의 한 자락이 드러나기를 기대한다.

2. 해인사 목조 비로자나불상의 조성과 김위홍 부처

883년에 조성된 해인사 법보전 목조 비로자나불상 내부의 등판 쪽에 부착된 목판에는 2행의 묵서명이 확인되었다. 필자의 판독문과 해석을 보이면 다음과 같다.[5]

A-1. (1행) 誓願 大角干主燈身賜弥 右座妃主燈身得 (2행) 中和三年癸卯此像夏節柒金着成.

A-2. (1행) 서원합니다. 대각간님께는 '지혜의 빛으로 세상을 밝히는 몸'[燈身]을 주시며. 오른쪽에 앉은(혹은 오른쪽 자리의) 부인[妃]님께서는 '지혜의 빛으로 세상을 밝히는 몸'[燈身]을 얻으소서. (2행) 중화 3년 계묘(883; 헌강왕 9년)에 이 불상은 여름철[夏

---

5) 李文基, 「앞의 논문」(2015); 본서 제Ⅱ부 제2장 참조.

節]에 옻칠을 하고 금을 입혀 이루었다(혹은 완성하였다).

이 묵서명은 내용상 불상 조성에 따르는 서원문(발원문)으로, 1행이 서원의
수혜자와 내용, 2행이 조성 시기와 방식을 적은 조성기록 두 가지로 이루어져
있다. 이 중 불상 조성의 배경이나 의미를 밝히기 위해 보다 주의 깊게 보아야
할 것은 물론 1행이다.

먼저 이 서원문에는 1행에 대각간과 비라는 이름 없는 두 사람만 등장하고
있는 점이 주목된다. 이에 익명의 두 사람을 일단 목조 비로자나불상과 관련된
주인공으로 볼 수 있다. 그런데 대각간과 비는 김위홍과 그의 처 부호부인으로
비정된다.[6] 해인사 목조 비로자나불상과 관련된 주인공은 바로 김위홍 부처였
던 것이다. 그들에게 '주(主)' 곧 '니림'[7](님)으로 풀이되는, 사람을 높여 이르는
의존명사를 붙여 대각간님과 비님으로 존칭하고 있는 점도 그들이 주인공임을
보여주고 있다.

그러면 김위홍이 이 불상과 구체적으로 어떤 관련이 있어서 주인공으로 기
록된 것일까? 1행의 서원의 내용을 보면, '누군가가' 이 불상의 조성을 인연으
로 삼아 김위홍에게는 '지혜의 빛으로 세상을 밝히는 몸[燈身]'을 내려주고, 부
호부인도 '등신(燈身)'을 얻기를 간절히 바라고 있음을 헤아릴 수 있다. 곧 김위
홍 부처는 이 불상 조성을 통하여 서원한 바가 그들에게 실현되기를 바라는 서
원 수혜자였던 것이다.

그러나 이것만이 그들과 비로자나불상 사이에 맺어진 관계의 전부라고는
할 수 없다. 후술되듯이 김위홍 부처는 이 불상 조성의 발원자이기도 했을 가
능성이 높기 때문이다.

---

6) 李文基, 「앞의 논문」(2015); 본서 제Ⅱ부 제2장 참조.
7) 金完鎭, 『鄕歌解讀法硏究』, 서울대출판부, 1980, p.95.

김위홍 부처가 '등신(燈身)'에 이르기를 서원한 발원자는 어떻든 그들과 깊은 관계에 있었던 인물임에 틀림없을 것이다. 그러나 그것이 서원문에 밝혀져 있지 않을 따름이다. 우리가 발원자로서 가장 먼저 떠올려볼 수 있는 후보는 역시 북궁장공주(北宮長公主) 김만(金蔓)이 아닐까 싶다.[8] 진성여왕으로 즉위하기 전 북궁(北宮)에 거주하면서 북궁장공주라는 칭호를 가졌던 김만은 9세기 후반 해인사의 가장 중요한 후원자였다. 매계(梅溪) 조위(曺偉)는 「서해인사전권후(書海印寺田券後)」에서 자신이 보았던 43폭의 신라 전권(田券) 중 885년(헌강왕 11)까지의 전권에서 해인사를 북궁해인수(北宮海印藪)로 칭하고 있다고 기록하였다.[9] 이렇게 885년 이전에 해인사가 북궁해인수로도 불린[10] 것은 그만큼 북궁장공주 김만과 긴밀한 관계에 있었기 때문이었다.

이런 북궁장공주 김만은 또 김위홍 부처와 깊은 관계를 맺고 있었다. 김위홍의 처 부호부인은 김만의 유모로서 그가 왕위에 오른 후 권세를 휘두른 존재로 묘사되어 있고,[11] 김위홍은 혈연적으로 김만의 숙부이자 그의 배필,[12] 혹은 사통(私通) 관계에 있으면서 진성여왕 즉위 후 궐내에까지 들어와 정치를 요리했던[入內用事] 인물로 기록되어 있다.[13]

이러한 해인사-김만-김위홍 부처 간의 관계를 주목하면, 해인사 비로자나

---

8) 김상현, 「앞의 논문」, p.252. 그러나 그 가능성은 논자 자신에 의해 부인되었다.

9) "乙巳以前只稱北宮海印藪, 庚戌以後始稱惠成大王願堂者 ……"(曺偉, 「書海印寺田券後」『梅溪集』 권4).

10) 창건 이래 이 절의 정식 명칭이 줄곧 해인사였음은 최치원이 지은 해인사 관련 글들의 제목을 통해 쉽게 추지할 수 있다. 따라서 조위가 확인했던 885년 이전의 '北宮海印藪'나 890년 이후의 '惠成大王願堂'이라는 명칭은 상황에 따라 부른 별칭이었을 것이다.

11) 『삼국유사』 권2, 기이2, 眞聖女大王 居陁知조.

12) 『삼국유사』 권1, 왕력, 眞聖女王조.

13) 『삼국사기』 권11, 진성왕 2년조. 그러나 이는 사실이 아닐 가능성이 크다(권영오, 「김위홍과 진성왕대 초기 정국 운영」 『大丘史學』 76, 2004, pp.39~44; 『新羅下代 政治史 硏究』, 혜안, 2011, p.241 참조).

불상 조성의 발원자로서 김만을 상정하는 것이 일단 큰 무리는 없어 보인다. 그렇지만 가장 큰 문제는 만약 김만이 이 불상 조성의 발원자였다면 서원문에서 이를 굳이 밝히지 않았을 이유를 찾기 어렵다는 점이다. 이에 드러나지 않은 발원자를 북궁장공주 김만으로 비정하기는 어렵다고 본다.

앞에서 우리가 '누군가가'로 표현한 바 있듯이 이 서원문에는 서원을 세운 사람 즉 발원자가 누구인지가 드러나 있지 않다. 다만 이 발원자는 김위홍 부처를 대각간님과 비님으로 높여 부르고 있으므로, 일단 그들보다 지위나 연령이 낮은 사람으로 볼 수 있다. 하지만 이 서원문에 드러난 표현만으로는 발원자가 누구인지를 밝혀내기란 불가능하다.

이에 베일에 싸인 발원자를 밝히기 위하여 비슷한 성격의 자료로 눈을 돌려 보기로 한다. 신라인들의 발원이 담긴 자료로는 불상 조성 기록인 조상기, 원탑 건립과 관련된 탑지(塔誌)나 사리함기(舍利函記), 약간의 종명(鐘銘) 등을 찾아볼 수 있다. 그 중 몇 가지 사례를 들면 다음과 같다.

B-1. 개원 7년 기미(719 ; 성덕왕 18) 2월 15일 중아찬(重阿湌) 김지성(金志誠)은 돌아가신 아버지[亡考] 인장일길찬(仁章一吉湌)과 돌아가신 어머니[亡妣] 관초리(觀肖里)를 위하여 감산사(甘山寺) 1소(所), 석아미타상(石阿彌陀像) 1구, 석미륵상(石彌勒像) 1구를 삼가 조성하였습니다. …… 엎드려 바라건대 이 작은 정성이, 위로는 국주대왕(國主大王)께서 천년의 장수를 누리시고 만복이 널리 뻗치시며, 개원이찬(愷元伊湌) 공께서는 번뇌의 세속사를 벗어나 태어남이 없는 묘과(妙果)를 증득(證得)하시고, 아우 양성소사(良誠小舍)·현도사(玄度師)·누나 고파리(古巴里)·전처 고노리(古老里)·후처 아호리(阿好里)와 겸하여 서형(庶兄) 급한일길찬(及漢一吉湌)·일동살찬(一憧薩湌)·총경대사(聰敬大舍)·누이 수힐매리(首肹買里) 그리고 끝없는 법계(法界)의 일체 중생에게까지 미쳐, 함께 육진(六塵)을 벗어나 모두 부처의 경지에 오르소서."(「甘山寺 彌勒像

造像記」『譯註 韓國古代金石文』3, pp.293~302)

　B-2. 영태 2년 병오(766 ; 혜공왕 2) 7월 2일에 석법승(釋法勝)·법연(法緣) 두 승려는
돌아가신 두온애랑(豆溫哀郞)의 원(願)을 위하여 석조 비로자나불을 이루어 무구정광다
라니(无垢淨光多羅尼)와 함께 석남암수(石南巖藪) 관음암(觀音巖)에 둔다. 원하고 청하는
것은 두온애랑의 영신(靈神)이나 두 승려들이나 이것을 본 사람이나 향하여 정례(頂禮)
한 사람이나 멀리서 들은 사람이나 수희(隨喜)하는 사람이나 그림자 가운데를 지나간
이나 불어서 지나간 바람이 스친 곳의 모든 곳에 있는 일체의 중생이나 일체 모두 삼악
도(三惡道)의 업이 소멸하여 스스로 비로자나불임을 깨닫고 세상을 떠나도록 다짐하는
것이다.(「永泰二年銘 毘盧遮那佛 造像記」『譯註 韓國古代金石文』3, pp.316~318)

　B-3. 석언부(釋彦傅)의 모친은 휘가 명단(明端)으로 아버지 이찬(伊湌) 김량종공(金亮
宗公)의 막내딸이다. 스스로 큰 서원을 발하여 오로지 불탑을 세우고 정토의 공덕을 느
끼며 겸하여 속세의 생령(生靈)을 이롭게 하고자 하였다. (아들 언부가) 이 뜻을 효성스
럽게 받들어 이 탑을 세우고 불사리(佛舍利) 10알을 둔다.(「鷲棲寺 蠟石舍利凾記」『譯註
韓國古代金石文』, pp.361~363)

　B-1은 719년(성덕왕 18)에 작성된 「감산사 미륵상조상기」의 한 부분이다. 감
산사에 석조 아미타상과 미륵상 각 1구를 조성하면서 새겨놓은 발원문인데,
그 첫머리에 발원자가 중아찬 김지성이며, 발원 수혜자는 그의 선고(先考) 인장
(仁章) 일길찬(一吉湌)과 선비(先妣) 관초리(觀肖里)임을 밝혀 두었다. B-2의 766
년(혜공왕 2)에 작성된 비로자나불 조상기[14]에는 발원자가 승려 법승(法勝)과 법
연(法緣)이며 발원 수혜자는 죽은 두온애랑(豆溫哀郞)임이 명기되어 있다. 867년

---

14) 관련 연구로는 丁元卿, 「永泰二年銘 蠟石製壺」『釜山市立博物館年報』6, 1983; 朴敬源, 「永泰
　　二年銘 石造毘盧遮那坐像」『考古美術』168, 1985; 南豊鉉, 「永泰二年銘 石造毘盧遮那佛造像
　　銘」『吏讀研究』, 태학사, 2000이 참조된다.

(경문왕 7)에 작성된 B-3의 납석사리함기(蠟石舍利函記)[15]에는 승려 언부(彦傳)의 죽은 어머니인 명단(明端)이 발원 대상으로 기록되어 있으며, 발원자는 명시되어 있지는 않지만 문맥상 아들인 언부였음을 쉽게 추지할 수 있다.

위에서 보았듯이 신라시대에 작성된 대부분의 발원문에는 발원자와 발원 수혜자가 명시되어 있는 것이 상례이다. 그리고 발원자가 드러나 있는 대부분의 발원문들은 그것이 발원자의 입장에서 쓰여 있음을 알 수 있다. 예를 들어 B-1을 보면, 발원자 김지성이 선고와 선비는 물론 국왕과 개원 이찬 그리고 아내 및 형제·자매들에게 각각 서원한 바가 실현되기는 비는 형식으로 문장이 구성되어 있는 것이다.

이런 점에서 비로자나불상의 서원문은 발원자가 보이지 않는 점에서 형식상 매우 독특하다고 할 수 있다. 얼핏 생각해도 서원의 수혜자에게 실현되기를 바라는 간절한 서원을 담아 상당한 비용과 공력을 쏟아 조성한 불상·불탑·종 등의 기진물에 기록된 서원문에서 정작 서원을 세운 발원자가 보이지 않는 것은 상식적인 견지에서도 쉽게 납득이 가지 않는다. 그렇지만 만약 발원자가 일반적인 경우와 달랐고, 그에 따라 서원문이 작성되는 과정도 달라졌다고 가정하면, 이 서원문이 가진 특이성은 어느 정도 이해가 가능해질 수 있다.

가령 발원의 당사자가 아닌 다른 사람, 즉 김위홍 부처보다 지위나 연령이 낮은 제3자가 발원자가 아니라 자신의 입장에서 발원자의 서원을 기록했다고 하면 이런 형식의 글이 작성될 수밖에 없었지 않았을까 싶다. 그리고 서원의 당사자인 발원자가 뒤에 숨어 드러나지 않은 것도 그 정체가 일반적인 경우와 달랐기 때문으로 여겨진다. 요컨대 이 불상의 서원문에서 특이하게도 발원자가 드러나 있지 않은 것은 서원을 세운 발원자가 일반적인 사례와 달랐고, 그

---

15) 今西龍, 「鷲棲寺舍利石盒刻記」『新羅史硏究』, 國書刊行會, 1970, pp.523~525.

로 말미암아 서원문의 작성 방식도 달랐기 때문으로 추측된다.

이러한 추론과 관련하여 B-3 「취서사 납석사리함기」의 발원문이 주목된다. 여기에는 발원 수혜자인 승려 언부의 모친 명단이 살아있는 동안 "스스로 큰 서원을 발하여 오로지 불탑을 세워 정토의 공덕을 느끼며 겸하여 속세의 생령을 이롭게 하고자 하였다"는 언급이 있다. 명단은 생전에 스스로 불탑을 세워 자신이 정토의 공덕을 느껴보려는 서원을 세운 바 있었던 것이다. 물론 이 서원은 실현되지 못해 죽은 후 아들 언부가 탑을 건립하게 되었다. 그러나 명단이 생존 시에 불탑 조성을 서원한 발원자이면서 한편으로는 그를 통해 자신이 정토의 공덕을 느끼기를 바랐던 발원 수혜자이기도 했다는 사실은 각별히 유의할 필요가 있다. 살아있는 발원자가 자신을 서원 수혜자로 삼았던 경우가 확인되기 때문이다. 그렇다면 서원의 수혜자인 김위홍 부처가 비로자나불상을 조성하여 자신들에게 '등신(燈身)'을 내려주기를 서원했던 발원자일 가능성도 배제하기 어렵다.[16]

이상의 언급을 고려하면서 이 서원문의 작성 방식을 추론해 보면, 왜 여기에 발원자가 보이지 않는지가 짐작될 수 있다. 김위홍 부처는 해인사에 비로자나불상을 조성하여 그 법력에 힘입어 자신들이 '지혜의 빛으로 세상을 밝히는 몸(燈身)'을 얻기를 서원하였다. 그래서 그들은 그러한 자신들의 서원을 해인사 측에 알렸다. 김위홍 부처로부터 서원을 전달받은 해인사 측에서는 불상을 조성하고

---

16) 이 불상을 조성하고 서원을 발했을 때는 서원의 수혜자인 대각간과 비가 죽은 후라고 보는 견해도 있다(김상현, 「앞의 논문」, p.251; 曺凡煥, 「9세기 해인사 법보전 비로자나불 조성과 단월세력-묵서명에 대한 검토를 중심으로-」, 한국고대사탐구학회 제47차 정기발표회 발표문, 2015.3.28.). 이것이 이들을 김위홍 부처에 비정하지 않은 주된 이유의 하나였다. 그러나 위에서 살핀 명단(明端)의 경우에서 보듯이 생존해 있는 인물이 스스로 발원자이자 발원 수혜자가 된 경우도 있었다. 비록 신라 발원문에 보이는 발원 수혜자들이 죽은 자가 많다고 하더라도, 반드시 죽은 자만이 아니라 살아있는 자도 발원 수혜자가 될 수 있다는 사실은 매우 중요하다(李文基, 「앞의 논문」(2015); 본서 제Ⅱ부 제2장 참조.).

김위홍 부처가 아닌 제3자의 입장에서 서원문을 작성하였다.[17] 그 결과 그 서원문에는 김위홍 부처를 대각간님과 비님으로 존칭하면서 그들이 '등신'에 이르기를 바라는 서원 수혜자로 기록하였던 것이다. 그렇지만 제3자인 해인사 측은 발원의 당사자가 아니었으므로 서원문에 자신들을 발원자로 명시할 수는 없었다. 그리하여 이 서원문은 발원자가 드러나지 않은 특이한 형식을 갖게 되었던 것이다. 요컨대 이 서원문은 김위홍 부처가 서원을 세운 발원자이자 그 서원이 자신들에게 실현되기를 바라는 서원의 수혜자이기도 했던, 일반적인 사례와는 다른 특수한 경우였으므로, 이런 특이한 형식의 글로 남게 되었던 셈이다. 이상 우회적인 논증 과정을 거쳤지만, 이 불상 조성의 숨어있는 발원자는 서원의 수혜자이기도 한 김위홍 부처 자신들이었음을 알 수 있었다.

해인사 비로자나불상의 조성에서 김위홍 부처는 또 하나의 중요한 역할을 수행하였다. 불상·불탑·종 등의 조성에는 상당한 비용이 필요하고 이를 감당하는 후원자가 있어야 한다. 그런데 보통 서원을 세운 발원자가 재원을 제공하는 단월(檀越)이 되기 마련이었다. 이 불상의 조성과 봉안에도 적지 않은 비용과 공력이 필요하였음은 물론이다. 발원자이자 서원의 수혜자였던 김위홍 부처는 또 이 불상의 조성과 봉안에 필요한 각종 비용을 감당했음이 틀림없다. 곧 이 불상 조성의 단월이기도 했던 것이다.

이상에서 해인사 비로자나불상의 서원문이 보여주는 특이성의 이유를 추적하여 김위홍 부처가 이 불상의 조성 및 봉안과 관련하여 어떤 역할을 수행했는지를 살펴보았다. 김위홍 부처는 883년 해인사에 목조 비로자나불상 1구를 조성·봉안하면서, 자신들이 이 부처의 법력으로 '등신'에 이르기를 바랐던 발원자이자 서원의 수혜자였으며, 소요되는 각종 경비를 부담했던 단월이기도 하

---

17) 이런 점에서 서원문의 작성자 내지 서자는 해인사 승려로 추측된다.

였다. 이런 의미에서 이 비로자나불상은 김위홍 부처 두 사람에 의해 조성되어 그들의 서원을 실현시켜 주기를 바랐던 일종의 원불(願佛)이라고 해도 과언이 아니다. 그것이 곧 불상 내부 묵서명에 두 사람이 주인공으로 기록된 이유이기도 했다.

3. 김위홍의 정치적 행방과 불상 조성의 배경 및 의미

1) 김위홍의 정치적 부침

비로자나불상의 서원문에서 김위홍 부처가 왜 883년 시점에 해인사에 이 불상을 조성 기진하게 되었으며, 그것이 가진 의미가 무엇인지를 알아내기란 불가능하다. 그로부터 어떤 시사도 얻을 수 없기 때문이다. 그러나 883년 비로자나불상의 조성 배경이나 그 의미는 불상 조성의 주인공 김위홍의 정치적 부침(浮沈)과정을 살펴보면 어느 정도 짐작이 가능할 듯싶다.

아래의 <표 1>은 현존 사료에서 김위홍의 활동과 관련된 사료를 뽑아 시기 순으로 정리한 것이다. 이를 참조하면서 김위홍의 정치적 활동을 개관하기로 한다.[18]

---

18) 김위홍의 정치활동에 대해 산발적·부분적으로 언급한 논고는 매우 많은데(대표적으로 李基東, 「新羅 下代의 王位繼承과 政治過程」『新羅 骨品制社會와 花郎徒』, 일조각, 1984) 참조), 그 중에서 이를 정면에서 다룬 논고로는 宋銀日, 「신라하대 憲康王의 친정체제 구축과 魏弘」『新羅史學報』5, 2005; 권영오, 「김위홍과 진성왕대 초기 정국 운영」『大丘史學』76, 2004; 『新羅 下代 政治史 研究』, 혜안, 2011을 들 수 있다.

〈표 1〉 김위홍 관련 기록의 정리

순서	시기	관등	관직 (시호 포함)	여타 표현	활동 내용	전거
1	865년 (경문왕 5) 4월 이후	?	太弟 相國, (尊諡 惠成大王)	貴介弟	경문왕 책봉을 고유 (告由)하는 종묘 선왕 릉 제사 대행	「有唐新羅國 初月山大 崇福寺碑銘幷序」[20]
2	871년 (경문왕 11) 가을	?	太弟 相國 (追封 尊諡 惠成大王)	–	왕사(王師)로 책봉된 낭혜화상 영접	「有唐新羅國 故兩朝國 師敎諡大朗慧和尙白月 葆光塔碑銘幷序」[21]
3	871년 (경문왕 11) 8월	伊干	上宰相, 監臣	親弟	황룡사9층목탑 개건 (改建)공사 책임, 착공	「皇龍寺 9층木塔 舍利函記」[22]
4	872년 (경문왕 12)	伊干	監脩成塔事, 守兵 部令平章事	–	황룡사9층목탑 완공	「황룡사목탑기」
5	경문왕대	?	惠成大王	–	왕실 보좌 ("爲家德損 於克諧謨")	「有唐新羅國 良州深源 寺 故國師 秀澈和尙 楞 伽寶月靈塔碑銘幷序」[23]
6	875년 (헌강왕 1)	伊飡	上大等	–	상대등 임명	『三國史記』 헌강왕 즉위조
7	883년 (헌강왕 9)	大角干	?		불상조성 봉안	「海印寺 毘盧遮那佛像 墨書銘」
8	888년 (진성여왕 2)	角干	追封 惠成大王	–	'入內用事', 『三代目』 편찬, 사망	『三國史記』 진성여왕 2년조
9	진성여왕 즉위 얼마후	匝干	–	–	권력을 잡고 정사를 어지럽힘 ("擅權撓政")	『三國遺事』 眞聖女大王 居陁知조
10	진성여왕대	大角干	追封 惠成大王	王之匹	–	『三國遺事』 왕력

    <표 1>에서 보듯이 사료에서 김위홍의 활동이 최초로 확인되는 시점은 「대
승복사비」에 기록된 865년(경문왕 5)이다. 경문왕은 그 해 4월 당 의종으로부터
"개부의동삼사(開府儀同三司) 검교태위(檢校太尉) 지절대도독계림주제군사(持節大

---

19) 이하 「대숭복사비」로 줄임.
20) 이하 「낭혜화상비」로 줄임.
21) 이하 「황룡사목탑기」로 줄임.
22) 이하 「수철화상비」로 줄임.

都督雞林州諸軍事) 상주국(上柱國) 신라왕(新羅王)"으로 책봉되었는데,[23] 그로부터 얼마 후 아우인 김위홍으로 하여금 종묘와 선왕릉에 고유하는 제사를 대행하게 하였다.[24] 최치원은 당시의 김위홍을 "태제상국(太弟相國)(원주: 추봉존시 혜성대왕; 追封尊諡 惠成大王)"이라 표현하였다.[25] 여기서 최치원이 각별히 주를 달아 김위홍이 사망한 후 시호를 올려 혜성대왕으로 추봉되었음을 밝힌 것은 865년 당시의 칭호인 태제상국과 구별하려는 의도로 보인다. 즉 865년에 20대 초반의 김위홍[26]은 친아우이자 재상의 자격으로 경문왕을 대신하여 당으로부터의 책봉 사실을 종묘와 선왕릉에 고하는 제사를 주관했던 것이다. 종묘와 선왕릉에 대한 책봉의 고유는 당으로부터 경문왕 즉위의 정당성이 공인되었음을 내외에 널리 알리는 행사였으므로, 즉위 초반 경문왕의 왕권 안정에 크게 기여하였을 것이다.

한편 이 고유 행사는 곡사(鵠寺)의 중창 불사를 위한 준비의 일환이었던 점에서도 의미가 있다. 798년 원성왕릉의 축조로 급히 자리가 옮겨진 곡사는 70여 년간 방치되어 오다가 경문왕 즉위 후 비로소 중창 불사가 시도되었다.[27] 앞의

---

23) 『삼국사기』 권11, 경문왕 5년조.
24) "遂於咸通六年, 天子使攝御史中丞胡歸厚, 以我鄕人前進士裵匡, 腰魚頂豸 爲輔行, 與王人田獻銛來. 錫命曰, …… 亦旣榮沾聖澤, 必將親拜靈丘, 肆以備千乘之行, 奚翅耗十家之産. 遂命太弟相國(原註: 追封尊諡, 惠成大王), 致齋清廟, 代謁玄扃"(『대숭복사비』).
25) 주 24 참조.
26) 김위홍의 연령 추정은 기준이 될 만한 단서가 없어 단언하기 어렵다. 굳이 하나의 기준을 찾는다면 친형인 경문왕의 즉위시 연령이 될 수 있는데, 이것도 사료 자체부터 16세설(『삼국사기』)과 21세설(『삼국유사』)로 다르게 나오고 있어 논자들의 견해도 나뉘어져 있다. 만약 16세설을 따르면 10대 후반, 21세설을 따르면 20대 초반으로 비정 가능하다. 이 중 21세설을 따르고 경문왕과 김위홍을 2살 터울의 형제로 보면, 865년 당시 김위홍의 나이는 23세가 된다.
27) 『대숭복사비』에서 경문왕은 즉위 직후부터 원성왕릉을 수호하기 위한 곡사의 중창을 계획했음을 짐작할 수 있다. 예컨대 "금성의 남쪽 해돋이를 볼 수 있는 산기슭에 절이 있으니 숭복사라고 한다. 이 절은 선조(先朝)[경문왕]께서 왕위를 이어받으신 첫 해에 열조(烈祖) 원성대왕(元聖大王)의 릉(陵)을 모시고 추복(追福)의 장소로 세운 것이다(金城之离, 日觀之麓, 有伽藍

책봉 고유 행사가 끝날 무렵 나온 승속(僧俗) 원로들의 곡사를 중수하여 원성왕릉을 수호해야 한다는 건의에서 촉발된 곡사 중창 불사는 그 후 짧은 시간 내에 일사불란하게 추진되어 완공을 보았다. 「대숭복사비」에 묘사된 중창 불사의 진행 과정을 요약해 보면 다음과 같다.[28]

C. 경문왕의 성조대왕(聖祖大王)[원성왕(元聖王)] 현몽(現夢) → 경문왕의 의지를 아뢰는 곡사(鵠寺) 법회 개최 → 경문왕의 곡사 중창 의사 천명 → 종신(宗臣) 계종(繼宗) · 훈영(勛榮) 등의 협의를 통한 중창 불사 건의 → 공사 감독 기구(成典) 구성(구성원: 종실 단원(端元) · 육영(毓榮) · 유영(裕榮), 승려 현량(賢諒) · 신해(神解), 찬도승(贊導僧) 숭창(崇昌)) → 곡사 중창 불사 시행 및 완공(「대숭복사비」)[29]

이 곡사 중창 불사는 정치적 목적을 가진 대공사였다. 이를 왕권 강화를 목적으로 한 것으로서 원성왕을 매개로 그 후손들의 분파 관념을 없애려는 시도였다고 본 견해[30]는 설득력이 있다. 그와 더불어 경문왕이 꿈에 현몽한 원성왕의 말을 빌려 원성왕의 후손 중 자신이 가장 정통성을 갖춘 원성왕의 계승자임을 내세우고 있음도[31] 간과할 수 없다. 요컨대 경문왕에 의한 곡사 중창 불사

號崇福者, 乃先朝嗣位之初載, 奉爲烈祖元聖大王園陵, 追福之所修建也)"라는 언급이나 불사를 시작하기 전에 곡사 중수의 발원을 분황사 승려 숭창로 하여금 부처님께 아뢰게 하였으며, 김순행으로 하여금 그 사실을 종묘에 고하게 하는 등의 조치에서 잘 드러나 있다.

28) 「대숭복사비」 비문 전체의 구성에 대해서는 장일규, 「숭복사비명과 경문왕계 왕실」 『역사학보』192, 2006, pp.40~42; 朴南守, 「新羅 下代 王室의 祭禮와 元聖王 追崇의 정치사회적 의의」 『史學研究』108, 2012, pp.42~44 참조.

29) 이하 「대숭복사비」 · 「낭혜화상비」를 비롯한 최치원의 글에 대한 교감 및 해석에는 崔英成譯, 『譯註 崔致遠全集』1 · 2, 아세아문화사, 1998 · 1999를 주로 참고하였음을 밝혀 둔다.

30) 金昌謙, 「新羅 景文王代 '修造役事'의 政治史的 考察-王權强化策과 관련하여-」 『溪村 閔丙河 敎授 停年紀念 私學論叢』, 1988, p.68; 朴南守, 「앞의 논문」, pp.50~51.

31) "於是, 孝誠旁達, 思夢相符. 遉見聖祖大王, 撫而告日, 余而祖也, 而欲建佛像, 節護子陵域, 小心

추진은 자신이 원성왕의 정통성을 잇고 있는 정당한 후계자임을 과시하면서, 한편으로는 원성왕을 앞세워 왕위를 두고 상쟁(相爭)해 온 그 후손 계파들의 통합을 목적으로 했던 정치적 포석의 하나였던 셈이다.[32]

김위홍은 이렇게 경문왕의 정치적 목적을 실현하기 위하여 최전선에서 활동하였다. 865년에 그가 어떤 위치의 재상이며[33] 그 외에 또 다른 관직을 가졌는지, 구체적인 활동상은 어떠했는지 등 나머지 정보를 알 길이 없지만, 왕을 대신하여 종묘와 선왕릉에 책봉을 고유하고 있는 사실 하나만으로도 그가 경문왕 즉위의 정당성과 정통성 확립에 기여하는 왕권을 안정시키는 중심 인물로서 역할하고 있음을 짐작할 수 있는 것이다. 이러한 활동에 따라 그의 정치적 비중도 더욱 높아져 갔을 것이다.

그로부터 6년 후인 871년(경문왕 11)에 김위홍은 두 가지의 1차 사료에 모습을 드러낸다. 「낭혜화상비」와 「황룡사목탑기」가 그것인데, 어느 쪽이 시기적으로 빠른지는 잘 모르겠으나 그리 큰 시차가 있었던 것은 아닌 것 같다. 최치원은 「낭혜화상비」에서 871년 가을에 낭혜가 경문왕이 보낸 교서를 받고 도성에 와서 왕사에 책봉되었음을 기록하고 이어 책봉 장면을 아래와 같이 묘사하였다.

D. (대사가) 홀연히 일어나 도성[轂下]에 이르러 알현하니 선대왕[경문왕]께서 면복

翼翼, 經始勿亟. 佛之德, 予之力, 庇爾軀, 允執厥中, 天祿永終"(「대숭복사비」).

32) 朴南守, 「앞의 논문」 pp.57~58에서는 곡사의 중창과 원성왕 추숭을 원성왕 후손인 균정계의 불만을 무마하면서 오묘(五廟)에서 원성왕의 신주를 체천(遞遷)하고 경문왕의 친부 김계명(의공대왕)의 위패를 부묘(祔廟)하기 위한 사전 조치로 파악하고 있지만 따르지 않는다.

33) 865년 당시 김위홍은 '相國'으로만 표현되어 있어, 상재상(上宰相)인지 차재상(次宰相)인지 구체적인 지위는 알 수 없다. 그러나 6년 후에야 그가 상재상임이 확인되고 있어 이때는 차재상이었을 가능성이 크다. 865년(경문왕 5)에 경문왕의 책봉과 더불어 당 의종으로부터 선물을 하사받은 대재상과 차재상이 기록에 보이는데, 차재상 중에는 틀림없이 김위홍이 포함되어 있었을 것이다(『삼국사기』 권11, 경문왕 5년조 참조).

(冕服) 차림으로 절을 하여 왕사(王師)로 삼았다. 군부인(君夫人)[왕비]과 세자 및 태제 (太弟)인 상국(相國)(원주: 시호를 올려 혜성대왕으로 추봉하였다) 그리고 여러 공자(公 子)·공손(公孫)들이 둘러싸고 우러르기를 한결같이 하였는데, 옛 가람의 그림 벽에서 서역의 여러 국장(國長)들이 불타(佛陀)를 모시는 것을 그린 형상과 같았다.(「낭혜화상 비」『譯註 崔致遠全集』1(崔英成), pp.124~125)

　　사료 D에서 유의할 것은 낭혜의 왕사 책봉 현장에서 보이는 태제 상국으로 표현된 김위홍의 위상이다. 그는 여러 왕족[群公子·公孫]들과 구별되어 왕비·태자에 이은 세 번째의 주요 인물로 기록되어 있다. 물론 그가 혈연적으로 경문왕의 친아우인 점에서 왕실 서열상 이렇게 기록되어야 마땅하겠지만, 한편으로는 그가 정치적으로도 그만큼 실세였음을 보여주는 것으로 풀이해도 무방하겠다.[34]

　　다만 그의 지위를 최치원은 6년 전의 사정을 보여주는 「대숭복사비」와 마찬가지로 "태제상국(원주: 추봉존시 혜성대왕)"이라고 적고 있어, 871년에도 6년 전의 지위가 그대로 유지된 것으로 오해할 소지를 남기고 있다. 최치원은 886년(헌강왕 12) 봄에 헌강왕으로부터 「대숭복사비」를 찬술하도록 명받았고, 890년(진성여왕 4)에는 진성여왕이 「낭혜화상비」를 찬술하라고 하명하였다. 그러나 「대숭복사비」는 하명 직후에 찬술되지 못하였고, 890년 「낭혜화상비」의 찬술에 조금 앞서 비로소 완성되었다.[35] 이렇게 두 비문은 비슷한 시기에 찬술되었으므로 곳곳에 비슷한 표현이 등장하곤 한다. 두 비문에서 김위홍을 "태제상국(원주: 추봉존시 혜성대왕)"이라는 같은 표현을 쓰고 있음이 대표적인 예가 된다. 이는 최치원이 자

---

34) 일반 경상(卿相)들은 낭혜가 궁에서 나온 후에야 만날 수 있었다. "既出, 卿相延迓, 與謀不暇, 士庶趨承, 欲去不能"(「낭혜화상비」) 참조.
35) 장일규, 「앞의 논문」, pp.38~40.

신에게 익숙한 김위홍에 대한 상투적인 호칭을 두 비문에 함께 사용한 결과로서, 이를 근거로 865년과 871년의 김위홍의 지위가 같았던 것으로 보아서는 안된다. 후술되는 871년 8월의 상황을 전하는「황룡사목탑기」에는 김위홍이 이찬의 관등을 가진 상재상으로 기록되어 있어, 낭혜가 왕사로 책봉되었던 871년 가을의 김위홍의 정치적 지위도 이와 마찬가지였을 것이다.

871년(경문왕 11) 8월 경문왕은 문성왕대 이래 30여 년간 준비해 온 황룡사9층목탑의 개건공사를 시작하였다.[36]

E-1. 금상이 즉위한지 11년인 함통 신묘년(871)에 탑이 기울어진 것을 애석하게 여겨 친아우 상재상 이간 위홍을 □(감)신[37]으로 삼고 사주(寺主) 혜흥(惠興)을 문승(聞僧) 및 수감전(脩監典)으로 삼았으며, 그 사람들과 대통(大統) 정법화상 대덕 현량(賢亮), 대통 겸 정법화상 대덕 보연(普緣), 강주보(康州輔) 중아간 견기(堅其) 등의 도속(道俗)으로 하여금 그해 8월 12일 비로소 옛 것을 폐하고 새 것을 만들게 하였다.(「황룡사목탑기」『譯註 韓國古代金石文』3, pp.364~375)

E-2. 성전(成典) / 감수성탑사(監脩成塔事) 수병부령평장사(守兵部令平章事) 이간 신 김위홍.(위와 같음)

E-1에서 보듯이 경문왕의 친아우인 김위홍은 871년의 황룡사9층목탑의 개

---

36) 한편『삼국사기』에는 871년 정월에 황룡사탑을 고쳐 만들게 했다는 기사가 있어("(경문왕 11년) 春正月 王命有司 改造皇龍寺塔"(『삼국사기』권11, 경문왕 11년조), 이는 공사 시작 시점에서「황룡사목탑기」와 약 7개월의 시차를 보인다. 그러나 이는 정월에 왕명이 내려지고, 그 후 8월에 개건공사를 위한 성전(成典)이 구성되어 실제 공사가 시작된 것으로 보면 무난하다.

37) 이 부분은 사실 판독 미상이다. 그러나 사료 F-2에는 공사 책임자 위홍의 직책을 監脩成塔事로 기록하고 있고, 또 선덕왕 14년 이 탑의 창건공사를 맡은 용수 이간의 직함을 監君으로 기록하고 있는 전도 참고된다. 이에 이 부분은 監脩成塔事를 축약한 監臣으로 추정해 볼 수 있다. 그렇다면 판독 미상의 글자는 監이 된다.

건공사에서 공사 책임자[監臣]가 되었는데, 그때 그는 이찬 관등을 가진 상재상이라는 직책에 있었다. 그리고 공사가 완공되고 뒷마무리까지 끝난 이듬해 11월[38]의 기록에는 병부령평장사(兵部令平章事) 직에 있었다고 기록되어 있다(E-2). 이를 문면 그대로 따르면 김위홍이 1년 사이에 상재상에서 병부령으로 전임(轉任)된 것으로 생각할 수도 있다. 그러나 병부령에 '평장사'를 부기(附記)하여 그가 재상을 겸하고 있음을 시사하고 있을 뿐 아니라,[39] 신라 진골 귀족들이 여러 관직을 겸대하는 겸직제(兼職制)[40]가 시행되고 있었음을 감안하면 E-1·2는 김위홍이 겸대한 관직 중 하나씩만을 선택적으로 기록한 것으로 보아야 한다. 따라서 871~872년에 김위홍은 이찬으로서 상재상과 병부령을 겸직하고 있었다고 하겠다.

당시 김위홍 외에도 요직을 차지하고 있던 정치적으로 비중이 높은 인물들이 있었음은 물론이다. 우선 862년(경문왕 2)에 임명된 상대등 김정(金正)과 시중 위진(魏珍)을 들 수 있다.[41] 김정은 874년(경문왕 14)에 죽을 때까지 13년간 상대등에 재임하였고, 위진도 13년간 시중 직에 있다가 김정에 뒤이어 상대등에 취임하고 있어[42] 이들 모두 경문왕대 정계의 실력자였음을 알 수 있다. 그밖에도 경문왕의 자문 역할을 수행한 왕족 출신의 유력자도 여럿 찾아볼 수 있다. 그

---

38) 이 탑의 개건공사에서 9층까지 축조를 마친 것은 872년 7월이었으며, 11월 6일에 김위홍이 여러 신료들과 함께 사리 장치를 점검한 뒤 그것을 원래대로 복구한 시점이 11월 25일이었다. 「황룡사목탑기」는 바로 이날 요극일(姚克一)에 의해 씌어졌다. 한편 『삼국사기』에는 "(경문왕 13년) 秋九月 皇龍寺塔成九層 高二十二丈"이라 하여 873년 9월에 탑이 완공되었다고 하여 역시 시차가 있다. 그러나 이러한 시차는 872년 11월에 제반 공사가 사실상 끝났으며, 이듬해 9월에 공식적인 준공식이 열렸던 것으로 추정하면 큰 무리없이 이해될 수 있다.

39) 당과 고려의 재상제도에서 평장사(平章事)는 곧 재상임을 나타내는 칭호였다.

40) 李文基, 「新羅時代의 兼職制」『大丘史學』26, 1984.

41) 『삼국사기』 권11, 경문왕 2년조.

42) 『삼국사기』 권11, 경문왕 14년조.

럼에도 불구하고 실질적인 정치 실세는 김위홍이었던 것으로 보인다. 「황룡사
목탑기」의 아래의 에피소드를 통해 이를 넉넉히 짐작할 수 있다.

E-3. 이듬해(872년; 경문왕 12) 7월에 9층을 모두 마쳤다. 그렇지만 찰주(剎柱)가 움
직이지 않으니 임금께서 찰주의 아래의 사리가 어떠한지 염려하여 신 이간[김위홍]으
로 하여금 임금의 뜻을 받들어 임진년(872) 11월 6일에 여러 신료들을 인솔하여 가보
게 하였다. 오직 찰주만을 들게 하여 그 곳을 보았더니 …….[43] (「황룡사목탑기」 『譯註 韓
國古代金石文』 3, pp.364~375)

872년 7월에 국가적 대공사였던 황룡사9층목탑 공사가 9층까지 마무리된
후 경문왕은 본래 이 탑에 봉안되었던 사리가 궁금하여 이를 점검케 하였다.
그러한 왕의 뜻을 받들어 이간 김위홍이 여러 신료들을 인솔하여 가서 왕명을
수행하였다. 이렇듯 김위홍은 여러 신료를 인솔하는 위치에 있었던 정치적 실
세였던 것이다.

김위홍이 공사의 총책임을 맡은 황룡사9층목탑의 개건에도 정치적 의도가
숨어 있었다. 이에 대해 "경문왕이 황룡사탑이 가진 호국적 의미를 내세워 범
국가적인 결속을 기도하는 한편 자신의 왕권을 신장 및 과시하려는 의도에서
행해진 것"으로 이해한 견해가 있다.[44] 타당한 지적이지만 좀더 부연할 것이
있다. 「황룡사목탑기」의 "과연 삼한을 통합하여 (하나로 만들고), 군신이 안락하여
지금에 이른 것은 이에 힘입은 것이다"[45]라는 구절에서 보면, 이 탑을 평화와

43) "明年七月, 九層畢功. 雖然刹柱不動, 上慮柱本舍利如何, 令臣伊干承旨, 取壬辰年十一月六日,
   率群僚而往. 專令擧柱觀之, ……." 단 이 부분의 해석은 부분적으로 수정하였다.
44) 金昌謙, 「앞의 논문」, 1988, p.72.
45) "果合三韓, 以爲□□, 君臣安樂, 至今賴之." (「황룡사목탑기」)

번영의 시대를 가져다주는 상징물로 인식했음이 짐작된다. 경문왕이 이 탑을 개건한 데에는 9세기 전반 이래 지속되었던 원성왕 후손들 사이의 분열을 종식시켜 군신이 안락한 평화로운 시대의 도래를 바랐던 희원(希願)이 담겨 있었음 직하다. 이에 더하여 그 이면에 본래 이 탑이 건립되었던 선덕여왕 시대에 대한 호의적인 인식이 뒷받침되고 있음에도 유의하고 싶다.[46] 훗날 정강왕 승하에 즈음하여 표면화된 여왕 지배에 대한 긍정적인 평가[47]는 이 탑의 개건공사에서 그 단초가 마련되었을지도 모른다. 김위홍은 이런 발원들이 담긴 대공사를 성공적으로 마무리했던 만큼 그의 정치적 위상도 더욱 높아져 갔을 것으로 생각된다.

시기가 명확하지 않지만, 경문왕대의 김위홍의 활동을 보여주는 또 다른 자료로는 「수철화상비」가 있다. 그러나 이 비는 마멸된 글자가 많고 1714년(숙종 40)의 중건 과정에서 비신의 하단부가 잘려나가는 등 훼손이 심해 자세한 내용은 잘 드러나지 않는다.[48] 그러나 수철화상이 경문왕을 알현하고 팔각당(八角堂)에서 교선(敎禪)의 이동(異同)에 대한 문답을 주고받은 다음 김위홍을 만난 듯

---

46) 이러한 선덕여왕에 대한 호의적인 인식은 최치원이 900년(효공왕 4)에 찬술한 「新羅迦耶山 海印寺善安住院壁記」에도 "옛적 우리 선덕여왕께서는 완연히 길상(吉祥)이 성화(聖化)한 것과 같았으니, 동방의 임금으로 계시면서 서방불교을 경앙(景仰)하셨다(昔我善德女君, 宛若吉 祥聖化, 誕膺東后, 景仰西方)"라 하여 그대로 계승되고 있음을 볼 수 있다(崔英成譯, 『譯註 崔 致遠全集』2, 1999, p.290).

47) "夏五月, 王疾病, 謂侍中俊興曰, 孤之病革矣, 必不復起. 不幸無嗣子, 然妹曼天資明銳, 骨法似 丈夫. 卿等宜倣善德・眞德古事, 立之可也"(『삼국사기』 권11, 정강왕 2년조). 이러한 여왕에 대한 인식은 26년 전인 861년 헌안왕이 사거할 당시의 그것과는 천양지차(天壤之差)가 있다. 이에 대해서는 후술한다.

48) 「수철화상비」의 판독과 해석 및 1714년의 중건 등에 대한 이해는 다음의 논문이 참조된다. 추만호, 「심원사 수철화상 능가보월탑비의 금석학적 분석」, 『역사민속학』1, 1991; 鄭炳三, 「深源寺 秀澈和尙塔碑」, 『譯註 韓國古代金石文』3, 駕洛國史蹟開發研究院, 1992, pp.158~171; 정선종, 「實相 寺 秀澈和尙塔碑의 陰記와 重建에 대하여」, 『불교문화연구』11, 2009, pp.173~200.

한데, 그에 대해서는 "그때 혜성대왕이 왕가를 위해 자신의 덕을 덜어 잘 화합했는데 ……"[49]라 하여 헌신적으로 왕실을 보좌하고 있었다고 표현하고 있을 뿐이다.[50] 하지만 이 간단한 언급에서도 우리는 당시 김위홍이 조정 중신으로서 왕실을 위해 열심히 활동했음을 암시받을 수 있다. 그렇다면 「수철화상비」에 묘사된 김위홍의 근황은 그가 상재상으로 활동할 무렵이 아닌가 한다.

875년 7월 경문왕이 훙거하고 태자 정(晸)이 왕위에 올라 헌강왕이 되었다. 헌강왕은 즉위와 더불어 숙부인 이찬 김위홍을 상대등으로, 대아찬 김예겸(金乂謙)을 시중으로 삼았다.[51] 경문왕 치세에서 병부령 겸 상재상으로서 실질적인 정치 실세였던 김위홍이 드디어 최고 관직인 상대등에 올랐던 것이다.

얼핏 김위홍의 상대등 임명은 그가 병부령 겸 상재상 직을 떠나 상대등으로 승진한 것으로 파악될 수도 있다. 그러나 실은 이간으로 병부령 겸 상재상을 보유한 채 다시 상대등에 취임한 것으로 보아야 한다.[52] 즉 헌강왕 즉위 직후부터 김위홍은 병부령·상대등·상재상이라는 3개 핵심 요직을 겸대하였으며, 이로써 명실상부한 신라의 최고 권력자로 군림하게 되었던 것이다.

헌강왕은 14세 전후의 어린 나이에 왕위에 올랐다.[53] 그럼에도 순조로운 왕위 계승이 가능했던 것은 경문왕의 부촉(附囑)을 받은 낭혜화상과 위홍의 지원에 힘입

---

49) "時惠成大王 爲家德損 於克諧謨 ……"(「수철화상비」).
50) 「수철화상비」의 찬자는 사산비명(四山碑銘)과 같은 최치원으로 추정되는데(추만호, 「앞의 논문」, pp.290~293), 다른 자료와 달리 김위홍의 관등이나 관직에 대한 기록이 빠져있다.
51) 『삼국사기』 권11, 헌강왕 즉위조.
52) 申瀅植, 「新羅의 國家的 成長과 兵部令」『韓國古代史의 新研究』, 일조각, 1984, pp.178~179 에서는 김위홍이 헌강왕 1년부터 진성여왕 2년까지 병부령과 상대등을 겸직한 것으로 보았다. 단 상재상에 대해서는 언급하지 않고 있다.
53) 헌강왕의 즉위시 연령에 대해서는 10대 초반설(권영오, 「신라하대 인물들의 정치 활동과 연령」『지역과 역사』31, 2012, p.146)과 13~14세설(宋銀日, 「앞의 논문」, pp.82~83)이 있는데, 대략 14세 정도로 추측된다.

은 바 컸다.[54] 상황이 이러했음으로 혈연적으로 헌강왕의 숙부였으며, 왕위 즉위의 강력한 후원자였고, 3개의 요직을 겸대한 최고 권력자였던 김위홍은 자연스럽게 헌강왕대 초반의 국정 운영을 주도하게 되었다. 즉위 직후 상중(喪中)에 있던 헌강왕이 낭혜화상에게 정치 자문을 구하자 낭혜가 오늘의 보신(輔臣)으로 3경(卿)이 있음을 환기시킨 바 있는데,[55] 여기서 거론된 3경 중에는 김위홍이 당연히 포함되었을 것이다.[56]

김위홍이 주도한 헌강왕대 초반의 정국운영은 매우 안정적이었으며, 이에 따라 왕도(王都) 경주 역시 평화 속에서 한껏 번영을 구가하게 되었다. 아래의 사료가 이를 잘 보여준다.

F-1. 제49대 헌강대왕 때는 경사(京師)에서 해내(海內)에 이르기까지 집과 담장이 잇닿아 있었고, 초가는 하나도 없었다. 풍악과 노랫소리가 길에 끊이지 않았고, 바람과 비는 사철 순조로웠다. 이때 대왕은 개운포(開雲浦)에 출유(出遊)하였다. (『삼국유사』 권2, 기이2, 處容郎望海寺조)

F-2. (880년: 헌강왕 6) 9월 9일에 왕이 좌우의 신하들과 함께 월상루(月上樓)에 올라가 사방을 둘러보았더니, 서울 백성들의 집들이 서로 이어져 있고 노래와 음악소리가 끊이지 않았다. 왕이 시중(侍中) 민공(敏恭)을 돌아보고, "내가 들으니 지금 민간에서는 기와로 지붕을 덮고 짚으로 잇지 않으며, 숯으로 밥을 짓고 나무를 쓰지 않는다고 하니 사실인가?"라고 물었다. 민공이 대답하기를 "신도 역시 일찍이 그와 같이 들

---

54) 宋銀日, 「앞의 논문」, pp.82~93.
55) "乾符三年春, 先大王不預. …… 旣踰月, 獻康大王居翌室. 泣命王孫勛榮諭旨, 日 孤幼遭閔凶, 未能知政, 致君奉佛言甫濟海人, 與獨善其身, 不同言也. 幸大師無遠適所, 唯所擇. 對曰 古之師則六籍在, 今之輔則三卿在, 老山僧何爲者, 坐蝗蠹桂玉哉. 就有三言, 庸可留獻, 日 能官人"(「낭혜화상비」).
56) 宋銀日, 「앞의 논문」, pp.90~92; 권영오, 「앞의 논문」(2012), p.146.

었습니다" 라고 말하고, 이어 아뢰기를 "임금께서 즉위하신 이래 음양이 조화롭고 비와 바람이 순조로워 해마다 풍년이 들어 백성들은 먹을 것이 넉넉하고, 변경도 평온하니 민간에서 즐거워하고 있습니다. 이것은 성덕의 소치입니다"라고 하였다. 왕이 기뻐하며 말하기를 "이는 경들이 도와준 결과이지 짐이 무슨 덕이 있겠는가?"라고 하였다.(『삼국사기』 권11, 헌강왕 6년조)

F-3. 또 사절유택(四節遊宅)이 있었다. 봄에는 동야택(東野宅), 여름에는 곡량택(谷良宅), 가을에는 구지택(仇知宅), 겨울에는 가이택(加伊宅)이다. 제49대 헌강대왕 때에는 성 안에 초가가 하나도 없었고, 집의 처마가 서로 닿고 담장이 이어져 있었으며, 노래와 피리소리가 길에 가득차서 밤낮으로 끊이지 않았다.(『삼국유사』 권1, 기이2, 又四節遊宅조)

F-1은 『삼국사기』의 기사와 대비할 때 878년(헌강왕 5)에 비정되며,[57] F-2는 그 이듬해의 왕도의 모습을 전하는 것이다. F-3의 정확한 연대는 미상이나 F-1과 묘사된 모습이 거의 같으므로 같은 시기의 상황으로 볼 수 있다. 세 사료 모두 왕경의 번영과 귀족들의 호사스러운 생활상의 일 단면을 잘 보여주고 있다. 그런데 이러한 번영은 한 순간에 이루어지는 것이 아니다. 상당한 기간 동안 안정과 평화가 누적되어 온 결과물이다. F-2에서 시중 민공이 왕도의 번영을 헌강왕이 즉위한 이래의 성덕(聖德)의 소치라고 말하고 있는 것도 이를 염두에 둔 발언으로 볼 수 있다.

이와 같이 878~879년에 확인되는 신라의 안정과 번영은 바로 김위홍이 정국운영을 주도하던 시기를 거치면서 이루어진 것이었다. 그런데 헌강왕 6년의 월상루 모임에 그러한 번영을 가져다 준 핵심인물인 김위홍의 모습이 보이지

---

57) "(憲康王) 五年 三月 巡幸國東州郡. 有不知所從來四人, 詣駕前歌舞, 形容可駭, 衣巾詭異. 時人謂之山海精靈"(『삼국사기』 권11, 헌강왕 5년조).

않아(F-2 참조) 이상한 느낌을 준다. 그의 정치적 위상에 모종의 변화가 있었기 때문은 아닌지 충분히 의심해 볼 만하다.

잠시 사료상의 김위홍의 활동을 정리한 앞의 <표 1>을 다시 보기로 하자. 현존 사료에서는, 근래 발견된 883년(헌강왕 9)의 비로자나불상 묵서명을 제외하면, 875년(헌강왕 1)의 상대등 취임 기사 이후 그의 사망 기사가 보이는 888년(진성여왕 2)까지 13년간 어떤 기록도 찾을 수 없다. 관련 기사의 누락으로 볼 여지가 전혀 없는 것은 아니지만, 김위홍이 보유한 관직이나 정치적 위상 등을 고려하면 이례적이라 하지 않을 수 없다.

그런데 김위홍이 실제로 국왕을 비롯한 정국운영의 주도인물로부터 정치적으로 소외당하고 있음을 잘 보여주는 사료가 있다. 최치원이 찬술한 「결화엄경사회원문(結華嚴經社會願文)」[58]이 그것이다. 이 글은 886년 7월 5일에 헌강왕이 승하하고 뒤를 이어 정강왕이 왕위에 오른 뒤, 헌강왕의 명복을 빌기 위하여 왕과 조정의 핵심 인물들이 참여하여 화엄경을 강설하는 결사를 조직하면서 작성된 것이다. 여기에는 화엄결사에 직·간접적으로 참여했던 여러 인물들이 보이는데, 그 부분만을 뽑아 보이면 아래와 같다.

G-1. 병오년(886) 7월 5일에 헌강대왕(憲康大王)이 승하하심에 재상[台庭]의 중후한 덕망을 지닌 분들과 종실의 훌륭한 친척[懿親]들이 서로 함께 명복을 받들고자 화

---

58) 이글의 제목은 수록 문헌마다 조금씩 차이가 있다. 『佛國寺古今創記』에는 「羅朝上宰國戚大臣等奉爲獻康大王結華嚴經社願文」, 목판본과 필사본의 2종류의 『華嚴寺事蹟』에는 「崔致遠所撰奉爲憲康大王結華嚴經社會願文」, 『圓宗文類』에는 단지 「華嚴經社會願文」이라고만 하였다. 『崔文昌侯全集』은 『佛國寺古今創記』의 제목을 따랐고, 崔英成譯, 『앞의 책』1, p.223에서는 『원종문류』를 따르고 있다. 필자는 「結華嚴經社願文」이 원래의 제목일 가능성이 높다고 본다(李文基, 「崔致遠 撰 9세기 후반 佛國寺 關聯資料의 檢討」『新羅文化』26, 2005, pp.227~228; 본서 제Ⅱ부 제1장).

엄경(華嚴經) 2부를 이룩한 뒤, 장차 묘원(妙願)을 아뢰고자 이에 이 글을 짓습니다.(「結華嚴經社會願文」『譯註 崔致遠全集』2(崔英成), pp.223~234)

G-2. 성상(정강왕)께서는 후계자[當璧]의 아름다운 징조를 얻어 보위(寶位)를 이어받으셨으나, 형님에 대한 그리움[陟岡]이 사무쳐 슬픈 정회(情懷)를 억누르기 어려웠습니다. 그리하여 그 은혜를 갚음에 있어서는 도연(道緣)을 맺는 것 만한 것이 없고, 명복을 비는 일에 있어서는 법회를 일으키는 것 만한 것이 없다고 여기시어, 드디어 별대덕(別大德) 현준(賢俊)에게 화엄경을 강설(講說)하도록 하셨습니다.(위와 같음)

G-3. 이때 상재(上宰)인 서발한(舒發韓) 김림보(金林甫) 공(公)과 왕실의 친척[國戚]으로 중신인 소판(蘇判) 김일(金一)과 김순헌(金順憲) 등이 있었습니다. 어떤 이는 값이 갑절인 황금[兼金]처럼 상서로운 색깔이 빛나는 인재이기도 하고, 또 어떤 이는 반석(盤石)과 같은 가문의 귀족으로서 조정[廊廟]의 보배임이 높이 드러난 동량(棟樑)의 그릇을 깊이 간직한 이들이었습니다. 그런데 무성하게 우거진 (헌강왕)릉을 올려 보며 눈물을 흘리고 불교[梵域]를 향해 마음을 기울였으며, 길이 선왕의 자애로움[天慈]를 사모하여 함께 화엄해회(華嚴海會)를 따랐습니다.(위와 같음)

G-4. 드디어 의희본(義熙本) 화엄경을 베껴 쓰고, 또 국통(國統)과 승록(僧錄) 등이 있어 정원 12년(796)에 새로 번역된 화엄경[貞元新經]을 베껴 썼습니다. 북궁장공주(北宮長公主; 후일의 진성여왕)가 이 말을 듣고 이에 청정(淸淨)한 재물을 희사하여, 표구와 두루마리를 잘 꾸미는데 필요한 비용으로 삼으셨습니다.(위와 같음)

이 화엄경사회(華嚴經社會)는 신왕 정강왕의 발의에 의해 열린 헌강왕 추모 법회에서 별대덕 현준(賢俊)이 결사의 구성을 제안함에 따라 시작되었다(G-2). 이 글의 찬자 최치원의 친형이기도 한 현준은 지난 태화(太和) 연간(827~835)에 제45대 민애왕의 어머니인 선의왕후(宣懿王后)를 추복하기 위해 균량(均諒)이 승속의 무리를 모아 봄·가을로 모여 화엄경을 사경(寫經)하고 강설(講說)하는 결

사를 만들었던 사례를 들어 같은 성격의 화엄경사회를 만들 것을 정강왕에게
권유하였던 것이다. 이렇게 구성된 모임에는 정강왕은 물론 재상과 종친들이
참여하였으며(G-1·3), 북궁장공주 만(曼)은 새로 사경한 화엄경을 표구하는 비
용을 부담하는 방식으로 여기에 동참하였다(G-4).

이 자료에서 우리가 각별히 주목할 것은 두 가지이다. 하나는 당시 왕실의
주요 구성원과 중신들이 대거 참여한 모임에 김위홍이 보이지 않는 사실이고,
다른 하나는 상재상(=상재)이 김위홍이 아니라 김림보로 명기되어 있는 점이다.
이 두 가지 사실은 서로 깊은 관련이 있었다.

앞에서 언급했듯이 김위홍은 875년 헌강왕의 즉위와 더불어 병부령·상대
등·상재상을 겸직하면서 최고의 권력자로 국정운영을 주도해 왔다. 그런데 위의
자료에는 늦어도 886~887년에는 그가 상재상 직에서 물러났으며 대신 서발한(이
벌찬) 김림보가 그 자리를 물려받아 재임하고 있음이 확인되는 것이다. 신라의 재
상제도에서 상재상의 정원이 1명이었음을 고려하면[59] 886~887년 이전에 상재
상이 김위홍에서 김림보로 교체되었음을 알 수 있다. 이를 화엄경사회에의 불참
사실과 결부시켜 보면 이때 이미 김위홍의 정치적 위상에 모종의 변화가 일어났
음을 간파할 수 있다.

물론 상재상에서 물러났다고 하더라도 김위홍이 정치적으로 완전히 실각했
다고 단정할 수는 없다. 그는 888년 사망할 때까지 상대등과 병부령 직을 계속
보유했던 것으로 여겨지기 때문이다.[60] 그럼에도 불구하고 그가 종래와 같은

---

59) 木村誠,「新羅の宰相制度」『人文學報』118, 1977;『古代朝鮮の國家と社會』, 吉川弘文館, 2004,
   pp.251~253 참조. 단 그는 김림보가 상재였던 시기를 883년(헌강왕 9)으로 보고 있다.
60) 일단 김위홍 이후의 상대등 임명 기록이 898년(효공왕 2)에 이르러서야 비로소 확인되는 점
   에서 김위홍은 사망할 때까지 상대등이었을 가능성이 크다고 본다. 이에 대해 이기백은 정강
   왕으로부터 효공왕 2년까지 시기의 상대등을 미상으로 처리하는 신중함을 보여주고 있다(李
   基白,「上大等考」『新羅 政治社會史 硏究』, 一潮閣, 1974, p.113의 <표 다> 참조). 한편 필자는

최고 권력자로서의 위상은 더 이상 유지하지 못했던 것으로 보인다. 정치적으로 완전히 실세했다고 보기는 어렵지만, 어떻든 정치 일선과는 일정한 거리가 있는 이른바 정치적 소외 상태에 놓여있었음은 분명하다. 이것이 헌강왕을 추모하는 화엄경사회에 김위홍이 불참한 이유이기도 했다.

이와 같은 886~887년 무렵의 사정에 비추어 볼 때, 헌강왕과 좌우 근신들이 참석한 월상루에서 열린 중구일(重九日; 重陽節) 연회(앞의 사료 F-2 참조)에 김위홍이 모습을 드러내지 않은 것도 그의 정치적 소외와 관련이 있는 것으로 보인다. 월상루는

> H. (경문왕 11년) 봄 정월에 왕이 유사에게 명하여 황룡사탑을 고쳐 만들게 하고, 2월에 월상루(月上樓)를 중수하였다.(『삼국사기』권11, 경문왕 11년조)

에서 보듯이 황룡사9층목탑의 개수와 함께 중수가 이루어진 궐내의 누각이었다. 공사 시기를 보면 이 월상루 중수 공사의 책임자도 김위홍이었을 가능성이 크다. 월상루는 김위홍과 각별한 인연을 가진 장소로 보이는 것이다. 이런 의미 있는 장소인 월상루에서 헌강왕이 좌우 근신과 더불어 열었던 중구일[61] 잔치에 김위홍이 빠진 것은 그의 정치적 소외 상태를 고려하지 않고는 설명이 불가능하다.

김위홍의 정치적 소외는 헌강왕이 장성하여 친히 국정 운영에 간여하기 시

김위홍이 상재상 퇴임과 더불어 상대등에서도 물러났을 것으로 추측한 바 있었는데(李文基, 「앞의 논문」, 2005, p.254), 잘못이므로 이를 정정한다.

61) 중국에서 유래한 세시 명절의 하나인 중구일(중양절)에는 국화주를 마시며 높은 곳에 오르는 등고(登高)의 풍속이 있었다고 한다(張籌根, 『韓國의 歲時風俗』, 螢雪出版社, 1984 참조). 『삼국유사』권2, 기이2, 경덕왕 충담사 표훈대덕조에는 충담사가 중구일에 남산 삼화령 미륵세존에게 차를 다려 공양했다는 일화가 전한다.

작한 것과 무관하지 않았다.[62] 878년(헌강왕 4) 당 희종으로부터 책봉을 받은 이후[63] 이듬해의 국학에의 행차, 동쪽 주군의 순행, 준례문(遵禮門)에서의 관사(觀射), 혈성원(穴城原)에서의 전렵(田獵)[64] 등에서 볼 수 있는 헌강왕의 행보는 이제 자신이 국정운영을 주도하고 있음을 내외에 과시하는 것에 다름 아니었다.[65] 이에 따라 김위홍은 점차 정치적 실세의 위치에서 밀려나 국정운영에서도 발언권이 약화되어 갔을 것이다. 상재상 퇴임은 그의 이런 처지를 대변하는 것으로 볼 수 있다.

상재상 퇴임으로 상징되는 김위홍에 대한 정치적 소외가 시작된 시점과 관련하여 다음의 사료가 주목된다.

I. (헌강왕 6년) 봄 2월에 태백성(太白星)[금성(金星)]이 달을 침범하였다. 시중 예겸(乂謙)이 관직에서 물러나고 이찬 민공(敏恭)을 시중으로 삼았다.(『삼국사기』 권11, 헌강왕 6년조)

위에서 보듯이 881년(헌강왕 6) 헌강왕은 시중을 예겸에서 민공으로 교체하였다. 김예겸은 헌강왕 즉위 직후 김위홍의 상대등 임명과 더불어 시중에 임명된 인물이었다.[66] 임명 당시 헌강왕은 상중에 있었고 김위홍이 정치 운영의 실권을 쥐고 있었음을 감안하면 예겸의 시중 취임은 김위홍의 의도에 의한 것

---

62) 宋銀日, 「앞의 논문」, pp.95~106.
63) 『삼국사기』 권11, 헌강왕 4년조.
64) 『삼국사기』 권11, 헌강왕 5년조.
65) 宋銀日, 「앞의 논문」, pp.95~106. 단 그는 이를 헌강왕의 '친정체제 구축'으로 풀이하고 있는데 따르기가 주저된다. 그 이전에 김위홍이 국정운영을 주도하던 시기에도 김위홍은 공식적으로 섭정의 자리에 취임한 적이 없었다. 당시에도 헌강왕은 국정운영에 적극 개입하지 않았을뿐 즉위 이후 계속 친정을 해왔기 때문이다.
66) 『삼국사기』 권11, 헌강왕 즉위조.

으로 파악함이 옳다. 아마 그는 김위홍의 우익(羽翼) 중의 한 사람이었을 것이다.[67] 이에 김예겸의 시중 퇴임은 김위홍의 동향과도 일정하게 관련되어 있었을 것으로 본다.

그런데 사료 I에는 시중 교체 직전에 태백성이 달을 침범하는[太白犯月] 현상이 일어났다고 하고 있다. '태백범월'이라는 성변(星變)은 『사기』 천관서에는 장군이 주별되는 징조로 나타나고, 『후한서』 천문지에는 대장이 살육당하거나 군주가 죽게 될 것임을 예언하는 흉조로 기록되어 있다.[68] 또 태백성은 재상이나 대장군 등 고위 인물의 상징으로서[69] 그것이 달을 침범하는 현상은 곧 높은 관직의 신하가 국왕에 대해 도전적인 행동을 하게 될 예시(豫示)로 받아들여졌다. 그렇다면 I의 '태백범월'도 상대등 김위홍이나 시중 김예겸 등의 고위 관직자가 헌강왕에 대해 도전하려는 기미가 있음을 예시하는 성변으로 풀이되었을 수 있겠다. 하긴 헌강왕의 정국 주도에 따라 입지가 위축되어 갔던 상대등 김위홍과 시중 예겸이 여러 가지 불만을 품었음직하다.

예겸의 시중 직 교체는 여기에서 말미암은 것으로 여겨진다. 그와 더불어 헌강왕은 예겸과 밀접한 관계에 있었던 상대등 위홍에게도 일정한 제재를 가했을 것이다. 그러나 왕의 숙부로서 병부령·상대등·상재상을 겸하며 최고의 권력을 행사해왔던 위홍에 대하여 심한 처벌은 불가능했을 것으로 보인다. 이에 외형적으로는 상재상 직만을 박탈하고 상대등과 병부령 직을 유지하게 하면서도 실제로는 정국 운영과 일정한 거리를 두게 하는 견제 조치를 취했던 것

---

67) 이에 대해 전기웅, 『新羅의 멸망과 景文王家』, 혜안, 2010, pp.116~120 및 pp.200~201에서는 김예겸(金乂謙)을 김위홍과 대립·갈등 관계에 있었던 인물로 파악하고 있다. 그러나 이는 그의 시중 임명 시의 김위홍의 정치적 위상이나 헌강왕 중후반에서 정강왕대에 걸치는 김위홍의 정치적 소외 상황을 간과한 데서 나온 무리한 추론으로 생각된다.

68) 李熙德, 『韓國古代 自然觀과 王道政治』, 혜안, 1999, p.180 및 pp.323~327.

69) 장정해, 「韓中 正史에 나타난 太白星 출현의 의미」『中國文化研究』8, 2006, pp.117~118.

이 아닌가 한다. 이상에서 논급한 바와 같이 김위홍의 정치적 소외는 881년(헌강왕 6)부터 시작되었다고 할 수 있다.

이와 관련하여 김위홍이 소지했던 관등에 대하여 약간의 첨언(添言)이 필요할 듯싶다. 앞의 <표 1>에 보듯이 그가 소지했던 관등으로는 3등급 잡간·2등급 이찬·1등급 각간 그리고 대각간이 확인된다. 그렇지만 사료상 어떤 인물의 관등에 대한 기록은 정확성이 결여된 경우가 흔히 발견되어[70] 그 신뢰성은 약하다고 할 수 있다. 그럼에도 불구하고 김위홍의 관등이 잡간·각간·대각간이었다는 기록이 남은 것은 정확한 시기는 알 수 없지만 그가 실제로 이들을 소지한 적이 있었기 때문으로 보아야 한다. 여기서 유추하면 875년 이찬으로 상대등이 되었던 김위홍은 상대등에 재임하면서 각간에 올랐을 것이다. 그리고 881년 헌강왕은 그를 정국운영에 한 걸음 물러나게 하는 조치를 취하면서, 예우 차원에서 실권과는 거리가 있는 비상 관등인 대각간으로 승진시켰다고 본다. 헌강왕의 숙부인 김위홍에 대한 작은 배려가 아닐까 싶다.

정치적 소외가 시작된 881년 이후 모습이 보이지 않던 김위홍의 활동이 다시 기록에 등장하는 것은 진성여왕이 즉위하고부터이다.

J-1. (진성여왕 2년; 888) 왕은 평소 각간 위홍과 더불어 정을 통해 왔는데, 이때 이르러서는 늘 궁궐에 들어와 일을 마음대로 처리하였다. 이에 그에게 명하여 대구화상(大矩和尙)과 함께 향가를 모아 편찬하도록 하였는데, 그 책을 일러 삼대목(三代目)이라 하였다. 위홍이 죽자 혜성대왕으로 추존하였다.(『삼국사기』 권11, 진성왕 2년조)

J-2. 제51대 진성여왕이 나라를 다스린지 몇 해만에 유모인 부호부인(鳧好夫人)과 그의 남편 위홍 잡간 등 서너 명의 총신이 권세를 오로지하며 정사를 뒤흔드니 도적이

---

70) 대표적으로 『삼국유사』 진성여대왕 거타지조에서 진성여왕 치세에 권력을 휘두를 당시의 김위홍의 관등을 잡간(匝干)으로 기록하고 있는 예(J-2)를 들 수 있다.

벌떼 같이 일어났다.(『삼국유사』 권2, 기이2, 眞聖女大王 居陁知조)

　사료 J에서 보듯이 김위홍은 진성여왕이 즉위하고부터 사망하는 888년까지 정국 운영을 주도하는 최고의 권력자였다. 그가 정치적으로 재기에 성공했음을 알 수 있다. 당시의 관등을 위에서는 각간 혹은 잡간으로 기록하고 있지만 사실은 대각간으로서 상대등과 병부령을 겸직하고 있었던 것으로 보인다.

　이러한 성공적인 재기는 여성인 김만을 진성여왕으로 옹립한 공로에 의한 것임을 부정하는 논자는 없다. 말하자면 김위홍은 진성여왕의 옹립에 핵심적 역할을 수행하여 진성여왕이 즉위하게 되면서, 십여년 동안의 정치적 소외에서 벗어나 다시 최고의 권력자로 복귀하게 되었던 것이다. 그러나 신라 정계 최고의 권력자로서의 지위도 그가 888년(진성여왕 2)에 사망함으로서 끝나게 되었다.

2) 불상 조성의 배경과 의미

　앞 절에서 정리한 김위홍의 정치적 부침 과정을 통해 우리는 김위홍 부처가 하필 883년의 시점에 해인사에 비로자나불상을 조성·봉안하게 되었는가 라는 의문을 해명할 수 있는 실마리를 얻게 되었다. 먼저 왜 883년인가라는 불상의 조성 시점에 대한 의문부터 살펴보기로 한다.

　883년(헌강왕 9)이라면 880년(헌강왕6)부터 김위홍이 정치적으로 소외당하기 시작한 후 3년이 흐른 시점으로, 여전히 같은 상황이 이어지고 있었던 시기였다. 헌강왕의 국정운영에 대한 주도권이 날로 강화되어 갔기 때문이다. 그런 만큼 김위홍은 소외 상태에서 벗어나 정치적인 재기를 모색하고 있었음이 틀림없다. 이러한 실의의 나날 속에서 그는 재기의 소망을 담은 비로자나불상을 조성하게 되었던 것으로 생각된다.

이러한 김위홍의 소망은 이 불상의 서원문에도 반영된 것으로 보인다. 앞에서 누차 언급했듯이 김위홍 부처는 자신들이 '등신(燈身)'에 이르기를 서원하였다. 이 '등신'이라는 용어는 불경에서도 그 용례가 쉽게 발견되지 않는 드물게 사용되는 용어로서,[71] 진의를 파악하기가 쉽지 않다. 남풍현은 비로자나부처의 법력으로 얻을 수 있는 능력으로서 '어리석음을 없애는 지혜의 빛을 발하는 본체' 또는 '세상을 밝게 비추는 본체'라는 해석을 내놓은 바 있고,[72] 필자는 이를 다시 종합하여 '지혜의 빛으로 세상을 밝히는 몸'으로 풀이하였다.[73] 이러한 해석은 실은 비로자나불을 염두에 둔 불교적인 해석이라고 할 수 있다.

그러나 883년 당시 김위홍 부처가 처해 있던 정치적 상황에서 보면, '등신'이라는 드문 용어 속에 자신들의 현실적인 소망을 담았음직하다. 그들은 자신들이 조성·봉안한 비로자나불상의 법력에 힘입어 지혜의 빛으로 세상을 밝게 비추는 존재가 될 수 있기를 바랐다. 이를 세속적 혹은 현실적인 견지에서 해석해 보면 신라 사회를 지혜의 빛으로 밝히는, 달리 말해 지혜로서 신라 사회를 이끌어가는 중심적 존재가 되기를 바란 것으로 이해될 수 있을 것이다. 여기서 우리는 김위홍의 정치적 재기에 대한 강렬한 소망을 짐작할 수 있다. 이에 883년이라는 시점에 김위홍이 이 불상을 조성하게 된 것은, 당시 스스로 겪고 있었던 정치적 소외에서 벗어나 다시 정치계의 핵심으로 복귀하고 싶은 강

---

71) 남풍현은 『진본화엄경(晋本華嚴經)』 권55에서의 용례 하나를 찾은 바 있고(남풍현, 「중화 삼년에 조성한 해인사 불상의 내면 묵서 해독」, 『발표자료집 9세기 해인사 비로자나불의 역사성과 해인사』, 법보종찰 해인사, 2005, p.59; 박혜인, 「신라 헌강왕대 해인사 비로자나불의 조성과 김유신의 상징화」, (동아대대학원 석사학위논문), 2010, p.15에서는 『대방광불화엄경(大方廣佛華嚴經)』의 용례 하나를 소개하였다.

72) 남풍현, 「앞의 발표문」, pp.59~60.

73) 李文基, 「앞의 논문」(2015) ; 본서 제Ⅱ부 제2장 참조.

한 소망을 가졌던 시기였기 때문이라고 할 수 있겠다.

그러면 김위홍 부처는 이 불상을 왜 해인사에 조성·봉안하게 되었을까. 그것은 883년 이전에 이미 해인사와 깊은 관련을 맺고 있었기 때문임은 재언할 필요가 없다. 앞에서 잠시 언급했듯이 해인사는 885년까지 북궁해인수로 불릴 정도로 북궁장공주 김만의 후원을 받고 있었고, 또 김만은 어릴 적부터 김위홍 부처의 보호를 받아 온 관계였다. 이러한 해인사-김만-김위홍 부처의 관계가 해인사를 불상 조성의 장소로 선택한 첫 번째 이유가 될 것이다.

한편 김위홍 부처는 김만을 통한 간접적인 관계만이 아니라 해인사와 직접적인 관계를 맺기도 했다.

> K. 거기서 수(藪)라고 칭한 것은 곧 절[叢林]을 이르는 것이다. 을사년(885; 헌강왕 11) 이전에는 단지 북궁해인수(北宮海印藪)라고 칭하다가 경술년(890; 진성여왕 4) 이후에 처음으로 혜성대왕원당(惠成大王願堂)이라 칭한 것은 대개 각간 위홍이 무신년 2월(실은 진성여왕 2년이다)에 죽으니 여왕이 위홍을 생각하고 사사로이 총애하여 혜성대왕으로 추봉하였기 때문이다. 곧 여기서 말하는 혜성대왕은 바로 위홍임을 의심할 바 없고 강화부인(康和夫人) 또한 반드시 위홍의 아내일 것이다.(「書海印寺田券後」「梅溪集」권4)

사료 K를 보면 조위가 강화부인이라는 여인을 김위홍의 처로 단정했음을 알 수 있다. 이에 대해서는 반대하는 주장도 나와 있지만,[74] 조위가 그렇게 판단할만한 어떤 근거가 있었던 것이 아닐까 싶다. 전권 자체가 멸실되어 확인은

---

74) 하일식, 「해인사전권(海印寺田券)과 묘길상탑기(妙吉祥塔記)」『역사와 현실』24, 1997, pp.21~22; 김상현, 「앞의 논문」, p.242. 이들은 강화부인을 위홍의 처가 아니라, 해인사에 토지를 기진한 왕족 또는 귀족의 부인으로 보고 있다.

불가능하지만,[75] 예를 들어 강화부인이 김위홍과 하나의 전권에 나란히 기재되어 있는 등 분명히 어떤 근거가 있었을 것이다. 강화부인은 위홍의 처인 부호부인의 다른 이름일 가능성이 크다고 본다.[76]

위홍의 처 강화부인이 전권에 기록된 것도 전장(田庄)의 매매와 관련이 있었기 때문일 것이다. 전권 속의 북궁해인수나 혜성대왕원당이 매입의 주체로서 표기된 것이라는 지적[77]은 타당하다. 그렇다면 이를 제외한 인물들은 매도와 관계된 자로 볼 수 있다. 강화부인 역시 해인사에 토지를 매도한 사람으로서 전권에 기록되었을 것이다. 다만 해인사 전권에 기록된 전장의 매매는 실상 매매의 형식을 빈 사실상의 기진이었다.[78] 그렇다면 위홍의 처 강화부인은 해인사에 전장을 기진할 정도로 후원자의 하나로 해인사와 직접 관계를 맺고 있었다고 할 수 있다. 이러한 김위홍 부처와 해인사와의 직접적인 관계가 불상 조성의 장소로 해인사를 선택한 또 다른 이유가 될 것이다.

그러면 김위홍 부처는 언제부터 해인사와 관계를 맺었던 것일까? 이점이 분명해져야 883년의 불상 조성이 가능했음이 더욱 확실해질 수 있을 것이다. 이 문제는 북궁 혹은 북궁장공주가 언제부터 해인사를 후원하며 관계를 맺었는가에 대한 해명을 통해 해답을 얻을 수 있다.

사료 K에서 우리는 885년(헌강왕 11)까지 해인사가 북궁해인수로도 불렸음을 확인할 수 있다. 그러면 언제부터 해인사가 북궁해인수라는 칭호를 갖게 되

---

75) 조위는 「서해인사전권후」를 '우사십삼폭(右四十三幅)'으로 시작하고 있는데, 이는 원래 이 글을 작성할 때는 글을 시작하기에 앞서 43폭의 전권의 내용을 옮겨 적었음을 시사한다. 그러나 안타깝게도 전권을 옮겨 적은 부분은 후손들이 『매계집』을 편찬하는 과정에서 삭제된 것으로 보인다.

76) 사료에서 신라 여인들은 한 사람이 이름을 달리하여 기록되어 있는 사례가 드물지 않다.

77) 하일식, 「앞의 논문」, pp.21~22.

78) 하일식, 「앞의 논문」, p.22.

었을까가 의문인데, 이런 칭호가 사용되려면 최소한 두 가지 조건이 충족될 필요가 있었다. 하나는 김만이 북궁장공주라는 호칭을 가져야 하며, 다른 하나는 그가 해인사에 많은 물적 지원을 하는 후원자가 되어야 한다는 것이다.

경문왕의 공주였던 김만[79]이 북궁장공주라는 칭호를 갖게 되는 것은, '장공주(長公主)'라는 칭호에 유의하면[80] 일단 오빠인 헌강왕이 즉위한 이후로 볼 수 있다. 그리고 김만이 원래 거주해 왔던 월성의 대궁(大宮)을 떠나 북궁으로 이거(移居)한 이후여야 한다. 즉 헌강왕이 즉위하고 북궁으로 이거한 이후에라야 김만은 북궁장공주라는 칭호를 가질 수 있는 것이다.

이를 고려하면 김만이 북궁장공주라는 칭호를 갖게 된 시기는 빠르면 헌강왕 즉위년인 875년에 비정해 볼 수 있다.[81] 그리고 그때부터 해인사를 후원하기 시작했다면 875년부터 해인사가 북궁해인수로 칭해졌을 수도 있다. 그러나 당시의 김만은 아무리 많아도 10세 정도에 불과한 어린 소녀였다. 따라서 그 나이에 대궁을 떠나 북궁으로 이거했다고 보기 어려울 뿐 아니라, 북궁이라는 이름을 내걸고 해인사를 후원했다고 생각할 수도 없다. 그러므로 북궁장공주나 북궁해인수라는 이름은 아무래도 그보다 늦게 사용되었을 것으로 여겨진다.

북궁해인수라는 명칭이 등장한 시기로는 878년(헌강왕 4)이 주목된다. 878년은 조위가 보았던 43폭의 해인사 전권 중에서 최초의 전권이 작성된 시기였

---

79) 868년(경문왕 8)에 기록된 「開仙寺石燈記」에는 석등의 건립을 바랐던 인물로 경문대왕주(景文大王主)·문의황후주(文懿皇后主)·대낭주(大娘主) 등 3인이 기록되어 있는데, 여기에 보이는 '대낭(大娘)'을 보통 경문왕의 큰 딸 김만 공주에 비정하고 있다.

80) 장공주는 왕의 누이나 누이동생의 칭호이다.

81) 제37대 선덕왕의 왕후였던 구족왕후(具足王后)는 선덕왕이 죽고 신왕인 원성왕(元聖王)이 즉위한 지 2개월만인 785년(원성왕 1) 3월에 출궁(出宮)되고 있어("三月 出前妃具足王后於外宮, 賜租三萬四千石"「『삼국사기』 권10, 원성왕 즉위년조), 김만의 이궁(移宮)도 이에 준하여 생각해 볼 여지는 있다.

다.[82] 물론 조위는 언제부터 북궁해인수가 사용되었는지를 밝히지는 않았지만, 그가 본 878년부터 885년까지 작성된 전권에는 대부분 해인사가 북궁해인수로 기록되어 있었던 것이 아닌가 싶다.

해인사는 878년부터 북궁 또는 북궁장공주 김만의 적극적인 후원을 받아 전장을 대거 매입하였던 것으로 보인다. 그래서 거래에서 작성된 전권에 북궁해인수라는 명칭을 쓰게 되었을 것이다. 그 중의 일부가 대규모 중수공사가 행해진 1490년까지 610여년이 흐른 후에도 해인사 비로전의 도리 결구(結構)속에 숨겨져 있었던 셈이다.[83] 878년 이래 해인사를 후원할 수 있었던 북궁장공주의 경제적 기반은 김만의 북궁 이거에 따른 왕실의 배려를 통해 마련되었을 것이다. 785년 새로 즉위한 원성왕은 전왕 선덕왕의 왕비 구족왕후를 외궁(外宮)으로 내보내면서 조 34,000석을 내린 사실이 참조된다.[84]

이와 같이 북궁장공주 김만이 해인사를 적극 후원하기 시작하여 해인사가 북궁해인수로도 불리기 시작했던 시기는 878년 이후로 비정할 수 있다. 다만 이때부터 북궁장공주 김만의 해인사에 대한 후원이 시작되었다고 하면 당시에도 그는 13세에 불과한 소녀였다는 점을 기억할 필요가 있다. 그 나이에 그가 직접 전장을 직접 매입하거나 기진을 받는 등 후원자로서 활동했다고 볼 수는 없기 때문이다. 북궁장공주의 배후에 숨은 조력자가 있었음이 틀림없고, 그러한 조력자로서는 김만의 숙부이자 유모였던 김위홍 부처를 떠올릴 수밖에 없다.

---

82) 조위는 "其自乾符戊戌至于今六百一十餘年, 人世之興亡離合幾許變遷, 而獨此斷簡故紙, 宛然尙存於兵火蟲蠹之餘, 豈不爲可感耶(「書海印寺田券後」『梅溪集』권4)"라 하여 乾符 戊戌년 (878; 헌강왕 4)에 작성된 전권이 있었으며, 그것이 가장 이른 시기의 것이었음을 시사하고 있다(李弘稙,「羅末의 戰亂과 緇軍」『韓國古代史의 硏究』, 新丘文化社, 1971, p.553).

83) "右四十三幅. 庚戌春, 學祖和尙承懿旨, 重創毘盧殿, 都料匠朴仲石得之樑楣結構中, 乃本寺買田庄券也. …… 其自乾符戊戌至于今六百一十餘年, 人世之興亡離合幾許變遷, 而獨此斷簡故紙, 宛然尙存於兵火蟲蠹之餘, 豈不爲可感耶"(曺偉,「書海印寺田券後」『梅溪集』권4).

84) 『삼국사기』권10, 원성왕 즉위조.

이렇듯 어린 시절부터 김만의 보호자였던 김위홍 부처는 북궁장공주를 매개로 하여 늦어도 878년부터는 해인사와 직간접적으로 깊은 관계를 갖게 되었다. 이러한 해인사와의 인연에 의해 김위홍 부처는 883년에 자신들의 서원을 담은 목조 비로자나불상 1구를 해인사에 조성·봉안하게 되었던 것이다.

883년 김위홍 부처의 서원을 담아 조성된 비로자나불상은 화엄종 사찰인 해인사 본전[비로전]의 주존불로 봉안되었을 가능성이 있다. 명확한 증거를 제시할 수는 없지만 다음과 같은 강우방의 견해는 시사하는 바가 있다. 그는 이 법보전 비로자나불상과 '쌍둥이 부처'라고도 불렸던 대적광전 목조 비로자나불상을 조형양식상 800년경에 제작된 것으로 보면서, 해인사 창건 당시의 주존불로 봉안되었을 가능성을 언급하였다.[85] 물론 이 견해는 두 불상에 대한 과학적 목재분석 결과 대적광전 불상이 법보전의 그것보다 오히려 150~200년 정도 늦게 조성된 것으로 밝혀지면서[86] 설득력을 잃게 되었지만, 비로자나불상이 주존불로 봉안되었을 가능성에 대한 언급은 다른 각도에서 음미될 필요가 있을 듯싶다.

898년(효공왕 2)에 최치원이 쓴 「해인사결계량기(海印寺結界場記)」의 아래의 사료가 주목된다.

L. 좋은 경개(景槪)에서 삼보(三寶)를 일으켰으나 화거(和居)한 것으로 치면 겨우 일백년에 불과하였다. 그리고 절의 결계(結界)가 높고 험하기 때문에 창건 당시부터 규모가 작았다. 여론으로 고쳐짓기를 합의하였고 나라에서는 개장(開張)하는 것을 법으로 허락하였다. 드디어 건령(乾寧) 4년(897; 효공왕 1) 가을 석달 동안의 연좌(宴坐)[夏安

---

85) 강우방, 「海印寺 木造 毘盧遮那佛像考」 『발표자료집 9세기 해인사 비로자나불의 역사성과 예술성』, 법보종찰 해인사, 2005, p.16.
86) 박상진, 「해인사 목조 비로자나불의 재질과 제작연대 분석」 『발표자료집 9세기 해인사 비로자나불의 역사성과 예술성』, 법보종찰 해인사, 2005.

居] 끝에 땅을 개척할 것을 도모하고, 절이 이룩되기를 상당히 기다렸는데, 지신(地神) 할미도 마음으로 재계(齋戒)하고 천신 역시 보고 기뻐하지 않음이 없었다. 더구나 산 중의 선경이 참으로 해외(海外)의 복된 도량(道場)이 되었다.(崔英成譯, 「海印寺結界場記」 『譯註 崔致遠全集』 2, 아세아문화사, 1999, p.310)

　　사료 L은 현재까지 확인되기로는 창건 이후 해인사에 대한 최초의 확장 공사를 보여주는 것이다. 지형 조건상 창건 당시의 해인사는 규모가 작았는데, 거의 백년의 세월이 흐른 897년 가을에 이르러서야 최초로 확장이 이루어졌음을 알 수 있다. 확장 이전까지 해인사가 이런 작은 규모의 절이었다면, 전우(殿宇)나 봉안된 불상도 제대로 된 규모를 갖추었다고 볼 수는 없을 것이다. 그렇다면 883년에 김위홍 부처가 조성한 비로자나불상이 해인사 본전의 주존불로 봉안되었을 가능성은 매우 높다고 생각된다.

　　북궁장공주 만(曼)의 적극적인 후원에 의해 북궁해인수라고도 불리던 해인사의 본전에 김위홍 부처가 조성한 비로자나불상이 주존불로 봉안되기 위해서는 물론 김만의 동의가 있어야 했을 것이다. 이렇게 보면 이 불상의 조성과 봉안에는 김만의 김위홍에 대한 각별한 배려가 깔려 있었던 셈이다. 달리 말하면 이 불상의 조성과 해인사에의 봉안은 정치적 소외 상태에 빠져 재기를 꿈꾸고 있던 김위홍에게 북궁장공주 김만이 후원의 손길을 내밀었던 표상으로 해석할 수도 있는 것이다.

　　887년 7월 북궁장공주 만이 왕위에 올라 제51대 진성여왕이 되었다. 654년 3월 진덕여왕이 훙거한 후 신라 역사상 무려 23대, 235년만의 여왕의 재등장이었다. 실로 남자들로만 이어져 온 신라의 왕위 계승에서 파격이라 할 수도 있는 진성여왕의 즉위는 정강왕의 유조(遺詔)를 따른 것이었다.

M-1. 정강왕 2년(887) 여름 5월에 왕이 병이 들어 시중 준흥에게 말하기를, "나의 병이 위중하니 틀림없이 다시는 일어나지 못할 것이다. 그런데 불행하게도 왕위를 이을 자식이 없다. 그러나 누이 만(曼)은 천성이 총명하고 민첩하며 골법(骨法)이 장부와 비슷하니 경들은 마땅히 선덕(善德)과 진덕(眞德)의 고사를 본받아 그를 왕위에 세우는 것이 좋을 것이다"라고 하였다. 가을 7월 5일에 죽으니 시호를 정강(定康)이라 하고 보리사 동남쪽에 장사지냈다.(『삼국사기』 권11, 정강왕 2년조)

재위 2년에 접어든 887년, 후사가 없던 정강왕은 누이 만의 천성이 훌륭하고 '골법(骨法)'이 장부(丈夫)와 비슷하다는 점을 들어 선덕여왕과 진덕여왕의 고사를 본받아 그를 왕위 계승자로 지명하였다. 그리고 2개월 후 정강왕이 사망하자 김만은 별다른 잡음 없이 순조롭게 왕위를 이어받게 되었다.[87]

신라 왕위 계승에서 경천동지할 변화라고 해도 좋을 여왕의 재등장은 실은 26년 전의 상황과는 너무나 달라진 것이었다.

M-2. (헌안왕 5년; 861) 봄 정월에 왕이 병으로 자리에 누워 오랫동안 낫지 않았다. 좌우의 신하들에게 이르기를, "과인은 불행히도 아들은 없고 딸만 있다. 우리나라의 고사에 비록 선덕(善德)과 진덕(眞德) 두 여자 임금이 있었으나, 이는 암탉이 새벽을 알리는 것과 비슷하므로 본받을 일이 못된다. 사위 응렴은 비록 나이는 어리지만 노성(老成)한 덕이 있다. 경들은 그를 왕으로 세워 섬기면 반드시 선조로부터 이어 온 훌륭한 왕업을 떨어뜨리지 않을 것이다. 그러면 과인은 죽어도 또한 썩지 않을 것이다." 이 달 29일에 죽으니 시호를 헌안(憲安)이라 하고 공작지(孔雀趾)에 장사지냈다.(『삼국사기』 권11, 헌안왕 5년조)

87) 金昌謙, 『新羅 下代 王位繼承 硏究』, 景仁文化社, 2003, pp.139~140; 權英五, 『新羅下代 政治史 硏究』, 혜안, 2011, pp.211~213.

M-2는 헌안왕의 유조(遺詔)이다. 그에게는 두 딸이 있었지만, 여왕의 즉위는 신라에서 비록 선덕여왕과 진덕여왕의 전례가 있다고 하더라도 '빈계지신(牝鷄之晨)'의 불길한 일이므로 본받지 말 것을 당부하고 있다. 그래서 사위 김응렴이 경문왕으로 즉위하였거니와, 이는 M-1에서 본 26년 후의 정강왕의 유조와는 판이한 것이다.

이를 통해 우리는 861년에서 887년에 걸친 26년 사이에 신라 왕실의 여왕에 대한 인식이 180°로 변화하였음을 알 수 있는데, 그 이유가 무엇인지 궁금하지 않을 수 없다. 이와 관련하여 앞의 사료 M-1을 다시 살펴보고자 한다.

M-1을 재음미하면 정강왕의 유조는 왕실의 직계 여성이라면 누구나 왕이 될 수 있다는 의미가 아니다. 여성 중에서도 천성이 훌륭하고 골법이 장부와 닮은 누이 김만이 왕위 계승의 적임자라고 특별히 지목하고 있는 것이다. 더욱 유의할 것은 정강왕이 누이 만을 왕위 계승자로 결정하게 된 명분으로 '골법(骨法)'을 거론하고 있는 사실이다. 이 '골법'은 후일 896년(진성여왕 9) 헌강왕의 서자 요(嶢)가 진성여왕의 태자로 책봉될 때에도 중요한 명분으로 제시되었다.[88] 여기서 왕위 계승의 주요 명분으로 언급된 '골법'은 말 그대로 특이한 뼈의 생김새가 아니라, 경문왕계 왕실의 구성원들은 여타 진골 귀족과는 구별되는 존재라는 초월적 왕족의식을 드러낸 것이다.[89]

그런데 김만이 정강왕으로부터 왕위를 이어받을 때, 경문왕계 왕실의 후예가 전혀 없지 않았음이 주목된다. 물론 정강왕에게는 자신의 직계 후사가 전혀 없었다. 그러나 선왕인 친형 헌강왕의 직계 자녀가 존재하였으므로, 그들도 왕

---

88) 李文基, 「新羅 孝恭王(嶢)의 太子册封과 王位繼承」 『歷史教育論集』30, 2007a, pp.181~182; 본서 제Ⅲ부 제1장 참조.
89) 全基雄, 「新羅 下代末의 政治社會와 景文王家」 『釜山史學』16, 1989, 34~35; 李文基, 「新羅 金氏王室의 少昊金天氏 出自觀念의 標榜과 變化」 『歷史教育論集』23·24合, 1999, pp.677~678.

위 계승 후보가 될 수 있는 소지가 충분했다. 후일 진성여왕으로부터 왕위를 물려받아 효공왕(孝恭王)이 되는 서자 요[90]와 헌강왕의 정비 의명부인의 소생으로 여겨지는 2명의 적녀(嫡女)[91]가 그들이다.

이 두 적녀는 김효종(金孝宗)의 처로서 제56대 경순왕의 생모인 계아태후(桂娥太后)가 되는 장녀[92]와 제53대 신덕왕(神德王; 朴景暉)의 왕비 의성왕후(義成王后)가 되는 차녀[93]이다. 다만 이들의 나이를 추산해 보면, 887년 정강왕이 사망했을 때 헌강왕의 서자 요는 겨우 돌을 넘긴 유아였음이 분명하고,[94] 또 헌강왕이 훙거할 때 나이가 25세 정도로 추정되므로 두 딸도 많아야 10여세에 불과했다.[95] 이에 헌강왕의 직계 자녀들은 연령상의 문제로 왕위 계승 후보에서 제외

---

90) 서자(庶子) 요(嶢)의 출생과 왕실이 그의 존재를 인지했던 시기 및 친모의 정체, 그리고 895년 (진성여왕 9)의 태자책봉과 왕위 계승 등의 문제는 필자가 이미 다룬 바 있다. 다음 논문을 참조하라. 李文基, 「新羅 孝恭王(嶢)의 出生과 王室의 認知時期에 대하여」『新羅文化』30, 2007b; 李文基, 「앞의 논문」, 2007a; 본서 제Ⅲ부 제1・2장 참조.

91) 金昌謙, 『앞의 책』, p.79.

92) "第五十六 敬順王 金氏 名傅. 父孝宗伊干 追封神興大王 祖官 角干 追封懿興大王. 母桂娥太后 憲康王之女也"(『삼국유사』 권1, 왕력).

93) "神德王 立 姓朴氏 諱景暉 阿達羅王遠孫 父乂兼 一云銳謙 事定康大王 爲大阿湌 母貞和夫人 妃金氏 憲康大王之女 孝恭王薨 無子 爲國人推戴卽位"(『삼국사기』 권12, 신덕왕 즉위조).

94) 지금은 전해지지 않는 최치원이 찬한 「納旌節表」에는 "又納旌節表云 '臣長兄國王晸 以去光啓 三年七月五日 奄御聖代 臣姪男嶢生未周晬 臣仲兄晃權統藩垣 又未經碁月 遠謝明時.'"(『삼국사기』 권11, 진성왕 즉위조)라 하여 887년 당시 요의 나이가 미처 '주수(周晬)', 즉 돌에 이르지 못했다고 하고 있다. 이 사료에서 헌강왕의 사망 시기를 광계 3년(887)이라 한 것은 광계 2년의 착오이며, 887년 정강왕이 사망할 당시 요의 나이는 돌을 겨우 지난 2세 정도로 생각된다.

95) 전기웅, 『앞의 책』, pp.82~83 및 p.201에서는 헌강왕이 즉위와 함께 결혼하여 이듬해 장녀를 낳았다고 해도 887년에는 12세 미만일 것으로 보았다. 그리고 장녀를 김효종의 처로, 차녀를 신덕왕비로 파악하였으며, 이 둘의 혼인은 대략 889년(진성여왕 3)이후일 것으로 추측했다. 어느 정도 수긍이 가는 견해로 생각된다. 한편 김창겸은 김예겸의 의자(義子)인 박경휘(신덕왕)와 헌강왕녀(의성왕후)의 혼인시기를 헌강왕대 김예겸이 시중으로 활약했던 헌강왕 1년(875)~5년(879)로 비정하고 있는데(金昌謙, 『앞의 책』, pp.79~80), 이는 헌강왕이나 두 딸의 연령을 고려하지 않은 데서 나온 잘못된 추정이다.

되었을 수도 있겠다. 하지만 그보다는 김만을 먼저 왕위 계승자로 결정한 다음, 여성도 왕위에 오를 수 있다는 명분을 덧붙여 놓은 것이 M-1의 유조가 아닌가 한다. 즉 M-1을 헌강왕의 자녀를 포함한 경문왕계 왕실의 후예라면 누구나 왕위를 이을 수 있는 것이 아니라, 김만이기 때문에 왕위를 계승할 수 있다는 것으로 해석해야만 정강왕 유조에 숨은 본래의 의미를 제대로 파악하는 것이다.

사료 M-1의 본래의 의미가 그러하다면, 861년 이후 경문왕계 왕실에서는 여왕에 대한 부정적인 인식을 긍정적으로 바꾸는 한편 경문왕의 딸이자 헌강왕과 정강왕의 누이였던 김만을 왕위 계승 후보자로 옹립하려는 작업이 물밑에서 추진되었을 것임을 짐작할 수 있다. 이러한 일종의 정치 공작이 시작된 시기는 아무리 빨라도 878년(헌강왕 4)을 소급할 수 없다. 「낭혜화상비」에는 다음과 같은 일화가 보이고 있다.

N. 당의 희종(僖宗) 건부제(乾符帝)가 (헌강대왕의) 즉위를 승인하던 해(878; 헌강왕 4년), 임금께서는 나라 안의 진언할 수 있는 모든 사람에게 '흥리제해(興利除害)'의 방책을 바치도록 하였다. …… 나라에 보탬이 되는 질문을 내리신 데 대하여, 대사는 하상지(何尙之)가 송나라 문제(文帝)에게 좋은 일을 하도록 권하고 나쁜 일을 하지 않도록 간했던 말을 이끌어 대답하였다. 태부왕(太傅王)[헌강왕]께서 그 말을 들으시고, 개제(介弟)인 남궁상(南宮相)[晃; 정강왕]에게 이르시기를 "삼외(三畏)는 삼귀(三歸)에 비길 만하고, 오상(五常)은 오계(五戒)에 알맞게 어울린다. 능히 왕도를 실천하는 일, 이것이 불심에 부합되는 것이니, 대사의 말씀이 지극하도다. 나와 네가 정성을 다해야 할 것이다"라고 하였다.(「낭혜화상비」(崔英成譯, 『譯註 崔致遠全集』 1, 아세아문화사, 1998, pp.129~131)

N은 878년(헌강왕 4)의 상황인데 헌강왕이 17~18세, 아우인 황(晃; 정강왕)이

15~16세 정도로 파악된다. 그런데 여기에는 낭혜화상이 제시한 흥리제해책(興利除害策)에 대해 헌강왕이 아우인 남궁상 황(=정강왕)과 함께 실천을 다짐하는 모습이 보이고 있다. 황이 가진 남궁상은 당의 용례를 참조하여 예부령(禮部令)에 비정됨이 보통이지만,[96] '남궁지인(南宮之印)'이 찍힌 2점의 인장와(印章瓦)가 출토됨에 따라[97] 그렇게 단정하기는 어렵게 되었고 왕족이 거주하는 궁궐 명칭일 가능성이 높아졌다.[98] 필자는 신라의 왕궁 가운데 남궁으로 불리는 일정 구역과 전각이 있었다고 생각한다. 그래서 헌강왕의 친아우인 김황이 가진 남궁상이라는 칭호는, 김만이 북궁에 거쳐했으므로 북궁장공주라는 칭호를 가졌던 것처럼, '남궁에 거주하는 재상'의 약칭으로 본다.

그런데 사료 N에는 헌강왕이 자신은 물론 재상인 아우 김황에게도 왕도의 실천에 정성을 다할 것을 주문하고 있어 눈길을 끈다. 878년 무렵에는 왕제 김황이 국정운영의 동반자로 인식되었으며,[99] 나아가 유사시에는 헌강왕을 계승

---

96) 崔英成譯, 『앞의 책』, p.80; 崔鉛植, 「성주사 낭혜화상탑비」 『譯註 韓國古代金石文』3, 韓國古代社會硏究所編, 1992, p.135; 曺凡煥, 『新羅禪宗硏究』, 일조각, 2001, p.70; 金昌謙, 『앞의 책』, pp.138~139; 李泳鎬, 「신라의 신발견 문자자료와 연구동향」 『한국고대사연구』57, 2010, p.194; 이현태, 「신라 '남궁'의 성격」 『역사와 현실』81, 2011), pp.165~166.
97) 國立慶州博物館, 『國立慶州博物館敷地內 發掘調査報告書』, 2002; 韓國文化財保護財團, 『慶州 東川洞 692-2번지 遺蹟』, 2010.
98) 남궁을 궁궐 명칭으로 보는 견해도 만월성에 속한 현재의 국립경주박물관 부지 일대에 위치한 궁궐로 보거나(국립경주박물관, 『앞의 책』, pp.270-271; 이한상, 「경주 월성 동남쪽 왕궁 유적 조사의 성과-남궁의 경관복원을 위하여-」 『新羅文化祭學術論文集』26, 2006), 대궁과는 별개의 이궁(離宮)으로서 금입택(金入宅)의 하나인 남택(南宅)에 비정하기도 하고(全德在, 「新羅 王宮의 配置樣相과 그 變化」 『新羅文化祭學術論文集』27, 2006; 『신라 왕경의 역사』, 새문사, 2009, pp.218~223 및 pp.226~228), 궁성내의 수공업관부인 남하소궁(南下所宮)에 비정하는 (朴方龍, 「新羅 王京과 流通」 『新羅文化祭學術論文集』27, 2006, pp.67~68; 尹善泰, 「雁鴨池 出土 '門號木簡'과 新羅 東宮의 警備」 『韓國古代史硏究』57, 2010) 등 상당히 다양하다.
99) 권영오, 『앞의 책』, p.208.

할 유력한 후보로 부상하고 있었던 증거가 아닐까 싶다. 이러한 김황의 위상이 그가 후일 헌강왕의 뒤를 이어 왕위를 계승하게 되는 자산이 되었음이 분명하다.[100]

이렇게 김황이 차기 왕위 계승의 후보로 떠오르고 있는 상황에서 김만을 염두에 둔 여왕 통치를 긍정적으로 보는 주장이 제기되기는 어려웠을 것이다. 따라서 정강왕의 유조(사료 M-1)에 보이는 여왕의 시대에 대한 긍정적인 평가나 누이 김만을 차기 왕위 계승자로 확정하는 조치는 빨라도 878년(헌강왕 4) 이후라야 가능했다고 볼 수 있다. 이런 주장들이 신라 조정의 공론으로 확정되는 것은 직계 자녀가 없고 건강이 좋지 않은 정강왕이 왕위에 오르고 난 886년 이후의 일일 가능성이 크다. 그러나 이런 주장은 돌연히 등장한 것이 아니라 이미 그 이전부터 수면 아래에서 제기되어 온 것을 공론화한 데 지나지 않는 것이다.

20여년 전의 여왕의 지배에 대한 부정적 평가를 긍정적인 인식으로 바꾸면서 북궁장공주 김만를 차기 왕위 계승자로 옹립했던 핵심인물로는 김위홍을 제외하고는 다른 사람을 생각하기 어렵다. 전술했듯이 김위홍은 880년(헌강왕 6) 이래 외형적으로는 아직 대각간으로서 상대등과 병부령을 겸직하고 있었던 조정의 중신이었지만, 내면적으로는 헌강왕과 아우 황(정강왕)의 견제로 말미암아 일선 정치에서 한 걸음 물러나 있는 정치적 소외 상태에 놓여 있었다. 그런 처지에 빠져있던 김위홍은 끊임없이 최고의 권력자로 복귀하려는 정치적 재기의 기회를 노렸음직하다. 그가 그러한 자신의 야망을 실현시킬 방도로 선택한 것이 북궁장공주 김만의 왕위 계승이었던 것이다. 그것이 성공적인 결실을 거두어 진성여왕이 즉위하면서 김위홍은 다시 신라 최고의 권력자로 복귀하게

---

100) 이를 근거로 권영오는 헌강왕 재위 중에 정강왕을 왕위 계승자로 지명했을 것으로 파악한 바 있다(權英五, 「앞의 논문」(2007), p.95).

되었음은 물론이다.

김위홍이 자신의 정치계 복귀를 위해 진성여왕의 왕위 계승을 목표로 하는 길을 선택한 배경으로는 일차적으로 북궁장공주의 어린 시절부터의 보호자였던 관계에서 찾을 수 있겠다. 하지만 그것만이 전부라고는 할 수 없다. 오히려 883년(헌강왕 9) 정치적 소외에 빠져있던 자신에게 후원의 손길을 내밀어 해인사에 서원이 담긴 비로자나불상을 조성·봉안하도록 배려해 준 김만과의 인연이 직접적인 배경이 되었을 가능성이 높다.

따라서 883년의 김위홍 부처의 해인사 비로자나불상의 조성과 봉안은 진성여왕의 즉위라는 정치적 대사건으로 귀결되었으며, 신라 역사상 무려 235년만에 여왕의 시대를 재등장하게 만든 중요한 계기가 되었다고 할 수 있다. 바로 여기에서 우리는 883년 김위홍의 해인사 비로자나불상 조성의 역사적 의미를 찾을 수 있다.

4. 맺음말

지금까지 2005년 7월 세상에 알려진 해인사 법보전 비로자나불상의 내부 묵서명을 단서로 삼아 883년 김위홍이 해인사에 이 불상을 조성 봉안했던 배경과 의미를 찾아보았다. 논의를 통해 밝혀진 바를 정리하여 결론에 대신하고자 한다.

첫째, 내용상 서원문인 묵서명 속의 대각간과 비는 곧 김위홍과 그의 처 부호부인에 비정된다.[101] 이들 부처가 묵서명의 주인공으로 기록된 이유는 그들이 불상 조성의 발원자이자 서원의 수혜자이며, 또 소요 경비를 감당한 단월이

---

101) 李文基, 「앞의 논문」(2015); 본서 제Ⅱ부 제2장 참조.

기 때문이었다.

둘째, 주인공 김위홍은 경문왕대와 헌강왕대 초반에 정치 실세로서 다양한 정치활동을 폈다. 865년(경문왕 5)에는 재상으로서 경문왕의 책봉을 종묘와 선왕릉에 고유하는 제사를 대행하여 왕권의 안정에 기여하였으며, 871~872년에는 이찬 병부령 겸 상재상으로서 황룡사9층목탑의 개건을 성공리에 마치는 등 정치적 실세로서의 위상을 굳건히 하였다. 875년 헌강왕 즉의 직후에는 드디어 이찬으로서 상대등에 올라 병부령·상대등·상재상의 3개의 요직을 겸하는 명실상부한 정계의 최고 권력자로 군림하게 되었다.

셋째, 김위홍이 정국운영을 주도하던 시기를 거치면서 신라는 평화와 안정의 시대를 누렸다. 그리하여 왕도는 최고의 번영을 구가하였으며, 지배 귀족들은 사치스러운 생활을 영위하게 되었다. 그러나 헌강왕이 직접 정치 일선에 복귀하면서부터 김위홍의 입지는 점차 좁아져 갔다. 드디어 880년(헌강왕 6)에 이르러 김위홍은 우익인 김예겸이 시중에서 물러남과 동시에 상재상 직에서 퇴임하기에 이르렀다. 비록 그는 관등이 대각간으로 올랐고 여전히 상대등과 병부령 직을 보유하고 있었지만, 헌강왕의 견제에 의해 정치적 소외 상태에 빠지게 되었다. 880년의 월상루에서 열린 중구일(중양절) 연회나 886년 혹은 887년에 정강왕이 주도하여 결성한 헌강왕의 명복을 빌기 위한 화엄경사회에 위홍의 모습이 보이지 않는 것은 그가 정치적으로 소외당하고 있던 현실을 잘 보여주는 것이었다.

넷째, 정치적 소외 상태에 있던 김위홍 부처는 자신들의 해인사와의 직·간접적인 관계 위에서 어릴 적부터 밀접한 관계에 있었던 당시 해인사의 가장 큰 유력자 북궁장공주 김만의 배려 하에 883년 해인사에 비로자나불상을 조성·봉안하게 되었다. 서원문에 의하면 그들은 자신들이 '지혜의 빛으로 세상을 밝히는 몸'으로 풀이되는 '등신(燈身)'에 이르기를 서원하고 있는데, 여기에는 정치계의 최고 권력자로의 복귀를 바라는 김위홍의 간절한 소망이 숨어 있었다.

다섯째, 김위홍은 소외에서 벗어나 정치계로의 복귀를 바라며, 김만을 염두에 두고 여왕 지배에 대한 부정적인 인식을 긍정적인 것으로 바꿔 나갔으며, 그러한 그의 노력은 887년(진성왕 1) 진성여왕의 왕위 계승으로 결실을 맺었다. 그에 따라 그는 다시 최고의 권력자로 복귀할 수 있었다.

여섯째, 김위홍이 북궁장공주 김만의 옹립을 선택했던 데에는 어릴 적부터의 인연과 함께 883년의 불상 조성이 중요한 배경으로 작용하였다. 따라서 883년 김위홍의 해인사 비로자나불상의 조성은 신라 역사상 23대 235년만의 여왕의 재등장이라는 중대한 사건의 중요한 계기가 되었고, 이것이 바로 883년의 불상 조성의 역사적 의미라고 할 수 있다.

제Ⅲ부 9세기 말 효공왕의 왕위 계승

제1장 효공왕(嶢)의 출생과 왕실의 인지 시기

1. 문제의 제기

헌강왕대 말엽부터 예고되었던 신라 왕조의 멸망의 조짐[1]은 정강왕 · 진성여왕대를 거치면서 더욱 노골화되어 갔다. 특히 889년(진성여왕 3) 사벌주의 원종(元宗)과 애노(哀奴)의 봉기[2]를 직접적인 계기로 하여 농민들의 저항은 전국적으로 파급되어 만성화되기에 이르렀으며, 각 지방에서는 유력한 세력들이 굴기(崛起)하여 나름의 자립적 기반을 구축하여 신라의 통치체제를 잠식해 나가고 있었다. 그리하여 진성여왕의 치세 후반기에 이르면 핵심 집권층까지도

---

1) 『삼국유사』 권2, 기이2, 처용랑망해사조에는 『어법집(語法集)』을 인용하여 헌강왕대 말년부터 신라가 멸망할 조짐을 보였다고 전하고 있다. "語法集云 于時山神獻舞 唱歌云智理多都波都波 等者 蓋言以智理國者 知而多逃 都邑將破云謂也 乃地神山神知國將亡 故作舞以警之 國人不悟 謂爲現瑞 耽樂滋甚 故國終亡."
2) 『삼국사기』 권11, 진성여왕 3년조.

신라의 멸망을 어느 정도 예감할 정도[3]까지 이르게 되었다.

신라 제52대 효공왕(孝恭王 요(嶢); 897.6.~912.4.)은 이런 험난한 시기에 진성여
왕에 의한 혈연적 정통성을 강조하는 태자 책봉 의식과 생존한 국왕의 퇴위와
선양(禪讓)이라는 일종의 '정치적 이벤트'[4]를 통해 왕위에 올랐다. 당면한 통치
상의 난관을 극복해 보려는 처방의 하나였을 것이지만, 이 같은 극적인 정치적
변화의 시도에도 불구하고 결과적으로 보자면 상황은 조금도 호전되지 않았다.
오히려 200여 년 이상 누려왔던 한반도의 유일 왕조이자 정통 국가라는 신라의
위상은 그의 치세동안 여지없이 무너져 내리고, 오히려 신생의 후백제와 후고
구려[5]가 주도권 장악을 놓고 치열한 각축을 벌이는 후삼국시대로 돌입하게 되
었던 것이다. 그러한 각축이 이어지는 가운데 935년에 이르러 경순왕이 고려 태
조에게 나라를 들어 귀부함에 따라 신라 왕조가 종말을 고하고 말았음은 주지
의 사실이다.[6] 이런 역사적 맥락을 시야에 넣는다면 효공왕의 시대는 신라 왕조
의 몰락이 현실화되어 갔던 시기라고 해도 큰 무리가 없다. 이에 더하여 왕위 계
승의 관점에서 보면, 효공왕이 훙거(薨去)한 이후에는 김씨가 아닌 박씨왕(朴氏

---

3) 이는 특히 최치원이 진성여왕·효공왕대에 찬술한 각종 자료에서 잘 드러나고 있다.

4) 이를 '정치적 이벤트'라고 부르는 것은 이례적으로 태자책봉과 관련되어 설화적 성격의 기사가
   남아 있는 점과 신라의 왕위교체에서 전례가 없는 전왕(前王)이 생존하고 있으면서 퇴위하고
   선양하는 형식으로 왕위를 물려주고 있는 점 등에서 볼 때, 정치적 난국을 일거해 극복해 보려
   는 의도적인 정치적 행위로 보이기 때문이다. 이에 대해서는 李文基, 「新羅 孝恭王(嶢)의 太子
   册封과 王位繼承」『歷史敎育論集』30, 2007; 본서 제Ⅲ부 제2장에서 집중적으로 검토하였다.

5) 궁예정권이 국호를 후고구려라고 표방했던 기록은 찾을 수 없다. 다만 『삼국유사』 권1, 왕력 후
   고려(後高麗)조에 "辛酉 稱高麗"라는 기사를 통해 국호가 고려였음을 짐작할 수 있다. 趙仁成
   은 왕건의 고려와 구별하기 위하여 901년경 궁예가 세운 국가 명을 후고구려로 통일하여 사용
   하였는데(趙仁成, 「泰封의 弓裔政權 硏究」(서강대 박사학위논문), 1991, p.1; 『태봉의 궁예정권』,
   푸른역사, 2007, p.86), 필자는 이를 따른다.

6) 후삼국기 신라의 사정에 대해서는 李基東, 「후삼국시대의 전개와 新羅의 終焉」『新羅文化』27,
   2006에서 전체적인 소묘(素描)가 이루어져 도움이 된다.

王)의 시대가 3대에 걸쳐 이어졌고,[7] 마지막 왕인 경순왕은 견훤(甄萱)에 의해 옹립되었으므로,[8] 효공왕대는 김씨 왕조의 실질적인 종말기라는 의미까지 갖고 있는 것이다.

이와 같은 효공왕대의 역사적 좌표에 비추어 보면, 이 시기에 대한 검토는 천년왕국 신라의 몰락과정을 제대로 이해하기 위해서는 간과할 수 없는 과제라고 할 수 있다. 근래 적지 않은 연구자들이 효공왕대를 주목했던 것은[9] 이 같은 문제의식에서 나온 것으로 여겨진다. 다만 이에 대한 기존의 연구를 보면, 그 시대가 신라 왕조의 몰락기라는 선험적 이해에 몰각되어 연구를 진행했던 결과, 몇 가지 구체적이고도 실증적인 문제에 대하여 재검토의 여지를 남겨두고 있다고 생각한다. 예컨대 효공왕(요)의 출생과 왕실의 인지 시기 문제, 그와 밀접하게 관련된 요의 생모의 실체 및 신분에 대한 이해 문제, 요가 태자로 책봉된 경위와 배경에 대한 문제, 선양을 통한 왕위 계승의 배경과 이유 등이 그것인데, 물론

7) 신라말 박씨왕의 존재에 대해서는 그 실체에 대한 의문을 제기하는 견해가 일찍부터 제기되었고(井上秀雄,「新羅朴氏王系의 成立-骨品制의 再檢討-」『新羅史基礎研究』, 東出版, 1974; 文暻鉉,「新羅 朴氏의 骨品에 대하여」『歷史教育論集』13 · 14합, 1990), 근래에도 시각은 다르지만 그 존재 자체를 부인하는 주장이 나와 있다(권덕영,「신라 하대 朴氏勢力의 동향과 朴氏 王家」『韓國古代史研究』48, 2008). 그러나 한편으로는 박씨왕의 존재를 신빙하는 주장도 만만찮은데, 긍정론의 입장에서 박씨왕 시대를 검토한 연구로는 趙凡煥,「新羅末 朴氏王의 登場과 그 政治的 性格」『歷史學報』129, 1991; 李明植,「新羅末 朴氏王代의 展開와 沒落」『大丘史學』83, 2006 등이 참조된다.

8) 경순왕의 즉위문제는 근래 몇몇 논문에서 충실한 고증이 이루어진 바 있어 크게 참조된다. 趙凡煥,「新羅末 敬順王의 高麗 歸附」『李基白先生古稀記念 韓國史學論叢』, 一潮閣, 1994; 陰善赫,「新羅 敬順王의 卽位와 高麗 歸附의 政治的 性格」『全南史學』11, 1997; 黃善榮,「敬順王의 歸附와 高麗 初期 新羅系 勢力의 基盤」『韓國中世史研究』14, 2003.

9) 대표적으로 金昌謙,「新羅 下代 孝恭王의 卽位와 非眞骨의 王位繼承」『史學研究』58 · 59합, 1999;「효공왕의 즉위와 신분」『新羅 下代 王位繼承 研究』, 景仁文化社, 2003, pp.387~399; 全基雄,「新羅 下代末의 政治社會와 景文王家」『釜山史學』16, 1989, pp.14~15;「신라말 효공왕대의 정치사회 변동」『新羅文化』27, 2006; 宋銀日,「新羅 下代 景文王系 집권기의 정치운영」(전남대 박사학위논문), 2007 등을 들 수 있다.

이 문제들은 각각 분절적인 것이 아니라 상호 긴밀하게 연동되어 있는 것이다.

『삼국사기』 진성여왕 9년조에는 헌강왕의 서자인 요의 태자 책봉 기사에 덧붙여, 그의 출생과 혈통적 정당성을 인정받는 과정에 관한 설화적 성격이 강한 기사가 수록되어 있으며, 또 효공왕 즉위 조에도 그가 헌강왕의 서자임을 명기하고 있다. 기존의 견해에서는 이 사료에 근거하여 요의 출생은 설화적 기사의 내용 그대로 헌강왕이 관렵(觀獵)을 가던 길에서 만난 하급 신분 출신의 여인과의 야합에 의한 것으로 보고 있는 것이 일반적이며,[10] 이에 근거하여 요의 신분을 비진골(非眞骨)로 파악하고, 결국 효공왕의 즉위는 비진골에 의한 왕위 계승이라는 해석[11]으로까지 이어진 경우가 많았다. 또 요의 태자 책봉 및 즉위 과정과 관련해서도, 헌강왕 말년 무렵에 출생한 요는 민간에서 성장하였으므로 그 존재가 한동안 왕실에 알려지지 않고 있다가 895년(진성여왕 9)에 비로소 왕실에 의해 인지되어 그해 10월에 태자로 책봉되었고, 또 2년이 채 되기도 전인 897년(진성여왕 11) 6월에 선양을 받아 왕위에 즉위하게 되었던 것으로 보고 있다.

『삼국사기』의 기사를 그대로 따르는 한, 종래의 이해에는 추호의 의문도 제기될 수 없을 듯싶다. 그렇지만 상식적인 차원에서 다시 생각하면, 기존의 이해에는 무언가 어색하고 순조롭지 않은 부분이 있음을 느끼게 된다. 예컨대 요의 출생 사실은 물론 그 존재 자체조차 인지하지 못하고 있었던 진성여왕이 10여년이 지난 후인 895년에 뒤늦게 조카인 요의 존재를 확인하였고, 확인하자마자 곧 그를 자신

---

10) 한편 김기흥은 처용설화의 주인공 처용을 요로 보면서 그의 출생을 헌강왕과 울산 일대에 낙향해 있었던 족강(族降) 육두품의 딸과의 혼인에 의한 것으로 파악하였다(金基興, 「新羅 處容說話의 역사적 진실」 『歷史敎育』80, 2001). 요의 모계(母系)를 구체적으로 적시한 점이 흥미롭지만, 진골이 아닌 하급신분 출신으로 보고 있는 점은 다른 연구자와 동일하다.

11) 조금씩 근거나 논리는 다르지만, 다음의 글들은 요의 신분을 비진골로 파악하고 있는 공통점이 있다. 李鍾恒, 「신라의 하대에 있어서의 王種의 絶滅에 대하여」 『法史學硏究』2, 1975; 金基興, 「新羅의 聖骨」 『歷史學報』164, 1999, p.16; 金昌謙, 「앞의 논문」(2003); 金基興, 「앞의 논문」(2011) 참조.

의 태자로 책봉했으며, 게다가 태자로 책봉한지 만 2년이 되기도 전에 선양을 통하여 왕위를 물려주었다는 요의 왕위 즉위 과정 자체부터 의문이 드는 것이다. 요의 국왕으로의 즉위가 마치 잘 짜인 프로그램에 의한 것 마냥 너무나 순조롭기 때문이다. 그러나 가령 요가 출생 후 왕실에 의해 망각되어 10여 년간 민간에서 성장한 것이 사실이라면, 그가 헌강왕의 핏줄이라는 정통성을 인정받고 고모인 진성여왕의 태자로 책봉되어 다시 선양을 통해 왕위에 오르기까지에는 정치적 측면에서 적잖은 난관들에 직면했을 것이고, 그러한 난관을 돌파하기 위해서는 일정한 시간적 여유는 물론 강력한 왕권이나 주요 정치세력의 적극적인 후원과 동의가 반드시 필요했을 것이다. 그렇지만 기존의 견해를 따를 때, 헌강왕의 서자였던 요가 그러한 동의나 후원을 얻어내기에는 일단 시간적으로 너무 촉박할 뿐더러, 정치상황역시 그럴 수 있는 형편이 아니었던 것으로 보인다. 진성여왕 9년이면 이미 농민들의 저항이 전국적으로 확산되어 있었고, 왕경 내에서도 반발의 움직임이 노골화되는 등 국왕의 권위가 크게 저락(低落)되어 있었으므로 진성여왕이 독단으로 태자를 책봉하고 선양을 통해 왕위를 물려줄 수 있을 정도의 권력과 권위를 갖추고 있었다고는 볼 수 없다. 더구나 왕위 계승 문제에서는 헌강왕의 딸과 혼인한 효종(孝宗)[12]과 경휘(景暉)[13] 등의 유력한 경쟁자가 정계에 활동하고 있었기 때문에[14] 정치세력들로부터 동의를 얻어내기도 쉽지 않았을 것이다. 경문왕의 사례에서 보듯이, 사위도 유력한 왕위 계승 후보군에 포함되고 있었던 당시의 상황에서, 헌강왕의 사위인 효종이나 경휘 등의 경쟁자가 요의 태자 책봉이나 왕위 계승을 흔쾌히 찬

---

12) "孝宗 時第三宰相舒發翰仁慶子 少名化達 王謂雖當幼齒 便見老成 卽以其兄憲康王之女 妻之" (『삼국사기』 권48, 효녀지은전).

13) "神德王立 姓朴氏 諱景暉 阿達羅王遠孫 …… 妃金氏 憲康大王之女 孝恭王薨 無子 爲國人推戴 卽位"(『삼국사기』 권12, 신덕왕 원년조).

14) 효공왕의 즉위를 둘러싼 정치세력들의 동향에 대해서는 趙凡煥, 「新羅末 花郎勢力과 王位繼承 -金孝宗과 金溥의 活動을 中心으로-」『史學硏究』57, 2004 참조.

동했을 것으로는 생각되지 않기 때문이다.

이렇게 보면, 진성여왕에 의한 요의 태자 책봉이나 선위가 순조롭게 이루어졌던 것은 요가 이미 일정한 정통성을 보유하고 있었던 존재임이 공인되고 있었기 때문으로 이해함이 합리적이다. 그리고 그 정통성이란 그가 비록 서자였다고 하더라도 헌강왕의 유일한 사자(嗣子)로서 경문왕계 왕실의 적법한 계승자로 공인받고 있었던 데서 나온 것일 가능성이 높다. 여기에서 일단 설화적 성격이 강한『삼국사기』기사에 전적으로 의존하여 요의 출생과 태자 책봉 및 즉위 문제에 접근하고 있는 기존의 견해를 재검토해 볼 필요성이 제기된다.

뿐만 아니라 관련 사료의 활용이라는 측면에서도 새로운 접근이 요청된다고 본다. 기왕의 견해의 경우,『삼국사기』관련 기사 자체의 해석에서 약간의 논리적 비약이 발견될 뿐 아니라 몇몇 중요한 동시대 자료에 대한 검토도 미진한 것으로 여겨진다. 요가 출생했을 무렵 당으로부터 귀국하여, 그가 왕위에 즉위한 이후에도 얼마간 신라 조정에서 활동했던 대학자 최치원이 찬술한「왕비김씨봉위선고급망형추복시곡원문(王妃金氏奉爲先考及亡兄追福施穀願文)」·「왕비김씨위망제추복시곡원문(王妃金氏爲亡弟追福施穀願文)」이나「납정절표(納旌節表)」·「사사조서양함표(謝賜詔書兩函表)」등 몇몇 자료에는 효공왕(요)의 생모의 출신 신분이나 왕실이 요의 존재를 인지했던 시점 등을 파악할 수 있는 귀중한 단서가 되는 언급들이 포함되어 있고, 사산비명(四山碑銘)이나「결화엄경사회원문(結華嚴經社會願文)」,「사사위표(謝嗣位表)」·「사은표(謝恩表)」등에는 요가 태자로 책봉될 수 있었던 배경을 알려주는 자료가 산견되고 있다. 하지만 아직까지 이에 대한 적극적이고도 세밀한 검토는 이루어지지 않았다.[15]

---

15) 필자는 최치원이 찬술한 불국사 관련 자료를 검토하는 과정에서「왕비김씨봉위선고급망형추복시곡원문(王妃金氏奉爲先考及亡兄追福施穀願文)」과「왕비김씨위망제추복시곡원문(王妃金氏爲亡弟追福施穀願文)」에 나오는 왕비 김씨가 효공왕의 생모일 가능성을 제기한 바 있다(李

이 글은 이상의 문제제기를 바탕으로 효공왕(嶢)의 출생과 왕실이 그의 존재를 인지했던 시기 등 효공왕 시대를 제대로 파악하는데 긴요한 몇 가지 기초적인 고증 문제를 다루어보고자 한다. 먼저 효공왕(嶢)의 생모에 대해 살펴보고, 이어서 그의 출생 시기와 그 존재가 왕실에 인지된 시점을 검토할 것이다. 이는 요의 태자책봉 경위와 배경 및 선양을 통한 왕위 계승 등의 본격적인 검토의 기초 작업이 될 것으로 예상한다.[16)

다만 이러한 논의에 대하여 사소한 지엽말절적(枝葉末節的)인 고증 문제에 집착한다는 비판이 있을 수도 있겠다. 그러나 부실한 고증 위에서 이루어지는 역사 해석이 그 자체 공허할 수밖에 없음은 자명한 사실이다. 이에 이 같은 고증 작업이 신라 말의 왕위 계승이 비진골(非眞骨) 신분에게로 넘어갔다는 식의 그릇된 역사 해석을 교정할 수 있는 작은 단서가 되기를 기대한다.

2. 효공왕(嶢)의 생모

신라의 국왕 가운데 그 출생에 관한 설화가 전하는 사례는 흔하지 않지만,[17) 효공왕(嶢)의 경우 다음과 같은 출생에 관한 일화가 남아 있어 흥미를 끈다.

文基, 「崔致遠 撰 9세기 後半 佛國寺 關聯資料의 檢討」『新羅文化』26, 2005, pp.246~250; 본서 제Ⅱ부 제1장). 그런데 전기웅은 「앞의 논문」(2006), p.55에서 각주를 통하여 그 가능성을 전적으로 부정하면서 『삼국사기』의 내용을 신뢰하는 입장을 재삼 강조하고 있다.

16) 이 문제는 李文基, 「新羅 孝恭王(嶢)의 太子冊封과 王位繼承」『歷史敎育論集』30, 2007; 본서 제Ⅲ부 제2장 참조.

17) 개국설화의 성격을 가진 혁거세설화나 탈해설화를 제외하면, 문무왕 탄생설화(『삼국사기』 권6, 문무왕 즉위조 및 『삼국유사』 기이1, 태종춘추공조)와 혜공왕 탄생설화(『삼국유사』 기이2, 경덕왕·충담사·표훈대덕조)가 대표적이며, 비록 국왕은 아니지만 김알지와 김유신의 출생 설화(『삼국사기』 권41, 김유신 열전(상))도 저명하다.

A-a. 겨울 10월에 헌강왕의 서자 요(嶢)를 세워 태자로 삼았다. b. 일찍이 헌강왕이 관렵(觀獵)을 가다가 길가에서 한 여자를 보았는데, 용모가 아름다워 왕이 마음으로 사랑하였다. 이에 명을 내려 뒷 수레에 태워 유궁(帷宮)에 이르러 야합하니 곧 임신하여 아들을 낳았다. c. 성장하자 체모(體貌)가 괴걸(魁傑)하였으므로 이름을 요라 하였다. 진성왕이 이를 듣고 궁궐로 불러들여 손으로 그 등을 어루만지며 말하기를 "나의 형제자매는 골법(骨法)이 남과 다르다. 이 아이는 등에 두 뼈가 솟아있으니 진실로 헌강왕의 아들이다"라고 하였다. d. 이에 유사에게 명을 내려 예를 갖추어 책봉하여 받들게 하였다.(『삼국사기』권11, 진성여왕 9년조)

사료 A는 그 내용상 크게 세 가지로 구성되어 있다. 주 내용은 a와 d에 나누어 서술된 것으로, 895년(진성여왕 9) 10월에 자신의 조카이자 헌강왕의 서자인 요(嶢)를 태자로 책봉했다는 것이다. 한편 A-b와 A-c는 요가 태자로 책봉된 연유를 설명하는 것으로, A-b는 요의 출생에 대한 일화이며, A-c는 어느 정도 성장한 후 그가 진성여왕에 의해 헌강왕의 아들임을 공인받는 과정에 대한 에피소드이다.

이 이야기의 출발점은 A-b이다. 이를 따르면 요는 헌강왕이 전렵을 나섰던 길에 우연히 보았던 아름다운 여인과 유궁(帷宮)에서의 야합에 의해 출생하였다. 야합이라는 표현이 잘 보여주듯이 정상적인 혼인이 아니었고, 그 결과로 태어난 아들인 요 역시 적자(嫡子)일 수는 없겠다. 그래서 c와 같은 특이한 과정을 거쳐 헌강왕의 친아들임을 공인받아야 했으며, 헌강왕의 적자가 아닌 서자로 명기되었다. 기왕의 요의 출생과 즉위에 이르기까지의 이해, 즉 "헌강왕과 낮은 신분의 여인과의 야합에 의한 요의 출생 → 민간에서의 성장 → 왕실에서의 인지와 공인 → 헌강왕의 서자임을 확인한 진성왕에 의한 태자 책봉 → 비진골 신분으로서 선양을 통한 즉위"라는 이해는 전적으로 A-b·c의 기사를 신빙한 바탕 위에서 도출된 것임을 알 수 있다.

그러나 A-b·c는 문면 그대로 믿기에는 주저되는 바가 없지 않고, 설령 그것이 사실이라고 하더라도 기존의 이해에는 약간의 논리비약이 개재되어 있다. 종래 요의 생모를 신분이 낮은 여자라고 보고, 그래서 결과적으로 요도 비진골 신분으로 파악하기도 했지만, 위의 사료 A-b에서 요의 생모가 낮은 신분의 여인이었다고 단정할만한 서술은 어디에도 발견되지 않는다. 물론 헌강왕의 서자라는 표현을 방증 자료라고 주장할 수도 있지만, 이는 신라 사회에서 서자가 낮은 신분의 여인과의 혼인을 통해 출생한 아들을 지칭하는 용어임을 입증하지 못하는 한 속단에 지나지 않는다. 요가 헌강왕의 서자로 표기된 것은 생모의 낮은 신분 때문이 아니라 비정상적인 혼인, 즉 야합에 의한 출생이었기 때문일 가능성이 더 크기 때문이다. 요컨대 사료 A에서 우리가 알 수 있는 요의 생모에 관한 정보는 헌강왕이 관렵을 가다가 길에서 만난 용모가 아름다운 여자라는 점뿐이며, 이에 근거하여 생모가 신분이 낮은 여자라고 주장하는 것은 논리비약이라고 할 수 있다.

그렇다면 요의 생모는 그 실체를 확인할 수 없는 존재일까. 비록 장황한 논증 과정을 거쳐야 하는 번거로움이 있지만 전혀 불가능한 것은 아니다. 이에 다른 자료를 통하여 요의 생모의 실체에 접근해 보기로 하겠다.

B-1. 효공왕이 즉위하였다. 이름은 요(嶢)이고 헌강왕의 서자로 어머니는 김씨이다.(『삼국사기』권12, 효공왕 즉위조)

B-2. 제52대 효공왕은 김씨로 이름은 요이다. 아버지는 헌강왕이고 어머니는 문자왕후(文資王后)이다.(『삼국유사』권1, 왕력)

사료 B에는, 생모인지 여부는 확실하지 않지만, 효공왕의 모(母)에 대한 기록이 보인다. 그런데 B-1에서는 김씨라 하였고, B-2에서는 문자왕후라고 하여 서로 다르게 기록되어 있다. 물론 양자를 종합하여 효공왕의 어머니를 문자왕후 김씨로 생각해 볼 여지가 없는 것은 아니지만, 그렇게 간단한 문제가 아니다. 문자왕후에 대해서는 이와 전혀 다른 기사가 보이기 때문이다.

C-1. 제48대 경문왕은 김씨이며, 이름은 응렴(膺廉)이다. …… 비(妃)는 문자황후(文資皇后)인데, 헌안왕(憲安王)의 딸이다.(『삼국유사』 권1, 왕력)

C-2. 제49대 헌강왕은 김씨로 이름은 정(晸)이다. 부는 경문왕이고, 모는 문자황후이며, <u>비(妃)는 의명부인(懿明夫人)</u> 혹은 의명왕후(義明王后)라고 한다.[18](위와 같음)

이에 의하면 문자왕후는 요의 어머니가 아니라 그의 조모에 해당하는 경문왕비(景文王妃)이자 헌강왕의 어머니가 된다.[19] 특히 C-1에서 문자왕후는 헌안왕의 딸이라 했으니, 헌강왕이 관렵 길에 만나 야합한 여인과는 전혀 다른 인물일 수밖에 없다. 그렇다면 같은 『삼국유사』 왕력의 기사이지만, 문자왕후를 효공왕의 모(母)로 기록한 앞의 B-2는 두찬(杜撰)일 가능성이 높아진다.

한편 『삼국사기』에는 경문왕비에 관한 몇 가지 기사가 발견된다.

D-1. 9월에 왕이 임해전(臨海殿)에서 여러 신하를 모아 잔치를 베풀었는데, 왕족인 응렴이 나이 15세로 그 자리에 참석하였다. …… 왕이 듣고서 잠자코 있다가 왕비에게 귓속말로 "짐이 본 사람은 많았지만, 응렴같은 자는 없었다"라고 말하였다. 딸을 그의

---

18) 원문에는 "第四十九憲康王 金氏 名晸 父景文王 母文資王后 一云義明王后"라 하여, 마치 문자왕후가 의명왕후라는 이명(異名)을 가졌던 것처럼 기록하였으나 이는 착오이다. 헌강왕비가 懿明(義明)王后이기 때문이다. 그래서 최남선은 C-2와 같이 "<u>妃懿明夫人</u>"이라는 밑줄 친 부분을 보입한 바 있는데, 대부분의 논자들은 이를 따르고 있다.

19) 金昌謙, 『앞의 책』, p.74.

아내로 삼게 할 뜻이 있어, 응렴을 돌아보고 "바라건대 그대는 자애(自愛)하라. 짐에게 딸자식이 있는데, 잠자리를 모시도록 하겠다"라고 하였다. 거듭 술을 쳐서 같이 마시며, 조용히 말하기를 "나는 두 딸이 있는데, 형은 지금 20세이고, 동생은 19세이다. 오직 그대가 장가들고 싶은 대로 하라"라고 하였다. …… 응렴이 곧 아뢰기를 "신은 감히 스스로 결정할 수 없습니다. 오직 왕명을 따르겠습니다"라고 하니 이에 왕은 장녀를 시집보냈다.(『삼국사기』 권11, 헌안왕 4년조)

D-2. 경문왕이 즉위하였다. 이름은 응렴이며, 희강왕의 아들인 계명아찬의 아들이다. …… 왕비는 김씨 영화부인(寧花夫人)이다.(『앞의 책』, 경문왕 즉위조)

D-3. 춘정월에 왕고(王考)를 봉하여 의공대왕(懿恭大王)으로 삼고 모 박씨 광화부인(光和夫人)을 광의왕태후(光懿王太后)로 삼았으며, 부인 김씨를 문의왕비(文懿王妃)라 하고 왕자 정(晸)을 왕태자로 삼았다.(『앞의 책』, 경문왕 6년조)

D-4. 헌강왕이 즉위하였다. 이름은 정이고 경문왕의 태자이다. 모는 문의왕후이고, 비는 의명부인이다.(『앞의 책』, 헌강왕 즉위조)

위의 사료 D를 종합하면, 경문왕의 정비는 헌안왕의 장녀로서 원래 영화부인(寧花夫人)으로 불리다가 866년(경문왕 6) 문의왕비(文懿王妃; 왕후)로 봉해졌으며, 헌강왕의 생모였음을 알 수 있다. 즉 『삼국사기』 관련 기록에서는 경문왕비 곧 헌강왕의 모후를 문의왕비(왕후)라고 하고 있는 것이다. 그런데 이 사람은 헌안왕의 딸이라는 점에서 『삼국유사』 왕력(사료 C-1)의 경문왕비(헌강왕의 모후)인 문자왕후와 상통하는 바가 있다. 게다가 '문의(文懿)'와 '문자(文資)'는 글자 모양으로도 비슷하므로, 양자는 전사(轉寫)나 판각(板刻) 과정에서 착오가 개입된 것으로, 결국 동일인으로 보는 것이 옳겠다. 단 원래의 호칭은 일차사료인 「개선사석등기(開仙寺石燈記)」를 참조할 때,[20] 문의황후가 올바른 것으로 생각된다. 요컨대 문자왕후(=문의왕후)는

---

20) 「개선사석등기」의 첫머리에는 "景文大王主 文懿皇后主 大娘主 願燈立炷 ……"라는 기록이 있다.

경문왕비이자 헌강왕의 모로서, 효공왕의 모가 아니라 조모이다. 따라서 효공왕의 모를 문자왕후라고 기록한 B-2는 두찬임이 분명하다.[21] 결국 우리는 효공왕의 모에 대해 기록하고 있는 자료 B-1·2를 통해서는 그 성씨가 김씨라는 사실만 겨우 확인할 수 있는 셈이다.[22]

그런데 효공왕의 생모 문제에 접근해 볼 수 있는 다른 자료가 보인다.

E. 정월에 어머니 김씨를 높여 의명왕태후(義明王太后)라 하였다.(『삼국사기』 권12, 효공왕 2년조)

사료 E에는 효공왕이 즉위한 다음해(898년) 정월에 어머니 김씨를 높여 의명왕태후(義明王太后)로 봉했던 사실이 보이고 있다. 태후는 보통 국왕의 어머니를 높여 부르는 호칭이고, 또 여기서 의명왕태후로 봉해진 사람을 효공왕의 모라 하였으므로, 그를 곧 효공왕의 생모로 비정해 볼 가능성이 제기된다.

그렇지만 그렇게 단정하기에는 또 다른 문제가 발생한다. 다음과 같이 헌강왕의 정비가 의명부인(懿明夫人) 혹은 의명왕후(義明王后)였다는 기록이 보이기 때문이다.

F-1. 헌강왕이 즉위하였다. 이름은 정이고 경문왕의 태자이다. 모는 문의왕후(文懿王后)이고, 비는 의명부인(懿明夫人)이다.(『삼국사기』 권11, 헌강왕 즉위조)

---

21) 전기웅은 효공왕의 모를 문자왕후라고 한 사료 B-2의 기록에 대해 "여전히 의문이 남는다"고 하였지만(「앞의 논문」(2006), p.55), 역사 편찬에서 착오나 실수에 의한 두찬은 흔히 일어날 수 있는 일이다.
22) 효공왕의 생모가 김씨라는 사실은 김창겸·김기흥도 인정하고 있다. 단 전자는 출신 미상으로 파악하였고(김창겸, 『앞의 책』, pp.388~389), 후자는 족강(族降)당한 육두품 김씨 출신으로 울산지역으로 낙향한 가문의 후예로 보고 있다(金基興, 「앞의 논문」(2001) 참조).

F-2. 제49대 헌강왕은 김씨로 이름은 정이다. 부는 경문왕이고, 모는 문자황후이며, 비(妃)는 의명부인(懿明夫人) 혹은 의명왕후(義明王后)라고 한다.(『삼국유사』 권1, 왕력)

F-1에 의하면 헌강왕비는 의명부인이었으며, F-2에서 '비의명부인(妃懿明夫人)'이라는 보입(補入)이 옳다면 그를 의명왕후(義明王后)라고도 했음을 알 수 있다. 여기서 의명(懿明)과 의명(義明)은 동음이사(同音異寫)로 볼 수 있으므로 양자는 같은 인물에 대한 다른 표기로 보아도 무방하다. 이렇게 헌강왕의 정비가 의명부인(懿明夫人) 혹은 의명왕후(義明王后)였다면, E에서 효공왕이 의명왕태후로 높여 봉한 사람도 효공왕의 생모가 아니라 헌강왕의 정비일 가능성이 있다.[23] 헌강왕의 서자였던 효공왕이 부왕(父王)의 정비를 모후의 자격으로 왕태후(王太后)로 높여 봉하는 일은 충분히 있을 법한 일[24]로 생각되기 때문이다.

만약 효공왕 2년에 의명왕태후로 봉해진 인물이 헌강왕의 정비인 의명부인이라면, 효공왕 생모의 실체는 더 이상 밝혀낼 길이 없는 것 같다. 설화적 기사인 A-b를 제외하면 약간의 단서도 남아 있지 않은 셈이기 때문이다.

그런데 사료 E와 동일한 맥락에서 서술된 『삼국사기』 신라본기의 태후의 용례나 태후로의 책봉 기사들과 대비해 보면, 의명황태후로 책봉된 인물을 헌강왕의 정비로 비정하는 데에 문제가 있음을 알게 된다.

G-1. 여름 4월 왕고(王考)를 문흥대왕(文興大王)으로 추봉하고, 어머니를 문정태후(文貞太后)로 삼았다.(『삼국사기』 권5, 무열왕 원년조)

---

23) 全基雄, 「앞의 논문」(2006), p.55.
24) 고구려 동천왕은 주통촌(酒桶村) 출신의 산상왕(山上王)의 소후(小后)의 소생이었지만, 즉위 2년 3월에 산상왕비(山上王妃)인 우씨(于氏)를 왕태후(王太后)로 책봉한 경우가 있다(『삼국사기』 권17, 동천왕 원년 및 2년조 참조).

G-2. 선덕왕이 즉위하였다. 성은 김씨이고 휘는 양상(良相)으로 나물왕의 10세손이다. 아버지는 해찬(海湌) 효방(孝芳)이며, 어머니는 김씨 사소부인(四炤夫人)으로 성덕왕의 딸이다. …… 아버지를 개성대왕(開聖大王)으로 추봉하고, 어머니 김씨를 높여 정의태후(貞懿太后)로 삼았다.(『앞의 책』 권9, 선덕왕 즉위조)

G-3. 원성왕이 즉위하였다. 휘는 경신(敬信)으로 나물왕의 12세손이다. 어머니는 박씨 계오부인(繼烏夫人)이며 비는 김씨로 신술(神述) 각간의 딸이다. 2월에 고조인 대아찬 법선(法宣)을 추봉하여 현성대왕(玄聖大王)으로 삼고, 증조 이찬 의관(義寬)을 신영대왕(神英大王)으로 삼았으며, 조부 이찬 위문(魏文)을 흥평대왕(興平大王)으로 삼고, 고(考) 일길찬 효양(孝讓)을 명덕대왕(明德大王)으로 삼았다. 어머니 박씨를 소문태후(昭文太后)로 삼고, 아들 인겸(仁謙)을 세워 왕태자로 삼았다.(『앞의 책』 권10, 원성왕 즉위조)

G-4. 여름 5월 고(考) 혜충태자(惠忠太子)를 추봉하여 혜충대왕(惠忠大王)으로 삼았다. …… 8월에 어머니 김씨를 추봉하여 성목태후(聖穆太后)로 삼았다.(『앞의 책』 권10, 소성왕 원년조).

G-5. 죽은 아버지를 추봉하여 익성대왕(翌成大王)으로 삼고, 어머니 박씨를 순성태후(順成太后)로 삼았다.(『앞의 책』 권10, 희강왕 2년조)

G-6. 민애왕이 즉위하였다. 성은 김씨이고 휘는 명(明)이다. 원성대왕의 증손이며 대아찬 충공(忠恭)의 아들이다. …… 고(考)를 선강대왕(宣康大王)으로 추시하고 어머니 박씨 귀보부인(貴寶夫人)을 선의태후(宣懿太后)로 삼았다.(『앞의 책』 권10, 민애왕 즉위조)

G-7. 신무왕이 즉위하였다. 휘는 우징(祐徵)으로 원성대왕의 손자 균정(均貞) 상대등의 아들이고, 희강왕의 종제(從弟)이다. …… 즉위하여 조 이찬 예영(禮英)을 추존하여 혜강대왕(惠康大王)으로 삼고, 고(考)를 성덕대왕(成德大王)으로 삼았으며, 어머니 박씨 진교부인(眞矯夫人)을 헌목태후(憲穆太后)로 삼고 아들 경응(慶膺)을 세워 태자로

삼았다.(『앞의 책』 권10, 신무왕 즉위조)

　G-8. 춘정월 왕고(王考)를 봉하여 의공대왕(懿恭大王)으로 삼고, 어머니 박씨 광화부인(光和夫人)을 광의왕태후(光懿王太后)로 삼았으며, 부인 김씨를 문의왕비(文懿王妃)로 삼고, 왕자 정을 세워 왕태자로 삼았다.(『앞의 책』 권11, 경문왕 6년조)

　G-9. 5월에 고(考)를 추존하여 선성대왕(宣聖大王)으로 삼고 어머니를 정화태후(貞和太后)로 삼고, 비를 의성왕후(義成王后)로 삼았으며, 아들 승영(昇英)을 세워 왕태자로 삼았다.(『앞의 책』 권12, 신덕왕 2년조)

　G-10. ① 경순왕이 즉위하였다. 휘는 부(傅)이고 문성대왕(文聖大王)의 예손(裔孫)인 효종(孝宗) 이찬의 아들이다. 어머니는 계아태후(桂娥太后)이다.(『앞의 책』 권12, 경순왕 즉위조)

　② 11월 고(考)를 추존하여 신흥대왕(神興大王)으로 삼고 어머니를 왕태후로 삼았다.(『앞의 책』 권12, 경순왕 원년조)

　사료 G는 『삼국사기』 신라본기에서 왕모(王母)를 태후로 책봉(追封·追尊 포함)한 사례인데, 개관하면 두 가지의 공통점이 엿보인다. 첫째, 책봉 주체인 10명의 국왕(무열·선덕·원성·소성·희강·민애·신무·경문·신덕·경순)은 모두 부왕(父王)으로부터 왕위를 물려받아 즉위한 존재가 아니라는 사실이다. 따라서 부가 국왕이 아니었으며, 태후로 책봉된 모 역시 원래 왕비가 아니었다. 둘째, 대체로 즉위 직후에[25] 왕위를 역임하지 못했던 친계 선조(四祖, 혹은 祖와 考, 혹은 考)에 대한 대왕 추봉과 모에 대한 태후 책봉이 동시에 행해졌다는 사실이다. 이를 종합하면 부로부터 왕위를 물려받지 않고 왕위에 오른 국왕은, 즉위 직후에 왕이 아니었던 친계 선조는 대왕(大王)으로, 왕비가 아니었던 어머니를 태후로

25) G의 책봉시점을 보면, 즉위 원년이 8사례, 2년이 1사례, 6년이 1사례로서 즉위 직후가 압도적이다.

책봉하는 것이 관례였음을 알 수 있다.[26] 어쩌면 이러한 책봉 절차는 일련의 즉위의례의 한 부분이었을지도 모르겠다.

이에 대해 책봉 절차를 거쳤는지는 불명이지만, 실제로 태후라는 칭호로 활동했음이 확인되는 사례도 있다.

H-1. 진흥왕이 즉위하였다. 휘는 삼맥종(彡麥宗; 혹은 深麥夫라고도 한다)으로 그 때 나이 7세였다. 법흥왕의 아우 갈문왕(葛文王) 입종의 아들이며, 어머니는 부인 김씨로 법흥왕의 딸이고, 비는 박씨 사도부인(思道夫人)이다. 왕이 유소(幼少)하여 왕태후가 섭정하였다.(『삼국사기』 권4, 진흥왕 즉위조)

H-2. 가을 8월 태후가 영명신궁(永明新宮)으로 이거하였다.(『앞의 책』 권9, 경덕왕 7년조)

H-3. 혜공왕이 즉위하였다. 휘는 건운(乾運)이며 경덕왕의 적자이다. 어머니는 김씨 만월부인(滿月夫人)으로 서불한 의충(義忠)의 딸이다. 왕의 즉위시의 나이가 8세로 태후가 섭정하였다.(『앞의 책』 권9, 혜공왕 즉위조)

H-1에는 진흥왕의 왕태후로서 섭정을 맡았던 인물이 보인다. 그는 『삼국유사』 권1, 기이2, 진흥왕조의 "제24대 진흥왕은 즉위할 때 15세로서 태후가 섭정하였다. 태후는 곧 법흥왕의 딸로서 입종 갈문왕의 비이다"라는 기록에 의하면, 진흥왕의 생모로서 법흥왕의 딸이자 입종갈문왕의 비였던 지소부인(只召夫人)임을 알 수 있다. 또 H-2에는 영명신궁(永明新宮)으로 거처를 옮긴 경덕왕대의 태후가 보이고 있다. 그가 누구인지는 분명하지 않지만, 생모인 성덕왕의 왕

---

26) 이러한 관례는 무열왕대부터 정립된 것으로 보인다(李基白, 「新羅時代의 葛文王」『新羅政治社會史研究』, 一潮閣, 1974, pp.24~25).

비 소덕왕후(炤德王后)[27]일 가능성이 높다.[28] H-3에서 혜공왕의 섭정을 맡았던 태후는 생모인 경덕왕비 만월부인(滿月夫人)임에는 의심의 여지가 없다.[29]

이 3명의 태후에게 발견되는 공통점은 첫째, 모두 전왕(前王)의 왕비였다는 사실[30]과 둘째, G에서와 같은 태후로의 책봉 사실이 보이지 않는다는 점이다. 이런 사례에서 미루어 보면 비록 『삼국사기』 신라본기에 태후로의 책봉 사실이 기록되지 않았더라도, 적어도 G에 보이는 10명의 국왕을 제외한, 부왕으로부터 왕위를 승계한 여타의 국왕들의 모도 태후로 칭해졌음을 짐작할 수 있다. 이를 시사하는 자료가 있다.

H-4. 문성왕이 즉위하였다. 휘는 경응(慶膺)이고, 신무왕의 태자로서 모는 정계부인(貞繼夫人)이다(註: 定宗太后라고도 한다).(『삼국사기』 권11, 문성왕 즉위조)

H-4에는 문성왕의 모를 정계부인이라고 하면서, 분주(分註)를 통해 정종태

---

27) 성덕왕의 정비는 성정왕후였으나, 왕 15년에 출궁 당하였고, 왕 18년에 이찬 순원의 딸을 새로 왕비로 삼았는데, 그가 소덕왕후이다. 경덕왕은 이 소덕왕후 소생이었다. 이에 대해서는 金壽泰, 「신라 성덕왕·효성왕대 김순원의 정치적 활동」『東亞研究』3, 1983; 『新羅中代 政治史研究』, 一潮閣, 1996; 박해현, 『신라중대 정치사연구』, 국학자료원, 2003 참조.

28) 박해현, 『앞의 책』, p.129에서는 이 인물을 효성왕비인 혜명부인(惠明夫人)으로 비정했다. 단 그가 혜명부인이 옳다고 해도, 전왕의 왕비였다는 점에서 후술되는 본고의 논지에 장애가 되는 것은 아니다.

29) 『삼국유사』 왕력에는 "第三十五 景德王 金氏 名憲英 父聖德 母炤德太后 先妃三毛夫人 出宮無後 後妃滿月夫人 諡景垂王后 垂一作穆 依忠角干之女"라 하여 만월부인이 경수(景垂; 혹은 穆)왕후로 추시되었다고 하였는데, 이는 잘못이다. 이미 그는 생전에 태후였으므로, 사망 후 혜공왕에 의해 시호로서 경수태후라는 칭호가 올려진 것으로 보아야 한다.

30) 진흥왕의 생모인 지소태후는 비록 전왕의 왕비는 아니었지만, 갈문왕비였으므로 왕비와 같은 대우를 받았다, 「천전리서석(川前里書石)」 추명(追銘)에는 지소부인을 '지수시혜비(只須尸兮妃)'라고 하여, 법흥왕비 보도부인(保刀夫人)인 '무즉지태왕비 부걸지비(另卽智太王妃 夫乞支妃)'와 같은 방식으로 기록하고 있다.

후라는 이칭(異稱)도 있었다고 하였다. 양자가 다른 인물일 수는 없으므로 문성
왕의 모는 신무왕의 왕비로서 정계부인이라는 칭호를 가졌다가 문성왕이 즉위
한 후 정종태후라는 칭호로 바뀌었음[31]을 짐작할 수 있다. 그럼에도 불구하고
그가 문성왕 즉위 후 태후로 책봉되었다는 기사는 나오지 않는다.[32] 이와 같이
책봉 기사가 보이지 않지만, 태후라는 칭호를 가졌던 왕모(王母)는 신라 중·하
대에 걸쳐 적어도 10명 정도를 헤아려 볼 수 있을 것 같다.[33]

　　그러면 이들에게 G의 경우와는 달리 특별히 책봉 기사가 보이지 않는 이유
는 무엇일까. 기사의 누락이라고 보기에는 사례가 너무 많다. 태후란 국왕의 어
머니에 대한 존칭이었으므로, 전왕의 왕비는 그 아들이 국왕으로 즉위하게 되
면 특별한 책봉 절차를 거칠 필요없이 왕후에서 태후로 그 호칭이 격상되었기
때문이 아닐까 한다. 그로 인하여 책봉 기사가 남지 않았을 것이다.

　　요컨대 『삼국사기』 신라본기에서 태후에 관한 기록을 정리하면, 신라에는 태
후로의 책봉 기사가 남아있는 유형과 그렇지 않은 유형의 두 종류의 태후가 있
었음이 확인된다. 이 중 전자는 부로부터 왕위를 승계하지 않은 국왕이 즉위

---

31) 단 정종(定宗)은 사망한 후의 추시(追諡)일 가능성도 있다. 그러나 우리가 여기서 주목하는
　　것은 태후라는 칭호이다.
32) 다만 애장왕의 경우 소성왕의 태자로서 왕위를 계승한 후 소성왕비(계화부인)인 생모 김씨
　　에 대한 책봉을 단행한 바 있다. "春正月 封母金氏爲大王后 妃朴氏爲王后"(『삼국사기』 권10,
　　애장왕 6년조). 그런데 이 경우는 대왕후(大王后)라는 호칭이 시사하듯이 특이한 사례라고 할
　　수 있다. 애장왕이 왕 6년에 친정(親政)을 시작하는 상징적인 조치로 왕모와 왕비에 대한 책
　　봉을 단행한 것으로 여겨지기 때문이다(李文基, 「新羅 惠恭王代 五廟制 改革의 政治的 意味」
　　『白山學報』52, 1999, pp.813~817; 최홍조, 「新羅 哀莊王代의 政治變動과 金彦昇」『韓國古代
　　史研究』34, 2004, pp.342~344). 따라서 이 경우는 예외적인 사례로 보아야 한다. 애장왕의
　　모후 역시 대황후라는 책봉호에도 불구하고 태후로 지칭되었을 가능성이 높다.
33) 무열왕에서부터 경순왕에 이르기까지 책봉 기사가 없다. 하지만 태후로 추정되는 인물은 문
　　무·신문·효소(성덕)·효성(경덕)·혜공·애장·문성·헌강(정강·진성)·효공·경명(경
　　애)왕의 모후(母后) 10명 정도를 상정해 볼 수 있다. 나머지는 추봉기사가 있거나, 왕위의 형
　　제 계승으로 이미 모후가 태후라는 칭호를 가졌던 경우이다.

직후에 원래 왕비가 아니었던 모를 책봉한 유형이고, 후자는 부왕을 이어 즉위한 국왕의 모로서 원래 선왕의 왕비였던 유형이다. 이러한 차이는 전자가 태후로 책봉되는 절차가 필요했던 존재인데 비해, 후자는 별도의 절차 없이 태후라는 칭호가 부여될 수 있었던 존재였음에서 기인된 것으로 생각된다.

그러면 이상과 같은 두 유형의 태후에 관한 사례를 참조하면서, 898년(효공왕 2)에 의명왕태후로 봉해진 인물의 실체를 다시 생각해 보기로 하자. 전술했듯이 의명(懿明)과 의명(義明)을 동음이사로 보아 의명왕태후(義明王太后)를 헌강왕의 정비인 의명부인(懿明夫人)으로 비정하게 되면, 이는 위에서 살핀 두 유형의 태후와 어느 쪽도 일치하지 않는 지극히 이례적인 사례라고 할 수밖에 없다. 왜냐하면 헌강왕의 정비인 의명부인은 전왕의 왕비였으므로 별도의 책봉절차를 거치지 않고 자연스럽게 태후라는 격상된 칭호를 갖게 되었을 터인데, 효공왕 2년에 이르러 뒤늦게 왕태후로 책봉되는 절차를 거친 셈이 되기 때문이다.[34] 이런 의미에서 898년(효공왕 2)에 책봉된 의명왕태후를 헌강왕의 정비인 의명부인으로 비정하기는 곤란하다고 본다.

오히려 그는 효공왕의 즉위와 더불어 별도의 왕태후로의 책봉 절차가 필요했던 인물이었음이 분명하고, G에서 살핀 태후 책봉 사례에 비추어 보자면, 원래 왕비가 아니었거나 뭔가 하자가 있던 존재로 보는 것이 옳겠다. 이러한 조건을 고려하면 의명왕태후 김씨의 실체는 헌강왕이 관렵 길에 만나 야합했던 여인으로서 효공왕을 낳은 생모로 이해하는 것이 보다 합리적일 것 같다. 이렇

---

34) 이에 대해 물론 정강왕과 진성여왕이 헌강왕의 아우였으므로, 서자인 효공왕이 즉위하고 나서야 비로소 왕태후로 책봉될 수 있었던 것으로 볼 수도 있다. 그러나 이 역시 그가 헌강왕의 정비였던 점을 감안하면, 효공왕이 즉위하면 자연히 태후라는 칭호를 갖게 된 것으로 보아야 한다. 그럼에도 불구하고 특별히 왕태후로 책봉하는 절차를 거치고 있는 점에서 이례적인 케이스라고 할 수 있다.

제Ⅲ부 9세기 말 효공왕의 왕위계승 305

게 효공왕이 즉위 다음 해에 자신의 생모 김씨를 높여 왕태후로 책봉한[35] 데에는 복합적인 의도가 있었던 것 같다. 우선 왕모(王母)의 지위를 얻은 김씨에게 전례(前例)에 따라 태후라는 정당한 칭호를 부여함과 동시에 자신이 헌강왕과 왕태후 사이에서 태어난 정통성을 보유한 계승자임을 천명하려는 정치적 의도도 내포하고 있었던 것으로 생각된다.[36] 이상 살핀 바와 같이 효공왕의 생모는 헌강왕 말년 경에 정상적인 혼인 절차를 거치지 않은 채 헌강왕을 만나 효공왕을 낳았으며, 요가 왕위에 오를 때까지 살아 있다가 898년(효공왕 2)에 의명왕태후로 책봉된 김씨였다고 할 수 있겠다.[37]

그런데 이러한 효공왕의 생모와 관련하여 세심하게 음미해 볼 필요가 있는 또 다른 자료가 있다. 곧 최치원이 찬술한 「왕비김씨봉위선고급망형추복시곡원문(王妃金氏奉爲先考及亡兄追福施穀願文)」(이하 「선고망형원문」으로 줄임)과 「왕비김씨위망제추복시곡원문(王妃金氏爲亡弟追福施穀願文)」(이하 「망제원문」으로 줄임)이 그것이다. 이 두 종류의 원문(願文)은 효공왕의 생모 문제와 관련하여 적극적인 검토가 이루어지지 못하였다. 가장 큰 이유는 비슷한 시기에 최치원이 찬술한 다른 자료인 「왕비김씨위고수석가여래상번찬병서(王妃金氏(註; 金大城三世孫女也)爲考繡釋迦如來像幡讚并書)」, 「불국사고금창기(佛國寺古今創記)」[38]라는 글의 제목과 거기에 붙여진 협주(夾註)에 현혹되어, 많은 연구자들이 이들 세 자료에

---

35) "尊母金氏爲王太后"에서 "존모(尊母), 즉 어머니를 높여"라는 표현도 시사하는 바가 있다.
36) 이렇게 본다면 효공왕이 생모인 김씨에게 하필 부왕(헌강왕)의 정비의 칭호인 "懿(義)明"을 차용하여 "의명왕태후(義明王太后)"라는 칭호를 올린 이유도 짐작될 수 있다. 오해의 소지를 안고 있음에도 의명이라는 태후호(太后號)를 생모에게 올린 것은 효공왕 자신의 정통성을 강조하려는 의도로 파악될 수 있을 듯하다.
37) 金昌謙, 『앞의 책』, p.74에서도 뚜렷한 논거를 제시하지 않았지만, 같은 결론에 도달하고 있다.
38) 『불국사고금창기』에 수록된 「왕비김씨위고수석가여래상번찬병서」는 연구자들에게 가장 보편적으로 이용되는 성균관대학교 대동문화연구원, 『崔文昌侯全集』, 「孤雲先生續集」, 1972, pp.218~220에 협주가 포함된 그대로 전재되어 연구자들에게 많은 영향을 끼쳤다.

공통적으로 보이고 있는 왕비 김씨를 헌강왕의 정비인 의명부인으로 간주해 버렸기 때문이다.

그러나 「왕비김씨위고수석가여래상번찬병서」는 제목 자체가 내용과 전혀 걸맞지 않으며, 거기에 붙여진 3종류의 협주도 전혀 신빙성이 없다. 따라서 이 글의 제목과 협주에 근거하여, 이 자료의 왕비 김씨를 2종의 원문 제목에 나오는 왕비 김씨와 동일시하거나, 나아가 이 사람을 헌강왕비인 의명부인으로 비정하는 것은 전혀 사실일 수가 없다.[39]

그렇다면 「선고망형원문」과 「망제원문」의 2종의 원문에 나오는 왕비 김씨의 실체를 파악하기 위해서는 선입견을 버리고 자료 자체에 대한 보다 정밀한 검토를 통한 접근이 필요하다고 하겠다. 이에 아래에서는 2종의 원문 자체를 가능한 한 세밀하게 검토하여 왕비 김씨의 실체를 밝혀보고자 한다.

먼저 이 2종의 원문은 살아있는 왕비 김씨가 이미 사망한 선고(先考)와 망형(亡兄) 망제(亡弟)를 추복하기 위해 많은 양의 곡식을 불국사에 시납함에 즈음하여 최치원이 작성한 글이다. 따라서 만약 분명한 작성시기가 밝혀진다면 왕비 김씨가 과연 누구인지를 파악하는데 도움을 얻을 수 있겠다. 그러나 안타깝게도 글의 내용 중에서 작성 시기를 알 수 있는 결정적인 단서는 발견되지 않는다.

다만 이와 관련하여 검토할 만한 두 가지 자료가 있다. 하나는 「선고망형원문」의 말미에 덧붙여져 있는 다음의 기록이다.

Ⅰ. 중화 정미년 창월 부성군태수 최치원(中和丁未年 暢月 富城郡太守 崔致遠)(註; 出東國僧史碑).[40]

---

39) 이 글의 표제와 협주가 보여주는 오류에 대해서는 李文基, 「앞의 논문」(2005), pp.232~240; 본서 제Ⅱ부 제1장에서 자세하게 언급하였다.

40) 考古美術同人會, 「佛國寺古今歷代記」『佛國寺 華嚴寺事蹟』(考古美術資料 제7집), 1965, p.18.

Ⅰ는 이 글의 찬술시기와 찬술자에 대한 기록이다. 먼저 찬술 시기를 중화(中和) 정미년(丁未年) 창월(暢月)이라 하였는데, 중화는 당 희종의 연호로서 881년 7월에서 885년 2월까지 사용된 것으로 그 사이에 정미년은 없다. 이 무렵 신라에서는 중국의 연호 변화를 제 때 파악하지 못해 착오를 범한 사례가 종종 발견되기 때문에[41] 이를 고려하여 전후의 가까운 시기에서 정미년을 찾아보면, 887년(진성여왕 1; 광계 3)에 해당한다. 또 창월(暢月)은 11월이므로 결국 이는 「선고망형원문」이 887년 11월에 찬술되었다는 의미가 된다. 그러나 두 가지 측면에서 이를 그대로 신뢰하기는 어려울 듯하다. 첫째, 찬자인 최치원의 당시 관직을 부성군태수(富城郡太守)라고 하였는데, 이는 잘못이다. 최치원이 중앙 정부의 문한직과 시랑직을 역임하고 지방관으로 나가 부성군태수를 지낸 시기는 이보다 7년 정도 늦은 893년(진성여왕 7) 무렵으로 추정되기 때문이다.[42] 둘째, 그 출전(出典)으로 나오는 「동국승사비(東國僧史碑)」의 자료적 성격도 이 원문과 부합하는지 여부가 미심쩍다. 「동국승사비」는 명칭에서 유추하면 우리나라 역대 승려의 사적을 기록한 비이거나 비문을 집성한 책으로 보아야겠는데, 그 실재(實在) 여부도 확인하기 어렵거니와, 이런 제목의 책에 「선고망형원문」이 수록될 가능성은 거의 없는 것으로 보인다. 이와 같이 일련의 기록 속에 잘못된 내용과 신뢰하기 어려운 내용이 혼재된 자료에서 찬술시기만을 떼어내어 신빙할 수는 없는 일이다.

다른 하나는 헌강왕의 빈어(嬪御)였던 수원권씨(秀媛權氏)가 헌강왕을 추복하

41) 대표적인 사례로 1490년 해인사의 중창 과정에서 발견된 '해인사전권'의 사례를 들 수 있다. 전권을 실견했던 매계 조위는 이와 관련하여 다음과 같은 글을 남겼다. "按史, 乾符只六年而此稱七年, 廣明只一年而此稱三年, 中和只四年而此稱五年, 龍紀只一年而此稱三年, 景福只二年而此稱三年者, 新羅越在海外, 改元頒朔, 或踰年或隔年然後始到故也"(『매계집(梅溪集)』권4,「서해인사전권후」). 이러한 해인사 전권에 기록된 중국 연호의 착오에 대한 설명으로는 하일식, 「해인사전권(田券)과 묘길상탑기(妙吉祥塔記)」 『역사와 현실』24, 1997 참조.

42) 崔英成, 『譯註 崔致遠 全集』2(孤雲文集), 아세아문화사, 1999, p.237의 주 115 참조. 그러나 명확한 시기는 여전히 말하기 어렵다.

기 위해 불국사 광학장(光學藏)에 비로자나불과 문수·보현보살 화상(畵像)을 기
진한 내용을 담고 있는 「화엄불국사비로자나문수보현상찬병서(華嚴佛國寺毘盧
遮那文殊普賢像讚幷序)」의 찬술연대이다. 이 글은 역시 최치원에 의해 찬술되었
으며, 2종의 원문과 마찬가지로 9세기 후반 불국사에 출가한 왕실세력에 의한
기진과 관련된 글이므로, 원문의 찬술시기 파악에 시사하는 바가 있을 것 같다.
이 찬문(讚文)에는 찬술시기를 시사하는 "태부에 추증된 헌강대왕(贈太傅獻康大
王)"·"(중국에서) 올 때는 계원행인(桂苑行人)이나 갈 때는 상구(桑丘; 신라)의 사자
(使者)인 최치원(有來爲桂苑行人 去作桑丘使者致遠)"[43] 등의 구절이 보이고 있는 바,
후술되듯이 신라가 헌강왕의 추증 사실을 알게 된 것은 891년(진성여왕 5) 겨울
무렵이고, 또 최치원이 신라 사신을 자칭할 수 있게 되는 것은 하정사로 입당
하려 했던 893년(진성여왕 7) 이후이므로, 이 글은 빨라도 893년 이후에 찬술되
었음을 시사한다.[44] 그렇다면 2종의 원문의 찬술 연대도 이에 준하여 생각해
볼 수 있다. 양자는 수원·왕비 등 왕실세력이 불국사 광학장에 화상 혹은 곡식
을 기진한 내용을 전하는 자료이며, 찬자가 최치원이라는 점에서 비슷한 시기
에 찬술되었을 가능성이 높기 때문이다. 그렇다고 하더라도 여전히 분명한 찬
술연대를 파악하기란 불가능하다.

이와 같이 2종의 원문의 주인공인 왕비 김씨는 9세기 말에 생존하고 있었던
왕비라는 사실만 분명할 뿐, 더 이상의 내용은 잘 알 수가 없다. 이에 그의 실체
를 파악하기 위해서는 다른 시각에서 접근할 필요가 있겠다. 이 때 2종의 원문에
보이는 다음과 같은 구절들이 실체의 이해와 관련하여 유의할 필요가 있다.[45]

---

43) 崔英成, 『앞의 책』2, p.196 및 p.201.
44) 崔英成, 『앞의 책』2, p.199 주 40 참조.
45) 이하 최치원 저술의 번역문은 崔英成, 『앞의 책』의 그것을 크게 참조하면서, 부분적으로 필자
가 보완하기도 하였다.

J-1. 제자 자매는 숙세(夙世)부터 선한 인연에 의지하여 귀족의 자제로 태어나게 되었으나, 어린 나이에 어버이를 잃고 가느다란 숨을 몰아쉬며 살고자 했던지라, 능히 (지극한 효녀인) 제영(緹縈)의 아름다운 발자취를 따르지도 못했고, 한갓 스스로 (屈原의 누이인) 여수(女嬃)의 깊은 포한(抱恨)처럼 (亡兄의 죽음에) 마음 상해했을 따름이었습니다.(「선고망형원문」崔英成,『譯註 崔致遠 全集』2(孤雲文集), 아세아문화사, 1999, p.238)

J-2. 어려서부터 장성하기까지 비록 살아있으나 죽은 것과 다름없었으니, 어찌 유태보(劉太保)의 여러 손자들이 두 조정에 걸쳐 거듭 뽑히게 된 것과, 왕사공(王司空; 王基)이 남긴 예법(禮法)으로 동성(同姓) 간에도 혐의할 것이 없게 될 줄 생각이나 했겠습니까. 비로소 (시집을 가서) 부덕(婦德)을 닦게 되었으나 얼마 되지 않아서 부부가 해로(偕老)하는 일이 어긋나 버렸습니다. 5일만에 돌아오겠다던 아름다운 기약은 날로 멀어져만 가고, 삼성(三星)이 높다랗게 늘어서 있다가 저마다 흩어져 버렸으니, 운우(雲雨)의 정은 참으로 허망한 꿈일 뿐이오, 부형에 대한 그리움[陟岵陟屺之戀]은 그 슬픈 정회를 다 표현하기 어렵습니다.(「선고망형원문」『앞의 책』, pp.238~239)

J-3. 드디어 얼굴을 돌보지 않고 머리털을 깎으며, 위와 창자를 깨끗이 씻은 채 좋은 인연 심는 것을 생각하고 경건하게 묘교(妙敎)를 따랐습니다. 이제 선고이신 이찬(夷粲) 및 망형의 명복을 빌고자 벼 3천 점(苫)을 서울 동쪽 산에 있는 광학침릉(光學寢陵)과 불국사의 표훈(表訓)·유가(瑜伽)·원측(圓測)의 삼성강원(三聖講院)에 함께 희사하옵니다.(「선고망형원문」『앞의 책』, p.239)

K-1. 제자 자매는 어려서 부모를 잃어 (하늘이) 원망스럽고 가혹하다는 생각을 깊이 품어 왔는데, 누구를 믿고 누구를 의지해야 하느냐 하는 생각에 풀이 죽고, 우러러 따를 분이 안계시고 몸을 의탁할 데가 없다는 점에 피눈물을 흘렸습니다.(「망제원문」『앞의 책』, pp.243~244)

K-2. 더구나 형제자매의 외로운 서글픔을 머금어, 우애하는 슬픔이 갑절로 응어리

졌음에도 하늘의 도움을 받지 못한 죄책을 면할 길이 없었는데, 유경(劉景)이 주대(周代)의 종실(宗室)을 분변하고, 이홍(李弘)이 위조(魏朝)의 예법(禮法)을 분별하였듯이, 남의 며느리가 되어 재상가(宰相家)에 공이 되고, 부도(婦道)를 받들어 행하여 왕가의 본보기가 될 줄 어찌 기약이나 했겠습니까.(「망제원문」, 『앞의 책』, p.244)

K-3. 지금 기국(杞國)에 근심이 깊어지고(=임금이 승하하고) 초양왕(楚襄王)의 양대(陽臺)의 꿈만 화려하듯이, 괴연(塊然)히 홀로 있으면서 망연자실하여 죽은 것처럼 지내지만, 그렇다고 임금의 곁을 떠나 정성을 아뢸 수도 없는 지라 부질없이 비구니나 본받고자 할 뿐입니다. …… 그리하여 마침내 죽은 아우를 위하여 불국사 광학장(光學藏)에서 명복을 빌고 도곡(稻穀) 1천 점(苫)을 경건히 바칩니다.(「망제원문」, 『앞의 책』, p.244)

우선 2종의 원문의 주인공 왕비 김씨가 동일인이라는 점은 '제자(弟子) 자매(姊妹)'(J-1 및 K-1)라는 표현이나 선고 망형과 망제를 추복하기 위한 곡식의 시납처가 불국사 광학장으로 동일한 데서 쉽게 추지된다. 그리고 위의 사료를 종합하면 왕비 김씨의 실체와 관련하여 우리는 다음과 같은 사실들을 짐작할 수 있다.[46] 첫째, 그는 귀족가문 출신으로서 아버지는 이찬의 관등을 가졌던 인물이었다(J-1·3, K-1). 둘째, 그의 형제는 오라비와 여동생이 있었으므로 삼남매였으며, 어린 나이에 부모와 오라비가 죽어 두 자매만이 외롭게 성장하였다(J-1, K-1). 셋째, 성씨는 김씨로서 자신은 왕가(王家)와 혼인하여 왕비가 되었고, 여동생은 재상가(宰相家)의 며느리가 되었는데, 동생이 왕비 김씨보다 일찍 세상을 떠났다(제목 및 J-2, K-2). 넷째, 왕비 자신은 왕과 혼인한 후 얼마 지나지 않아 국왕이 승하하였으며, 승하 후 자신은 출가하여 비구니로 생활하면서 선고와 망형

---

46) 이하의 서술은 李文基, 「앞의 논문」(2005), pp.246~250; 본서 제Ⅲ부 제1장에 의거하였다.

그리고 망제의 추복을 위하여 불국사에 많은 곡식을 시납하였다(J-3, K-3).

　이상의 사실에서 왕비 김씨의 실체 파악과 관련하여 각별히 주목할 점은 두 가지라고 할 수 있다. 첫째는 성이 김씨로 아버지가 이찬의 관등을 가졌던 엄연한 진골이었지만, 어린 나이에 부모는 물론 오라비까지 사망함으로써 영락(零落)의 길을 걷고 있었던 진골가문 출신이라는 점이고, 둘째는 어느 왕과 혼인하여 왕비가 되었지만, 얼마 지나지 않은 시점에 왕이 사망하였으므로, 불국사로 출가하였다는 사실이다. 이를 단서로 9세기 후반에 생존하고 있었던 김씨성을 가진 왕비의 실체를 살펴보기로 하자.

　『삼국사기』 신라본기와 『삼국유사』 왕력 등 국왕의 혼인 상황을 보여주는 기사에서 9세기 말의 왕비 가운데 이상의 조건에 그대로 부합하는 존재는 쉽게 확인되지 않는다. 자세한 관련 기록이 없으므로, 물론 여러 가지 가능성을 상정해 볼 수도 있다. 이 점에 대해 가장 적극적인 견해를 내놓은 전기웅은 경문왕비·헌강왕비·정강왕비와 최치원 찬 「화엄불국사비로자나문수보현상찬병서(華嚴佛國寺毘盧遮那文殊普賢像讚幷序)」에 등장하는 헌강왕의 빈어(嬪御) 수원권씨(脩媛權氏) 등도 9세기 말에 생존했을 가능성이 높다는 점을 들어 원문의 주인공인 왕비 김씨의 후보자로 지목했다.[47] 먼저 경문왕비는 진골 출신의 김씨 왕비인 것이 사실이다. 그러나 경문왕의 정비와 차비는 헌안왕의 공주였으므로 영락한 진골 가문 출신이라는 위의 첫 번째 조건과 전혀 맞지 않는다. 다음 헌강왕의 정비 의명부인은 그 혼인 시기에 관한 명백한 기록은 없지만 두 딸이 효종(孝宗)과 경휘(景暉)에게 출가했음이 확인되고 헌강왕의 재위기간이 12년이었던 만큼, 혼인한지 얼마 지나지 않아 국왕과 사별했다는 두 번째 조건과 부합된다고 할 수 없다. 따라서 경문왕비와 헌강왕비는 원문의 주인공 왕

---

47) 全基雄, 「앞의 논문」(2006), p.55의 주 17.

비 김씨로 보기는 어렵다. 다음 정강왕비의 경우 관련 기록이 전혀 없고, 정강왕이 과연 혼인을 했는지조차도 불분명하므로, 가상의 인물을 왕비 김씨로 비정하는 것은 막연한 추측에 지나지 않는다. 마지막으로 「화엄불국사비로자나문수보현상찬병서」에 등장하는 헌강왕의 빈어 수원권씨는 행적 면에서 보면, 불국사에 출가한 상태에서[48] 헌강왕을 추복하기 위해 광학장(光學藏)에 비로자나불상과 문수·보현보살상을 모시는 등 광학장에 곡식을 시납한 왕비 김씨와 비슷한 점이 없지 않다. 그렇지만 찬자인 최치원이 그를 '수원(脩媛)' 혹은 '원(媛)'[49]이라는 칭호로 표현하고 있어 '왕비'가 아님을 명백히 하고 있고, 성씨도 권씨와 김씨로 서로 다르게 기록하고 있으므로, 양자를 동일인으로 비정할 수는 없다. 따라서 2종의 원문의 주인공인 왕비 김씨의 실체는 전기웅이 후보자로 거론한 4명의 인물과는 다른 사람으로 보지 않을 수 없다.

그러면 위의 조건을 충족하는 인물은 찾을 수 없는 것일까. 필자는 역시 효공왕의 생모 김씨가 이에 가장 합당한 인물이 아닐까 한다. 앞에서 논증했듯이 그는 성이 김씨로 898년(효공왕 2)까지 생존해 있다가 왕태후로 책봉되었으므로, 2종의 원문의 주인공 왕비 김씨로 비정할만한 조건을 갖추었다. 또 다음 절에서 상론하듯이, 효공왕의 출생 시점에서 보면, 효공왕의 생모가 헌강왕을 만난 시점은 884년(헌강왕 10) 쯤으로 추정된다. 헌강왕이 886년(동 12) 7월 5일에 죽었으니, 그는 만난 지 2년 만에 헌강왕과 사별하였던 셈이다. 이러한 행적은 앞의 사료 J-2의 "비로소 (시집을 가서) 부덕(婦德)을 닦게 되었으나 얼마 되지 않아서 부부가 해로(偕老)하는 일이 어긋나 버렸습니다"라는 표현과 잘 들어맞

---

48) 당에서는 황제가 죽었을 경우 그 비빈(妃嬪)들은 도관(道觀)이나 사찰(寺刹)로 들어가는 경우가 많았다. 이를 참조하면, 신라에서도 그러했을 가능성이 없지 않다. 그렇다면 헌강왕의 비빈들도 그의 사망 후 불국사로 들어가 승려가 되었을 가능성도 있다.

49) "媛乃菩薩化身", "媛也念三無私之德"(「華嚴佛國寺毘盧遮那文殊普賢像讚并序」 崔英成, 『앞의 책』2, p.195).

고 있는 것이다.

다만 원문의 주인공 왕비 김씨가 곧 효공왕의 생모 김씨와 동일인이라고 단정하기 위해서는 한 가지 중요한 의문이 해명될 필요가 있다. 즉 사료 A에서 보듯이 효공왕을 헌강왕의 서자라고 했고, 생모는 정식 혼인이 아닌 야합을 통해 요를 출생했다. 더구나 요가 적어도 895년(진성여왕 9)에 왕궁으로 들어와 태자로 책봉되기 전까지 여항(閭巷)에서 성장하여 왕실이 그 존재조차 모르고 있었다는 기존 견해가 옳다면, 요의 생모가 과연 '왕비'라는 호칭으로 불릴 수 있었을까 라는 의문에 답해야 하는 것이다. 이와 관련하여 필자는 우선 2종의 원문이 김씨가 요를 출생하고 난 이후에 찬술된 자료라는 점을 주목하고 싶다. 요는 정비(正妃)가 낳은 적자가 없는 상태에서 태어난 헌강왕의 유일한 사자(嗣子)였다. 후술되듯이 요는 출생 직후부터 그 존재가 왕실에 의해 인지되고 있었다. 그렇다면 유일한 사자를 낳은 김씨가, 실제로 왕비라는 위상을 가졌는지는 불분명하지만, 왕비로 지칭되었을 가능성은 배제하기 어렵다고 본다. 더구나 만약 원문의 찬술시기가 요가 태자로 책봉된 895년(진성여왕 9) 이후였다면, 태자의 생모인 김씨에게 왕비의 지위가 부여되었을 가능성도 있고, 최치원이 태자의 생모라는 점을 중시하여 김씨를 왕비로 지칭했을 수도 있다고 본다. 이러한 가능성에 유의하면, 원문의 주인공 왕비 김씨를 효공왕의 생모 김씨에 비정하는 것이 그렇게 무리한 추론이라고 할 수는 없지 않을까 한다.

종래 효공왕의 생모에 대해서는 헌강왕과 야합에 의해 효공왕을 낳았다는 설화적 기사와 효공왕이 헌강왕의 서자라는 표현을 중시하여, 진골 출신이 아닌 것으로 이해함이 일반적이었다. 그러나 앞에서 살핀 바처럼 효공왕의 생모는 898년(효공왕 2)에 왕태후로 책봉된 김씨로써, 최치원이 찬한 2종의 원문의 주인공인 왕비 김씨가 곧 그 사람임을 알게 되었다. 그리고 원문의 내용에 의해 그는 부모와 오라비가 일찍 죽어 자매만 외롭게 자랐지만, 아버지는 이찬을 역임한 진골귀족이었음이 밝혀졌다. 따라서 효공왕의 생모 김씨도 진골 출신으로 보아야 하며, 설화적 기사에 의거하여 그의 신분을 비진골로 보거나, 한걸음 나아가 소생인 효공왕의 신분까지 진골이 아닌 것으로 보아 그의 왕위 계승을 비진골에 의한 왕위 계승으로 이해해서는 곤란하다고 생각한다.

3. 요의 출생 시기

『삼국사기』 진성여왕 9년조의 요(효공왕)의 출생과 태자책봉에 관한 설화적 기사에는, 요를 헌강왕의 서자라고 하면서 헌강왕과 민간의 여인의 야합을 통해 출생하게 되었음을 전하고 있다(앞의 사료 A). 또 『같은 책』 효공왕 즉위조에도 그를 헌강왕의 서자라고 하고 있으므로(앞의 사료 B-1), 요가 헌강왕이 정식의 혼인을 통해 맞아들인 정비와의 사이에서 태어난 적자가 아니었음은 사실로 보인다. 그러나 앞에서 보았듯이 그의 생모는 진골 출신으로서 효공왕 2년에 왕태후로 책봉된 김씨이자, 최치원이 찬한 2종의 원문(「선고망형원문」과 「망제원문」)에 보이는 왕비 김씨였다.

그러면 김씨가 헌강왕을 만난 시기는 언제이며, 또 언제쯤 효공왕을 출생했을까. 우선 두 시기의 시차는 1년 정도이다. 왜냐하면 생모 김씨는 헌강왕을 만난 후 곧 잉태하여 아들인 요를 출산했다고 하였기 때문이다.

그런데 요의 연령에 대한 기록이 보이는 다음의 사료는 이 문제의 해명에 실마리가 될 수 있다.

L-1. 진성왕(眞聖王)이 왕위에 올랐다. 이름은 만(曼)이며, 헌강왕의 누이동생이다 (註 : 『최치원문집』 제2권의 「사추증표(謝追贈表)」에서 이르기를 …… 또 「납정절표(納旌節

表)」에서 이르기를 "신의 장형(長兄)인 국왕 정(晸)은 지난 광계(光啓) 3년(887) 7월 5일에 갑자기 성대(聖代)를 버렸고, 신의 남자 조카 요(嶢)는 태어난 지 아직 돌[周晬]이 되지도 않았으므로 신의 중형(仲兄) 황(晃)이 임시로 나라를 통치했으나, 또 1년을 지나지 않아 멀리 세상을 떠났습니다"라고 하였다).(『삼국사기』 권11, 진성왕 즉위조)

L-2. 가만히 생각하옵건대 신의 조카 요는 신의 망형 정의 자식인데, 연령은 지학(志學)에 가깝고, 재기(才器)는 종실을 일으킬 만하옵니다. 산 아래에서 샘물이 나온 것과 같았으나, 동몽지심으로 능히 성품을 바르게 하는 것을 함양하였습니다. 언덕에 오얏 꽃이 있음에 뭇사람이 현인을 생각하옵기로, 밖으로 구하는 것을 빌지 아니하고 이에 안에서 천거함을 따랐는데, 근자에 이미 번방(藩邦)의 직무를 맡겨 나라의 재난을 진정시키게 하였습니다.(「讓位表」崔英成, 『앞의 책』 2, pp.102~103)

L-3. 여름 6월에 왕이 좌우의 신하들에게 "근년 이래로 백성은 곤궁하고 도적들이 벌떼같이 일어나니, 이는 내가 덕이 없는 탓이다. 어진 이에게 자리를 비켜 왕위를 양보하고자 하는 나의 뜻은 결정되었다"라고 하였다. 이에 왕위를 태자 요에게 물려주었다. 그리고 당에 사신을 보내 표를 올려 상주하기를 " …… 신의 질남(姪男) 요는 신의 망형 정의 자식인데, 나이가 거의 지학(志學)에 이르렀고, 자질은 종사(宗社)를 일으킬 만하므로 밖에서 구하여 데려오지 않고 안에서 천거하게 되었습니다. 근래에 이미 정치를 임시로 맡겨 다스리게 하여 나라의 재앙을 진정시켰습니다"라고 하였다.(『삼국사기』 권11, 진성왕 11년조)

위의 사료에는 요의 연령에 대한 간접적인 기록이 보이고 있다. 먼저 L-1의 최치원 찬 「납정절표」에는 헌강왕이 사망할 당시인 887년(광계 3) 7월 5일 무렵의 요의 나이를 주수(周晬) 곧 돌이 채 되지 않았다고 하였다. 「납정절표」에 헌강왕의 사망 시기를 광계 3년으로 기록하고 있는 것은 물론 광계 2년(886; 헌강왕

12)의 착오이다.[50] 이를 제외한 『삼국사기』 · 『삼국유사』 등의 문헌기록은 물론 최치원이 찬술한 다른 자료인 「대숭복사비」나 「진감선사비」 등을 통해서도 헌강왕은 광계 2년(886; 헌강왕 12) 7월 5일에 훙거했음이 확인되기 때문이다. 헌강왕의 사망시점이 광계 2년(886) 7월 5일이었다면, 그 때 요가 채 돌이 지나지 않았다고 했으므로 그의 출생 시기는 885년(헌강왕 11)으로 비정할 수 있고, 생모인 김씨가 헌강왕을 만난 것은 884년(헌강왕 10) 쯤으로 볼 수 있다.

한편 L-2·3은 모두 「양위표」의 한 구절인데, 이 글이 작성될 897년(진성여왕 11) 6월 당시 요의 나이를 연장지학(年將志學), 곧 15세에 가깝다고 하고 있다. 만약 897년에 요의 나이가 정확히 15세였다면, 그의 출생 시기는 883년(헌강왕 9)이고, 헌강왕과 김씨가 만난 시점은 882년(헌강왕 8)이 된다.

이렇게 요의 나이를 알려주는 두 자료를 보면 출생 시기에서 2년 정도 차이가 난다. 그러나 L-2·3의 자료적 성격이 요가 연령이나 자질 면에서 진성여왕을 이어 왕위를 계승할만한 충분한 자격을 갖추었음을 강조하는 글이므로, 아직 15세가 되지 않았어도 '지학'으로 표현했을 가능성이 매우 높다.[51] 이에 요의 출생 시기는 L-1에 근거하여 885년(헌강왕 11)으로 보는 것이 옳겠다.

그렇다면 요의 출생 문제는 다음과 같이 정리된다. 정비로부터 적자가 없었던 헌강왕은 884년(헌강왕 10)에 관렵(觀獵)을 가는 길에 몰락한 진골 출신의 여인 김씨를 보고 유궁(帷宮)에서 야합하였으며, 김씨는 곧 잉태하여 이듬해인 885년(헌강왕 11)에 아들인 요를 출생하였다. 그런데 요의 출생 후 1년이 되기

---

50) 이미 이강래는 이 사례만이 아니라 최치원이 연호나 간지 인용에서 종종 착오를 범했음을 지적하고 있다(李康來, 『三國史記 典據論』, 民族社, 1996, pp.294~298).

51) 사료 L-1에 의거하여 「양위표」를 작성할 당시의 요의 연령을 추정하면 13세가 되므로, '연장지학(年將志學)'이라는 표현이 그리 어색한 것은 아니다. 이에 대해서는 權英五, 「김위홍과 진성왕대 초기 정국」 『大丘史學』 76, 2004, p.21; 『新羅下代 政治史 研究』, 혜안, p.236에서 이미 지적된 바 있다.

도 전인 886년(헌강왕 12) 7월 5일에 헌강왕이 사거하고 말았다. 요는 헌강왕의 유일한 사자(嗣子)였지만, 서자인데다가 아직 채 돌이 지나지 않은 유아였으므로 왕위를 이어받지 못하였다.

4. 왕실의 요의 존재 인지 시기

앞에서 보았듯이 요는 부왕인 헌강왕이 생존하고 있었던 885년(헌강왕 11)에 출생하였다. 비록 서자였다고 해도 적자가 없는 상황에서 태어난 헌강왕의 유일한 왕자였던 만큼, 상식적인 차원에서 보면 그의 출생은 왕실의 커다란 경사로 받아들여졌을 법하다.

그러나 종래의 연구에서는 이와는 전혀 다르게 이해해 왔다. 즉 요가 895년(진성여왕 9)에 비로소 태자로 책봉되었던 점과 그 책봉기사에 부수된 설화적 내용에 근거하여, 신라 왕실이 요의 존재를 인지했던 시기를 태자 책봉에서 그리 멀지 않은 때로 파악하였던 것이다.[52] 이를 따르면 요는 신라 왕실이 그 출생이나 존재 자체를 모르고 있는 가운데서 민간에서 성장하다가, 895년 무렵에 왕실에 알려져서 비로소 헌강왕자임을 공인받고 곧 태자로 책봉되었던 셈이다.

그러나 이러한 기존의 이해는 매우 중요한 당대의 일차 사료를 간과하고 내린 결론이라는 점에서 재검토의 여지가 있다. 다음의 「납정절표」가 그 중의 하나이다.[53]

---

52) 金昌謙, 『앞의 책』, p.388; 全基雄, 「앞의 논문」(1989), pp.14~15; 同, 「앞의 논문」(2006), p.48; 權英五, 「新羅下代 政治變動 研究」(부산대 박사학위논문), 2007, p.54.
53) 전기웅은 이 자료를 주목했지만, 자료의 작성연대를 진성여왕 9년에서 11년 사이로 비정하

M. 진성왕이 왕위에 올랐다. 이름은 만이며, 헌강왕의 누이동생이다(註 : 『최치원문집』 제2권의 「사추증표」에서 이르기를 "신 탄(坦)은 말씀드립니다. 삼가 제지(制旨)를 받들어 망부(亡父) 신 응(凝)을 추증하여 태사(太師)로 삼고, 망형(亡兄) 신 정(晸)을 태부(太傅)로 삼았습니다"라고 하였다. 또 「납정절표」에서 이르기를 "신의 장형인 국왕 정은 지난 광계 3년 7월 5일에 갑자기 성대를 버렸고, 신의 질남 요는 태어난 지 아직 돌[周睟]이 되지도 않았으므로 신의 중형 황이 임시로 나라를 통치했으나, 또 1년을 지나지 않아 멀리 세상을 떠났습니다"라고 하였다. 이로써 말한다면 경문왕의 휘는 응인데 「본기」에서는 곧 응렴(膺廉)이라 했고, 진성왕의 휘는 탄인데 「본기」에서는 만이라고 하였다. 또 정강왕 황은 광계 3년에 세상을 떠났는데도 「본기」에는 2년에 세상을 떠났다고 했다. 모두 어느 것이 옳은지 모르겠다).(『삼국사기』 권11, 진성왕 즉위조)

위의 사료는 진성여왕 즉위조의 분주(分註)이다. 『삼국사기』의 찬술 과정에서 『최치원문집』에 실린 「사추증표」와 「납정절표」라는 두 가지 자료와 신라본기를 대조하여 경문왕과 진성여왕의 휘 및 정강왕의 사망 시기에 대한 고증을 시도한 것이다.[54] 여기서 찬자가 고증자료로 활용한 「사추증표」와 「납정절표」는 『삼국사기』 편찬 당시까지 전해지고 있던 『최치원문집』 30권[55]에 수록되었던 것인데, 아쉽게도 지금은 인멸되고 위의 사료에 보이는 단편적인 내용밖에 전해지지 않고 있다.

그렇지만 제목과 단편적인 내용에서 보면, 「사추증표」는 진성여왕이 당으로부터 경문왕을 태사(太師)로, 헌강왕을 태부(太傅)로 추증한다는 제지(制旨)를 받

는 잘못을 범하였다(全基雄, 「앞의 논문」(2006), p.52의 주 10 참조).
54) 다만 찬자는 대교(對校) 과정에서 정강왕의 사망연대와 관련하여 약간의 착오를 범하였음은 이미 지적된 바 있다(정구복 외, 『譯註 三國史記』3(주석편(상)), 韓國精神文化硏究院, 1997, p.358의 주 108 참조).
55) "又有文集三十卷 行於世"(『삼국사기』 권46, 최치원열전).

고 그에 감사하는 표문(表文)이며, 「납정절표」는 당이 신라에게 주었던 정절(旌節)을 반납할 때의 표문으로서 모두 최치원이 진성여왕을 대신하여 지은 것임을 알 수 있다. 그런데 「납정절표」에는 헌강왕이 훙거하고 정강왕이 즉위할 당시의 요의 나이를 주수(周晬)가 되지 않았음이 언급되고 있다. 이는 늦어도 「납정절표」가 작성될 당시에는 신라 왕실이 요의 존재를 인지하고 있었음을 의미한다. 따라서 「납정절표」의 작성시기가 밝혀진다면 신라 왕실이 요의 출생이나 존재를 인지했던 시점을 추론하는데 크게 도움을 얻을 수 있겠다.

「납정절표」의 작성 시기와 관련하여 주목할 것은 893년(진성여왕 7)에 납정절사(納旌節使)가 파견되었던 사실이다.

> N-1. 병부시랑(兵部侍郎) 김처회(金處誨)를 당나라에 보내 정절(旌節)을 바치게 하였으나 바다에 빠져 죽었다.(『삼국사기』권11, 진성왕 7년조)
>
> N-2. 당 소종(昭宗) 경복(景福) 2년(893; 진성여왕 7)에 납정절사(納旌節使) 병부시랑 김처회가 바다에 빠져 죽자, 곧 추성군태수(橻城郡太守) 김준(金峻)을 차출하여 고주사(告奏使)로 삼았다. 당시 치원은 부성군태수(富城郡太守)로 있었는데, 마침 왕이 불러 하정사(賀正使)로 삼았다. 그러나 해마다 흉년이 들어 기근에 시달렸고 그로 인하여 도적이 횡행하여 길이 막혀 가지 못하였다.(『삼국사기』권46, 최치원열전)

위의 사료 N에는 893년(진성여왕 7)에 당으로 가던 납정절사 병부시랑 김처회(金處誨)가 바다에 빠져 죽었던 사실이 보이고 있다. 납정절사란 명칭에서 보면 곧 정절을 반납함을 목적으로 하는 사절임이 분명하다. 그리고 이는 이미 신라 왕실이 당으로부터 정절을 내려 받은 바가 있었던 사실을 전제로 하고 있다. 즉 이미 수여받았던 정절을 반납하기 위해 신라 왕실은 893년(진성여왕 7)에 납정절사로서 병부시랑 김처회를 당에 파견했던 것이다.

893년 이전에 신라 왕실이 당으로부터 정절을 수여받은 사례로는 865년(경문왕 5)의 기사가 유의된다. 여기에는 정사인 호귀후(胡歸厚)와 부사인 배광(裵光) 등이 신라에 와서 헌안왕을 조제(弔祭)하고, 동시에 경문왕을 "개부의동삼사 검교태위 지절 대도독 계림주제군사 상주국 신라왕"으로 책봉하면서 관고(官誥) 1통과 정절(旌節) 1벌 및 각종 예물 등을 내려주었다고 하고 있다.[56] 진성여왕이 893년에 납정절사를 파견하여 당에 반납하려 했던 정절은 바로 이 865년에 당으로부터 하사받은 그것일 것이다.

이와 같이 진성여왕은 865년에 당으로부터 내려받은 바 있는 정절을 다시 반납하기 위하여 893년에 납정절사를 파견하였다. 그러나 납정절사 김처회가 사행 중에 바다에 빠져 죽어 정절의 반납과 같은 소기의 목적은 이루어지지 못했을 것이다. 그러나 우리가 유의할 것은 납정절사의 파견에 즈음하여 신라가 정절의 반납 경위를 비롯한 저간의 사정을 설명하는 외교문서를 작성하였을 것이라는 점이다. 외교문서조차 갖추지 않은 견당사의 파견이란 생각하기 어렵기 때문이다.[57] 그렇다면 「납정절표」는 893년(진성여왕 7) 납정절사의 파견에 즈음하여 최치원에 의해 찬술된 외교문서임을 짐작할 수 있다.[58]

그런데 누차 지적했듯이 「납정절표」에는 헌강왕이 사망하고 정강왕이 즉위

---

56) 『삼국사기』 권11, 경문왕 5년조.

57) 권덕영은 견당사들의 궁극적인 목적을 "당제를 알현하고, 자국왕의 표문(表文)과 공물(貢物)을 헌상한 후 당제의 칙서와 회사품(回賜品)을 받아오는 일"이라고 밝히고 있다(權悳永, 『앞의 책』, p.176).

58) 「납정절표」라는 제목의 외교문서가 작성될 수 있는 계기가 될 만한 사건으로 납정절사의 파견 외에 다른 것을 상정하기란 불가능하다. 李基東, 「앞의 논문」, p.10에서 "최치원이 여왕의 명으로 893년 찬(撰)한 「납정절표」"라고 단정적인 표현을 아끼지 않았던 것은 이러한 인식에 기초한 것으로 생각된다. 한편 張日圭, 「최치원의 저술」, 『北岳史論』 10, 2003, pp.98~99에서는 최치원 찬 현전 표문의 대부분이 896년~897년 사이에 작성되었음을 근거로 「납정절표」 역시 같은 시기에 찬술된 것으로 보았으나 이는 잘못이다.

한 시점인 886년 7월에 요가 미처 주수(周晬; 돌)에 이르지 않았다는 내용이 보이고 있다. 이는 신라 왕실은 물론 찬자인 최치원이 요의 존재를 인지하지 않고서는 도저히 나올 수 없는 표현이다. 따라서 「납정절표」의 작성 시기와 내용에 의하는 한, 신라 왕실은 아무리 늦어도 893년(진성여왕 7)에는 헌강왕자인 요가 존재하고 있음을 분명히 인지하고 있었던 것이다.[59]

그러면 신라 왕실은 요의 존재를 893년(진성여왕 7)에 이르러서 비로소 인지하게 되었을까. 사실 「납정절표」가 작성된 893년은 요의 존재를 왕실이 인지하고 있었음을 우리에게 보여주는 분명한 하한 시점에 지나지 않는다. 이 문제의 해명과 관련하여 필자는 또 하나의 자료를 주목하고 싶다. 역시 최치원이 대작한 외교문서인 「사사조서양함표(謝賜詔書兩函表)」(이하 「양함표」로 줄임)가 그것인데, 여기에도 역시 진성여왕이 질남(姪男)인 요에 대해 언급한 부분이 보이고 있기 때문이다.

「양함표」의 작성 시기는 일단 작성주체가 진성여왕이라는 점에서 아무리 넓혀 보더라도 그의 재위 기간인 887년 7월에서 897년 6월 사이를 벗어날 수 없다. 뚜렷한 증거가 없어 그 구체적 시기를 특정하기란 쉽지 않지만,[60] 「양함표」의 서술 내용에서 작성의 상한 시점을 좁혀볼 수 있는 약간의 단서가 보인다. 먼저 주목되는 것이 아래의 구절이다.

O-1. 신의 망형인 고 국왕 신 정(晸)이 앞서 배신(陪臣) 시전중감(試殿中監) 김근(金僅) 등을 보내 표를 받들어 선황제(先皇帝)께서 서행(西行)하셨던 어가가 대궐로 돌아

---

59) 이것만으로도 신라 왕실이 요의 존재를 인지했던 시기를 895년(진성여왕 9) 무렵으로 보는 기존의 견해는 설득력을 얻기 어렵다고 본다.

60) 895년(진성여왕 9) 10월부터 897년(진성여왕 11) 6월 사이에 작성된 것으로 본 견해가 있지만(張日圭, 「新羅下代 社會와 崔致遠의 位相」 『朝鮮古代の文人官僚・崔致遠の人と作品に關する歷史文學的研究』, 日本 2005~2006年度 科學研究費補助金研究成果報告書, 2007, p.65), 근거를 확실하게 제시하지 않고 있어 아쉬움을 남긴다.

오셨음을 경하드렸고, 이에 별도로 표를 붙여 역적 황소를 목베심을 칭하(稱賀)하였습니다.(「謝賜詔書兩函表」崔英成, 『앞의 책』, pp.142~143)

O-2. 저번에 선황제께서 금수산천(錦繡山川)에 순수(巡狩)하는 것을 끝내고 궁궐로 돌아오셨다는 소식을 들었습니다.(위와 같음)

O-3. 엎드려 생각하건대 성문예덕광무홍효황제(聖文睿德光武弘孝皇帝) 폐하께서 열성(列聖)을 받들어 계승하여 성덕이 군방(群方)에 널리 드러나시어 전모(典謨)·훈고(訓詁)의 종지(宗旨)를 들어 융적만이(戎狄蠻夷)의 무리를 경계하였으니 장차 만국(萬國)이 일가로 됨을 보게 될 것입니다.(위와 같음)

O-1·2에는 황소의 난을 피해 서촉(西蜀)으로 파천했다가 장안으로 돌아온 희종(僖宗)을 선황제(先皇帝)라고 하고 있고, O-3에서는 재위 중인 소종(昭宗)을 "성문예덕광무홍효황제 폐하(聖文睿德光武弘孝皇帝 陛下)"라는 휘호(徽號)로 표기하고 있다. 이는 「양함표」가 작성된 상한 시점이 빨라도 당 희종이 사망하고 소종이 즉위한 888년(진성여왕 2) 이후임을 의미한다. 다만 O-3의 표현을 음미하면, 분명하진 않지만 행간에서 새로 등극한 황제의 전도(前途)를 칭송하고 있는 듯한 뉘앙스를 읽을 수 있다. 이에 근거한다면 「양함표」는 일단 희종이 죽고 소종이 즉위한 지 그리 멀지 않은 시점에 작성된 것으로 추측해 볼 수 있다.

다음의 구절도 이 글 작성의 상한 시점 파악과 관련하여 검토될 필요가 있다.

O-4. 그런데 신의 망형인 증태부(贈太傅) 신 정은 태어나면서부터 노교(老敎)를 알고, 평소 진언(秦言; 중국말)을 잘하였으니, 뛰어난 재주가 어찌 쟁쟁(錚錚)할 뿐이겠습니까?(위와 같음)

「양함표」에는 헌강왕을 "증태부(贈太傅)"로 표현하고 있는데, 이것이 단서가
될 수 있다. 증태부란 진성여왕이 선고 경문왕과 망형 헌강왕에 대해 추증해
줄 것을 요청한데 대해 당이 헌강왕에게 추증해 준 관호(官號)이다. 그렇다면 이
런 표현이 포함된 「양함표」는 신라가 경문왕과 헌강왕이 태사와 태부로 추증되
었음을 알고 난 이후에 작성되었다는 말이 된다. 그러므로 신라가 두 왕에 대
한 추증 사실을 알았던 시기가 밝혀진다면, 이 글이 작성된 상한 시점을 좁힐
수 있겠다.

당이 경문왕·헌강왕에 대한 추증을 단행한 시기나 신라 조야(朝野)가 그 사
실을 알게 된 시점을 고증하는 작업도 그리 만만하지 않다. 사안 자체가 곡절
이 많았고, 관련 자료도 부족할 뿐더러 자료 가운데 명확한 시기를 알려주는
언급이 거의 없기 때문이다. 그러나 이 문제에 관한 몇 가지의 유관 자료를 종
합하여 추증의 전후 과정을 복원해 보면, 해결이 불가능하지는 않을 것 같다.

두 왕의 추증에 관한 사안과 관련된 자료에는, 추증에 감사하는 직접적인 외
교문서인 『삼국사기』 진성여왕 즉위조의 분주(分註)로 인용된 「사추증표(謝追
贈表)」와 897년(효공왕 1) 7월 이후에 작성된 「사은표(謝恩表)」, 그리고 증태사(贈
太師)·증태부(贈太傅) 등의 표현이 사용된 「주청숙위학생환번장(奏請宿衛學生還蕃
狀)」·「사사위표(謝嗣位表)」 등의 외교문서와 「낭혜화상비」·「지증대사비」 등 선
사의 탑비 및 「대화엄종불국사비로자나불문수보현상찬병서」와 같은 찬문 등
최치원이 찬한 자료들이 있다. 이제 이들 자료를 종합하여 추증이 진행된 전후
의 과정을 살펴 추증 시기나 신라에서 이를 알게 된 시점 등의 해명에 접근해
보기로 한다.

관련 자료를 종합하고 약간의 추론을 더하여 경문왕·헌강왕에 대한 추증 사
안이 진행되는 과정을 단계화해 보면, ① 진성여왕의 선고 경문왕과 망형 헌강왕
에 대한 추증을 요청하는 표(이하 가칭 "청추증표(請追贈表)"로 줄임) 제출 → ② 당의

추증 → ③ 신라의 추증 제지(制旨) 인지와 「사추증표(謝追贈表)」의 작성 → ④ 신라에서 추증 관호 표기의 보편화 → ⑤ 최원(崔元)이 추증 제서(制書)와 관고(官誥) 수령 후 귀국 → ⑥ 최치원의 「사은표」 대작(代作)의 6단계를 거쳤던 것으로 추측된다. 이 글에서 이 문제를 상론할 필요는 없으므로, <표 1>로 정리해 둔다.[61]

〈표 1〉 경문왕 · 헌강왕에 대한 추증의 진행 과정

단계	시기	진행된 사안	전거	비고
①	진성여왕 즉위 후	진성여왕이 당에 경문왕 · 헌강왕에 대한 가칭 "청추증표(請追贈表)" 제출	「사은표(謝恩表)」	
②	신라의 "청추증표(請追贈表)" 수령 이후	당이 경문왕을 태사로, 헌강왕을 태부로 추증하는 제서(制書)와 관고(官誥)를 내림	「사은표」	
③	당의 추증 이후	추증 제지가 내려진 사실이 신라에 전해져 최치원이 「사추증표(謝追贈表)」를 대작(代作)함	「사추증표(謝追贈表)」	제서 · 관고 등 공식 문서가 아닌 다른 통로로 신라 조야가 추증 사실 인지함
④	892년 봄 이후~897년 6월	경문왕 · 헌강왕을 증태사 · 증태부로 표기	「낭혜화상비」 · 「지증대사비」 · 「주청숙위학생환번장(奏請宿衛學生還蕃狀)」	추증 관호 사용이 보편화 됨
⑤	897년 7월	891년 경하부사(慶賀副使)로 입당했던 최원이 7월 5일 추증(追贈) 제서(制書) · 관고(官誥) 수령 후 귀국	「사은표」	추증 제서 · 관고가 공식적으로 신라에 전달됨
⑥	897년 가을	최치원이 「사은표」를 대작(代作)함	「사은표」	

<표>에서 보듯이 사안의 진행 과정에서 그 시기가 명확히 드러나는 것은 추증 관호 사용이 보편화된 ④단계 이후이다. 각각 892년(진성여왕 6) 봄과 893년

61) 이러한 사안의 진행 과정에 대한 단계 설정에서 의문이 제기 될 수 있는 것은 「사추증표」의 작성을 ③단계에 위치시킨 점이다. 여기서는 지면의 제약으로 길게 다루기 어려워 결론만 제시했지만, 이는 별도로 검토되어야 할 문제이다.

겨울에 찬술이 완료된 「낭혜화상비」와 「지증대사비」에서[62] 경문왕을 "증태사"로, 헌강왕을 "증태부"로 표기하고 있으며, 897년(진성여왕 11) 하정사 김영(金穎)이 가져간 「주청숙위학생환번장」에도 같은 용례가 보인다. 그리고 ⑤·⑥단계는 「사은표」에 그 시기가 897년으로 명기되어 있다.

이렇게 892년 봄 이후부터 추증 관호가 보편적으로 사용되었다는 것은 이미 그 이전에 ③단계 즉 신라 조야(朝野)가 추증 사실을 알고 있었다는 의미이며, 나아가 그 전제로서 ①·②단계가 선행되었던 결과임은 재언할 필요도 없다. 그러면 ①~③단계가 진행된 그 시기는 언제일까. 이는 증태부라는 용례가 보이는 「양함표」의 작성 상한 시점을 확정하는데 매우 긴요한 문제이다.

이와 관련하여 「사은표」의 "신의 고모 탄이 번국의 일을 임시로 맡아보던 때에 표를 갖추어 추층을 청하는 말을 아뢰었습니다(臣叔坦權守蕃務日 俱表陳請追贈)"라는 구절이 주목된다. 진성여왕이 표를 갖추어 당에 추증을 청하였다는 것인데, 이는 당연히 진성여왕이 보낸 견당사에 의해 당 조정에 봉진(奉進)되었을 것이다. 따라서 892년 봄 이전의 진성여왕에 의한 견당사의 파견 시기를 검토하면, ①~③단계의 시기를 짐작해 볼 수 있겠다.

신라의 견당사에 대한 권덕영의 연구에 의하면, 진성여왕대의 견당사 파견 회수는 대략 6회 정도였고 즉위 후 최초로 파견한 견당사는 891년(진성여왕 5) 여름에 입당한 최원(崔元)이라고 한다.[63] 「견숙위학생수령등입조장」·「사은표」 등의 자료에 최원의 입당과 그 이후의 활동에 대한 다음과 같은 내용이 보인다.

---

62) 「낭혜화상비」는 892년 봄 무렵에, 「지증대사비」는 893년 겨울에 찬술이 완성되었다(곽승훈, 『최치원의 중국사탐구와 사산비명 찬술』, 韓國史學, 2005, p.42 참조).

63) 權悳永, 『앞의 책』, pp.95~96.

P-1. 특별히 홍려시(鴻臚寺)에 선지(宣旨)를 내려 용기(龍紀) 3년(891)에 하등극사(賀登極使) 판관 검교사부낭중(檢校祠部郎中) 최원을 따라 입조한 학생 최영(崔霙) 등의 사례에 준하여 경조부(京兆府)로 하여금 매달마다 공부할 양식을 지급하게 하시고 …… .(「遣宿衛學生首領等入朝狀」崔英成, 『앞의 책』, p.160)

P-2. 지난 건녕(乾寧) 4년(897) 7월 5일에 앞서 입조했던 경하판관(慶賀判官) 검교상서(檢校尙書) 사부낭중(祠部郎中)으로 자금어대(紫金魚袋)를 하사받은 신 최원이 본국으로 돌아옴에 내리신 제지(制旨)를 받드오니 망조(亡祖)인 고 계림대도독 검교태위 신 응(凝)을 태사(太師)로, 망부(亡父)인 고 지절 충영해군사 검교태보(檢校太保) 신 정(晸)을 태부(太傅)로 추증하셨으며 각기 관고(官誥) 한통씩을 내렸습니다.(「사은표」『앞의 책』, p.123)

최원은 891년(진성여왕 5)에 당 소종의 즉위를 축하하는 하등극사(賀登極使; 慶賀使)의 판관으로 당에 들어가 최영(崔霙) 등을 국자감에 입학하도록 청하였고, 7년 뒤인 897년(효공왕 1) 7월 5일에 경문왕·헌강왕에 대한 추증 제서(制書)와 관고(官誥)를 수령하여 귀국하였다. 현존 자료에 의하는 한 진성여왕이 즉위한 후 최원에 앞서 입당한 신라 사신은 없었다.[64] 그렇다면 892년 봄 이전에 입당하여 당에 진성여왕의 "청추증표"를 올릴 수 있는 사신은 최원일 수밖에 없다. 최원은 하등극사로서 역할 외에도 경문왕·헌강왕에 대한 추증을 요청하는 "청추증표"도 봉진했던 셈이다.[65]

그런데 앞서 보았듯이 892년 봄부터 신라에서 추증 관호가 보편적으로 사용되기 시작했으므로, ②·③단계의 사안은 상당히 빠르게 진행된 것으로 보

---

64) 權悳永, 『앞의 책』, pp.93~94.
65) 최원이 897년에 제지와 관고를 수령하여 귀국했던 이유가 자신이 「청추증표」를 봉진한 당사자였기 때문일 것이다.

인다. 즉 "청추증표"가 전달되자 당 황제는 곧 이를 허락하는 제서와 관고를 내렸으며, 두 왕이 태사와 태부로 추증된 사실은 짧은 시간 내에 신라에 알려졌던 것 같다.[66] 추증 사실을 알게 된 신라 왕실은 최치원으로 하여금 다시 이에 감사하는 「사추증표」를 짓게 했던 것으로 생각된다. 따라서 신라가 추증 사실을 알게 된 시점은 891년 여름에서 892년 봄 사이, 대략 891년 겨울 무렵이 아니었을까 한다. 이에 근거할 때, 증태부라는 용례가 보이는 「양함표」가 작성된 상한 시점은 891년(진성여왕 5) 겨울 정도로 추정될 수 있다.

다음으로는 「양함표」 작성의 하한 시점에 대해 알아보기로 한다. 이를 위하여 우선 당의 황제가 조서 2함(函)을 내려 준 데 대해 감사하는 내용을 담고 있는 외교문서인 「양함표」가 작성되게 된 저간의 사정을 정리해 보자.[67] 883년 혹은 884년에 견당사로 파견되었던 김인규(金仁圭)는 885년(헌강왕 11) 3월에 최치원과 함께 당으로부터 귀국하였다. 헌강왕은 이들의 보고를 통해 그 전 해에 황소(黃巢)의 난이 평정된 사실을 알게 되었다. 이에 헌강왕은 스스로 황소의 난이 평정되고 황제가 장안으로 돌아왔음을 축하하는 표문을 짓고, 885년 10월에 시전중감 김근을 견당사로 파견하였다. 김근은 헌강왕이 친히 지은 표를 올리고, 또 김무선(金茂先)·최환(崔渙)·최광유(崔匡裕) 등의 국자감(國子監) 입학을 청하여 허락을 받았다. 헌강왕의 친제(親製) 표문에 대해 당 희종은 답장 격의 칙서 2함을 내려주었으며, 김근은 그것을 받아서 귀국하였다. 그가 귀국했

66) 이 때 신라가 추증 사실을 재빨리 알게 되었던 이유로는, 당이 발급한 추증을 알리는 제서나 관고 등 공식 문서를 통해 추증 사실을 알게 된 것이 아니라는 점을 들 수 있다. 이들 문서는 891년 「청추증표」를 올린 최원이 897년(효공왕 1) 7월 5일에 수령하여 귀국했기 때문이다. 아마 신라 왕실은 당시 빈번히 당을 왕래했던 상인과 같은 인편(人便)을 통해 추증 사실을 알았을 것이다.
67) 이하는 권덕영이 최치원의 글인 「祭巍山神文」·「謝賜弟栖遠錢狀」·「賜太尉別紙」·「謝賜詔書兩函表」·「奏請宿衛學生還蕃狀」 등을 통해 복원한 내용을 정리한 것이다(權悳永, 『앞의 책』, pp.91~93).

던 시기는 명기된 자료가 없지만, 진성여왕 초반 무렵으로 추정된다.[68] 「양함표」는 제목과 내용에서 보면 조서 2함을 받은 진성여왕이 다시 당의 황제에게 감사를 표하기 위해 최치원으로 하여금 대작케 한 외교문서이다.

「양함표」가 찬술된 사정을 보면, 이 글은 나당 간에 외교문서를 주고받는 연장선상에서 작성된 것이라고 할 수 있다. 즉 "① 885년 헌강왕이 장안성 환궁과 황소 토벌을 경하하는 친제 표문을 제출함 → ② 885년 당이 표문을 수령함 → ③ 헌강왕 친제 표문에 대해 당 희종이 조서 2함을 하사함 → ④ 진성여왕 초반 신라가 조서 2함을 수령함 → ⑤ 이에 감사하는 「양함표」를 최치원이 작성함"의 과정을 거쳐 작성되었기 때문이다. 따라서 외교문서 왕복의 관례상 이 글은 진성여왕이 희종이 내린 조서를 받고 난 후 머지않은 시점에 작성되었어야만 적절한 시의성(時宜性)을 갖는 외교문서로 기능할 수 있었을 것이다.

그럼에도 불구하고 이 글의 작성은 빨라도 경문왕·헌강왕에 대한 당의 추증 사실을 알게 된 이후까지 지연되었다. 그 이유는 아마도 「양함표」가 그 자체 외교문서였던 만큼 이를 전달할 견당사의 파견이 늦어지자 시의성을 잃은 사안으로 변했기 때문이 아닐까 한다. 그렇다고 하여 그것이 진성여왕 치세 후반기까지 무한정 늦어졌다고 볼 수는 없다. 이 건은 새로 즉위한 황제인 당의 소종에게 과거 헌강왕의 희종에 대한 충성과 양자의 친밀한 관계를 입증할 수 있는 사안이었으므로, 만약 그럴만한 계제가 주어진다면 신라로서는 외교문서를 통해 이를 과시하고자 했을 것이다. 그러던 차에 소종의 경문왕·헌강왕에 대한 추증 사실이 알려지자 이를 계기로 진성여왕은 당 황제가 내린 조서 2함에 대해 감사하는 표문을 짓게 하였던 것으로 추측된다. 「양함표」의 내용이 역

---

68) 權惠永, 『앞의 책』, p.93. 한편 「양함표(兩函表)」의 내용 가운데는 "臣所痛傷 亡兄臣晸 先晞薤露 阻奉芝泥 生爲飮化之身 歿作負恩之魄"라는 구절이 있어 조서 2함이 신라에 도착한 시기에 이미 헌강왕이 사망한 것으로 나오고 있어 위의 추정을 뒷받침하고 있다.

대 황제가 내린 조서를 거론하는 한편 특히 헌강왕이 친히 표문을 지은 사실과 이에 대해 희종이 상규(常規)를 넘어 조서를 내려준 사실을 거듭 강조하고 있는 것은, 추증의 제지를 내려준 소종에게 헌강왕과 희종의 친밀한 관계를 과시하려는 의도가 숨어 있는 것으로 판단되기 때문이다.

이상과 같은 정황에서 볼 때, 「양함표」는 신라가 추증의 제지(制旨)를 인지하고부터 그리 멀지 않은 시점에 작성되었을 것으로 추정된다. 아무래도 추증에 감사하는 「사추증표」와 같은 시점에 작성되었을 가능성이 크다고 본다. 당제의 은혜를 강조하는 2종의 외교문서를 동시에 봉진함으로써 더 큰 효과를 노렸음 직하기 때문이다. 이에 필자는 「양함표」의 작성 시점을 신라가 추증 사실을 알고 난 직후인 891년(진성여왕 5) 겨울 무렵으로 비정해 둔다.

「양함표」의 작성 시점이 891년 겨울이라면, 이 자료는 신라 왕실이 요의 존재를 인지했던 시점을 해명하는 데 귀중한 단서를 제공한다. 여기에는 요와 관련하여 다음과 같은 구절이 보인다.

Q. 신이 몹시 애통해 하는 바는 망형 신 정이 부추 위의 이슬처럼 먼저 세상을 떠나 조서[芝泥]를 받들지 못하게 되었으니, 살아서는 덕화를 마시는 몸이었으나 죽어서는 은혜를 저버리는 넋이 된 것입니다. 내려주신 계칙(誡勅)은 신이 삼가 이미 옥 상자에 함봉(緘封)하고 금함(金函)으로 보호하여, 질남인 요에게 주어 국보로 전하게 하였습니다. 요는 마땅히 (後漢 사람) 최원(崔瑗)이 좌우명을 새긴 것처럼 하고, 자장(子張)이 공자 말씀을 띠[帶]에 적은 것처럼 해야 할 것이니, 들어서는 삼경(三卿)들을 힘쓰도록 권장하고, 나가서는 백성을 어루만지고 부드럽게 대하여, (奸逆을) 그치게 하는 데서 크게 공을 이루고, 화합하여 우러러 교화를 돕도록 해야 할 것입니다.(「양함표」崔英成, 『앞의 책』, p.148)

사료 Q에 요에 대한 언급이 보이는 것은 이 글이 작성된 891년(진성여왕 5) 겨울 무렵에 신라 왕실이 요의 존재를 알고 있었다는 의미이다. 그리고 그 내용을 보면, 신라 왕실은 요의 존재를 인지하고 있는 수준이 아니라 그를 헌강왕의 계승자로 인정[69]하고 있었던 사실까지 유추해 볼 수 있는 것이다.

이상의 검토를 통해 신라 왕실이 요를 인지했던 시기를 895년(진성여왕 9) 그가 태자로 책봉되기 직전으로 비정하는 기존의 견해가 오류임을 알게 되었다, 「납정절표」에서는 늦어도 893년(진성여왕 7) 시점에, 「양함표」에 의하면 891년(진성여왕 5) 당시에 이미 신라 왕실은 요의 존재를 인지하고 있었음이 드러나기 때문이다. 그러나 이 891년도 엄밀하게 말하면 우리에게 신라 왕실이 요의 존재를 인지했음을 알려주는 하나의 하한 시점에 지나지 않는다. 이미 그 이전부터 알고 있었을 가능성도 배제할 수 없기 때문이다.

이 점과 관련하여 「납정절표」에서 헌강왕이 사망하고 정강왕이 왕위를 계승했던 886년 7월 당시에 요가 주수(周晬)에 미치지 못했다고 표현하고 있는 것은 시사하는 바가 있다. 만약 「납정절표」가 작성되기 얼마 전에 신라 왕실이 처음으로 요의 존재를 인지하였다고 가정하면, 최치원은 「납정절표」를 작성하면서 당시 요의 나이를 역산(逆算)하여 헌강왕이 사망했던 시점에 그가 미처 돌이 되지 않았다고 표현했던 것으로 이해해야 하지만, 여기에는 무리한 측면이 있다. 최치원은 이미 알고 있던 요에 관한 사실을 외교문서를 작성하면서 자연스럽게 밝혔던 것으로 보는 것이 옳을 것 같다. 이에 신라 왕실은 헌강왕 사망 당시에 돌이 채 되지 않은 유아(幼兒)이긴 했지만 사자(嗣子)인 요가 태어나 생존해 있음을 인지하고 있었던 것으로 볼 수 있다. 그렇다면 결론적으로 신라 왕실이 요의 존재를 인지했던 시점은 그가 출생한 885년부터였다고 하겠다.

---

69) 이와 같이 요가 헌강왕의 정당한 계승자라는 인식은 그가 태자로 책봉될 수 있었던 가장 큰 배경이었다.

5. 맺음말

이상에서 효공왕(요)의 출생과 신라 왕실이 그의 존재를 인지했던 시기 등 효공왕의 시대를 제대로 이해하기 위한 몇 가지 기초적인 문제에 대해 자세한 고증을 시도하였다. 일견 지엽말단(枝葉末端)의 사소한 문제로 생각될 수도 있지만, 기존 연구에서 발견되는 허점을 보완하여 효공왕의 시대에 대한 새로운 이해체계를 정립하기 위해서는 불가피한 작업이라고 생각한다.

종래에는 헌강왕이 관렵 길에 만나 효공왕(요)를 출생했던 생모(生母)는 하급 신분의 여인이었으며, 그렇기 때문에 효공왕도 비진골의 신분을 가진 존재로 보아왔다. 그리고 효공왕의 출생과 성장에 대해서도 요는 헌강왕 말년경에 태어났지만, 신라 왕실은 그의 출생은 물론 존재조차 알지 못하다가 895년(진성여왕 9) 태자로 책봉되기 직전에야 비로소 신라 왕실이 요의 존재를 인지했던 것으로 보았다. 그러나 본고에서 검토했듯이 이를 그대로 따르기는 어렵다. 논의된 바를 정리하면 다음과 같다.

첫째, 최치원이 쓴 2종류의 원문(「선고 · 망형원문」과 「망제원문」)을 통해 볼 때, 효공왕의 생모는 이찬을 지낸 진골 귀족의 딸로서 원문에서 왕비 김씨로 지칭된 존재이며 효공왕 2년에 의명왕태후(義明王太后)로 책봉되었음이 확인되었다. 따라서 효공왕의 신분도 결코 비진골로 볼 수 없다.

둘째, 요의 출생에 대해서는 최치원이 지은 「납정절표」와 「양위표」를 종합할 때, 다음과 같이 정리된다. 즉 정비로부터 적자가 없었던 헌강왕은 884년(헌강왕 10)에 관렵을 가는 길에 몰락한 진골 출신의 여인 김씨를 보고 유궁(帷宮)에서 야합하였으며, 김씨는 곧 잉태하여 이듬해인 885년에 아들인 요를 출생하였다. 그런데 요의 출생 후 1년이 되기도 전인 886년 7월 5일에 헌강왕이 사거하고 말았다. 요는 헌강왕의 유일한 사자(嗣子)였지만, 서자인데다가 아직 채 돌이 지나지 않은 유아(幼兒)였으므로 왕위를 이어받지 못하였던 것이다.

셋째, 893년(진성여왕 7)에 작성된 「납정절표」와 891년(진성여왕 5)에 작성된 「사사조서양함표」의 내용을 통하여 신라 왕실이 요의 존재를 인지했던 시기는 885년 그가 출생한 직후부터였음이 추지되므로, 895년 무렵 요가 10여세가 될 때까지 신라 왕실이 그 존재를 모르고 있었다고 볼 수는 없다.

이상이 본고의 고증 결과이거니와, 다음으로는 그럼에도 불구하고 요가 895년(진성여왕 9)에 이르러 비로소 태자로 책봉되었던 이유와 배경, 2년 후 선양을 통해 왕위에 오르게 되었던 시대적 상황 등의 문제가 제대로 해명되어야 할 것이다.

제2장 효공왕(요)의 태자 책봉과 왕위 계승

1. 머리말

신라 제52대 효공왕(孝恭王; 嶢; 897.6.~912.4.)의 치세는 한국사의 전개 과정에서 보자면 200여년 이상 누려왔던 한반도의 유일 왕조이자 정통 국가라는 신라의 위상이 무너져 내리고, 신생의 후백제와 후고구려(태봉)가 주도권 장악을 놓고 치열한 각축을 벌이기 시작했던 후삼국시대의 개막기라고 할 수 있다. 또 왕위 계승의 관점에서는 효공왕이 사거한 이후에는 김씨가 아닌 박씨왕(朴氏王)의 시대가 3대에 걸쳐 이어졌고,[1] 마지막 왕인 경순왕은 견훤에 의해 옹립되

---

1) 신라말 박씨왕의 존재에 대해서는 그 실체에 대한 의문을 제기하는 견해가 있다(井上秀雄,「新羅朴氏王系の成立 —骨品制の再檢討—」『新羅史基礎硏究』, 東出版, 1974; 文暻鉉,「新羅 朴氏의 骨品에 대하여」『歷史敎育論集』13·14合, 1990; (권덕영,「신라 하대 朴氏勢力의 동향과 朴氏 王家」『韓國古代史硏究』48, 2008). 그러나 한편으로는 박씨왕의 존재를 신빙하는 주장도 만만찮은데, 긍정론의 입장에서 박씨왕 시대를 검토한 연구로는 趙凡煥,「新羅末 朴氏王의 登場과 그 政治的 性格」『歷史學報』129, 1991; 李明植,「新羅末 朴氏王代의 展開와 沒落」『大丘史學』83, 2006

었으므로,[2] 4세기 중엽 이래 550여 년간 왕위를 독점해 온 김씨 왕조가 실질적인 종말을 맞은 시기이기도 하였다. 이런 의미에서 효공왕의 시대는 헌강왕 말년 이후 정강왕·진성여왕대를 거치면서 점차 쇠락의 길을 걸어왔던 신라 왕조의 멸망이 가시화된 시기라고 해도 큰 무리가 없다.

그런데 이러한 멸망기 신라의 정치·사회적 변화·양상을 보여주는 상징적인 사례의 하나로 비진골(非眞骨) 신분인 효공왕이 제52대 왕으로 즉위한 사실을 주목한 견해[3]가 있다. 효공왕의 즉위로 제29대 무열왕으로부터 오랜 관행이었던 진골 국왕의 전통이 깨어지고 비진골에 의한 왕위 계승이 이루어졌다는 것이다. 만약 이러한 견해가 옳다면 이는 신라 사회의 변질을 보여주는 가장 상징적인 사례가 될 수 있을 법하고, 그것이 효공왕의 즉위에서 비롯되었으므로 그의 시대가 신라 왕조의 종말기였음을 웅변하는 것으로 인정될 수 있겠다.

효공왕의 신분이 비진골이라는 인식은 『삼국사기』 진성여왕 9년조(895)의 요의 태자 책봉 기사와 『삼국사기』 효공왕 즉위조에 그가 헌강왕의 서자(庶子)라고 명기된 점과, 또 태자 책봉 기사에 덧붙여진 그의 출생과 헌강왕자로서 혈통적 정당성을 공인받는 설화적 성격의 사료를 그대로 신빙하여, 요의 생모를 헌강왕이 관렵(觀獵)을 가던 길에서 만난 하급 신분 출신의 여인으로 파악한 데에

등이 참조된다.

2) 경순왕의 즉위문제는 趙凡煥, 「新羅末 敬順王의 高麗 歸附」『李基白先生古稀記念 韓國史學論叢』, 一潮閣, 1994; 陰善赫, 「新羅 敬順王의 卽位와 高麗 歸附의 政治的 性格」『全南史學』11, 1997; 黃善榮, 「敬順王의 歸附와 高麗 初期 新羅系 勢力의 基盤」『韓國中世史研究』14, 2003 등이 참조된다.

3) 李鍾恒, 「신라의 하대에 있어서의 王種의 絶滅에 대하여」『法史學研究』2, 1975; 金基興, 「新羅의 聖骨」『歷史學報』164, 1999; 金昌謙, 「新羅 下代 孝恭王의 卽位와 非眞骨의 王位繼承」『史學研究』58·59合, 1999; 同 改題 「효공왕의 즉위와 신분」『新羅 下代 王位繼承 研究』, 景仁文化社, 2003; 金基興, 「신라 處容說話의 역사적 진실」『歷史敎育』80, 2001.

근거하고 있다.[4] 그리고 이러한 논리는 요는 출생 이후 895년(진성여왕 9)에 태자로 책봉되기 전까지 신라 왕실이 출생 사실은 물론 그 존재 자체까지 모르고 있었다는 데까지 확산되었다.[5] 그리하여 요의 출생에서 부터 즉위에 이르는 과정을, 왕실에서 인지하지 못했던 "헌강왕과 낮은 신분의 여인과의 야합에 의한 요의 출생 → 민간에서의 성장"을 거쳐 "895년(진성여왕 9) 왕실의 요의 존재 인지와 공인 → 동년 헌강왕의 서자로서의 태자 책봉 → 897년(동 11) 비진골 신분으로서 선양을 통한 왕위 계승"이라는 도식으로 이해하기에 이르렀던 것이다.

그러나 이와 같은 이해에는 상식적인 차원에서 볼 때 쉽게 납득하기 어려운 점이 포함되어 있다. 가령 태어난 지 거의 10년이 넘도록 존재조차 모르고 있었던 신라 왕실이 헌강왕의 서자인 비진골 신분의 요를 그 존재를 알게 되자마자 태자로 책봉했다는 점이 수긍이 가지 않고, 나아가 그로부터 채 2년도 되기 전에 진성여왕으로 부터 선양을 받아 왕위에 올랐다는 사실에도 의문이 남는 것이다. 이에 당대 일차 사료로서의 성격이 강한 최치원이 찬술한 글들을 중심으로 요의 출생을 둘러싼 몇 가지 기초적인 문제를 고증한 결과 종래의 견해와는 다른 사실들이 확인되었다.[6] 첫째, 요의 생모는 헌강왕이 관렵 길에 만난 여인이었지만, 하급 신분 출신이 아니라 선고가 이찬(伊飡)에까지 올랐던 진골 귀족 출신이었다. 다만 어린 나이에 부와 형이 사망하고 자매만 외롭게 자란 영락(零

---

4) 김기흥은 요의 실체와 생모의 신분에 대해 구체적으로 언급하고 있다. 그는 처용설화의 주인공 처용을 요로 비정하면서 그의 출생을 헌강왕과 울산 일대에 낙향해 있었던 족강(族降) 육두품의 딸과의 혼인에 의한 것으로 파악하였다(金基興, 「앞의 논문」, pp.138~142). 요의 모계(母系)가 족강 육두품이었므로 요의 신분도 진골이 아닌 하급 신분으로 이해하였다.
5) 대표적으로 金昌謙, 『앞의 책』, pp.387~399; 全基雄, 「新羅 下代末의 政治社會와 景文王家」 『釜山史學』16, 1989, pp.14~15; 同, 「신라말 효공왕대의 정치사회 변동」 『新羅文化』27, 2006 pp.48~49 등을 들 수 있다.
6) 李文基, 「新羅 孝恭王(嶢)의 出生과 王室의 認知時期에 대하여」 『新羅文化』30, 東國大 新羅文化 研究所, 2007; 본서 제Ⅲ부 제1장 참조.

落)한 가문 출신이었을 뿐이었다. 그는 최치원(崔致遠)이 찬술한 2종의 원문(願文), 곧 「왕비김씨봉위선고급망형추복시곡원문(王妃金氏奉爲先考及亡兄追福施穀願文)」·「왕비김씨위망제추복시곡원문(王妃金氏爲亡弟追福施穀願文)」의 주인공 왕비 김씨(王妃金氏)로서 효공왕이 즉위한 이후까지 생존해 있다가 898년(효공왕 2)에 의명왕태후(義明王太后)로 책봉된 바로 그 사람이었다. 따라서 생모를 하급 신분 출신으로 보고 이에 근거하여 요를 비진골 신분으로 비정하는 견해는 성립하기 어렵게 되었다. 둘째, 최치원이 891년(진성여왕 5)에 찬술한 「사사조서양함표(謝賜詔書兩函表)」와 893년(진성여왕 7)에 찬술한 「납정절표(納旌節表)」에는 각각 "질남(姪男) 요(嶢)"가 언급되고 있는데, 이는 찬술 당시에 최소한 신라 왕실과 표문을 지은 최치원은 요의 존재를 알고 있었음을 보여주고 있다. 그렇다면 신라 왕실은 늦어도 891년(진성여왕 5)에는 요의 존재를 인지하고 있었다고 하겠다. 뿐만 아니라 「납정절표」에 헌강왕이 사망한 886년 당시에 요의 나이가 채 돌이 지나지 않았음이 명기된 사실은 신라 왕실이 요가 출생했을 당시부터 그 존재를 인지하고 있었음을 시사하고 있다. 따라서 신라 왕실이 요의 존재를 인지했던 시기를 895년(진성여왕 9) 무렵으로 보는 기존의 견해도 잘못임이 드러났다.

이 글은 이상의 고증을 토대로 신라 왕실에 의해 출생 직후부터 존재가 인지되고 있었던 요가 895년(진성여왕 9)년에 이르러 비로소 태자로 책봉이 되고, 책봉된 지 채 2년이 되기도 전에 선양(禪讓)을 받아 왕위에 오르게 되는 과정과 배경을 검토하는 데 그 목적이 있다. 먼저 요가 정통성을 확보하여 태자로 책봉되기에 이르는 과정을 "헌강왕 계승자 인식"의 변화를 통해 살펴보고, 다음으로 895년(진성여왕 9)에 특이한 공인과정을 거쳐 이루어지는 요의 태자 책봉과 2년 후의 신라사상 유례가 없는 선위(禪位)를 통한 왕위 계승이 가진 정치적 함의를 밝혀 보고자 한다. 이를 통해 신라의 멸망이 가시화되었던 효공왕대의 올바른 이해에 약간의 진전이라도 있기를 기대한다.

2. 헌강왕 계승자 인식의 변화와 요의 정통성 확립

사료 A는 895년(진성여왕 9) 10월에 헌강왕의 서자인 요가 진성여왕에 의해 태자로 책봉되었음을 전하는 설화적 내용이 포함된 기사이다.

A. 겨울 10월에 헌강왕의 서자 요를 세워 태자로 삼았다. 일찍이 헌강왕이 관렵을 가다가 길가에서 한 여자를 보았는데, 용모가 아름다워 왕이 마음으로 사랑하였다. 이에 명을 내려 뒷 수레에 태워 유궁(帷宮)에 이르러 야합하니 곧 임신하여 아들을 낳았다. 성장하자 체모(體貌)가 괴걸(魁傑)하였으므로 이름을 요라 하였다. 진성왕이 이를 듣고 궁궐로 불러들여 손으로 그 등을 어루만지며 말하기를 "나의 형제자매는 골법(骨法)이 남과 다르다. 이 아이는 등에 두 뼈가 솟아있으니 진실로 헌강왕의 아들이다"라고 하였다. 이에 유사에게 명을 내려 예를 갖추어 책봉하여 받들게 하였다.(『삼국사기』 권11, 진성여왕 9년조)

여기에 포함된 요의 출생과 헌강왕자로서의 공인에 관한 설화적 기사에서 우리의 주목을 끄는 것은 두 가지이다. 하나는 신라 왕실이 요의 존재를 인지했던 시점이 태자 책봉 직전인 것처럼 기록한 점이고, 다른 하나는 책봉에 앞서 "골법(骨法)의 수이(殊異)"함을 근거로 요가 헌강왕자임을 공인하는 과정을 거친 점이다. 이 가운데서 전자는 전혀 사실이 아니다. 따로 고증한 바 있듯이, 최치원이 찬한 「사사조서양함표(謝賜詔書兩函表)」·「납정절표(納旌節表)」 등의 외교문서에는 늦어도 891년(진성여왕 5)에는 신라왕실이 요의 존재를 인지하고 있었음이 분명히 드러나 있고, 「납정절표」의 서술 내용에는 요의 존재가 출생과 더불어 신라 왕실에 알려져 있었을 가능성이 엿보이기 때문이다.[7] 요컨대

---

7) 李文基, 「앞의 논문」, 본서 제Ⅲ부 제1장 참조.

신라 왕실은 비록 야합에 의해 태어난 서자였지만, 유일한 헌강왕의 사자(嗣子)인 요가 출생하여 생존해 있음을 그의 출생 당시(885년)부터 알고 있었던 것으로 여겨지는 것이다.

요는 이렇게 출생 면에서 일정한 흠결(欠缺)을 가진 존재였지만, 11세가 되던 895년(진성여왕 9) 10월에 진성여왕에 의해 태자로 책봉되었다. 태자란 곧 차기 왕위 계승자이므로, 이로써 요는 진성여왕의 뒤를 이어 왕위에 오를 후계자로 확정된 셈이다. 그런데 당시 경문왕계 왕실 가문의 후예 가운데서 요가 유일한 남자 혈손(血孫)이었던 점을 감안하면,[8] 태자로 책봉된 시점이 오히려 뒤늦다는 느낌까지 준다. 그가 태어난 후 헌강왕이 1년 정도 재위한 바 있었고, 다시 만 1년의 정강왕대를 거쳤으며, 또 진성여왕이 즉위한 지 9년이 지났기 때문이다. 이 점을 주목하여 요가 뒤늦게 태자로 책봉된 이유를 신라 왕실이 책봉 직전에 요의 존재를 알았기 때문이라는 견해가 있지만,[9] 그것이 오류임은 논증한 바 있다.[10]

그렇다면 혹시 요의 뒤늦은 태자 책봉과 극히 이례적으로 태자 책봉에 앞서 골법(骨法)을 통하여 헌강왕자임을 공인받고 있는 사실이 어떤 관련을 가진 것이 아닐까. 이에 아래에서는 요가 진성여왕 9년에 이르러 뒤늦게 태자로 책봉되게 된 이유에 대해 살펴보기로 한다.

요의 태자 책봉이 늦어진 이유로서 일단 「납정절표」에서 헌강왕이 사망한 후 아우인 정강왕이 왕위를 계승하게 된 이유를 당시 요가 채 돌이 되지 않은 유

---

8) 정강왕에게는 후사가 없었음이 유조(遺詔)에 보이고 있고, 진성여왕은 미혼으로 사망하였다. 단 헌강왕에게 요의 이복 누이 2명이 있었는데, 이들은 각각 진성여왕 재위 중에 박경휘(朴景徽)와 김효종(金孝宗)과 혼인하였다.

9) 김창겸, 『앞의 책』, p.388; 全基雄, 「앞의 논문」(1989), pp.14~15; 同, 「앞의 논문」(2006), p.48; 權英五, 「新羅下代 政治變動 研究」, 釜山大 박사학위논문, 2007, p.54.

10) 李文基, 「앞의 논문」 본서 제Ⅲ부 제1장 참조.

아였기 때문이라고 언급한 점이 유의된다. 이를 따르면 헌강왕자 요는 경문왕계 왕실의 유일한 남자 혈손이었지만 너무 어려 왕위를 잇지 못했고, 어느 정도 나이가 든 11세까지 기다렸다가 그를 태자로 책봉했던 것으로 볼 여지가 있다. 그렇지만 신라의 역대 왕 가운데는 이보다 훨씬 어린 나이에 왕위에 오르거나 태자로 책봉된 사례[11]도 있으므로, 태자 책봉이 늦어진 이유를 연령 문제만으로 국한시켜 파악하기는 어렵다. 더구나 이렇게 볼 경우 왜 태자 책봉에 앞서 골법을 통하여 헌강왕자임을 공인하는 절차를 거쳐야 했는지에 대한 설명도 불가능하다.

사료 A의 설화적 기사에 의하면 요는 헌강왕의 아들임을 입증하는 신체적 증거를 보유하고 있었고, 그 점이 확인되어 태자로 책봉되었다고 한다. 그 증거란 헌강왕과 그 형제·자매와 마찬가지로 등에 두 뼈가 솟아 있는, 골법(骨法)이 수이(殊異)하다는 것이었다. 경문왕계 왕실의 구성원인 헌강왕의 형제·자매들의 골법이 실제로 특이했는지는 확인할 길이 없다. 그러나 이미 지적되어 있듯이 경문왕 가문의 경우 골법의 특이함을 왕위 계승의 근거로 삼는 현상이 간취된다. 예컨대 진성여왕의 경우도 "누이 만(曼)은 천자(天資)가 명민하고 골법(骨法)이 장부(丈夫)와 비슷하니 경들은 선덕(善德)과 진덕(眞德)의 고사(故事)를 본받아 왕위에 세우는 것이 좋겠다"[12]라는 정강왕의 유조(遺詔)에 의해 왕위를 이어받고 있다. 비록 "골법사장부(骨法似丈夫)"라고 하였지만, 이는 여자인 만이 장부와 흡사할 정도로 골법이 특이하다는 것이므로, 요의 경우와 같은 의미를 지니고 있다고 할 수 있다.

---

11) 진흥왕은 7세에, 혜공왕은 8세에 왕위에 올랐으며, 신문왕의 태자 이홍(理洪)은 5세에, 경덕왕의 태자 건운(乾運)은 2세 무렵에 태자에 책봉되었다.

12) "夏五月 王疾病 謂侍中俊興曰 孤之病革矣 必不復起 不幸無嗣子 然妹曼天資明銳 骨法似丈夫 卿等宜倣善德·眞德古事 立之可也"(『삼국사기』 권1, 정강왕 2년조).

경문왕계 왕실에서 발견되는 이와 같은 골법의 특이성 강조는 왕실의 구성원들은 여타 진골 귀족과는 구별되는 존재라는 초월적 왕족의식의 발로로 풀이되고 있다.[13] 어쩌면 골법의 특이성을 강조하고 있는 점에서 이미 소멸된 성골관념을 부활시켜 경문왕계 왕실 구성원들의 신성성을 부각시키고자 했을 수도 있다. 그렇다면 진성여왕이 태자 책봉에 앞서 요의 특이한 골법을 근거로 헌강왕자임을 확인했다는 것은, 요가 여타 진골 귀족과는 구별되는 분명한 경문왕계 왕실의 구성원임을 인정했다는 의미이다. 이러한 절차를 거침으로서 요는 당시 경문왕계 왕실의 유일한 남자 혈손으로 헌강왕의 왕자임을 신라 왕실은 물론 조야의 신료로부터도 공인받게 되었을 것이고, 그러한 공인 위에서 진성여왕을 이을 후계자로서 태자로 책봉되었던 셈이다.[14]

요컨대 골법이 거론된 설화적 기사는 요가 태자책봉에 앞서 헌강왕자로서 공인받았음을 말하는 것으로 풀이될 수 있는데, 여기서 우리는 또 두 가지의 의문에 봉착하게 된다. 첫 번째 의문은 요가 설령 골법상 경문왕계 왕실 구성원의 특징을 보유했던 것이 사실이라고 할지라도, 사료 A의 설화처럼 그것을 확인하자마자 곧 태자로 책봉하는 것이 현실적으로 가능한 일인가 라는 점이다. 신라 왕실이 출생 이후부터 요의 존재를 인지하고 있었음을 상기하면, 후술되듯이 태자 책봉에 앞선 골법을 통한 공인은 정치적인 목적을 가진 의도적인 행사였을 가능성이 높다고 본다. 두 번째는 골법을 통해 헌강왕자임을 인정하는 설화가 결국 신라 왕실과 조야 신료들이 요를 헌강왕의 정당한 계승자로 공인하는 의미를 가진 것이라면, 이러한 조치가 과연 평지돌출(平地突出)격으로 갑자기 이루어질 수 있을까 라는 의문

13) 全基雄, 「앞의 논문」(1989), pp.34~35; 李文基, 「新羅 金氏 王室의 少昊金天氏 出自觀念의 標榜과 變化」『歷史教育論集』23·24合, 1999, pp.677~678.
14) 이렇게 볼 때 골법을 통한 요에 대한 공인 과정은 일련의 태자 책봉 의식 절차 중의 한 부분이었을지도 모르겠다.

이다. 그 이전부터 일각에서나마 비록 서자이지만 요는 헌강왕의 유일한 사자(嗣子)이므로 그를 헌강왕의 계승자로 보려는 인식이 성립되어 있었을 가능성이 있다. 그리고 이러한 인식이 성립되기 위해서는 일정한 시간이 필요했을 터인데, 그것이 뒤늦은 요의 태자 책봉과 관련되어 있을 지도 모른다.

여기서는 먼저 후자의 의문을 해명하기 위하여 헌강왕이 사망한 후 신라 왕실과 조야(朝野)가 누구를 헌강왕의 정당한 계승자로 인식했는가라는 헌강왕 계승자 인식을 검토하기로 하겠다. 이를 통해 요가 헌강왕의 정당한 계승자로 인정받게 되는 과정이 드러나게 될 것이다.

B-1. 또 「납정절표」에서 이르기를 "신의 장형인 국왕 정(晸)은 지난 광계(光啓) 3년 7월 5일에 갑자기 성대(聖代)를 버렸고, 신의 질남(姪男) 요(嶢)는 태어난 지 아직 돌이 되지도 않았으므로 신의 중형(仲兄) 황(晃)이 임시로 나라를 통치했으나, 또 1년을 지나지 않아 멀리 세상을 떠났습니다"라고 하였다.(『삼국사기』 권11, 진성왕 즉위조)

위의 「납정절표」의 내용은 지극히 단편적이지만 작성 당시인 893년(진성여왕 7) 경의 신라 왕실의 헌강왕의 계승자에 대한 인식을 짐작해 볼 수 있다. 위의 내용을 맥락적 관점에서 해석해 보면, 헌강왕이 사망한 후 그를 이어 왕위를 계승할 자격을 가졌던 존재는 요였지만, 아직 돌이 채 되지 않은 유아였으므로 부득이 진성여왕의 중형(仲兄)인 황(晃)이 임시로 왕위에 올라 나라를 통치하게 되었다는 의미로 풀이된다. 나아가 위의 사료에는 생략되어 있지만, 뒷부분에는 황이 왕위에 오른 지 1년이 되지 않아 죽었기 때문에 진성여왕 자신이 또 요를 대신하여 임시로 왕위를 잇게 되었음을 설명하는 서술이 이어졌을 것이다.

이러한 서술은 곧 헌강왕의 정당한 계승자가 요라는 인식 위에서만 나올 수 있는 것이다. 요를 헌강왕의 정당한 계승자로 보게 되면, 정강왕과 진성여왕은 부득이한 사정으로 요를 대신하여 임시로 왕위에 오른 존재로 설명될 수밖에 없다. 그러므로 헌강왕의 정당한 계승자가 요라는 인식과 정강왕·진성여왕이 임시로 왕위에 오른 존재라는 인식은 표리관계에 있다고 할 수 있다. 그런데 「납정절표」에는 이 두 가지 인식이 동시에 보이고 있는 것이다. 그렇다면 이 표문이 작성된 893년(진성여왕 7) 당시의 신라 조야에서는 헌강왕이 사망한 후에 그를 이어 왕위를 계승할 적격자는 유일한 사자(嗣子)였던 요로 인식하고 있었던 셈이다.

이렇게 요가 헌강왕의 정당한 계승자이며, 정강왕과 진성여왕은 임시로 나라의 일을 맡아본 존재에 불과했다는 인식은 897년 6월에 요가 효공왕으로 왕위에 오른 후에는 더욱 일반화되었을 것이다. 다음은 「사사위표(謝嗣位表)」와 「사은표(謝恩表)」의 한 구절이다.[15]

B-2. 신모(臣某)는 아뢰옵니다. 전에 당국(當國)의 왕사(王事)를 임시로 맡았던 신 탄(坦)은 신(臣; 효공왕)의 친숙(親叔)입니다. 신의 망부(亡父) 증태부(贈太傅) 신 정(晸)으로부터 차숙(次叔)인 신 황(晃)까지 차례로 세상을 떠나심에 친숙(親叔)께서 임시로 번복(蕃服)을 맡았으나, 질병과 사고가 서로 잇따라 건녕(乾寧) 4년 6월 1일에 번국(蕃國)의 일을 간절히 밀어 신에게 주지(住持)하라고 하셨습니다.(「謝嗣位表」崔英成, 『譯註 崔致遠全集』2(孤雲文集), 아세아문화사, 1999, p.113)

B-3. 신 모(某)는 아룁니다. 신의 고모 탄(坦)이 번국(蕃國)의 일을 임시로 맡아 보던[權守] 때에 표(表)를 갖추어 추증(追贈)을 청하는 말을 아뢰었습니다.(「謝恩表」「앞의

---

15) 이하 최치원 저술의 해석은 崔英成, 『譯註 崔致遠全集』2(孤雲文集), 아세아문화사, 1999에서의 번역에 크게 힘입으면서, 필요할 경우 부분적으로 보완하기도 했음을 밝혀 둔다.

위 B-2의 「사사위표」는 효공왕이 진성여왕으로부터 왕위를 물려받았음을 당에 고하는 표문이다. B-3의 「사은표」는 891년(진성여왕 5)에 당에 파견된 경하판관(慶賀判官) 검교상서(檢校尙書) 사부낭중(祠部郞中) 최원(崔元)이 7년 후인 897년(효공왕 1) 7월에 당으로부터 경문왕과 헌강왕을 각각 태사(太師)와 태부(太傅)로 추증한다는 관고(官誥) 2통을 가지고 귀국하자 추증에 감사하기 위해 최치원에 의해 작성된 것이다. 작성 주체가 효공왕이므로 양자는 당연히 효공왕이 즉위한 이후에 작성되었을 것이다. 권덕영은 이 두 가지 표문을 가진 사은사(謝恩使)가 효공왕 초에 당에 파견되었으며, 그것이 신라 최후의 견당사일 것으로 보았다.[16] 그렇다면 「사사위표」와 「사은표」의 작성 시기는 아무리 빨라도 897년 7월 이전으로 소급될 수 없다.

그런데 위의 사료에는 효공왕의 친숙(親叔)인 진성여왕은 신라의 왕사(王事)를 임시로 맡았던 존재라고 표현되어 있다. 이러한 인식은 「납정절표」에서 "정강왕이 (어린 요를 대신하여) 임시로 나라를 통치했다[臣仲兄晃權統蕃垣]"는 인식의 연장선상에 놓여있다. 양자 모두 그 이면에는 헌강왕의 정당한 계승자는 다름 아닌 요라는 인식이 숨어 있기 때문이다. 즉 요를 헌강왕의 정당한 계승자로 인식했기 때문에 정강왕과 진성여왕은 요가 장성할 때까지 그를 대신하여 임시적으로 국무(國務)를 맡았던 존재로 표현될 수밖에 없었던 것이다.

이렇게 요가 헌강왕의 정당한 계승자이고, 정강왕·진성여왕은 요를 대신하여 임시로 국무를 맡은 존재에 불과했다는 인식은 효공왕이 즉위한 이후에 더욱 일반화되었다. 그런데 앞에서 이러한 인식이 늦어도 「납정절표」가 작성된

---

16) 權悳永, 『古代韓中外交史』, 一潮閣, 1997, pp.93~94.

893년(진성여왕 7) 무렵에 이미 성립되어 있었음을 지적해 두었다. 그러면 이때 비로소 요를 헌강왕의 정당한 계승자로 보는 인식이 성립된 것일까. 다음의 사료는 이와 관련하여 각별한 주목을 요한다.

C. 신이 몹시 애통해 하는 바는 망형 신 정(晸)이 부추 위의 이슬처럼 먼저 세상을 떠나 조서[芝泥]를 받들지 못하게 되었으니, 살아서는 덕화(德化)를 마시는 몸이었으나 죽어서는 은혜를 저버리는 넋이 된 것입니다. 내려주신 계칙(誠勅)은 신이 삼가 이미 옥 상자에 함봉(緘封)하고 금함(金函)으로 보호하여, 질남(姪男)인 요(嶢)에게 주어 국보(國寶)로 전하게 하였습니다. 요는 마땅히 (後漢 사람) 최원(崔瑗)이 좌우명(座右銘)을 새긴 것처럼 하고, 자장(子張)이 공자(孔子) 말씀을 띠[帶]에 적은 것처럼 해야 할 것이니, 들어서는 삼경(三卿)들을 힘쓰도록 권장하고, 나가서는 백성을 어루만지고 부드럽게 대하여, (奸逆을) 그치게 하는 데서 크게 공을 이루고, 화합하여 우러러 교화를 돕도록 해야 할 것입니다.(「謝賜詔書兩函表」, 『앞의 책』, p.148)

사료 C는 최치원이 찬한 「사사조서양함표(謝賜詔書兩函表)」라는 외교문서의 일부인데, 이 표문이 작성된 경위는 다음과 같이 정리된다.[17] 883년 혹은 884년에 견당사(遣唐使)로 파견되었던 김인규(金仁圭)는 885년(헌강왕 11) 3월에 최치원과 함께 당으로부터 귀국하였다. 헌강왕은 이들의 보고를 통해 그 전 해에 황소(黃巢)의 난이 평정된 사실을 알게 되었다. 이에 헌강왕은 스스로 황소의 난이 평정되고 황제가 장안(長安)으로 돌아왔음을 축하하는 표문을 짓고,[18] 그 해 10월에 시전중감(試殿中監) 김근(金僅)을 견당사로 파견하였다. 김근은 헌강왕

---

17) 李文基, 「앞의 논문」(2007); 본서 제Ⅲ부 제1장 참조.
18) "頃者仰承先皇帝罷狩錦川 言歸絳闕 又聞東諸侯齊驅虎豹 顯戮鯨鯢 難勝拊髀之歡 冀寫由衷之懇 手成草奏 口絕技詞"(崔英成, 『앞의 책』2, p.139).

친제(親製) 표문을 올리고, 아울러 김무선(金茂先) 등의 국자감 입학을 청하여 허락을 받았다. 헌강왕의 친제(親製) 표문에 대해 당 희종은 답장 격의 칙서(勅書) 2함을 내려주었으며, 김근은 그것을 받아서 귀국하였다. 그가 귀국했던 시기는 명기된 자료가 없지만, 진성여왕 초반 무렵으로 추정되고 있다.[19] 「사사조서양함표」는 제목과 내용에서 보면 조서 2함을 받은 진성여왕이 다시 당제에게 감사를 표하기 위해 최치원으로 하여금 짓게 한 외교문서로서, 대략 891년(진성여왕 5) 겨울 무렵 「사추증표」와 비슷한 시기에 작성되었을 것으로 추정된다.[20]

그런데 사료 C에는 진성여왕이 당 황제가 내려준 조서 2함을 조카인 요에게 국보로 전하였고, 요로 하여금 이것을 장차 정치의 교훈으로 삼도록 했다는 내용이 보인다. 이 조서 2함은 곧 헌강왕이 당 희종에게 친제 표문을 올린 데 대한 답장격의 칙서이므로, 그것을 진성여왕이 요에게 국보로 물려주었던 것은 곧 요를 헌강왕의 계승자로 인정했다는 의미로 파악될 수 있다. 뿐만 아니라 조서 2함의 내용을 정치의 교훈으로 삼아, "들어서는 삼경(三卿)들을 힘쓰도록 권장하고, 나가서는 백성을 어루만지고 부드럽게 대하여……" 등의 구절을 보면, 진성여왕이 요를 차기에 왕위에 오를 후보자 혹은 자신의 계승자로 인정하고 있음이 짐작된다. 단 이 글에서는 진성여왕 자신이 요를 대신하여 임시로 국무를 맡은 존재라고 보는 인식은 나타나지 않으므로, 「납정절표」에서의 그것보다는 상대적으로 수준이 낮다고 말할 수 있다. 최소한 요가 헌강왕의 정당한 계승자라는 인식의 초기적 형태로 보아도 큰 무리는 없을 것 같다.

이와 같이 요를 헌강왕의 계승자로 보는 인식은 현존 사료에 입각하는 한 891년(진성여왕 5) 무렵에 초기적인 형태가 발견되고, 893년(진성여왕 7)에는 정

---

19) 權悳永, 『앞의 책』(1997), p.93. 한편 「양함표(兩函表)」의 내용 가운데는 "臣所痛傷 亡兄臣晸 先晞薤露 阻奉芝泥 生爲飮化之身 歿作負恩之魄"라는 구절이 있어 조서 2함이 신라에 도착한 시기에 이미 헌강왕이 사망한 것으로 나오고 있어 위의 추정을 뒷받침하고 있다.

20) 李文基, 「앞의 논문」(2007); 본서 제Ⅲ부 제1장 참조.

강왕과 진성여왕은 어린 요를 대신하여 임시적으로 신라의 왕사(王事)를 맡은 존재에 불과하며, 헌강왕의 정당한 계승자는 다름 아닌 요라고 인식하는 수준에까지 확산되었다. 나아가 이러한 인식은 효공왕이 왕위에 즉위한 이후에는 더욱 일반화되었던 것으로 볼 수 있다. 요는 태자로 책봉되기 이전인 891년(진성여왕 5) 무렵부터 헌강왕의 정당한 계승자라는 정통성을 확립해 가고 있었던 것이다.

그렇다면 요에 대한 이러한 인식은 언제부터 나타났던 것일까. 요가 출생하자마자 곧 그를 헌강왕의 정당한 계승자로 인식하였을까.

D. 당의 희종(僖宗) 건부제(乾符帝)가 (헌강대왕의) 즉위를 승인하던 해(878; 헌강왕 4년), 임금께서는 나라 안의 진언할 수 있는 모든 사람에게 '흥리제해(興利除害)'의 방책을 바치도록 하였다. …… 나라에 보탬이 되는 질문을 내리신 데 대하여, 대사는 하상지(何尙之)가 송나라 문제(文帝)에게 좋은 일을 하도록 권하고 나쁜 일을 하지 않도록 간했던 말을 이끌어 대답하였다. 태부왕(太傅王; 헌강왕)께서 그 말을 들으시고, 개제(介弟)인 남궁상(南宮相; 晃; 정강왕)에게 이르시기를 "삼외(三畏)는 삼귀(三歸)에 비길 만하고, 오상(五常)은 오계(五戒)에 알맞게 어울린다. 능히 왕도(王道)를 실천하는 일, 이것이 불심에 부합되는 것이니, 대사의 말씀이 지극하도다. 나와 네가 정성을 다해야 할 것이다"라고 하였다.(「朗慧和尙碑」 崔英成, 『譯註 崔致遠全集』1(四山碑銘), 아세아문화사, 1998, pp.129~131)

D는 요가 출생하기 7년 전인 878년(헌강왕 4)의 상황이다. 당시 헌강왕의 연령은 부모인 경문왕과 영화부인의 혼인 시기(860년; 헌안왕 4)에서 보면 17세 정도였고,[21] 이미 즉위 전에 정비 의명부인(懿明夫人)과 혼인했을 가능성이 크

---

21) 權英五, 「앞의 논문」(2007), p.93에서는 헌강왕의 즉위시 연령을 10대 초반으로 보았는데, 그럴 법한 추측으로 생각한다.

다.[22] 그런데 위의 기사에는 헌강왕이 낭혜화상이 제시한 흥리제해책(興利除害策)을 수용하면서 10대 중반의 나이로 남궁상(南宮相)의 지위에 있던 동생 황(=정강왕)과 더불어 정성을 다해 왕도(王道)의 실천을 다짐하는 모습이 보인다.

황이 가진 남궁상은 당의 용례를 참조하여 예부령(禮部令)에 비정됨이 보통이지만,[23] "남궁지인(南宮之印)"이 찍힌 2점의 인장와(印章瓦)가 출토됨에 따라[24] 왕족이 거주하는 궁궐 명칭일 가능성이 커졌다.[25] 아마 신라의 왕궁 가운데 남궁으로 불리는 일정 구역과 전각이 있었을 것이다. 그렇다면 김황이 가진 남궁상이라는 칭호는 "남궁에 거주하는 재상"의 약칭일 가능성이 있다.

사료 D에 보듯이 878년 무렵 김황은 재상의 자격으로 친형 헌강왕의 정치적 상담자 혹은 자문의 역할을 맡고 있었다. 이러한 김황의 정치적 위상이 후일 헌강왕을 이어 왕위를 계승할 수 있는 자산이 되었음은 말할 것도 없다.[26] 정강왕이 헌강왕을 이어 왕위를 계승한 데에는 그럴만한 정치적 경험과 헌강왕의

---

22) 『삼국사기』 신라본기에서 헌강왕이 즉위 한 후 혼인을 했던 흔적은 찾을 수 없다.

23) 崔英成譯, 『앞의 책』, p.80; 崔鉛植, 「성주사 낭혜화상탑비」 『譯註 韓國古代金石文』3, 韓國古代社會硏究所編, 1992, p.135; 曺凡煥, 『新羅禪宗硏究』, 일조각, 2001, p.70; 金昌謙, 『앞의 책』, pp.138~139; 李泳鎬, 「신라의 신발견 문자자료와 연구동향」 『한국고대사연구』57, 2010, p.194; 이현태, 「신라 '남궁'의 성격」 『역사와 현실』81, 2011), pp.165~166.

24) 國立慶州博物館, 『國立慶州博物館敷地內 發掘調査報告書』, 2002; 韓國文化財保護財團, 『慶州 東川洞 692-2번지 遺蹟』, 2010.

25) 남궁을 궁궐 명칭으로 보는 견해도 만월성에 속한 현재의 국립경주박물관 부지 일대에 위치한 궁궐로 보거나(국립경주박물관, 『앞의 책』, pp.270~271; 이한상, 「경주 월성 동남쪽 왕궁유적 조사의 성과─남궁의 경관복원을 위하여─」 『新羅文化祭學術論文集』26, 2006), 대궁과는 별개의 이궁(離宮)으로서 금입택(金入宅)의 하나인 남택(南宅)에 비정하기도 하고(全德在, 「新羅 王宮의 配置樣相과 그 變化」 『新羅文化祭學術論文集』27, 2006; 『신라 왕경의 역사』, 새문사, 2009, pp.218~223 및 pp.226~228.), 궁성내의 수공업관부인 남하소궁(南下所宮)에 비정하는 등(朴方龍, 「新羅 王京과 流通」 『新羅文化祭學術論文集』27, 2006, pp.67~68; 尹善泰, 「雁鴨池 出土 '門號木簡'과 新羅 東宮의 警備」 『韓國古代史硏究』57, 2010) 상당히 다양하다.

26) 이를 근거로 헌강왕 재위 중에 정강왕을 왕위 계승자로 지명했을 가능성을 상정한 견해도 있다(權英五, 「앞의 논문」(2007), p.95).

지원이 있었던 셈이다. 그렇다면 878년(헌강왕 4) 무렵에는 왕제인 황(정강왕)이 헌강왕 계승자의 유력한 후보로 부상하고 있었다고 할 수 있다.

886년(헌강왕 12) 7월 5일에 헌강왕이 훙거하고, 왕제인 황이 즉위하여 정강왕이 되었다. 그의 재위 기간을 전후하여 작성된 다음의 몇몇 자료에서 헌강왕 계승자에 대한 인식을 엿볼 수 있다.

E-1. 그러나 귀부(龜趺)가 비석을 이기도 전에 헌강대왕(獻康大王)이 갑자기 승하하시고, 금상(정강왕)께서 뒤를 이어 즉위하시니, 질나발[塤]과 젓대[篪]가 서로 화답하듯 뜻이 부촉(付囑)에 잘 맞아 좋은 것을 그대로 따랐다.(「眞鑑禪師碑」, 崔英成, 『앞의 책』1, p.189)

E-2①. 성상(정강왕)께서는 벽옥(璧玉)을 보고 아름다운 징조(徵兆)를 얻어 보위(寶位)를 이어받았으나 형에 대한 사무치는 그리움에 그 슬픈 정회(情懷)를 가누기 어려우셨다.(「結華嚴經社會願文」 崔英成, 『앞의 책』2, p.230)

E-2②. 성상(정강왕)께서는 '형제공회(兄弟孔懷)'의 시를 떠올린 나머지 기러기처럼 줄지어 나는 형제간의 우애에 슬픔을 머금으시며, 부처님의 자비를 구하는 일에 은밀히 이바지하고자 사자좌(獅子座) 위에 뜻을 쏟으셨는지라, (賢俊이) 아뢴 것을 보고는 가상히 여겨 곧 허락하셨다. …… 형제간의 지극한 의리가 더욱 드러나며 왕자(王者)의 높은 위엄이 저절로 높아졌는지라 드디어 뭇 인정이 바람에 쓰러지듯 쏠리고, 선한 서원(誓願)이 구름처럼 일어났으며, 모든 나무가 양춘(陽春)을 만남과 같고 온갖 냇물이 큰 바다에 들어감과 같게 되었다.(「앞의 글」 『앞의 책』2, pp.231~232)

E-3. 드디어 감히 대롱으로 하늘을 엿보고, 표주박으로 바닷물을 되질하듯 비로소 평범한 말을 엮어 보았는데, 달이 떨어지고 봉우리가 꺾여, 별안간 긴 한탄만이 일게 될 줄 뉘 알았으랴. 뒤미처 정강대왕(定康大王)께서 즉위하시니 (헌강대왕이) 남기신 숫돌을 통해 공을 이루시며 부시던 젓대[篪]에 운율을 맞추셨다. 이미 왕위를 이어 왕업

[丕業]을 지키시며, 장차 남은 사업을 이어 이루시려고 편안할 날이 없었고, 이미 이룩한 그 문물을 잃음이 없었다.(「大崇福寺碑」崔英成, 『앞의 책』1, p.189)

E-1은 정강왕을 금상이라 하고 있어 그가 재위 중에 작성된 것임을 알 수 있는데, 『시경(詩經)』 소아편(小雅篇)의 "백씨취훈 중씨취지(伯氏吹壎 仲氏吹篪)"의 고사를 빌어,[27] 형인 헌강왕과 아우인 정강왕이 서로 뜻이 잘 맞았음을 강조하고 있다. 이는 일견 형제간의 우의를 강조한 표현으로 볼 수 있지만, 곧 형제간의 왕위 계승이 정당했다는 의미가 숨어 있다.[28] 이를 통해 우리는 정강왕이 재위하는 동안에는 헌강왕의 정당한 계승자는 정강왕 자신으로 인식되었음을 짐작할 수 있다.

E-2①·②은 헌강왕이 사망하고 정강왕이 왕위를 이은 뒤, 형의 명복을 빌기 위해 화엄경을 전독(轉讀)하는 사회(社會)를 결성한데 대한 원문인 「결화엄경사회원문」의 일부이다. 여기에는 E-2①에서 "당벽가징 사응보위(當璧嘉徵 嗣應寶位)"이라 하여, 초공왕(楚恭王)이 아들 오형제 가운데 묻어 둔 벽옥(璧玉) 앞에 절을 한 자를 신이 점지한 것으로 보아 후계자로 삼았다는 고사를 끌어 와[29] 정강왕이 왕위를 계승한 것은 하늘이 정해 준 정당한 것임을 역설하고 있고, 또 E-2②와 같이 형제간의 우애가 매우 깊었음을 밝히는 한편 형제간의 지극한 의리가 드러남에 따라 왕자(王者)로서의 위엄이 스스로 높아져 민심이 정강왕에게 쏠리게 되었다고 하고 있다. 이는 정강왕이 형인 헌강왕을 계승한 것은 하늘이 정해 준 것이며, 그로 인하여 민심까지도 그에게 돌아오게 되었다는 의미로서,

---

27) 崔英成, 『앞의 책』1, p.166의 주 169 참조.
28) 金昌謙, 『앞의 책』, p.137. 그는 이에 근거하여 정강왕의 즉위는 헌강왕의 유조(遺詔)에 의한 것으로 추측하였는데 수긍이 가는 견해이다.
29) 崔英成, 『앞의 책』1, p.225의 주 31 참조.

역시 그가 헌강왕의 정당한 계승자라는 주장에 다름 아니다.

E-3은 888년(진성여왕 2) 가을 전후에 완성된 것으로 보이는 「대숭복사비」[30]에서 헌강왕에서 정강왕으로의 왕위 계승에 대해 서술한 부분이다. 정강왕은 형제간의 우애를 바탕으로 형인 헌강왕의 업적을 이어받아 성공적으로 왕업(王業)을 지켰으며, 남은 과제들을 해결하기 위해 애썼다고 하였다. 이 역시 헌강왕에서 정강왕으로의 왕위 계승이 정당했다는 의미이다.

이상과 같이 정강왕 재위 당시와 진성여왕 초반의 자료에는 헌강왕에서 정강왕으로의 왕위 계승이 전혀 문제가 없는 정당한 것으로 간주하고 있다. 이렇게 정강왕을 헌강왕의 정당한 계승자로 인식하고 있는 한, 요를 헌강왕의 계승자로 파악하는 인식은 성립될 수 없었을 것이다.

그러면 정강왕에서 진성여왕으로의 계승에 대한 인식은 어떠했을까. 이미 정강왕의 유조에 의해 순조로운 왕위 계승이 가능했음이 지적되어 있거니와,[31] 아래의 사료에서도 왕위 계승의 정당성을 강조하고 있는 표현들이 보인다.

F-1. 그러나 멀리 해 같은 형님을 좇으시다가 갑자기 서산에 지는 그림자를 만나시니, 높이 달 같은 누이에게 의지하여 길이 동해에 솟을 빛을 전하셨다. 엎드려 생각하건대 대왕전하(眞聖女王)께서는 아름다운 꽃받침이 꽃과 이은 듯하고, 왕가의 계통이 매우 밝으며, 빼어난 곤덕(坤德)을 체득하고 아름다운 천륜(天倫)을 계승하셨다. 진실로 이른바 '신주(神珠)를 품고 채석(採石)을 불린 것'으로써 이지러진 데는 모두 깊고 좋은 일이라면 닦지 않음이 없었다. 그러므로 『보우경(寶雨經)』에서 금언(金言)으로 분명히 수기(授記)한 것이라든지, 『대운경(大雲經)』에 나오는 옥같은 게(偈)가 완연히 부합

---

30) 곽승훈, 「최치원의 중국사 탐구와 사산비명 찬술」, 韓國史學, 2005, p.77. 단 비문의 찬술 시기에 대해서는 이견이 많다. 여기서는 일단 888년설을 따른다.

31) 金昌謙, 『앞의 책』(2003), pp.139~140; 權英五, 「앞의 논문」(2007), p.179.

된 것과 같음을 얻게 되었다.(「大崇福寺碑」崔英成, 『앞의 책』1, p.250)

F-2. 진(陳)에서는 보덕사(報德寺)라 일컬었고, 수(隋)에서는 흥국사(興國寺)라 이름 하였네. 어떻게 왕가(王家)의 복이라고만 하랴. 국력을 높이심이로다. 불당(佛堂)에선 묘음(妙音)이 요란하고, 주방에는 정결한 음식이 푸짐하다. 사군(嗣君; 정강왕)께서 끼치신 덕화(德化)가 만겁(萬劫)동안 무궁(無窮)하리라.(「대숭복사비」『앞의 책』1, pp.254~255)

F-3. 아 아름다운 여왕(嫄后)이시여! 효제(孝悌)의 정 돈독하여 안행(雁行)을 아름답게 이루시고 왕자의 도[龍首]를 삼가 선미(善美)하게 하셨도다.(「대숭복사비」『앞의 책』1, p.255)

F-1에서는 진성여왕에 대해서는 먼저 당 현종의 왕자 5인이 형제간의 우의를 다지기 위해 만든 화악련방루(花萼聯芳樓)의 고사를 끌어와 헌강왕 · 정강왕 · 진성여왕의 형제간의 우의를 강조하면서, 다시 선원격상(璿源激爽)이라 하여 비록 여자이지만 왕가의 계통(系統)을 바르게 이은 존재임을 강조하고 있다. 그리고 뒷부분에서는 진성여왕을 여와씨(女媧氏)에 비기기도 하고, 여왕의 즉위가 예정되었음을 말하고 있는 『보우경(寶雨經)』과 『대운경(大雲經)』을 인용하여 진성여왕의 즉위가 이미 예정된 사실이었음을 밝히고 있다.[32] 이는 곧 헌강왕에서 정강왕으로, 다시 정강왕에서 진성여왕으로 이어지는 왕위 계승이 왕가의 계통을 이은 정당한 것이었을 뿐더러 불교적으로도 이미 예정되어 있었다는 의미이다. 이 시기까지 정강왕과 진성여왕이 헌강왕의 정당한 계승자로 인식하고 있음을 알 수 있다. 이 점은 운문으로 표현된 명(銘)에서 F-2 · 3과 같이 다시 언급되고 있다. 곧 정강왕의 덕화가 무궁할 것을 기리면서, 진성여왕은 마치 기러기가 열을 지어 날아가듯이 3남매간의 왕위 계승을 이루었다고 찬양하

---

32) 權英五, 「앞의 논문」(2007), pp.159~160.

였다. 이러한 인식이 지배하고 있는 단계에서 정강왕과 진성여왕이 요를 대신하여 임시로 왕사를 맡았다는 인식은 개입될 여지가 없다.

이와 같이 정강왕의 재위 기간과 진성여왕 즉위 초반에 작성된 사료에는 헌강왕의 정당한 계승자는 정강왕이었고, 나아가 정강왕의 정당한 계승자도 진성여왕이었다는 인식만 확인되고 있다. 그러므로 이 당시까지는 요를 헌강왕의 정당한 계승자로 보는 인식은 성립될 여지가 없었다고 할 수 있겠다.

이상에서 헌강왕이 사망한 후 누구를 그의 정당한 계승자로 보았는가라는 헌강왕 계승자 인식 문제를 살펴보았다. 그 결과 정강왕의 재위 기간(886.7~887.7)이나 진성여왕 즉위 후 2년 가을(887.7~888. 가을) 무렵까지의 자료에서는 정강왕과 진성여왕을 정당한 계승자로 인식했음이 드러났다. 그러나 앞에서 살폈듯이 891년(진성여왕 5)에 작성된 「사사조서양함표」에서 진성여왕이 조카인 요에게 당 황제의 조서 2함을 국보로 물려주는 등 요를 헌강왕의 계승자로 인식하는 초기적 양상이 드러나고 있고, 893년(진성여왕 7)에 찬술된 「납정절표」에서는 헌강왕의 정당한 계승자는 요였지만, 나이가 어렸기 때문에 왕의 아우인 황이 임시로 왕위에 올라 나라를 통치하게 되었다고 하여, 정강왕과 진성여왕은 요를 대신하여 임시로 왕사를 맡은 존재라는 인식으로까지 발전하고 있다. 이러한 인식은 효공왕 즉위 후에 찬술된 「사사위표」와 「사은표」에 보듯이 더욱 일반화되어 효공왕이 곧 헌강왕의 정당한 계승자임을 표방하게 되었다고 할 수 있다.

이렇게 자료에 반영된 헌강왕 계승자에 대한 인식의 변화라는 측면에서 보면, 요가 헌강왕의 계승자라는 인식이 등장하기 시작했던 시점으로는 대략 889년(진성여왕 3) ~ 891년(동 5) 사이로 비정해 볼 수 있다. 요의 이와 같은 정통성의 확보는 경문왕계 왕실의 유일한 남자 혈손(血孫)인 그의 출생과 성장 상황을 신라 왕실이 인지하고 있었기 때문임은 재언할 필요가 없다. 어쩌면 신라 왕실은 출생 이후부터 요의 성장 과정을 주시하고 있었는지도 모르겠다.

요의 유아기의 성장 과정이 기록에 남아 있을 리 없지만, 헌강왕 사후 생모 김씨의 동향을 고려하면 약간의 추론은 가능하다. 최치원이 찬한 2종의 원문 (願文)에는 다음과 같은 내용이 보인다.

G-1. 드디어 얼굴을 돌보지 않고 머리털을 깎으며, 위와 창자를 깨끗이 씻은 채 좋은 인연 심는 것을 생각하고 경건하게 묘교(妙敎)를 따랐습니다.(「王妃金氏奉爲先考及亡兄追福施穀願文」, 崔英成, 「앞의 책」2, p.239)

G-2. 지금 기국(杞國)에 근심이 깊어지고(=임금이 승하하고) 초양왕(楚襄王)의 양대 (陽臺)의 꿈만 화려하듯이, 괴연(塊然)히 홀로 있으면서 망연자실하여 죽은 것처럼 지내지만, 그렇다고 임금의 곁을 떠나 정성을 아뢸 수도 없는지라 부질없이 비구니(比丘尼)나 본받고자 할 뿐입니다.(「王妃金氏爲亡弟追福施穀願文」, 「앞의 책」2, p.244)

G에 인용된 2종 원문의 주인공 왕비 김씨는 곧 효공왕(요)의 생모 김씨인데,[33] G-1에서 머리털을 깎고 묘교(妙敎)를 따랐다거나 G-2에서 임금이 승하한 후 비구니(比丘尼)를 본받으려 했다는 등의 표현은 그가 헌강왕이 훙거한 후 머지않아 불국사로 출가했음을 말하는 것이다.[34] 이렇게 생모 김씨가 출가하여 불국사에 거주하였다면, 요는 유아기(幼兒期)를 생모와 함께 불국사에서 보

---

33) 李文基, 「崔致遠 撰 9세기 후반 佛國寺 關聯資料의 檢討」「新羅文化」26, 2005, pp.246~250; 「앞의 논문」(2007); 본서 제Ⅱ부 제1장 및 제Ⅲ부 제1장 참조.

34) 당에서는 황제가 죽었을 경우 그 비빈(妃嬪)들은 도관(道觀)이나 사찰(寺刹)로 들어가는 경우가 많았다. 이를 참조하면, 신라에서도 그러했을 가능성이 없지 않다. 그렇다면 헌강왕의 비빈들도 그의 사망 후 불국사로 출가(出家)했음직하다. 최치원이 찬한 「화엄불국사비로자나문수보현상찬병서(華嚴佛國寺毘盧遮那文殊普賢像讚并序)」에서도 헌강왕의 빈어(嬪御)인 수원권씨(脩媛權氏)가 불국사로 출가했던 사실이 보이고 있다.

냈을 것이다.

그럼에도 불구하고 신라 왕실은 헌강왕의 유일한 사자(嗣子)인 요에 대해 지속적으로 관심을 가져왔던 것이 아닐까 한다. 다음의 사료가 하나의 방증이 될 법하다.

H-1. 진성대왕이 어우(御宇)한 지 2년(888)만에 특별히 명주(溟州)의 삼석(三釋)과 포도(浦道) 두 스님과 동궁내양(東宮內養) 안처현(安處玄) 등을 보내어 윤음을 전달하고 국태민안을 위해 법력을 빌고 나아가 음죽현(陰竹縣)의 원향사(元香寺)를 선나별관(禪那別館)으로 영속(永屬)시켰다.(「興寧寺 澄曉大師塔碑」李智冠,『校勘譯註 歷代高僧碑文』(高麗篇 1), 2004, p.247)

H-2. 돌아가신 것은 경복(景福) 2년(893; 진성여왕 7) 5월 4일이다. …… 대사께서 돌아가심을 듣고 형원사(瑩原寺)에 있던 추모하는 이들이 눈물을 흘리며 슬퍼하였다. 진성여왕께서 하늘이 철인(哲人)을 남겨놓지 않음을 돌아보고 문밖에서 울며 동궁관(東宮官)인 봉식랑(奉食郎) 왕로(王輅)에게 왕명을 전해 위문하도록 하였다.(「深源寺 秀澈和尙塔碑」韓國古代社會硏究所,『譯註 韓國古代金石文』3, 1992, p.169)

위의 사료 H에는 888년(진성여왕 2)과 893년(진성여왕 7)에 국왕의 명령을 전달하고 있는 동궁내양(東宮內養)·동궁관(東宮官) 봉식랑(奉食郎)이란 직명의 동궁 소속 신료가 보인다. 요가 태자로 책봉되기 이전임에도 동궁 소속의 신료들의 활동상이 보이는 것이다. 물론 이를 679년(문무왕 19)에 동궁이 건립되었고,[35] 752년(경덕왕 11)에는 동궁아(東宮衙)가 설치되었으므로,[36] 태자의 존부(存否)와는 무관하게 신료들이 동궁관 소속 각종 관직에 임명되어 직책에 따라 활동했

---

35)『삼국사기』권7, 문무왕 19년조.
36)『삼국사기』권8, 직관지(중).

던 사례로 생각할 수도 있다. 그러나 동궁관이 차기 왕위 계승자인 동궁을 보좌하는 임무를 지닌 신료라는 점에서, 사료 H에 보이는 동궁 소속 신료들은 진성여왕의 후계자와 무관할 수 없다고 본다. 가령 H-2의 동궁관 봉식랑은 이 자료에서 초견(初見)되는 직명(職名)이지만, 명칭에서 보면 동궁의 음식 관련 업무를 맡은 관직이 분명하다. 그런데 당시까지 태자는 부재한 상황이었다. 그렇다면 봉식랑은 누구를 보좌하였을까. 유력한 후계자였던 요를 수발했을 가능성이 크다고 본다. 진성여왕 7년이라면 「사사조서양함표」나 「납정절표」에 드러나듯이 요가 헌강왕의 계승자라는 정통성을 확립하여 진성여왕을 이을 유력한 후계자로 부상하고 있었기 때문이다. 좀더 나아가 추론하자면, 신라 왕실은 동궁 소속 관료를 통해 일찍부터 헌강왕의 유일한 사자였던 요를 지원하는 등 지속적으로 관심을 가져왔을 가능성이 있다.

이상에서 비록 서자였지만 헌강왕의 유일한 사자(嗣子)로 탄생한 요(효공왕)의 성장과정과 그가 헌강왕의 정당한 계승자라는 인식을 바탕으로 정통성을 확립하여, 진성여왕 9년에 태자로 책봉되기까지의 과정을 더듬어 보았다. 이를 정리하면 다음과 같다. 요는 유아기를 헌강왕이 사망하자 불국사로 출가한 생모 김씨와 함께 그 곳에서 보냈던 것으로 보인다. 그러나 신라 왕실은 그가 경문왕계 왕실의 유일한 남자 혈손이자 헌강왕자였던 만큼 동궁 소속 신료를 통해 지원하는 등 지속적인 관심을 가졌을 것 같다. 다만 이렇게 요가 생존해 있었지만 정강왕대 및 진성여왕 초반에는 헌강왕의 정당한 계승자는 요가 아니라 정강왕과 진성여왕인 것으로 인식되었다. 그러나 늦어도 891년(진성여왕 5)에 이르면 진성여왕이 국보인 당 희종이 내린 조서 2함을 요에게 물려주어 헌강왕의 계승자임을 인정하는 등 요가 정통성을 확보하기 시작했고, 2년 뒤에는 이러한 인식이 더욱 강화되어 헌강왕의 정당한 계승자는 요이며, 정강왕과 진성여왕은 요를 대신하여 임시로 왕위에 올랐던 존재로 인식되기에 이르렀다.[37] 요는 이렇게 확립된 정통성을 배경으로 895년(진성여왕 9)에 태자로 책봉되어 진성여왕을 이을 후계자로 확정되었던 것이다. 그렇다면 895년(진성여왕 9)에 이르러 비로소 요가 태자로 책봉된 이유 가운데 하나로는 그가 헌강왕의 정당한 계승자라는 정통성을 확립하는 데에 일정한 시간이 필요했던 점을 지적할 수 있겠다.

3. 태자 책봉과 선위의 정치적 함의

요는 진성여왕 9년 10월에 태자로 책봉되었다. 그의 태자 책봉 기사에서 특이한 점은 그가 경문왕계 왕실 구성원(헌강왕 형제)과 같은 골법(骨法)을 지녔음을 근거로 진성여왕으로부터 헌강왕자임을 인정받은 후에 책봉되었다는 설화적 내용이 덧붙여져 있는 사실이다. 전술했듯이 골법을 통한 헌강왕자 인정 설화는 곧 요가 당시의 신라 왕실과 조야로부터 헌강왕자로서 경문왕계 왕실의 정통을 이은 존재로 공인받았다는 의미로 풀이될 수 있다. 그런데 실은 설화적 기사와는 달리 요는 비록 서자였지만 당시 경문왕계 왕실의 유일한 남자 혈손인 헌강왕자로서, 출생한 직후부터 그 존재가 왕실에 의해 인지되고 있었다. 뿐만 아니라 나이가 들면서, 늦어도 891년(진성여왕 5) 이후부터 헌강왕의 정당한

---

37) 종래 진성여왕의 즉위를 요가 왕위에 오를 수 있는 연령에 도달할 때까지의 과도기적 성격을 지닌 임시적인 것으로 파악한 경우가 종종 있었다(李培鎔, 「新羅下代 王位繼承과 眞聖女王」 『千寬宇先生還曆記念 韓國史學論叢』, 正音文化社, 1985, p.350; 鄭容淑, 「신라의 女王들」 『韓國史市民講座』15, 一潮閣, 1994, p.46; 崔英成, 『앞의 책』2, p.102; 이정희, 「진성여왕을 위한 변명」 『10세기 인물열전』, 푸른역사, 2002, p.265). 그러나 진성여왕이 임시로 왕사(王事)를 맡았다는 인식은 진성여왕 재위 중에 요를 헌강왕의 정당한 계승자로 보게 되면서 나타난 것이다. 따라서 진성여왕의 즉위는 당시로서는 정통성을 바탕으로 한 것으로 임시적인 성격의 즉위라고 하기는 어렵다.

계승자라는 정통성을 확립해 나갔으며, 그것이 895년(진성여왕 9)에 태자로 책봉될 수 있었던 토대가 되었다.

그렇다면 『삼국사기』에 골법(骨法)을 통한 공인이라는 설화적 기사의 진의(眞意)는 요가 진성여왕을 이을 차기 왕위 계승자임을 확정하는 태자 책봉에 앞서 그가 경문왕계 왕실 구성원 중 정통적 계승자임을 다시 한 번 천명·선포하는 것이었음을 짐작할 수 있다. 요컨대 진성여왕을 중심으로 하는 신라 왕실은 895년에 요가 경문왕계 왕실의 유일한 혈손인 헌강왕자임을 다시 한 번 공인하는 절차를 거쳐 예를 갖추어 태자로 책봉하는 의식[38]을 거행했던 것이다. 그러므로 그의 태자 책봉은 신라 조정의 여러 정치세력에 대해 혈통면에서 차기에도 경문왕계 왕실이 지속됨을 선포하는 셈이 된다.

그러나 위와 같은 목적만을 가진 태자 책봉이었다면, 요가 확실하게 정통성을 확립했던 891년(진성여왕 7) 이후 언제라도 책봉이 가능한 상황이었다. 그럼에도 불구하고 하필 895년 10월에 책봉 행사를 가졌던 이유가 무엇이었는지에 대해서는 별도의 설명이 요청된다.

이와 관련하여 우리의 주의를 끄는 것은 태자 책봉 후 채 2년이 되기도 전에 진성여왕이 선양을 통해 태자에게 왕위를 물려주었던 사실이다. 신라사에서 현왕(現王)이 생존해 있으면서 태자에게 왕위를 물려주는 것은 매우 이례적인 현상일 뿐만 아니라, 태자 책봉에서 선양에 이르는 기간이 2년에 불과할 정도로 짧은 점도 일반적인 경우라고는 보기 어렵다. 마치 태자 책봉이 선양을 위한 사전 준비 작업이라는 느낌을 주고 있기 때문이다.

이에 진성여왕의 선위(禪位)와 2년 전의 태자 책봉과의 관련성을 추구해 볼

---

38) 『삼국사기』 권11, 진성왕 9년조에는 "잉명유사 비례봉숭(仍命有司 備禮封崇)"이라 하여 태자 책봉 의식의 진행에 대한 언급은 없다. 그러나 그 의식 절차가 진행되었을 것임은 의심의 여지가 없다.

필요성이 제기된다. 이를 위하여 먼저 선위의 이유 혹은 명분을 살펴보자.

I. 여름 6월에 왕이 좌우의 신하에게 일러 말하기를 "근년 이래 백성은 곤궁하고, 도적은 봉기(蜂起)하니 이는 내가 덕이 없는 탓이다. 어진 이에게 자리를 비켜 양위하고자 하는 나의 뜻은 결정되었다"라고 하고, 태자 요에게 선위(禪位)하였다. …… 겨울 12월 을사에 왕이 북궁(北宮)에서 홍거(薨去)하니 시호를 진성(眞聖)이라 하고 황산(黃山)에 장사지냈다.(『삼국사기』 권11, 진성왕 11년조)

사료 I에서 보듯이 진성여왕은 897년(진성여왕 11) 6월에 태자 요에게 선위하고 왕위를 떠나 북궁에서 거처하다가 그해 12월에 사망하였다. 양위의 명분으로는 근년 이래의 자신의 부덕(不德)으로 인한 백성의 곤궁과 도적의 봉기라는 사회 문제를 들었다.

한편 진성여왕이 양위 사실을 당에 고한 「양위표」와 효공왕이 왕위를 이어받은 사실을 당에 알린 「사사위표」에는 선위의 이유를 보다 다양하게 들고 있다. 여기에 등장하는 선위의 이유를 세분해 보면 대략 네 가지 정도로 정리할 수 있다. 가. 도적의 봉기, 나. 진성여왕의 신병(身病), 다. 당과의 사신 교류의 두절, 라. 기타(재정 파탄, 흑수의 침입 등)가 그것이다. 이들을 하나씩 검토해 보기로 한다.

가. 도적의 봉기
두 표문에서 진성여왕이 내세운 선위의 이유 가운데서 가장 큰 비중을 차지하고 있는 것으로, 관련된 언급을 적시하면 다음과 같다.

J-1. 신은 황제께서 사랑해 주시는 것으로부터 위엄을 빌어, 해우(海隅)를 다스리는

자리를 채웠는데, 비록 법령이 사뭇 늘어날 정도는 아니지만, 도적떼가 횡행[充斥]함을 면치 못하였습니다.(「讓位表」崔英成, 『譯註 崔致遠 全集』2(孤雲文集), p.99)

J-2. 그러나 우신(愚臣)이 왕위를 계승하여 지킴에 미쳐서는 여러 환난이 한꺼번에 밀어닥쳤으니, 처음에는 흑수(黑水)가 경계를 침범하여 독액(毒液)을 내뿜었고, 다음에는 도적들[綠林]이 무리를 이루고 다투어 광분(狂奔)을 부채질하여, 관할하는 구주(九州)에서 고을을 표방하는 백군(百郡)이 다 도적의 난리를 만나서 마치 겁회(劫灰)를 보는 것 같았습니다. 게다가 사람 죽이기를 마치 칼로 삼대를 치듯 하고 땅위에 드러난 백골은 잡초처럼 버려졌으며, 창해(滄海)의 횡류(橫流)는 날로 심하고 곤강(崑崗)의 맹염(猛焰)은 바람이 사물을 쓰러뜨리듯 하였습니다. 결국 인향(仁鄕)이 변하여 병든 나라가 되게 하였습니다.(「讓位表」『앞의 책』2, pp.100~101)

J-3. 군도(群盜)들이 이미 지금에 이르러 (나라의) 병이 되었으나, 미신(微臣)은 진실로 남에게 취한 바 없었으니, 일변(日邊)에서 희중(羲仲)의 직책에 있는 것이 신의 평소 본분이 아니옵고, 해우(海隅)에서 연릉계자(延陵季子)의 절개를 지키는 것이 바로 신(臣)에게는 양책(良策)일 것입니다.(「앞의 글」『앞의 책』2, pp.101~102)

J-4. 마침 개미떼가 와서 제방을 무너뜨리고 메뚜기[蝗蟲]가 아직 국경을 뒤덮고 있으니, (백성들이) 신열(身熱)이 나도 물로 씻어 줄 수 없고, 물에 빠졌어도 건져 줄 수 없습니다.(「앞의 글」『앞의 책』2, p.103)

J-5. 비록 요순[唐虞]의 광명이 사방을 비치듯 함에, 나중에 왔다고 죄주지는 않을 것이나, 어찌하다가 만이(蠻夷; 신라)에 도적들이 횡행하다 보니 자주 왕래하였던 사행(使行)이 오랫동안 막혔습니다.(「앞의 글」『앞의 책』2, p.103)

J-6. 불이 나무에서 났으나 불이 맹렬하면 나무를 태우고, 물이 배를 띄우지만 물이 미치면 배를 엎을 수도 있는 법이다. 우리나라에 큰 흉년이 자주 들어 좀도둑들이 사방에서 일어났는데, 본래는 승냥이나 이리 같은 탐욕을 부리더니 차츰 홍곡(鴻鵠)의 웅지(雄志)를 자랑하였다. 그들은 간특함을 숨긴 채 쥐처럼 도둑질을 일삼아, 처음에는

상자를 열고 자루 속을 살살 뒤지다가, 형세를 타고 벌떼가 날 듯함에, 갑자기 성을 파괴하고 고을을 겁박하였다. 그리하여 마침내 연기와 티끌이 국경을 빙 두르고 바람과 비가 제 철을 잃게 하였는데, 뭇 도적이 동릉(東陵)에서 더욱 치성(熾盛)하매 넉넉한 쌀알이 남무(南畝)에 깃들일 수 없었다.(「謝嗣位表」『앞의 책』2 p.114)

J-7. 그러나 지금은 군읍(郡邑)이 두루 도적의 소굴이요 산천(山川)이 모두 전쟁터이니, 어찌 하늘의 재앙이 우리 해곡(海曲, 신라)에만 흘러들었다고 말하랴. 모두 내가 몽매한 탓에 이 도적들을 부른 것이니, 죄로 치자면 주육을 받아도 싸고 이치로 보자면 자리에서 물러나야 마땅하다.(「앞의 글」『앞의 책』2, p.115)

J-8. 그러나 한편 군사(軍事)를 동독(董督)하는 것은 아직 그런대로 체면을 유지할 만하지만, 도적들의 괴란(乖亂)함이 많아서, 연도(鉛刀)나마 늘 갈았으나 서린 뿌리와 얽혀진 마디[盤根錯節]을 없애지 못하였고, 형망(刑網)에서는 빠져 나갔지만 흉폭광란(兇暴狂亂) 함이 더욱 심하옵니다.(「앞의 글」『앞의 책』2, pp.116~117)

사료 J에서 보듯이 「양위표」와 「사사위표」에는 무려 8회에 걸쳐 도적의 봉기로 인해 선양을 결심했음을 직간접적으로 표현하고 있다. 가장 직접적인 언급은 J-3과 J-7에서 볼 수 있다. 특히 J-7은 진성여왕의 말을 직접 인용한 부분으로 자신이 몽매하여 도적을 불러왔으므로 왕위에서 물러나는 것이 이치에 맞는다고 하고 있다. 효공왕은 도적의 봉기가 반근착절(盤根錯節)의 지경에 이르러 신라 왕조로서는 통제 불능의 상태에 빠졌음을 고백하고 있기까지 하다(J-8).

선양의 주된 이유로 거론된 도적의 봉기란 농민들의 봉기와 지방 호족의 자립 상황을 아울러 나타낸 것이다. 그런데 두루 아는 바처럼, 농민의 봉기나 호족의 자립은 근년 이래의 상황은 아니었다. 889년(진성여왕 3)에 사벌주를 근거로 한 원종·애노의 반란이 일어난 후 전국적으로 농민 봉기가 퍼져나갔으며, 891년(진성여왕 5)에는 북원경의 양길(梁吉)이 궁예(弓裔)를 보내 그 동쪽과 남쪽의 명주 관할 군현을 휩쓸었고, 이듬해에는 견훤(甄萱)이 무진주를 근거로 후백제를 건국하였으며, 894년(진성여왕 8)에는 하슬라에 들어가 자립의 기반을 구축한 궁예가 그 세력을 한주 관내에까지 뻗치기에 이르렀던 것이다. 그리고 선양하기 1년 전에는 신라의 서남지방에서 일어난 적고적(赤袴賊)이 주현을 휩쓸고 왕경의 서부 모량리까지 약탈하고 돌아가는 일까지 발생하였다.[39] 이렇듯 도적의 봉기는 889년 이후 전국적인 범위에서 일상적인 상태로 지속되고 있었던 것이다.

나. 진성여왕의 신병

「양위표」와 「사사위표」에는 진성여왕의 신병을 선위의 또 다른 이유로 거론하고 있다.

K-1. 오랫동안 병란에 시달린 데다가 병마저 많고 보니, 제가 하고 싶은 대로 추진할 것을 깊이 생각하였으나, 자기와 가까운 사람을 친애하는 것을 피하기 어려웠습니다.(「양위표」『앞의 책』2, p.103)

K-2. 신의 망부(亡父) 증태부 신 정(晸; 헌강왕)으로부터 차숙(次叔)인 신 황(晃; 정강왕)이 차례로 세상을 떠나심에, 친고모께서 번복(藩服)을 임시로 맡았으나, 질병과 사고가 서로 잇따라 건녕(乾寧) 4년(897; 진성여왕 11) 6월 1일에 번국(藩國)의 일을 간절히 밀어 신에게 주지(主持)하라고 하셨습니다.(「사사위표」『앞의 책』2, p.113)

K-3. 신이 생각하건대, 고모 탄(坦)은 사사로움이 적고 욕심이 많지 않으며, 병치레가 많은 몸에 한가함을 사랑하였습니다.(「앞의 글」『앞의 책』2, p.116)

---

39) 이상 『삼국사기』 권11, 진성여왕 3·5·8·9·10년조 참조.

사료 K에서 보듯이 진성여왕은 오랫동안 병마에 시달렸음을 알 수 있는데, 특히 K-2에서는 질병을 선위의 중요한 이유리고 하였다. 『삼국사기』에도 진성여왕의 신병과 관련하여 아래와 같은 기사가 보인다.

K-4. 3월 초하루 무술에 일식이 있었다. 왕이 병환이 들어 죄수의 정상을 살펴 사형죄 이하를 사면하고, 60명에게 승려가 되는 것을 허락하니 왕의 병이 나았다.(『삼국사기』권11, 진성왕 2년조)

진성여왕의 즉위시의 연령을 부모인 경문왕과 영화부인의 혼인 시점에서 추정해 보면, 대략 20대 초반으로 생각된다.[40] 젊은 나이에도 불구하고 진성여왕은 병약했음이 사실인데, K-4에서 보듯이 이 역시 선양을 결정할 무렵에 돌연히 생긴 일이 아니라 즉위 직후부터 지속되어 온 문제였다고 할 수 있다.

다. 당과의 사신 교류의 두절

「양위표」와 「사사위표」에서 진성여왕의 실책으로 종종 거론되고 있는 것이 당과의 사신 교류가 두절되었다는 점이다.

L-1. 더구나 서국(西國)에 서절(瑞節)을 바치는 것으로 말하면 배[鵁艦]가 격랑에 침몰되고, 동방에 책서(冊書)를 내리는 것으로 말하면 사신의 수레[鳳輅]가 중도에 되돌아갈 수밖에 없어, 기름진 비[膏雨]에 젖을 길이 막히고 훈훈한 바람만 허비하게 되니, 이는 정성이 하늘을 감동시키는 것에서 어긋나는 것인지라, 실로 죄가 바다보다 깊음이 두렵습니다.(「양위표」『앞의 책』2, p.101)

---

40) 權英五, 「앞의 논문」(2007), p.104에서는 진성여왕의 출생 시점을 865년경으로 추정하면서 즉위시의 연령을 20대 초반으로 보았다.

L-2. 모든 탕름(帑廩)은 한결 같이 비어있고, 나루로 통하는 길은 사방으로 막혀 있는데 (銀河로 갈) 떼배는 8월이 되어도 오지 아니하고, 갈 길은 오히려 구천보다도 멀기만 하여, 진작에 제산항해(梯山航海)하여 천자께 아뢰지 못하였사옵니다. 비록 요순(唐虞)의 광명이 사방을 비치듯 함에, 나중에 왔다고 죄주지는 않을 것이나, 어찌하다가 만이(蠻夷, 신라)에 도적들이 횡행하다 보니 자주 왕래하였던 사행이 오랫동안 막혔사옵니다. 예가 실로 잘못되고 빠졌으니, 그 심정이야 어느 겨를에 편안하겠습니까?(「앞의 글」『앞의 책』2, p.103)

L-3. 게다가 (그 서슬에) 용호절(龍虎節)이 가다가 바다 구렁에 잠기고, 봉황사(鳳凰使)가 오다가 중도에 되돌리게 되어, 은영(恩榮)을 욕되게 하고 성관(誠款)을 펼 도리가 없었다. 이렇듯 도리에 어긋남이 많은 것은 애써 두려움을 더하게 하니, 삼명(三命)의 높은 지위에도 더욱 공손하였던 고사(故事)만을 삼가 생각하였고, 한 번 사양하고 이내 물러가는 것을 결심하였노라.(「사사위표」『앞의 책』2, p.114)

위의 사료에는 진성여왕대에 당과의 사신 교류가 원활하지 못하였고 오랫동안 두절되었음을 밝히면서, L-3에서 보듯이 이러한 사신 불통(不通)으로 인한 당에 대한 비례(非禮)를 선위를 결심하게 된 하나의 이유로 들고 있다. 진성여왕대의 견당사 파견 횟수는 5회 정도로 추정되지만,[41] 그 가운데서 진성여왕 7년에 파견된 2번의 사행은 당에 이르지를 못하였다. 납정절사 김처회(金處誨)는 입당 도중 익사하였고, 그 해에 다시 파견된 고주사(告奏使) 김준(金峻)과 하정사(賀正使) 최치원(崔致遠)은 도적들에 의해 길이 막혀 되돌아왔기 때문이었다.[42]

그러나 당과의 사신 교류의 두절이 과연 선양의 실제적인 이유가 되었다고는 할 수 없다. 역대 신라왕의 경우 당과의 사신 교류가 두절되었던 사례가 적

41) 權悳永, 『앞의 책』(1997), pp.93~94.
42) 『삼국사기』 권46, 최치원열전.

지 않았고, 또 891년(진성여왕 5)부터 퇴위하는 897년(진성여왕 11)까지 2~3회의 견당사가 파견된 사실이 있기 때문이다. 자료 자체가 당에 보내진 외교문서이 므로, 찬자인 최치원이 당에 대해 진성여왕의 양위를 합리화시키기 위해 그의 실책 가운데 하나로 사신 교류의 두절을 부각시켰던 것이 아닐까 한다.

위에서 살핀 세 가지의 선위의 이유 외에도 두 표문에는 "모든 탕름(帑廩)이 한결같이 비었다"는 바와 같이 재정의 고갈을 언급하거나 즉위 초년의 흑수(黑水)의 침입을 거론하는 등 간접적인 이유를 들고 있기도 하다.

이와 같이 「양위표」와 「사사위표」에서 우리는 진성여왕이 내세운 몇 가지의 선위의 이유를 찾아볼 수 있지만, 가장 중요한 것은 도적의 봉기로 표현된 호족의 자립과 농민 봉기로 인한 신라 왕조의 통치 질서의 파탄 현상이었고, 다음으로는 자신의 신병(身病)이었다고 할 수 있다. 그리고 두 표문에서 언급되지는 않았지만, 왕거인(王居仁) 사건으로 상징되는 왕경과 지방 은둔 지식인들의 소수 측근을 중심으로 운영된 진성여왕 체제에 대한 비판[43]이나 선덕여왕대의 비담의 난과 같은 여왕 지배에 대한 반발도 선위의 중요한 이유 가운데 하나였을 가능성이 있다.

그런데 진성여왕은 선위에 앞서 이런 문제들이 '근년 이래' 발생한 것처럼 말하고 있으나(앞의 사료 H 참조), 전술했듯이 도적의 봉기는 진성여왕 3년 이래, 자신의 신병은 동 2년 이래의 문제로서, 비교적 장기적인 누적 과정을 거치며 점차 악화 일로를 걸어 왔다는 점에 유의할 필요가 있다. 이러한 상황은 다음의 사료에 잘 반영되어 있다.

M-1. 기유년(889; 진성여왕 3)에서 을묘년(895; 진성여왕 9)까지 7년간 천지가 온

---

43) 全基雄, 「新羅末期 政治社會의 動搖와 六頭品 知識人」 『韓國古代史研究』 7, 1994 참조.

통 난리로 어지러워 들판이 전쟁터가 되니 사람들은 방향을 잃고 행동이 짐승과 같았다.(僧訓, 「五臺山寺 吉祥塔詞」, 韓國古代社會硏究所編, 『譯註 韓國古代金石文』3, 1992, p.343)

M-2. 혼탁한 운세가 서쪽에서 신라에 이르러 십년동안 억센 짐승들이 승가를 괴롭혔구나.(僧訓, 「哭緇軍」『앞의 책』, p.344)

M-3. 당 소종(昭宗) 경복(慶福) 원년(892) 즉 신라 진성여왕 재위 6년에 폐수(嬖竪)들이 (왕의) 옆에 있으면서 정권을 마음대로 휘둘러 기강이 문란하고 해이해졌으며, 그 위에 기근까지 겹쳐 백성이 유이(流移)하고 군도가 벌떼처럼 일어났다. 이에 견훤은 왕위를 엿보는 마음을 가져 무리를 불러 모아 왕경의 서남쪽 주현을 치자 이르는 곳마다 메아리처럼 호응하여 한 달 사이에 무리가 5천명에 이르렀다.(『삼국사기』 권 50, 견훤열전)

M-1·2는 모두 895년(진성여왕 9)에 해인사의 승훈(僧訓)에 의해 작성된 것인데, 889년 이래 7년간 신라가 난리로 어지러워졌다고 하였고, M-2에서는 895년에 이르기까지 10년간 혼란상이 이어졌다고 말하고 있다. 도적의 봉기로 인한 통치질서의 마비 현상은 진성여왕 치세 내내 지속되었던 셈이다. 그래서 M-3에 보듯이 견훤은 892년(진성여왕 6)에 측근정치로 인한 정치문란과 흉년, 도적의 봉기를 틈타 세력을 키워 후백제 건국의 기틀을 마련했던 것이다.

말하자면 진성여왕은 치세 내내 정치사회적으로 곤란한 상황에 직면해 왔던 셈인데, 하필 895년을 이미 그 전부터 정통성을 인정받고 있던 요에 대해 새삼스럽게 헌강왕자로 공인하는 과정을 거쳐 태자로 책봉하는 시점으로 선택한 이유는 어디에 있을까. 이와 관련하여 아래의 사료는 좀 더 세심하게 살펴볼 필요가 있다.

N. 가만히 생각하건대 신의 조카 요(嶢)는 신의 망형 정(晸)의 자식인데, 연령은 지학(志學)에 가깝고, 재기(才器)는 종실을 일으킬 만합니다. 산 아래에서 샘물이 나온 것과 같았으나, 동몽지심(童蒙之心)으로 능히 성품을 바르게 하는 것을 함양하였습니다. 언덕에 오얏 꽃이 있음에 뭇사람이 현인을 생각하듯이, 밖으로 구하는 것을 빌지 아니하고 이에 안에서 천거함을 따랐습니다. 근래에 이미 번방(藩邦)의 직무를 맡겨 나라의 재난을 진정시키게 하였습니다.(「양위표」『앞의 책』2, p.102)

「양위표」는 진성여왕이 선위를 결심한 후 당에 올린 표문으로 수창부시랑 급찬 김영(金穎)이 897년(진성여왕 11)에 하정사로 입당하면서 가져갔던 것이다. 그런데 여기에는 요가 근래에 임시로 국정을 위임받아 국난을 진정시키는 등 정치적으로 활동했다고 짤막하게 기록되어 있다.

그러면 요는 언제 국정을 위임받아 이런 정치활동을 전개했던 것일까,「양위표」가 작성된 897년은 6월 1일에 여왕이 퇴위하고 요가 왕위를 계승했던 과도기였으므로 여기에 언급된 요의 정치활동 시기와 관련하여 두 가지의 가능성을 생각해 볼 수 있다. 하나는 진성여왕이 요에게 이미 왕위를 물려주어 요가 재위하고 있었지만, 아직 당에 선위 사실을 정식으로 고하지 못한 상황이었으므로 요가 왕위에 오른 사실을 이렇게 표현했을 가능성이다. 만약 이것이 옳다면 요의 정치활동 시점은 곧 897년 6월 이후가 되고, 위의 내용은 요가 왕위에 오른 다음의 정치 활동을 의미하는 것이 된다. 다른 하나는 이 자료가 진성여왕이 양위할 의사를 당에 고하는 외교문서임을 고려하면 그 속에 양위한 다음의 사실이 포함되어 있다고 보기는 어려우므로, 양위하기 전에 요가 정치활동을 했음을 말하고 있을 가능성이다,「양위표」의 문맥의 전체적인 흐름에서 보면 필자는 후자의 가능성이 높다고 본다.

그렇다면 요는 왕위를 물려받기 전에 이미 진성여왕을 대신하여 국정운영을 위임받아 정치활동에 참여했던 것으로 볼 수 있다. 그리고 그 시기는 897년(진성여왕 11) 당시에 '근래 이미[近已]'라고 표현하고 있으므로, 그로부터 멀지 않은 것으로 볼 수 있고, 대체로 태자로 책봉된 이후로 추정해도 큰 무리는 없을 것 같다. 요컨대 요는 895년(진성여왕 9) 10월에 태자로 책봉된 후, 태자의 신분으로 병약한 진성여왕을 대신하여 국정을 운영했던 것으로 보이는 것이다.

이렇게 본다면 요의 태자 책봉이 가진 또 다른 정치적 함의는 진성여왕 자신은 정치 일선에서 물러나고 태자인 요를 정치의 전면에 내세우는 데 있었다고 할 수 있다. 다만 실제로 요가 국정을 담당할 만한 능력과 자격을 갖추고 있었는지는 의문이다. 태자로 책봉된 시점에 그의 나이는 11세로 추정되고, 2년 후 (897.6.) 요가 진성여왕으로부터 양위를 받을 때도 '연장지학(年將志學)'이라 하였지만 13세의 소년에 불과하였기 때문이다. 그럼에도 불구하고 N에는 요의 나이는 물론 자질이나 역량 및 성품이 왕으로서 부족함이 없다고 강변하고 있다. 요를 내세워 당면한 난국을 돌파해보려는 진성여왕의 절박한 심정을 읽을 수 있는 대목이 아닐까 한다.

이상에서 살핀 바를 염두에 두면 요의 태자 책봉에 앞서 골법이 거론되고 있는 점이나 전례가 없는 선양을 통한 왕위 계승이 가진 정치적 함의는 어느 정도 짐작할 수 있다. 곧 진성여왕은 치세 3년 이래 농민 봉기와 호족의 자립으로 국가적 통치 질서가 파탄에 이르렀고, 자신의 신병까지 날로 악화되자, 이러한 정치사회적 문제를 일거에 해결해보려는 의도에서 요를 정치 운영의 전면에 포진시키려 했던 것으로 보인다. 그래서 이미 헌강왕자로서 정통성을 확립하고 있었던 요에 대해 골법의 유사함을 강조하여 경문왕계 왕실 정통을 이은 존재임을 공인하는 절차를 다시 거친 뒤 태자로 책봉하는 의식을 거행했으며, 태자 책봉 이후에는 태자의 신분으로 국정을 운영하게 하였다가 2년이 채 되지 않아 극히 이례적인 선양의 방식으로 왕위를 물려주었던 것 같다. 이러한 의미에서 요의 태자 책봉과 선양을 통한 왕위 계승은 진성여왕 측이 준비한 당면한 정치·사회적 문제를 일거에 해결해 보려는 일종의 정치적 이벤트라는 함의를 갖고 있다고 하겠다.

아직 그 역량이나 자질이 제대로 검증되지 않은 소년에 불과한 요에 대한 태자 책봉과 선양을 통한 왕위 계승의 정치적 의미가 이상과 같다면, 진성여왕대의 정치세력은 이 문제에 대해 어떻게 대응했는지를 살펴볼 필요가 있다. 당시의 국왕 권력과 권위의 저락 현상을 감안할 때, 이러한 정치적 시도가 현실화되기 위해서는 정치세력들의 일정한 지지와 합의가 뒷받침되었을 것이기 때문이다. 그렇지만 진성여왕대의 정치세력의 동향을 구체적으로 해명하는 일은 미세하고 정교한 고증이 필요한 또 하나의 작업이 될 것이므로, 이 글에서는 그 대략만을 개관하기로 한다.

진성여왕 시대를 정치 운영의 측면에서 세분해 보면, 제1기: 즉위(887.7.)에서 동 2년(888) 김위홍이 사망하기까지, 제2기: 위홍 사망 이후부터 동 9년(895.10.) 요의 태자 책봉까지, 제3기: 요의 태자 책봉 이후부터 동 11년(897.6.) 선위까지의 대략 세 개의 분기로 나눌 수 있지만, 분기별 정치세력을 추출하기란 그리 간단하지 않다. 『삼국사기』 신라본기 진성여왕조에서 상대등이나 시중 혹은 병부령 등 당시의 주요 관직 역임자에 관한 일체의 기록을 발견할 수 없기 때문이다. 그래서 몇몇 자료에서 진성여왕대를 전후한 시기인 정강왕대와 효공왕대에 활동상이 보이는 몇 그룹의 정치세력을 추출하여 그들의 정치적 성향을 일별해 보기로 하겠다.

① 상대등 대각간 김위홍과 부호부인 및 소수의 측근 총신

김위홍은 진성여왕 시대 제1기의 정치 운영을 주도했던 인물이다. 그는 경문왕대에 병부령으로서 상재상의 지위에 있었으며, 헌강왕의 즉위와 더불어

상대등에 취임하여 최고의 권력자로 군림하였다. 그러나 880년(헌강왕 6)부터 상재상에서 물러나 정치적 소외상태에 빠졌다가 진성여왕 즉위 후 다시 실세로 복귀하였던 것으로 보인다.[44] 위홍은 진성여왕의 즉위를 실현시킴으로써 영향력을 회복하여 사망할 때까지 약 1년간 정치 운영을 주도하였다. 그의 정치적 입장은 『삼대목(三代目)』의 편찬[45]이 상징하듯이 기본적으로 경문왕계 왕실의 유지를 바라는 것이었고, 그래서 진성여왕의 즉위를 적극 후원했던 것으로 생각된다.

부호부인은 위홍의 처이자 진성여왕의 유모로 기록된 인물인데, 위홍의 생존시에는 물론 사망한 이후에도 진성여왕의 측근에서 정치적 조언자로서 활동했다. 『삼국유사』 진성여대왕 거타지조에 의하면 왕거인 사건의 빌미가 된 은어 속에 부호부인은 진성여왕, 2명의 소판, 3·4명의 총신과 더불어 주요 비판 대상의 하나로 거론되고 있다. 부호부인의 정치적 입장은 남편 위홍과 다르지 않았겠지만, 제1기와 제2기에 진성여왕의 측근세력으로 활동하였다. 부호부인과 더불어 권력을 장악하여 통치질서를 문란케 한 주범으로 지목된 존재가 진성여왕의 측근세력들이다. 『삼국유사』 거타지조의 은어에는 "우우삼아간

---

44) 위홍의 위상변화와 관련하여 주목할 것은 정강왕 재위 중에 찬술된 「결화엄경사회원문」의 내용이다. 여기에는 위홍이 보이지 않는 대신 상재(上宰) 김림보(金林甫)와 국척중신(國戚重臣) 소판(蘇判) 김일(金一)·김순헌(金順憲) 등이 정계의 유력자로 등장하고 있다. 이는 상대등 위홍의 정치적 위상이 낮아졌음을 시사하고 있는 것으로 파악된다. 이에 대해서는 李文基, 「앞의 논문」(2005), pp.252~255; 본서 제Ⅱ부 제1·2·3장 참조.

45) 향가집 『삼대목(三代目)』의 성격에 대해서는 삼대의 의미를 어떻게 보느냐에 따라 크게 삼분되어 있다. 삼대의 의미를 ① 유가(儒家)에서의 태평성대로 인식되어 온 중국의 하(夏)·은(殷)·주(周)로 풀이하는 입장, ② 신라의 상(上)·중(中)·하대(下代)로 보는 입장, ③ 경문왕가 왕실의 3명의 왕(헌강왕·정강왕·진성여왕)으로 보는 입장이 그것이다. 여기서 상론할 여유는 없지만, 필자는 ③의 입장을 지지하되, 삼대를 경문왕·헌강왕·정강왕의 3왕으로 보고 있으며, 『삼대목』 편찬의 의도가 경문왕 왕실 가문의 안녕과 지속을 기원하고 정통성을 강조하는 데에 있었다고 생각한다.

(于于三阿干)"으로 표현되었고, 『삼국사기』 진성여왕 2년조에는 2·3인의 소년 미장부(美丈夫)로 나타나는 바로 그들이다. 그 실체는 화랑으로 비정될 수 있겠는데,[46] 이들은 제2기인 위홍의 사망 이후 진성여왕에 의해 기용되어 측근에서 국정을 장악하여 신라의 통치질서를 문란케 하였다고 한다. 따라서 이들의 정치적 성격은 진성여왕 체제의 최측근 지지자로 규정할 수 있다.

② 시중 이찬 준흥과 정강왕대의 정치세력

이찬 준흥은 정강왕 즉위 후에 시중에 임명되어 동왕 2년 왕으로부터 진성여왕을 차기 왕으로 옹립하라는 유조(遺詔)를 받고 이를 실천에 옮긴 인물이다. 그는 진성여왕 즉위 후에도 여전히 시중에 머물렀던 것 같다. 진성여왕대에 다른 인물을 시중으로 임명한 기사가 보이지 않을 뿐더러, 898년(효공왕 2)에는 그가 각간으로서 상대등에 임명되고 있기 때문이다. 아마 진성여왕의 치세 내내 정치 일선에서 활동했을 가능성이 크다. 그의 정치적 입장은 그가 진성여왕 옹립 공신이라는 점이나 시중 재임자라는 데서 잘 드러나듯이 진성여왕의 지지자로 분류할 수 있다.[47] 특히 상대등 위홍과 함께 시중으로 재임했다면, 그 역시 경문왕계 왕실의 유지에 동의하고 있었다고 할 수 있다.

정치적으로 시중 준흥과 흡사한 성격의 존재로 「결화엄경사회원문(結華嚴經社會願文)」에 등장하는 상재(上宰) 김림보(金林甫)·국척중신(國戚重臣) 소판(蘇判) 김일(金一)·김순헌(金順憲) 등을 주목할 수 있다. 이 가운데서 김림보와 김순헌의 행적은 잘 드러나지 않지만 김일(金一)의 경우를 통해 이들의 정치적 성격을

---

46) 李培鎔, 「앞의 논문」(1985), pp.357~358; 全基雄, 「앞의 논문」(1989), p.30; 全基雄, 「앞의 논문」(1994), p.129.
47) 효공왕 2년에 시중(侍中)으로 임명된 아찬 계강(繼康)의 정치적 성격도 준흥(俊興)과 같았던 것으로 볼 수 있다.

짐작해 볼 수 있다. 김일은 872년(경문왕 12) 당시에 송악군태수로서 위홍(魏弘)이 주도한 황룡사9층목탑 중수에 속감전(俗監典)의 일원으로 참여했으며,[48] 890년(진성여왕 4)에는 낭혜화상의 보살계제자로 소판으로서 무주도독에 재임 중이었던 김일(金鎰)[49] 바로 그 사람이다.[50] 그는 881년 당시 헌강왕의 부름을 받고 왕경에 온 낭혜화상 무염으로부터 재상이 될 만한 공재(公才)와 공망(公望)을 아울러 갖춘 인물로 평가되기도 했다.[51] 따라서 김일의 정치활동 시기는 경문왕·헌강왕·정강왕·진성여왕 4대에 걸쳐 있음을 알 수 있고,[52] 그의 행적에서 미루어보면 정치적 입장은 역시 경문왕계 왕실이 유지되기를 지지하는 것이었다고 하겠다. 이를 참조하면 상재상인 김림보나 소판 김순헌의 정치적 성격도 김일과 크게 다르다고는 할 수 없다. 이 점 「결화엄경사회원문」에 이들이 이끈 화엄경사회에 즉위하기 전의 진성여왕 곧 북궁장공주(北宮長公主)가 참여했음이 보이고 있는 점에서도 방증을 얻을 수 있다. 요컨대 이들 역시 진성여왕의 왕위 계승에 동의했던 진성여왕 지지세력들로 정리할 수 있다.

③ 헌강왕녀와 혼인한 정치세력

위와 같은 두 그룹외의 유력한 정치세력으로는 헌강왕녀(憲康王女)와 혼인했던 효종과 경휘 가문을 들 수 있다. 효종은 진성여왕대의 화랑으로 당시의 제3재상(宰相) 각간(角干) 인경(仁慶)의 아들이었고, 경휘는 정강왕대의 대아찬(大阿

48) 黃壽永 編, 「新羅皇龍寺九層木塔刹柱本記」 『韓國金石遺文』 제4판, 일지사, 1985, p.162.
49) 「낭혜화상비」 崔英成, 『앞의 책』1, p.56 및 p.101.
50) 全基雄, 『羅末麗初의 政治社會와 文人知識層』, 혜안, 1996, pp.144~145.
51) 「대낭혜화상백월보광탑비명(大朗慧和尙白月葆光塔碑銘)」 『앞의 책』1, p.84 및 p.135.
52) 김일은 935년 경순왕이 고려에 귀부할 당시에 같이 개경으로 옮겨 활동하였다, 「興寧寺澄曉大師碑」에 그는 왕요군(王堯君; 정종) 왕소군(王昭君; 광종) 등 고려 왕실의 유력자와 함께 단월로 기록되어 있다.

滄) 예겸(乂謙)의 아들이었는데 모두 헌강왕녀와 혼인하였다. 이 두 가문은 인경 (仁慶)과 예겸(銳謙)의 관직과 관등은 물론 진성여왕대 이후의 정치적 행적에서 도 모두 유력한 진골 가문이었으며, 인경-효종과 예겸-경휘 부자(父子) 역시 정 계의 요인으로 활동하였다. 그러면 이들의 정치적 성격에 대해 살펴보자.

O-1. 효종(孝宗)은 당시 제3재상 서발한(舒發韓) 인경(仁慶)의 아들로 어릴 적 이름 은 화달(化達)이었다. 왕이 이르기를 "그는 비록 나이가 어리지만, 문득 노성(老成)함을 볼 수 있다"고 하고, 곧 자기의 형인 헌강왕의 딸을 아내로 삼게 하였다.(『삼국사기』 권 48, 효녀지은열전)

O-2. 이찬 예겸의 딸을 맞아들여 왕비로 삼았다.(『삼국사기』 권12, 효공왕 3년조)

O-1에는 진성여왕[53]이 제3재상 인경의 아들 효종과 헌강왕녀와의 혼인을 주선했음을 보여주고 있는데, 이런 관계에 있었던 인경 · 효종 부자를 진성여 왕 지지세력으로 분류해도 무리는 없겠다. 또 O-2에서는 효공왕이 899년(효공 왕 3년)에 이찬 예겸의 딸을 왕비로 맞은 사실이 보인다. 따라서 예겸을 대표적 인 효공왕 후원세력으로 볼 수 있다. 그렇다면 이들 역시 최소한 진성여왕 당 대에는 경문왕가 왕실의 유지를 지지했던 정치세력으로 규정할 수 있겠다.

이상 진성여왕대에 그 활동상이 추적 가능한 3군(群)의 유력 정치세력을 살 펴보았거니와, 이들의 정치적 성격은 대체로 진성여왕을 지지하고, 경문왕계 왕실이 유지되기를 바랐던 것으로 파악된다. 따라서 진성여왕대의 유력 정치 세력들은 요의 태자 책봉과 선양을 통한 왕위 계승과 같은 정치적 이벤트에 동

---

53) 『삼국사기』 효녀지은열전과 같은 내용을 전하는 『삼국유사』 권5, 효선9 빈녀양모조에 의하면 당시가 진성여왕 시대임을 알 수 있다.

의했던 것으로 보아도 좋을 것 같다.[54] 이는 물론 지방세력의 포위망이 나날이 좁혀져오고, 그 압박의 강도가 시시각각 높아져 가는 상황 속에서 왕경의 진골 귀족이 공멸을 피하려는 어쩔 수 없는 선택이었을 수도 있다. 요컨대 진성여왕이 당면한 정치사회적 난국을 일거에 돌파해 볼 의도에서 추진되었던 요의 태자 책봉과 선양을 통한 왕위 계승이라는 정치적 이벤트에는 당대의 정치세력들의 동의가 뒷받침되고 있었던 것이다.

4. 맺음말

이상에서 헌강왕의 서자로 태어난 요(효공왕)가 진성여왕에 의해 895년(진성여왕 9)에 태자로 책봉되고, 다시 2년 후에 선위를 받아 왕위에 오르게 되는 과정과 그것이 지닌 정치적 함의에 대해 살펴보았다. 지금까지 논의된 바를 정리하면 다음과 같다.

『삼국사기』 진성여왕 9년조의 요의 태자 책봉 기사에는 마치 그의 존재가 태자 책봉 직전에 알려져 골법을 통해 헌강왕자임을 공인받았던 것처럼 기록되어 있지만, 그것은 사실이 아니다. 그의 존재와 성장 과정은 출생 직후부터 왕실에 의해 인지되고 있었고, 성장 과정에서 그가 헌강왕의 정당한 계승자라는 인식이 성립·확대되었으며, 그것이 태자로 책봉될 수 있는 배경이 되었다. 자료에 입각하여 헌강왕 사후 정통성을 잇는 계승자를 누구로 보았는가 라는 헌

---

54) 물론 효종과 경휘의 경우 경문왕의 사례에서 보듯이 사위도 유력한 왕위 계승 후보군에 포함되고 있던 상황이었으므로, 요의 경쟁자로서 이러한 정치적 이벤트에 흔쾌히 찬동하지 않았을 가능성도 배제할 수 없다. 그러나 진성여왕대에 그들이 경문왕계 왕실의 유지를 반대했던 흔적은 발견되지 않는다.

강왕 계승자 인식을 추적해 보면, 크게 3단계로 변화하고 있음이 드러난다. 정강왕의 재위기부터 진성여왕 초반까지의 시기는 정강왕과 진성여왕으로 이어지는 형제 계승이 정당했음이 누차 언급되고 있다. 따라서 이 시기에 요가 헌강왕의 계승자라는 인식은 성립되지 않았음을 알 수 있다. 그러나 891년(진성여왕 5)에 작성된 「사사조서양함표(謝賜詔書兩函表)」에는 진성여왕이 당 희종이 내려준 조서 2함을 국보로서 요에게 물려준 사실이 보인다. 이 조서 2함은 헌강왕의 친제 표문에 대한 답서의 성격을 지닌 것이므로, 요가 이를 국보로 물려받고 있는 것은 그가 곧 헌강왕의 정당한 계승자로 인식되었음을 말하는 것이다. 늦어도 진성여왕 5년 무렵에는 요를 헌강왕의 계승자로 보는 인식이 성립되었다고 하겠다. 893년(진성여왕 7)에 작성된 「납정절표」에는 헌강왕 사후의 왕위 계승과 관련하여 요가 나이가 너무 어려 왕위에 오르지 못했으며, 그를 대신하여 정강왕이 임시로 왕사를 맡게 되었다고 하였다. 이는 형제간의 계승으로 왕위에 오른 정강왕과 진성여왕은 헌강왕의 정당한 계승자인 요를 대신하여 부득이 임시로 국정을 맡았다는 인식인데, 이러한 인식은 효공왕이 즉위한 이후에는 더욱 일반화되었다. 이와같이 헌강왕 계승자 인식의 변화 과정을 살펴보면, 늦어도 요는 891년(진성여왕 5) 이후부터 그가 헌강왕의 정통을 잇는 정당한 계승자로 인식되기 시작했으며, 그러한 인식을 토대로 895년(진성여왕 9)에 태자로 책봉되었던 셈이다.

그렇다면 태자 책봉에 앞서 요의 골법(骨法)이 경문왕계 왕실 구성원과 흡사함을 근거로 헌강왕자임을 공인받았던 것은 모종의 의도가 숨어있는 정치적 행사로 볼 수 있고, 그것은 2년 후의 신라사상 유례가 없는 선위를 통한 왕위 계승도 마찬가지의 정치적 함의를 지닌 것으로 보아야 한다. 「양위표」에 의하면 요는 선양을 받아 왕위에 오르기 전에 이미 국정을 담당했음이 드러나는데, 여기에서 요의 왕위 계승이 요의 태자 책봉 → 태자 신분으로서의 국정 주관 → 선위를 통한 왕위 계승과 같이 2년이라는 짧은 시기 안에 순차적인 과정을 거쳤음을 알 수 있다. 또 「양위표」와 「사사위표」에서 선위의 주된 이유로 언급된 것이 도적의 봉기(호족의 자립과 농민봉기)와 자신의 신병(身病)인데, 이는 진성여왕 치세 내내 악화일로를 걸어온 문제들이었다. 진성여왕은 치세 3년 이래 농민 봉기와 호족의 자립으로 국가적 통치 질서가 파탄에 이르렀고, 자신의 신병까지 날로 악화되자, 이러한 정치사회적 문제를 일거에 해결하려는 정치적 이벤트를 준비했던 것으로 보인다. 그래서 이미 헌강왕자로서 정통성을 확립하고 있었던 요에 대해 다시 한번 골법의 유사함을 강조하여 경문왕계 왕실의 정통을 이은 존재임을 공인하고 태자로 책봉하는 의식을 거행했으며, 태자 책봉 이후에는 태자의 신분으로 국정을 운영하게 하였다가 2년이 채 되지 않아 극히 이례적인 선양의 방식으로 왕위를 물려주었던 것이다. 이러한 의미에서 요의 태자 책봉과 선양을 통한 왕위 계승은 진성여왕측이 준비한 당면한 정치사회적 문제를 일거에 해결해 보려는 일종의 정치적 이벤트라는 정치적 함의를 갖고 있다고 하겠다. 그리고 여기에는 당대의 유력한 정치세력들의 동의가 뒷받침되어 있었다.

이러한 정치적 이벤트에도 불구하고 신라 왕조가 당면했던 정치·사회적 문제는 해결되지 않았으며, 상황은 오히려 더욱 나빠져 멸망의 길로 치달아 갔음은 두루 아는 사실이다. 요의 골법을 통한 정통성 부여와 유례가 없는 선양을 통한 왕위 계승은 어쩌면 신라 김씨 왕조의 존속을 바랐던 왕실 내부의 마지막 발버둥이 아니었을까 싶다.

제IV부 신라 하대의 대구와 경상도 지역

제1장 「신라 수창군호국성 팔각등루기」로 본 신라 말 대구 호족 이재

1. 머리말

9세기 후반 이래 신라의 전국 각 군현에는 이른바 호족으로 불리는 대소의 지방세력이 등장 자립하였다. 이에 따라 중앙집권적 통치질서는 이들에 의해 내부로부터 붕괴하기 시작했으며, 결국 이들의 지지와 협력 속에 견훤과 궁예가 후백제와 후고구려의 기치를 높이 세우게 되면서 후삼국시대라는 새로운 역사가 전개되기에 이르렀다. 이와 같이 9세기 후반 이래 새로운 정치 사회적 지배세력으로 등장한 호족세력에 대해서는 매거(枚擧)하기 어려울 만큼 많은 연구가 이루어졌다. 그 중에서 특정 지역을 근거로 삼고 있는 호족들을 검출하여 그에 대한 집중적이고 세밀한 검토를 통해 실체 해명에 접근하고 있는 연구들은 새로운 연구 경향으로서 주목될 가치가 있다.[1] 개별 사례를 하나씩 실증

---

1) 호족에 대해서는 몇 편의 연구사가 발표될 정도로 많은 연구가 이루어졌고, 새로운 경향에 따

적·구체적으로 연구한 결과가 누적될 때, 호족에 대한 총체적인 이해체계가 재정립될 수 있다는 문제의식을 엿볼 수 있기 때문이다.

이러한 문제의식을 참조하면 과연 신라 말의 대구 지역에도 호족이 존재했는지가 궁금해진다. 『삼국사기』·『삼국유사』·『고려사』를 비롯한 문헌은 물론 금석문 자료에서도 대구 지역 호족이 전혀 확인되지 않기 때문이다. 그런데 의외로 신라 말의 대학자 최치원이 찬술한 「신라 수창군호국성 팔각등루기(新羅 壽昌郡護國城 八角燈樓記)」(이하 「등루기」로 줄임)[2]에서 대구 호족의 존재가 어렴풋이 모습을 드러내고 있다.

이 「등루기」에 보이는 대구 호족에 대해서는 나말여초의 호족에 대한 연구 과정에서 약간의 주목을 받은 바 있었다. 먼저 대구 호족의 출신 성분과 관련한 간단한 언급이 있었고,[3] 나말의 호부층(豪富層)이 자위(自衛) 무장조직을 갖추었던 하나의 사례로서 제시되기도 했다.[4] 그 후 『대구시사』의 편찬 과정에서 이를 단편적으로 언급한 글이 나왔지만,[5] 모두가 이를 정면에서 다룬 논고가 아니었으므로 그 실체 해명에는 이르지 못하였다.

그래서 필자는 이에 대한 본격적인 검토가 필요하다고 생각하여 약 20년 전에 이미 이에 대한 전론을 발표한 적이 있었다.[6] 그러나 시간이 제법 경과하면

른 연구도 상당한 수에 이른다. 그러나 이들 연구는 본고의 논지와 직접 관련된 것이 아니므로 인용은 생략한다.

2) 이 글은 『東文選』권 64, 기(記)에 수록되어 전해지다가 성균관대 대동문화연구원, 『崔文昌侯全集』, 1982에 재수록되면서 널리 알려지게 되었다.

3) 尹熙勉, 「新羅下代의 城主·將軍」『韓國史研究』39, 1982, p.61에서는 이재를 6두품 신분으로 수창군 태수로 파견되었다가 호족으로 변신한 존재로 보았는데, 정곡을 얻은 것으로 본다.

4) 蔡雄錫, 「高麗前期 社會構造와 本貫制」『高麗史의 諸問題』, 三英社, 1986, p.347.

5) 李文基, 「統一新羅時代의 大邱」『大邱市史』1(통사편), 1995, pp.261~264; 金潤坤, 「大邑中心의 郡縣制度 整備와 大丘縣의 變遷」『앞의 책』, pp.315~317; 李泳鎬, 「佛教의 隆盛과 大邱」『앞의 책』, pp.272~273 참조.

6) 李文基, 「新羅末 大邱地域 豪族의 實體와 行方-「新羅 壽昌郡 護國城 八角燈樓記」의 分析을 통

서 전고(前稿)에 대한 부분적인 반론이 나오기도 했고,[7] 필자의 지견에도 일정한 변화가 있어 수정 보완할 필요성이 있어 이를 재론한 바 있다.[8] 이 글은 필자의 두 편의 논고를 종합한 것이다.

먼저 「등루기」의 구성을 9단락으로 나누어 검토하고, 최치원이 이 글을 찬술하게 된 배경을 살펴보겠다. 이어 이재의 출신과 호족화 과정을 살펴 그의 위상이 9세기 말~10세기 초 대구 지역을 지배하는 호족이었음을 더욱 분명히 해두고자 한다. 그리고 대구 지역의 지리적 조건을 고려하여 이재(異才)의 거성(居城)인 호국성(護國城)과 팔각등루(八角燈樓)가 세워진 남령(南嶺)에 대한 위치 비정을 시도하고, 그의 세력권과 세력 기반, 정치적 지향과 불교에 입각한 그의 지배 논리를 해명하고자 한다. 이러한 논의를 바탕으로 하여 마지막으로 9세기 말~10세기 초의 대구 사회의 동향을 통해 이재의 행방을 정리해 볼 예정이다. 이러한 대구 호족의 사례가 나말여초의 변혁기를 이끌었던 호족세력들의 총체적 이해에 일정하게 기여하게 되기를 기대한다.

2. 「등루기」의 구성과 찬술 배경

「등루기」는 천우(天佑) 5년 즉 908년(효공왕 12) 10월에 신라 수창군(대구광역

하여-」『鄕土文化』9・10合, 향토문화연구회, 1995. 이하 전고로 줄인다.

7) 金昌鎬,「新羅壽昌郡護國城八角燈樓記의 分析」『古文化』57, 2001. 이 글은 표제의 크기와는 달리, 실상 필자의 전고의 논의 가운데에서 호국성의 비정과 팔각등루가 건립된 남령의 위치, 「등루기」에 반영된 불교의 성격이 법상종이 주류라는 점, 이재(異才)는 신라의 충신이므로 호족으로 분류될 수 없다는 점 등 몇 가지 견해에 대해 부분적으로 반론을 제기한 짧은 글에 불과하다. 따라서 이에 대한 재반론이 불필요할 듯도 싶지만, 필자의 바뀐 지견을 바탕으로 전고를 수정・보완하는 김에 덧붙여 언급해 두고자 한다.

8) 李文基,「新羅壽昌郡護國城 八角燈樓記로 본 大邱 豪族 異才 再論」『東方漢文學』63, 2015.

시)에 팔각등루가 건립되고, 이어 11월에 창건을 기념하는 법회가 열린 후 어느 시점에[9] 최치원이 찬술한 글이다. 현존하는 그의 글 가운데서는 거의 최후의 작품에 해당한다. 이 글을 찬술할 즈음 최치원은 이미 벼슬을 버리고 신라 조정을 떠나 마지막으로 해인사에 머물고 있었다. 그런데 당시 동아시아 세계에서 크게 문명(文名)을 떨친 대학자 최치원이 그의 말년에 들어 수창군의 일개 세력가를 위하여 이러한 기문(記文)을 찬술한다는 것은 예사로운 일로 보기는 어렵다. 그래서 「등루기」에 대한 본격적인 분석에 앞서 이 글의 구성과 최치원이 이를 찬술하게 된 배경을 검토해 보고자 한다. 이 글의 목적인 대구 지역 호족의 실체 파악에도 일정한 시사를 얻을 수 있을 것으로 여겨지기 때문이다.

1) 「등루기」의 구성

먼저 최영성이 교감한 이 글의 전문(全文)을 원문 그대로 인용하고,[10] 단락을 나누어 보면 다음과 같다.

A-1. 天祐五年戊辰冬十月, 護國義營都將重閼粲異才, 建八角燈樓于南嶺, 所以資國慶而攘兵釁也. 俚語曰, 人有善願, 天必從之, 則知願苟善焉, 事無違者.

A-2. 觀夫今昔交質, 有無相生, 凡列地名, 蓋符天意. 是堡兒位有塘, 號佛佐者, 巽隅有池, 號佛體者, 其東又有別池, 號天王者, 坤維有古城, 稱爲達佛, 城南有山, 亦號爲佛. 名

---

9) 정확한 찬술 시기는 드러나 있지 않지만, 창건보다 아주 뒤늦게 찬술된 것으로는 보이지 않는다. 「등루기」의 "愚也尋蒙遠徵拙文, 俾述弘願, 遂敢直書其事, 用警將來"라는 구절을 보면, 최치원이 법회 후 머지않아[尋] 멀리로부터 문장의 작성을 요청받았음이 짐작되기 때문이다. 908년 12월쯤이 아닐까 싶다.

10) 崔英成譯, 『譯註 崔致遠全集』2, 아세아문화사, 1999, pp.295~300. 이하 「등루기」의 해석에서도 최영성의 견해를 참고하였음을 밝혀둔다.

非虛設, 理必有因. 勝處所與, 良時斯應.

A-3. 粵有重關粲者, 偉大夫也. 乘機奮志, 嘗逞儁於風雲, 易操修身, 冀償恩於水土, 豹變而倂除三害. 蛇盤而益愼九思. 旣能除剗荊榛, 爰必復歸桑梓, 所居則化, 何往不諧?

A-4. 逐乃銓擇崇丘, 築成義堡. 臨流而屹若斷岸, 負險而矗如長雲. 於是乎, 靜守西畿, 對從南畝, 按撫安土, 祗迓賓朋. 來者如雲, 納之似海, 使憧憧有託, 能棲棲無辭. 加以志切三歸, 躬行六度, 頓悟而朝凡暮聖, 漸修而小往大來. 皆由貶己若讎, 敬僧如佛. 常營法事, 靡得他緣, 實綻火中之蓮, 獨標霜下之桂.

A-5. 況乎令室, 素自宜家, 四德有餘, 一言無失. 風聞玉偈, 必託于心, 日誦金經, 不離於手. 是乃用慈悲爲鉛粉, 開智慧爲鏡輪, 嘉聲孔彰, 衆善普會. 古所謂不有此婦, 焉有此夫者.

A-6. 關粲眞是在家大士, 蔚爲奉國忠臣. 以盤若爲干戈, 以菩提爲甲冑, 能安一境, 僅涉十秋. 氣高者志望偏高, 心正者神交必正. 乃以龍年羊月庚申夜, 夢達佛城北摩頂溪寺, 都一大像, 坐蓮花座, 峻極于天, 左面有補處菩薩, 高亦如之. 南行於溪滸, 見一女子, 因訊睟容所以然, 優婆夷答日, 是處是聖地也. 又見城南佛山上, 有七彌勒像, 累體蹈肩, 面北而立. 其高柱空, 後踰數夕, 復夢於城東獐山, 見羅漢僧, 披氄衣, 以玄雲爲座抱膝, 面稱可其山口云, 伊處道(原註: 殉命興法之列士也)由此地, 領軍來時矣! 泊覺乃念言日, 天未悔禍, 地猶容奸, 時危而生命皆危, 世亂而物情亦亂. 而我偶諧先覺, 勉愼後圖. 今得魂交異徵, 目擊奇相, 輒覦神山益海, 寧懃撮壤導涓? 決報君恩, 蓋隆佛事. 所願不生冥處, 遍悟迷群. 唯宜顯擧法燈, 亟銷兵火. 爰憑勝栗, 高拗麗譙, 爇以銀釭, 鎭於鐵甕, 永使燭龍開口, 無令燧象焚軀.

A-7. 其年孟冬, 建燈樓已. 至十一月四日, 邀請公山桐寺弘順大德爲座主, 設齋慶讚. 有若泰然大德, 靈達禪大德, 景寂禪大德, 持念緣善大德, 興輪寺融善呪師等, 龍象畢集, 莊嚴法筵.

A-8. 妙矣, 是功德也! 八瓠之□九光, 五夜之中四炤, 無幽不燭, 有感必通, 則阿那律正炷之緣, 維摩詰傳燈之說, 宛成雙美, 廣示孤標者, 關粲之謂矣. 錠光如來, 切利天女, 前功

不棄, 後世能超者, 賢耦之謂矣.

A-9. 愚也尋蒙遙徵妣出文, 俾述弘願, 遂敢直書其事, 用警將來. 且道叶忘家, 功斯永立. 城題護國, 名亦不誣. 德既可誇, 詞無所愧者爾.

위에서 보듯이 「등루기」는 내용의 흐름에 의해 대략 9단락으로 나누어진다. A-1에서는 천우 5년(908; 효공왕 12) 10월에 팔각등루가 건립된 사실과 건립의 목적을 밝히고 있다. 그리고 여기에는 이재의 실체를 암시하는 호국의영도장(護國義營都將)이라는 칭호와 중알찬(重闕粲 = 重阿湌)의 관등이 기록되어 있어 이 글의 목적과 관련하여 각별히 주목된다. A-2는 보(堡; 호국성)가 위치한 장소 주변 성지(城池) 등의 지명들이 모두 불교와 깊이 관련되어 있음을 밝힌 것이다. 그 이름에서부터 호국성은 불교와 떼려야 뗄 수 없는 인연을 가졌음을 지적하였다. 그 과정에서 주변 성지의 위치를 호국성을 기준으로 한 방향으로 표현하고 있어 호국성의 위치를 파악할 수 있는 단서가 될 수 있다. A-3은 호국성의 주인인 중알찬 이재(異才)의 사람됨에 대한 찬양이다. 그의 출신과 대구 지역의 호족으로 정착하는 과정에 대한 간접적인 서술이 포함되어 있다.

A-4는 호국성의 축조와 그 경관, 축조 후의 이재의 동향 그리고 그의 불교에의 심취 등을 언급한 것인데, 이재의 실체를 해명하는데 많은 시사를 주는 부분이다. A-5는 이재의 처[令室]에 대한 서술이다. 현숙한 부인으로서 역시 불교를 독실하게 신봉하고 있음을 강조하고 있다. A-6에서는 이재가 팔각등루를 건립하게 된 연기(緣起)와 건립의 계기를 서술하였다. 특히 이재에 대한 최치원의 평가, 꿈 이야기를 통한 불교와의 깊은 관련성 암시, 평소 이재가 가졌던 생각 등을 언급하고 있어, 이재의 정치적 지향과 현실 인식, 사상적 특징이 잘 드러나 있는 부분이다.

A-7은 팔각등루의 건립과 완공 후의 설재(設齋)와 법회 개최를 서술하였다.

여기에는 등루 완공 후의 의식에 참여한 승려들의 명단이 나열되어 있어, 이재의 사상적 특징을 살피는 실마리를 제공한다. A-8은 팔각등루의 건립을 기리는 찬문(讚文)이며, A-9에서는 최치원이 이 글을 찬술하게 된 연유를 기술하였다.

이상에서 「등루기」가 대략 9단락으로 구성되어 있음을 보았다. 다만 서술 자체가 간접적이고 우회적이며 심지어 은유적이기도 해서, 이를 사료로 활용하여 이재의 실체를 해명하기 위해서는 이러한 문장의 특성에 유의할 필요가 있을 듯싶다.

2) 「등루기」의 찬술 배경

「등루기」는 908년(효공왕 12) 11월 이후 최치원이 찬술한 것이다. A-9에는 그가 멀리 있으면서 글을 지어달라는 부탁을 받았다고 하였는데, 당시 그는 해인사에 머물고 있었으므로 잘못된 표현이라고는 할 수 없다.

어린 나이에 당에 유학을 가서 빈공과에 급제한 최치원은 당에서 문명을 크게 떨친 바 있었다. 885년(헌강왕 11) 3월, 17년간의 재당 생활을 청산하고 29세의 나이로 신라로 귀국한 후에는 시독 겸 한림학사 수병부시랑 지서서감사(侍讀 兼 翰林學士 守兵部侍郎 知瑞書監事)에 임명되어 문병(文柄)을 장악하였다. 890년(진성여왕 4)부터 대산군(大山郡)·천령군(天嶺郡)·부성군(富城郡) 등지의 군태수직을 맡기도 했던 그는 898년(효공왕 2) 모든 관직을 버리고 신라 조정을 등지게 되었다. 한동안 경주의 남산·강주(剛州; 의성)의 빙산(氷山)·합주(陜州)의 청량사(淸凉寺)·지리산(智異山)의 쌍계사(雙溪寺)·합포현(合浦縣; 마산)의 별서(別墅) 등지를 돌며 즐기다가 가야산 해인사에 은거하여 친형인 승려 현준(賢俊)과 정현사(定玄師)와 도우(道友)로서 지내다가 노년을 마쳤다고 한다.[11]

---

11) 『삼국사기』 권46, 최치원열전. 한편 李仁老, 『破閑集』 (中) 및 『新增東國輿地勝覽』 권30, 陜川郡 古跡條에는 그의 최후와 관련하여 어느 날 아침 일찍 일어나 문을 나와서 관(冠)과 신발을 수

이러한 대학자 최치원이 해인사에서 은거 생활을 하던 시기에 수창군의 일개 지방 세력가의 요청에 응해 기문(記文)을 흔쾌하게 찬술하게 된 데에는 필시 그럴만한 연유가 있었을 것이다. 우선 최치원과 이재는 같은 6두품 출신이었다. 그러므로 진골 중심 사회체제에 대한 반감과 같은 신분적인 불만을 공유하고 있었을 가능성이 크다. 또 두 사람은 비슷한 시기인 890년대에 외직인 군태수 직을 역임했으므로 평소 알고 있었거나 교유했던 관계일 수도 있다. 이 점이 「등루기」 찬술의 하나의 배경이 되었을 것으로 본다.

이와 더불어 필자가 더욱 주목하고 싶은 것은 최치원과 이재 두 사람의 현실 인식과 정치적 지향에서 상당한 공통점이 발견된다는 사실이다. 이 문제는 대구 호족 이재의 실체 해명에도 도움을 받을 수 있을 것으로 기대되므로 좀 더 자세하게 검토하고자 한다.

최치원이 당에서 귀국한 885년(헌강왕 11) 무렵 신라의 정치·사회적 상황은 비교적 안정이 유지되고 있었다. 신라 최후의 번영기라고 해도 무방할 정도로, 왕도는 크게 번성하였고 귀족들의 호사스러운 생활이 이어졌다.[12] 그러나 그가 관료로 활동한지 5년을 넘기지 못한 889년(진성여왕 3)부터 시작된 농민 봉기가 전국적으로 확산되었으며, 그 틈을 타고 거의 모든 고을에는 반독립적인 호족들이 자립하는 혼란 상태가 보편화되어 갔다. 그래서 그는 894년(진성여왕 8) 신라 사회 전반에 대한 전면적인 개혁안을 담은 '시무10여조'를 건의하기도 했지만, 그것이 시행되거나 그것으로 신라가 안정을 회복할 가능성은 없었다. 이에 그는 898년(효공왕 2) 신라 조정을 떠나 이곳저곳을 유랑하다가 결국 해인사

풀 사이에 남기고 간 곳을 알지 못하게 되었다고 기록하였다. 이우성은 지식인으로서 당면한 현실에 대한 고민을 해결하지 못하고 스스로 세상을 버렸을 것으로 추측하였다(李佑成, 「南北國時代와 崔致遠」 『創作과 批評』38, 1975; 『韓國의 歷史像』, 創作과 批評社, 1982, p.160).

12) 『삼국사기』 권11, 헌강왕 6년조; 『삼국유사』 권1, 기이2, 又四節遊宅조; 『앞의 책』 권2, 기이2, 處容郎望海寺조 등에는 번성했던 왕도 경주의 상황이 잘 그려져 있다.

은거를 선택하게 되었다.

신라 사회의 급격한 변화에 따라 그의 현실 상황에 대한 인식이나 대응 자세, 그리고 정치적 지향도 역시 변모를 거듭하였을 것이다. 그 중에서 조정을 떠나기 직전 시기, 곧 890년대 후반 이후의 최치원의 현실인식과 정치적 지향은 어떠했는지를 살펴보고자 한다. 이때의 현실인식이나 정치적 지향이 죽을 때까지 지속되었을 것으로 보이기 때문이다.

이 무렵에 찬술된 몇 개의 문장 속에 그의 인식이 잘 투영되어 있다.

B-1. 당의 19대 황제 희종(888~904)이 중흥을 이룩할 때 전쟁과 흉년[兵凶] 두 가지 재앙이 서국[唐]에서는 멈추고, 동국[신라]으로 건너왔다. 악한 중에서도 가장 악한 것[惡中惡者]이 없는 곳이 없었으니, 굶어서 죽고 전쟁으로 죽은 시체가 들판에 별처럼 흩어져 있었다.[13] (「海印寺妙吉祥塔記」)

B-2. 어리석은 신[진성여왕]이 왕위를 이어 자리를 지킴에 이르러 모든 환란이 한꺼번에 밀어 닥쳤으니, 처음에는 흑수(黑水)가 경계를 침범하여 독액(毒液)을 내뿜었고, 다음에는 도적들[綠林]이 무리를 이루어 다투어 광분(狂氛)을 부채질하여 관할하는 구주(九州)와 고을을 표방하는 백군(百郡)이 다 도적의 불난리를 만나 겁회(怯恢)를 보는 것 같습니다. 더욱이 사람 죽이기를 삼대[麻]를 베는 것과 같이하고 땅위에 드러난 백골은 잡초처럼 버려졌으며, 창해(滄海)의 횡류(橫流)는 날로 심하고 곤강(崑崗)의 맹렬한 불길은 바람이 모든 것을 쓰러뜨리듯 합니다. 결국 인향(仁鄕)이 변하여 병든 나라[疵國]가 되게 했습니다.[14] (「讓位表」)

---

13) "唐十九帝, 中興之際, 兵凶二災 西歇東來, 惡中惡者, 無處無也, 餓殍戰骸 原野星排"(「海印寺妙吉祥塔記」, 崔英成譯 『앞의 책』, pp.312~313).

14) "而及愚臣繼守, 諸患併臻, 始則黑水侵疆, 曾噴毒液, 次乃綠林成黨, 競簸狂氛. 所管九州, 仍標百郡, 皆遭寇火, 若見劫灰, 加復殺人如麻, 曝骨如莽. 滄海之橫流日甚, 昆岡之猛焰風顚, 致使仁鄕, 變爲疵國"(「讓位表」崔英成譯 『앞의 책』, pp.93~104).

B-3. 불은 나무에서 생겼지만 불이 맹렬하면 나무를 태우고, 물이 배를 띄우지만 물이 미치면 배를 엎을 수도 있습니다. 본국에 큰 흉년이 들어 좀도둑이 사방에서 일어났는데, 본래는 승냥이나 이리 같은 탐욕을 부리더니 차츰 홍곡(鴻鵠)의 웅지를 자랑하였습니다. 그들은 간특함을 숨긴 채 쥐처럼 도둑질을 일삼아, 처음에는 상자를 열고 자루 속을 살살 뒤지다가, 형세를 타고 벌떼가 날듯 하며 문득 성을 파괴하고 고을을 겁박하였습니다. 그리하여 마침내 연기와 티끌이 국경을 빙 두르고 풍우가 농사를 망치게 하였습니다. 뭇 도적이 동릉(東陵)에서 더욱 치성(熾盛)하매 넉넉한 쌀알이 남무(南畝)에 깃들일 수 없었습니다. …… 그러나 지금은 군읍(郡邑)이 두루 도적의 소굴이 되었고 산천이 모두 전쟁터이니 어찌 하늘의 재앙이 우리 해곡(海曲; 신라)으로만 흘러드는 것입니까?[15](「謝嗣位表」)

B-4 계(戒)를 지키는 것은 달[金波]이 바다에서 솟아오르는 것과 달라서 한번 이지러지면 반드시 둥글어지기가 어렵다. 더구나 지금 불법[象法]이 장차 쇠퇴하려 하니 마귀의 군대[魔軍]가 다투어 일어난다. 날은 저물고 갈 길이 먼 것을 바라보며, 연기가 짙다가 불씨가 꺼질까 염려한다.[16](「新羅迦耶山海印寺結界場記」)

B-1은 그가 진성여왕에게 시무10여조를 올린 이듬해인 895년(진성여왕 9; 건녕 2)에 해인사를 약탈하려는 도적들에 맞서 절을 지키다 죽은 대중(大衆)들의 명복을 빌기 위해 건립한 묘길상탑(妙吉祥塔)의 탑기(塔記)이다.[17] 당대의 현실

---

15) "以爲火生於木, 而火猛則木焚, 水泛其舟, 而水狂則舟覆. 當國大饑□致, 小盜相尋, 本恣豺狼之貪, 漸矜鴻鵠之志. □以藏奸鼠竊, 始聞胠篋探囊, 乘勢蜂飛, 遽見□城剽邑. 遂使煙塵匝境, 風雨愆期, 群戎益熾於東陵, 餘粒莫栖於南畝 而今也郡邑遍爲賊窟, 山川皆是戰場, 豈謂天殃, 偏流海曲?"(「謝嗣位表」崔英成譯『앞의 책』, pp.108~117).

16) "戒異乎金波出海, 虧必難圓. 況今象法衰, 魔軍競起. 觀日暮而途邈, 慮煙深而火燼"(「新羅 伽倻山海印寺 結界場記」崔英成譯『앞의 책』, pp.306~311).

17) 李弘稙, 「羅末의 戰亂과 緇軍」『史叢』12·13合, 1968;『韓國古代史의 硏究』, 新丘文化社, 1971.

에 대한 절망적인 표현으로 가득 차 있는 점이 눈길을 끈다. 이는 889년(진성여왕 3)에 사벌주의 원종과 애노의 봉기에서 표면화한 농민들의 저항이 전국적으로 확대되고 있었고,[18] 신라를 등진 호족들이 각 지방에서 속속 자립하고 있었던 현실에서 말미암은 것이었다. 여기서 우리는 최치원이 그런 현실을 재앙으로 인식했음에 유념할 필요가 있다. 그는 여전히 신라 왕조에 대해 강한 애착을 가졌으므로, 농민군의 봉기와 호족세력의 자립을 재앙으로 표현한 것으로 볼 수 있기 때문이다.

사료 B-2 · 3은 최치원이 신라 조정을 떠나기 전 왕명에 의해 찬술된 것이다. 진성여왕의 양위와 효공왕의 왕위 계승을 당에 알리기 위한 표문으로 대략 897년의 상황이 반영된 것으로 볼 수 있다. 양자 모두 형식적으로는 진성여왕과 효공왕을 대신하여 찬술된 것이지만, 여기에 최치원 자신의 인식이 투영되어 있음은 물론이다.

B-2에는 진성여왕의 치세가 내우외환이 겹친 시기였음을 강조하면서, 특히 국내의 상황을 도적들이 구주(九州)와 백군(百郡)에서 일어나 많은 백성들이 목숨을 잃었으며, 이로 말미암아 인향(仁鄕)이었던 신라가 병든 나라로 변하고 말았다고 한탄하고 있다. 또 B-3에서도 원래 흉년을 틈타 일어난 좀도둑이 점점 강성해져서 홍곡(鴻鵠)의 큰 뜻을 내세우게 되었고, 결국 성읍을 파괴하여 모든 군읍(郡邑)이 도적의 소굴이 되었으며, 전장으로 화했다고 개탄하고 있다. 여기에서 최치원이 신라 왕조의 지배체제를 동요시킨 주범으로 지목한 도적이란

---

18) 이러한 사실은 최언위가 찬한 「장효대사보인탑비」에서도 엿볼 수 있다. "此際運當喪亂. 時屬艱難 □□之危. 危如累卵. 處處而煙塵欻起 □氣而恐及蓮扉. 大順二年(891) 避地於尙州之南. 暫栖鳥嶺. 當此之時. 本山果遭兵火. 盡藝寶坊. 大師預卜吉凶. 以免俱焚之難"(「澄曉大師寶印塔碑」 『譯註 韓國古代金石文』3). 이에 의하면 영월의 흥령사에 주석하고 있던 절중(折中)이 병란이 흥령사에 미칠 것을 예견하고 891년에 조령(鳥嶺)으로 거처를 옮겼는데, 바로 그 해에 흥령사는 병화(兵火)로 불 탔음을 알 수 있다. 농민군들의 활동이 점점 확대되어 가던 상황이 잘 드러나 있는 자료이다.

모든 군읍이 도적의 소굴이 되었다는 표현에서 쉽게 알 수 있듯이, 곧 각 지방에서 자립하기 시작했던 호족을 가리키고 있다. 특히 여기서는 호족들이 원래 미미했던 존재였다가 유력한 세력가로 성장해 가는 모습을 비유적으로 실감나게 표현하고 있어 눈길을 끈다.

이렇게 B-2·3에서는 호족을 도적으로 표현하면서 많은 재앙을 가져온 존재로 묘사하였다. 물론 자료의 성격 자체가 국왕의 입장을 대변한 것이기 때문이겠지만, 최치원의 반호족적 성향도 함께 투영되어 있음이 틀림없다. 이와 관련하여 시무10여조에는 반진골·반호족적인 내용을 포함하고 있으며 전체적으로 중앙집권적 귀족정치를 지향하고 있었을 것이라는 기왕의 견해가[19] 참조된다. 요컨대 최치원은 신라 왕조의 지배체제를 뒤흔드는 지방의 호족들을 재앙을 가져온 도적으로 인식할 정도로 반호족적인 성향을 가졌음을 알 수 있다. 이는 그가 아직도 신라 왕조에 대한 애정과 충성심을 버리지 않고 있음을 입증하는 것이다.

B-4는 898년(효공왕 2) 정월에 해인사 최초의 대대적인 중창불사(重創佛事)가 완료된 것을 기념하여 찬술된 것이다. 따라서 표면적으로는 불법이 쇠퇴하는 현실을 개탄하고 있지만, 신라의 현실을 이에 비겨 표현하고 있다고 본다. 여기에서 간파되는 그의 현실인식도 앞의 그것들과 거의 같다. 오히려 더욱 절망적으로 변화하고 있음이 드러난다. 날은 저물고 갈 길은 멀다거나, 연기가 짙다가 불이 꺼질 것을 염려하고 있는 대목은 신라의 최후의 몰락을 내다보는 그의 절망적인 심정이 잘 드러나 있다. 그럼에도 그는 여전히 신라에 대한 애정을 버리지 않았다. 신라의 몰락을 불법의 쇠퇴에 비기거나 호족의 자립을 다투어 일어나는 마군(魔軍)으로 은유하고 있는 데서 짐작이 가능하다.

이상에서 보았듯이 최치원은 890년대 후반 이후 신라의 현실을 지극히 비

---

19) 李基白,「新羅 骨品體制下의 儒敎的 政治理念」『新羅思想史研究』, 一潮閣, 1986, pp.232~236.

관적으로 파악하였다. 심지어 신라 왕조의 몰락을 예견하는 절망감까지 엿보인다. 그럼에도 불구하고 그는 신라 왕조 자체를 부인하거나 반신라적인 의식을 드러내지 않고 있다. 여전히 신라 왕조에 대한 충성과 애정을 버리지 않고 있음이 감지되는 것이다.

한편 이재의 현실인식은 A-7에서 찾아볼 수 있다.

C. (異才가) 꿈에서 깨어나 평소 생각했던 바를 말하기를, "하늘이 재앙을 내린 것을 아직 뉘우치지 않고 있는데, 땅은 오히려 간악한 무리를 허용하는구나! 시국이 위태로우면 생명 모두가 위태롭고 세상이 어지러우면 물정(物情) 또한 어지러운 법이다. …… 임금의 은혜에 보답할 것을 결심함은 대개 불사(佛事)를 높이는 것이다. 바라는 바는 어두운 곳이 생기지 않고, 미혹한 무리를 두루 깨우치는 것이니, 오직 법등(法燈)을 높이 달아서 빨리 병화(兵火)를 없애야 되겠다"라고 하였다.(앞의 A-7)

이재는 신라를 하늘에서 재앙이 내려진데다가 간악한 무리가 활개치고 있는 땅으로, 또 병화(兵火)로 위태롭고 어지러운 세상으로 인식하였다. 그래서 이런 문제들을 해결하기 위하여 팔각등루 건립을 결심했다는 것이다. 이재도 최치원과 마찬가지로 당시 신라의 현실을 비관적으로 인식했음을 알 수 있다. 그리고 그의 정치적 지향은 최치원이 그에 대해 나라를 받드는 충신[奉國忠臣]으로 평가한 점이나 근거로 삼은 성을 호국성(護國城), 자신을 호국의영도장(護國義營都將)으로 자처한 데서 알 수 있듯이 신라에 대한 충성과 애정을 보여주고 있다.

이러한 이재의 비관적인 현실인식과 친신라적인 특징을 보여주는 정치적 지향은, 호족으로서는 매우 드물며 오히려 예외적인 경우라고 할 수 있다.[20]

---

20) 대부분의 호족은 반신라적 색채가 뚜렷했으며, 친견훤·친궁예 내지 친왕건적이었다. 다만 김해 지역 호족 김인광(金仁匡)은 그 정치적 성격이 친신라적이었음이 밝혀져 있다(金相敦,

호족을 신라를 파괴하려는 도적의 무리나 마귀의 군대로 인식하면서, 신라 왕조에 대한 충성심과 애정을 버리지 않고 있었던 최치원에게 비슷한 현실인식과 정치적 성격을 지닌 이재의 존재는 충분히 관심의 대상이 될 만했을 것이다. 구주와 백군이 모두 도적의 소굴로 변했다고 생각했던 최치원으로서는 호국(護國)을 표방하며 나라의 경사를 빌고 전쟁의 화를 물리치기 위하여 팔각등루까지 건립한 수창군 호족 이재에 대해 강한 동질감과 연대감을 가졌을 법하다. 이것이 바로 일개 지방 세력가에 지나지 않는 수창군의 이재가 건립했던 팔각등루를 위하여, 대학자 최치원이 「등루기」를 찬술했던 가장 중요한 배경으로 보아도 큰 무리는 없을 것이다.

3. 이재의 출신과 호족화 과정

「등루기」는 표제가 보여주는 바처럼 수창군 호국성에 이재가 건립한 팔각등루의 기문이므로 이재에 대한 직접적인 기록이라고는 할 수 없다. 자연히 그 내용은 팔각등루의 건립을 기리는 데 치중되어 있으며, 이재는 부분적·간접적으로 언급될 수밖에 없었다. 이에 약간의 한계가 있지만 「등루기」를 분석하여 대구 호족 이재의 실체를 검토해 보고자 한다.

「등루기」의 첫머리에는 이재에 대하여 다음과 같이 언급하였다.

　　D. 천우 5년(908; 효공왕 12) 무진년 겨울 10월에 호국의영도장 중알찬(重閼粲) 이재가 남령에 팔각등루를 세웠다. 나라의 경사를 빌고 전쟁의 화를 물리치기 위한 까닭

「新羅末 舊加耶圈 金海 豪族勢力」『震檀學報』82, 1996).

이다.(앞의 A-1)

D와 표제를 종합하면 이재는 대구 지역인 수창군에서 호국의영도장이라는 칭호와 중알찬이라는 관등을 소유하고 있었던 존재임을 알 수 있다. 이 가운데서 호국의영도장이라는 칭호는 신라 말 호족들이 흔히 자칭했던 성주·장군과 상통하는 말이다. 호국의영은 이재가 근거로 삼고 있었던 성인 호국성[21]의 미칭으로 볼 수 있다. 「등루기」에는 이재가 축성한 사실에 대해 의보(義堡)를 쌓았다고 말하고 있어(A-4), 의보는 곧 성의 다른 표현으로서 의영(義營)과 같은 의미임을 알 수 있기 때문이다. 말하자면 호국의영은 곧 호국성을 아름답게 꾸민 표현인 셈이다. 그리고 도장(都將)은 곧 장군이란 뜻이다. 따라서 호국의영도장은 결국 호국성장군의 미칭이라고 하겠다. 이와 같이 이재가 호국성장군이었다면 수창군을 근거로 한 호족이라고 보아도 전혀 무리가 없다.[22]

이재가 소유한 중알찬은 곧 6등급 관등 아찬의 중위(重位)인 중아찬(重阿湌)으로서, 6두품만이 차지할 수 있는 관등이다.[23] 그렇다면 이재를 일단 6두품 신분으로 간주할 수 있다. 다만 이 시기에 이르면 지방 사회의 유력자들이 중앙 정부로부터 수여받지 않았으면서도 고위 관등을 자칭한 경우도 종종 발견되므로,[24] 이재의 중알찬도 자칭했을 가능성을 고려하지 않으면 안 된다. 하지만 그가 하필 중아찬을 가지고 있는 사실이 오히려 그것이 중앙 정부로부터 수

---

21) 「등루기」의 말미(A-9)에 "성제호국(城題護國)"이라 하여 이재의 거성의 명칭이 호국성임을 알 수 있다.
22) 金昌鎬, 「앞의 논문」, p.153에서는 이재가 신라의 충신이므로 호족이라는 용어를 쓸 수 없다고 주장하였다. 이는 우선 호족 중에 친신라적 성향을 지닌 호족이 존재함을 간과한 데다가 나라를 받드는 충신이라는 표현이 최치원에 의한 수사(修辭)라는 사실조차 고려하지 않은 주장으로서 설득력이 없다.
23) 邊太燮, 「新羅 官等의 性格」 『歷史敎育』1, 1956, pp.62~69.
24) 이러한 현상은 사례를 들어 설명하기 어려울 정도로 흔하다.

여된 것임을 방증한다고 할 수 있다. 만약 자칭이라면 대아찬 이상의 진골 독점 관등을 선택하는 것이 자신의 권위를 부각시키는데 훨씬 유리했을 것이기 때문이다. 요컨대 이재는 그가 가진 중아찬이라는 관등만으로도 그가 신라의 차상급 귀족인 6두품 출신임을 알 수 있고, 나아가 왕경을 근거지로 하고 있는 왕경인임도 짐작할 수 있다.[25]

그러면 왕경인으로 6두품 출신이었던 이재가 어떤 과정을 거쳐 수창군의 호족으로 자립하게 되었을까? 「등루기」에는 이재의 출신이나 호족으로 자립하기 이전의 경력에 대해 다음과 같은 포괄적인 기록을 남기고 있다.

E-1. 중알찬은 훌륭한 대부(大夫)이다. 기회를 타고 뜻을 발휘하여 일찍이 풍운(風雲) 속에서 그의 민활한 역량을 시험하였고, 이제는 생각을 바꾸어 몸을 수양하며 산천(水土)에 은혜 갚을 생각을 가졌다. 표범의 무늬처럼 행실을 뚜렷하게 고쳐 조정에서의 세 가지 해독을 모조리 제거하였으며, 뱀처럼 도사리고 들어앉아 군자가 지켜야 할 아홉 가지 일(九思)을 더욱 삼가하였다. 이미 나쁜 무리(荊棘)들을 제거하였으니 이에 반드시 향리(鄕里)로 다시 돌아가야만 하였다. 그가 살고 있는 곳이면 모든 사람이 감화될 것이니, 어디에 간들 좋지 않으리오.(앞의 A-3)

위의 사료에서 먼저 그를 대부(大夫)로 지칭하고 있는 점이 유의된다. 대부는 원래 주의 봉건제도에서 기인된 관명이므로, 여기서 그를 대부로 표현한 것도 일정한 신분을 토대로 한 고급 관직자라는 의미로 읽을 수 있다. 즉 간접적이긴 하지만, 이재가 신라의 귀족인 6두품 출신으로 상당한 지위의 관직을 역임했던 사실을 시사하고 있는 것으로 이해된다. 그가 이미 신라의 관직을 역임했

---

25) 尹熙勉, 「앞의 논문」 p.61.

던 사실은 또한 그가 풍운(風雲) 속에서 민활한 역량을 시험하였다라던가 조정에서 세 가지 해독[三害]를 제거하였다는 표현에서도 짐작이 가능하다.

그러나 이재가 중앙 관료로 활동하는 동안에는 수창군과 어떤 인연을 가질 수는 없었을 것이다. 그와 수창군과 인연을 맺게 된 계기는 그가 보유한 관등에서 실마리가 발견된다.

E-2. 군태수(郡太守)는 115인인데, 관등은 사지(舍知)로부터 중아찬(重阿飡)에 이른다.(『삼국사기』 권40, 직관(하), 외관조)

E-2에서는 신라의 지방관 가운데 군태수에 임명될 수 있는 관등의 상하한선을 볼 수 있는데, 그 가운데서 상한이 중아찬인 점이 주목된다. 공교롭게도 이재가 가진 관등과 일치하고 있기 때문이다. 이러한 사실은 우연한 일로 보기는 어렵다. 아마 이재는 중아찬의 관등으로 수창군 태수로 부임하여 수창군을 통치하였으며, 이것이 수창군을 근거로 하는 호족으로 변화하는 토대가 되었을 것이다.[26] 수창군 태수는 이재가 역임한 신라의 최종 관직이 되는 셈이다.

군태수로 부임하기 전 이재의 경력은 알 수 없다. E-1의 은유적인 표현에 의하면 조정에서 중앙 관료로 일정한 역할을 한 듯이 보이지만, 그 구체적인 양상은 파악되지 않는다. 「등루기」의 찬자 최치원은 군태수로 부임하기 전에 문한관과 차관 직인 병부시랑(兵部侍郎)을 역임한 바 있었는데, 이재도 시랑 직을 역임했을 가능성은 있다.

이상 보았듯이 이재는 원래 왕경인으로 6두품 출신이었으며, 수창군 태수로 부임하여 이 지역을 통치하다가 반독립적인 호족으로 자립했던 것으로 생각된

---

26) 尹熙勉, 「앞의 논문」, pp.60~61에는 신라 말 지방관이 호족으로 변화한 사례를 검토하고 있어 참조된다.

다. 그가 수창군 호족으로 자리 잡는 과정에 대해서는 다음 자료가 주목된다.

F. 알찬(閼粲; 異才)은 진실한 재가보살(在家菩薩)로서 울연(蔚然)히 나라를 받드는 충
신(忠臣)이 되었다. 반야(般若; 佛法)를 창과 방패로 삼고 보리(菩提; 眞理)를 갑옷과 투
구로 삼아 능히 한 경내를 편안히 하는데 거의 10년이 걸렸다.(앞의 A-6)

여기에는 이재가 수창군 지역을 장악하고 이를 독자적으로 지배하기 시작
했던 시기가 「등루기」가 작성된 908년(효공왕 12) 시점까지 거의 10년이 걸렸
다고 하고 있다. 그렇다면 이재의 자립의 시기는 대략 898년(효공왕 2)경으로
추정할 수 있다. 이 무렵의 신라의 정세는 889년(진성여왕 3)부터 전국적으로
농민봉기가 확산되어 가면서 중앙집권적 지방 지배는 거의 불가능한 지경에
이르고 있었다. 그 틈을 타고 군현 각지에서는 지방세력들이 자립하였으며, 이
미 견훤은 892년(진성여왕 6)에 무진주에서 왕위에 올랐고, 궁예도 소백산맥 이
북의 한강 유역을 차지한 채 실질적인 왕으로 군림하고 있는 상황이었다.

이재는 이러한 정세를 이용하여 수창군 태수 직을 버리고 중앙정부의 간섭
과 통제에서 벗어나 거성(居城)인 호국성을 쌓고 호국의영도장을 자칭하며 반
독립적인 호족으로 자립하였던 것으로 볼 수 있다.

4. 호국성과 팔각등루의 위치 비정

「등루기」에는 이재는 호족으로 자립하는 과정에서 새로 성을 쌓았고, 그것을
근거지로 삼았던 사실이 보이고 있다. 관련 부분을 뽑으면 다음과 같다.

G-1. 드디어 곧 높은 언덕을 전택(銓擇)하여 그 곳에 의보(義堡)를 축성(築成)하였다. 강가에 있었으나 우뚝 솟은 것이 깎아 세운 절벽과 같았으며, 험한 산을 등지고 있었지만 가지런하고 평평한 것이 길게 꼬리를 문 구름과 같았다. 그때서야 조용히 서기(西畿)를 지키면서 한편으로는 농사일에 종사하였다.(앞의 A-4)

G-2. 성의 이름을 호국(護國)이라 하였으니, 이름 역시 (이재의 뜻을) 속일 수가 없을 것이다.(앞의 A-9)

표제와 G-1·2를 종합하면, 이재는 의보(義堡)로 표현된 성을 수창군 관내에 새로 축조하였으며 그 이름을 호국성이라 했음을 알 수 있다. 이 호국성은 곧 이재가 거주하는 거성인 동시에 활동의 핵심적인 근거지라고 하겠다.

그러면 호국성의 위치는 어디로 비정할 수 있을까? 비정과 관련하여 먼저 떠올릴 수 있는 방안이 대구 지역에 잔존하는 성곽 유적을 검토하여 그 가운데서 호국성을 찾아보는 것이다. 호국성 역시 하나의 성이었기 때문이다. 그러나 성곽 유적 자체에서 분명한 증거를 찾기가 쉽지 않은 일이므로, 우선 「등루기」에서 호국성의 대략적인 위치를 파악해 보는 것이 문제를 해결할 수 있는 실마리가 될 듯싶다.

「등루기」에는 호국성의 경관(景觀)을 앞의 G-1과 같이 묘사하였다. 이에 의하면 의보 곧 호국성은 높은 산을 등진 강가의 높은 언덕에 절벽처럼 우뚝 솟아 있었음을 알 수 있다. 분지인 대구 지역 안에서 이런 지형적 입지 조건을 갖춘 곳이라면, 일단 낙동강이나 금호강 혹은 신천을 끼고 있는 산지나 언덕을 상정해 볼 수 있겠다. 하지만 이에 상응하는 입지 조건을 갖추고 있는 곳은 잘 찾아지지 않는다. 그렇다면 최치원의 호국성 경관 묘사는, 실제 위치나 모습과는 상관없이, 새로 축조된 호국성이 성곽으로서의 위엄과 견고함을 갖추었음을 강조하기 위한 상투적인 수사가 아닐까 한다. 최치원이 과연 수창군을 방문하여 호국성을 실견했는지 여부가 의문이기 때문이다. G-1을 이렇게 볼 수 있다면, 최치원의 호국성의 경관 묘사를 근거로 그 위치를 추적하는 일은 불가능하다고 할 수 있다.

다음으로 「등루기」에 기록된 주변 지명을 통해 호국성의 위치를 가늠해 볼 수 있다.

H-1. 무릇 모든 땅이름을 붙인 것은 대개 하늘 뜻과 부합되는 것이다. 이 보(堡; 護國城)의 서방[兌位]에 못[塘]이 있어 불좌(佛佐)라 하고, 동남방[巽位] 모퉁이에 못[池]이 있어 불체(佛體)라 하며, 그 동쪽에 또 별지(別池)가 있어 천왕(天王)이라 불린다. 서남방[坤維]에 고성(古城)이 있어 달불(達佛)이라 하며, (달불)성의 남쪽에 산이 있어 불산(佛山)이라 한다. 이름은 실없이 주어진 것이 아니며, 이치를 따져보면 반드시 원인이 있다.(앞의 A-2)

H-2. 이에 용의 해(무진년; 908) 양월(羊月; 6월) 경신일(20일)[27] 밤에 달불성(達佛城) 북쪽 마정계사(麻頂溪寺)에서 꿈을 꾸었는데, 하나의 큰 불상이 연화좌(蓮花座)에 앉아 하늘에 높이 잇닿아 있고, 왼쪽의 보처보살(補處菩薩) 역시 그와 같음을 보았다. 남쪽으로 가다가 시냇가에서 한 여자를 보고 불상의 얼굴[晬容]이 저와 같은 이유를 물으니 그 우바이(優波夷)가 대답하기를 "이곳은 거룩한 지역입니다"라고 하였다. 또 (달불)성 남쪽의 불산 위를 보니 일곱 미륵상이 몸을 포개어 어깨를 밟힌 채 북쪽으로 향해 섰는데, 그 높이가 허공에 솟은 기둥과 같았다. 뒤에 며칠 밤을 지나고 나서 (호국)성의 동쪽에 있는 장산(獐山)에서 꿈을 꾸었는데, 나한승(羅漢僧)이 취의(毳衣; 袈裟)를 입고 검은 구름을 자리 삼아 무릎을 안고 직접 그 산의 입구쯤을 일컬어 말하기를 "이처도(伊處道)(원주; 불법을 일으키는데 목숨을 바친 열사이다; 이차돈을 의미함)가 이 땅으

---

27) 『三正綜覽』에 의하면, 908년 무진년 6월은 초하루가 경자이므로 경신일은 20일에 해당함을 알 수 있다.

로부터 군사를 거느리고 올 때다"라고 하는 것을 보았다.(앞의 A-6)

　H-3. 천우 5년(908; 효공왕 12) 무진년 겨울 10월에 호국의영도장 중알찬 이재가
남령에 팔각등루를 세웠다.(앞의 A-1)

　H-1・2는 이재의 근거지인 수창군 지역이 본래 불교와 깊은 인연을 가진
땅이라는 것을 설명하는 부분이다. 그렇지만 여기에 구체적인 산과 못의 이름,
성과 절의 명칭이 등장하고 있고 분석하기에 따라서는 호국성의 위치 비정에
도 도움을 받을 수 있을 것 같다.

　특히 H-1에는 호국성을 기준으로 그들이 위치한 방향이 나오고 있어 주목
된다. 호국성의 서쪽에 불좌지(佛佐池)가 있었고,[28] 또 성의 동남쪽 모퉁이에 불
체지(佛體池)가 있었으며, 불체지의 동쪽에 또 다른 못인 천왕지(天王池)가 있다
고 하였다. 그리고 서남쪽에 고성(古城)인 달불성(達佛城)이 있었으며, 달불성의
남쪽에 불산(佛山)이 있다고 하였다.

　호국성을 기준으로 한 이 지명들 대부분의 상대적인 위치에 대해서는 이견
을 보일 여지가 거의 없다. 다만 달불성의 위치와 관련하여 색다른 견해가 나
와 있어 잠시 검토하기로 한다. 이는 곧 "곤유유고성, 칭위달불(坤維有古城, 稱爲
達佛)"이라는 구절에서 곤유(坤維)를 어떻게 해석하느냐에 따른 의견 차이라고
할 수 있다. 최영성은 이 구절을 "이 땅의 사방(四方; 坤維)에 오래된 성이 있으니
달불이라 하고"라고 풀이하였다.[29] 곤유(坤維)는 "대지를 받든다고 하는 상상의
동아줄, 즉 땅을 성립하고 유지하는 근본 거점이라는 의미로 여기서는 땅의 사
방을 가리킨다"[30]는 것이다. 물론 용어 자체의 해석으로는 타당할지 모르지만,

---

28) 崔英成, 『앞의 책』, p.301에서는 당(塘)을 제방(堤防)으로 해석하였다. 그러나 제방은 결국 물
　　을 가두는 못 둑으로 보이므로, 필자는 못으로 이해한다.
29) 崔英成, 『앞의 책』, p.301.
30) 崔英成, 『앞의 책』, p.296.

"사방에 오래된 성이 있다"는 풀이는 도저히 합리적인 이해가 불가능하다. 달불성은 곧 달성(達城)으로서 현재에도 대구 중심가의 서쪽에 유적이 남아있어 공원으로 이용되고 있기 때문이다.

한편 이 글의 서법(書法)이 방향이 표시된 문장에서는 "태위 …… 불좌자(兌位 …… 佛佐者)" 등과 같이 지명 다음에 자(者)가 나오는데, 곤유 다음에는 자(者)가 없으므로 곤유는 서남방이라는 방향을 의미하는 것이 아니라 대지(大地)로 해석해야 한다는 견해도 있다.[31] 그러나 이는 문장의 전체 구조를 살피지 못한 옹색한 주장에 지나지 않는다고 본다. 만약 "곤유유고성, 칭위달불(坤維有古城, 稱爲達佛)"이라는 구절을 그렇게 푼다고 치면, 이어지는 "성남유산, 역호위불(城南有山, 亦號爲佛)"라는 구절에 자가 붙어있지 않은 것은 어떻게 이해해야 할지 난감하다. 또 곤유가 대지(大地)라는 의미라면, "곤유유고성"은 대지에 고성(古城)이 있으니로 해석할 수밖에 없는데, 어떤 성(城)인들 대지 위에 있지 않을 수가 있는가? 이러한 곤유에 대한 잘못된 해석은 호국성을 대덕산성(大德山城)에 비정하려는 선입견에서 나온 견강부회의 결과로 판단된다. 그러므로 이 구절은 호국성의 서남방(坤維)[32]에 달불성이 위치했던 것으로 풀이되어야 옳다.

H-2에도 호국성 주변에 있었던 지명과 절 이름이 보이고 있다. 여기서 기준이 되는 위치는 달불성과 호국성인데, 달불성의 북쪽에 마정계사(麻頂溪寺)란 절이 있고, 달불성의 남쪽에 불산이 있다고 하였다. 그리고 호국성의 동쪽에 장산(獐山)이 있었음을 짐작할 수 있다. 또 H-3에는 팔각등루가 남령(南嶺)에 건립되었음이 나타난다. 남령은 말 그대로 호국성의 남쪽에 자리한 그리 높지 않은 고개 정도로 보면 무난할 듯싶다. 단 그 위치가 호국성 성내의 남쪽인지, 아니

---

31) 金昌鎬, 「앞의 논문」, p.151.

32) 諸橋轍次, 『大漢和辭典』을 비롯한 각종 사전류의 '곤유'에 대한 풀이 중에 '서남방'이 들어있음은 물론이다.

면 성을 벗어난 곳에 있는 남쪽 고개인지가 분명치 않다. 그러나 호국성이 보(堡) 혹은 의보(義堡)로도 표현된 것은 성곽의 규모가 그리 크지 않았음을 암시하고 있어 성내에 남령이 있었다고 보기는 어렵지 않나 싶다. 이에 필자는 남령을 호국성 성내를 벗어난 곳에 위치한 남쪽 고개로 보아둔다.[33]

이상에서 언급한 사료 H에 보이는 지명들의 호국성을 기준으로 한 상대적 위치를 개념도로 나타내면 <그림 1>과 같다.

<그림 1> 「등루기」 지명의 상대적 위치 개념도[34]

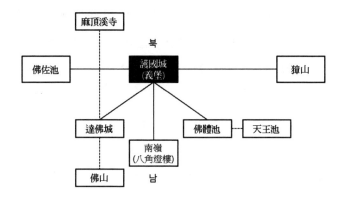

---

33) 金昌鎬, 「앞의 논문」, pp.150~151에서는 표제를 그대로 받아들여 팔각등루가 세워진 남령을 호국성 내에 위치한 고개로 보면서 호국성을 대덕산성에 비정하였다. 그러나 남령이 반드시 호국성 안에 위치해야만 호국성 팔각등루라고 표현될 수 있는 것은 아니다. 호국성이 관할하는 권역의 남쪽에 위치한 고개를 남령으로 칭해도 조금도 이상할 것이 없다. 김창호가 굳이 남령을 호국성 안에 위치하였으며, 그곳을 대덕산성 안의 고갯길로 비정했던 것은 역시 대덕산성을 호국성으로 보려는 선입견에 의한 것이다. 대덕산성 자체가 대구 분지의 남쪽 끝인 대덕산에 있는 포곡식 산성인데, 또 그 남쪽에 고개가 있었다고 한다면 높이의 측면에서도 남령이라는 호칭과는 어울리지 않는다.

34) 전고에서는 장산의 북쪽에 '가기산(可其山)'이 있는 것으로 보고 개념도에 표시하였지만, A-6을 잘못 해석했기 때문이었다. 여기서는 최영성의 해석을 따라 견해를 수정한다. 즉 가기산(可其山)을 고유명사로서의 산 이름으로 보지 않고 그 산의 입구 쯤으로 풀어 결국 장산의 입구로 해석하여 개념도에서 제외하였다.

<그림 1>에서 보듯이 「등루기」에는 불산·장산·남령 등의 산 이름과 불좌지·불체지·천왕지 등의 못 이름, 호국성·달불성이라는 성의 명칭, 마정계사라는 절 이름이 보이고 있다. 이들 명칭 중에서 그 위치가 구체적으로 확인되는 곳이 있다면, 호국성의 위치 비정도 전혀 불가능하지는 않을 것이다.

위의 여러 이름 중에서 그 위치가 가장 분명한 것은 달불성이다. 달불성은 곧 달벌성(達伐城)으로, 오늘날도 공원으로 이용되고 있는 달성(達城)이 틀림없다. 그런데 「등루기」는 이를 고성(古城)으로 표현하였다. 오래 전에 축조된 유서 깊은 성이었지만, 이재가 활약하던 9세기 말~10세기 초에는 이미 사용되지 않고 있었던 모양이다. 이 달성은 부분적인 발굴조사를 통하여 신천 지류변의 말굽 모양의 자연 구릉을 이용하여 축조된 토성임이 밝혀졌고, 토기를 비롯한 출토 유물의 분석 결과 늦어도 5세기경에는 토성 성벽이 축조되었음을 알게 되었다.[35] 그리고 이 성은 대구 지역 읍락국가의 국읍의 중심지였으며, 신라의 군현 편성 이후에는 달구화현(達句火縣; 大丘縣)의 현 치소(治所)로 기능하였다. 어떻든 고성인 달불성(달성)이 호국성의 서남방에 위치한다고 하였으니, 호국성은 달성의 동북쪽에 위치했음이 짐작된다.

또 하나 위치 비정이 가능한 곳으로 불산이 있다. 「등루기」는 이 불산이 달불성의 남쪽에 있다고 하였다. 달성의 위치를 감안하면 불산은 대구 분지의 남쪽을 가로막고 있는 산괴(山塊) 가운데 어느 하나라는 점은 쉽게 짐작된다. 그런데 조선시대에 편찬된 각종 지지(地誌)에는 대구부(大丘府)의 남쪽에 성불산(成佛山)이 있었음을 다음과 같이 기록하고 있다.

---

35) 尹容鎭, 「大邱達城 城壁調査」『考古美術』100, 1968; 「韓國初期鐵器文化에 관한 研究-大邱地方에서의 初期鐵器文化-」『韓國史學』5, 1990.

I-1. 성불산(成佛山) : 부(府)의 남쪽 십리에 있으며 관기(官基)의 안산(案山)이다. 비슬산(琵瑟山)에서 내려온다.(『대구읍지』 산천조)

I-2. 성불산(成佛山) 고성(古城) : 수성현(壽城縣)의 서쪽 10리에 있다. 석축(石築)으로 둘레는 3,051척이며, 지금은 피폐하였다.(『신증동국여지승람』 권26, 대구도호부 고적조; 『여지도서』(하), 경상도 대구 고적조)

위에 보이는 성불산은 우선 그 명칭이 불산과 흡사하다. 이 산은 대구부의 남쪽 10리 또는 수성현의 서쪽 10리에 있었다. 대략 대구 분지의 남쪽을 가로막고 있는 산괴에 해당한다. 달불성의 남쪽에 있는 불산과 그 방향도 일치하고 있다. 따라서 불산은 곧 조선시대 지지에 보이는 성불산이라고 할 수 있다. 그런데 이 성불산에는 위의 I-2에 보이듯이 석축의 산성이 있었다. 고고학적인 조사에 의하면 이 성불산 산성은 오늘날까지 흔적을 남기고 있는 대덕산성에 비정된다.[36] 따라서 불산은 조선시대의 성불산이며, 곧 오늘날의 대덕산에 비정할 수 있다. 달불성의 동북쪽에 있다는 호국성은 당연히 불산에서 동북쪽으로 달성보다 거리가 먼 곳에 있어야 한다.[37]

다음으로 호국성의 동쪽에 있다는 장산(獐山)이 주목된다. 이 장산에 대해서는 다음과 같은 기록이 보인다.

---

36) 尹容鎭外, 『大邱의 文化遺蹟-先史 · 古代-』, 대구직할시 · 경북대 박물관, 1990.

37) 이런 점에서 호국성을 대덕산성에 비정하는 견해(金潤坤, 「앞의 글」, p.316; 金昌鎬, 「앞의 논문」, p.151)는 「등루기」의 서술을 존중하는 한 성립될 수 없다. 다만 대덕산성은 나말여초에 축성되었을 것으로 여겨지고 있는데, 어쩌면 대구의 호족이었던 이재가 대피용 산성으로 축성했을 가능성도 있다.

I-3. 김인문(金仁問)이 당으로부터 돌아와 드디어 군주(軍主)에 임명되어 장산성(獐山城)을 쌓는 것을 감독하였다.(『삼국사기』 권5, 태종무열왕 3년조)

I-4. 장산군(獐山郡)은 지미왕(祗味王)때에 압량소국(押梁小國)을 공취(攻取)하여 군을 두었는데, 경덕왕이 개명하였다. 지금의 장산군으로 영현(領縣)이 셋이다.(『삼국사기』 권34, 지리(1), 양주조)

　장산은 성의 이름과 군의 행정구역 명칭으로 사용되었는데, 모두 경산 지역을 가리키는 것이다. 따라서 「등루기」의 장산은 명칭만으로도 곧 경산 땅에 속하는 산이었다고 하겠다. 다만 이 장산은 「등루기」의 기록을 볼 때 이재가 행차하여 유숙(留宿)했음이 드러나 대구에서 멀지 않은 경산 지역 어딘가에 있는 비교적 큰 산으로 보이는데, 구체적으로 어떤 산에 비정될 수 있을지는 모르겠다. 이 장산의 서쪽에 호국성이 있었다.

　다음으로 호국성의 서쪽에 있었던 불좌지와 동남쪽에 있었다는 불체지·천왕지 등의 구체적인 위치를 살펴보자. 만약 이들의 구체적인 위치가 확인된다면 호국성의 위치를 비정하는데도 큰 도움을 얻을 수 있겠다. 1469년(예종 1)에 편찬된 『경상도속찬지리지』에는 대구 일원에 상당수의 제언(堤堰)이 존재했음이 확인된다. 이를 정리하면 <표 1>과 같다.[38]

---

38) 朝鮮總督府中樞院, 『校訂 慶尙道地理志·慶尙道續撰地理志』, 1938; 『同 不咸文化社영인본』 1976, p.15, 大丘都護府 堤堰조 및 p.97, 星州牧 堤堰조의 관련 부분을 정리한 것이다.

〈표 1〉 조선 전기 대구 지역의 제언

번호	명칭	위치	관개 면적	소속
1	松羅堤	府東 北山里	20결	大丘都護府
2	聖堂堤	府南 甘勿川里	48결	
3	蓮花堤	(府南) 南山里	25결	
4	甘勿三堤	(府南) 花山里	56결	
5	沙里堤	(府南) 沙里洞	23결	
6	栗堤	府西 余兒山里	16결	
7	新方堤	(府西) 新方洞	13결	
8	漆田堤	(府西) 漆田洞	16결	
9	知里堤	(府西) 知里谷	16결	
10	佛上堤	(府北) 檢丹里	64결	
11	鼎堤	(府北) 無台里	16결	
12	屯東堤	壽城縣東 閩山里	21결	壽城縣
13	光清洞堤	(壽城縣東) 光清洞	13결	
14	墻堤	(壽城)縣北 枝只西里	19결	
15	竝亭子堤	(壽城縣北) 注谷里	18결	
16	末山堤	河濱縣東 末山里	4결	河濱縣
17	仍邑城堤	(河濱)縣南	3결	
18	堀川堤	(河濱)縣北	24결	
19	沙等堤	(河濱縣北) 佛會里	46결	
20	墻洞堤	解顔縣東 佛會里	39결	解顔縣
21	乃里堤	(解顔縣東) 上香里	54결	
22	釜谷堤	(解顔縣東)	52결	
23	所伊堤	八莒縣內	20결	八莒縣
24	新堤	(八莒縣內)	27결	
25	沙介堤	(八莒縣內)	37결	
26	水向堤	(八莒縣內)	5결	
27	狄村堤	(八莒縣內)	6결	
28	鼎堤	(八莒縣內)	175결	
29	尒谷堤	(八莒縣內)	19결	
30	曉星堤	花園縣內	15결	花園縣
31	凡三堤	(花園縣內)	8결	
32	新堤	(花園縣內)	37결	
33	甘勿川堤	(花園縣內)	10결	
34	馬耳堤	(花園縣內)	6결	

<표 1>에서 확인되듯이 조선 전기 제언 중에 불좌지·불체지·천왕지와 같은 이름은 찾아볼 수 없다. 이에 혹시 중도에 폐기된 것으로 의심해 볼 수 있지만, 영천 청제(菁堤)의 사례에서 보듯이[39] 수축을 거듭하며 계속 사용되어 왔을 것으로 본다. 그렇다면 중수 과정에서 이름이 바뀌었을 가능성이 있어 전해지는 이름만으로는 이들의 위치를 상고(詳考)할 방법이 없다.

그런데 호국성의 서쪽에 있다는 불좌지와 관련된 의외의 자료가 있다.

I-5. 수성(壽城): 빈(賓)·나(羅)·조(曺)·혜(嵇)의 성씨가 있다(주; 『주관육익(周官六翼)』에 "수성(壽城)에 옛날에 3성이 있었는데, 수대군(壽大郡), 일명 양성(壤城)은 그 성(姓)이 빈이고, 구구성(句具城)은 그 성이 나이고, 잉조이성(仍助伊城)은 그 성이 조와 혜이다"라고 하였다). …… 해안(解顏): 모(牟)·백(白)·하(河)·신(申)·정(丁)의 성씨가 있다(주; 『육익(六翼)』에 또한 말하기를 "성화성(省火城)은 모이고, 불좌성(佛佐城)은 백·하이며 명성(鳴城)은 정이다"라고 하였다).(『신증동국여지승람』 권26, 대구도호부 성씨조)

조선시대 대구도호부의 임내(任內)인 수성현(壽城縣)과 해안현(解顏縣)의 성씨를 기록한 위의 자료에는 『주관육익(周官六翼)』을 인용한 분주(分註)에서 각 현의 성씨를 그 지역에 있었던 3개의 성(城)과 관련 지우고 있어 주목을 끈다. 아마 수성현과 해안현이 처음 군현으로 편성될 당시에 각각 3개의 성촌(城村)을 기반으로 설치되었으며, 거론된 성씨는 각각의 성촌의 유력 집단을 말하는 것이 아닐까 싶다. 그렇다면 수성현에는 그 내부에 원래 양성(壤城)·구구성(句具

---

39) 536년(법흥왕 23)의 「永川菁堤碑」 丙辰銘과 798년(원성왕 9)의 貞元銘 및 1688년(숙종 14)의 「菁堤重立碑」 등의 자료를 종합하면 청제는 536년에 축조되어 수축을 거듭했음을 알 수 있지만, 현재도 여전히 관개 기능을 잃지 않고 있다.

城)·잉조이성(仍助伊城) 등 3개 성이, 또 해안현의 내부에도 성화성(省火城)·불좌성(佛佐城)·명성(鳴城)의 3개의 성이 있었다고 하겠다. 이들 현 내부의 소지역이 성으로 칭해졌던 것은 그 중심지에 실제로 방어시설물인 성곽이 있었기 때문일 것이다. 비록 현재의 고고학적 조사에서 확인되지는 않지만, 대구 지역에는 상당한 숫자의 성들이 있었음을 짐작할 수 있다.

그런데 해안현 내부의 소지역의 이름으로 불좌성이 나오고 있어 불좌지와 모종의 관계가 있었음을 추측케 한다. 다만 불좌지는 호국성의 서쪽에 있다고 하였고, 해안현은, 달불성의 동북쪽에 호국성이 있었다고 보면, 그 북쪽에 해당하여 방향이 서로 잘 맞지 않는다. 그러나 만약 불좌지가 해안현의 서쪽 영역에 있었다고 하면 대략 호국성의 북서쪽 방면이 될 것이므로, 호국성의 서쪽에 불좌지가 있다는 표현도 불가능하다고 단정할 수는 없다.

이러한 추론이 허용된다면, 불좌지에 비정 가능한 못으로서 <표 1>의 10번 대구부 북쪽 검단리(檢丹里)에 있는 불상제(佛上堤)가 주목된다. 불상제는 『신증동국여지승람』 대구부 산천조에도 불상지(佛上池)라는 이름으로 나오고 있는데,[40] 현재는 모두 메워져 아파트촌으로 바뀐 속칭 '배자못' 혹은 '대불지(大佛池)'가 바로 그것이다. 우선 명칭에서 비슷한 점이 있고, 또 가까운 곳에 검단토성이 존재하고 있는 점도 좋은 방증 자료가 된다. 이 성은 금호강의 하안(河岸) 구릉에 입지하고 있으며, 성내에서 채집된 토기와 석기를 보면 원삼국시대에 처음 축조된 것이다.[41] 이 불상제와 검단토성은 위치상 대체로 해안현의 서쪽에 해당하며,[42] 대구 중심가에서는 북서쪽이 된다. 이에 필자는 성과 못이 세트를 이루고

---

40) 『新增東國輿地勝覽』 권26, 大丘都護府 山川조.

41) 尹容鎭外, 『앞의 책』, p.225.

42) 물론 조선시대에는 해안현 영역이 아니라 대구부에 속한 지역이었다. 그러나 신라시대에는 이곳이 해안현에 속해 있었을 가능성이 크다.

있는 검단토성과 불상제를 각각 불좌성과 불좌지에 비정하고자 한다.

마지막으로 달불성의 북쪽에 있다는 마정계사(麻頂溪寺)는 칠곡 송림사(松林寺)에 비정되고 있다.[43] 특히 마정계사-달불성-불산이 남북축선에서 일직선상에 위치하고 있는 것은 의도적인 배치라는 지적이 있다.[44] 청종할만한 견해이지만, 이재의 활동 시기와는 다른 시대의 상황을 보여주는 것이다. 따라서 마정계사(송림사)의 위치를 통해서는 호국성과 관련한 어떤 정보도 간취되지 않는다.

그러면 「등루기」를 통해 달불성(달성)의 동북쪽, 불산(성불산)의 북쪽, 장산의 서쪽, 불좌지의 동쪽에 위치했음을 알 수 있는 호국성에 비정 가능한 성곽 유적을 확인할 수 있을는지를 알아보자. 고고학적 조사 결과 대구 분지에서 확인되는 성곽 유적을 정리한 것이 <표 2>이다.[45]

〈표 2〉 대구 분지의 성곽 유적

번호	城名	소재지	축조방법	유형
1	達城土城	대구시 중구 달성동	土築	包谷式
2	龍頭土城	수성구 봉덕동	土石混築	山頂式
3	鳳舞土城	동구 봉무동	土築	包谷式
4	檢丹土城	북구 검단동	土築	包谷式
5	孤山土城	수성구 성동	土石混築	包谷式
6	龍岩山城	동구 도동	土石混築	山頂式
7	八莒山城	북구 구암동	土石混築	山頂式
8	大德山城	남구 대명동	石築	包谷式

---

43) 金昌鎬, 「앞의 논문」, p.149; 이상훈, 「칠곡 松林寺의 입지조건과 창건배경」『韓國古代史探究』 18, 2014, p.134.

44) 이상훈, 「앞의 논문」, pp.134~135.

45) 尹容鎭外, 『앞의 책』, p.213의 표를 참조하였다.

여기서 일단 (1) 달성토성과 (4) 검단토성 그리고 (8) 대덕산성은 호국성의 비정에서 제외되어야 한다. 전술했듯이 (1) 달성토성은 「등루기」에 고성 달불성으로 나오고 있고, (4) 검단토성은 불좌성에 비정되며, (8) 대덕산성은 위치와 거리 면에서 호국성에 부합되지 않기 때문이다. 그런데 이를 제외하고 보면 나머지 성곽들은 애당초 방향이 맞지 않거나 대구 분지의 한쪽 구석에 입지하고 있어, 9세기 말~10세기 초 대구 지역의 지배자였던 이재의 거성이 되기가 불가능해 보인다. 따라서 대구 분지 안에서 현존하는 성곽 유적 중에서는 호국성에 비정할 만한 것은 없다고 할 수 있다.

그래서 필자는 최치원이 호국성을 '보(堡; 혹은 義堡)'로 부르기도 했음을 상기하고 싶다. 보란 보통 규모가 작은 성곽을 일컫는 경우가 많기 때문이다. 규모가 작다는 점을 염두에 두고 「등루기」에서 파악되는 주변 지명과의 관련성을 떠올리면, 조선 후기에 대구도호부의 치소로 기능하는 대구읍성(大丘邑城)이 유의된다.

대구읍성은 1590년(선조 23)에 대구부사 윤방(尹昉)에 의해 토성으로 수축되었다가 임란 중 왜군에 의해 파괴되었으며, 1736년(영조 12)에 경상감사 겸 대구부사 민응수(閔應洙)에 의해 석성으로 재건되었다. 따라서 조선 후기의 성곽인 대구읍성을 호국성에 비길 수는 없어 보인다. 그러나 이곳이 읍성 자리로 선택된 것은 그 이전에 토루(土壘) 등의 선행 유적이 있었기 때문은 아닌지 모르겠다. 물론 이는 대구읍성의 성벽지(城壁址)나 그 내부에 대한 발굴 조사에 의해서만 확인될 수 있겠지만, 「등루기」의 기록에 의하면 대구읍성의 위치가 호국성의 그것과 가장 부합하고 있다. 이에 필자는 잠정적인 의견이긴 하지만, 호국성의 위치를 대구읍성 자리로 비정하며, 이재가 그곳에 그리 크지 않은 규모의 성곽을 쌓은 것이 곧 호국성일 것으로 추정한다.[46]

---

46) 필자는 前稿에서 호국성의 위치를 고심 끝에 경북도청이 자리하고 있는 연암산 기슭으로 추

이상에서 「등루기」에 기록된 호국성 주변 지명의 방향과 위치를 근거로 호국성의 위치 비정을 시도하였다. 그 결과 잠정적인 의견이긴 하지만, 그곳이 대구읍성지일 가능성이 크다고 보았다.

이렇게 호국성의 위치를 비정할 때, 팔각등루가 세워진 남령(앞의 H-3)의 위치도 추측이 가능할 듯 싶다. 남령은 어의상(語義上) 호국성의 남쪽에 위치한 그리 높지 않은 고개 정도로 볼 수 있다. 그렇다면 불산보다는 가까이에 위치한 대구 분지 내의 구릉 정도가 아닐까 한다. 이에 다음의 사료에 보이는 연귀산(連龜山)과 관련성을 유추해 볼 수 있다.

먼저 『대동여지도』의 대구지역 지도를 살펴보자.

〈그림 2〉 『대동여지도』의 대구

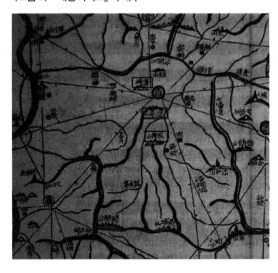

정한 바 있었다. 최치원의 호국성의 경관 묘사가 그가 실견한 바를 서술했다고 생각했기 때문이었다. 그러나 이 글에서는 호국성의 경관 묘사를 최치원의 수사(修辭)로 보고, 그 위치를 대구읍성지로 고쳐 비정했음을 밝혀둔다.

<그림 2>의 대구 지도에는 성불산과 대구읍성 사이에 연귀산이 보이고 있다. 연귀산에 대해서는 다음과 같은 기록이 있다.

J-1. 연귀산(連龜山): 부의 남쪽 3리에 있으며, 진산(鎭山)이다. 세상에서 전하기를 "읍을 창설할 때 돌 거북을 만들어 산등성이에 남으로 머리를 두고 북으로 꼬리를 두게 묻어서 지맥을 통하게 한 까닭에 연귀(連龜)라고 일컬었다"라고 하였다. (『신증동국여지승람』 권26, 대구도호부 산천조)

J-2. 연귀산: 부의 남쪽 3리에 있으며, 진산이다. 세상에서 전하기를 "읍을 세울 때 돌 거북을 만들어 산등성이에 남으로 머리를 두고 북으로 꼬리를 두게 묻어서 지맥을 통하게 한 까닭에 연귀라고 일컬었다"라고 하였다. 성불산의 동쪽 지맥(支脈)이다. (『여지도서』(하), 경상도 대구 산천조)

J-1·2에서 보듯이 연귀산은 대구부의 남쪽 3리에 위치한 가까운 산이고, 또 지형상으로도 그리 높지 않다. 또 J-2에서는 연귀산이 성불산의 동쪽 지맥(支脈)이라 하였다. 현재 제일중학교 본관 건물 앞에는 연귀산의 지명 유래가 되는 거북바위가 실존하고 있어, 이 일대가 연귀산임을 알게 한다. 연귀산은 순종 때 대구부민(大邱府民)에게 정오를 알리기 위해 이곳에서 포(砲)를 쏘았다고 하여 오포산(午砲山)이라고도 한다.

호국성의 위치가 대구읍성지라면 남령은 그 명칭이나 높이 등을 감안하면 연귀산으로 비정할 수밖에 없다. 이에 필자는 팔각등루가 건립된 남령을 연귀산으로 본다.

이와 같은 호국성과 팔각등루가 세워진 남령의 위치를 보면 대구 호족 이재는 현재의 대구시 중심 지역을 자신의 거성으로 삼았다고 할 수 있다. 어쩌면 현재와 같은 대구 중심부의 형성은 이재로부터 비롯되었는지도 모른다.

5. 이재의 세력권과 세력 기반

이재가 세력을 펼치고 있었던 권역 곧 세력권과 관련해서는 먼저 이재가 수창군 호국성에 근거한 호국의영도장으로 자칭하고 있는 점이 유의된다. 이는 곧 이재가 수창군을 지배하는 호국성 장군이라는 의미이므로, 그의 세력권은 일단 수창군으로 생각해 볼 수 있다.

이 수창군은 대구 분지 지역을 중심으로 설치된 행정구역으로서의 군(郡)이다. 그러나 그 내부 구성을 보면 군태수가 직접 통치하는 군치(郡治) 지역과 예하에 설치된 현령이 다스리는 4개의 현으로 이루어져 있었다(<그림 3> 참조). 따라서 먼저 이재의 세력권이 군치 지역에 한정되어 있었는지, 아니면 군치는 물론 예하 영현(領縣) 지역까지도 포괄하고 있었는지를 살펴보아야 한다.

「등루기」에서 확인되는 달불성은 통일신라기 달구화현(대구현)의 치소로 추정되고 있다. 그런데 이 달불성이 이재의 거성인 호국성과 더불어 이재의 활동 영역을 시사하는 기준점으로 기록되어 있다. 그리고 필자가 추정한 호국성의 위치도 실은 대구현의 영역에 해당한다. 따라서 이곳은 이재의 세력권, 그 중에서도 중심 지역으로 볼 수 있다. 다음으로 그가 유숙하며 꿈을 꾼 장소로 나오는 마정계사(송림사)는 팔리현(八里縣; 八居縣 혹은 八莒縣)의 영역이다. 따라서 팔리현 역시 이재의 세력권으로 볼 수 있다. 또 앞에서 불좌지는 해안현 영역의 서쪽이었음을 지적하였다. 그렇다면 해안현도 그의 세력권 범위 속에 들어 있었다고 보아야 한다. 달불성과 호국성의 남쪽에 있는 불산은 이재의 세력권의 남쪽 경계일 것이다. 한편 역시 그가 유숙한 곳으로 나오는 장산 곧 경산 지역이 그의 세력권인지 여부가 문제인데, 군 전체가 아닌 수창군에 인접한 장산군[47]

---

47) 장산군은 군치와 해안(解顏)·여량(餘粮)·자인현(慈仁縣) 등 3개의 영현으로 이루어져 있었다(『삼국사기』 권34, 지리(1), 양주 장산군조).

군치의 일부가 이재의 세력권에 들어 있었을 가능성이 있다.

이상 언급한 바에 의해 이재의 세력권을 표시하면 <그림 3>과 같다.[48]

<그림 3> 통일신라기 대구 지역의 군현과 이재의 세력권

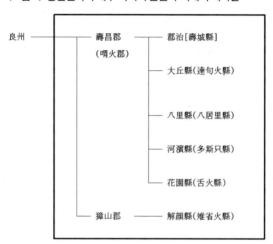

<그림 3>에 보이는 수창군과 그 4개의 영현을 현재의 대구의 상황에 맞추어 비정해 보면 다음과 같이 정리될 수 있다. 먼저 대구 분지의 중앙을 남에서 북으로 관류(貫流)하는 신천(新川)의 상류와 그 동쪽 지역 및 대구 분지의 남부 지역 일부는 수창군의 군치 지역(郡治地域)이었을 것이다. 이는 조선시대 대구도호부의 임내인 수성현 지역이기도 하였다. 대구현은 신천의 서쪽 지역으로 조선시대 대구도호부의 본부였으며, 오늘날의 대구 중심 지역이 여기에 해당한다. 대구 분지의 북쪽 일부와 금호강을 넘어 팔공산 기슭의 서쪽 및 동쪽 일원은 장산군 해안현으로 편성되었다. 그리고 대구 분지의 서남쪽에 해당하는 월배·화원 지역은 화원현으로, 금호강 하류를 건너 서북쪽에 위치한 칠곡 지역은 팔리현

48) 『삼국사기』 권34, 지리(1), 양주 수성군조 및 장산군조 참조.

으로, 서쪽의 달천을 건넌 하빈 지역은 하빈현으로 편성되어 있었다.

이러한 대구 지역 군현의 설치상황에서 보면 이재의 근거지인 호국성은 대구현 지역에 있었으며, 팔각등루가 세워진 남령은 수창군치와 대구현의 경계 부근에 있었던 것으로 판단된다. 그리고 달불성은 대구현 관할이었고, 불산은 수창군 군치 지역과 화원현 및 청도 지역과의 경계에 있었던 것으로 보인다. 한편 불좌지는 해안현 관내로 볼 수 있었다. 그러므로 이재의 세력권은 적어도 대구 분지 내의 수창군치는 물론 대구현 · 팔리현 · 해안현 · 설화현에 미쳤음이 확인되며, 그가 수창군 태수를 역임했던 점을 감안하면 수창군의 나머지 영현인 하빈현도 그의 세력권에 포함되었던 것으로 볼 수 있다. 요컨대 호국의영도장 이재의 세력권은 대구 분지를 중심으로 그곳에 설치된 수창군과 4개의 영현, 그리고 장산군의 영현이었던 해안현을 포괄하는 것으로 추정할 수 있다.

그러면 대구 지역의 유력한 지방 세력가인 이재의 세력 기반은 어떠하였을까. 세 가지 정도의 기반을 상정할 수 있을 듯싶다. 세력권 내의 농민들을 토대로 한 농업 기반 · 농토로부터 유리(流離)되어 다른 곳에서 대구로 유입된 유민층 · 동화사 중심의 사원세력이 그것이다.

먼저 그의 세력 기반과 관련하여 「등루기」는 다음과 같이 기록하고 있다.

K. 그때서야 조용히 서기(西畿)를 안정시키며 한편으로는 농사에 종사하였다. 본지(本地)에 안거하는 사람들의 사정을 잘 살펴서 어루만지고, 귀빈(貴賓)과 붕우(朋友)를 공손하게 맞아서 접대하였다. 찾아오는 사람들이 구름 같았는데, 그들을 바다와 같은 마음으로 받아들였으며, 빈번히 찾아와 부탁을 하더라도 능히 힘써줄 뿐 불응(不應)하는 일이 없었다.(앞의 A-4)

이재는 서기(西畿)로 표현된 왕도 경주의 서쪽 대구 지역에 정착하여 이곳을 안정시키는 한편 농사에 종사했다고 하였다. 그가 농업에 기반을 두고 대구 지역을 효과적으로 통치하게 되었음을 의미할 것이다. 사실 대구 분지 지역은 금호강과 신천의 범람원을 중심으로 충적평야(沖積平野)가 잘 발달된 지역으로, 넓은 농경지가 개척 가능하여 일찍부터 적지 않은 주민들이 거주하였다. 689년(신문왕 9)에는 신라의 천도 후보지였을[49] 정도로 신라 왕조로부터 그 중요성을 인정받은 바 있다.[50] 이재는 이러한 대구 지역 농민층들로부터 조부(租賦)와 역역(役力)을 징발할 수 있는 권한을 가졌을 것이며, 그것이 곧 이재의 가장 중요한 경제적·군사적 기반이 되었을 것이다. K에는 이를 "본지(本地)에 안거(安居)하는 사람들의 사정을 잘 살펴 어루만졌다"라고 하였다. 인근 성주 지역의 벽진장군(碧珍將軍) 이총언(李悤言)이 "군도(群盜)가 사방에서 일어났지만, 총언이 성을 굳게 지키고 있으니 백성들이 편안히 살 수 있었다"[51]라는 대목과 그 분위기가 매우 흡사하다. 아마 양자가 비슷한 세력 기반 위에 존립하고 있었기 때문일 것이다.

다음으로 농토로부터 유리되어 대구로 유입된 다른 지역의 농민층을 안집시킨 유민층이 주목된다. K에는 이재가 "귀빈(貴賓)과 붕우(朋友)를 공손하게 맞아 접대하였으며, 찾아오는 사람이 구름 같았는데 그들을 바다와 같은 마음으로 받아들였고, 그들의 부탁을 거절하지 않았다"라고 하였다. 은유적이긴 하지만 이재가 이리저리 떠돌다 대구로 유입된 유민들을 안집하여 농토에 토착케 하고, 이들을 하나의 세력 기반으로 삼았음을 짐작할 수 있다.

마지막으로 동화사 중심의 사원세력을 간과할 수 없다. 신라 말 여러 사원들

---

49) 『삼국사기』 권8, 신문왕 9년조.
50) 신라의 대구 천도 시도에 대한 최근의 연구로는 이영호, 「신라의 달구벌 천도」 『신라 중대의 정치와 권력구조』, 지식산업사, 2014 참조.
51) 『고려사』 권92, 열전1, 이총언전.

이 보유했던 경제력은 대단해서 농민 봉기군들의 주된 공격 목표가 될 정도였거니와, 해인사를 대표적인 사례로 들 수 있다. 신라 말의 해인사는 왕실의 후원으로 매입 혹은 기진(寄進)을 통한 막대한 전장(田莊)을 보유하고 있었다.[52] 895년(진성여왕 9) 무렵에는 약탈을 목적으로 한 농민군의 공격에 맞서 싸우다가 다수의 승군이 사망하기도 했다.[53]

동화사의 경우도 이와 크게 다르지 않았던 것으로 보인다. 동화사는 헌덕왕의 왕자인 심지(心地)가 진표(眞表)의 불골간자(佛骨簡子)를 얻어 중창한 사찰로 전하고 있다.[54] 따라서 유가종(법상종) 계통의 사찰이었다. 그리고 863년(경문왕 3)에 작성된 「민애왕석탑사리합기(敏哀王石塔舍利盒記)」에 의하면 9세기 전반 신라 왕실의 근친으로 정국 운영을 주도했던 김충공(金忠恭; 민애왕의 부) 가문의 원당(願堂)으로 기능해 왔음을 알 수 있다.[55] 그러므로 비록 구체적인 규모는 알 수 없지만 해인사에 버금가는 경제력과 군사력을 보유했다고 해도 무리한 추정은 아닐 것 같다.

「등루기」에는 이러한 동화사 승려가 팔각등루의 건립을 기념하는 재(齋)의 좌주(座主)를 맡았으며, 이어 열린 법회를 주관하였음이[56] 보이고 있다.

L. 그해 맹동(孟冬)에 등루를 세우고 11월 4일에 이르러 공산동사(公山桐寺)의 홍순대덕(弘順大德)을 청하여 좌주(座主)로 삼고, 재(齋)를 베풀어 경찬(慶讚)하였다. 태연대덕(泰然大德), 영달선대덕(靈達禪大德), 경적선대덕(景寂禪大德), 지념선대덕(持念禪大

---

52) 김상현, 「九世紀 후반의 海印寺와 新羅 王室의 후원」 『新羅文化』 28, 2006.
53) 李弘稙, 「앞의 논문」 참조.
54) 『삼국유사』 권4, 의해 5, 心地繼祖조.
55) 黃壽永, 「敏哀大王石塔記」 『韓國의 佛敎美術』, 同和美術公社, 1974.
56) 사료 L에서 소속 사찰이 명기되지 않은 泰然大德·靈達禪大德·景寂禪大德·持念禪大德 등의 승려는 모두 동화사 소속으로 볼 수 있다.

德), 흥륜사(興輪寺)의 융선주사(融善呪師) 등의 고승이 다 모여들어 법회를 장엄(莊嚴)
하였다.(앞의 A-7)

팔각등루의 완공을 기념하는 행사에 동화사 승려들이 대거 참여한 것은 이
재와 동화사 간의 평소 밀접한 관계를 잘 보여주는 것이다. 팔각등루의 건립
에 동화사의 권유가 있었는지도 알 수 없다. 아마 대구 호족 이재와 팔공산 동
화사 세력은 상호 보험적 관계에 있었을 것이다. 이렇듯 이재는 동화사 중심의
사원세력을 자신의 세력 기반 가운데 하나로 삼고 있었다.

6. 이재의 정치적 지향과 불교적 지배 논리

호국의영도장 이재의 정치적 성격이 호족으로서는 드물게 친신라적이었으
며, 그것이 최치원이 이 기문(記文)을 찬술한 배경이 되었음을 앞에서 지적하였
다. 자신의 거성을 호국성이라 하고, 호국의영도장을 지칭했으며, 팔각등루의
건립이 나라의 경사를 빌고 임금의 은혜에 보답함을 목적으로 했다는 것은 그
러한 그의 정치적 성격을 선명하게 보여주는 것이다. 그래서 최치원은 이재를
"나라를 받드는 충신"이라고 까지 극찬하고 있는 것이다.

그럼에도 불구하고 이재는 신라의 중앙 지배에서 이탈하여 대구 일원을 세
력권으로 하는 반독립적인 호족으로 자립하였다. 얼핏 모순처럼 보이는 그의
태도는 겉으로 표방했던 정치적 명분[57]과는 다른 정치적 지향을 가졌기 때문
으로 보인다. 이재는 신라의 지배체제 속에 안존하는 지방관 군태수의 삶에 만

---

57) 천년의 역사를 가진 신라가 멸망하기 이전에는 견훤이나 왕건까지도 서로 서간을 주고받으
면서 자신들의 활동이 신라를 높이고 보존하기 위한 것이라고 강변하고 있다.

족하지 못하고 신라와는 차별화된 새로운 세상을 꿈꾸었던 것이 아닌가 한다. 그것은 앞에서 살핀 이재의 당대 신라 현실에 대한 비관적인 인식에서 방증을 얻을 수 있다고 본다.

이재는 자신이 세력을 펴고 있는 수창군 일원이 본래 불교와 깊은 인연을 가진 성지(聖地)였으므로, 불교의 힘에 의해 새로운 세상이 도래하기를 바랐던 것 같다. 「등루기」에서 이와 관련된 서술을 다시 보기로 한다.

M-1. 모든 땅이름을 붙인 것은 대개 하늘 뜻과 부합되는 것이다. 이 보(堡)의 서방 [兌位]에 못이 있어 '불좌(佛佐)'라 하며, 동남방[巽位]모퉁이에 못이 있어 '불체(佛體)'라 하고, 그 동쪽에 따로 또 못이 있어 '천왕(天王)'이라 불리며, 서남방[坤維]에 고성(古城)이 있어 '달불(達佛)'이라 하며, (달불)성의 남쪽에 산이 있어 '불산(佛山)'이라 한다. 이름은 실없이 주어진 것이 아니며, 이치를 따져보면 반드시 원인이 있다.(앞의 A-2)

M-2. 알찬(閼粲; 異才)은 진실한 재가보살(在家菩薩)로서 울연(蔚然)히 나라를 받드는 충신(忠臣)이 되었다. 반야(般若; 佛法)를 창과 방패로 삼고 보리(菩提; 佛法)를 갑옷과 투구로 삼아 능히 한 경내(境內)를 편안히 하는데 거의 10년이 걸렸다. …… 이에 용의 해(무진년; 908) 양월(羊月; (6월) 경신일(20일) 밤에 달불성(達佛城) 북쪽 마정계사(麻頂溪寺)에서 꿈을 꾸었는데, 하나의 큰 불상이 연화좌(蓮花座)에 앉아 하늘에 높아 잇닿아 있고, 왼쪽의 보처보살(補處菩薩) 역시 그와 같음을 보았다. 남쪽으로 가다가 시냇가에서 한 여자를 보고 불상의 얼굴[晬容]이 저와 같은 이유를 물으니 그 우바이(優波夷)가 대답하기를 "이곳은 거룩한 지역[聖地]입니다"라고 하였다. 또 (달불)성 남쪽의 불산(佛山) 위를 보니 일곱 미륵상이 몸을 포개어 어깨를 밟힌 채 북쪽으로 향해 섰는데, 그 높이가 허공에 솟은 기둥과 같았다. 뒤에 며칠 밤을 지나고 나서 (호국)성의 동쪽에 있는 장산(獐山)에서 꿈을 꾸었는데, 나한승(羅漢僧)이 취의(毳衣; 袈裟)를 입고 검은 구름을 자리 삼아 무릎을 안고 직접 그 산의 입구쯤을 일컬어 말하기를 "이처도(伊

處道(주; 불법을 일으키는데 목숨을 바친 열사이다)가 이 땅으로부터 군사를 거느리고 올 때다"라고 하는 것을 보았다.(앞의 A-6)

이재의 세력권인 수창군과 그 주변에는 불좌지 · 불체지 · 천왕지 · 달불성 · 불산과 같이 불교와 관련된 지명이 많았다. 최치원은 이런 이름들을 가진 것은 반드시 원인이 있다고 하였다. 즉 본래부터 이곳이 불교와 깊은 인연을 가진 땅이라는 뜻으로 이해된다. 그래서 M-2에서는 우바이의 입을 빌어 이곳을 성지라고 말하고 있다. 대구를 원래부터 불교와 인연 깊은 땅으로 보는 이재의 인식은 마치 중고기의 신라인들이 경주를 전불시대(前佛時代)부터 불교와 깊은 관련을 지닌 곳으로 보았던 불국토설(佛國土說)과 방불한 바가 있다.[58] 그래서 그는 "불법[般若]을 창과 방패로 삼고 진리[菩提]를 갑옷과 투구로 삼아 한 경내를 편안히 하는" 불교의 수호자로서 불교 신앙을 바탕으로 수창군 일원을 통치했던 것이다. 그러므로 불교는 이재가 가졌던 지배 논리로서도 기능했던 셈이다.

한편 M-2에는 이재가 팔각등루를 건립하게 된 계기를 제공한, 서로 다른 꿈 이야기 두 가지가 보이고 있다. 마정계사에서 꾼 꿈은 수창군 지역이 연화좌(蓮花座)에 앉은 하늘에 닿을 듯 커다란 불상과 보처보살(補處菩薩), 그리고 불산에 있는 7구의 미륵상이 지켜주는 불교의 성지라는 뜻으로 이해되며, 장산에서의 꿈은 누군가가 불법을 쇄신하여 다시 흥성케 해야 할 때라는 예언으로 짐작된다. 이러한 이야기는 불교 교리적 측면과 모종의 관련이 있을 법하다. 팔각등루의 완공을 기념하는 재와 법회를 동화사 유가승들이 주관하고 있는 점에서 보면, 혹시 법상종의 논리에 근거한 것인지도 모르겠다. 이에 대한 심도있는 해명

---

58) 金英美, 「慈藏의 佛國土思想」『韓國史市民講座』10, 1992; 申東河, 「新羅 佛國土思想과 皇龍寺」『新羅文化祭學術發表會論文集』22, 2001; 金福順, 「興輪寺와 七處伽藍」『新羅文化』20, 2002.

은 이 분야 전문가의 연구를 기다릴 수밖에 없다.[59]

7. 10세기 대구 사회의 동향과 이재의 행방

898년경에서 부터 908년까지 최소한 10년 동안 대구 지역은 호국의영도장 이재라는 호족의 지배 아래 놓여 있었다. 그러면 이후 이재의 행방은 어떠했을까. 어떤 자료에서도 이에 관한 기록은 보이지 않는다. 이에 우회적인 방법이긴 하지만, 927년에 일어난 후백제와 고려 사이의 공산전투(公山戰鬪)를 통해 대구 호족의 행방 문제를 생각해 보기로 한다.

이재가 팔각등루를 건립한 지 꼭 20년 후인 927년에 대구에서는 고려의 왕건과 후백제의 견훤 사이에 일대 결전이 벌어졌다. 이를 공산전투라고 하거니와,[60] 양대 세력이 맞붙은 이 전투에서 대구 지역 세력의 동향은 어떠했을까.

『고려사』 태조세가와 『삼국사기』 경애왕 4년조 및 견훤열전을 종합하면 공산전투의 전개과정은 다음과 같이 정리된다. 927년 9월, 견훤군이 신라 왕도 경주를 기습 공격하여 경애왕을 살해하고 귀환하는 길에 공산 동수(桐藪)에서 왕건이 이끈 5,000의 정기(精騎)와 조우하면서 전투가 발발하였다. 결과는 고려의 대장 신숭겸(申崇謙)과 김락(金樂)이 전사하고 왕건은 단신으로 전장을 도망쳐야 할 정도로 고려군의 대패였다.[61] 고려가 대패한 전투의 내용이 고려의

---

59) 金昌鎬, 「앞의 논문」, p.153에서는 「등루기」에 나타난 불교의 성격을 "법상종이 주류이고, 太賢계열의 유가종도 있으며, 밀교도 있다"라고 하고 있는데, 어떤 근거에서 이런 주장을 펴는지에 대해서는 아무런 언급이 없다.

60) 이에 대해서는 류영철, 「公山戰鬪의 배경과 전개과정」 『高麗의 後三國 統一過程 硏究』, 景仁文化社, 2004, pp.95~124에 자세하다.

61) 류영철, 『앞의 책』, pp.111~124.

역사기록을 통해 제대로 전해질 리가 없으므로, 이와 관련된 기록은 소략할 수 밖에 없다. 그럼에도 불구하고 아래의 기록은 대구 세력의 동향과 관련하여 눈길을 끈다.

　　N. …… 임존성(任存城)을 함락하던 날 형적(邢積) 등 수백 명의 목숨이 버려졌고, 청주(清州)를 격파할 때에는 직심(直心) 등 4~5명이 머리를 바쳤으며, 동수(桐藪)는 깃발을 바라보고 무너져 흩어졌고, 경산(京山)에서는 구슬을 머금고 투항하였다.(『삼국사기』권50, 견훤열전)

　928년 왕건이 견훤에게 보낸 외교문서의 한 구절이다. 왕건은 견훤에게 보낸 답서에서 공산전투의 패배를 숨기면서 동수는 고려군의 깃발만 보고도 궤산(潰散)했다고 말하고 있다.[62] 여기에 기록된 동수는 곧 동화사를 말한다. 그렇다면 동화사의 사원세력은 927년의 공산전투 당시 견훤 지지 세력으로 활동했다고 하겠다.[63]

　그런데 우리는 앞에서 908년 무렵 대구 호족 이재의 세력 기반 가운데는 동화사 사원세력이 포함되어 있었음을 지적하여 둔 바 있다. 이러한 이재의 세력 기반이었던 동화사 사원세력이 견훤 지지로 변화한 사실은 곧 이재의 세력 기반이 붕괴했음을 말하는 것이다. 이러한 세력 기반의 붕괴란 이재의 몰락과 깊은 관련이 있었던 것으로 생각된다.

　지금까지 논급한 이재의 행방 문제를 다시 정리하면 다음과 같다. 927년의 공산전투에서 동화사 사원세력이 견훤 지지 세력으로 등장하고 있음은 908년

---

62) 물론 이와는 달리 "동수에서는 깃발만 보고도 궤산하였다"고 풀이할 수도 있으나, 필자는 위와 같이 해석하였다.

63) 류영철, 『앞의 책』, p.113.

에 대구 지역을 지배했던 이재가 그 사이에 몰락의 길을 걸었음을 시사한다. 그러면 이재의 몰락 원인은 어디에 있었던 것일까. 역시 추론의 범위를 벗어날 수 없지만, 그의 정치적 성격과 밀접한 관련이 있다고 본다. 이미 멸망의 문턱에 서 있었던 낡은 왕조인 신라 왕조에 대해 애착을 가졌던 이재는 신세력의 등장이라는 시대적 조류 앞에서 더 이상 세력을 이어가지 못하고 몰락의 길을 걷게 되었던 것으로 생각된다. 요컨대 10세기 초 수창군 호국성을 근거로 친신라적 성격이 강했던 대구 호족 호국의영도장 중알찬 이재는 그 이후 후삼국의 대립과 고려의 건국과 같은 급변하는 정치·사회적 환경에 적응하지 못하고 고려와 후백제의 대립이 본격화되는 920년대에 이르면 쇠약해지고 말았다.

이재의 몰락 이후 대구 지역에는 더 이상 유력한 지방세력이 성장하지 못한 듯하다. 고려시대의 군현의 편성 과정에서 이재의 세력권에 포함되었던 대구 분지 지역이 경산부(京山府)와 경주부로 이분(二分)되어 내속(來屬)된 이유 가운데 하나가 여기에 있었던 것으로 여겨지기 때문이다.

8. 맺음말

이상에서 최치원이 해인사에 머물던 그의 말년(908년; 효공왕 12)에 찬술한 「신라 수창군호국성 팔각등루기」를 분석하여 10세기 초 대구 지역을 지배했던 호국의영도장 이재라는 호족의 실체를 파악하여 보았다. 지금까지 논의된 바를 정리하면 다음과 같다.

신라 말 대구 지역의 호족은 호국성을 근거로 삼고 호국의영도장이라는 칭호를 가진 중아찬 이재라는 존재였다. 그는 왕경의 6두품 귀족 출신으로 수창군 태수로 부임했던 것을 계기로 수창군과 인연을 맺었으며, 898년(효공왕 2) 경에 자립하여 호족화의 길을 걷게 되었다. 그의 세력권은 수창군 지역으로, 대구현·해안현 등을 포함하는 대구 분지 지역으로 추정되었으며, 세력기반으로는 세력권 내의 농민층·안집한 유랑 농민층·동화사의 사원세력 등으로 구성되어 있었다. 이재는 호족으로서는 이례적으로 친신라적 성격을 지닌 존재였으며, 지배 지역이 불교와 깊은 인연을 지닌 땅이라는 지배 논리를 가졌고, 사상적 기반으로는 불교임을 짐작할 수 있었다.

그러나 대구 호족 호국의영도장 중알찬 이재는 그 이후 후삼국의 대립과 고려의 건국과 같은 급변하는 정치·사회적 환경에 더이상 적응하지 못하고 고려와 후백제의 대립이 본격화되는 920년대에 이르면 더 이상 세력을 유지하지 못한 채 쇠약해지고 말았다. 신라 말 동아시아 세계에서 손꼽히는 대학자였던 최치원이 이러한 수창군 지역의 일개 호족인 이재가 건립한 팔각등루에 기문을 찬하게 된 배경은 그의 현실 인식이 이재의 그것과 상통하는 점이 많았기 때문이었다.

제2장 통일신라기의 대구 사회

1. 신라의 삼국통일과 대구의 변화

1) 군현제의 실시와 대구 지역의 군현

대구 지역에는 6세기대의 주군제 실시 이후 대체로 위화군(喟火郡)의 군치(郡治)와 예하 3~4개의 성촌(城村), 압량군(押梁郡) 예하의 1~2개 성촌이 설치되어 있었으며, 또 그것들은 광역주(廣域州)인 하주(下州) 영역의 일부로 편제되어 상하 영속관계를 형성하고 있었다. 그런데 신라 왕조는 7세기 후반의 삼국통일 전쟁의 수행과 승리 후의 수습 과정에서 전면적인 지배체제의 재편성 작업을 추진하였다. 그 내용은 다음과 같은 몇 가지의 측면으로 나누어 볼 수 있다.[1] 우선 중앙의 정치구조적인 측면에서 화백회의와 상대등의 권력을 제한하여 정

---

[1] 통일을 전후한 7세기대 신라의 정치·사회적 변동에 대한 개관은 李基白·李基東, 『韓國史講座』(古代篇), 一潮閣, 1982, pp.326~344 참조.

치의 전면에서 물러나게 하고, 왕권의 방파제적 기능을 가진 집사부와 그 장관 중시[2]의 권력을 강화하는 한편 일반 행정관부 체계와 관원조직을 정비하였다. 이는 진골 귀족의 발언권을 약화시키는 한편 국왕의 전제주의적 지배를 지향하는 것이었다. 다음으로 백제와 고구려의 고토(故土)를 포괄하는 보다 확대된 영역을 효율적으로 통치하기 위하여 전국을 9개의 주로 나누고, 주요 지방 거점에 5소경을 설치하는가 하면, 주의 예하에 중국의 제도를 모방한 군현제를 실시하였다.[3] 이는 중앙집권적 지방 지배를 실현할 목적을 지닌 것이었다. 그리고 6세기대 이래 국가적 성장과 정복전쟁의 추진 과정에서 현실적 필요성에 입각하여 비체계적으로 설치해 왔던 군사조직에 대한 전면적인 재정비를 단행함으로써 군사조직의 체계와 모습도 일신한 면모를 갖추게 되었다.

이와 같은 통일신라기 벽두에 추진된 신라 지배체제의 재편성 과정에서 대구 지역도 적지 않은 변화를 겪게 되었다. 특히 신라 왕조가 단행한 지방 지배체제의 개혁의 물결은 대구 지역의 경우에도 예외 없이 파급되었다. 9주의 획정과 군현제의 실시라는 지방제도 개편 결과 대구 지역은 첫째 행정체계상 상위의 영속관계에 변화가 일어났으며, 둘째 중고기의 성촌이 현이라는 행정단위로 개편되고 그에 따라 지방관직의 신설과 파견이 있게 되었다. 이제 이러한 변화상을 좀 더 자세하게 살펴보기로 하겠다.

앞에서 논급하였듯이 6세기대 이래의 당시의 신라 영역에 대한 지방 지배체제의 정비 과정에서 대구 지역에는 지증왕대에 위화군과 예하의 성촌, 압량군 예하의 일부 성촌이 설치되었으며, 이들은 555년(진흥왕 16) 광역주인 하주의 설치와 더불어 하주의 영역으로 편입되어 상하의 영속관계를 형성하고 있

2) 李基白, 「新羅 執事部의 成立」 『新羅政治社會史研究』, 一潮閣, 1974.
3) 이에 대한 선구적인 연구로는 藤田亮策, 「新羅九州五京攷」 『朝鮮學報』5, 1953; 『朝鮮學論考』藤田先生記念事業會, 1963이 있다.

었다. 그런데 대구 지역은 기존에 영속되어 왔던 상위의 행정 단위인 하주에 변화가 일어나면서 새로운 영속관계를 갖게 되었다.

신라는 백제 멸망 직후인 문무왕대 초반부터 685년(신문왕 5)의 9주(九州) 획정에 이르기까지 새로이 영토로 편입된 지역과 더불어 기존 신라의 영역에 대해서도 영역 조정을 단행하였다. 그 동안에 새로이 획정된 광역주는 적지 않은 변화를 겪으면서, 685년의 "비로소 9주를 갖추었다(始備九州)"는 언급처럼, 9주체제의 완성을 보게 되었다. 9주체제가 완성되는 과정에서 등장하는 광역주의 치폐를 정리하면 <표 1>과 같다.[4]

〈표 1〉 통일신라기 9주의 성립 과정

주명	무열왕대	664(문무4)	665(동5)	668(동8)	671(동11)	672(동12)	673(동13)	678(동18)	685(신문5)	686(동6)	687(동7)	757개명
沙伐州	上州		→善州								→沙伐州	尙州
歃良州	下州		○歃良州									良州
菁州	下州		○居列州					→菁州				康州
漢山州	南川州	→漢山州										漢州
首若州	牛首州				→比列忽州		→首若州					朔州
河西州	河西州											冥州
熊川州					○所夫里州 / ○湯井州×	→所夫里州				→熊川州		熊州
完山州									○完山州			全州
武珍州								○發羅州		→武珍州		武州

* ○설치, →개명, ×폐지

---

4) 李文基, 「統一新羅의 地方官制 硏究」『國史館論叢』20, 1990 참조.

이상과 같은 9주체제의 성립 과정에서 대구 지역의 변화와 관련 지워 유의할 만한 사실은 기왕에 대구 지역을 영속하고 있었던 하주가 소멸되는 대신 새로운 광역주가 편성되고 있는 사실이다. 하주의 소멸을 알려주는 직접적인 자료는 찾을 수 없지만 아래의 자료는 그 변화상을 시사해 주고 있다.

A-1. 문무왕 5년(665)에 상주(上州)와 하주(下州)의 땅을 나누어 삽량주(歃良州)를 설치하였다.(『삼국사기』 권34, 지리(1), 양주조)

A-2. 문무왕 13년(673) 9월에 삽량주의 골쟁현산성(骨爭峴山城)을 쌓았다.(『같은 책』 권7, 문무왕 13년조)

A-3. 신문왕 7년(684)에 사벌주와 압량주 2주의 주성(州城)을 쌓았다.(『같은 책』 권8, 신문왕 7년조)

B-1. 문무왕 5년(665) 겨울에 일선주(一善州)와 거열주(居烈州)의 2주의 백성으로 하여금 하서주(河西州)로 군자(軍資)를 수송케 하였다.(『같은 책』 권6, 문무왕 5년조)

B-2. (문무왕 12년; 672) 당병이 추격해 오니 거열주대감(居烈州大監) 아진함(阿珍含) 일길간(一吉干)이 상장군(上將軍)에게 말하기를 "공들은 힘써 속히 가시오. 나는 이미 나이가 칠십이니 얼마나 더 살 수 있으리오? 이 때가 곧 내가 죽을 날이오"라 하며 창을 비껴들고 적진으로 돌입하여 죽으니, 그 아들 역시 따라 죽었다.(『같은 책』 권43, 김유신열전(하))

B-3. 문무왕 13년(673) 9월에 거열주(居烈州) 만흥사산성(萬興寺山城)을 쌓았다.(『같은 책』 권6, 문무왕 13년조)

B-4. 신문왕 5년(685)에 거열주(居烈州)를 뽑아 청주(菁州)를 두었다.(『같은 책』 권8, 신문왕 5년조)

위의 사료 A과 B는 삽량주와 거열주의 설치 및 존속과 관련된 자료들이다. 먼저 A-1에 의하면 상주와 하주의 땅을 나누어 삽량주가 설치되었다고 한다. 그리고 이렇게 설치된 삽량주는 663년(문무왕 13)과 682년(신문왕 2)에 존속이 확인되고 있어 9주의 하나로 자리 잡았음을 알 수 있다. 665년(문무왕 5)의 삽량주의 설치는 결국 기존의 광역주인 상주와 하주의 영역상의 변동을 토대로 이루어진 것이며, 특히 하주의 영역에 일대 변동을 수반한 조치였다.[5]

한편 B에서는 또 하나의 광역주인 거열주가 665년(문무왕 5)의 시점에서 확인된다. 이는 B-2 · 3에서 확인되듯이 672년과 673년에 존속하고 있었으며, 684년(신문왕 5)에 청주로 개명되기까지(B-4) 여전히 광역주였다고 할 수 있다. 그러면 거열주의 설치시기는 언제일까. 거열주의 주치가 되는 거열성(居列城)을 신라가 완전하게 확보한 시기는 663년(문무왕 3)이었다.[6] 그렇다면 거열주의 설치시기는 문무왕 3년에서 동왕 5년 사이일 것이며, 거열주의 영역 역시 하주의 영역과 중복되고 있는 점을 고려할 때, 삽량주 설치시기인 665년(문무왕 5)이 거열주의 설치시기로 판단된다.[7] 요컨대 신라 왕조는 665년에 기존의 광역주에 대한 영역 조정을 단행하면서 상주의 일부와 하주의 일부를 합쳐 삽량주를 설치하였고, 동시에 나머지 하주의 영역을 포괄하는 광역주로 거열주를 설치했던 것이다. 이로 말미암아 하주는 소멸되고, 그 영역은 삽량주와 거열주로 나누어지게 되었다.

이상과 같은 변동과정을 거쳐 성립된 삽량주는 그 주치(州治)를 양산(梁山)에 두고 있으면서, 오늘날 경남 지역의 일부와 경북 경주시 일부, 영천시, 경산시,

---

5) 삽량주의 대부분 영역이 하주의 그것과 중복되어 있어 이를 알 수 있다.
6) "二月 欽純 · 天存領兵 攻取居列城 斬首七百餘級"(『삼국사기』 권6, 문무왕 3년조). 한편 『세종실록지리지』 진주목조에서는 거열주의 설치시기를 문무왕 2년이라고 하고 있으나 잘못이다.
7) 藤田亮策, 「앞의 논문」(1963); 李文基, 「앞의 논문」, p.14.

대구광역시 등을 포괄하는 영역을 갖게 되었다. 이로써 대구 지역은 이 삽량주에 영속되었던 것이다.

한편 통일전쟁을 전후한 시기에 대구 지역에 일어난 또 하나의 변화로는 군현제 실시에 따라 군 예하의 성촌이 현이라는 새로운 행정단위로 편제되었으며, 거기에 맞는 지방관직이 신설 파견되었다는 점을 들 수 있다. 신라 왕조의 지방 행정단위로 현제가 실시된 시기에 대해서는 자료상의 혼란으로 서로 다른 의견이 착종하고 있는 실정이다. 그러므로 먼저 이 문제에 대해 생각해 보기로 하겠다.

『삼국사기』 신라본기와 지리지에는 국가 형성기의 신라가 주변 지역이나 소국을 취하여 현을 설치했다는 기록이 보이기도 하고, 또 구체적인 현명이 등장하기도 한다. 그러나 이는 사실로 믿기는 어렵다. 신라의 지방 지배의 실현 과정이나, 국가 형성기의 중앙집권력의 강도 등의 측면을 보면, 중국적인 지방 지배단위인 현이 설치될 단계와는 일정한 거리가 있기 때문이다. 그리고 지증왕 6년의 주군제 시행기사[8]에서도 "왕이 친히 국내의 주군현을 정하였다"고 하여 현을 설치한 듯이 기록하고 있으나, 역시 사실이 아니다. 지금까지 발견된 다수의 중고기 금석문 자료에서 현의 존재는 보이지 않고 있기 때문이다.

그런데 7세기로 접어들면서 『삼국사기』에는 현과의 관련을 시사하는 현령의 존재가 등장하고 있어 주목을 끈다. 다음을 보자.

C-1. 해론은 모량인(牟梁人)이다. 그 아버지 찬덕(讚德)은 용감한 뜻과 영특한 절개가 있어 한 때에 이름이 높았다. 건복 27년 경오년에 진평대왕(眞平大王)이 선발하여 가잠성 현령으로 삼았다.(『삼국사기』 권47, 해론열전)

---

8) 『삼국사기』 권4, 지증왕 6년조.

C-2. 영휘 6년 을묘 가을 9월에 유신이 백제를 침입했다. …… 앞서 조미압(租未押) 급찬(級湌)이 부산현령(夫山縣令)이 되었다가 백제에게 포로로 잡혀 좌평 임자(任子)의 가노(家奴)가 되었다.(『같은 책』 권42, 김유신열전(중))

C-3. 필부(匹夫)는 사량인(沙梁人)으로 아버지는 존대(尊臺) 아찬(阿湌)이다. 태종대왕이 백제, 고구려, 말갈이 순치(脣齒)로 비길만큼 서로 친하여 같이 모의하여 침탈해 오자, 충용(忠勇)한 인재로 이를 방어할만한 인물을 구하여 필부로써 칠중성 아래의 현령으로 삼았다.(『같은 책』 권47, 필부열전)

C-4. 문무왕 15년(675) 당병(唐兵)이 거란·말갈병과 더불어 와서 칠중성을 포위했으나 이기지 못하였다. 소수(少守) 유동(儒冬)이 죽었다. 말갈이 또 적목성(赤木城)을 포위하여 멸하였다. 현령 탈기(脫起)가 백성을 거느리고 저항했으나 힘이 다하여 모두 죽었다. 당병이 또 석현성(石峴城)을 포위하여 도려 뽑았다. 현령 선백(仙伯)·실모(悉毛) 등이 힘써 싸우다 죽었다.(『같은 책』 권7, 문무왕 15년조)

C-5. 문무왕 16년(676) 당병이 와서 도림성(道林城)을 공발(攻拔)하매 현령 거시지(居尸知)가 전사하였다.(『같은 책』 권7, 문무왕 16년조)

위의 사료들은 모두 7세기대의 상황을 전하는 것인데, 현에 파견된 지방관인 현령이나 소수라는 관직명을 가진 자들이 보이고 있는 공통점이 있다. 그래서 이를 근거로 7세기대에 현이라는 지방 행정단위가 설치된 것으로 보는 견해가 제기되기도 하였다.[9] 그러나 이것만으로 신라에서 현제가 시행되었다고 단정하기는 이르며, 나아가 신라의 전 영역에 걸쳐 전면적으로 현제가 시행된 것으로 보기는 더욱 어렵다고 생각된다.

그 이유로는 다음과 같은 몇 가지 사실을 들 수 있다. 첫째, 591년(진평왕 13)

---

9) 대표적으로 村上四男, 「新羅における縣の成立について」 『和歌山大學人文學部紀要』25, 1976; 『朝鮮古代史研究』, 開明書院, 1978을 들 수 있다.

당시의 신라 지방 통치조직의 일단을 보여주고 있는 「남산신성비」에서 현이라는 행정구역의 존재가 인정되지 않는다.[10] 남산신성비에서는 3~4개의 촌(성)으로 이루어진 군의 존재만 나타나고 있을 뿐인 것이다. 물론 위의 사료는 남산신성비의 시기와 약간의 시간적 차이를 가진 것이지만, 양 시기의 사이에 현제의 등장과 같은 급격한 지방제의 개편이 있었을 단서도 찾아지지 않는다. 둘째, 위의 사료에서 현령이 파견되어 있었던 곳은 가잠성·칠중성·적목성·석현성·도림성 등으로 여전히 성(城)인 사실이 드러나고 있다. 물론 C-3과 같이 칠중성하현령(七重城下縣令)이라는 표현도 보이고 있어 칠중성을 중심으로 하는 일정한 범위의 지역단위가 상정되며, 그것이 곧 현이었을 가능성도 없지는 않다. 그러나 만약 이것이 현이었다면 필부의 직명은 칠중현령으로 기록되었을 것이며, 칠중성하현령과 같이 막연한 표현을 사용하지는 않았을 것이다. 셋째, 위의 자료에서 현령으로 기록된 인물들은 지방 행정관적인 성격보다는 오히려 일종의 군사 지휘관과 같은 느낌을 주고 있다. 백제와의 전투에서 사망한 찬덕, 나당전쟁 과정에서 전사한 탈기와 선백, 혹은 거시지의 경우는 말할 것도 없고, 특히 필부(匹夫)의 경우 "충용(忠勇)한 인재로서 방어를 감당할 자"라는 자격으로 칠중성하의 현령으로 선임되고 있기 때문이다. 그리고 부산현령(夫山縣令)이었던 조미압(租未押) 역시 백제와 근접한 변경 지역에 주재하고 있다가 백제의 포로가 되었던 것이다. 이와 같은 사례에서 볼 때 7세기대의 현령은 반드시 통일신라기 군현제의 전면적인 시행 이후의 현령과는 그 성격에서 일정한 차이가 있었던 여겨진다. 이들은 변경의 군사적 요충지인 각 성에 파견된 일종의 군사 지휘관적 성격이 농후한 지방관이었다고 보는 것이 타당할 것 같다.

---

10) 남산신성비에 대해서는 秦弘燮, 「南山新城碑의 綜合的 考察」『歷史學報』26, 1965; 李鍾旭, 「南山新城碑를 통하여 본 新羅의 地方統治體制」『歷史學報』64, 1974 참조.

이상과 같은 이유에서 7세기 중엽까지는 현령이라는 관직명이 사용된 것은 사실이지만, 이것만으로 지방 행정단위인 현이 설치된 것으로 확대 해석할 수는 없다고 생각된다. 오히려 신라 왕조는 중국의 지방관명인 현령을 모방한 지방관직을 설치하였지만, 그것은 지방 행정단위인 현에 설치된 것이 아니라 변경의 군사적 요충지인 성에 파견된 군사 지휘관적 성격이 강한 지방관으로 풀이되어야 할 것으로 본다. 그리고 설령 현령의 설치가 곧 현의 등장을 의미하는 것이라고 하더라도, 그것은 변경의 일부 지방에 한정된 것이었으며, 신라에서 전면적인 현제의 시행으로 보아서는 안되는 것이다. 그러므로 대구 지역에도 7세기 중엽에 이르기까지는 현제가 시행되지 않았던 것으로 판단된다.

그러면 신라에서 본격적으로 현제가 시행된 시기는 언제일까? 이에 대해서는 백제 고지 지역의 현제 시행과 관련된 다음의 사료에서 실마리를 얻을 수 있다.

D-1. (문무왕 15년(675)) 그러나 백제의 땅을 많이 빼앗아 고구려의 남경(南境)에 이르기까지 주군을 삼았다.(『삼국사기』 권7, 문무왕 15년조)

D-2. 신문왕 6년(686) 2월에 석산(石山) · 마산(馬山) · 고산(孤山) · 사평현(沙平縣)의 4현을 두었다.(『같은 책』 권8, 신문왕 6년조)

먼저 사료 D-1은 문무왕이 백제의 멸망 이후 백제 부흥군과의 전투 과정에서 확보한 지역을 점차 직접적인 지배하에 편입시키면서 주와 군을 설치했음을 전하고 있다. 이에 유의하면 아직 백제 고지에는 675년(문무왕 15)까지 현이 설치되지 않고 있는 것이다. 그런데 사료 D-2에는 686년(신문왕 6)에 실질적인 현의 설치기사가 나오고 있다. 여기에 보이는 4개 현은 『삼국사기』 지리지에 의하면 백제 고지에 해당하는 웅천주 관내의 혜성군·부여군·가림군·임성군의 영현으로 기록되어 있어,[11] 백제 고지 지역에는 늦어도 686년에 현이 설치되었음을 알 수 있는 것이다. 그런데 주지하듯이 백제의 고지에는 이들 4현 이외에도 수많은 현이 설치되었다. 이 백제 고지의 현들은 백제의 지방 행정단위에 현이 존재하지 않았던 점과, 사료 D-2에서 675년까지 현의 설치가 인정되지 않는 점을 종합해 보면 675년에서 686년 사이에 일제히 설치된 것으로 여겨진다. 그러면 백제 고지 지역에서의 현제의 실시시기는 언제일까?

E-1. 무릇 5도독부 37주 250현을 설치하였다.(『당평백제비(唐平百濟碑)』)

E-2. 이제 신라가 주군을 건치(建置)할 때를 살펴보니 그 전정(田丁)과 호구(戶口)가 현으로 삼기에 모자라는 곳은 혹은 향을 두고 혹은 부곡을 두어 그 소재하는 읍에 속하게 하였다.(『신증동국여지승람』권7, 여주목 고적조)

먼저 E-1은 백제를 멸망시킨 660년에 백제지역에 대한 지배 야욕을 가지고 있던 당이 설치한 행정구역인데, 도독부와 주 예하에 말단 행정단위로 250개의 현을 설치했다고 하고 있다. 그러나 이는 제대로 시행되지 못한 도상계획에 불과하였으며, 현의 경우도 멸망 당시 백제의 성을 현으로 바꾸어 표기한 것으로서,[12] 이름만 현이었을 뿐 그 실체는 성 그 자체였다. 따라서 이 자료를 토대로 660년 당시에 백제 고지 지역에서 현제가 실시되었던 것으로 보기는 어렵다.

한편 이와 비슷한 성격의 자료로 『삼국사기』 지리지 4의 소위 이적주장(李積

---

11) 『삼국사기』권46, 지리(3), 웅주조.
12) 『新唐書』에는 백제 멸망 당시의 행정구역을 5部 37郡 200城이라 하고 있는데, 이는 대체로 「당평백제비」의 5도독부 37주 250현에 대응되고 있다. 따라서 「당평백제비」의 기록은 백제의 지방제를 중국적인 군현으로 대치한 것에 불과하다.

奏狀)에 보이는 백제 고지 지역의 행정구역을 들 수 있다. 이는 669년(총장 2) 당이 고구려와 백제 지역을 당의 직할지로 편입시킬 목적에서 획정했던 것으로, 백제 지역에는 1도독부 7주 51현이 두어진 것처럼 기록되어 있다. 이러한 당의 시도는 백제 부흥군의 저항으로 660년에 설정한 5도독부체제가 유명무실해지자, 부흥군 활동의 종식 이후 행정구역 재조정의 필요성에서 이루어진 것인데,[13] 이로써 백제 고지에는 1도독부체제 시기에 당에 의해 일시적으로 현제가 실시되었던 셈이다. 그러나 당이 실시한 현제는 이후 통일신라의 행정구획 설정 과정에서는 거의 이용되지 않고 폐기되었으므로,[14] 이러한 한시적인 현제가 백제 고지에서의 현제 시행으로 파악될 수는 없다. 앞의 자료에서 보았듯이 신라는 675년(문무왕 15)까지 백제의 고지를 확보하여 주와 군만을 설치했음이 명기되어 있기 때문이다.

이렇게 보아 올 때 백제 고지 지역의 현제의 시행시기에 대한 단서를 제공하는 것이 위의 자료 E-2이다. 자료 E-2는 지금까지 특수한 지방제도인 향과 부곡의 기원과 관련하여 많은 주목을 받아 온 것인데, 취신 여부를 둘러싸고 논란이 없지 않았으나, 근래 이를 신빙성 높은 자료로 인정하는 견해가 보편화되고 있다.[15] 그런데 이 자료를 세밀하게 음미하면 향과 부곡의 성립 문제 뿐만 아니라 현의 성립에 대해서도 시사하는 바가 크다. 우선 "신라가 주군을 건치할 때에"라는 기준 시점이 보이며, 다음으로 "전정과 호구가 현에 미달할 경우 향과 부곡을 설치한다"라는 행정구역의 설정 기준이 나타나 있기 때문이다. 이를 따를 때 신라에서의 현의 설치는 향과 부곡 성립의 전제가 되었으며, 그 시

---

13) 末松保和,「百濟의 故地에 置かれた 唐의 州縣について」『青丘學叢』19, 1935; 盧重國, 『百濟政治史研究』, 一潮閣, 1988, pp.249~250 참조.
14) 이에 대해서는 盧重國,「統一期 新羅의 百濟故地支配」『韓國古代史研究』1, 1988에 자세하다.
15) 대표적으로 朴宗基,「高麗時代 鄕·部曲의 變質過程」『韓國史論』6, 1980, pp.72~75를 들 수 있다.

기는 "주와 군을 건치할 때"임을 알 수 있다.

여기서 신라의 주와 군의 건치시기로는 지증왕 6년의 주군제 실시 시기와 신문왕 5년의 9주체제 성립 시기 두 가지를 상정해 볼 수 있다. 전자의 경우는 전술했듯이 현의 설치가 인정되지 않으므로, 보다 가능성이 큰 것은 후자의 시점이다. 이는 특히 675년에서 686년 사이에 현의 설치가 있었을 것이라는 앞서의 추측에 부합하고 있다. 따라서 백제 고지 지역에서의 전면적인 현제의 시행은 9주체제의 정비시기인 685년(신문왕 5)으로 볼 수 있으며,[16] 이는 모든 신라 영역의 경우로 확대해도 무리가 없다. 다시 말하면 신라 왕조는 685년부터 9주체제를 정비하면서 전국적으로 현제를 시행하여 군현제적 지방지배구조를 갖추게 되었던 것이다.

이상의 논증을 통해 알 수 있듯이 신라 왕조는 통일을 달성한 후 지배체제의 재편성 과정에서 685년부터 전국적으로 군현제를 실시하였다. 그 일환으로 하부의 새로운 행정단위로 현을 설치하였는 바, 그것은 이전의 성촌을 재편한 것이었다.[17] 이러한 지방제의 개편 과정에서 대구 지역에도 현제가 실시되기에 이르렀다. 기존의 성촌이 어떤 기준에 의해 현으로 설정되었는지는 명확하지 않으나, 현제의 실시에 따라 새로 편성된 대구 지역의 행정단위는 현재의 대구시역을 기준으로 하여 정리하면 후술되는 <표 2>와 같다.

대구 지역의 군현을 현재의 대구시역과 결부시켜 보면 다음과 같이 정리해 볼 수 있다. 먼저 대구 분지의 중앙을 관류(貫流)하는 신천(新川)을 경계로 그 동쪽은 위화군의 군치 지역이었으며, 신천의 서쪽은 달구화현(達句火縣)으로 편성되었다. 그리고 금호강을 경계로 팔공산 기슭에 해당하는 그 동북쪽의 동촌(東

---

16) 李文基, 「앞의 논문」, p.16.

17) 中古期의 城村이 통일신라기에 이르러 縣으로 개편된 사실은 李宇泰, 「新羅의 村과 村主」 『韓國史論』7, 1982에서 자세하게 논증되고 있다. 단 그 시기에 대해서는 명확한 언급이 없다.

村) 지역 일원은 압량군(押梁郡) 치성화현(稚省火縣)으로 편성되었으며, 현재 대구광역시 영역에 편입된 고산(孤山) 지역은 압량군의 군치의 일부를 형성했던 것으로 판단된다. 그리고 대구시역의 서쪽과 북쪽지역 가운데 월배(月背)지역은 설화현(舌火縣)의 일부였으며, 성서(城西)지역은 다사지현(多斯只縣)의 일부, 칠곡(漆谷) 지역은 팔거리현(八居里縣)이었던 것으로 추정된다.

그리고 각각의 군현에는 『삼국사기』 직관지 외관조에 규정된 바와 같은 지방관이 파견되었을 것이다. 곧 군에는 군태수 1인과 외사정 1인이, 현에는 현령(혹은 소수) 1인이 파견되어 당해 지역 출신의 촌주들의 도움을 받아 지방 지배를 실현해 나간 것으로 여겨진다.

2) 달구벌 천도 계획과 대구 지역의 위상

통일신라기로 접어들어 군현제가 실시되는 등의 변화를 겪었던 대구 지역은 그 과정에서 정치·사회적 비중이 높아져 신문왕대에 이르면 드디어 새로운 도읍의 후보지로 부각되어 천도의 시도가 있게 되었다.

F. 신문왕 9년(689) 왕이 서울을 달구벌로 옮기려 하다가 실현시키지 못하였다.(『삼국사기』 권8, 신문왕 9년조)

위의 자료에는 689년에 신라 왕조가 달구벌로 도읍을 옮기려 했다가 결국 좌절되고 말았던 사실이 극히 간략하게 기록되어 있을 뿐, 나머지의 자세한 상황에 대해서는 전혀 언급이 없다. 그런데 국가적으로 정치·경제·사회의 복심(腹心)이라고 할 수 있는 수도를 옮긴다는 것은 그리 간단한 문제가 아니다.

이전에 추진된 바 있었던 고구려 장수왕의 평양성 천도나[18] 백제 성왕의 사비성 천도[19]의 사례에서 보면 수도의 천도란 절박한 국가적 필요와 주도면밀한 사전 준비가 요청되는 대역사(大役事)였기 때문이다. 그러므로 신문왕의 달구벌 천도 시도도 고구려 장수왕이나 백제 성왕 시기에 못지않는 천도의 필요성이 제기되었기 때문으로 볼 수밖에 없다.

그래서 이러한 신문왕의 갑작스러운 달구벌로의 천도 시도와 관련하여 우리는 몇 가지의 의문을 갖게 된다. 첫째, 건국 이후 700년 이상 특별한 문제가 노출되지 않았던 왕도(현 경주)를 버리고 새로운 도읍지로 옮기려 했던 배경은 무엇일까 라는 점이다. 신라 왕조의 복심인 도읍을 달구벌로 옮기려 한 데는 반드시 그래야만 할 모종의 절실한 정치적·사회적 필요성이 있었을 것이기 때문이다. 이에 대한 검토는 또 한편으로 신문왕의 의욕적인 천도의 시도가 결과적으로 좌절되고 말았던 이유에 대한 해명도 될 수 있을 것으로 생각된다. 천도가 지닌 중차대한 정치·사회적 의미를 생각하면 천도의 시도와 좌절이란 이를 둘러싼 세력집단 간의 갈등에서 기인되었을 가능성이 크기 때문이다.

둘째, 달구벌로의 천도 시도가 일시적이거나 즉흥적인 조치는 결코 아니었음을 고려하면, 천도를 위한 사전 정지작업이 어떠했을까 하는 점이다. 앞서 지적한 고구려와 백제의 천도에 있어서도 주도면밀한 사전 작업이 있었음을 보면 신문왕의 천도 시도에도 그와 흡사한 사전 정지작업은 반드시 필요했을 것이다. 그렇다면 이에 대한 검토는 사실 통일신라기 대구 지역의 역사 복원에 있어 간과될 수 없는 부분이 된다.

셋째, 왜 하필 대구 지역이 천도의 후보지로 지목되었는지도 의문이다. 그

---

18) 長壽王의 평양천도 顚末에 대해서는 徐永大, 「高句麗 平壤遷都의 動機」 「韓國文化」 2, 1981 참조.

19) 盧重國, 『앞의 책』, pp.162~191 및 金周成, 「百濟 泗沘時代 政治史 研究」(全南大博士學位論文), 1990, pp.26~45 참조.

이유를 밝혀내는 것 역시 통일신라기 대구 지역의 역사 복원에 긴요한 작업이 될 수 있다.

그러나 아쉽게도 이상과 같은 몇 가지의 의문에 답해 주는 관련 사료는 더 이상 발견되지 않고 있다. 그러므로 우리는 비록 우회적인 방법이지만, 당시의 상황에서 유추될 수 있는 정황 증거를 통해 이상의 의문에 접근할 수밖에 없다.

먼저 신문왕의 천도 시도의 배경에 대해 살펴보자. 이에 대해서는 통일을 달성한 이후의 신라 판도를 고려할 때, 경주가 지리적으로 너무 동남쪽으로 편재하고 있었기 때문에, 이를 극복하기 위해 대구 지역으로 천도를 계획한 것이라는 지리적 입지를 중시한 견해가 제출된 바 있다.[20] 경주 지역이 신라 전체 영역 면에서 동남쪽으로 편재되어 있었음은 부인될 수 없으므로 이 주장은 일단 청종할만하다. 그러나 한편 천도의 후보지였던 대구 지역 역시 통일신라 전체 판도 면에서 본다면 그 지리적 입지가 경주와 크게 다르지 않으며, 대구는 하대의 왕위 쟁탈전 과정에서 선명하게 드러나듯이 경주와 거의 직결된 교통로 상에 위치하고 있어 지역적 편재성 극복이라는 효과 면에서 경주와 별 차이가 없다고 생각된다. 더구나 신라 왕조는 대구로 천도를 시도하기 전인 685년(신문왕 5)까지 이러한 한계를 보완하기 위해 정치적 요지에 이미 5소경을 설치한 바 있었다.[21] 그러므로 경주 지역의 지리적 입지가 가진 한계만으로 천도의 배경을 설명하기에는 미흡한 구석이 남아 있는 것이다.[22]

이러한 시각을 가질 때 우리는 왕경 천도의 배경으로 모종의 정치적인 이유를 떠올리게 된다. 고구려 장수왕의 평양천도 목적 가운데는 구래의 5부 귀족

---

20) 1943년에 편찬된 『大邱府史』에서 특히 이 점을 강조하고 있다.
21) 林炳泰, 「新羅小京考」 『歷史學報』 35 · 36合, 1967.
22) 尹容鎭, 「大邱의 沿革과 關聯된 古代記錄 小考」 『東洋文化硏究』 2, 1975, p.7에서도 천도의 배경으로 지리적 편재성 극복이라는 사실 이외에 당시의 정치정세, 대구 지역 지방세력자의 존재 등을 지적하고 있어 시사하는 바 있다.

세력을 억압하고, 왕권을 강화하려는 의도가 강하게 개재되어 있었던 사실[23]에서 추지될 수 있기 때문이다. 그래서 먼저 여기에 초점을 맞추어 천도의 배경을 살펴보기로 하겠다.

천도를 시도한 신문왕대를 전후한 시기는 무열왕계 왕실이 전제주의 왕권을 추구해 나가고 있었던 시기였다. 지금까지의 귀족연합적인 지배방식을 극복하고, 전제주의적 왕권을 관철하기 위해서는 자연히 왕권과 귀족 세력의 대립과 갈등이 야기되기 마련이었다. 무열왕계의 본격적인 왕권강화는 문무왕대부터 시작되었다.[24] 그는 우선 통일전쟁의 수행 과정에서 친당분자(親唐分子)의 거세를 명분으로 진골 귀족 세력에 대한 탄압을 전개하였으며, 특히 그들의 군사적 기반을 박탈하기 위해 노력하였다. 일찍이 장군직을 역임하여 병부령에까지 이른 진주(眞珠)에 대한 숙청은 그 대표적 사례가 된다.[25] 이러한 진골 귀족에 대한 탄압과 전제주의 왕권의 추구는 결국 진골 귀족들의 반발을 불러 일으켰으며, 그와 같은 상황 속에서 발생한 상징적 사건이 681년(신문왕 원년)에 일어난 김흠돌의 난이었다.[26] 이에 관한 사료를 열거하면 다음과 같다.

G-1. (8월) 8일에 소판 김흠돌·파진찬 흥원·대아찬 진공 등이 모반하다가 복주되었다.(『삼국사기』 권8, 신문왕 원년조)

G-2. 18일에 왕이 교서를 내려 말하기를 "…… 고굉(股肱)의 신하와 더불어 방가(邦家)를 편안케 하려 한 바인데, 상복 중에 난이 서울에서 일어날 줄을 누가 생각하였

---

23) 徐永大, 「앞의 논문」 참조.

24) 중대 초에 추진된 무열왕계 왕실의 왕권강화과정에 대해서는 金壽泰, 『新羅 中代 專制王權과 眞骨貴族』(서강대학교 박사학위논문), 1990, pp.10~41; 『新羅中代 政治史硏究』, 일조각, 1996, pp.15~24 참조.

25) 申瀅植, 「新羅의 國家的 成長과 兵部令」 『韓國古代史의 新硏究』, 一潮閣, 1984, pp.166~167.

26) 金壽泰, 『앞의 책』, pp.11~30.

으랴. 적수(賊首)인 흠돌·흥원·진공 등은 그 벼슬이 재주로 높아간 것도 아니며, 실은 왕은(王恩)으로 올라간 것인데, …… 관료를 모멸하고 상하를 속이어 매일 그 무염(無厭)의 뜻을 나타내고 포학한 마음을 드러내어, 흉사(凶邪)한 자를 불러들이고 근수(近竪)와 교결(交結)하여 화가 내외에 통하고, 같은 악인(惡人)들이 서로 도와 기일을 약정한 후 난역(亂逆)을 행하려 하였다. …… 다행히 종묘의 도움을 받아 악이 쌓이고 죄가 가득한 흠돌 등의 꾀가 드디어 발로되니 이는 곧 인신(人神)이 공기(共棄)한 것이오, 천지 간에 용납치 않게 되었다. …… 이러므로 병중(兵衆)을 모아 그 효경(梟鏡)과 같은 나쁜 놈을 없애려 하니 혹은 산곡(山谷)으로 도망가고 혹은 궐정(闕庭)에 귀항(歸降)하였다. …… 지금은 이미 그 요망한 무리가 숙청되어 원근에 우환이 없으니 소집하였던 병마는 속히 돌아가게 하고 사방에 포고하여 이 뜻을 알게 하라"고 하였다.(『위와 같음』)

G-3. 이십팔일에 이찬 군관을 주(誅)하였다. 그 교서에 가로대 "상(上)을 섬기는 법은 진충(盡忠)으로 근본을 삼고 관(官)에 있어서의 의는 불이(不二)를 으뜸으로 삼는다. 병부령 이찬 군관은 반서(班序)로 인연하여 드디어 상위에까지 오른 자로 능히 습유보궐(拾遺補闕)하여 조정에 본분을 다하지도 못하고, 또 명을 받아 제몸을 잊어버리도록 사직에 적성(赤誠)을 드러내지도 못하며, 이에 적신(賊臣) 흠돌 등과 관계하여 그 역모의 사실을 알고도 일찍 고하지 아니하였다. …… 마땅히 여러 기시(棄市) 죄인과 한가지로 하여 후진을 경계하여야 할 것이나, 군관과 그 적자(嫡子) 1인에게만 자진(自盡)케 하고 원근(遠近)에 포고하여 두루 알게 하라"고 하였다.(『위와 같음』)

681년에 발생한 김흠돌의 반란으로 불리는 이 정치적 사건에서 국왕에 의해 처형된 인물로 김흠돌·김흥원·김진공·김군관 부자 등이 확인된다. 그러나 이들은 반란의 주도세력에 해당할 것이며, 이외에도 효경(梟鏡)·흉사(凶邪)·악인(惡人)·근수(近竪) 등으로 표현된 존재들이 확인되므로 상당한 숫자의 동참세력을 유추할 수 있다. 이들이 반란을 도모한 이유가 무엇인지는 뚜렷하게 부각되지 않고 있다. 그러나 주도 인물들의 과거 역관(歷官)을 살펴볼 때 이들이 모두 유력 진골 귀족이라는 점은 시사하는 바가 크다. 먼저 김흠돌은 661년(문무왕 원년)의 백제 부흥군 토벌작전과 668년(문무왕 8) 고구려 공격에서 대당장군(大幢將軍)을 역임한 인물이며,[27] 신문왕이 태자였을 때 딸을 출가시켜 태자비의 부가 된 대표적 진골 귀족 가운데 하나였다. 다음으로 김흥원과 김진공 역시 문무왕대의 통일전쟁 과정에서 각각 장군으로 활동하였음이 확인되며,[28] 마지막으로 김군관의 경우 이미 문무왕대에 병부령과 상대등을 겸직하였다가[29] 신문왕대에도 여전히 병부령의 지위에 있었던 유력 진골 귀족이었다. 이러한 지위에 있었던 이들이 반란을 도모하였던 이유는 문무왕대 이래의 왕권 전제화에 대한 불만 때문으로 볼 수밖에 없다.[30]

이와 같은 진골 귀족의 왕권에 대한 도전은 사료에서 보이는 바 처럼 결국 실패로 끝나고 말았지만, 신문왕에게는 적지 않은 위협으로 되었던 것이 사실이다. 특히 자료 G-2에서 보이듯이 이들의 세력은 근수(近竪)로 지칭되는 국왕 친위세력과도 연결되어 있을 정도였고, 그 화가 내외에 통했다고 실토하고 있듯이 완강한 뿌리를 갖고 있었던 것이다. 그래서 신문왕은 반란의 직후에 시위부에 대한 전면적인 재편을 단행하였고, 이어 다양한 군사조직을 정비하였으며, 국학을 설치하고, 문무관료전을 지급하는 등 진골 귀족을 억압하고 왕권 전제화 추구하는 개혁정치에 박차를 가하였다.[31] 그리하여 왕권이 우위를 확보하게 되었지만, 전통적으로 경주에 근거를 가진 보수적인 진골 귀족의 위협은

---

27) 『삼국사기』 권6, 문무왕 원년조 및 8년조.
28) 『삼국사기』 권6, 문무왕 8년조.
29) 李文基, 「新羅時代의 兼職制」 『大丘史學』 26, 1984.
30) 金壽泰, 『앞의 책』 참조.
31) 金壽泰, 『앞의 책』, pp.30~41.

비록 약화된 상태였지만 지속되고 있었던 것으로 여겨진다. 신문왕은 이러한 보수 진골 귀족의 위협에서 완전히 탈출하기 위한 의도에서 689년 천도를 시도했던 것으로 추측되는 것이다.

이상과 같이 천도의 배경에 당대의 정치·사회적 상황이 개재되어 있다는 것은 앞에서 가졌던 또 다른 의문인 천도가 좌절된 이유에 대해서도 약간의 시사를 던져주고 있다. 사실 경주를 버리고 다른 지역으로 도읍을 옮긴다는 것은 오랫동안 그 곳에 근거를 가져온 진골 귀족의 기반을 송두리채 박탈하는 의미가 내포된 극단의 개혁 조치라고 할 수 있다. 신문왕은 이 점을 노려 개혁정치의 연장선상에서 천도를 시도한 것이지만, 적지 않은 잠재력을 유지하고 있었던 진골 귀족의 위기의식과 반발을 극복해 내기에는 힘에 부친 것으로 판단된다. 결국 천도의 좌절은 신문왕대의 왕권이 진골 귀족의 전통적 기반을 박탈하기에는 미흡했던 당시의 사정을 보여주고 있는 셈이다.[32]

그런데 이와 같은 정치·사회적 측면 이외에도 신문왕의 천도 시도의 배경으로 경주가 이 시기에 이르러 왕도로서의 기능 수행에 일정한 한계를 나타내게 된 사실도 고려해 볼 수 있다. 물론 사로소국의 영역으로 출발한 이래 이 시기에 이르도록 지속적으로 왕경으로 기능해 왔던 경주 지역이 수도로서의 기능면에서 어떤 한계를 보였다는 구체적인 증거는 사료를 통해 찾아지지 않는다. 그러나 백제와 고구려를 멸망시키고, 나당전쟁에 승리하여 삼국통일을 이룩한 이후인 681년(문무왕 21)에 왕경을 일신하려 했던 다음의 기록은 이와 관련하여 주목을 끈다.

H. (문무왕 21년; 671) 왕이 경성(京城)을 일신(一新)케 하려고 부도(浮圖) 의상(義湘)

―――――――
32) 尹容鎭, 「앞의 논문」에서도 이와 비슷한 견해를 제시한 바 있다.

에게 문의하였던 바, 그가 말하기를 "비록 초야모옥(草野茅屋)에 있더라도 정도(正道)만 행하면 복업(福業)이 장구할 것이요, 만일 그렇지 못하면 비록 사람을 수고롭게 하여 성을 쌓을지라도 아무 이익이 없을 것입니다"라고 하니 왕이 곧 역사(役事)를 그쳤다.(『삼국사기』 권7, 문무왕 21년조)

　위의 사료에 의하면 문무왕은 왕경의 면모를 일신하려는 정비작업을 계획하고 일단 그 작업에 착수했던 것으로 보인다. 이러한 왕경의 일신 작업은 비록 중지되고 말았지만, 이미 674년(문무왕 14)의 안압지의 축조와 같은 맥락을 가진 역사(役事)로써 여기에는 왕권의 위엄을 과시하려는 정치적 목적이 개재되어 있었던 것으로 평가되고 있다.[33] 이에 더하여 그 배후에는 그러한 정치적 목적 이외에도 삼국통일의 달성이라는 커다란 변화에 부응하지 못하고 한계를 드러낸 왕경 자체의 문제가 개재되어 있었을 것이다.

　하나의 문제로 통일전쟁 이후의 왕경의 급격한 인구 증가 현상을 지적해 볼 수 있다. 주지하듯이 신라의 왕경은 새로이 흡수한 백제와 고구려 귀족들의 왕경 거주 허용, 유공 지방민들에 대한 왕경 이주 포상책의 실시, 전쟁을 통해 확보한 진골 귀족 소유 노비의 증가 등으로 인하여 급격한 인구 증가 현상을 나타내게 되었다. 이러한 인구 증가는 경주 분지 지역을 중심으로 하는 신라 왕경의 자연조건과 관련시켜 볼 때 커다란 문제로 대두되었을 것으로 생각된다. 그리하여 문무왕은 왕경 일신 작업을 계획하였던 것이지만, 의상의 만류로 중지하고 말았던 것으로 여겨지는 것이다. 문무왕대에 이미 한계를 드러낸 왕경의 문제는 신문왕대에 여전히 지속되었을 것이 틀림없다. 그래서 신문왕은 유서 깊은 경주 지역을 버리고 새로운 곳으로 천도를 시도했던 것으로 여겨진다.

---

33) 文化財管理局, 『雁鴨池』, 1978, pp.5~12.

요컨대 신문왕의 천도 시도의 배경에는 우선 이와 같은 왕경 내부의 문제 해결이라는 사실이 깔려 있는 것으로 보여진다.

다음으로 앞에서 제기한 두번째 의문인 달구벌 천도를 위해 사전 정지작업이 진행되었는지 여부를 검토하기로 하자. 이와 관련하여 백제의 사비성 천도에 앞선 정지작업이 주목된다.[34] 528년(성왕 16)에 단행된 사비 천도는 동성왕 대 이래 성왕에 이르기까지의 몇 차례에 걸친 사비 지역에 대한 전렵과 사비 지역 출신의 사씨세력의 지원 등을 토대로 가능할 수 있었다고 한다. 이러한 백제의 경우를 참조할 때, 신라의 달구벌 천도 시도에서도 이와 흡사한 사전 조치가 있었을 것으로 추측된다.

　I. (신문왕 9년; 689) 윤9월 26일에 장산군(獐山郡)에 행행(幸行)하였다.(『삼국사기』 권
　8, 신문왕 9년조)

위의 자료는 비록 간략하지만, 달구벌 천도 시도가 있기 직전의 신문왕의 동향을 보여주는 것으로 주목을 끈다. 사료에 의하면 신문왕의 지방에 대한 순행 활동은 대체로 문무왕의 산골처(散骨處)를 중심으로 하는 동해변에 집중되어 있어,[35] 장산군으로의 순행에는 모종의 다른 정치적 목적이 있었던 것으로 보아도 무리는 없다. 그리고 그 정치적 목적이란 다름 아닌 그 직후에 시도된 달구벌로의 천도를 위한 사전 정지작업이었을 것이다. 다시 말하면 신문왕은 달구벌의 인근인 장산군으로의 순행을 구실로 천도에 앞선 예비 답사를 행했던 것이다. 그러므로 국왕의 순행에 앞서 달구벌 지역에는 천도를 위한 준비 작업이 일

---

34) 盧重國, 『앞의 책』 및 金周成, 『앞의 책』 참조.
35) 『삼국사기』에 보이는 순행기사나 『삼국유사』 萬波息笛條에 보이는 바 처럼 신문왕의 순행 활동은 주로 문무왕의 산골처인 대왕암(大王岩)을 중심으로 한 동해변에 집중되어 있다.

정하게 진행되었을 것이다. 그러나 아쉽게도 구체적인 준비 작업이 무엇이며, 달구벌에 대한 사전 배려가 어떤 것이었는지는 자료의 부족으로 확인할 길이 없다.

마지막으로 왜 하필 대구 지역이 천도의 후보지로 지목되었는지를 살펴보기로 하자. 사실 이 점을 명백히 하는 것은 사료의 부족으로 거의 무망(無望)한 일이라고 할 수 있다. 그러나 대구 지역의 지리적 입지 조건과 당대의 정치적 상황 등을 통해 한 두가지의 가능성을 지적해 두기로 한다. 우선 대구가 방어에 유리한 분지 지역이라는 사실이다. 신라는 일찍부터 경주를 수도로 삼아오면서 나성(羅城)을 축조하지 않고, 주변의 산성을 수도의 방어시설로 활용해 왔다.[36] 이러한 경험에서 보자면, 대구 지역 역시 나성의 축조와 같은 그리 큰 토목공사를 통하지 않고도 산성을 이용한 방어가 용이할 수 있는 분지라는 입지 조건을 갖추고 있다. 이 점이 천도 후보지로 지목된 하나의 이유가 아닐까 생각된다. 다음으로 대구가 낙동강 수계와 연결되어 있어 수운의 편리함을 보장받을 수 있었고, 또 소백산맥을 넘어 서북방과 서남방으로 진출하기에 편리한 주요 교통로 상에 위치하고 있었다는 점이다. 대구 지역의 교통로상의 위상은 후일 왕위 쟁탈전 과정에서 반란과 왕군의 치열한 격전지가 되었던 사실이나, 경주를 약탈한 후 전주로 귀환하던 후백제군과 신라를 도우러 개성을 출발했던 고려의 왕건군이 팔공산에서 조우하고 있는 사실에서 방증을 얻을 수 있다. 그러므로 대구 지역은 육운과 수운의 편리함으로 인하여 천도의 후보지로 부각되었을 가능성이 크다.

그리고 이미 논증된 바 있듯이 대구 지역은 구래의 신라 영역 가운데 몇 안되는 농경지대였다.[37] 따라서 풍부한 농업생산력이 대구 지역을 천도의 후보지로 부각시켰을 것이다. 마지막으로 대구 지역은 신라 5악 가운데 중악 혹은

---

36) 朴方龍, 「新羅王都의 守備」 『新羅文化』 9, 1992, pp.26~32.
37) 이 점을 특히 강조한 것이 尹容鎭, 「앞의 논문」이다.

부악이라고 불렸던 팔공산을 끼고 있는 지역이라는 점이다.[38] 그런데 이 중악이라는 명칭은 영역의 중심 지역에 위치한 산이라는 의식이 반영되어 있다. 그러므로 중악을 끼고 있는 대구 지역 역시 일종의 영역의 중심 지역이라는 인식이 성립될 수 있고, 그것이 천도의 후보지로 되는데 일조했을 가능성이 있다.[39]

이상에서 살펴보았듯이 대구 지역은 689년 왕경의 후보지로 지목되어 천도가 시도되었을 만큼 일시적으로 큰 비중을 가진 지역으로 부각되었다. 그러나 진골 귀족의 반발로 천도가 좌절된 이후는 여전히 군현제적 지배가 관철되는 신라 왕조의 하나의 지방으로 존속되었을 뿐이었다. 다만 왕도와 직결된 교통로 상의 요지라는 지리적 입지 조건으로 인하여 일정한 중요성은 인정되었을 것이다.

2. 경덕왕대 지방제도의 재편과 대구

1) 경덕왕대의 한화정책과 대구 지역의 군현 개편

신문왕 5년의 전국적인 9주체제 시행과정에서 군현제가 실시되었던 대구 지역은 8세기 중엽에 경덕왕대에 한화정책(漢化政策)이 추진되면서 또 한번의 변화를 맞게 되었다. 경덕왕대의 한화정책은 크게 보아 757년(경덕왕 16)에 추진된 지방제도의 개편과 758년(경덕왕 18)에 진행된 각종 관부·관직에 대한 개편작업의 두 가지로 나눌 수 있다. 이 가운데 대구 지역의 변화와 관련된 것

---

38) 신라의 五岳에 대해서는 李基白,「新羅 五岳의 成立과 그 意義」『앞의 책』참조.
39) 尹容鎭,「앞의 논문」, pp.97~101에서는 이외에도 대구 지역의 지방세력의 존재를 고려하고 있으나, 현존 자료에서 이를 유추하는 것은 무리한 일로 보인다.

은 전자의 개혁이었다.

J-1. 12월에 사벌주(沙伐州)를 고쳐 상주(尙州)라 하고, 1주·10군·30현을 영속케 하며, 삽량주(歃良州)를 양주(良州)로 고쳐 1주·1소경·12군·34현을 영속케 하며, 청주(菁州)는 강주(康州)라 고쳐 1주·11군·27현을 영속케 하며 …….(『삼국사기』 권 9, 경덕왕 16년조)

J-2. ①수창군(壽昌郡)(壽는 嘉라고도 한다)은 본래 위화군(喟火郡)으로 경덕왕이 개명 하였는데, 지금의 수성군(壽城郡)이며 영현이 넷이다. ②대구현(大丘縣)은 본래 달구화 현(達句火縣)으로 경덕왕이 개명하였는데 지금 그대로 따른다. ③팔리현(八里縣)은 본 래 팔거리현(八居里縣; 北恥長里라고도 하고 仁里라고도 한다)으로 경덕왕이 개명하였는 데, 지금의 팔거현(八居縣)이다. ④하빈현(河濱縣)은 본래 다시자현(多斯只縣; 沓只라고 도 한다)으로 지금 그대로 따른다. ⑤화원현(花園縣)은 본래 설화현(舌火縣)으로 경덕왕 이 개명했는데 지금 그대로 따른다.(『같은 책』 권34, 지리(1), 양주조)

J-3. ①장산군(獐山郡)은 지미왕(祇味王)때에 압량소국(押梁小國)을 공취(攻取)하여 군을 두었는데, 경덕왕이 개명하였다. 지금의 장산군(獐山郡)으로 영현이 셋이다. ②해 안현(解顏縣)은 본래 치성화현(雉省火縣; 美里라고도 한다)인데 경덕왕이 개명하였으며 지금 그대로 따른다.(『위와 같음』)

위의 자료 J-1에 보이는 바와 같이 경덕왕은 전국의 지방 행정제도에 대한 전면적인 개혁을 단행하였다. 이 개혁의 내용은 우선 지방 행정구역의 명칭을 개정하는 것이었다. 그 개정은 음을 고친 경우·훈을 고친 경우·아화(雅化)한 경우·뜻을 고친 경우·글자를 생략한 경우 등의 다양한 방식으로 행해졌다. 그리고 한편으로는 읍격(邑格)의 조정과 영속 관계의 변화 등 지배체계에 대한 약간의 조정이 포함되어 있기도 하였다.[40] 이러한 지방 행정제도에 대한 전면적인 개혁은 그 2년 후의 관직 관부제도에 대한 개혁[41]과 더불어 중국적인 체제 재정비를 통한 왕권과 중앙집권력의 강화를 목표로 한 것이었다. 이에 따라 대구 지역의 군현 역시 자료 J-2와 J-3에 보이듯이 지명의 개정이 이루어졌는데, 다만 영속관계의 변화와 같은 지배체계는 이전과 동일하게 유지되었다. 대구 지역의 개정된 군현 명칭을 정리하면 다음과 같다.

〈표 2〉 대구 지역의 군현

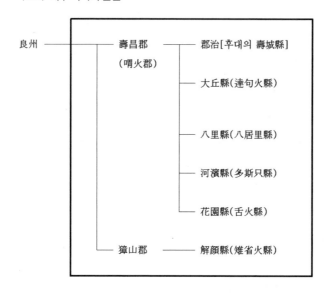

이와 같은 경덕왕대에 개정된 지명은 후대에 까지 잉습(仍襲)된 대구 지역 지명의 원형이 나타났던 점에서 일정한 역사적 의의를 지니고 있다. 특히 이 때

---

40) 木村誠,「新羅郡縣制の確立過程と村主制」『朝鮮史研究會論文集』13, 1976 참조.

41) 이에 대해서는 李基白,「新羅 惠恭王代의 政治的 變革」『앞의 책』, pp.238~247에서 자세하게 살핀 바 있다.

처음으로 사용된 대구라는 지명은 당시에는 수창군(壽昌郡)에 영속된 하나의 현명에 불과했지만, 이후 대구는 성장과 변천을 거듭하여 오늘날까지 이어지고 있는 것이다.

그러나 이 경덕왕대의 개정된 지명이 자료 J-2와 J-3의 기록처럼 이후 계속하여 사용된 것은 아니었다. 776년(혜공왕 12)에 추진된 복고정책[42]에 의하여 다시 원래의 지명으로 환원되었다. 이러한 사실은 『삼국사기』 지리지에서는 나타나지 않으나, 신라본기에서 쉽게 확인되고 있으며, 한편 후대의 자료인 『세종실록지리지』에서도 부분적으로 확인된다.[43]

그런데 복고되었던 지명은 하대에 이르면 다시 경덕왕대의 개정 지명으로 바뀌어져 갔다. 이러한 현상은 중국과의 활발한 교섭의 과정에서 파생된 것으로 보여지며, 늦어도 문성왕대에 이르면 일반적인 경향으로 정착되어 갔다.[44] 그래서 후술되는 10세기 초의 대구 지역의 상황을 전하는 자료인 「신라 수창군 호국성 팔각등루기(新羅 壽昌郡 護國城 八角燈樓記)」에서도 다시 수창군이라는 지명이 사용되고 있는 것이다.

2) 대구 지역 군현의 내부 상황

그러면 이어서 대구 지역 군현의 내부 상황이 어떠했는지를 살펴보기로 하자. 이에 대해서는 비록 후대의 자료이지만 아래의 기록이 참고된다.

---

42) 李基白, 「앞의 논문」에서 복고정책의 의미를 전제왕권의 약화와 결부지어 설명한 바 있는데, 이에 반대하는 의견도 제시되고 있다(李泳鎬, 「新羅 惠恭王代 政變의 새로운 解釋」『歷史敎育論集』13 · 14合, 1990 참조).
43) 개정지명의 복고와 재사용에 대한 추이는 金泰植, 「三國史記 地理志 新羅條의 史料的 檢討」『三國史記의 原典 檢討』, 한국정신문화연구원, 1995에 자세하게 언급되고 있다.
44) 金泰植, 「앞의 논문」 참조.

K-1. 수성(壽城): 빈(賓)·나(羅)·조(曺)·혜(秺)의 성씨가 있다(주: 『주관육익(周官六翼)』
에 "수성(壽城)에 옛날에 3성이 있었는데, 수대군(壽大郡), 일명 양성(壤城)은 그 성(姓)이
빈이고, 구구성(句具城)은 그 성이 나이고, 잉조이성(仍助伊城)은 그 성이 조와 혜이다"라
고 하였다) …… 해안(解顔): 모(牟)·백(白)·하(河)·신(申)·정(丁)의 성씨가 있다(주: 『육
익(六翼)』에 또한 말하기를 "성화성(省火城)은 모이고, 불좌성(佛佐城)은 백·하이며 명성
(鳴城)은 정이다"라고 하였다).(『신증동국여지승람』 권26, 대구도호부 성씨조)

위의 자료는 조선시대 대구도호부의 속현인 수성현(壽城縣)과 해안현(解顔縣)
의 성씨에 대한 기록인데, 『주관육익(周官六翼)』을 인용한 부분에서 수성현과 해
안현의 내부 상황을 간접적으로나마 전해주고 있다. 이에 의하면 수성현은 옛
날에 양성(壤城)·구구성(句具城)·잉조이성(仍助伊城)의 세 개의 성이 있었다고
했고, 또 해안현은 성화성(省火城)·불좌성(佛佐城)·명성(鳴城) 등 세 개의 성이
있었음을 전하고 있다.[45] 그런데 이 수성현은 곧 위화군의 군치 지역이 신라
경덕왕대에 수창군으로 개명되었던 지역이며, 해안현은 신라에서 현제의 실시
와 더불어 치성화현으로 되었다가 경덕왕대에 해안현으로 개명된 곳이다. 그
러므로 이를 통해 신라시대의 수창군과 해안현의 내부 구조에 대한 이해가 가
능하다.

먼저 『주관육익』에서 "옛날(古)"로 표현한 시점이 언제인지가 문제로 된다.
이에 대해서는 늦어도 경덕왕대로 볼 수 있다는 견해가 있다.[46] 이를 따른다
면 대략 경덕왕대를 전후한 시기에 대구 지역의 군현인 수창군의 내부에는 3
개 성이, 해안현의 내부에는 3개 성이 존재했음을 알 수 있다. 그리고 설령 시

---

45) 현재 각 성의 위치는 알 수 없는 실정이다. 이들의 구체적인 위치는 고고학적 조사의 진전에
  따라 확인될 가능성이 크다고 본다.
46) 盧重國, 『앞의 책』, p.284.

기 설정에 약간의 오류가 있더라도 하나의 행정단위 내에 성으로 표현된 3~4개의 소단위가 내포되어 있었다는 것은 사실로 인정될 수 있다고 본다. 따라서 이러한 현상은 대구 지역의 나머지 군현으로 확대 적용해도 좋을 것으로 생각된다. 요컨대 대구 지역 군현은 각각 3~4개의 성촌을 포함하고 있었으며, 각각의 성촌은 후일 하나의 성씨를 칭하게 될만큼 혈연성이 강하게 잔존하고 있었던 것으로 추측된다.

3. 하대 사회의 변동과 대구의 정세

1) 왕위 쟁탈전의 전개와 대구 지역

신라 제37대 선덕왕에서 제56대 경순왕에 이르는 이른바 하대 155년간은 우리 역사상 유례를 찾기가 쉽지 않을 만큼 커다란 변혁의 시대였다. 보다 전제화된 왕권을 토대로 중앙집권적인 지배질서를 유지해 왔던 무열왕의 직계 후손들의 왕통이 혜공왕대의 몇 번에 걸친 진골 귀족의 대란 끝에 단절되었고, 8세기 후반을 고비로 기존의 통치질서가 현저하게 동요하기 시작하였다. 이러한 변화는 정치사적 측면에서 말하자면 중앙 정치세력의 쇠퇴와 지방세력의 대두라는 두 가지로 요약될 수 있다.

중앙 정치세력의 쇠퇴를 가져온 주된 원인은 진골 귀족이 중심이 된 왕위 쟁탈전에서 찾을 수 있다. 하대 155년간의 정치 과정을 개관하면 진골 귀족들의 왕권을 둘러싼 지속적인 경쟁 시대로 나타나지만,[47] 특히 그것이 커다란 정

---

47) 下代의 政治過程에 대한 槪觀은 李基東, 「新羅 下代의 王位繼承과 政治過程」『新羅骨品制社會와 花郞徒』, 一潮閣, 1984 참조.

치적 사건으로 표면화된 것은 822년(헌덕왕 14)의 김헌창의 난과 830년대 후반에 전개된 치열한 왕위 쟁탈전이었다. 이 두 사건은 왕경을 무대로 전개되어 온 왕위 쟁탈전이 전국의 거의 모든 지방에까지 확산된 점에서 그 특징이 두드러지며, 이 와중에서 신라의 일개 지방에 불과했던 대구 지역도 역사적인 사건의 무대로 등장하였다. 그래서 이 두 가지의 정치적 사건과 관련된 대구 지역의 상황을 살펴보기로 하겠다.

822년 반란을 일으킨 김헌창은 무열왕의 7세손으로 김주원의 아들이었다. 김주원은 무열왕계 왕통이 단절된 직후인 선덕왕대에도 상재(上宰)[48]의 자리에 있는 등 여전히 유력 진골 귀족으로서의 세력을 유지하고 있었다. 그리하여 후손이 없었던 선덕왕의 유력한 왕위 계승 후보자로 지목되고 있었다. 그러나 선덕왕 사후에 일어난 왕위 계승을 둘러싼 분규에서 나물왕계인 제38대 원성왕(김경신)에게 패퇴하여 명주(오늘날의 강릉)로 은퇴하고 말았다.[49]

김주원의 패퇴에도 불구하고 그의 자손들은 원성왕의 직계 후손이 왕통을 이어가고 있는 조정에서 요직을 역임하였다. 김헌창의 형인 김종기가 원성왕대에 시중 직을 역임하였고, 종기의 아들인 장여(璋如)도 제41대 헌덕왕대에 시중을 지냈다. 김헌창 역시 원성왕대에 이미 관계에 진출한 이후 승진을 거듭하여 헌덕왕대에 무진주도독을 거쳐 시중 직을 역임했으며, 다시 이례적으로 지방관인 청주도독(菁州都督)으로 부임하였다. 다시 821년 웅천주도독(熊川州都督)으로 부임한 그는 이듬해 그의 부 김주원이 왕위에 오르지 못했음을 이

---

48) 이 상재라는 관직은 『삼국사기』 직관지에는 기록되어 있지 않다. 그러나 7세기대에 제도화된 재상제도의 범주에 포함되는 상재상을 지칭하는 것으로 인정되고 있다(木村誠, 「新羅の宰相制度」『人文學報』118, 1977).

49) 선덕왕 사후 전개된 왕위 계승을 둘러싼 분쟁은 『삼국사기』 권10, 원성왕 즉위조와 『삼국유사』 권2, 기이2, 원성대왕조에 자세하게 나오고 있으며, 이에 대한 정치한 분석은 李基白, 「上大等考」『앞의 책』, pp.118~119에서 이루어진 바 있다.

유로 국호를 장안(長安), 연호를 경운(慶雲)이라 하여 반란의 기치를 높이 들었던 것이다.

이 김헌창의 반란은 요컨대 원성왕계 왕통에 대한 무열왕계의 도전이었으며, 그 여파가 거의 전국적으로 파급될 만큼 규모 면에서도 이전의 반란 사건과는 달랐다. 김헌창은 무진·완산·청·사벌주 등 4개 주의 도독과 중원·서원·금관경 등 3소경의 사신을 위협하여 반란군 지지로 돌리는 등 기세를 크게 떨쳤다. 그러나 청주도독 향영(向榮)과 무진주 장사 최웅(崔雄) 등이 전열에서 이탈하여 반란의 소식을 왕경에 전하면서, 국왕 측도 대응 태세를 갖추게 되었다. 그리하여 왕군과 반란군의 무력 대결로 발전하게 되었고, 대구 지역은 주요 전장의 하나가 되었다. 다음의 사료가 이를 시사하고 있다.

L. 드디어 원장(員將) 8인을 뽑아 왕도의 8방을 지키게 한 후 군사를 출동하였다. 일길찬(一吉飡) 장웅(張雄)은 선발로 나가고 잡찬(迊飡) 위공(衛恭)·파진찬(波珍飡) 제릉(悌凌)이 그 뒤를 이었으며, 이찬(伊飡) 균정(均貞)·잡찬 웅원(雄元)·대아찬(大阿飡) 우징(佑徵) 등이 삼군(三軍)을 이끌고 나갔다. 각간(角干) 충공(忠恭)과 잡찬 윤응(玧膺)은 문화관문(蚊火關門)을 지키고, 명기(明基)·안락(安樂) 두 화랑이 각기 종군을 청하여 명기는 그 무리와 함께 황산(黃山)으로 가고 안락은 시미지진(施彌知鎭)으로 향하였다. 이 때 헌창은 그 장수를 시켜 요로(要路)에 웅거(雄據)하여 기다렸다. 장웅은 적병을 도동현(道冬縣)에서 만나 격파하였고, 위공과 제릉은 장웅의 군을 합하여 삼년산성(三年山城)을 공격하여 함락시켰으며, 군사를 속리산으로 진군시켜 적병(賊兵)을 섬멸하였다. 균정 등은 성산(星山)에서 적과 싸워 멸하였다.(『삼국사기』 권10, 헌덕왕 14년조)

위의 사료는 반란군의 진압을 위한 왕군(王軍)의 출동과 전투 상황을 전하는 것인데, 이 때 대구 지역의 상황이 어떠했는지는 명기되어 있지 않다. 그러나 왕군의 선발대가 반란군을 최초로 격파한 도동현(道冬峴)은 임고군(臨皐郡)에 영속된 현으로 곧 오늘의 영천시 임고면의 어느 고개에 해당된다. 또 균정(均貞)이 이끈 왕군은 성산(星山)에서 반란군을 격파하였는데, 이 성산은 성산군으로 대구에 인접한 오늘날의 고령군이다. 따라서 반란군들이 이미 경주를 향해 진격하여 대구를 둘러싸고 있는 영천과 고령 지역까지 진출했음을 알 수 있고, 왕군과의 전투도 바로 이들 지역에서 전개되었던 것이다. 이로 미루어 볼 때 영천과 고령을 연결하던 교통로의 한 가운데에 위치한 대구 지역도 왕군과 반란군의 전투 와중에 휩쓸렸을 가능성이 크다. 영천·대구·고령 지역 등지의 초기 전투에서 패배한 반란군은 계속 패퇴하여 드디어 거점인 웅진성이 함락되고 김헌창도 자결함으로써 진압되고 말았다. 이 김헌창의 반란은 전국 대부분 지역에 파급되었고, 대구 지역 역시 예외가 아니었던 것이다. 그 이유는 대구 지역이 왕경인 경주로 직결되는 주요 교통로상에 위치하고 있었기 때문이었다.

어쨌든 김헌창의 반란은 이후 왕위 쟁탈전의 양상을 크게 변모시켰다. 즉 반란의 진압과정에서 김헌창에 동조했던 무열왕계 세력이 크게 약화되어,[50] 이후의 왕위 계승을 둘러싼 경쟁은 원성왕계 내부로 한정되었기 때문이다. 원성왕계 내부의 치열한 왕위 쟁탈전은 흥덕왕이 후사가 없이 사망한 836년에 재연되었다. 그리고 대구 지역은 또다시 전란의 와중에 놓이게 되었다.

836년 12월 흥덕왕이 후계자에 대한 아무런 언급도 없이 흥거(薨去)하자 곧이어 격심한 왕위 쟁탈전이 전개되었다.[51] 상대등에 재임 중이던 김균정이 그의 아들 김우징(金祐徵)·매서(妹壻) 김예징(金禮徵)·김주원의 후손 김양(金陽) 등

---

50) 『삼국사기』 권10, 헌덕왕 14년조에는 김헌창의 반란에 연좌되어 주살된 자가 종족과 당여 239인에 이르렀다고 하고 있는데, 이 가운데 종족으로 표현된 자는 곧 무열왕계를 의미하는 것으로 볼 수 있다.
51) 『삼국사기』 10, 희강왕 즉위년 및 동왕 2년조. 한편 이에 대한 자세한 분석은 李基東, 「新羅 下代의 王位繼承과 政治過程」 『앞의 책』 참조.

의 후원을 받아 왕을 칭하자, 시중인 김명(金明)은 아찬 이홍(利弘)·배훤백(裵萱伯) 등과 함께 자신의 매부인 김제륭(金悌隆)을 추대하여 무력 대결을 꾀하였다. 양군(兩軍)은 왕경에서 치열한 시가전을 전개하였고, 그 과정에서 균정이 김제륭·김명군에게 살해되면서 승패가 가름되었다. 이로써 김제륭이 김명 등의 추대를 받아 왕위에 오르게 되었으니, 이가 곧 제43대 희강왕이다. 이러한 두 파의 대립을 왕실의 혈족 관계에서 보자면, 원성왕의 아들인 인겸태자계와 예영계의 대립이라고 할 수 있으며,[52] 김균정과 제륭은 숙부와 조카의 관계였던 것이다. 왕위에 오른 희강왕은 공신인 김명을 상대등에, 아찬 이홍을 시중에 임명하여[53] 정국을 운영하게 되지만, 실권은 상대등 김명에게 집중되어 있었다. 그리하여 즉위 후 3년 만에 그는 김명 등의 핍박을 받아 자살하고, 실세였던 김명이 즉위하여 제44대 민애왕이 되었다.

그러나 민애왕이 즉위하자마자 836년의 왕위 쟁탈전에서 패퇴한 김우징과 김양 등이 당시 대세력가인 청해진대사 장보고에게 의탁하여 양자 간의 결속이 이루어짐에 따라 새로이 전운이 형성되고 있었다. 836년의 왕위 쟁탈전에 패배했던 김우징은 왕경에서 도망쳐 낙동강 수로와 연안해로를 이용하여, 청해진에서 거대한 해상세력을 형성하고 있었던 장보고에게 몸을 의탁하였다. 한편 그의 우익인 김양도 지방을 전전하다 민애왕의 찬위 소식이 들려오자 사병(私兵)을 모아 청해진으로 합류하였다.

일종의 혼인동맹의 약속을 통해 장보고의 군사력의 지원을 받은 김우징 세력은 드디어 민애왕 즉위년(838) 12월에 김양을 평동장군(平東將軍)으로 삼고 5,000의 군사로 무주 철야현(鐵冶縣)까지 진출하였다. 오늘날의 광주(光州) 근교에 해당하는 철야현 전투에서 왕명을 받은 대감(大監) 김민주(金敏周)가 이끈 왕

---

52) 李基東, 「앞의 논문」, pp.165~166.
53) 『삼국사기』 권10, 희강왕 2년조.

군을 대파하여 기세를 올렸다.[54] 다시 청해진으로 돌아가 전열을 재정비한 김우징 세력은 이듬해 윤정월 다음과 같이 왕경을 향해 총진격을 감행하였다.

M. 민애왕 2년(839) 윤정월 김양(金陽)은 밤낮으로 행군하여 19일에는 달구벌(達句伐)에 이르렀다. 왕이 반란군이 온다는 말을 듣고 이찬(伊飡) 대흔(大昕)·대아찬(大阿飡) 윤린(允璘)·억훈(嶷勛) 등에게 명하여 군대를 이끌고 막게 하였다. 그러나 김양의 군대가 한번 싸워 크게 이기니 왕군(王軍)의 죽은 자가 반수가 넘었다. 이 때 왕은 서교(西郊)의 대수(大樹) 밑에 있었는데, 좌우가 모두 흩어지니 홀로 어찌할 줄 모르다가 월유택(月遊宅)으로 달려 들어갔으나 병사들이 찾아내어 살해하였다. 그러나 군신이 예로써 장사를 지내고 시호를 민애로 하였다.(『삼국사기』 권10, 민애왕 2년조)

위의 자료에서 보듯이 청해진을 출발한 김우징군과 신속히 행군하여 윤정월 19일에 달구벌[55]까지 진출하였다. 이에 대해 민애왕측도 국왕 스스로가 왕도의 서교(西郊)까지 나와 독전하는 한편, 군대를 달구벌로 보냄에 따라 일대 결전이 대구 지역에서 벌어지게 되었다. 이는 대구가 당시 왕도인 경주와 연결되는 교통로상의 요해지였음을 말하는 것이다. 어쨌든 이 전투에서 왕군은 대패하였고 김우징 세력이 승기를 잡게 되었다.

그런데 위의 자료에는 대구 전투 이후 왕군이 그대로 궤멸하여 민애왕까지 곧 살해된 듯이 기록되어 있지만, 사실은 대구 전투 이후에도 왕군의 저항은 집요했던 것으로 보인다. 『삼국유사』의 왕력에 의하면 민애왕은 정월 22일에 붕어한 것으로 나오고 있고, 863년의 「민애대왕석탑사리합기」에는 그의 사망

---

54) 『삼국사기』 권10, 민애왕 즉위년조.
55) 『삼국사기』 권44, 김양열전에도 동일한 상황이 기록되어 있는데, 여기서는 大丘라고 표기되어 있다.

일을 '개성기미년(開成己未年) 태족지월(太簇之月) 하순유삼일(下旬有三日)'이라 하여 839년 정월 23일로 명기하고 있다.[56] 그러므로 민애왕은 정월 19일의 대구 전투로부터 약 4~5일 후에 사망했음이 분명하다. 그러나 대구에서 경주까지의 행군이 승리 후의 평온한 것이었다면 이렇게 많은 시간이 소요될 수 없다. 따라서 이 동안 김우징군은 완강한 왕군의 저항을 극복하며 행군하여 경주의 서교에서 이궁(離宮)인 월유택(月遊宅)으로 피신한 민애왕을 살해했던 것으로 이해하는 것이 온당하겠다.

그런데 민애왕이 대구 지역을 결전의 장소로 선택한 데는 대구가 교통로상에 위치한 요해지이며 경주 방어를 위한 외곽 요충지라는 점도 있었겠지만, 또 다른 이유도 생각해 볼 수 있다. 함통 4년(경문왕 3년; 863)에 경문왕이 민애왕의 복을 빌기 위해 건립한 동화사 비로암 3층석탑에서 나온 「민애대왕석탑사리합기」에서 석탑을 세운 곳을 원당(願堂)의 앞이라고 표현하고 있는데서 약간의 시사를 얻을 수 있다. 여기에 보이는 원당(願堂)이란 곧 개인 내지 한 가문의 추복지소(追福之所)로서의 원찰(願刹)을 말한다. 그러므로 동화사는 곧 민애왕가의 원찰이었던 것이다. 동화사는 헌덕왕의 아들인 심지에 의해 중창된 것이다.[57] 이 중창에는 민애왕의 아버지이자 헌덕왕의 아우로서 상대등의 지위에 있었던 김충공(金忠恭)과 그의 부인의 후원이 컸기 때문에 팔공산 동화사는 민애왕가(閔哀王家)의 원찰로 되었다.[58] 그러므로 대구 지역은 민애왕가를 보호하는 상징적 지역으로 관념되었을 것이고, 이것이 대구 지역을 결전의 장소로 삼은 또 다른 이유가 아닐까 생각된다. 그리고 어쩌면 동화사를 중심으로 한 사원세력의 지원을 기대했을 가능성도 있다고 본다.

---

56) 黃壽永, 「敏哀大王石塔記」『韓國의 佛敎美術』, 동화미술공사, 1974.

57) 『삼국유사』 권4, 의해5, 心地繼祖條.

58) 동화사가 민애왕가의 원찰이었음은 黃壽永, 「앞의 논문」 참조.

이상 보아 온 바와 같이 대구 지역은 하대의 왕위 쟁탈전 과정에서 경주로 연결되는 주요 교통로상에 위치한 지리적 입지로 인하여 몇 차례 전란에 휩싸이게 되었다. 비록 기록을 통해 확인되지는 않지만, 이러한 전란으로 대구 지역은 상당한 피해를 입었을 것으로 추측된다. 그리고 대구 지역의 이후의 변화상은 자료의 부족으로 더 이상 알기가 어렵다. 다만 곧 후술되듯이 약 70년 후 대구를 근거로 반독립적인 호족이 성장하여 존재하고 있는 점에서 보면, 신라의 지배체제가 동요하는 틈을 타서 새로운 지방세력이 점진적인 성장을 거듭했던 것으로 판단된다.

2) 대구 지역 호족의 실체와 그 행방[59]

앞에서 논급한 바와 같이 왕경을 중심으로 진골 귀족의 왕위를 둘러싼 분열과 정쟁이 계속되어 중앙집권체제가 동요해 가는 와중에서, 지방 사회에서도 새로운 변화가 일어나고 있었다. 소위 호족으로 불리는 새로운 지방세력의 자립화가 그것이다. 이는 곧 거의 1,000년을 이어온 신라 왕조의 해체 과정에 다름 아니거니와, 이러한 변화는 822년의 김헌창의 반란과 840년대 청해진대사 장보고의 반란 시도를 거치면서 서서히 전국적 현상으로 확산되어 갔다.

새로이 등장한 지방의 호족들은 그 출신 면에서 다양함을 보여주고 있지만,[60] 역시 주류를 이루었던 것은 지방 사회에서 단단한 토착적 기반을 가졌던 촌주출신이었다.[61] 호족들은 일반적으로 사병을 양성하여 군사적 기반으로 삼

---

59) 본서 제Ⅳ부 제1장 참조.
60) 金哲埈, 「文人階層과 地方豪族」 『한국사』3, 탐구당, 1978, pp.602~603에서는 호족의 출신 유형을 해상세력·군진세력·촌주세력·도당세력 등으로 나누고 있다.
61) 尹熙勉, 「新羅下代의 城主·將軍」 『韓國史研究』39, 1982.

고,[62] 관반조직(官班組織)[63]을 통해 1개 군현 규모 정도를 지배하는 반독립적인 세력가들이었다고 이해되고 있다. 그리하여 성주나 혹은 장군을 자칭하며 각 지방에 웅거하고 있었던 이들은 고대적 사회체제인 골품체제의 구각을 깨트리고 새로운 질서가 지배하는 새로운 사회를 지향하고 있었던 것이다.[64]

이와 같은 전국적인 호족의 자립 추세 속에서 대구 지역에서도 유력한 호족이 성장하고 있었다. 『삼국사기』와 『고려사』를 비롯한 관찬사서에서는 전혀 발견되지 않는 대구 지역 호족의 실체는 신라 말의 대학자인 최치원이 찬(撰)한 『신라 수창군호국성 팔각등루기(新羅 壽昌郡護國城 八角燈樓記)』에서[65] 그 모습을 드러내고 있다. 그런데 이 자료는 제목이 보여주는 바처럼 수창군 호국성에 건립된 팔각등루의 기문(記文)으로, 대구 지역 호족에 대한 직접적인 기록은 아니다. 그래서 그 중 호족의 실체 파악에 도움이 되는 부분을 적기하면 아래와 같다.

N-1. 천우 5년(908년; 효공왕 12년) 무진 동10월에 호국의영도장(護國義營都將) 중알찬(重閼粲) 이재(異才)가 남령(南嶺)에 팔각등루(八角燈樓)를 세웠다. 나라의 경사를 빌고 전쟁의 화를 물리치기 위한 까닭이다.

N-2. 모든 땅이름을 붙인 것은 대개 하늘 뜻에 부합된다. 이 보(堡)의 서방(兌位)에 못이 있어 불좌(佛佐)라 하며, 동남방(巽位) 모퉁이에 못이 있어 불체(佛體)라 하고, 그 동쪽에 따로 못이 있어 천왕(天王)이라 불리며, 서남방(坤維)에 고성(古城)이 있어 달불(達佛)이라 하며, 성의 남쪽에 산이 있어 불산(佛山)이라 한다.

N-3. 중알찬(重閼粲)은 훌륭한 대부(大夫)이다. 기회를 타서 뜻을 발휘하여 일찌기

---

62) 李基白, 「新羅私兵考」 『앞의 책』.
63) 金光洙, 「羅末麗初의 豪族과 官班」 『韓國史研究』 23, 1979.
64) 申瀅植, 「羅末의 社會變動」 『新羅史』, 이화여대출판부, 1985.
65) 이 글은 『東文選』 권64, 記 및 『崔文昌侯全集』 권1, 記에 수록되어 있다.

풍운 속에서 민활한 역량을 시험하였고, 이제는 생각을 바꾸어 몸을 수양하며 수토(水土; 강과 육지 곧 영토)에서 은혜를 갚을 생각을 가졌다. 범처럼 나타나 국가의 세 가지 해(三害)를 아울러 제거하였고, 뱀처럼 도사리고 들어앉아 더욱 인격의 수양을 쌓았다. 이미 나쁜 무리들을 제거하였으니, 곧 반드시 시골로 다시 돌아갔다. 살고 있는 곳이라면 사람들이 감화할 것이니 어디에 산들 좋지 않으리요. 드디어 높은 언덕을 택하여 의보(義堡)를 쌓았다.

N-4. 이에 이르러 왕도의 서쪽(西畿)을 정수(靜守)하며 농사에 종사하였다. 지방의 주민을 편안히 돌보고 친구들을 맞아 잘 접대하니 찾아오는 자가 구름 같았는데도 바다 같은 아량으로 그들을 받아 들였다.

N-5. 알찬은 진실로 기둥 집안의 큰 선비이며, 위대한 본국의 충신이다. 불법으로 방패와 창을 삼고 진리로서 갑주(甲冑)를 삼아 능히 한 경내를 편안히 하여 겨우 십년이 지났다. …… 이에 용년(龍年) 양월(羊月) 경신일 밤에 꿈을 꾸었는데, 달불성(達佛城) 북쪽 마정계사(麻頂溪寺)의 도일대(都一大) 불상이 앉은 연화좌(蓮花座)가 하늘 끝까지 솟고, 왼쪽의 보리보살(補處菩薩)의 높이도 역시 그러하였다. …… 또 성 남쪽의 불산(佛山) 위를 보니 일곱 미륵상(彌勒像)이 몸을 포개고 어깨를 밟으며 북으로 향해 섰는데, 그 높이가 하늘에 달렸다. 며칠을 지난 뒤 다시 꿈을 꾸니 성의 동쪽 장산(獐山)에 나한승(羅漢僧)이 보였다.

N-6. 그해 맹동(孟冬)에 등루(燈樓)를 세우고 11월 4일에 이르러 공산동사(公山桐寺)의 홍순대덕(弘順大德)을 청하여 좌주(座主)로 삼고, 재(齋)를 베풀어 경찬(慶讚)하였다. 태연대덕(泰然大德), 영달선대덕(靈達禪大德), 경적선대덕(景寂禪大德), 지념대덕(持念禪大德), 홍륜사(興輪寺)의 융선주사(融善呪師) 등의 고승이 다 모여들어 법회를 장엄하였다.

이를 통해 알 수 있는 대구 지역 호족의 실체를 정리하면 다음과 같다.

첫째, N-1은 천우 5년(효공왕 12년; 908) 무렵에 수창군 호국성을 근거로 호국의영도장(護國義營都將) 중알찬(重閼粲) 이재(異才)라는 호족이 존재했음을 보여준다. 여기에 보이는 수창군은 곧 신라의 군현제 편성에서 대구 분지의 신천(新川) 이동(以東) 지역에 설치된 행정단위이므로, 그가 대구 지역의 호족이었음을 말하고 있다. 그리고 호국의영도장이라는 칭호는 이 시기 호족들이 일반적으로 성주나 장군을 자칭하고 있었던 사실에 비추어 보면 역시 장군 칭호의 일종으로 생각된다. 또 중알찬이라는 관등은, 원래 신라에서 6두품 신분만이 가지는 중위제의 하나로서,[66] 이재가 6두품 신분이었음을 알려준다. 요컨대 왕경인으로서 6두품 출신인 이재는 10세기 초 무렵 호국의영도장을 자칭한 호족으로, 대구 지역을 장악하고 있었던 것이다.

둘째, N-1, 3, 5를 관련 지워 볼 때 그의 정치적 성격의 일면이 간파된다. 이미 그가 웅거한 성을 호국성이라 하고, 호국의영도장이라는 칭호를 가졌던 사실에서도 드러나고 있지만, N-3에서 국가의 세 가지 해악을 제거하였다거나 N-5에서 본국(本國) 충신(忠臣)으로 특기하고 있는 점 등을 보면 그의 정치적 성격이 친신라적이었음을 알 수 있다. 이는 당시의 일반적인 호족의 정치적 성격이 반신라적 색채를 농후하게 가지고 있었던 것에 비하면 이례적이라 할만하다. 이러한 정치적 성향이 당대의 최고 지식인으로 조정의 문병(文柄)을 장악한 바 있었던 최치원이 한 지방세력가가 건립한 누각에 기문을 지어주게 된 까닭일 것이다.

셋째, 위의 자료들을 통해 그의 세력권에 대한 이해를 얻을 수 있다. N-2에서는 불좌지(佛佐池)·불체지(佛體池)·천왕지(天王池)·달불성(達佛城)·불산(佛山) 등의 못이나 산, 성의 이름이 보이는데, 이 가운데서 대략적인 위치나마 확

---

66) 邊太燮, 「新羅官等의 性格」『歷史敎育』1, 1956.

인이 가능한 것은 불좌지·달불성·불산이다. 불좌지는 『신증동국여지승람』에서 『주관육익(周官六翼)』을 인용하여 해안현(解顏縣)에 소속된 성의 이름으로 나오는 불좌성과 일치하고 있으므로,[67] 해안현에 위치한 것으로 볼 수 있다. 그리고 달불성은 곧 오늘날 공원으로 이용되고 있는 달성이며, 불산은 현재의 앞산 곧 대덕산일 것이다. 그렇다면 이재의 세력권은 대체로 대구 분지를 포괄하는 것으로 볼 수 있다. 이 점 N-4에서 경산의 고명(古名)인 장산(獐山)이 보이는 것이나, 팔공산(八公山) 동사(桐寺)의 승려들과 밀접한 관계를 시사하는 N-5를 참조할 때, 어느 정도 방증을 얻을 수 있다.

넷째, 위의 자료를 통해 이재의 사상적 배경과 지배 논리에 대한 실마리를 얻을 수 있다. 이재는 대구 지역을 불교와 깊은 인연을 가진 땅으로 인식하였다. N-2에서 들고 있는 몇 개의 지명이 모두 불교적이라는 점이나, 호국의 목적으로 팔각등루를 세우고 있는 점, 특히 N-5에서 팔각등루의 건립을 기념하는 재(齋)에 동화사의 승려와 멀리 왕경의 흥륜사(興輪寺) 소속 승려까지 참여하고 있는 점이 이를 잘 보여주고 있다. 그리하여 이재는 "반야(般若)를 간과(干戈)로 삼고, 보리(菩提)를 갑주(甲冑)로 삼아 한 경내(境內)를 편안히 하였다"는 N-4에서 명확히 드러나듯이 그 자신 불법의 수호자를 자처하며, 불교와 인연이 깊은 대구 지역에 대한 지배권을 행사했던 것으로 여겨진다.

다섯째, N-3과 N-5를 종합하여 볼 때, 그의 세력 기반에 대한 일면을 간파할 수 있다. 우선 N-4에서 농사에 종사했다거나, 주민들을 편안하게 돌보았다는 데서 보면, 그는 대구 지역의 농업경제를 바탕으로 농업에 종사하고 있는 주민들을 안정적으로 지배했음이 드러난다. 이 점 성주 지역의 호족이었던 벽진군장군(碧珍郡將軍) 이총언(李悤言)이 "군도(群盜)가 사방에서 일어날 새,

---

67) 『신증동국여지승람』 권26, 대구도호부, 성씨조.

총언이 성을 굳게 지키고 있으니 백성들이 편안히 살 수 있었다"[68]라는 상황과 매우 흡사함을 알 수 있다. 그러므로 일단 이재의 세력 기반으로는 대구 지역의 주민과 농업 경제가 바탕이 되었다고 하겠다. 그런데 N-4에서는 또 찾아오는 사람들이 구름같이 많았다고 하고 있다. 이는 정치 사회적 혼란을 견디지 못해 유민화된 무리들을 받아드린 사실을 표현한 것으로 보인다. 그러므로 이재는 유민들을 포섭하여 그의 세력 기반으로 삼기도 했던 것이다. 마지막으로 주목되는 것이 팔공산 동사의 사원세력이다. 나말의 사원이 적지 않은 경제력과 무력적 기반을 가진 유력 세력이었음은 해인사의 경우를 통해 증명되고 있는데,[69] 팔공산 동사 역시 민애왕가의 원찰로 유지되어 왔고, 특히 9세기 후반의 경문왕대에는 국왕에 의해 민애왕의 원탑이 건립될 만큼 왕실의 비호를 받은 사찰이었다. 따라서 동사는 유력한 세력을 가진 사원이었음에 분명하며, 이는 이재의 세력기반 가운데 하나로도 기능했을 것이다. 자료 N-5에는 이 팔공산 동사의 사원세력과 이재와의 밀접한 관계를 보이고 있기 때문이다.

이상 최치원이 찬한 「신라 수창군호국성 팔각등루기」에서 확인되는 대구 지역의 호족의 실체를 다섯 가지 측면에서 정리해 보았다. 그러나 이후 호국의영도장 이재라는 대구 지역 호족의 행방에 대해서는 자료의 부족으로 알기 어렵다. 다만 이 보다 20년 후인 927년에 대구의 팔공산에서 벌어진 후백제의 견훤과 고려의 왕건의 일대 결전 과정에서도 대구 지역 호족의 존재가 드러나지 않고 있어, 그 사이에 쇠미의 길을 걷게 된 것으로 생각된다. 요컨대 10세기 초 수창군 호국성을 근거로 친신라적 경향을 가졌던 대구 지역 호족인 호국의영도장 중알찬 이재는 그 이후 후삼국의 대립과 고려의 건국과 같은 급변하는 정

---

68) 『고려사』 권92, 열전1, 이총언전
69) 李弘稙, 「羅末의 戰亂과 緇軍」 『韓國古代史의 研究』, 新丘文化社, 1971.

치 사회적 환경에 더 이상 적응하지 못하고 고려와 후백제의 대립이 본격화되는 920년대에 이르면 더 이상 세력을 유지하지 못한 채 쇠약해지고 말았던 것으로 보인다.

제3장 통일신라기와 후삼국기의 경상도 지역

1. 군현제의 시행과 경상도 지역의 군현 편성

신라 왕조는 6세기대 이래 지배 영역에 주군제(州郡制)를 실시하여, 주(州)와 군(郡) 그리고 그에 영속되는 성촌(城村)으로 지방 행정구역을 편제하고 각급 행정단위에 지방관을 파견하여 중앙집권적 지배체제를 구축하려고 끊임없이 노력해 왔다. 그리하여 늦어도 진흥왕대 후반에 이르면 전국을 상주·하주·신주·비열홀주·실직주(=하서주) 등 5개의 광역주(廣域州)로 구분하고, 그 내부에 주치주(州治州)와 복수의 군(郡)을 획정하였으며, 그 아래에 복수의 성촌을 편제하는 형식의 지방제도를 실시하기에 이르렀다. 그러나 이러한 지방제도는 신라 왕조가 1세기에 걸친 항쟁을 거쳐 드디어 7세기 후반 삼국통일 전쟁과 나당전쟁을 승리로 이끌어 삼국통일을 달성하게 되는 과정에서 전면적인 변화를 맞게 되었다. 훨씬 확대된 영역을 효율적으로 지배하기 위해서는 지방제도의 개혁이 시급한 과제로 대두되었기 때문이다.

이러한 지방제도의 개혁은 결국 과거의 신라 영역과 백제와 고구려의 고토(故土)를 각각 3주로 구획하여 전국을 9개의 주(州)로 나누고, 주요 지방 거점에 5개의 소경(小京)을 설치하는 한편, 주(州) 아래에 중국의 제도를 모방한 군현제(郡縣制)를 실시하는 것으로 귀결되거니와, 이러한 새로운 지방제도를 9주체제(九州體制)라 부를 수 있다.[1] 9주체제는 중고기 이래의 지방제도 변화의 맥락을 계승한 토대 위에서 점진적인 개혁을 거쳐 대략 685년(신문왕 5)에 기본 골격이 갖추어졌다. 9주체제의 시행에 따른 경상도 지역에서 일어난 주요한 변화상을 먼저 정리하면 다음과 같다. 첫째, 경상도 지역은 신라 왕조의 복심인 왕경이 두어져 있으므로 중심지적 위상은 변함없이 유지되었다. 둘째, 지방 행정체계상 최상위의 단위인 주로서 일선주 → 사벌주, 삽량주, 거열주 → 청주의 3개 광역주가 설치되었다. 셋째, 소경으로 삽량주에 영속된 금관소경이 두어졌다. 넷째, 중고기(中古期)의 성·촌이 현(縣)이라는 행정단위로 개편되었다. 다섯째, 새로운 지방제도의 시행에 따라 새로운 지방관직이 신설되어 이에 걸맞는 지방관의 파견이 있게 되었다.

그러면 군현제를 기본 골격으로 하는 9주체제의 시행에 따르는 경상도 지역의 변화의 내용을 차례대로 살펴보기로 하자. 첫번째로 주의 변화부터 알아본다. 중고기에 경상도 지역은 왕경을 제외하면 대체로 상주와 하주에 영속되어 있었지만, 통일 이후의 9주체제가 정비되는 과정에서 상주와 하주는 변화하거나 소멸되고 대신 새로운 광역주가 편성되었다. 이러한 변화가 일어난 시점으로는 우선 665년(문무왕 5)이 주목된다. 이 해에 신라 왕조는 상주와 하주

---

1) 이렇게 성립된 신라 왕조의 새로운 지방제도를 흔히 9주5소경제나 군현제로 불러왔다. 그러나 전자는 그 내부에 포함된 군현제로의 변화를 충분히 수렴하지 못한 것이며, 후자는 또 외형적인 지방의 구분을 제대로 반영하지 못하고 있다. 그래서 여기에서는 군현제라는 새로운 지방편제 방식의 토대 위에서 전국을 9개의 광역주로 구분하고 있다는 점을 고려하여 9주체제(九州體制)라는 용어를 사용한다(李文基,「統一新羅의 地方官制 硏究」「國史館論叢」20, 1990 참조).

의 영역을 나누어 삽량주를 설치하였다.[2] 따라서 기존의 상주와 하주는 그 영역에 일대 변동이 초래되었으며, 특히 하주의 영역은 커다란 변화가 일어난 것으로 판단된다. 왜냐하면 삽량주는 현재의 양산에 주치를 두었으며, 그에 영속된 군현의 대부분이 원래 하주에 영속되어 있었기 때문이다.[3] 한편 자료에 명기된 것은 아니나, 현재의 경남 서부 지역 및 경북의 성주·고령 지역을 영역으로 하는 거열주도 삽량주와 같은 시기에 설치된 것으로 보인다. 문무왕 5년 및 동왕 13년 당시에 거열주가 확인되고 있어,[4] 늦어도 문무왕 5년에는 거열주가 설치되었음을 알려주기 때문이다. 그런데 현재의 거창에 비정되는 거열성이 완전한 신라 영역으로 편입된 시점은 663년(문무왕 3)이다.[5] 따라서 거열주역시 삽량주가 설치되는 665년에 거창을 주치로 하여 경남 서부 지역과 경북의 성주·고령 지역을 영속하는 광역주로 성립된 것으로 볼 수 있다.[6] 요컨대 삽량주와 거열주란 곧 기존의 하주 영역을 낙동강을 경계로 나누고, 거기에 상주 영역의 약간을 조정·편입하여 설치한 광역주였던 셈이다. 이로 말미암아 종래의 하주는 소멸되고, 그 영역은 삽량주와 거열주로 나누어지게 되었으며, 상주에 있어서도 일정한 변화가 일어났다. 우선 영역상의 축소가 있었음은 지적해 두었지만, 주명(州名)도 변화가 일어난 것으로 보인다. 즉 일선주라는 주명의 등장이 그것이다. 오늘날 선산을 주치로 하는 일선주는 사료에서 664년(문무왕 4)부터 그 명칭이 등장한다.[7] 따라서 상주라는 광역주명과 함께 일선주가

---

2) 『삼국사기』 권38, 지리(1), 양주조.

3) 삽량주의 대부분 영역이 하주의 그것과 중복되어 있어 이를 알 수 있다.

4) 『삼국사기』 권6, 문무왕 5년조; 『같은 책』 권43, 김유신열전(하).

5) 『삼국사기』 권6, 문무왕 3년조.

6) 藤田亮策, 「新羅九州五京攷」 『朝鮮學報』5, 1953; 『朝鮮學論考』, 藤田先生記念事業會, 1963; 李文基, 「앞의 논문」 p.14.

7) 『삼국사기』 권6, 문무왕 4년조.

혼용되기 시작했음을 알 수 있고, 상주라는 이름은 673년(문무왕 13)에 군사조직인 상주정이 폐지됨과 더불어 완전히 사라지고, 일선주로 일원화되었다.[8] 이로써 경상도 지역은 9주체제의 정비 과정에서 665년부터 일선주·삽량주·거열주의 3개 주에 대부분 영속되게 되었다.

이러한 경상도 지역의 주는 9주체제가 완성되는 685년과 687년에 다시 약간의 변화가 있었다. 먼저 9주체제가 갖추어지는 685년(신문왕 5)에 거열주가 청주(菁州)로 바뀌었다.[9] 이는 주치가 거열주(거창)에서 현재의 진주인 청주로 옮겨졌음을 의미한다. 아마도 삼국통일을 달성한 신라 왕조로서는 경남 서부 지역을 원활하게 통치하기 위해서는 교통의 요지이자 지역의 중심지인 진주에 주치를 둘 필요성이 있었기 때문일 것이다. 그러나 이러한 과정에서 영역상의 변동은 초래하지 않았던 것 같다. 그리고 687년(신문왕 7)에는 일선주를 파하고 사벌주를 다시 설치하였다.[10] 이 역시 영역상의 변동은 없는 가운데 주치를 선산에서 상주 지역으로 이동한 사실을 말한다. 이러한 변화의 결과 경상도 지역에는 사벌주·삽량주·청주의 3개 광역주가 설치되어 여러 군현을 영속하게 되었다. 다만 경북 북부의 약간의 군현이 강릉에 주치를 둔 하서주에 영속되었다.

다음으로 특별 행정구역이라 할 수 있는 금관소경의 설치에 대해 살펴보겠다. 신라에서 소경은 지방의 문화적 중심지이자 왕경의 편재성(偏在性)을 보완할 수 있는 특별 행정구역으로서 통일 이전에 아시촌소경·북소경 등이 설치된 바 있었다. 그런데 680년(문무왕 20)에는 금관가야의 고지인 김해에 금관소경을 설치하였다.[11] 532년(법흥왕 19) 금관가야의 구해왕이 내항하자 고지를 금관군으

---

8) 李文基, 『新羅兵制史硏究』, 一潮閣, 1997, pp.104~106.
9) 『삼국사기』권8, 신문왕 5년조; 『같은 책』권34, 지리(1), 강주조.
10) 『삼국사기』권8, 신문왕 7년조; 『같은 책』권34, 지리(1), 상주조.
11) 『삼국사기』권34, 지리(1), 양주 김해소경조.

로 삼았던 신라 왕조는 680년에 이르러 이를 소경으로 승격시켰던 것이다. 이러한 금관가야 고지를 금관소경으로 승격시킨 배경으로는 문무왕 자신이 금관가야 왕실의 외손이었던 사실을 들 수 있다. 그는 태종무열왕과 김유신의 여동생인 문명왕후 사이에서 태어나 태자로 책봉되었다가 왕위에 올랐으며, 스스로 김수로왕의 후손임을 자처하였다.[12] 그래서 즉위 직후 상상전(上上田) 30경(頃)을 왕위전(王位田)으로 하사하여 금관가야의 종묘에 계속 제사지내게 한 바도 있었다.[13] 문무왕은 이러한 금관가야 및 그 후손에 대한 우대책의 일환으로 금관군을 소경으로 승격시켰던 것으로 보인다. 그리하여 경상도 지역에는 왕경에 준하는 특별 행정구역으로 금관소경이 설치되었던 것이다.

세번째로 9주체제의 시행과정에서 일어난 중요한 변화인 군현제의 시행에 대해 살펴보기로 하겠다. 이는 물론 경상도 지역만의 변화가 아니라 전국적인 현상으로 신라 지방제도의 골격을 바꾸는 획기적인 변화라고 할 수 있다. 군현제 실시에 따라 군 예하의 성·촌이 현이라는 새로운 행정단위로 편제되는 등 행정단위의 재조정이 이루어졌으며, 이러한 행정단위의 개혁에 따라 각각의 행정단위에 새로운 지방관이 파견되었다. 이와 같은 군현제의 시행은 다시 세분하면 몇 가지의 변화 내용을 내포하고 있다. 하나는 새로운 행정단위로 현(縣)이 설치됨으로써 신라의 지방제도가 주-군-현-촌이라는 4단계의 상하 영속관계가 성립한 점이며, 다른 하나는 이러한 행정단위가 전정(田丁)과 호구(戶口)를 기준으로 설정되었으므로, 행정구역간에 일정한 균질화가 이루어진 점이고, 마지막 하나는 현에 미치지 못하는 지역에 향(鄕)과 부곡(部曲)과 같은 잡소(雜所)가 설정된 점이다.

---

12) 『삼국유사』 권2, 기이2, 가락국기조에 의하면 그는 가야원군 즉 김수로왕을 15대조 시조라고 말하고 있다.
13) 『삼국유사』 권2, 기이2, 가락국기조.

신라 왕조가 지방제도로서 현제(縣制)를 시행한 시기는 분명하게 드러나지 않는다. 자료 자체에 혼란이 있어 논자들의 의견도 서로 다르다. 그러나 본격적인 지방제도로서 현제가 전국적인 차원에서 시행된 시기는 9주체제가 정비된 685년(신문왕 5)으로 보는 것이 가장 합리적이다.[14] 신라 왕조는 685년 9주체제의 정비에 즈음하여 전국적으로 현제를 시행하여 군현제적 지방지배 구조를 갖추게 되었던 것이다. 이러한 현이라는 행정단위는 대체로 중고기 이래 군의 예하 단위였던 성촌을 재편한 것이었고,[15] 부분적으로는 종래의 군이 강등되어 현으로 편제된 경우와 몇 개의 자연촌이 합쳐져 현으로 승격된 사례도 있었다. 이렇게 군현제의 시행과 더불어 획정된 경상도 지역의 주·군·현을 숫자만 정리하면 다음과 같다.[16]

〈표 1〉 경상도 지역의 주·군·현수

주명	주치	소경	군	현	기타	비고
사벌주	1	-	10	31		충북 영동·옥천·황간 및 전북 무주의 3군 7현 포함
삽량주	1	1	12	34	停 6	왕기 지역에 6기정 별치
청주	1	-	11	30		전북 남원의 1현 포함
하서주			4	4		울진·영덕·안동 임하·청송 등 4군 4현

신라가 전면적으로 현제를 시행하는 과정에서 중고기의 성촌을 모두 현으로 삼은 것은 아니었다.

---

14) 李文基, 「앞의 논문」, p.16.
15) 중고기의 성촌이 통일신라기에 이르러 현으로 개편된 사실은 李宇泰, 「新羅의 村과 村主」 『韓國史論』7, 1982에서 자세하게 논증되고 있다.
16) 군현의 숫자는 『삼국사기』 지리지의 기록과 『같은 책』 권9, 경덕왕 16년조의 기록에 약간의 차이가 있다. 여기서는 전자를 따랐다.

A. 삼가 살피건대 신라에서 주군(州郡)을 건치(建置)할 때 그 전정(田丁)과 호구(戶口)가 현이 되지 못할 것은 혹 향(鄕)을 두거나 혹 부곡(部曲)을 두어 소재하는 읍에 속하게 하였다.(『신증동국여지승람』 권7, 여주목, 고적조)

위의 사료는 신라 왕조의 군현제 시행과정에서 지방제도의 발전에 관한 몇 가지의 귀중한 정보를 제공한다. 하나는 향과 부곡이라는 특수 행정단위가 설정된 사실이다. 이 특수 행정단위는 일정한 기준에 미달하는 지역에 설치되었다. 즉 신라 왕조가 현의 편제 기준으로 설정한 일정 규모의 전정과 호구에 미달하는 지역을 향과 부곡으로 편제했던 것이다. 다른 하나는 일정 규모의 전정과 호구를 갖춘 지역을 현으로 획정한 결과, 현의 규모나 세력이 상당히 균질화되었을 것이라는 점이다. 현재 현이 설치되기 위한 전정과 호구의 구체적인 기준은 알 길이 없지만, 이로써 신라의 현은 대체로 비슷한 규모의 토지와 인구를 포용하는 행정구역이 되었다. 한편 이는 신라 왕조가 전국적으로 토지의 면적과 인구수를 파악하고 있는 등 세련된 지방 지배력을 구사했던 사실을 짐작하게 한다. 어떻든 이상과 같은 군현제의 시행과정에서 경상도 지역에도 상당수의 향과 부곡이 설치되었을 것이다. 하지만 구체적인 지역이나 숫자는 사료의 부족으로 알 길이 없다.[17]

경상도 지역의 주군현에는 중고기와는 다른 지방관이 파견되었다. 『삼국사기』 직관지 외관조에 의해 통일신라기 지방관의 파견 실태를 정리하면 다음과 같다. 먼저 주에는 급찬에서 이찬까지의 관등을 가진 도독(都督) 1인과 나마에서 중아찬에 이르는 관등을 가진 주조(州助; 州輔; 別駕) 1인, 사지에서 대나마까지의 장사(長史; 司馬) 1인 및 감찰 업무를 맡은 외사정(外司正) 1인이 파견되었

---

17) 김부식은 『삼국사기』 지리지 서문에서 "방언에 이른바 향 · 부곡 등 잡소(雜所)는 다 기록하지 않는다" 라고 주기하고 있다.

다. 그리고 군에는 군태수 1인·외사정 1인이 파견되어 지역 출신 유력자인 촌주(村主)들로 구성된 군사(郡司)를 매개로 지방 지배를 실현해 나갔으며, 현에는 현령이나 소수(少守)가 파견되어, 재지세력인 촌주들로 구성된 현사(縣司)의 도움을 얻어 지방 통치를 담당하였다.

이상과 같이 7세기 후반에 성립된 9주체제는 이후의 역사 전개과정에서도 기본적인 골격은 변함없이 거의 그대로 유지되었다. 그러나 757년(경덕왕 16)에 있었던 대대적인 지명 개정은 9주체제의 변화와 관련지워 주목할만 하다. 주·군·현의 명칭을 중국식으로 개정한 757년의 조치는 지방에 대한 중앙집권적 지배와 왕권을 강화하려는 의도에서 비롯된 것으로 그보다 2년 후의 백관의 칭호 개정과 궤를 같이 하는 것이다. 그 결과 신라 주·군·현의 칭호는 중국풍의 세련된 명칭을 갖게 되었다. 예컨대 사벌주가 상주로, 삽량주가 양주로, 청주가 강주로 바뀌었던 것이다.

경덕왕대에 개정된 주·군·현의 명칭은 일률적으로 단언할 수는 없지만, 776년(혜공왕 12)에 백관의 칭호가 복고되는 등 복고정책이 취해지는 와중에서 대부분 원래의 명칭으로 환원된 듯 하다. 이는 『세종실록지리지』에서 군현의 연혁을 기록하면서, 몇몇 군현의 경우 776년에 명칭이 복고된 것으로 밝히고 있는 데서 방증을 얻을 수 있다. 그러나 9세기대로 접어들면서 경덕왕대에 개정된 명칭이 다시 사용되기도 하면서, 각종 자료에는 원래의 명칭과 개정된 명칭이 혼효되어 사용되고 있다. 이러한 9주체제는 10세기로 접어들어 신라 왕조의 지배체제가 이완되고 지방세력이 성장하는 과정에서 명칭뿐만 아니라 지방제도의 골격까지도 크게 변질되었다. 부(府)라는 새로운 지방제도가 성립한 것은 그 변화를 보여주는 대표적인 사례라고 할 수 있다.[18]

---

18) 배종도, 「新羅下代의 地方制度 改編에 대한 考察」『學林』11, 1989; 黃善榮, 「新羅下代의 '府'」 『韓國中世史硏究』1, 1994.

2. 군사제도의 개편과 경상도 지역

통일신라 왕조는 삼국통일 전쟁이 끝나고, 그 뒷수습을 마무리하는 시점인 7세기 후반에 대대적인 군사제도의 개편을 단행하였다. 중고기 이래 국가적인 성장 과정에서 그때그때 현실적 필요성에 따라 창설·운용해 왔던 다종다양한 군사조직들에 대한 재정비를 시도한 것이었다. 그 개편의 방향은 대체로 비슷한 성격의 복수의 군사조직들을 묶어 군단화를 지향하고, 왕경과 지방의 대응 체제를 갖추고, 불필요한 군사조직을 재편하거나 폐지하는 등의 몇 가지로 정리될 수 있다.

경상도 지역에는 여전히 왕조의 복심인 왕경이 자리잡고 있었으므로, 왕경을 둘러싸고 있는 지정학적 입지로 인하여 다양한 군사조직이 두어져서 군사 요충지적 면모를 갖추게 되었다. 7세기 후반의 재편 결과 왕경에 두어진 중앙군으로는 다음을 들 수 있다. 먼저 6정군단의 대당이 있다. 이는 544년(진흥왕 5)에 왕경인 군역 의무자를 징발하여 편성한 가장 중요한 군사조직으로, 국가적 성장과 삼국통일 전쟁 과정에서 중핵적인 기능을 행사하였다. 그러나 685년(신문왕 5)에 지방의 5개 정과 더불어 6정군단으로 정리된 이후에는 군사조직으로서 실제 기능을 행사하지 못하고 형해화되고 말았다. 대당의 기능이 약화되고 서서히 소멸되면서 새로이 중앙군의 핵심으로 떠오른 것이 9서당이었다. 이는 진평왕대 이래 산발적으로 설치되어 왔던 서당·낭당·장창당 등의 부대와 백제민·고구려민·보덕국민·말갈인 등으로 편성한 부대 등 9개를 묶어 693년(효소왕 2) 경에 군단화한 군사조직이었다. 이 9서당은 병졸집단을 자원자를 비롯한 소모병(召募兵)으로 충원하였다. 국왕에 대해 충성을 서약한 군사조직이었으므로 자연히 핵심적인 중앙군으로서의 위상을 갖게 되었다. 그러나 각 부대의 병졸집단의 구성이 가진 한계로 인하여 지속적인 병력 충원이 한계를 드러내고, 또 전쟁이 끝나면서 사회 저변에 평화지향적 사회 분위기가 조성되는 가운데 서서히 기능을 잃어가게 된 것으로 보인다. 이밖에도 왕경에는 삼무당·경오종당·사천당·백관당 등 여러 종류의 군사조직이 존치되었지만, 이들 부대는 관료들로 구성된 명목상의 부대나 기술 부대 등으로 실제 전투를 목적으로 하는 군사조직과는 일정한 거리가 있었다.

한편 7세기 후반의 군제의 재편 과정에서 다양한 지방군도 설치되었다. 10정군단·5주서·3변수·만보당 등이 대표적인데, 경상도 지역에 설치된 군사조직을 보면 다음과 같다. 먼저 10정군단의 구성부대로 음리화정(상주 청효현; 경북 상주시 청리면)·삼량화정(양주 화왕군 현효현; 대구 달성군 현풍읍)·소삼정(강주 함안군 현무현; 경남 함안군 죽남면)·이화혜정(명주 곡성군 녹무현; 경북 청송군 안덕면) 등 4개 부대가 경상도 지역에 설치되었다. 이 10정군단은 9주의 1개주에 하나의 부대를 두었으며, 기병 군관이 지휘하는 군사조직으로 일종의 지방 경찰적 기능을 수행하였다.[19] 그러나 만약 외적의 침입이 있을 때는 왕경 방어에도 동원되었을 것은 의심의 여지가 없다. 또 경상도 지역에는 5주서군단의 구성부대로 청주서(菁州誓)가 설치되었다. 5주서는 중앙의 9서당에 대응하여 지방의 5개 주치에 설치한 것으로 그 지휘관의 구성에서 보면 실제 전투를 목적으로 하는 군단으로 추정된다. 말하자면 청주서는 남해안 지역의 방어를 위하여 진주에 설치된 지방 군사조직이었던 셈이다. 그 밖에 만보당도 설치되었다. 만보당은 9개주마다 2개의 부대가 설치된 도합 18개의 소부대로 구성된 군단인데, 명칭에서 보듯이 지방민을 징발 편성한 보병 부대의 성격을 지닌 것이었다. 사벌주·삽량주·청주 등 경상도 지역의 주에도 각각 2개의 부대가 설치되었음은 말할 것도 없다.

---

19) 末松保和,「新羅幢停考」『新羅史の諸問題』, 東洋文庫, 1954.

이와 같이 7세기 후반대에 전면적인 개편이 이루어진 통일신라의 군사조직은 약 50년이 지난 경덕왕대에 다시 한번 대대적인 개편이 시행되었다. 이는 7세기 후반의 군제개혁 결과 불필요할 정도로 방대한 다수의 군사조직을 갖추게 되었지만, 통일전쟁 이후 평화 지향의 시대 분위기가 지속되면서 그 현실적 필요성이 점차 약화되었으며, 이로 말미암아 군사조직이 본연의 기능을 제대로 발휘하지 못한 채 형해화되고 있었고, 이런 와중에서 발해 및 일본과의 관계가 악화되고 있었던 사실이 그 배경으로 작용하였다.

경덕왕대의 군제개혁 내용은 크게 보아 세 가지 측면에서 추진되었다.[20] 첫째는 중앙 군사조직으로 왕경을 둘러싸고 있는 왕기 지역에 6개의 주둔 부대 즉, 육기정(六畿停)을 설치하여 왕경방어를 강화하는 것이었다. 그리하여 동·서·남·북·중기정과 막야정이라는 6개 부대가 대성군과 상성군에 설치되었다. 둘째는 지방 군사조직을 9주정체제로 단일화하는 것이었다. 9주정체제란 전국의 9주를 각각의 군관구로 하는 9개의 군사조직이었으며, 기존의 10정군단 소속 단위부대까지 예하에 거느리는 대표적인 지방 군사조직이었다. 9주정체제의 시행에 따라 경상도 지역에는 상주정·양주정·강주정 등 3개의 주정이 두어졌음은 물론이다. 셋째는 변경지대에 진이라는 군사적 성격이 강한 특수한 행정구역을 편성하여 변경 방어를 책임지게 하는 것이었다. 경덕왕대의 군제개혁으로 설치된 진은 동북변경을 방어하는 천정군(함남 덕원)에 설치된 북진과 서북 변경을 방어하는 대곡군(황해도 평산)에 설치된 패강진이 대표적이었다. 그러나 신라 왕조가 점차 쇠약해지면서, 이 진은 경상도 지역의 요충지에도 설치되었는데, 사화진(상주)이나 아불진(경주시 아화면), 일어진(昵於鎭; 경북 포항시 신광면) 등을 그 예로 들어 볼 수 있다.

---

20) 이하 경덕왕대의 군제개혁에 대해서는 李文基, 「景德王代 軍制改革의 實態와 新軍制의 運用」 『앞의 책』, pp. 340 ~ 427에 의거하였다.

이상 살핀 바와 같이 경상도 지역에는 경덕왕대의 군제개혁으로 왕경을 방어하기 위한 육기정과 지방 군사조직으로 3개의 주정이 설치되었으며, 왕조 말기에는 진이라는 특수한 군사조직까지 두어지는 등, 통일신라기 군사적인 요충지로 기능하였다.

3. 경상도 지역과 대외교역

통일신라기의 경상도 지역은 국왕과 지배 귀족이 거주하는 왕경인 경주를 포함하고 있었으므로, 신라 왕조의 정치군사적 중심지로서의 위상을 가지고 있었을뿐만 아니라 경제적 중심지이기도 하였다. 신라에서 생산되는 물자는 물론 대외 교역품까지도 왕경으로 집결되고 있었기 때문이다. 경주에는 동시 · 서시 · 남시 등의 시장이 개설되었고, 동시전 · 서시전 · 남시전 등의 관부가 설치되어 시장과 상업활동을 관리하였다.

이와 같은 경제 중심지로서의 경상도 지역의 위상은 특히 대외교역에서 잘 드러나고 있다. 경상도 지역에는 왕경인 경주를 둘러싸고 몇 개의 국제 무역항이 발달해 있었다. 물론 신라의 주된 교역 대상은 당이었으며, 당과의 무역항은 서해안의 당은포(경기도 화성군 남양만)와 회진(전남 영암)이었다.[21] 그러나 이와는 달리 왕경에서 그리 멀지 않은 동남해안에도 국제 무역항이 발달해 있었던 것으로 보인다.

첫째, 울산만을 들 수 있다. 울산은 모화관문을 통해 왕경과 직접 연결되는 소위 경주의 외항이었다. 그리고 그 지정학적 입지로 인하여 일찍이 왜구의 침

---

21) 權悳永, 「古代韓中外交史; 遣唐使研究」, 一潮閣, 1997.

입로이기도 했으며,[22] 성덕왕 30년에는 일본 병선 300척이 신라의 동변을 침입했다가 격퇴되기도 했는데,[23] 이 때의 침입 목표도 울산만이었을 것으로 추측된다. 그런만큼 울산만은 평화시에 일본과의 교역항으로 기능했을 것임에 틀림없다. 그런데 울산만은 비단 일본과의 교역항만으로 기능한 것은 아니었다. 헌강왕대에 이슬람 상인으로 추정되는 처용이 바로 울산 개운포를 통해 입국하였다. 이는 울산만이 다양한 외국 상인들이 출입하는 국제 무역항이었음을 말해 준다. 울산만은 신라 전시기를 통하여 당의 양주·명주 등지와 연결되던 해로의 기착지였으며, 국제 무역항이었던 것이다.[24]

둘째, 낙동강 하구 역시 국제 무역항으로 기능하였던 것으로 보인다. 낙동강 하류에 위치한 김해 지역은 일찍이 왜와 낙랑·대방 등 중국 군현을 연결하는 해로의 중간 기착지로서 국제적인 교역의 중심지였다. 이러한 국제 교역항으로서의 김해의 위상은 금관가야의 멸망 이후에 일시 약화되었겠지만, 국제 교역에 적합한 지리적 입지 조건으로 인하여 통일신라기에는 다시 국제적인 교역의 중심지로 성장했을 것으로 추정된다. 이러한 추정은 다음에서 약간의 방증을 얻을 수 있다. 흥덕왕 사후에 희강왕 세력과 왕위 쟁탈전을 벌이다 패배한 김우징은 황산진(黃山津)을 통해 청해진으로 도피하였다. 여기서 황산진이 동남 연안의 주요 항구였던 사실이 드러난다. 그런데 황산진은 지금의 경남 양산과 김해 사이에 있었던 포구였다. 이렇듯 김해 지방은 곧 지방 중심지인 금관경이 설치되어 있었고, 황산진을 끼고 있기도 했으므로, 국제적인 교역항으로 성장할 수 있는 조건을 갖추고 있었다. 그리하여 김해 역시 통일신라기에

---

22) 이 점 신라가 성덕왕 21년(722) 일본적로(日本賊路)를 차단하기 위하여 모화관문을 설치하고 있는데서 잘 보이고 있다(『삼국사기』 권8, 성덕왕 21년조).

23) 『삼국사기』 권8, 성덕왕 30년조.

24) 李龍範, 「處容說話의 一考察-唐代 이슬람商人과 新羅-」 『震檀學報』 32, 1969.

대외교역에서 중요한 역할을 수행했을 것으로 생각된다.

셋째, 섬진강 하구의 하동 지역 역시 국제 교역항으로서 기능하였다. 하동은 대사진(帶沙鎭)으로 6세기대에 백제와 대가야가 대왜교역로를 확보하기 위해 치열한 각축전을 전개했을 만큼 일본과의 교역에서 매우 중요한 항구였다. 그렇지만 하동 지방은 대가야의 멸망 이후 교역항으로서의 기능을 잃었던 것으로 여겨져 왔다. 그러나 통일신라기에 하동 지방은 또 다시 국제 교역항으로서의 위상을 갖게 된 것으로 보인다. 이를 방증하는 것으로 두 가지의 사례를 지적할 수 있다. 『속일본기』에는 신라와 일본과의 교섭에 관한 기록 가운데 강주(혹은 청주)가 일본으로 돌아가는 사신에게 첩문을 발행한 사례가 남아 있다. 지금의 진주에 해당하는 강주가 일본과의 교섭에서 첩문을 발행할 수 있었던 것은 일본 측의 사절이나 상인이 곧 강주에서 일본으로 출발했기 때문이다. 강주의 관할로서 대일본 교통로로 비정할 수 있는 지역은 하동이 가장 유력하다. 또 하나의 사례로는 신라 말 지강주사(知康州事) 왕봉규(王逢圭)가 중국의 후당에 두 차례나 사신을 파견하여 회화대장군으로 책봉받은 사실을 들 수 있다. 왕봉규는 강주를 근거로 자립한 호족으로서, 후당과 빈번한 교섭을 시도하였다. 그가 후당과의 교섭을 위해 이용했던 항구 역시 하동이 분명하다. 일개 호족에 불과한 왕봉규가 대중국 교섭을 시도할 수 있었던 배경으로는 바로 하동 지역이 통일신라기에 국제적인 교역항으로 기능했던 데서 찾을 수 있다.

이상 살펴보았듯이 국왕과 지배 귀족이 거주하는 왕경을 둘러싸고 있었던 경상도 지역은 동남 해안을 중심으로 국제 교역항이 발달하기도 하였다. 울산만과 낙동강 하구, 섬진강 하구인 하동 등이 그것인데, 이와 같이 국제 교역항이 발달할 정도로 통일신라기의 경상도 지역은 대외교역에서도 매우 중요한 위상을 차지하고 있었다.

4. 하대의 왕위 쟁탈전과 경상도 지역

신라 제37대 선덕왕(宣德王)에서 마지막 임금인 제56대 경순왕(敬順王)에 이르는 하대 155년간은 우리 역사상 유례를 찾기가 쉽지 않을만큼 커다란 변혁의 시대였다. 보다 전제화된 왕권을 토대로 중앙집권적인 지배질서를 유지해 왔던 무열왕의 직계 후손들의 왕통(王統)이 혜공왕대의 거듭된 진골 귀족의 대란 끝에 단절되었고, 8세기 후반을 고비로 기존의 통치질서가 현저하게 동요하기 시작하였다. 이러한 변화는 정치사적 측면에서 말하자면 중앙 정치세력의 쇠퇴와 지방세력의 대두라는 두 가지로 요약될 수 있다.

중앙 정치세력의 쇠퇴를 가져온 주된 원인은 진골 귀족이 중심이 된 왕위 쟁탈전에서 찾을 수 있다. 하대 155년간의 정치 과정을 개관하면 진골 귀족들의 왕위를 둘러싼 지속적인 경쟁 시대로 나타난다.[25] 특히 그것이 커다란 정치적 사건으로 표면화된 것은 822년의 김헌창(金憲昌)의 난과 830년대 후반에 전개된 치열한 왕위 쟁탈전이었다. 이 두 사건은 왕경을 무대로 전개되어 온 왕위 쟁탈전이 전국의 거의 모든 지방에까지 확산된 점에서 그 특징이 두드러지는데, 특히 경상도 지역은 왕경을 포함하고 있는 점에서 전란의 무대가 되었다. 그래서 이 두 가지의 정치적 사건과 관련된 경상도 지역의 상황을 살펴보기로 하겠다.

822년 반란을 일으킨 김헌창은 무열왕의 7세손으로 김주원(金周元)의 아들이었다. 김주원은 무열왕계 왕통이 단절된 직후인 선덕왕대에도 상재(上宰)[26]의 자리에 있는 등 여전히 유력 진골 귀족으로서의 세력을 유지하고 있었다. 그리

---

25) 하대의 정치과정에 대한 개관은 李基東, 「新羅 下代의 王位繼承과 政治過程」『新羅骨品制社會와 花郎徒』, 一潮閣, 1984 참조.

26) 이 관직은『삼국사기』직관지에는 기록되어 있지 않다. 그러나 7세기대에 제도화된 재상제도의 범주에 포함되는 상재상을 지칭하는 것으로 인정되고 있다(木村誠, 「新羅의 宰相制度」『人文學報』118, 1977).

하여 후손이 없었던 선덕왕을 이을 유력한 왕위 계승 후보자로 지목되고 있었다. 그러나 선덕왕 사후에 일어난 왕위 계승을 둘러싼 분규에서 나물왕계인 원성왕(元聖王; 金敬信)에게 패퇴하여 명주(강릉)로 은퇴하고 말았다.[27]

김주원의 패퇴에도 불구하고 그의 자손들은 원성왕의 직계 후손이 왕통을 이어가고 있는 조정에서 요직을 역임하였다. 김헌창의 형인 김종기(金宗基)가 원성왕대에 시중(侍中)을 역임하였고, 그의 아들인 장여(璋如)도 헌덕왕대에 시중을 지냈다. 김헌창 역시 원성왕대에 이미 관계에 진출한 이후 승진을 거듭하여 헌덕왕대에 무진주도독을 거쳐 시중을 역임했으며, 다시 이례적으로 지방관인 청주도독으로 부임하였다. 다시 821년 웅천주도독으로 부임한 그는 이듬해 그의 아버지 김주원이 왕위에 오르지 못했음을 이유로 국호를 장안(長安), 연호를 경운(慶雲)이라 하여 반란의 기치를 높이 들었던 것이다.

이 김헌창의 반란은 요컨대 원성왕계 왕통에 대한 무열왕계의 도전이었으며, 그 여파가 거의 전국적으로 파급될 만큼 규모 면에서도 이전의 반란 사건과는 달랐다. 김헌창은 무진·완산·청·사벌주 등 4개 주의 도독과 중원·서원·금관경 등 3소경의 사신을 위협하여 반란군 지지로 돌리는 등 기세를 크게 떨쳤다. 그러나 청주도독 향영(向榮)과 무진주 장사(長史) 최웅(崔雄) 등이 전열에서 이탈하여 반란의 소식을 왕경에 전하면서, 국왕 측도 대응 태세를 갖추게 되었다. 그리하여 왕군과 반란군의 무력대결로 발전하게 되었는데, 경상도는 전장이 될 수밖에 없었다. 왕경이 위치했기 때문이다.

우선 사벌주(상주)의 도독과 금관경(김해)의 사신이 반란군에 가담하였고, 청주도독도 초기에는 반란군에 가담하였다가 이탈하였다. 이는 김헌창 세력이 비록 웅천주를 근거로 삼았지만, 경상도 지역까지 진출했음을 시사하는 것이다.

---

27) 선덕왕 사후 전개된 왕위 계승을 둘러싼 분쟁에 대한 분석은 李基白, 「上大等考」『新羅政治社會史硏究』, 一潮閣, 1974, pp.118~119에서 이루어진 바 있다.

그래서 진압에 나선 헌덕왕의 군대 역시 경상도 지역에서 반란군과 전투를 벌이게 되었다. 『삼국사기』권10, 헌덕왕 14년조에 의하면 헌덕왕은 우선 장군 8명을 뽑아 왕도를 지키게 한 후 3군을 파견하여 반란군의 진압에 나섰는데, 전투지역으로 도동현·삼년산성·성산 등의 지명이 보이고 있다. 왕군의 선발대는 도동현(道冬峴)에서 반란군을 최초로 격파하였는데, 이 도동현은 임고군(臨皐郡)에 영속된 현으로 곧 오늘의 영천시 임고면에 소재한 어느 고개일 것이다. 그리고 삼년산성은 충북 보은에 위치한 험준한 성인데, 이 당시 보은의 삼년산군은 사벌주에 속해 있었다. 삼년산성은 반란군이 사벌주 일대로부터 후퇴하여 웅거한 성으로 보인다. 따라서 삼년산성의 전투는 사벌주 일원의 전투와 연결되어 있었다고 할 수 있다. 또 균정(均貞)이 이끈 한 부대는 성산(星山)에서 반란군을 격파하였는데, 이 성산은 곧 성산군(星山郡)으로 오늘날의 고령군 지역이다.

이와 같이 김헌창의 난이 일어난 후, 반란군과 왕군의 주된 전장은 경상도 지역이었다. 따라서 반란의 와중에서 경상도 지역은 상당한 피해를 입었을 것으로 추측해 볼 수 있다.

이 김헌창의 반란은 이후 왕위 쟁탈전의 양상을 크게 변모시켰다. 즉 반란의 진압과정에서 김헌창에 동조했던 무열왕계 세력이 크게 약화되어,[28] 이후의 왕위 계승을 둘러싼 경쟁은 원성왕계 내부로 한정되었다. 원성왕계 내부의 치열한 왕위 쟁탈전은 흥덕왕이 왕위를 계승할 사자가 없는 상황에서 사망했던 836년에 재연되었다. 836년 12월 흥덕왕이 후계자에 대한 아무런 언급도 없이 홍거하자 곧이어 격심한 왕위 쟁탈전이 전개되었다.[29] 상대등에 재임 중이던

---

28) 『삼국사기』권10, 헌덕왕 14년조에는 반란에 연좌되어 주살된 자가 종족과 당여 239인에 이르렀다고 하고 있는데, 이 가운데 종족(宗族)으로 표현된 자는 곧 무열왕계를 의미하는 것으로 볼 수 있다.

29) 『삼국사기』권10, 희강왕 즉위년 및 2년조. 한편 이에 대한 자세한 분석은 李基東, 「앞의 논문」참조.

김균정이 그의 아들 우징·매서(妹婿) 김예징(金禮徵)·김주원의 후손 김양(金陽) 등의 후원을 받아 왕을 칭하자, 시중인 김명(金明)은 아찬 이홍(利弘)·배훤백(裴萱伯) 등과 함께 제륭(悌隆)을 추대하여 무력 대결을 꾀하였다. 양군(兩軍)은 왕경인 경주에서 치열한 시가전을 전개하였고, 그 과정에서 균정이 김제륭·김명 군에게 살해되면서 승패가 가름되었다. 이로써 김제륭이 김명 등의 추대를 받아 왕위에 오르게 되었으니, 이가 곧 희강왕이다. 이러한 두 파의 대립을 왕실의 혈족 관계에서 보자면, 원성왕의 아들인 인겸태자계와 예영계의 대립이라고 할 수 있으며,[30] 김균정과 제륭은 숙질의 관계였던 것이다.

왕위에 오른 희강왕은 공신인 김명을 상대등에, 아찬 이홍을 시중에 임명하여 정국을 운영하게 되지만, 실권은 상대등 김명에게 집중되어 있었다. 그리하여 즉위후 3년만에 그는 김명 등의 핍박을 받아 자살하고, 실세였던 김명이 즉위하여 제44대 민애왕(閔哀王)이 되었다.

그러나 민애왕이 즉위하자마자 836년의 왕위 쟁탈전에서 패퇴한 김우징과 김양 등이 당시 대세력가인 청해진대사(淸海鎭大使) 장보고(張保皐)에게 의탁하여 양자간의 결속이 이루어짐에 따라 새로이 전운이 형성되고 있었다. 836년의 왕위 쟁탈전에 패배했던 김우징은 왕경에서 도망쳐 낙동강 수로와 연안 해로를 이용하여 청해진에서 거대한 해상세력을 형성하고 있었던 장보고에게 몸을 의탁하였다. 한편 그의 우익인 김양도 지방을 전전하다 민애왕의 왕위 찬탈 소식이 들려오자 사병(私兵)을 모아 청해진으로 합류하였다.

일종의 혼인동맹의 약속을 통해 장보고의 군사력의 지원을 받은 김우징 세력은 드디어 민애왕 즉위년(838) 12월에 김양을 평동장군(平東將軍)으로 삼고 5,000의 군사로 무주(武州) 철야현(鐵冶縣)까지 진출하였으며, 오늘날의 광주 근

---

30) 李基東,「앞의 논문」, pp.165~166.

교에 해당하는 철야현 전투에서 왕명을 받은 대감 김민주가 이끈 왕군을 대파하여 기세를 올렸다. 다시 청해진으로 돌아가 전열을 재정비한 김우징 세력은 이듬해 윤정월 왕경을 향해 총진격을 감행하였다. 청해진을 출발한 김우징군은 신속히 행군하여 윤정월 19일에 달구벌까지 진출하였다. 이에 대해 민애왕도 스스로가 왕도의 서교(西郊)까지 나와 독전하는 한편, 군대를 달구벌로 보냄에 따라 일대 결전이 대구 지역에서 벌어지게 되었다. 이는 대구가 당시 왕도인 경주와 연결되는 교통로상의 요해지였기 때문이다. 이 전투는 왕군의 대패로 끝났으며, 김우징 세력이 승기를 잡고 왕경으로 진격하여 민애왕을 살해하고 스스로 왕위에 올라 신무왕이 되었다.

이상에서 보았듯이 9세기 전반의 또 한 번의 왕위 쟁탈전에서도 경상도 지역은 전장으로 변하였다. 그것은 왕경인 경주를 둘러싸고 있는 경상도 지역의 피할 수 없는 운명이었다고 할 수 있다.

5. 후삼국기 경상도 지역 호족의 존재 양태와 동향

9세기 이후 신라 왕조는 서서히 노쇠화의 기미를 나타내고 있었다. 중앙의 진골 귀족들은 치열한 왕위 쟁탈전을 벌이고 있었고, 지배질서 역시 이완되기 시작하였다. 이러한 지배 귀족들의 분열은 중앙집권력을 약화시켰고, 지방에서는 새로운 사회세력이 대두하기 시작하였다. 이와 같이 신라 말·고려초에 대두했던 지방세력은 일반적으로 호족으로 칭해지고 있다.[31] 이들은 대체로

---

31) 용어에 대한 논란이 없지는 않다. 향호·토호·호부층 등의 새로운 용어를 사용하는 경우도 있지만, 근래에는 오히려 호족이라는 용어가 엄밀한 재검토를 바탕으로 하여 정착되고 있는 느낌을 주고 있다. 이순근, 「나말여초 '호족'용어에 대한 연구사적 검토」 『성심여대논문집』19,

880년대부터 지방 사회의 실질적인 지배자로 등장하여, 성주·장군을 자칭하였다. 지방 지배기구로서 통일신라의 중앙 정부조직과 읍사(邑司) 조직을 모방한 관반체제와 사병을 양대 축으로 삼아, 일개 군 정도의 영역을 독자적으로 지배하였으며, 그리하여 나말여초의 사회변동을 주도해 나갔다.

　이러한 현상은 경상도 지역도 예외가 아니었다. 대체로 9세기 말에서 10세기 초에 이르는 시기에 경상도의 여러 군현에는 대부분 호족들이 자립하여 당해 군현을 지배하고 있었던 것으로 보인다. 특히 경상도 지역의 호족들은 이지역이 후고구려와 후백제 혹은 고려와 후백제의 주도권 장악을 둘러싼 치열한 각축장이 되어 왔으므로, 그 전말을 기록하는 과정에서 여타 지역보다는 훨씬 많은 호족들이 다양한 사료를 통해 그 존재를 드러내고 있다. 『삼국사기』와 『고려사』 및 『고려사절요』 등 기본 사서는 물론이고, 이들 사서에서 간과된 존재들이 『경상도지리지』와 『신증동국여지승람』 등 조선 초기의 지리지에 기록된 경우도 종종 발견된다. 이 밖에도 문인들의 문집이나 나말여초에 건립된 선사들의 비문 및 몇몇 가문의 족보 등에도 그 존재를 확인할 수 있다. 그래서 후삼국기에 경상도 지역 여러 군현에 존재했던 호족의 존재를 검출하고, 그들의 출신이나 성격, 정치·사상적 지향 등 이 시기 호족과 관련된 제반 문제를 정리해 보고자 한다. 이는 결국 후삼국 시기 경상도 지역의 상황을 보여주게 될 것이기 때문이다. 다만 서술의 편의를 위하여 주치·소경 지역과 일반 군현 지역으로 구분하여 살피도록 하겠다.

1987; 문경현, 「호족론」 『고려태조의 후삼국통일연구』, 형설출판사, 1987; 김갑동, 「호족연합정권설의 검토」 『나말여초 호족과 사회변동 연구』, 고려대 민족문화연구소, 1990; 신호철, 「후삼국시대 호족연합정치」 『한국사상의 정치형태』, 일조각, 1993.

1) 주치 및 소경 지역의 호족과 동향

전술했듯이 통일신라기의 9주체제하에서 경상도 지역은 대부분이 사벌주(=상주)·삽량주(=양주)·청주(=강주)의 3개 주에 영속되어 있었고, 소수의 군현이 하서주(=명주)와 우수주(=삭주)에 분속되어 있는 상태였다. 그리고 삽량주에는 특별히 금관소경이 설치되기도 하였다. 말하자면 경상도 지역에는 통일신라기의 지방지배를 위한 주요 거점으로 3주(상주·강주·양주)의 주치(州治)와 1소경(금관경)이 포함되어 있었던 셈이다. 이러한 주요 지방도시는 지방지배의 거점이었으므로, 일반 군현보다는 그 정치·군사적 비중이 높았고, 인구 또한 상대적으로 다수였다. 따라서 중앙집권력이 이완된 신라 말의 정치 상황 아래에서 호족이 자립하기에는 여러 가지 측면에서 유리한 점을 많이 갖고 있었고, 대호족의 성장 기반이 될 수 있는 가능성이 컸다. 그래서 상주(상주)·강주(진주)·양주(양산)의 3개 주치 지역과 소경인 금관경(김해)의 호족의 존재부터 검토해 보기로 하겠다.

(1) 상주(尙州) 지역

상주는 신라 왕조가 본격적인 지방지배를 추진했던 525년(법흥왕 12)에 상주의 주치인 사벌주가 설치될 정도로[32] 일찍부터 그 정치적·군사적 중요성이 인정되고 있었다. 상주 지역은 분지 및 저지대 지형으로서 넓은 충적평야가 펼쳐져 있어 경상도에서는 손꼽히는 평야지대였으므로, 일찍부터 농경활동이 활발하였고, 이러한 유리한 여건으로 인하여 다수의 인구가 거주하였기 때문이다. 그리하여 신라 왕조는 성장 과정에서 감문주(개령)·일선주(선산)로의 몇 차례의

---

32) 『삼국사기』 권4, 법흥왕 12년조.

이동을 거쳐 687년(신문왕 7)에 상주로 주치를 다시 옮기고 성을 쌓았으며, 음리화정을 비롯한 다양한 군사조직을 갖춘 정치·군사적 거점으로 삼았다.

다음으로 상주 지역은 수륙 양로의 교통요지라는 유리한 지리적 입지를 갖고 있었다. 육로 교통과 관련하여 『삼국사기』 지리지에는 신라의 왕경(경주)에서 당으로 가는 주요 교통로로 당은포로(唐恩浦路)를 들면서 그 중간 거점에 상주가 위치해 있음을 특기하고 있고,33) 왕경에서 당은포에 이르는 행로는 경주-선산-상주-함창-문경-계립령-연풍-충주-당은포에 이르는 길로 추정되고 있다.34) 상주가 백두대간을 넘어 한강 유역으로 진출하는데 있어 교통의 요충이었음을 의미하는 것이다. 한편 상주는 낙동강 수계를 통해 선박을 이용하여 남해에 이를 수도 있었다. 따라서 상주는 수륙 교통의 교차점이기도 했다.

이와 같이 상주 지역은 통일신라기에 교통의 요지에 위치한 정치·군사적 거점이었으므로 신라 말에 이르러서도 유력한 호족이 자립할 수 있는 유리한 토양을 제공하였다. 상주 지역의 유력한 호족으로 비교적 이른 시기에 모습을 드러낸 인물은 아자개였다. 아자개는 바로 여러 사료에서 후백제를 건국한 견훤의 아버지로 기록되어 있는 인물이다.

B-1. 견훤(甄萱)은 상주 가은현 사람이다. 본성은 이씨인데, 후에 견씨라 하였다. 아버지 아자개(阿慈介)는 농사를 지으면서 살아오다가 후에 가문을 일으켜 장군이 되었다.(『삼국사기』 권48, 견훤열전)

B-2. 견훤은 상주 가은현 사람으로 함통 8년(867) 정해생이다. 본성은 이씨인데, 후에 견씨라 하였다. 아버지 아자개는 농사를 지으면서 살아오다가 광계(885~887) 중에 사불성(沙弗城)을 근거로 하여 장군이라 자칭하였다.(『삼국유사』 권2, 기이2, 후백제

33) "王城東北當唐恩浦路日尙州"(『삼국사기』 권34, 지리지 서).
34) 權惪永, 『앞의 책』, pp.192~193.

견훤조)

B-3. (景明王 2년; 918) 추7월에 상주적수(尙州賊帥) 아자개(阿玆盖)가 태조에게 내부하였다.(『삼국사기』 권12, 경명왕 2년조)

B-4. 갑오년(태조 원년; 918) 7월에 상주적수(尙州賊帥) 아자개(阿字盖)가 사신을 보내 내부하였다. 왕이 의식을 갖추어 맞이하도록 명하였다.(『고려사』 권1, 태조 원년 7월조)

B-5. 사벌국고성(沙伐國古城) : 병풍산 아래에 있다. 신라 말년에 견훤의 아버지인 아자개(阿玆盖)가 이 성에 웅거하였다.(『신증동국여지승람』 권28, 상주목 고적조)

위의 사료를 종합하면 아자개가 장군 즉 호족으로 성장하는 과정은 다음과 같이 정리된다. 그는 원래 상주 가은현의 농민 출신이었으나, 농업 경영을 통해 부농 혹은 상층 농민으로 성장하여 가문을 일으켰다. 드디어 광계(885~887) 중에 원래의 출신지인 가은현에서 상주로 근거지를 옮겨 사불성장군(沙佛城將軍)을 자칭하면서 상주의 호족으로 자립하였다.[35] 아자개가 근거로 삼은 곳은 『신증동국여지승람』에 의하면 사벌국 고성 곧 병풍산성이었음을 알 수 있다.

그런데 상주 호족 사불성장군 아자개는 정치적으로 보수적인 노선을 걸어온 것으로 보인다. 그는 호족으로 자립했던 886년 무렵에는 친신라적인 성향을 띠고 있었다. 『삼국사기』 견훤열전에 의하면 견훤은 젊은 시절에 군인이 되어 왕경으로 상경했다고 하였는데, 이는 아자개가 친신라적 노선을 취하고 있었기 때문에 가능한 일이었다.[36] 이는 3년 후의 사건에서도 입증된다. 889

---

35) 아자개와 같이 원래 주요 지방 거점지역의 변두리 혹은 예하 군현 출신 인물이 중심 거점지역으로 근거지를 옮겨 유력 호족으로 성장하는 사례는 후술될 강주(진주)의 왕봉규, 김해의 소충자 · 소율희 형제 등의 경우에서도 발견된다.

36) 申虎澈, 『後百濟 甄萱政權硏究』, 一潮閣, 1993, pp.17~24.

년(진성여왕 3)에는 상주 지역에서 원종·애노가 이끄는 농민봉기가 발생하였다.[37] 이는 이후 신라의 몰락을 재촉하는 계기가 되었으며, 전국적으로 미친 파급 효과도 컸다. 그런데 이러한 봉기의 와중에서 아자개는 그들과는 약간 다른 입장을 가진듯 하다. 만약 그가 농민봉기에 참여했다면 당시 상주에서의 그의 위상을 볼 때, 아마 봉기군의 지도자로 사료에 특기되었을 것이다. 아자개는 889년의 상주의 농민봉기 중에도 여전히 친신라적인 자세를 견지하면서, 봉기에 참여하지 않고 있었던 것으로 추측된다. 이러한 그의 정치적 입장은 이후 아들인 견훤이 후백제를 건국하게 되면서 부자간 갈등의 요인이 되었고, 위의 자료에서 보듯이 결국 그가 견훤과 결별하고 고려 건국 직후 왕건에게 귀부 하는 것으로 귀결되었다.

견훤은 군인으로 상경했다가 서남해의 방수군으로 부임한 후, 사졸들의 신망을 모으면서 때를 기다리고 있었다. 진성여왕 3년 이후 연이은 기근과 정치적 혼란을 틈타 곳곳에서 농민봉기가 발생하자, 견훤은 서남쪽 주군을 공격하여 5,000의 무리를 확보하였고, 892년(진성여왕 6)에는 드디어 무진주를 장악하여 왕을 자칭하면서 자립하여 신라 타도의 기치를 높이 들었다. 이러한 견훤의 정치적 노선은 아버지인 아자개의 그것과는 사뭇 다른 것으로, 이때부터 부자간의 갈등은 심화되기 시작했다. 특히 900년에 견훤이 전주에 도읍을 정하고, 반신라적 호족을 널리 규합하여 후백제왕을 칭하면서 관직을 설치하는 등 국가체제를 갖추게 되자 부자간의 갈등관계는 더욱 깊어져 갔다. 그리하여 906년에 견훤이 상주를 공격하자, 궁예가 왕건이 이끈 군사 3,000명을 보내 사화진(상주)에서 견훤을 격파할 정도가 되었다.

이러한 상황 속에서 신라는 더욱 약화되어 갔으며, 918년에 왕건이 궁예를

---

37) 『삼국사기』 권11, 진성여왕 3년조.

축출하고 고려를 건국하자 아자개는 아들인 견훤과 결별하고 왕건에게 귀부하고 말았다. 아자개의 친고려 노선으로의 전환은 견훤에게는 큰 타격이었으며, 이제 막 신정권을 수립한 왕건에게는 매우 중요한 의미를 지닌 사건이었다. 그리하여 상주 지역은 이후 견훤의 집요한 공격을 받게 되었으니, 927년 10월의 가은현 공격을 대표적인 예로 들 수 있다. 그러나 이러한 공격에도 불구하고 상주 지역에는 여전히 아자개의 세력이 지속되었던 것으로 생각된다.

이상 보았듯이 주치였던 상주 지역에는 가은현 농민 출신인 아자개가 885년 경 이주해 와 호족으로 자립하여 지배했으며, 그는 친신라적인 성향을 지속하다가 918년에는 고려 왕조에 귀부하고 말았다.

(2) 강주(康州; 菁州; 晉州)지역

강주는 685년에 대체로 낙동강 서안의 경상도 서부 지역을 지배하는 거점으로 주치가 두어진 후, 매우 중요한 정치적·군사적 위상을 갖고 있었다. 지리적으로도 일찍이 백제와 대가야가 대왜 교섭창구로 삼기 위해 치열한 각축전을 벌였던 섬진강 하구의 하동을 관장할 뿐만 아니라 남강으로 연결되는 서부 경남 지방의 중심지이기도 했다. 나아가 왕도인 경주와도 통하는 주요 교통로 상에 위치하고 있는 등 주요 지배 거점으로서의 이점이 많은 지역이었다. 특히 하대에 이르면 지방 행정과 군사적 중심지이자 일본과의 교섭에서 창구 역할을 수행하면서 다수의 주민이 거주하는 대읍으로 발전한 것으로 보인다. 이를 배경으로 강주 지역에도 신라 말에 이르러 유력한 호족이 자립하였다.

강주 지역의 호족으로 사료를 통해 가장 먼저 등장하는 인물은 강주장군(康州將軍) 윤웅(閏雄)이다.

C-1. 태조 3년(920) 강주장군(康州將軍) 윤웅(閏雄)이 그 아들 일강(一康)을 보내어

볼모로 삼게 하므로 일강을 아찬으로 임명하고 경 행훈(行訓)의 누이동생을 아내로 삼게 하였으며, 낭중 춘양(春陽)을 보내어 강주를 위유(慰諭)하였다.(『고려사』 권1, 태조 3년 춘정월조; 『고려사절요』 권1, 태조 3년 정월조)

강주장군 윤웅은 920년에 고려 태조 왕건에게 귀부하고 아들 일강을 볼모로 보냈다. 이에 대해 왕건은 일강을 아찬으로 삼는 한편, 낭중 춘양을 보내 강주를 위유하는 회유책을 베풀었다. 이렇게 윤웅은 920년 무렵 강주장군을 칭하면서 강주 지역을 지배하는 호족으로 군림하였다. 다만 그의 자립 시기가 정확히 언제쯤인지는 분명하지 않은데, 일반적인 주요 지방의 호족의 자립 시기를 참조하면 900년 무렵에는 호족으로 자립했을 가능성이 크다. 윤웅은 아마 반신라적인 성향을 보인 존재로서 강주 지역을 지배하다가 고려가 건국되자 왕건에게 귀부했던 것으로 보인다.

강주장군 윤웅이 주치인 강주를 중심으로 세력을 떨치고 있을 때, 인근 지역에서도 새로운 호족이 성장하고 있었다.

C-2. 사신을 파견하여 후당에 들어가 조공하였다. 천주절도사(泉州節度使) 왕봉규(王逢規) 역시 사신을 보내어 방물을 바쳤다.(『삼국사기』 권12, 경명왕 8년조; 『신오대사』 권5, 장종 동광 2년조; 『책부원귀』 권972, 외신부17, 조공5)

위의 사료에는 924년에 천주절도사 왕봉규라는 인물이 후당에 사신을 보내 방물을 바친 내용이 보인다.[38] 그런데 왕봉규는 3년 뒤에는 스스로 지강주사를 칭하고 있어, 강주 지역과 일정한 관련을 갖고 있는 인물임이 확실하다. 그러면

---

38) 왕봉규에 대해서는 그의 대중국 통교활동을 중심으로 한 선구적인 연구가 있다(金庠基, 「羅末 地方群雄의 對中通交-특히 王逢規를 중심으로-」 『黃義敦古稀紀念論叢』, 1960).

왕봉규가 천주절도사를 자칭한 이유는 무엇일까? 『삼국사기』 지리지에는 강주 강양군의 영현인 의상현을 "의상현(宜桑縣) 본래 신이현(辛尒縣)이다(주; 朱烏村이라고도 하고, 천주현이라고도 한다). 경덕왕이 이름을 고쳤다. 지금의 신번현(新繁縣)이다"라고 기록한 것이 보인다. 의상현은 현재 의령군으로 비정되는데, 천주현이 또 하나의 지명으로 전하고 있음은 주목할 필요가 있다. 곧 신라 말 왕봉규가 이 지역의 호족으로 자립하면서 칭한 천주절도사라는 칭호가 천주현이라는 또다른 지명을 남기게 된 유래가 되었을 것으로 여겨지기 때문이다. 요컨대 왕봉규는 924년 무렵 현재의 의령군 일대를 지배하는 호족으로 자립하여 천주절도사를 칭하고 있었던 것이다. 그리고 그의 세력도 후당에 사신을 보낼 정도로 상당한 수준에 이르렀다.

그런데 왕봉규는 그보다 3년 후인 927년이 되면 그의 직함이 변화한 사실이 확인된다.

C-3. 후당 명종이 권지강주사 왕봉규를 회화대장군으로 삼았다. 여름 4월에 지강주사 왕봉규가 사신 임언을 보내어 후당에 조공하였다. 명종이 중흥전에서 불러 보고 물건을 하사하였다. 강주 소관인 돌산 등 4향이 태조에게 귀부하였다.(『삼국사기』 권12, 경애왕 4년조)

위의 사료에 보듯이 왕봉규는 927년에 후당에 사신을 보내면서 권지강주사를 자칭하였다. 이는 그가 천주절도사를 칭하던 단계와는 달리 지배 지역이 주치인 강주를 포함하고 있었음을 말하는 것이다. 이로써 우리는 강주 지역의 호족 사이에 세력교체가 일어났음을 짐작할 수 있다. 곧 920년 고려에 귀부한 바 있는 호족인 강주장군 윤웅은 924년경 현재의 의령지역에서 천주절도사를 자칭하던 왕봉규에게 927년 무렵 강주 지역을 빼앗기고 말았던 것이다. 이제 강주 지역은 권지강주사 왕봉규의 지배하에 놓이게 되었다.

그런데 왕봉규는 강주를 장악한 후 친고려적이었던 윤웅과는 다른 정치노선을 걸은 것으로 보인다. 어쩌면 친후백제 노선을 취하고 있었을 가능성이 높다. 그래서 왕건은 왕봉규의 강주 장악과 더불어 해상을 통해 강주 지역을 맹렬하게 공격하였다.

C-4. 태조 10년(927) 하4월 해군장군 영창과 능식 등을 보내어 주사(舟師)를 이끌고 나아가 강주를 치게 하니, 전이산 · 노포 · 서평산 · 돌산 등 4향을 항복시키고, 인물을 노획하여 돌아왔다.(「고려사」 권1, 태조 10년조)

위의 사료에서 전이산향 · 돌산향 등 4개 지역의 공략은 왕봉규를 견제하기 위한 왕건의 정책을 잘 보여주고 있다.

이상과 같이 왕봉규의 반고려적인 성향은 고려의 적극적인 공격을 유발하였고, 이로 말미암아 왕봉규 세력은 결국 몰락하고 말았던 것으로 여겨진다. 927년 8월에 왕건이 강주를 순행하려고 했던 사실과[39) 이듬해인 928년에 새로운 호족이 강주 지역을 지배하고 있음이 확인되는 데서 이를 짐작할 수 있다.

C-5. 태조 11년(928) 5월 강주의 원보 진경 등이 곡식과 식량을 고자군으로 운송하는데, 견훤이 가만히 군사를 보내어 강주를 습격하니 진경 등이 돌아와 싸웠으나 패하여 죽은 자가 300여인이나 되고 장군 유문(有文)은 견훤에게 항복하였다.(「고려사」 권1, 태조 11년 5월조)

---

39) 「고려사절요」 권1, 태조 10년 8월조.

위의 사료에는 928년 5월에 후백제의 견훤이 강주를 기습 공격했으며, 이때 장군 유문이 항복한 사실이 보인다. 여기에 보이는 장군 유문은 반고려적 성향을 보이다가 고려의 침입을 받아 몰락한 왕봉규를 뒤이어 강주 지역을 지배하게 된 호족일 것이다. 아마 고려 왕조의 후원 하에 강주를 장악했던 것으로 생각된다. 그의 예하에는 원보 진경 등 중소 호족들이 속해 있기도 하였다. 이와 같은 고려의 개입에 의해 강주 지역의 호족세력이 교체되고, 친고려적인 장군 유문이 지배권을 장악하게 되면서 강주는 후백제의 침입에 시달리게 되었고, 928년 5월 장군 유문이 항복하면서 강주 지역은 후백제의 세력권으로 편입되었다. 935년을 전후한 시점에 견훤의 아들인 양검이 강주도독으로 기록에 보이는 것은 이러한 사실을 잘 보여주고 있다.[40]

이상 보았듯이 주치였던 강주 지역에도 신라 말 유력한 호족이 성장·자립하였다. 가장 먼저 세력을 떨친 것은 920년에 고려에 귀부하였던 강주장군 윤웅이었다. 그러나 924년 무렵부터 의령을 근거로 성장한 천주절도사 왕봉규가 927년을 전후하여 강주 지역을 장악하고 새로운 실력자로 군림하였다. 특히 그는 후당에 사신을 보내어 회화대장군으로 책봉을 받는 등 발빠른 외교활동을 전개하였으며, 친후백제적인 성향을 나타내었다. 이러한 왕봉규의 정치적 성향은 고려의 침략을 유발하여 결국 그는 927년 8월 경에 몰락하고, 고려의 후원을 받은 장군 유문이 새로운 지배자로 모습을 드러내었다. 그러나 유문은 지리적으로 보다 근접한 후백제의 공격을 받아 928년 5월에 후백제에 항복하고 말았다. 이 후 강주 지역은 후백제가 멸망할 때까지 도독이 파견되는 후백제의 직할 지배 지역으로 변화하였다.

---

40) 『삼국사기』 권50, 견훤열전에는 935년 신검이 쿠데타를 계획할 때, 그의 동생인 양검이 강주 도독으로 있었음을 전하고 있다.

(3) 양주(良州; 歃良州; 梁山) 지역

양주는 665년(문무왕 5)에 삽량주의 주치로 설정된 이후 경상도의 동남부 지역을 관할하는 행정 중심지이자, 지방 지배의 거점이 되어 온 대읍이었다. 그리고 이 지역 역시 왕경에서 낙동강 하구로 나아가는 주요 교통로상에 위치하고 있는 요충이었고, 김해평야를 배후에 둔 농경의 중심지였다. 그러므로 신라 말의 혼란을 틈타 유력한 호족이 자립할 수 있는 호조건을 갖추고 있었다고 할 수 있다.

D-1. 이 해(천복 3년; 903; 효공왕 7)에 양주수(良州帥) 김인훈(金忍訓)이 급함을 고하자, 궁예가 태조로 하여금 가서 구하게 했다.(『고려사』 권1, 태조 즉위조)

위의 사료에는 903년 당시에 후백제 견훤의 공격을 받은 양주수(良州帥) 김인훈(金忍訓)이라는 인물이 궁예에게 구원을 요청하였고, 궁예는 왕건을 보내 구원케 하였던 사실이 보인다. 그러면 양주수 김인훈은 어떤 인물이었을까. 우선 양주수라는 표현은 양주가 주치라는 점과 관련지워 보면 양주 지역의 최고 지배자인 도독을 일컫는 것으로 생각된다. 그리고 김인훈은 일단 그의 성씨가 김씨인 점에서 왕경 출신이었을 가능성이 크다. 그러므로 양주수 김인훈은 원래 신라 왕조가 주치인 양주에 도독으로 파견한 지방관으로 추정된다.

그러나 903년 당시에도 그를 신라의 지방관으로 단정할 수는 없다. 우선 그를 양주수라는 비공식적인 칭호로 부르고 있어 원래의 양주도독에서 일정한 변질을 상정할 수 있고, 무엇보다 그의 정치적 성향이 친궁예 노선을 취하고 있기 때문이다. 아마 903년 당시에 김인훈은 이미 신라로부터 이탈하여 궁예에게 군사적 지원을 요청할 정도로 반독립적인 지방세력가로 자립하고 있었다고 할 수 있다.

D-2. 성황사(城隍祠) : 세상에서 전하기를 김인훈(金忍訓)이 고려 태조를 도와서 벼슬이 문하좌시중에 이르렀는데, 그가 죽어서 사신(祠神)이 되었다 한다.(『신증동국여지승람』 권22, 양산군 사묘조)

위의 사료에 의하면 김인훈은 양산 지역 성황사의 신으로 모셔졌다고 한다. 후대의 성황당 신은 신라 말에 활동한 호족을 모신 경우가 종종 발견된다. 따라서 이를 통해서도 김인훈이 신라 말 양주 지역의 호족이었음을 짐작할 수 있다. 다만 그의 행방이나 세력권 등 자세한 사정은 자료 부족으로 파악되지 않는다.

(4) 금관경(金官京; 金海) 지역

김해 지역은 일찍이 해로 교통의 요지와 철산지라는 지리적 이점으로 인하여 금관가야가 발전한 곳이었고, 680년(문무왕 20)에는 소경으로 승격되어 중요한 지방의 중심지로 성장하였다. 그리하여 신라 말에는 유력한 호족들이 성장 자립하였다.[41]

먼저 김해 지역 호족들에 대한 대표적인 자료를 열거하면 다음과 같다.

E-1. 김해의 서쪽에 복림이 있다는 말을 (審希가) 듣고 갑자기 이 산을 떠나 남쪽으로 가겠다고 말했다. 진례(進禮)에 이르러 잠시 머뭇거렸다. 이에 진례성제군사(進禮城諸軍事) 김율희(金律熙)가 도를 사모하는 정이 깊었는데, 가르침을 들으려는 뜻이 간절하여 경계 밖에서 기다리고 있다가 성안으로 맞아 들였다. 이어서 절을 고쳐 주며 여기에 법의 수레를 머물게 하였는데, 마치 고아가 자애로은 아버지를 만난 듯하였고, 병자의 무리가 의왕을 만난 듯하였다.(「봉림사진경대사비」 『역대고승비문(이지관)』, 가산

---

41) 김해 지역의 호족에 대해서는 崔柄憲, 「新羅末 金海地方의 豪族勢力과 禪宗」 『韓國史論』4, 1978; 金相敦, 「新羅末 舊加耶圈의 金海 豪族勢力」 『震檀學報』82, 1997 참조.

문고, 1994, pp.354~355)

E-2. 그리하여 작은 절을 창수하고 발길을 멈추었으며, 봉림이라 이름을 고치고 다시 선우를 열었다. 이에 앞서 지김해부진례성제군사명의장군(知金海府進禮城諸軍事明義將軍) 김인광(金仁匡)이 가정에서는 아버지의 가르침을 받고 임금에게는 충성을 다하였는데, 선문에 귀앙하여 절을 짓는 것을 도왔다.(『같은 책』, p.357)

E-3. 이듬해(907; 효공왕 11) 늦여름에 갑자기 경기를 떠나 바닷가를 따라 잠시 노닐다가 김해부에 이르렀다. 지부(=金海府知軍府事)인 소충자(蘇忠子)와 그의 아우 영군(領軍) 율희(律熙)가 옷깃을 여미어 풍화를 흠모하고 가슴을 열어 도를 사모하면서 명사에 머물기를 청하고 창생에게 복을 주기를 빌었다.(『태자사낭공대사비』『나말여초금석문』, 혜안, 1996, pp.282~283)

E-4. 신라 말에 충지(忠至) 잡간이란 자가 있어 금관성을 공취하고 성주장군이 되었다. 영규(英規) 아간이라는 자가 장군의 위엄을 빌어 묘향(廟享)을 빼앗아 음사(淫祀)를 지내더니 단오를 당하여 고사(告祀)하는 중에 대들보가 무고히 부러져 거기에 치어 죽었다. 이에 장군(=충지잡간)이 혼자 말로 다행히 숙인(宿因)으로 성왕(聖王)이 계시던 국성(國城)에 외람되이 제전(祭奠)을 하게 되었으니 나는 마땅히 그 영정을 그려 모시고 향 등을 바쳐 신은(神恩)을 갚아야 한다하고 드디어 3척의 비단에 진영(眞影)을 그려서 벽상에 봉안하고, 조석으로 기름불을 켜서 경건히 받들더니 겨우 3일만에 진영의 두 눈에서 피눈물이 흘려내려 거의 한말이나 지상에 괴이었다. 장군이 크게 두려워하여 그 진영을 모시고 사당으로 가서 불사르고, 곧 왕의 진손 규림(圭林)을 불러 "어제도 불상사가 있고, 이런 일이 중첩하니 이는 반드시 사당의 위령이 내가 영정을 그려서 불손히 공양한 데 진노하신 것이다. 영규가 죽기에 내가 매우 두려워하는데, 영정을 태웠으니 반드시 음주(陰誅)를 받을 것이다. 그대는 왕의 진손이니 꼭 종전대로 제사를 받들라"고 하였다. 규림이 대를 이어 제전을 받들더니 나이 88세에 죽고 그 아들 간원(間元) 경이 상속하여 제사를 지냈다. 단오일 알묘제(謁廟祭)에 영규의 아들 준필

이 또 발광하여 사당에 와서 간원의 제수를 걷어치우고 자기의 제수를 베풀더니 삼헌 (三獻)이 끝나지 아니하여 갑자기 병이 나서 집으로 돌아가 죽었다.(『삼국유사』 권2, 기 이2, 가락국기조)

위의 사료에는 신라 말 호족들이 흔히 칭했던 지제군사(知諸軍事)·성주장 군·장군·지부(知府) 등의 칭호를 가진 여러 인물이 보인다. 이는 김해 지역 호 족들의 구성이 복잡했고, 그만큼 빈번한 세력 교체가 있었던 사실이 반영되어 있기 때문인데, 이에 대한 검토는 신라 말 각 지역 호족들의 존재양태와 갈등 및 세력 교체를 파악하는 단서가 될 수 있다.

호족 칭호를 가진 인물을 열거하면, 진례성제군사 김율희(進禮城諸軍事 金律熙), 지김해부진례성제군사 명의장군 김인광(知金海府進禮城諸軍事 明義將軍 金仁匡), 지 부(知府=金海府知軍府事) 소충자(蘇忠子) 및 영군 율희(領軍 律熙), 성주장군 충지 잡간 (城主將軍 忠至匝干), 장군 영규 아간(將軍 英規阿干) 등이고, 비록 칭호는 보이지 않지 만 규림(圭林) 역시 같은 범주에 포함시킬 수 있다. 그런데 지부 소충자는 성주장 군 충지잡간과 같은 사람이고, 진례성제군사 김율희와 영군 율희도 같은 인물이 다. 그러므로 김해 지역의 호족으로는 비슷한 시기에 지부(혹은 성주장군) 소충자 잡간, 그 아우인 진례성제군사(→영군) 소율희, 지김해부진례성제군사 명의장군 김인광, 장군 영규 아간, 규림 등 5명을 확인할 수 있다.

그러면 이들 호족의 상호관계는 어떠했을까? 자립의 근거지와 선후 관계 등 을 정리해 보기로 한다. 위의 자료 가운데 가장 분명한 것은 907년 당시 낭공 대사가 김해부를 찾았을 때, 김해부의 호족으로 지부 소충자와 그의 아우 영군 율희가 존재했던 사실이다.(E-3) 그런데 소충자는 원래 김해부를 근거지로 한 호족이 아니었으며, E-4에서 보듯이 금관성을 공취한 후 김해의 호족으로 군 림했던 인물이었다. 이와 관련하여 소율희가 그 전에 진례성제군사로 나오고 있는 점이 유의된다.(E-1) 여기에 보이는 진례성은 김해부로부터 서쪽 35리 떨어진 창원과의 경계 지점에 위치하고 있어[42] 소충자가 공취한 금관성과는 분명하게 구별되는 곳이다. 그러므로 소율희가 진례성제군사를 자칭했던 것은 결국 소충자·율희 형제가 원래는 진례성을 근거지로 하는 호족이었음을 말하는 것이다. 이와 같이 소충자 형제가 진례성을 근거로 호족으로 성장하고 있을 때, 김해 지역을 장악했던 세력은 장군 영규 아간과 규림이 아닐까 한다. 이들은 규림을 김수로왕의 진손으로 표현하거나, 영규 아간과 규림이 김수로왕에 대한 제사권을 둘러싸고 갈등을 벌이고 있는 사실 등에서 보면 금관가야 왕족의 후예임이 분명하다. 요컨대 907년 이전의 김해 지방에는 원래 금관성을 근거지로 영규 아간과 규림 등의 금관가야 왕족 후예들이 세력을 형성하고 있었으며, 한편 소충자 형제는 진례성을 근거지로 호족으로 성장하고 있었다. 그런데 소충자 형제는 그 이후 금관성을 공취하여 스스로 김해부지부와 영군을 칭하면서 김해 지역의 호족으로 군림하였던 것이다.

이와 같이 김해 지역의 호족을 정리해 볼 때, 빠져있는 인물이 지김해부진례성제군사 명의장군 김인광(知金海府進禮城諸軍事 明義將軍 金仁匡)이다. 그는 E-2에서 보건대 일정한 유학적 소양을 갖춘 인물로 추정되는데, 역시 진례성제군사를 칭하고 있음이 유의된다. 아마 소충자 형제가 등장하기 이전에 진례성을 근거로 자립했던 세력가일 것이다. 말하자면 진례성을 중심으로 하는 김해부의 서쪽 지역에서도 김인광에서 소충자 형제로의 세력 교체가 있었던 셈이다.

이상에서 살핀 바 처럼 신라 말의 김해 지역에서는 호족세력의 빈번한 교체가 일어났음이 특징적이다. 즉 금관성을 근거지로하는 김해의 중심지에는 영규 아간과 규림으로 대표되는 금관가야 왕족의 후예들이 세력을 장악하고 있었고,

---

42) 『신증동국여지승람』 권32, 김해도호부, 고적조.

그보다 서쪽의 진례성을 중심으로 하는 지역은 김인광이 호족으로 자립하고 있었다. 그런데 진례성에서 소충자 형제가 김인광을 대신하여 진례성제군사를 자칭하는 호족으로 자리잡았고, 이들은 금관성까지 공취하여 907년 당시에는 지부와 영군을 자칭하며, 김해 지역의 최고의 호족으로 군림하였던 것이다. 이들 세력은 적어도 911년까지 지속되었던 것으로 보인다. 다만 911년 이엄(利嚴)이 김해부를 방문했을 때, 동생인 소율희가 김해부지군부사(=지부)를 칭하고 있어 [43] 소충자로부터 소율희로 권력이 승계된 사실을 파악할 수 있다.

김해의 호족이었던 소율희는 특히 선종 승려를 우대한 것으로 유명하다. 심희를 후원하여 봉림산파를 개창케 하였으며, 나말여초 선사들의 비문을 살펴볼 때, 이들과 관계를 맺은 고승만도 행적·이엄·충담(忠湛)·진공대사 등 4인에 이르고 있다.

2) 군현 지역 호족과 동향

앞에서 통일신라기의 대읍이었던 주치와 소경 지역을 근거로 자립했던 호족들을 살펴 보았다. 여기서는 이를 제외한 일반 군현 지역의 존재양태와 후삼국 쟁패기의 동향에 대해 검토하고자 한다. 편의상 북부에서 남부에 이르는 순서로 서술하겠다.

(1) 풍기 지역

풍기 지역은 고려초 기주(基州)로 불렸으며, 통일신라 말에 기목진(基木鎭)이 설치된 군사적 요충지였다. 바로 소백산맥을 넘는 주교통로인 죽령을 끼고 있

---

43)「광조사 진철대사보월승공탑비」『역주 나말여초금석문』상·하, 혜안, 1996.

었기 때문이다. 「보리사대경대사현기탑비」에는 910년 경의 이 지역의 호족으로 지기주제군사(知基州諸軍事) 강공훤(康公萱)이라는 인물이 보이고 있다.

　　F. 차츰 전란이 가까워졌으므로 길을 나령(奈靈; 영주)으로 나와서 좋은 경치에 이르러 미봉(彌峯; 선산 비봉산 미봉사)을 바라보며 안개에 숨고 소백산에 의탁하여 노을 속에 자리를 잡았다. 이에 지기주제군사 상국 강공훤은 보수(寶樹)에서 바람을 마시고 선림(禪林)에서 도를 사모하였다. 대사가 멀리 위태한 곳을 버리고 안락한 곳에 온 뜻을 조심스럽게 받들어 예를 갖추어 공경히 맞이하였다.(「보리사대경대사비」 『역주 나말여초 금석문』 하, 혜안, 1996, pp.60~61)

　　위의 사료는 대경대사 여엄이 909년(효공왕 13) 입당 유학을 마치고 귀국하여 월악산, 소백산 등을 떠돌던 무렵이므로 대략 910년을 전후한 시점의 상황을 전하는 것이다. 여엄에게 귀의한 강공훤이 지기주제군사를 칭하고 있는 점이 주목된다. 그가 칭한 지제군사는 신라 정부가 지방관 혹은 지방세력가에게 수여한 군사적 성격이 강한 임시적인 직명이지만, 호족들이 스스로 자칭한 경우도 많았다.[44] 강공훤은 자칭한 경우로 보인다.

　　강공훤이 지기주제군사를 칭하며 풍기의 호족으로 군림하고 있을 때, 소백산맥 이북에서는 궁예의 후고구려가 세력을 펴고 있었다. 그래서 강공훤은 친궁예적인 성향을 나타내다가 고려 건국 이후에는 적극적인 친고려 정책을 취한 것으로 보인다. 그런데 그는 927년(태조 10) 후백제가 신라를 기습 공격하여 경애왕을 살해했을 때, 시중으로 1만의 군사를 이끌고 신라를 지원하고 있

---

44) 지제군사의 성격에 대해서는 李基白, 「新羅私兵考」 『앞의 책』(1974) 및 全基雄, 「羅末麗初의 地方社會와 知州諸軍事」 『慶南史學』4, 1987 참조.

다.[45] 이는 강공훤이 왕건의 호족연합정책에 부응하여 927년 이전에 이미 상경종사하고 있음을 알려준다. 936년의 후백제 공격에는 대상(大相)의 관계를 가지고 기병 300명을 비롯한 군사 14,700명을 인솔하고 참전하였다. 요컨대 신라 말 풍기 지역의 호족인 지기주제군사 강공훤은 910년 경 풍기의 지방세력가로 군립하다가 고려 건국 이후에는 상경종사하여 점차 중앙 귀족으로 변화했던 것으로 생각된다.

(2) 문경 지역

문경은 신라의 관문현으로 조령을 끼고 있는 교통로상의 요지이다. 그래서 신라 말에는 유력 호족이 성장하였다.

G. 홍달(興達)은 견훤을 위하여 고사갈이성(高思葛伊城) 성주가 되었다가 태조가 강주에 순행차 그 성을 통과할 때 홍달이 그 아들을 보내어 귀관(歸款)하니 이에 백제가 설치한 군리(軍吏)들이 모두 항부(降附)하였다. 태조가 이를 가상히 여겨 홍달에게는 청주의 녹을 내려주고 아들 준달에게는 진주의 녹을 내려주고, 웅달에게는 한수의 녹을, 옥달에게는 장천의 녹을 내려주고, 또 전택을 상으로 내려주었다. 견훤이 장차 그 성을 치려 하니 성주 홍달이 이를 듣고 출전코자 하여 목욕을 하는데 문득 오른편 어깨 위에 '멸(滅)'자가 있음을 보고 괴이하게 여겨 이를 씻었는데, 10일에 이르러 병사하였다.(『고려사』 권92, 열전5, 왕순식 부 홍달)

위의 사료에는 고사갈이성 성주 홍달이라는 호족이 보인다. 그런데 고사갈이성은 『고려사』 권57, 지리지2 문경현조에 의하면, 문경현의 이칭으로 나오

---

45) 『고려사』 권1, 태조 10년조.

고 있어 흥달이 문경의 호족임을 알 수 있다. 그의 호족으로의 자립 시기는 분명하지 않으나, 대략 910년대로 추정할 수 있다. 흥달은 자료에서 드러나듯이 원래 친후백제적 성향을 나타냈던 것으로 보인다. 그러나 927년 왕건의 강주 순행에 즈음하여 친고려적인 노선으로 전환하였다. 이러한 흥달의 고려 귀부는 경북 북부 지역과 조령으로 연결되는 충북 지역 호족들의 정치적 동향에 상당한 파급 효과를 낳았다. 후백제가 설치한 군리(軍吏)들이 모두 항복했다는 표현은 이를 말하는 것이다. 그래서 왕건은 흥달과 그의 아들들에게 많은 녹읍을 내려주었던 것이다. 그러나 흥달의 친고려화는 견훤을 자극하여, 문경 지역은 이후 후백제의 공격을 받게 되었으며, 그 자신도 견훤을 맞아 싸우려 하다가 병사하고 말았다. 이후 문경 지역 호족의 행방은 잘 알 수 없다.

(3) 가은 지역

가은현은 신라의 가해현으로 상주의 호족으로 성장한 아자개의 출신지이다. 그런데 이 가은 지역에는 880년경 이미 상당한 세력가가 존재하고 있었다. 「봉암사 지증대사적조탑비」에 의하면 심충(沈忠)이라는 인물이 880년 경 지증대사 도헌에게 희양산 중턱에 있는 봉암사 터를 기진하고 사찰을 건립하게 하였으며, 이후 주요 단월이 되었던 것으로 나오고 있다. 심충에 대해서는 이를 제외하면 더 이상의 자료를 찾을 수 없으나, 일단 봉암사가 가은현 희양산에 위치하고 있고, 절터를 기진할 수 있을 정도의 경제력을 보유하고 있는 점에서 그를 가은현의 유력 토호세력으로 비정해도 큰 무리는 없다. 가은 지역 출신으로 농민에서 기가(起家)하여 장군을 자칭하는 호족으로 성장한 견훤의 부 아자개가 885년경 상주 지역으로 옮긴 것은 심충과 같은 가은현의 유력자와의 세력다툼에서 밀렸기 때문일 수도 있다.

880년대 가은현의 유력자였던 심충이 성주나 장군을 자칭하며 호족으로 자립했는지 여부는 자료 부족으로 알 수 없다. 그러나 920년대에는 새로운 호족이 가은현 지역을 장악하였다. 용덕(龍德) 4년(924)에 기록된 「봉암사 지증대사적조탑비」의 건립 전말을 적은 음기(陰記)에 의하면 가은현장군(加恩縣將軍) 희필(熙弼)이 비석의 건립에 참여했다고 하였다. 여기에 보이는 가은현장군 희필은 곧 그 칭호만으로도 924년 당시 가은현 지역을 지배하던 호족이었음을 쉽게 짐작할 수 있다.

이 가은현 호족의 정치적 성향은 친고려적이었던 것으로 보인다. 929년(태조 12)에 견훤이 가은현을 포위했지만 항복하지 않았던[46] 점에서, 가은 호족의 세력 기반이 비교적 단단했으며, 그의 정치적 성향이 친고려적임을 파악할 수 있다.

(4) 풍산 지역

풍산 지역에는 예천군의 영현인 하지현이 설치되어 있었으며, 경덕왕대에 영안현으로 개명되었다. 신라 말 이 지역에도 유력한 호족이 성장하였는데, 그는 특히 고려와 후백제의 각축 속에서 그 정치적 노선을 빈번하게 바꾼 점이 주목을 끈다. 관련 사료를 보면 다음과 같다.

> H-1. 태조 5년(922) 6월 하지현장군(下枝縣將軍) 원봉(元逢)이 내투하였다.(『고려사절요』 권1, 태조 5년조)
>
> H-2. 태조 6년(923) 3월 하지현장군 원봉으로 원윤을 삼고 그 고을을 승격시켜 순주(順州)라고 하였다.(『같은 책』, 태조 6년조)
>
> H-3. 태조 12년(929) 7월 견훤이 또 순주를 침공하니 장군 원봉이 도망하였다.(『같은 책』, 태조 12년조)

---

46) 『고려사절요』 권1, 태조 12년 10월조.

H-4. 태조 13년(930) 정월 고창군(古昌郡)에서 아뢰기를 "견훤이 장수를 보내어 순주를 쳐서 함락하고 인호(人戸)를 약탈하여 갔습니다"하니 왕이 곧 순주로 가서 그 성을 수축하고 장군 원봉을 죄주었으며, 다시 순주를 강등시켜 하지현이라 하였다.(『같은 책』, 태조 13년조)

위의 사료에 보이는 하지현장군 원봉이 곧 풍산 지역의 호족이다. 그는 923년 고려에 귀부하여 이듬해에 원윤의 관계를 수여받고 순주라는 읍호와 함께 읍격도 승격되는 등 후대를 받았다. 고려는 경상도 북부 지역으로 진출을 꾀하던 후백제를 견제하기 위해 이 지역 호족들의 지원이 그만큼 절실했기 때문이다. 그러나 원봉은 930년에 견훤이 침공해 오자, 적극적인 저항을 포기한 채 도망치고 말았다. 그리하여 읍격이 다시 현으로는 강등되고 말았는데, 정치 상황에 부응하여 정치적 향배를 정하는 이 시기 호족의 특성을 잘 보여주고 있다.

(5) 안동 지역

후삼국기 왕건과 견훤이 신라를 가운데에 두고 각축전을 벌이고 있을 때, 안동 지역은 매우 중요한 전략적 요충지가 되었다. 922년(태조 5) 하지현 장군 원봉과 진보성주 홍술이 왕건에게 귀부하는 등 경북 북부 지역이 고려의 세력권으로 편입된 후, 태조 10년 견훤이 신라 왕도인 경주를 기습 함락한 여세를 몰아 공산전투에서 대승을 거두게 되자, 경북 북부 지역도 친견훤적 성향을 나타내게 되었다. 이에 930년(태조 13) 왕건과 견훤은 고창에서 일대 결전을 벌이게 되었다. 이것이 유명한 고창전투이다.[47] 안동 지역의 호족은 이 전

47) 고창전투의 자세한 전말은 이형우, 「고창지방을 둘러싼 여제양국의 각축양상」 『교남사학』 창간호, 1992; 류영철, 「고려와 후백제의 쟁패과정 연구」 (영남대 박사학위논문), 1998 참조.

투와 관련된 기록에서 검출되고 있다.

　Ⅰ. 태조 13년(930) 춘정월 왕이 친히 군사를 거느리고 고창군의 병산에 진을 치고, 견훤은 석산에 진을 치니 서로의 거리가 500보 가량이었다. 드디어 서로 싸워서 견훤이 패하여 달아났다. 시랑 김악을 사로잡았으며, 죽은 자가 8,000명이었다. …… 고창성주 김선평으로 대광을 삼고, 권행과 장길로 대상을 삼으며, 그 고을을 승격시켜 안동부라 하였다.(『고려사』권2, 태조 13년조)

　위의 사료에서 고창성주인 김선평을 비롯하여 권행·장길 등에게 후한 포상이 내려지고, 고창군이 안동부로 승격한 것은 이들이 고창전투에서 공로가 컸기 때문이었다.[48] 이들은 원래 안동 지방의 토착세력인 군리 출신으로 나말여초기에 호족으로 성장하였으며, 후손들이 중앙 정계에 진출하게 되면서 대성으로 성장하였다. 이들 안동 호족의 활약에 의한 고창전투의 승리로 왕건은 경북 북부 지역을 확고하게 장악하였는데, 이는 이 전투의 승리 후 "영안·하곡·직명·송생 등 30여 군현이 차례로 와서 항복하였다"는 『고려사』의 기록을 통해 추지될 수 있다.

(6) 예안 지역

　예안 지역에는 나령군의 영현인 매곡현이 설치되어 있었는데, 경덕왕대에 선곡현으로 개명하였다. 영주에서 안동으로 연결되는 통로에 위치한 예안 지역의 호족은 앞에서 살핀 고려와 후백제의 고창전투 과정에서 일정한 역할을 수행했던 것으로 보인다.

---

48) 旗田巍,「高麗王朝成立期の府と豪族」『朝鮮中世社會史の研究』, 法政大出版局, 1972, pp.22~24.

J-1. 예안현은 본래 고구려 매곡현으로 신라 경덕왕이 선곡현으로 고쳤다. 고려 태조 때에 성주 이능선(李能宣)이 거의(擧義) 귀복하니 후하게 상주고 예안군으로 승격시켰다.(『경상도지리지』, 안동도 예안현조)

J-2. 태조 12년(929) 12월에 견훤이 고창군을 포위하였으므로 왕이 가서 이를 구원하려고 예안진에 이르러 여러 장수와 의논하기를 "싸우다가 이기지 못하면 장차 어떻게 하겠는가"하니 대상 공훤과 홍유가 아뢰기를 "만약 우리가 이기지 못하면 마땅히 샛길로 갈 것이요, 죽령으로 갈 수는 없습니다"하였다.(『고려사절요』 권1, 태조 12년조)

사료 J-1은 비록 후대의 기록이지만, 왕건에게 귀부한 예안성주 이능선의 존재가 확인된다. 그가 곧 나말여초 시기에 예안 지역을 지배한 호족이었음은 성주라는 칭호에서 짐작할 수 있다. 다만 예안성주 이능선이 태조에게 귀부한 정확한 시점이 분명치 않은데, 이와 관련하여 주목할 것이 J-2이다. 929년의 고창전투는 고려와 후백제의 국운을 가름하는 일대 결전으로 평가되고 있거니와, 고창전투를 앞둔 왕건과 휘하 장수들이 주요한 전략을 논의한 장소가 예안진이었다. 이와 같이 왕건이 예안진을 고창전투에 앞선 전략기지로 이용한 것은 곧 예안 지역 호족이 이미 친고려화했음을 보여주는 것이다. 따라서 이능선의 고려 귀부시기도 경북 북부 지역 호족들과 비슷한 920년대 초반으로 추측된다. 그리고 사료에는 없지만, 예안성주 이능선 역시 고창전투에서 왕건을 도와 일정한 역할을 수행했을 것이다.

(7) 청송 지역

나말여초기의 청송 지역에는 진보성주 홍술과 재암성장군 선필이라는 두 명의 유력한 호족이 검출되고 있다. 이들은 각각 진보 지역과 진안 지역을 나누어 지배했던 것으로 보인다.[49] 먼저 진보성주 홍술에 관한 자료를 제시하면 다음과 같다.

K-1. 태조 5년(922) 겨울 11월 진보성주(眞寶城主) 홍술(洪述)이 사자를 보내어 항복을 청함으로 원윤 왕유와 경 함필 등을 보내어 그를 위유하였다.(『고려사』 권1, 태조 5년조)

K-2. 태조 6년(923) 겨울 11월에 진보성주 홍술이 아들 왕립을 보내어 갑옷 30벌을 바치니 왕립을 원윤에 임명하였다.(『같은 책』, 태조 6년조; 『고려사절요』 권1, 태조 6년조)

진보 지역의 호족인 홍술은 922년 고려에 귀부하였으며, 이듬해는 아들 왕립을 보내 갑옷 30벌을 바치는 등 친고려적인 색채를 뚜렷이 하였다. 그의 호족으로의 자립 시기는 대체로 890년대 경으로 짐작되고 있다. 그의 출신은 군리로 추정되며, 929년(태조 12)경에는 의성으로 근거지를 옮겨 결국 그 해 견훤과의 전쟁 과정에서 전사하였다.

한편 진안 지역을 근거지로 했던 재암성장군 최선필의 관련자료는 다음과 같다.

L-1. 태조 13년(930) 봄 정월에 재암성장군 선필이 와서 의탁하였다. 처음에 왕이 신라에 통호하려 할 때, 도둑이 일어나 길이 막혔으므로 왕이 걱정하던 중에 선필이 기이한 계책으로써 인도하여 통호하게 하였으므로, 이제 그가 와서 항복함에 후한 예로써 대접하고 그가 나이가 많으므로 상부라고 일컬었다.(『고려사절요』 권1, 태조 13년조)

L-2. 선필은 신라 재암성장군이 되었다. 그 때 군도가 다투어 일어나 이르는 곳마다 약탈하였다. 태조가 신라와 통호하고자 하였으나 길이 막혔음을 근심하니 선필이 태

49) 청송지역 호족에 대해서는 旗田巍, 『앞의 책』; 尹熙勉, 「新羅下代의 城主·將軍」 『韓國史研究』 39, 1982 참조.

조의 위덕을 보고 드디어 귀관하여 신라와 통호하도록 힘쓰고 적을 막아 여러차례 공이 있었으며, 뒤에 그 성으로 내부하니 태조가 후대를 더하였고, 나이가 많았으므로 상부로 칭하였다.(『고려사』 권92, 열전5, 왕순식 부 선필)

L-3. (태조 14년; 931) 봄 2월 정유에 신라왕이 태수 겸용을 보내어 다시 만나보기를 청하였다. 신해에 왕이 신라에 행차하여 장군 선필을 먼저 보내 문안드렸다.(『같은 책』 권2, 태조 14년조)

청송 진안 지역의 호족인 재암성장군 최선필은 930년 비교적 늦은 시기에 왕건에게 귀부하였다. 그는 진안 지역에 파견된 지방관으로 원래 왕경의 6두품 출신으로 추정되고 있다. 그는 귀부 이후 왕건이 경주를 방문할 수 있도록 가교 역할을 수행하는 등 고려의 후삼국 통일에 상당한 기여를 하였다.

(8) 선산 지역
선산 지역의 호족으로는 김선궁(金宣弓)이 검출된다. 아래의 사료가 그것이다.

M-1. 김선궁, 무예와 지략이 있어 고려 태조를 섬겨 정난 보국하여 위계가 벽상공신문하시중에 이르렀다.(『경상도지리지』 상주도 선산도호부조)

M-2. 김선궁, 태조가 후백제를 칠 때 숭선에 이르러 종군할 사람을 모집하였는데, 선궁이 리(吏)로서 응모하니 태조가 기뻐하여 자기가 쓰던 활을 내려 주면서 선궁이라는 이름도 함께 하사하였다. 뒤에 공으로써 대광문하시중이 되었고, 정종이 대승을 추증하였으며, 시호를 순충이라 하였다. 맏아들 문봉은 삼사우윤으로 고향에 돌아와 리(吏)가 되었고, 둘째아들 봉술은 이어 시중이 되었다. 부(府)의 사족 및 이족은 다 선궁의 후손이다.(『신증동국여지승람』 권29, 선산도호부 인물조)

김선궁은 선산의 토착세력인 리(吏) 출신으로, 호족으로 자립하여 나말여초기에 선산 지역을 지배하다가 일리천전투 무렵에 왕건을 도와 큰 공을 세웠다. 그의 후손은 상경종사한 계열과 재지토착한 계열로 분화되었다.

(9) 해평 지역

선산과 인접한 해평 지역에도 나말여초기의 호족으로 김훤술이라는 인물이 검출된다.

N-1. 김훤술, 해평인으로 태조를 도와 공이 있었으므로 지위가 시중에 이르렀고, 시호는 장렬이라 하였다.(『신증동국여지승람』 권29, 선산도호부 인물조)

N-2. 김훤술은 본래 현리였다. 고려 태조가 삼한을 통합할 때에 보좌한 공이 있어 위가 시중에 이르렀고, 장렬공에 봉해졌다.(『경상도지리지』 상주도 해평현조)

사료에 보이듯이 현리 출신인 김훤술도 선산의 김선궁과 마찬가지로 해평 지역의 호족으로 군림하다가 일리천전투를 전후하여 왕건에게 귀부하였다.

(10) 성주 지역

나말여초기의 성주 지역에는 벽진군장군 양문·벽진군장군 이총언·경산부 장군 이능일 등의 호족이 존재하였다. 이들 상호간의 관계는 분명하지 않으나, 대략 강주나 김해의 경우와 마찬가지로 호족들의 세력 교체로 보아 큰 무리는 없을 것으로 생각된다.[50]

---

50) 성주 지역의 호족에 대해서는 旗田巍, 『앞의 책』, 柳永喆, 「後三國鼎立期 地方勢力의 存在樣態 -星州地域을 中心으로-」『嶺南專門大論文集』24, 1996 참조.

O-1. 태조 6년(923) 8월 벽진군장군 양문이 그 생질 규환을 보내 와서 항복하니 규환을 원윤에 임명하였다.(『고려사』 권1, 태조 6년조)

O-2. 태조 21년(938) 7월에 벽진군장군 이총언이 졸하였다. 신라의 말기에 뭇 도둑이 다투어 일어났는데, 오직 벽진군만이 총언의 보호를 입어 백성이 편안하였다. 왕이 사람을 보내어 마음을 같이 하고, 힘을 합하여 화란을 평정하도록 개유하니 총언이 글을 받고 매우 기뻐하여 곧 아들 영을 보내어 군사를 거느리고 왕을 따라 정토케 하였다. 왕이 이를 착하게 여겨 대관 사도귀의 딸을 아내로 삼게 하고 총언을 본읍장군으로 임명하고 은사가 후하였다. 총언이 감격하여 군사를 훈련하고 양식을 저축하여 고립된 성으로 신라와 후백제가 다투는 땅에 끼여 있으면서 홀연히 동남의 성원이 되었다.(『고려사절요』 권1, 태조 21년조)

O-3. 경산부장군(京山府將軍) 이능일(李能一)·배신예(裴申乂)·배최언(裴崔彦)은 고려 태조가 삼한을 통합할 때의 사람이다. 천수 을유(태조 8; 925)에 600인을 이끌고 태조를 도와 백제를 이겼다. 그 노고에 후한 상을 내렸으며, 사는 곳인 성산(星山)과 적산(狄山)·수동(壽同)·유산(襦山)·본피(本被)의 5현을 합하여 경산부로 승격시키고, 아울러 벽상공신삼중대광(壁上功臣三重大匡)에 봉하였다.(『경상도지리지』 상주도 성주목관조)

위의 사료에 의하면 923년경 고려에 귀부한 성주의 호족은 벽진군장군 양문이었음을 알 수 있다. 그러나 925년경에는 경산부장군으로 이능일이라는 인물이 존재하고 있다. 이는 약 2년 사이에 호족의 교체가 있었음을 의미한다. 그러나 930년대에 이르러 다시 성주 지역의 지배권은 벽진군장군 이총언에게로 넘어 갔다(O-2). 따라서 성주 지역의 호족세력의 향방은 양문 → 이능일 → 이총언으로 교체되었다고 하겠다.

(11) 대구 지역

대구 지역 호족의 실체는 신라 말의 최치원(崔致遠)이 찬한 「신라 수창군호국성 팔각등루기(新羅 壽昌郡護國城 八角燈樓記)」(이하 「등루기」로 줄임)라는 글을 통해 그 모습이 어렴풋하게 드러나고 있다. 따라서 대구 지역 호족의 실태를 파악하는 데는 이 「등루기」를 주자료로 삼을 수밖에 없다.[51]

「등루기」는 표제가 보여주는 바 처럼 신라 수창군 호국성에 건립된 팔각등루의 기문이며, 대구 호족에 대한 직접적인 기록이 아니다. 이러한 자료상의 한계로 대구 호족의 실체를 완벽하게 파악하기는 어렵지만, 대구 호족의 출신과 호족화의 과정·세력권 및 세력기반·정치적 성격과 사상적 기반 등 다양한 측면을 살필 수 있다.

「등루기」에 의하면 호국의영도장(護國義營都將) 중알찬(重閼粲) 이재(異才)라는 인물이 천우 5년(908; 효공왕 12) 10월에 수창군의 남령(南嶺)에 팔각등루를 세웠다고 하는데, 팔각등루를 세운 주인공이 바로 이 시기 대구 지역을 지배했던 호족이었다.

이재가 칭한 호국의영도장이라는 칭호는 신라 말 호족들이 흔히 자칭했던 모성장군(某城將軍)과 상통하는 것이다. 즉 칭호 가운데 호국은 이재가 근거한 성의 이름이 호국성이므로 이를 의미하는 것이며, 의영은 그가 근거한 성을 의보(義堡)로 표현하기도 했으므로 역시 이재가 근거한 성에 대한 미칭으로 볼 수 있어 결국 호국의영은 이재가 근거한 호국성을 지칭한다. 그리고 도장은 장군과 마찬가지의 뜻이다. 그러므로 호국의영도장은 결국 호국성 장군이라는 표현과 다르지 않는 셈이다.

이재는 중알찬이라는 관등을 갖고 있어 6두품 신분 출신이었다고 할 수 있

---

51) 본서 제Ⅳ부 제1장 참조.

다. 그리고 왕경인으로 6두품 출신이었던 이재가 수창군의 호족으로 자립하게 된 배경은 그가 바로 수창군태수를 역임했기 때문이었다.

이재가 호족으로 자립한 시기는 908년(효공왕 12)에서 10년 남짓 되었다고 하므로, 대략 898년(효공왕 2)을 전후한 무렵으로 볼 수 있다. 그의 세력권은 수창군으로 생각해 볼 수 있다. 수창군은 대구 분지 지역에 설치된 군으로 군치(郡治)·대구현(大丘縣)·팔리현(八里縣)·하빈현(河濱縣)·화원현(花園縣) 등으로 구성되어 있었고, 현재의 대구의 동촌 지역으로 비정되는 해안현(解顏縣)도 비록 장산군(현재의 경산시)에 영속되어 있었지만, 대구권으로 분류할 수 있다. 「등루기」를 분석하면 그의 세력권은 수창군과 예하의 4개 현과 장산군 예하의 해안현이었다. 그의 정치적 성격은 철저하게 친신라적이었음이 「등루기」를 통해 종종 확인된다. 다만 견훤과 궁예의 왕조 건설나 왕건의 고려 건국 이후 대부분의 호족들이 이들 신세력과 결탁하고 있는 점과 비교하면 이재의 이러한 정치적 성향은 극히 이례적이며, 시대착오적인 듯한 느낌까지 주고 있다. 이러한 이재가 가진 정치적 성격의 한계가 결국 그의 세력을 단명케 했던 기본 요인 가운데 하나가 되었다.

(12) 영천 지역

영천 지역의 호족으로는 고울부장군(혹은 금강성장군)을 자칭하던 황보능장이 검출된다.[52]

P-1. 신라 말에 골화현 금강성장군 황보능장이 처음 고려 태조의 발흥을 보고, 천명과 인심이 돌아감을 알아 드디어 무리를 이끌고 돕고 순종하였다. 태조가 가상하게 여

---

52) 황보능장에 대해서는 旗田巍, 『앞의 책』 참조.

겨 재승(좌승)을 수여하고 능장에게 귀속한 땅인 골화 등 4현을 합하여 영주로 삼았
다.(『경상도지리지』 안동도 영천군조)

P-2. 고울부장군 능장이 군사를 이끌고 내투하였다. 그 성이 신라 왕도에 가까우므
로 위로하여 돌려 보내고, 오직 휘하의 시랑 배근과 대감 명재·상술·궁식 등을 머물
러 두었다.(『고려사』 권1, 태조 8년조)

사료에 보듯이 황보능장은 경주와 가까운 영천 지역을 근거지로 자립한 호
족임에도 불구하고 친고려적 색채를 보이고 있는 점이 특이하다. 그는 비교적
이른 시기인 925년 고려에 귀부하였다.

(13) 흥해 지역

흥해 지역에는 북미질부성주(北彌秩夫城主) 훤달(萱達)이 호족으로 군림하고
있었다.

Q-1. (태조 13; 930) 경자에 일어진에 행차하였다. 북미질부성주 훤달이 남미질부
성주와 같이 내항하였다.(『고려사』 권1, 태조 13년조)

Q-2. 일어진에 행차하여 이름을 신광진으로 고치고, 백성을 옮겨서 이곳에 채웠다.
남미질부와 북미질부 두 성이 모두 항복하였다.(『고려사절요』 권1, 태조 13년조)

Q-3. 미질부성(彌秩夫城), 『주관육익』에 고려 태조 13년 북미질부성주 훤달이 남질
부성주와 더불어 내항하니 두 미질부를 합하여 흥해군으로 삼았다라고 하였다.(『신증
동국여지승람』 권22, 흥해군 고적조)

위의 사료에 의하면 흥해 지역은 신라 말에 남북의 2개 세력권으로 나뉘어
있었던 듯하다. 이들은 지리적 위치상 친신라적인 성향을 보이다가 고창전투

이후 고려에 귀부하였다. 특히 북미질부성주인 정훤달(鄭萱達)은 「퇴화군대사종표(退火郡大寺鐘表)」에 의하면 967년까지 흥해 지역의 유력 세력으로 군림하면서 종의 제작을 지휘한 것으로 나오고 있어 흥미롭다.[53]

(14) 초계 지역

합천의 초계 지역을 지배한 호족으로는 초팔성성주(草八城城主) 흥종(興宗)을 들 수 있다.

R. 원윤 김상(金相)과 정조 직량(直良) 등이 장차 가서 강주를 구하고자 초팔성(草八城)을 지나다가 성주 흥종에게 패하여 김상은 전사하였다.(『고려사』 권2, 태조 11년조)

초팔성성주 흥종은 928년(태조 11)에 반고려 친후백제 노선을 걷는 대표적인 호족으로 기록에 보이고 있다. 920년대 후반에 활약한 그는 이후의 행방이 묘연하지만, 후백제의 몰락과 더불어 세력을 잃고 말았을 것으로 보인다.

(15) 합천 지역

합천 지역의 호족에 관한 자료로는 다음이 참조된다.

S. 태조 10년(927) 7월 무오에 원보 재충·김락 등을 보내어 대량성(大良城)을 공파하고 장군 추허조(鄒許祖) 등 30여인을 포로로 하였다.(『고려사』 권1, 태조 10년조)

위의 사료에 보이는 대량성장군 추허조(鄒許祖)는 후백제가 파견한 장군일

---

53) 「興海大寺鐘」『韓國金石遺文』(黃壽永 編), 一志社, 1984, pp.291~293.

가능성도 없지 않다. 그러나 합천 지역은 후백제와 고려의 다툼의 대상이 된 전략적 요충지이고, 일찍이 신라의 주치가 설정된 곳이기도 해서, 호족이 성장할 호조건을 갖춘 곳이므로, 추허조를 합천 호족으로 비정해 볼 수 있다. 합천은 후백제가 신라로 진출하는 교통로에 위치하고 있으므로, 이른 시기에 후백제의 세력권에 편입된 것으로 보인다. 그러나 927년 고려에 포로로 잡힘으로써 호족으로서의 세력을 잃고 말았다.

(16) 밀양 지역

신라의 밀성군이었던 밀양 지역의 호족은 후대의 기록인 『신증동국여지승람』에 모습을 드러내고 있다.

> T. 성황사, 추화산에 있다. 세상에 전하기를 "부리(府吏) 손긍훈(孫兢訓)이 고려 태조를 도와 공이 있으므로 삼중대광 사도를 추증하고 광리군을 봉하였는데, 그가 곧 사신 (祠神)이다"라고 하였다.(『신증동국여지승람』 권26, 밀양도호부 사묘조)

위의 사료에서 손긍훈이 호족이었다는 명백한 기록은 없다. 그러나 후일 성황신으로 모셔지는 인물이 호족인 경우가 많고, 또 그가 토착세력이 분명한 부리(府吏) 출신이며, 왕건을 도와 공을 세웠다는 점 등을 종합할 때, 호족으로 비정해도 큰 무리는 없다. 다만 그가 태조를 도운 시기가 분명하지 않은데, 청도 지역에 진출을 시도하던 왕건이 어려움을 겪다가 봉성사 승려 보양의 도움을 얻어 청도를 장악할 수 있었다는 일화에 근거하여, 이 시기에 손긍훈이 공을 세웠을 것으로 보는 것이 일반적이다.[54]

---

54) 김갑동, 『앞의 책』, p.136.

(17) 울산 지역

울산은 이미 논급했듯이 신라 왕경 경주의 외항으로, 일종의 국제 무역항으로서의 기능을 행사하고 있었다. 따라서 이미 이른 시기부터 신라 왕조의 주된 관심의 대상이 되어 왔으며, 그 정치사회적 비중도 만만치 않았던 것으로 보인다. 그리하여 유력한 호족이 성장할 수 있는 토양이 마련되어 있었다고 할 수 있다. 나말여초 시기 울산 지역의 유력한 호족으로 성장한 인물은 신학성장군 박윤웅이었다.[55]

U-1. 울주는 본래 굴화아촌으로 신라 파사왕이 취하여 현을 두었고, 경덕왕이 이름을 하곡(하서라고도 한다)이라 고쳐 임관군의 영현으로 삼았으며, 고려 초에 다시 지금 이름으로 고쳐 현종 9년에 방어사를 두었다(경덕왕이 우화현을 우풍현으로 고치고, 율포현을 동진현으로 고쳐 모두 합속시켰다. 태조 때 군인 박윤웅이 큰 공이 있어 이에 하곡·동진·우풍 등 현을 병합하여 흥례부를 두었고, 뒤에 내려 공화현으로 삼았다가 지울주사로 고쳤다. 혹은 말하기를 신라 말엽에 학이 와서 울었으므로 신학성이라 칭한다고 하고 또는 계변성이라 하고, 또 개지변이라 하고, 또는 화성군이라고도 한다). 별호를 학성이라 한다. 2현이 속하였다.(『고려사』 권92, 지리지2, 울주조)

U-2. 본래 계변성이다. 신라시대에 신학성으로 고쳤다. 학성이라 칭한 것은 천복 원년 신유(효공왕 5; 901)에 한쌍의 학이 전금신상에서 지저귀고 계변성 신두산에서 울었으므로 군인이 이를 이상하게 여겨 신학으로써 이름하였다. 고려시대에 군인 박윤웅이 태조를 도와 고려국을 흥하게 했다. 그 공으로 동진현(일명 실포현)·하곡현(일명 굴화현)·동안현(일명 서생량현)·우풍현(일명 우화현)·임관군(일명 모화군)을 합쳐 흥

---

55) 울산 지역의 호족인 박윤웅에 대해서는 이우성, 「삼국유사 소재 처용설화의 일분석」 『김재원 박사회갑기념논총』, 1969; 『한국중세사회사연구』, 일조각, 1991; 旗田巍, 『앞의 책』; 구산우, 「나말여초의 울산지역과 박윤웅」 『한국문화연구』5, 1992 참조.

려부를 사호(賜號)했는데 고려를 흥하게 했음을 일컫는 것이다.(『경상도지리지』 경주도 울산군조)

U-3. 고려때 신학성장군 박윤웅은 변통하는 술수에 정통하고 토벌하는 권한을 전제(專提)하여 태조를 도와 왕업을 이루었다.(『같은 책』)

U-4. 박윤웅은 학성의 리(吏)이다. 고려 태조가 남정할 때 큰 공을 세워 좌명공신 평장사가 되었으며, 흥려백에 봉해져서 농소의 채지와 곽암을 절수받았다.(『연조귀감』 권2, 관감록)

위의 사료를 종합하여 울산 지역의 호족인 신학성장군 박윤웅의 실체를 정리하면 다음과 같다. 그는 원래 울산 지역의 토착세력으로 리(吏)였으며, 그가 호족으로 자립한 시기는 901년(효공왕 5)으로 추정된다. U-2에서 천복 원년(901)에 신학성(神鶴城)이라는 칭호가 성립된 설화가 전하는데, 이것이 곧 박윤웅의 호족으로서의 자립을 시사하는 것으로 보이기 때문이다. 그의 세력권은 흥례부로서 신라 이래의 하곡현·동진현·우풍현 영역을 포괄하는 것이었다.

박윤웅은 지리적 입지상 친신라적인 호족으로 남아 있다가, 고창전투 이후 930년(태조 13)에 고려에 귀부하였으며,[56] 왕건은 그를 삼한공신으로 책봉하고 채지(采地)를 하사하였다.

---

56) 『고려사』 권2, 태조 13년조.

〈보론 Ⅱ〉 신라의 대가야 고지 지배

1. 머리말

562년(진흥왕 32) 이사부(異斯夫)가 이끈 신라군은 선봉장 사다함(斯多含)의 기습 공격으로 대가야국(大加耶國) 궁성의 정문으로 보이는 전단문(栴檀門)을 돌파하고 왕도를 점령하였다.[1] 고령 지역을 중심 근거지로 삼고, 늦어도 5세기 중엽 이래 한 때 낙동강 서쪽의 경남 지역은 물론 남원·구례·장수·임실 등 섬진강 상류권 및 광양·여수·순천 등 전라도 남해안 일부 지역에 자리 잡고 있었던 10여개 이상의 소국들을 구성원으로 거느린 가야연맹체의 맹주국으로 군림해 왔던 대가야국[2]의 역사가 종말을 고하는 순간이었다. 그럼에도 불구하

---

1) 『삼국사기』 권4, 진흥왕 23년조.
2) 대가야사에 대한 연구를 개관하면 여러 가지 문제를 놓고 다양한 논란들이 이어지고 있음을 알 수 있다. 그 중 가장 기본적인 것으로는 고령 지역을 중심 근거지로 하여 성장·발전했던 정치체(국가)의 명칭이 무엇이며, 또 그 세력이 과연 이른바 가야 제국과 일정한 정치적 결속관계를 맺고 하나의 연맹체를 결성했는지 여부와 그 명칭을 무엇으로 불러야 하는가 등의 문제

고 각종 사료에서 대가야국의 마지막 왕인 도설지왕(道設智王)과 그 휘하 신료들의 항전 기록이 거의 남아있지 않은 것은 하나의 미스터리에 가깝다.[3]

근래 이러한 대가야의 역사에 대한 연구는 조금 과장되게 표현한다면 가히 봇물처럼 쏟아지고 있다고 해도 과언이 아니다. 대략 최근 10년간의 업적만을 간추려 보아도 단행본만 10여권을 훌쩍 상회하고 있는 것이다.[4] 이러한 성과를 바탕으로 이제 대가야의 역사는 전문 연구자의 연구 영역을 뛰어 넘어 일반 시민들의 교양의 한 부분으로까지 자리 잡게 된 것이 아닌가 한다.[5]

그럼에도 불구하고 대가야사 연구가 완결된 것은 아니다. 아직 논란을 거듭하고 있는 문제도 많고, 본격적인 검토가 미진한 부분도 산견되고 있기 때문이

를 들 수 있을 것이다. 이 글은 이 문제를 다루는 것이 주목적이 아니므로, 일단 고령 지역을 근거로 했던 정치체를 '대가야국'이라 칭하며, '대가야국'이 중심이 되어, 물론 시기에 따라 변화를 거듭했지만, 이른바 가야 제국과 상당한 수준의 정치적 연대를 맺고 그 행보를 같이 한 연맹체를 구성했던 것으로 본다. 그리고 그 명칭을 '가야연맹체'로 부르기로 한다.

3) 김재웅,「고령지역의 설화의 전반적 고찰」,『고령지역의 역사와 문화』, 고령문화원·계명대 한국학연구원, 1997, pp.155~157에 채록된 바에 의하면, 일부 구전되는 설화 가운데는 대가야의 항전을 시사하는 내용이 보이고 있기는 하다. 그러나 그것을 사실로 신빙하기는 어렵다고 본다.

4) 대가야사 연구가 활성화된 증거로는 먼저 고령군의 적극적인 지원에 의한 대가야학술총서의 간행을 들 수 있다. 이는 물론 다수 연구자들이 참여하는 공동연구의 형태로 진행되었지만, 개별 연구자의 성과가 집약된 단행본도 심심치않게 출판되었다. 지난 10년간 간행된 대가야사 관련 주요 단행본을 눈에 띄는 대로 정리해 보면 다음과 같다.
김세기 외,『대가야와 주변제국』, 고령군·한국상고사학회, 2002; 김세기,『고분자료로 본 대가야 연구』, 학연문화사, 2003; 노중국 외,『대가야의 성장과 발전』, 고령군·한국고대사학회, 2004; 노중국 외,『악성 우륵의 생애와 대가야의 문화』, 고령군 대가야박물관·계명대 한국학연구원, 2006; 노중국 외,『대가야 들여다보기』, 고령군 대가야박물관·계명대 한국학연구원, 2006; 양기석 외,『5~6세기 동아시아의 국제정세와 대가야』, 고령군 대가야박물관·계명대 한국학연구원, 2007; 노중국 외,『대가야의 정신세계』, 대가야박물관·계명대 한국학연구원, 2009; 이형기,『大加耶의 形成과 發展 硏究』, 경인문화사, 2009; 권주현,『개정판 가야인의 삶과 문화』, 혜안, 2009; 김태식 편,『악사 우륵과 의령지역의 가야사』, 홍익대 인문과학연구소·우륵문화발전연구회, 2009.

5) 일반 시민을 겨냥한 대표적인 저작으로 노중국 외,『대가야 들여다보기』를 들 수 있다.

다. 후자의 사례로서 대가야가 멸망한 후 그 지배 영역이나 유민의 행방 문제를 지적할 수 있다. 물론 이 문제는 엄밀하게 말하여 대가야사의 범주에서 벗어나는 '대가야 이후사(大加耶 以後史)'라고 규정할 수도 있다. 그러나 한 국가의 멸망이란 정치적인 측면을 강조한 것일 뿐, 국가의 멸망만으로 그가 영위해 온 역사 자체가 곧바로 소멸되는 것이 결코 아니다. 이런 의미에서 대가야 역사의 올바른 복원을 위해서는 대가야 멸망 이후 그 고지(故地)와 유민(遺民)이 어떤 변화를 겪었는가에 대한 적극적인 검토가 요청되는 것이다.

물론 이 문제가 전혀 연구의 대상이 되지 않았던 것은 아니다. 고령에서 멀리 떨어진 동해시 추암동 고분에서 6세기 중엽 이후로 비정되는 고령양식 토기가 다수 출토된 사실을 주목하여 그것을 신라의 대가야 유민에 대한 사민(徙民)의 결과로 파악하는 견해가 제시되기도 했고,[6] 대가야만으로 한정한 것은 아니지만 가야계 유민과 그 후예들의 신라 사회에서의 활동상을 조명한 연구도 있었다.[7] 또 고령 지역 역사를 개관하는 가운데 대가야 멸망 이후 고령 지역의 변화상을 살핀 연구도 나왔다.[8] 그러나 이들 연구가 신라의 대가야 고지 지배 문제를 종합적으로 다룬 것이 아니란 점에서 일정한 한계가 있다. 이에 종래의 연구 성과를 수렴하면서 신라 지배 하의 대가야 고지와 유민의 행방 문제를 재정리해 볼 필요성이 제기된다.

이러한 문제의식을 토대로 이 글에서는 대가야의 고지와 유민들에 대한 신라의 지배 정책에 초점을 두면서 한두 가지 문제를 덧붙여 검토하고자 한다.

---

6) 李炯基, 「滅亡 이후 大加耶 遺民의 向方-東海市 湫岩洞古墳群 出土品을 중심으로-」『韓國上古史學報』38, 2002; 「신라의 大加耶地域 지배」『앞의 책』, pp.198~212.

7) 김태식, 「가야 멸망 이후」『미완의 문명 7백년 가야사』1(수로왕에서 월광태자까지), 푸른역사, 2002.

8) 이문기, 「통일신라와 고려시대의 고령」『고령문화사대계』1(역사편), 고령군 대가야박물관·경북대 퇴계연구소, 2008; 이영호, 「대가야 멸망과 고령지역의 변화」『같은 책』.

첫째, 대가야의 구체적인 멸망 시점에 대한 검토를 통해 종래 거의 주목되지 않았던 대가야 멸망 직후 신라와 백제 사이에 대가야 고지를 둘러싼 충돌이 있었음을 밝혀보고자 한다. 둘째, 백제와의 다툼에서 승리한 신라가 대가야 고지에 행정구역을 설치했던 상황을 살피고, 거기에 담겨 있는 특징적인 면모를 통해 행정구역의 편성이 대가야 유민들을 통제하는 하나의 수단이었음을 해명할 것이다. 셋째, 대가야 멸망 이후 신라가 취한 그 유민에 대한 탄압·통제 정책과 회유정책의 내용을 가능한 한 구체적으로 정리해 볼 것이다. 마지막으로 맺음말을 겸하여 신라의 일개 지방으로 정착된 후의 고령 지역의 변화상을 개관하려 한다. 이러한 작업을 통하여 대가야 멸망 이후 그 유민과 고지의 행방이 보다 선명하게 드러나게 되기를 기대한다.

2. 대가야의 멸망 시점과 직후의 나제 갈등

신라가 대가야국을 멸망시킨 시점을 비교적 명확하게 밝히고 있는 기록으로는 아래의 두 사료를 들 수 있다.

A-1. (진흥왕 23년; 562) 9월에 가야가 반란을 일으키자 왕이 이사부(異斯夫)에 명하여 토벌케 하였는데, 사다함(斯多含)이 부장이 되었다. 사다함은 기병 5천명을 이끌고 앞서 달려가 전단문(旃檀門)에 들어가 백기를 세우니 성 안 사람들이 두려워 어찌할 바를 몰랐다. 이사부가 군사를 이끌고 거기에 다다르자 일시에 모두 항복하였다.(『삼국사기』 권4, 진흥왕 23년조)

A-2. (흠명기 23년; 562) 정월에 신라가 임나관가(任那官家)를 쳐서 멸하였다(주; 어떤 책에는 21년에 임나가 멸망했다고 하였다. 통틀어 말하면 임나(任那)이고, 따로 말하

면 가라국(加羅國)·안라국(安羅國)·사이기국(斯二岐國)·다라국(多羅國)·졸마국(卒麻國)·고차국(古嵯國)·자타국(子他國)·산반하국(散半下國)·걸찬국(乞飡國)·임례국(稔禮國)으로 합하여 10국이다.(『일본서기』 권19, 흠명기 23년조)

사료 A는 『삼국사기』와 『일본서기』에서 기록하고 있는 고령의 가라국 곧 대가야국의 멸망 기사이다. 두 사서는 대가야국이 562년에 멸망했다는 사실에는 의견을 같이 하지만, 구체적인 시점에 대해서는 9월과 정월로 약간의 차이를 보여주고 있다.[9] 그런데 종래의 연구자들은 이를 크게 주목하지 않았으며, 신빙성을 둘러싸고 논란이 많은 『일본서기』의 기사보다는 『삼국사기』에 기록된 562년 9월이라는 멸망 시점을 신빙하는 경우가 많았다.[10]

그러나 과연 대가야국이 『삼국사기』의 기록처럼 562년 9월에 멸망한 것인지 여부는 속단하기 어렵다. A-1을 제외하면 562년 9월 멸망설을 뒷받침할 만한 또 다른 자료를 전혀 찾아볼 수 없고, 또 A-1 기사의 첫머리에 가야가 반란을 일으켰다는 구절도 이해가 쉽지 않기 때문이다. 만약 이를 신빙하게 되면 오히려 대가야국 멸망 이후의 중요한 의미를 가진 사건들에 대한 이해가 순조롭지 않게 되는 문제도 발생하게 된다.

첫째가 대가야국 멸망을 전하는 다른 사료인 『일본서기』 흠명기 23년조

---

9) 사료 A-2에는 주를 통해 흠명기 21년(560)에 임나가 멸망했다는 또 하나의 멸망 시점을 소개하고 있다. 이러한 전승이 남게 된 이유는 분명히 알 수 없지만, 도합 10개국에 달하는 가야 제국이 동시에 멸망한 것이 아니라면, 그 중 일부의 국가가 560년에 멸망한 사실을 전하는 것이 아닐까 한다. 따라서 이를 대가야국의 멸망 시점으로 보기는 어렵지 않을까 싶다.

10) 예컨대 김태식, 『앞의 책』, p.232에서 "흠명기 23년(562) 봄 정월조의 이른바 '임나 10국' 멸망 기사는, 멸망 시점이 정확히 표기된 것으로 여겨지지는 않지만, 이러한 최종 투항 사태를 반영하는 것이다. 결국 562년 9월 가라국, 즉 대가야의 멸망을 전후하여 안라국·사이기국·다라국·졸마국·고차국·자타국·산반하국·걸찬국·임례국 등의 가야 10국은 멸망하고 말았다"라고 서술하고 있어서, 멸망 시점은 『삼국사기』의 그것을 따르고 있음을 알 수 있다.

(562)에 수록된 일련의 대가야국 멸망 관련기사의 이해 문제이다. 여기에는 동년 정월에 소위 임나 10국의 멸망 사실을 기록한 후, 그 후속 기사가 다음과 같이 이어진다.

B-1. (흠명기 23년; 562) 여름 6월에 조를 내려 말하기를 "신라는 서쪽 오랑캐로 작은 추물이다. 하늘을 거스르고 예의가 없어 나의 은혜와 의리를 저버리고, 내 관가를 격파하여 내 백성들에게 해독을 끼치고 나의 군현을 멸망시켰다. …… 나의 백성들이 신라에 무슨 원한이 있겠느냐? 그런데 신라는 긴 창[長戟]과 강노(强弩)로 임나를 능욕하고 멸망시켰으며, 강한 이빨과 갈고리 같은 손톱으로 잔인하게 백성들을 죽였으니, 간을 꺼내고 발목을 잘라도 마음에 흡족하지 않고, 뼈를 드러내고 시신을 불태워도 그것이 가혹하다고 말할 수 없다. 임나의 귀족과 백성 이하는 칼과 도마가 다 닳을 정도로 이미 도륙당하고 회쳐 졌으니, 어찌 천하의 백성이 있으며, 왕의 신하라 이를 수 있겠는가? 또, 남의 곡식을 먹고 남의 물을 마시니, 누가 이를 듣고 참을 수 있고 마음으로 슬퍼하지 않을 수 있겠는가? ……"라고 하였다.(『일본서기』 권19, 흠명기 23년조)

B-2. (흠명기 23년; 562) 가을 7월에 신라가 사신을 보내 조부를 바쳤다. 그 사인이 신라가 임나를 멸했음을 알고, 나라의 은혜를 배신한 것을 부끄러워하여 감히 돌아가기를 청하지 못하고 드디어 머물러 본토로 돌아가지 않았다. 예에 따라 국가의 백성과 같이 대우하였는데, 지금의 하내국(河內國) 경황군(更荒郡) 노자야읍(鸕鷀野邑)의 신라인의 선조이다.(위와 같음)

B-3. (흠명기 23년; 562) 이 달(7월)에 대장군 기남마려숙녜(紀男麻呂宿禰)를 보내어 군사를 이끌고 다리(哆唎)에 나가게 하고, 부장인 하변신경부(河邊臣瓊缶)는 거중산(居曾山)으로 출동시켜 신라가 임나를 공격한 상황을 묻고자 하였다. 드디어 임나에 도착하여 천집부수등미(薦集部首登弭)를 백제에 보내어 군계(軍計)를 약속하게 하였다. 등

미는 곧 처가에 묵었는데, 봉인한 서신과 활과 화살을 길에 떨어뜨렸다. 신라가 군계를 모두 알고 갑자기 대병을 일으켰다가 곧 패망하여 항복하고 귀부하기를 빌었다. 기남마려숙녜(紀男麻呂宿禰)가 승리를 거두고 군사를 돌려 백제의 군영에 들어갔다. 군중에 령을 내려 말하기를 "무릇 이겨도 패배를 잊지 말고 편안함에도 반드시 위험을 생각해야 하는 것은 옛날의 좋은 가르침이다. 지금 처해 있는 땅은 들개와 이리와 (같은 무리와) 서로 접해 있으니, 가히 가볍고 소홀히 하여 변란을 생각하지 않을 수 있겠느냐? 하물며 평안한 시대가 돌아와도 도검을 몸에서 떼지 않는데, 무릇 군자가 무기를 갖추기를 그만둘 수 없다. 마땅히 깊이 경계하고 이 명령을 받들기를 힘써라"라고 하였다. 사졸들이 모두 마음을 기울여 일에 복무하였다.(위와 같음)

먼저 B-1에는 그해 6월에 이르러 신라가 임나를 멸망시킨 사실에 대하여 적개심으로 가득찬 조칙을 내리고 있다. 비록 상투적인 과장이 많지만, 멸망 후 임나에 가해진 신라의 가혹한 조치를 적시하고 있어서 임나의 멸망이 전제가 되지 않는다면 성립 불가능한 사료라고 할 수 있다. 또 B-2에는 같은 해 7월에 신라가 임나를 멸망시킨 사실로 인하여 왜에 파견된 신라 사신들이 귀국하지 못했다는 일화이다. 하내국 노자야읍에 정착한 신라 계통 주민들의 씨족 전승에서 채록한 기사로 여겨지지만,[11] 역시 그 이전에 이미 임나가 멸망했음을 전제로 하고 있다. B-3은 같은 해 7월에 신라의 임나 멸망을 문책하기 위해 군대가 파병되었다는 기사이다. 조금 뒤에 살피듯이 이 기사는 설화적 내용이 체계

---

11) 김현구 외, 『일본서기 한국관계기사 연구』Ⅱ, 일지사, 2003, p.305. 한편 흠명기 23년조 11월에도 왜에 파견된 신라 사신이 신라가 임나를 멸망시켰음을 알고 왜에 머물렀다는 식의 사건 줄거리와 문장 구성까지 사료 B-2와 전적으로 같은 기사가 보인다. 그러므로 이 11월 기사와 사료 B-2는 어느 한 쪽이 작문일 가능성도 배제할 수 없다. 그러나 11월의 기사는 섭진국(攝津國) 삼도군(三嶋郡) 식려(埴廬)에 정착한 신라인의 씨족 전승에서 나온 것으로 여겨지므로, 사료 계통에서 B-2와는 약간 차이가 있다고 본다.

없이 나열되어 있어 그 신빙성이 떨어지는 것은 사실이지만, 그 전반부는 대가야국 멸망 후 백제의 대가야 고지 탈환을 위한 군사행동을 시사하는 사료로 볼 여지가 있다. 이 역시 만약 대가야의 멸망 시점이 562년 9월이라면 완전한 작문이거나 두찬에 지나지 않는다.

요컨대 『일본서기』 흠명기 23년조에 수록된 일련의 임나 관계기사는 대가야국이 정월에 멸망당했음을 인정하지 않는 한, 모두 작문이나 두찬 아니면 기년 설정에서 오류를 범한 것으로 보아야 한다. 그러나 역사 서술에서 이렇게 일련의 기사 모두가 두찬이거나 오류를 범하는 경우는 극히 드물다고 할 수 있다. 그러므로 대가야국의 멸망 시점에 관한 한, 단 하나의 기사에만 등장하는 『삼국사기』의 562년 9월설보다는 562년 정월의 대가야국이 멸망한 사실을 전제로 하여 몇 개의 후속 기사가 따르고 있는 『일본서기』의 정월 멸망설이 상대적으로 설득력이 있다고 할 수 있다.

둘째로 멸망 전야의 대가야국의 형세와 외교노선에서 파악되는 백제와의 긴밀한 관계를 떠올리면 562년 9월 멸망설로서는 순조롭게 설명되기 어려운 문제가 제기될 수 있다. 이미 많은 논자들이 검토한 바와 같이 백제는 541년과 545년 2차에 걸쳐 사비에서 개최된 이른바 "임나부흥회의"를 통하여 가야연맹체 구성 소국들에 대한 영향력을 강화해 나갔으며, 특히 550년 무렵에 이르면 친백제적 성향을 보여왔던 대가야국 중심의 북부 소국들은 거의 백제의 부용세력으로 떨어지고 말았다.[12] 이런 상황 속에서 대가야국은 백제의 요청에 의해 551년의 한강 하류 지역 탈환전과 554년의 관산성전투에 참전할 수밖에 없었다. 이 두 차례의 전역은 대가야국에게 적지 않은 인적 · 물적 손실을 입혔을 뿐만 아니라 신라를 적국으로 삼게 되어 공격을 불러오는 결과를 초래하였다.

---

12) 김태식, 「加耶聯盟의 崩壞」 『加耶聯盟史』, 일조각, 1993; 李文基, 「大伽耶의 對外關係」 『加耶史研究』, 경상북도, 1995, pp.233~249 참조.

결국 대가야국은 백제 지원에 따른 국력의 피폐를 회복하지 못한 가운데 562년 신라의 기습을 받아 멸망하고 말았던 것이다.

이러한 멸망 전야의 대가야국과 백제와의 관계를 고려할 때 대가야국의 멸망을 전후한 시기에 백제의 대가야를 돕기 위한 움직임이 전혀 보이지 않는다면, 그것은 의외라고 할 수밖에 없을 것 같다. 그런데 대가야국의 멸망 시점을 562년 9월로 비정하면, 그 후 백제의 대신라 군사행동은 거의 포착되지 않는다. 즉 『삼국사기』에 의하면 562년 9월 이후의 백제와 신라가 충돌한 최초의 기사는 무려 15년이 지난 577년(진지왕 2; 위덕왕 24)에야 비로소 확인되고 있는 것이다.[13] 이를 그대로 따르면 백제는 자신의 부용세력으로서 두 차례의 전역에서 군사 지원까지 받은 바 있는 대가야국의 멸망에 대해 수수방관하면서 어떤 움직임도 보이지 않았다고 볼 수밖에 없다.

그러나 이러한 결론은 대가야의 멸망 시점을 562년 9월로 파악한 데서 말미암은 것이다. 만약 『일본서기』 흠명기 23년조의 기사처럼 562년 정월에 대가야국이 멸망했다고 하면 직후의 백제의 동향과 관련한 흥미있는 사료가 발견된다.

C-1. (진흥왕 23년; 562) 가을 7월에 백제가 변경의 백성을 침략하므로, 왕이 군사를 내어 막아 1천명을 죽이거나 사로잡았다.(『삼국사기』 권4, 진흥왕 23년조)

C-2. (위덕왕 8년; 561) 가을 7월에 군사를 보내 신라의 변경을 쳐서 약탈하였다. 신라 군사가 나와 쳐서 이기니 죽은 자가 1천여 명이었다.(『삼국사기』 권27, 위덕왕 8년조)

---

13) "冬十月 侵新羅西邊州郡 新羅伊湌世宗帥兵擊破之"(『삼국사기』 권27, 위덕왕 24년조); "冬十月 百濟侵西邊州郡 命伊湌世宗出師 擊破之於一善北 斬獲三千七百級"(『삼국사기』 권4, 진지왕 2년조).

종래 사료 C-1·2를 대가야국 멸망 이후의 백제의 동향과 관련지어 검토한 논자는 없었다. 거기에는 그럴만한 이유가 있었다고 생각된다. 가장 기초적인 이유는 이들 사료 자체가 정합적이지 못한 점을 내포하고 있기 때문일 것이다. 위의 C-1은 7월에 백제가 신라를 침략한 기사인데, 그 바로 뒤에 9월에 대가야가 멸망당한 사실(앞의 A-1)이 이어지고 있다. 그러므로 이를 편년을 따라 그대로 읽는다면 C-1의 사건은 대가야 멸망 이전에 일어난, 신라와 백제 사이에 발생한 변경의 영역 다툼 정도로 이해되기 마련이었다. 한편 C-2는 사건이 발생한 시점이 C-1과 같은 7월이고, 문장의 구성이나 사건의 내용까지 C-1과 전적으로 같아서 같은 사건을 서로 다른 편목(백제본기와 신라본기)에 기록한 것으로 볼 여지가 있다. 다만 발생 연대가 위덕왕 8년(561)과 진흥왕 23년(562)으로 1년 차이가 있어 동일한 사건으로 단정하기에 주저되는 측면이 없지 않다. 그러나 『삼국사기』 본기 간의 공유기사를 검토한 이강래는 1년의 시차가 발생한 이유에 대해 명확하게 언급하지는 않았지만, 이 두 기사가 같은 사건을 전하는 것은 분명하다고 보았다.[14]

백제본기와 신라본기에서 같은 사건을 놓고 서로 연대를 다르게 기록한 경우는 종종 산견되며, 그 이유는 상당히 다양한 것으로 판단된다.[15] 그런데 C-2와 같은 위덕왕대의 기사는 기년 설정에서 착오가 발생했을 개연성이 큰 것으로 보인다. 예컨대 일차 사료인 「창왕명사리감(昌王銘舍利龕)」에는 "백제창왕13년(百濟昌王十三年) 태세재정해(太歲在丁亥)"라는 구절이 보인다. 이에 의하면 위덕왕 당시에 창왕(=위덕왕) 13년은 정해년이었음을 알 수 있다. 그러나 『삼국사기』 백제본기에는 위덕왕 13년은 병술년이며, 정해년은 이듬해인 동왕 14년으로 나오고 있다. 이렇게 당대 일차 사료와 『삼국사기』 사이에 재위년의 표기에서 1년의

14) 李康來, 「三國史記 本紀間 共有記事의 檢討」 『三國史記 典據論』, 民族社, 1996, pp.101~104.
15) 李康來, 「앞의 논문」 참조.

차이가 있는 것은 당년칭원과 유년칭원 중 어느 것을 따랐느냐에 의한 것으로 여겨진다. 그렇지만 이를 통해『삼국사기』의 편찬 과정에서 위덕왕대의 기사를 정리하면서 간지와 재위년 사이의 혼란에 의해 어떤 사건의 연대 설정에서 착오가 개입했을 개연성이 매우 컷을 것임을 짐작해 볼 수 있겠다.

이런 점들을 고려하면 위덕왕 8년(561) 7월의 일로 기록된 C-2도 연대 설정에서 착오를 범했을 가능성이 크다. 즉 C-2는 그 이듬해인 동왕 9년(562) 7월에 있었던 백제와 신라의 군사적 충돌을, 기년 설정의 착오로 1년 빠른 동왕 8년(561) 7월에 편제된 것으로 생각된다. 요컨대 C-2는 C-1과 마찬가지로 562년 7월에 백제가 신라를 공격했다가 패전한 사건을 전하고 있는 것이다.

그러면 562년 7월에 백제가 신라의 변경 지역을 선제 공격한 이유는 무엇일까? 이전의 나제간의 충돌 과정을 참조하여 또한 흔히 발생할 수 있는 양국간의 사소한 충돌 사건으로 치부해 버릴 수도 있다. 그러나 위덕왕대 초반 백제의 정국은 백제가 쉽게 신라를 선제 공격할 수 있을 정도로 여유가 있었던 상황으로 보기는 어렵다. 이미 연구를 통해 자세하게 밝혀져 있듯이[16] 성왕의 태자였던 창은 기로(耆老)로 표현된 귀족 세력의 반대를 무릅쓰고 554년의 관산성전투를 이끌었던 핵심 인물이었다. 그러나 결과적으로 성왕이 전사하였고, 4명의 좌평과 약 3만에 가까운 병력이 몰살당하는 등 크게 패배하였으며, 자신도 포위망을 겨우 탈출할 수 있었을 정도의 참패를 당했다. 이로 말미암아 그는 이후 기로들로부터 패전에 대한 책임을 추궁당하였고, 출가하여 책임을 모면하려 하기도 했다.[17] 이렇게 위덕왕대 초반의 백제 정국 운영의 주도권은 위

---

16) 대표적으로 盧重國,『百濟政治史硏究』, 一潮閣, 1988, pp.176~191; 金壽泰,「백제 위덕왕의 정치와 외교」『韓國人物史硏究』2, 2004; 梁起錫,「위덕왕의 즉위와 집권세력의 변화」『泗沘都邑期의 百濟』, 충청남도역사문화연구원, 2007 참조.
17)『일본서기』권19, 흠명기 16년 8월조.

덕왕 자신보다는 귀족 세력이 장악하고 있었다.

이미 554년의 관산성전투 직전에도 주전파인 창에게 신중하기를 권유한 바 있었던 귀족 세력들이 위덕왕대 초반의 정국을 주도하고 있었던 만큼, 동왕 9년(562) 7월에 신라를 선제공격하고 있는 것은 당시 상황에 비추어 이례적이라고 평가할 수밖에 없다. 따라서 C-1·2에 보이는 562년 7월의 백제의 군사활동은 무언가 중요한 배경을 갖고 있었던 것으로 보이는 것이다.

이러한 시각을 가질 때, 우리는 또 하나의 흥미있는 사료를 찾을 수 있다. B-3의 『일본서기』 흠명기 23년 7월 시월(是月)조의 기사가 그것이다. 이 기사는 대단히 장황하고 설화적인 내용이 다수 포함되어 있어 갈피를 잡기가 쉽지 않지만, 그 내용은 크게 3단락으로 구별될 수 있다. 첫째 단락은 왜의 조정이 신라가 임나를 공격한 사실을 문책하기 위해 군대를 한반도에 출병시켜 백제와 군계를 정한 후 신라를 격파하고 백제 군영으로 들어갔다는 내용이다. 둘째 단락은 출전한 부장이 단독으로 군사를 이끌고 신라와 전쟁을 벌이다가 패배했다는 내용을 설화풍으로 버무려 전하고 있다. 셋째 단락은 신라의 포로가 된 조길사(調吉士) 이기나(伊企儺)의 왜에 대한 변함없는 충성을 강조한 것으로, 박제상 설화와 매우 흡사하다.

이 가운데서 둘째와 셋째 단락의 내용은 자체 설화성이 너무 강하여 과연 어느 정도 역사적 사실이 반영되어 있는지 가늠하기 어렵고, 또 내용상 첫째 단락에 딸린 부수적인 서술로 볼 수 있으므로 이 글에서 구체적인 검토는 생략한다. 그러나 첫째 단락은 발생 시점이나 내용 면에서 앞의 사료 C-1·2와 통하는 바가 있어 재음미해 볼 필요가 있을 것 같다.

이는 앞에서 언급했듯이 같은 해 정월의 이른바 임나 10국 멸망 기사의 후속기사 중의 하나로 6월의 신라에 대한 노골적인 적대감을 드러낸 조칙 발표에 이어 왜 조정이 한반도에 군대를 보내 신라와 전쟁을 벌였다는 내용을 담고 있다. 일단 논리상 타당성이 엿보인다. 여기에는 왜군이 출병한 장소로 다리(哆唎)와 거증산(居曾山)이라는 두 개의 지명이 등장한다. 이 중 다리는 『일본서기』 계체기의 이른바 임나4현 할양기사에서 "상다리"·"하다리"라고 기록된 곳과 같은 지역으로 추정해 볼 수 있다. 구체적인 위치에 대해서는 의견이 분분하지만, 전라남도 동부의 어느 곳일 가능성이 크다. 거증산 역시 남원의 동북에 위치한 거사물현으로 비정하는 견해가 있다.[18] 모두 백제에서 가야로 통하는 길목에 해당된다. 그리고 이 두 지역은 562년 당시 백제의 영역이었다.

나아가 B-3에 의하면, 왜의 대장군이 백제와 군계를 협의했다고 하였고, 신라를 격파한 후에는 백제의 군영으로 들어갔던 사실이 보인다. 그렇다면 이 왜의 군사행동은 적어도 백제의 영역 안의 특정 지역을 거점으로 삼아 백제 측과의 협의 하에 진행되었던 것으로 이해된다. 『일본서기』의 필법이 야마토 조정을 서술의 중심에 두고 있음을 감안하면, 이 기사는 백제의 신라 침공에 왜병이 지원군으로 파견되었던 사실을 마치 야마토 조정이 신라 공격의 주체인 것처럼 개작한 것으로 보아도 좋지 않을까 한다.[19] 그리고 562년 7월에 백제가 신라를 공격한 이유는 그해 정월 대가야가 멸망당한 데 대한 일종의 보복 전쟁이었으며, B-3에서 신라가 임나를 공격한 것을 문책하려 했다는 표현이 시사하고 있듯이, 대가야의 고지를 차지하려는 의도가 있었던 것으로 볼 수 있다.

이상 살펴보았듯이 흠명기 23년 7월에 왜가 임나를 멸망시킨 신라를 문책

---

18) 김현구 외, 『앞의 책』, p.306.
19) 김현구 외, 『앞의 책』, pp.305~306에서는 이 기사의 사실성 여부에 의심을 표명하면서, "『삼국사기』 신라본기 진흥왕 23년 7월조의 백제가 신라를 침공한 사실을 모델로 야마토 정권의 한반도 지배라는 『일본서기』의 사관에 맞춰서 개작된 것"이라 하였다. 그러나 이는 비록 편년에서는 오류가 있지만, 위덕왕 8년조에 같은 내용이 기록된 사실과 562년 정월에 대가야가 멸망한 사실을 간과하고 있어 그대로 따르기 어렵다.

하기 위해 군대를 한반도에 파병했다는 『일본서기』의 기사(B-3)는 『삼국사기』의 위덕왕 8년조(C-2)와 진흥왕 23년조(C-1)의 동일한 사건을 기록한 것이었다. 즉 562년 정월 신라가 기습 공격으로 대가야를 멸망시키자 백제는 관산성전투의 패전 후유증에 시달리고 있으면서도 왜병의 지원을 받아 그 해 7월에 신라를 공격하였다. 백제는 550년 이래 일종의 자신의 부용세력으로서 한강 유역 탈환전과 관산성 전투에 군사적 지원까지 받았던 대가야의 멸망으로 적지 않은 타격을 입었을 것이다. 이에 관산성 패전으로 인한 국내의 심각한 후유증이 제대로 치유되지 않고 있는 가운데서도 562년 7월 신라에 대한 공격을 단행하게 되었던 것이다.

이 전쟁의 승패는 물론 신라의 승리로 귀결되었다. 『삼국사기』에서는 백제측의 사상자가 1,000명 이상이었다고 하였다. 『일본서기』 흠명기 23년 7월 시월조에서는 첫째 단락에서는 마치 왜군이 승리를 거둔 것처럼 애매하게 서술하였지만, 둘째 단락에서는 부장이 단독으로 군사를 이끌고 신라와 전쟁을 벌이다가 크게 져서 신라군의 포로가 되어 표현하기 힘든 모욕을 당했던 설화적 기사가 남아 있다.

이상에서 보았듯이 대가야국의 멸망 시점은 562년 정월일 가능성이 크다. 그래야만 동년 7월에 백제가 왜의 군사적 지원을 받아 대가야국 고지를 탈환하기 위해 신라를 선제 공격했던 사실이 제대로 이해될 수 있다. 그리고 A-1에서 562년 9월에 신라가 반란을 일으킨 가야를 토벌했다고 기록되었는지를 알수 있다. 대가야의 고지를 노린 백제의 침략을 손쉽게 격퇴한 신라는 고지 지역에 행정구역을 설치하고 하나의 지방으로 경영해 나가게 되었다. 이 문제는 아래에서 살피기로 한다.

3. 대가야 고지에 대한 신라의 행정구역 편성과 그 특징

562년 정월의 대가야국의 멸망과 9월의 반란까지 실패하면서, 대가야국과 가야연맹체는 역사 속으로 사라졌다. 연맹체 세력권, 즉 연맹체를 구성했던 소국들이 지배했던 영역의 대부분과[20] 멸망 당시까지 대가야국이 직접 지배해 왔던 직할 영역은 신라의 영토로 재편되었음은 물론이다. 대가야 고지란 이 가운데서 멸망 당시까지 대가야국왕이 직접 지배했던 직할 영역으로 한정하기로 한다.

이럴 경우 멸망기 대가야의 직할 영역의 지역 범위를 어떻게 설정할 것인지가 첫 번째 문제로 떠오른다. 영세한 문헌자료만으로 이를 복원하는 것이 어려우므로, 자연히 고고학적인 발굴 자료를 중요 참고자료로 활용할 수밖에 없다. 대가야의 직할 영역을 파악하기 위해 먼저 주목되는 것이 신라가 대가야를 멸망시킨 후 그 지역에 편성한 행정구역이다. 다음 사료를 통해 신라가 편성한 행정구역을 파악할 수 있다.

D. 고령군은 본래 대가야국이었는데, 시조 이진아시왕(주; 또는 내진주지라고도 하였다)으로부터 도설지왕까지 모두 16세 520년이었다. 진흥대왕이 침공하여 멸망시키고 그 땅을 대가야군으로 삼았다. 경덕왕이 이름을 고쳤다. 지금도 그대로 쓴다. 영현이 둘인데, 야로현은 본래 적화현이었는데, 경덕왕이 이름을 고쳤다. 지금도 그대로 쓴다. 신복현은 본래 가시혜현이었는데, 경덕왕이 이름을 고쳤다. 지금(고려)은 어디인지

---

20) 물론 가야 연맹체의 구성소국들은 점진적으로 신라와 백제에 의해 각개 격파되었다. 따라서 소국들의 영역에 대한 나제 양국의 영역화 작업도 시차가 있었을 것이다. 다만 크게 본다면 소백산맥 이서에 위치한 섬진강 상류의 남원·장수·임실 지역이나 섬진강 서쪽의 광양·여수·순천 지역은 백제의 영역으로, 소백산맥 이동 지역은 신라가 장악한 것으로 볼 수 있다. 이와 관련하여 고고학적 자료를 바탕으로 4~6세기 호남 동부지역의 소지역권의 정치적 향배를 다룬 郭長根,『湖南 東部地域 石槨墓 研究』, 書景文化社, 1999는 좋은 참고가 된다.

알 수 없다.(『삼국사기』 권34, 지리(1), 강주 고령군조)

위의 사료는 『삼국사기』 지리(1), 강주 고령군조의 기사로서 신라시대에 대가야 고지인 고령 지역의 행정구역이 고령군과 그에 속한 2개의 영현, 곧 야로현과 신복현으로 구성되었음을 알려준다. 다만 이들 행정구역 명칭은 759년(경덕왕 16)에 단행된 전국적인 지명 개정 상황이 반영된 것으로, 562년(진흥왕 23) 대가야 멸망 직후에 고지에 설치된 원래의 행정구역 명칭은 아니었다. 위에서 보이듯이 진흥왕이 대가야국을 멸망시키고 그 땅에 설치했던 행정구역의 명칭은 대가야군이었다.[21]

진흥왕에 의한 대가야 고지에 대한 행정구역 편성 내용을 이해하기 위하여 이 시기 이전의 신라의 지방 통치조직의 변화상에 대해 잠시 개관하기로 하겠다. 주지하는 바처럼 신라는 505년(지증왕 6)을 전후하여 기존의 영역과 새로 편입한 정복지에 대하여 간접지배나 거점지배와 같은 종전의 영역 지배방식을 탈피하여 새로운 지배방식으로서 주군제를 시행하였다. 주군제란 광역의 지역을 주로 편제하고 주 내부에 복수의 군을 두었으며, 주와 군에 직할 행정구역으로서 몇 개의 성·촌을 설정하고, 각각에 군주·당주·도사(혹은 나두)의 계서적인 지방관을 파견했던 3단계 지방 통치조직을 말한다.

이러한 새로운 방식의 지방 통치조직의 편제는 신라가 영역으로 편입하기 이전의 작은 국가체였던 소국의 내부 구조를 계승하여 재편한 경우가 많았다.

---

21) 일부 논자들은 신라가 고령지역에 설치한 군명(郡名)이 '대가야군'으로 기록된 사실에 의문을 제기하기도 한다. 대가야라는 칭호 자체가 가야 가운데서 가장 큰 가야라는 미칭인데, 과연 이러한 호칭을 신라가 그대로 용인했을지가 의문이라는 것이다. 그래서 『世宗實錄地理志』 慶尙道 尙州牧 高靈縣조의 "高靈縣 本伽倻國 …… 新羅眞興王二十二年滅之 以其地爲伽倻郡"과 같은 후대의 자료를 중시하는 경우도 발견된다. 그러나 『삼국사기』에는 위에서 인용한 지리지 기사 외에 제사지의 중사조에도 "推心(註: 大加耶郡)"이 보이고 있어, 신라 왕조가 대가야국의 중심지에 설치한 행정구역의 명칭은 대가야군이 분명하다고 생각한다.

한국 고대의 초기 국가체였던 소국은 정치적 중심지인 국읍과 몇 개의 읍락 혹은 별읍으로 구성되어 있었다.[22] 신라는 이러한 소국의 구조를 계승하여 보통 소국의 중심지였던 국읍에는 군을, 예하의 구성단위였던 읍락에는 성·촌을 설치하였고, 특히 정치·군사적으로 중요했던 지역에는 최상위 단위였던 주를 설치하여 광역의 영역을 통치하는 거점으로 삼았던 것이다.

그런데 주와 군이라는 명칭은 이중의 의미를 갖고 있었다. 즉 주는 아래에 복수의 군을 거느리는 광역의 행정단위로서 광역주를 의미하기도 하고, 한편으로는 주를 통치하는 치소가 설치된 지역으로서 주치주의 의미를 갖고 있었다. 여기서 주치주는 주의 장관인 군주가 주재하며 직접 통치하는 치소 지역과 그의 직접적인 관할 아래에 있는 몇 개의 성·촌으로 구성된 하나의 행정단위이기도 하였으며, 광역주는 이러한 주치주와 복수의 군으로 구성된 넓은 영역을 가진 광역의 행정단위였다. 군의 기본 구조도 이와 크게 다르지 않았다. 한편으로는 장관인 당주가 파견되어 주재하는 군 치소 지역을 의미하기도 하고, 다른 한편으로는 군 치소와 몇 개의 성·촌으로 구성된 일정한 지역적 행정단위의 의미를 갖고 있었다.

이상을 참조하면서 사료 D를 보면 신라가 대가야 고지에 설치한 대가야군은 군치소 지역과 2개의 성·촌으로 구성되어 있었던 것으로 파악된다. 즉 3개의 행정단위가 대가야군의 영역을 구성했던 셈이다. 그러면 이들 각각의 구체적인 위치를 비정해 보기로 하자. 먼저 대가야군의 군치소 지역은 현재의 고령읍 일원으로 비정될 수 있다. 이 지역은 원래 소국(반파국) 단계의 국읍이었으며, 대가야국으로 성장한 이후에는 왕도 지역이기도 하였다. 신라는 종래 대가야국의 왕도였던 현재의 고령읍 일원을 하나의 영역으로 묶어 대가야군의 군

---

22) 李賢惠, 『三韓社會形成過程硏究』, 일조각, 1984; 권오영, 「삼한의 '國'에 대한 연구」(서울대 박사학위 논문), 1996 참조.

치소를 설치했던 것이다.

그리고 예하의 2개의 성촌은 적화촌과 가시혜성이었다. 물론 사료 D에는 마치 적화현·가시혜현이라는 2개의 현이 설치된 것처럼 기록되어 있지만, 진흥왕대의 신라의 최하 말단 지방 행정단위는 성·촌이었다. 현제는 6세기 후반에 도입되기 시작하여 7세기 후반 신문왕대에 이르러서야 전국적으로 시행되었기 때문이다.[23] 따라서 진흥왕대에 설치된 행정구역은 적화촌과 가시혜성이었다.

적화촌의 위치는 경덕왕 16년에 다시 야로현으로 개명되었던 사실에서 짐작되듯이 현재의 경남 합천군 야로면 일원으로 비정되는데, 안림천을 통해 고령읍과 연결되는 합천군 야로면과 가야면 지역, 이에 더하여 고령군 쌍림면의 일부도 적화촌의 영역이 아니었을까 한다. 다른 하나의 성촌은 가시혜성이었다. 『삼국사기』 지리지에 의하면 이 가시혜성은 가시혜현 → 신복현으로 지명이 고쳐졌는데, 『삼국사기』 편찬 당시인 고려 인종 무렵에는 위치조차 알 수 없다고 하였다. 그러나 이에 관해서는 약간의 자료가 남아 있다.

E-1. (선덕왕 11년; 642) 김유신이 압량주 군주가 되었다가 13년에 소판이 되었다. 가을 9월에 왕이 상장군으로 삼아 군사를 거느리고 백제의 가혜성, 생열성, 동화성 등 일곱 성을 쳐서 크게 이겼다. 이로 말미암아 가혜진을 열었다.(『삼국사기』 권41, 김유신 열전(상))

E-2. (무열왕 8년; 661) 봄 2월에 백제의 잔적들이 사비성을 공격해 왔으므로, 왕이 이찬 품일을 대당장군으로 삼고 잡찬 문왕, 대아찬 양도, 아찬 충상 등으로 그를 보좌케 하였으며, 잡찬 문충을 상주장군으로 삼고 아찬 진왕으로 그를 보좌케 하였다. 아찬 의

---

23) 신라에서 현제(縣制)가 등장하는 것은 7세기 무렵이며, 전국가적으로 현이 말단의 행정구역으로 정비된 것은 삼국통일 이후인 685년(신문왕 5)으로 추정된다. 현제의 시행과 관련해서는 李文基, 「統一新羅의 地方官制 硏究」, 『國史館論叢』20, 1990, pp.14~21 참조.

복을 하주장군으로, 무홀과 욱천을 남천대감으로, 문품을 서당장군으로, 의광을 낭당장군으로 삼아 가서 구원하게 하였다. …… 왕은 군대가 패하였음을 듣고 크게 놀라 장군 금순·진흠·천존·죽지를 보내 군사를 증원하여 구원케 하였으나, 가시혜진에 이르러 군대가 물러나 가소천에 이르렀다는 말을 듣고 이에 돌아왔다.(『삼국사기』 권5, 태종무열왕 8년조)

위의 사료 E-1·2에는 가혜성·가혜진·가시혜진 등의 지명이 보인다. 모두 신라가 백제를 공격하기 위해 서진하는 통로의 중간 지점의 하나로 등장하고 있으며, 특히 E-2에서는 거창 지역으로 비정되는 가소천보다는 동쪽에 위치한 사실이 확인된다. 또 낙동강을 도하할 수 있는 진(津)이 설치된 지역이기도 하였다. 요컨대 E-1·2의 가시혜성(가혜성)은 거창의 가소천보다 동쪽에 위치하였고, 낙동강을 도하할 수 있는 주요한 교통요지로서 가시혜진(가혜진)이 설치되어 있던 곳이었다.

가시혜현의 구체적인 위치와 관련하여 조선시대에 편찬된 지리지에 다음과 같은 고증이 보이고 있다.

E-3. 신복현, 김부식이 말하기를, "본래 가시혜현으로서 고령군에 딸린 현이었는데, 경덕왕 때에 이름을 고쳤다" 하나, 지금은 자세히 전해지지 않는다. ○ 생각하건대, 현의 서쪽 10리 되는 곳의 땅 이름에 가서곡이라는 것이 있는데 시혜가 변하여 서로 되었는가도 의심스럽다.(『신증동국여지승람』 권29, 고령군 고읍조)

E-4. 신복 남쪽으로 30리다. 본래 신라 가시혜였는데, 일명 가시성이라고도 한다. 경덕왕 16년에 신복이라 고쳐 고령군 영현으로 되었다가, 고려 초에 내속되었다. ○ 현의 서쪽 10리에 가서곡이란 곳이 있는데 이것이 아닌가 의심스럽다.(김정호, 『대동지지』 권9, 고령조)

E-3에서는 고령현 읍치에서 서쪽으로 10리 지점에 위치한 가서곡(加西谷)을 가시혜성이 아닐까 하고 있지만, E-4에 보듯이 김정호는 그러한 가설을 알고 있음에도 불구하고 그와는 전혀 다르게 읍치 남쪽 30리 지점을 가시혜성으로 비정하였다. 나아가 『대동여지도』에는 <지도 1>에서 보듯이 신복현(가시혜성)을 명기해 두고 있다(화살표 참조).

<지도 1>에서 김정호가 신복현으로 표시한 지점은 현재 고령군 우곡면 도진리 지역으로 볼 수 있다. 이곳은 고령을 거쳐 흘러내려 온 회천이 낙동강 본류에 합류하기 얼마 전의 지점으로, 낙동강과 회천에 둘러싸인 곳이다. 신라가 백제와의 항쟁 과정에서 서진(西進)하기 위해서는 물길이 낙동강과 회천으로 나누어져 있어 도하(渡河)가 용이한 대구 → 현풍 → 개산강(開山江; 현재의 개

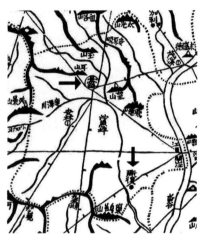

〈지도 1〉 『대동여지도』의 고령

진) → 신복(가시혜; 우곡)으로 연결되는 교통로를 이용하는 것이 가장 효과적이었다. 이러한 지리적 환경은 이곳에 가시혜진(혹은 가혜진)이 개설되었다는 『삼국사기』의 기록과도 아주 잘 들어맞고 있다. 따라서 김정호가 신복현(가시혜성)의 치소를 고령군 우곡면 도진리 지역으로 파악했던 것은 탁견이라고 할 수 있다. 이 가시혜성은 현재의 우곡면 도진리 지역에 치소가 두어져 있었지만, 자연 환경이나 지형 조건을 고려하면 회천과 낙동강이 감싸고 있는 우곡면과 개진면 일원이 그 영역이었을 것이다.

이상에서 살펴보았듯이 신라는 대가야를 멸망시킨 후 그 고지에 대가야군을 설치하고, 그 아래에 적화촌과 가시혜성을 두어 하나의 지방 행정구역으로 편제하였다. 대가야군은 군치인 고령읍 일원(쌍림·운수·덕곡면 일부 포함)과 합천군 야로면과 가야면 일원 및 쌍림면 일부를 포괄하는 적화촌, 그리고 회천과 낙동강으로 둘러쌓인 우곡면과 개진면 일원으로 이루어진 가시혜성으로 구성되어 있었던 것이다.

한편 대가야군이 상급 행정단위인 주에 속해 있었음은 물론이다. 대가야군이 설치된 후 그를 영속한 상급 행정단위는 하주였다. 이 하주는 주치소를 비사벌주(현 경남 창녕읍) → 대야주(현 경남 합천읍) → 압량주(현 경북 경산시) → 대야주로 이동하면서 665년(문무왕 5)에 거열주와 삽량주로 나누어질 때까지 광역주로 존속되었다.[24] 따라서 대가야 고지에 신라가 설치한 행정구역은 다음과 같은 통속관계를 가지고 있었던 것으로 정리할 수 있다.

지금까지 보아 온 군치소와 적화촌·가시혜성 등 진흥왕에 의해 대가야군이라는 행정구역을 편성된 지역이 멸망 당시 대가야국의 직할 영역에 속했을 것임은 의심의 여지가 없다. 그러면 이들 지역만이 대가야국의 직할 영역이었을 지가 궁금하다. 문헌사료만으로는 이를 해명하기가 어렵다. 이에 문헌사료와 함께 고고학적 유물·유적자료도 고려의 대상으로 삼아야 한다.

고고학적인 측면에서 멸망기 대가야국의 직할 영역을 파악할 수 있는 자료

---

24) 각종 사료에서 확인되는 하주의 광역주명과 주치의 변화를 정리하면 다음 <표>와 같다.

시기	진흥 16	진흥 26	진평 33	선덕 11	무열 8	문무 1	문무 5
광역주 명칭	하주	→	하주	→	하주	하주	하주 폐지 거열주·삽량주 설치
주치	비사벌	대야	→	압량	대야	→	거열성·삽량성으로 이동

로는 토기 자료가 주목되고 있다. 특히 6세기 2/4분기 이후에 해당하는 토기가 고령양식 토기 일색인 지역이라면 일차적으로 대가야국의 직할 영역이었을 가능성이 있다. 다만 앞의 사료 A-2의 예처럼 만약 가야연맹체를 구성하는 소국이 존재했던 지역이라면 비록 그곳에서 고령양식 토기가 대거 출토된다고 해도 그 곳을 대가야국의 직할 영역으로 단정할 수는 없지 않을까 한다. 문헌 자료와의 정합적인 해석이 필요하다고 생각하기 때문이다.

6세기 2/4분기 이후의 토기문화가 고령양식 토기 일색인 지역으로는 현재의 고령군 지역을 제외하면 경상남도 합천군 일원이 주목되고 있다. 이에 합천군 지역은 고령군과 함께 멸망기 대가야의 직할 영역을 검토할 경우 일차적으로 관심의 대상이 되어 왔다.

현재의 합천군 지역은 지형조건이나 수계 등을 고려하여 대략 5개의 소지역권(혹은 소지구)로 나누는 견해가 있다.[25] 즉 고령권으로 포함되는 안림천 수계 지역(묘산·야로·가야면), 황강 수계 서부 지역권(봉산·대병면), 황강 수계 중부 지역권(합천·용주·대양·율곡면), 황강 수계 동부 지역권(초계·적중·쌍책·덕곡면), 남강 수계 지역(삼가·가회·쌍백)이 그것이다. 이에 대해 황강 수계 중부 지역권과 동부지역권을 하나의 지역권으로 묶어 4개의 소지역권으로 파악하자는 수정안이 나오기도 했는데,[26] 필자는 수정안에 따르고자 한다.

이에 근거하여 대가야국 멸망기의 합천군 지역의 사정을 정리해 보자. 먼저 안림천 수계 지역은 전술한 신라의 행정구역 편성에서 짐작되듯이 대가야국의 직할 영역이었음이 짐작된다. 다음 남강 수계 지역은 삼가면 일원이 소위 임나

---

25) 조영현 외, 「합천군 문화유적의 조사연구」, 『합천지역의 역사와 문화』, 합천문화원·계명대 한국학연구원, 2000, pp.258~260.
26) 이형기, 『앞의 책』, p.143. 단 이 지역을 대병·봉산면 일원의 '황강 수계 중상류권'과 대비하여 '황강 수계 중하류권'으로 부르고자 한다.

10국의 하나인 사이기국의 소재지로 비정되기도 하고,[27] 대표 유적인 삼가고분군의 출토 토기를 보면, 대가야국 멸망 이전 시기의 것으로 비정될만한 신라토기가 보이고 있다는 견해도 있다.[28] 이를 종합하면 남강 수계 지역이 멸망기 대가야국의 직할 영역일 가능성은 거의 없다고 할 수 있다. 또 황강 중하류권(쌍책·초계·합천면 등)에는 옥전고분군이 잘 보여주듯이 다라국의 소재지로 파악되므로,[29] 이곳을 대가야국의 직할 영역으로 비정하는 것은 무리일 것이다.

마지막으로 황강 수계 중상류권(대병·봉산면)의 사정은 어땠을까. 이곳은 1986~1987년에 합천댐 건설에 즈음하여 활발한 고고학적 발굴조사가 있었고, 그 결과 저포리고분군·중반계고분군·반계제고분군·봉계리고분군 등 황강 중상류역 동서안에서 많은 자료가 출토되었다. 그런데 이 지역 출토 토기의 경향성을 보면, 4세기~5세기 초까지는 아라가야 양식이나 소가야 양식 토기가 매납된 점에서 대가야권으로 보기 어렵지만, 5세기 중 후엽에는 대가야 양식의 토기가 주류를 이루며, 특히 반계제고분군의 경우 묘제의 주곽과 순장곽의 축조방식이 고령 본관리고분군의 그것과 거의 같은 구조를 보여주고 있어 이 지역이 대가야권에 편입되었음을 짐작하게 한다.[30]

그런데 이 지역은 가야연맹체를 구성하는 별개의 소국이 아니라 대가야국의 직할 영역으로 편입되었을 가능성이 크다. 일단 위치 면에서 대가야국이 직접 지배했던 합천군 야로·가야면과 지리적으로 근접해 있을뿐더러, 고령 → 야로 → 묘산 → 봉산으로 연결되는 교통로가 존재하였다. 이와 더불어 저포리 E지구 4-1호분에서 출토된 고령양식 토기에 새겨진 "하부사리리(下部思利利)"

27) 이형기, 『앞의 책』, pp.158~159.
28) 李熙濬, 「토기로 본 大伽耶의 圈域과 그 변천」, 『加耶史硏究』, 경상북도, 1995 참조.
29) 경상대 박물관, 『합천 옥전고분군』 I~Ⅸ, 1988~2000.
30) 박천수 외, 『가야의 유적과 유물』, 학연문화사, 2003, pp.80~91.

라는 명문도 유력한 방증 자료로서 주목할 필요가 있다.[31] 명문의 하부에 대해서는 과연 그것이 대가야국의 부인지 여부에 대해 논란이 없지 않지만, 최전성기 대가야국의 왕도가 상부와 하부라는 2개의 부로 편제되어 있던 사정을 보여주는 것으로 이해될 수 있다.[32] 그렇다면 하부명 토기가 출토된 저포리유적과 반계제고분군 등이 분포하고 있는 황강 중상류권(대병·봉산면) 지역은 곧 대가야국의 왕도의 일부였던 셈이므로,[33] 멸망기 대가야국의 직할 영역으로 파악되는 것이다.

한편 현재의 고령군 지역 내에도 신라가 대가야를 멸망시킨 후의 행정구역 편성에서 빠져있는 소지구(小地區)가 있다. 성산면·다산면 지역이 그러한데, 이 지역이 멸망기 대가야국의 직할 영역이었는지 여부가 궁금하다. 현재의 고령군 성산면 일원은 지형 조건상 고령읍이나 개진면 우곡면 등과는 하천과 산지에 의해 구분되는 하나의 소지구를 형성하고 있다. 뿐만 아니라 성산면 박곡리 원동마을 뒷산에는 봉분 직경 10~15m의 수혈식 석곽의 중형급 고분과 소형 석곽묘가 분포하고 있다. 이 고분군의 주위에 북쪽 산지의 정상부에 무계리산성이, 남서쪽 낙동강변에 봉화산토성이 위치한다. 고분 주변에는 대부분 고령양식의 토기-대부장경호, 2단투공의 고배, 단경호 등-가 확인되고 있으며, 출토 토기편의 양식과 수혈식 석곽묘의 유형에서 보면 그 조영 시기는 대략 6세기 초로 편년된다. 말하자면 성산면 지역은 6세기 초에는 대가야가 직접 지배하는 직할 영역이었던 셈이다. 여기에서 좀더 추론해 보면, 성산면 지역은

---

31) 채상식,「합천 저포리 4호분 출토 토기의 명문」『가야통신』2, 1989.
32) 백승충,「우륵12곡의 해석문제」『한국고대사논총』3, p.478; 노중국,「대가야의 정치 사회구조」『가야사연구』, 경상북도, 1995 참조.
33) 이형기,『앞의 책』, pp.137~149에서는 대가야가 부체제 단계에 접어들었을 당시에, 봉산면 지역을 '우륵 12곡'의 하나로 나오는 하가라도(下加羅都)로 비정하고 있어, 봉산면 지역을 멸망기 대가야국의 직할 영역으로 파악했음을 알 수 있다.

원래 고령 지역의 소국이었던 반파국 단계에서는 반파국을 구성하는 하나의 읍락이었을 것이다. 그러다가 대가야국으로 발전한 이후에는 대가야국에 직속된 하위 구성단위로 편제되었고, 박곡리고분군은 그러한 하위 구성 단위의 지배층이 남긴 것으로 추정할 수 있다. 그리고 이 지역은 주위의 무계리산성과 봉화산토성의 존재까지 아울러 생각하면, 대가야 왕도의 서쪽 변경을 방어하는 역할을 수행했던 왕도 직할의 하위 구성단위라는 성격까지 엿볼 수 있는 것이다.[34]

이상에서 문헌과 고고자료를 종합하여 살펴 본 결과 멸망기 대가야국의 직할 영역 곧 대가야 고지임에도 불구하고, 신라가 대가야군이라는 행정구역에서 제외한 소지구가 존재함을 확인하였다. 황강 중상류권(합천군 대병·봉산면 지역)과 고령군 성산·다산면 지역이 그것이다. 그러면 신라가 이러한 조치를 취한 의도가 무엇인지를 살펴보기로 하자. 아무래도 그것은 신라의 대가야국 고지 지배정책과 밀접한 관련이 있을 것으로 여겨지기 때문이다.

F-1. 강양군(江陽郡)은 본래 대량주군(大良州郡)(註 : 良은 耶라고도 썼다)이었는데, 경덕왕이 이름을 고쳤다. 지금의 합주이다. 영현이 셋이었다. 삼기현(三岐縣)은 본래 삼지현(註 : 또는 麻杖이라고도 하였다)이었는데, 경덕왕이 이름을 고쳤다. 지금도 그대로 쓴다. 팔계현(八谿縣)은 본래 초팔혜현이었는데, 경덕왕이 이름을 고쳤다. 지금의 초계현이다. 의상현(宜桑縣)은 본래 신이현(辛尒縣)(註; 朱烏村, 또는 泉州縣이라고도 하였다)이었는데, 경덕왕이 이름을 고쳤다. 지금의 신번현이다.(『삼국사기』 권34, 지리(1), 강주 강양군조)

F-2. 성산군(星山郡)은 본래 일리군(一利郡)(註; 또는 里山郡이라고도 하였다)이었는데,

---

34) 이상 성산면의 대가야 유적에 대해서는 박천수 외, 『앞의 책』, pp.61~65 참조.

경덕왕이 이름을 고쳤다. 지금의 가리현이다. 영현이 넷이었다. 수동현(壽同縣)은 본래 사동화현이었는데, 경덕왕이 이름을 고쳤다. 지금[고려]은 어디인지 알 수 없다. 계자현(谿子縣)은 본래 대목현이었는데, 경덕왕이 이름을 고쳤다. 지금의 약목현이다. 신안현(新安縣)은 본래 본피현이었는데, 경덕왕이 이름을 고쳤다. 지금의 경산부이다. 도산현(都山縣)은 본래 적산현이었는데, 경덕왕이 이름을 고쳤다. 지금은 어디인지 알 수 없다.(『삼국사기』권34, 지리(1), 강주 성산군조)

사료 F-1·2는 신라가 고령 지역에 인접한 합천과 성주 지역에 설치했던 행정구역을 보여주는 것이다. F-1에 의하면 합천지역에 처음 행정구역이 편성될 때, 군치소(후일 일시 하주의 주치소였기도 함) 지역과 삼지·초팔혜·신이촌(성) 등 4개의 행정구역이 두어졌음을 알 수 있다. 삼지현(三支縣)은 곧 합천군 대병면으로 비정되는데,[35] 아마 봉산면 지역과 함께 대가야국의 직할 영역을 이루었을 것이다. 그러나 신라가 대가야 고지에 행정구역을 편성하면서, 합천군 대병·봉산면 지역을 대가야군으로부터 분리하여 삼지촌(성)을 설치하여 대량(야)주군의 영현으로 삼았다. 따라서 대가야국의 고지에 설치된 대가야군은 영역이 축소되어 군세(郡勢)도 크게 약화되었을 것이다.

또 F-2는 신라가 성주 지역에 일리군이라는 행정구역을 편성한 사실을 보여주는 것이다. 이 일리군은 설치될 당시 군치소(→ 星山郡 → 加利縣) 지역과 사동화촌(→ 壽同縣)·대목촌(→ 谿子縣 → 若木縣)·본피촌(→ 新安縣 → 京山府)·적산촌(→ 都山縣) 등 4개의 성·촌으로 구성된 행정단위였다고 생각된다. 각각의 위치는 일리군 치소가 고령군 성산·다산면,[36] 사동화촌이 구미시 인의동

---

35) 鄭求福 외, 『譯註 三國史記』4(주석편 하), 한국정신문화연구원, 1997, p.228.
36) 일리군 군치소의 위치는 후대의 지명 개정상황에 비추어 보면 고령군 성산면으로 비정된다. 그러나 인접한 고령군 다산면 일원도 이에 포함될 가능성이 크다. 우선 노곡리고분군에서 고

(과거 칠곡군 인동면), 대목촌이 칠곡군 약목면, 본피촌이 성주군 성주읍, 적산촌이 성주군 가천면 일원 등으로 비정된다.[37] 신라가 성주 지역에 이러한 행정구역을 편성했던 시기는 군치소 지역인 성산·다산면 지역이 대가야 멸망기까지 직할 영역이었음을 고려하면, 대가야국 멸망 후 고지에 대가야군을 설치한 시기와 비슷했던 것으로 여겨진다. 이러한 신라의 성주 지역에 대한 행정구역 편성은 신라의 정복 지역에 대한 행정구역 편성의 보편적인 방식[38]과 약간의 차이가 있는 점이 눈길을 끈다. 소국 단계에서 부터 신라의 간접 지배 지역으로 편입된 이후까지 성주군 일원을 지배했던 토착 세력의 중심 거점은 성주읍 일원이 분명하다. 이 점 성산동 고분군의 규모나 출토 유물에서 분명히 입증되고 있다.[39] 그럼에도 불구하고 신라는 성주읍 지역을 군치소로 삼지 않고, 원래의 성주 지역 정치체와는 별개의 지역이었던 고령군 성산·다산면 지역에 일리군 군치소를 설치하고 있는 것이다.

신라가 이러한 행정구역을 편성한 데는 정치적으로 복합적인 의도가 있었던 것 같다. 첫째, 대가야 고지에 설치된 대가야군의 영역을 축소하고 고지에 잔존한 대가야국 유민들을 분리하여 그 규모와 세력의 약화를 겨냥했던 것 같

령양식 토기가 주로 나오고 있으며 묘제 역시 수혈식이어서 고분으로 보는 한 대가야 지역이라 할 수 있다(김세기, 『앞의 책』, p.69). 또 고려시대에 가리현으로 개명된 이 지역은 조선시대의 각종 지리지를 참조하면 그 치소가 고령군 성산면의 박곡리 원동지역으로 비정되는데, 『戶口總數』(1789년 편찬)의 가리현의 坊面을 보면, 加縣內坊(성산면)·所也坊(성산면)·伐只坊(다산면)·多叱坊(다산면)과 같이 성산면과 다산면 지역이 가리현을 구성하고 있는 것이다. 그렇다면 일리군의 군치소 지역은 현재의 고령군 성산면과 다산면 일원으로 추정해도 무방할 것 같다.

37) 지명의 위치 비정은 鄭求福 외, 『앞의 책』, pp.229~231 참조.
38) 신라가 정복한 여러 소국 지역에 행정구역을 설치하는 보편적 방식은 국읍 지역을 치소로 삼아 전통적인 지배질서를 활용하는 것이었다.
39) 김세기, 「성주 성산동 고분-제38·39·57·58·59호 조사개요」 『성주 성산동고분특별전도록』, 1988; 「성주 지역 문화의 고고학적 고찰」 『한국학논집』24, 1997.

다. 둘째, 대가야군 치소에 근접한 곳에 또 하나의 군치소로서 일리군을 설치하고, 이를 활용하여 대가야군을 견제하는 한편 어쩌면 발생할지도 모르는 대가야 유민들의 반발에 대비하려는 목적도 있었을 법하다. 셋째, 다른 한편으로는 중심 거점의 이동을 통해 성주 지역 토착세력에 대한 견제의 의도도 없지 않았을 것이다. 이런 복합적인 의도 가운데서도 상대적으로 큰 중요성을 지녔던 것은 대가야 고지에 남은 대가야국 유민들에 대한 견제가 아니었을까 한다. 성주 지역은 고령 지역과는 달리 비교적 이른 시기부터 신라화되어 갔음이 확인되고 있기 때문이다. 요컨대 신라가 대가야의 고지에 대가야군을 설치하면서, 원래 대가야국의 직할 영역이었던 성산·다산면 지역을 그로부터 분리하여 일리군의 치소로 삼았던 것은 대가야 고지의 분할·축소를 통해, 대가야 유민세력의 약화를 도모했던 정책의 일환이었다고 하겠다.

지금까지 살펴보았듯이 신라 왕조는 대가야국을 멸망시킨 뒤, 그 고지를 하나의 행정구역으로 편제한 것이 아니었다. 직할 영역이었던 현재의 고령군 성산·다산면 지역에는 일리군의 군치소를 두고, 합천군 봉산면 지역은 대야군(주)의 영현인 삼지현을 설치하는 등 대가야국 고지의 영역을 축소·조정하였고, 나머지 지역에 대가야군과 적화촌·가시혜성의 2개 성촌으로 구성된 작은 규모의 행정구역을 설정하였던 것이다. 이러한 행정구역의 편성은 곧 대가야국 유민에 대한 통제정책의 일환이었음이 틀림없다.

4. 신라의 대가야 고지 지배정책

대가야국을 멸한 후 신라는 그 고지에 행정구역을 설치하고 하나의 지방으로서 통치하기 시작했다. 그러나 대가야국의 유민들을 효율적으로 통치하기 위해서는 적절한 통치정책이 필요하였다. 그것은 일종의 채찍과 당근으로 비유할 수 있는 탄압 및 통제정책과 회유정책의 양면적 형태로 나타났다. 이에 아래에서는 대가야 유민에 대한 탄압·통제정책과 회유정책의 구체적인 내용을 살펴보기로 한다.

1) 탄압·통제정책

대가야를 멸망시키는 데 선봉장으로서 큰 공을 세운 사다함에게는 전후의 논공행상에서 상당한 포상이 행해졌다.

G-1. 진흥왕 23년(562) 9월에 가야가 반란을 일으켰으므로 왕이 이사부에 명하여 토벌케 하였는데, 사다함이 부장이 되었다. 사다함은 5천 명의 기병을 이끌고 앞서 달려가 전단문에 들어가 백기를 세우니 성 안의 사람들이 두려워 어찌할 바를 몰랐다. ······ 전공을 논함에 사다함이 으뜸이었으므로, 왕이 좋은 토지와 포로 200명을 상으로 주었으나 사다함이 세 번이나 사양하였다. 왕이 굳이 주므로 이에 받아 포로는 풀어 양인이 되게 하고 토지는 군사들에게 나누어 주니, 나라 사람들이 그것을 아름답게 여겼다.(『삼국사기』 권4, 진흥왕 23년조)

G-2. 사다함(斯多含)은 진골 출신으로 나밀왕(奈密王)의 7대손이고, 아버지는 급찬 구리지(仇梨知)이다. ······ 진흥왕이 이찬 이사부에게 명하여 가라국(加羅國)(註; 또는 加耶로도 썼다)을 습격하게 하였다. 당시 사다함은 나이가 15~6세였는데, 종군하기를 청하였다. 왕은 나이가 아직 어리다 하여 허락하지 아니하였으나 여러번 진심으로 청하고 뜻이 확고하였으므로 드디어 명하여 귀당(貴幢) 비장으로 삼았는데, 그 낭도 중에서 따르는 자 또한 많았다. 그 나라 경계에 이르자 원수에게 청하여 그 휘하 군사를 거느리고 먼저 전단량(旃檀梁)(註; 전단량은 성문 이름이다. 가라 말로 문을 량(梁)이라 했다고

한다)으로 들어갔다. 그 나라 사람들이 뜻밖에 군사가 쳐들어옴을 보고 놀라서 막지 못하였으므로, 대군이 승세를 타서 드디어 그 나라를 멸하였다. 군사가 돌아오자, 왕은 공을 책정하여 가라인 300명을 주었다. 이를 받아서 다 풀어 놓아 주고 한 사람도 남겨 놓은 것이 없었다. 또 전지를 하사하였으나 굳이 사양하였다. 왕이 강권하므로 알천의 쓸모없는 땅만을 주도록 청할 따름이었다.(『삼국사기』 권44, 사다함열전)

위의 사료에 의하면 대가야 멸망의 가장 공이 큰 사다함에게 주어진 포상은 토지와 포로의 하사 두 가지였다. 백제·고구려를 멸망시킨 직후에 행해진 논공행상과 비교해 보면[40] 관직·관등의 승급이나 수여가 빠져있지만, 그것은 사다함의 당시 신분이 화랑으로서, 아직 환로(宦路)에 나아갈 수 있는 연령에 미달되었기 때문으로 보인다. 여기서 대가야 유민의 처우와 관련하여 주목할 것은 사다함이 포로로 잡힌 가라인 300명(혹은 200명)을 하사받았다는 사실이다. 사다함은 이들을 방면하여 양인이 되도록 해 주었다고 한다. 이는 달리 말하면 이들이 방면되지 않았을 경우 노비 신분으로 살아야 했음을 의미한다. 그러면 전공으로 가라인 포로를 하사받은 존재가 사다함 하나에 그쳤을까. 최고 전공자인 사다함보다 그 숫자는 적을 수가 있지만, 최고사령관이었던 이사부를 비롯한 마지막 대가야 토벌전에 참전한 상당수의 신라군 지휘관들에게도 포로가 분여(分與)되었을 것이 틀림없다. 그렇다면 대가야의 멸망과정에서 대가야인 다수가 신라의 포로가 되어 전쟁노비로 전락했던 셈이다.

한편 당시 사람들이 사다함이 노비 신분인 가라인 포로를 모두 양인으로 방면한 사실을 칭송했다고 하였다. 이는 거꾸로 전쟁노비를 하사받은 자들은 그대로 노비로서 소유하는 것이 보편적인 현상이었음을 암시한다. 요컨대 사다

---

40) 『삼국사기』 권5, 태종무열왕 7년조 및 『같은 책』 권6, 문무왕 8년조.

함에 대한 포상 기사를 통해 우리는 대가야의 멸망 과정에서 다수의 대가야인들이 신라군의 포로가 되었고, 그들은 노비로 전락되어 유공자에게 분여되기도 하는 등 이른바 망국노(亡國奴)의 처지로 떨어졌음을 알 수 있는 것이다. 전쟁노비로 편입된 이들 중에는 신라에 저항했던 반신라적 성향의 지배계층을 비롯한 유력자층은 물론 전쟁에 병졸로 참전했던 일반 백성층까지도 포함되어 있었을 것이다. 이로써 대가야 고지 지역은 주민의 숫자가 크게 감소되었을 뿐만 아니라 종래의 대가야적 전통적 지배질서도 급속하게 붕괴되고, 신라적 지배질서로 재편되는 등 거대한 변화의 소용돌이에 휘말리게 되었을 것으로 생각된다. 이것이 대가야국 유민들에 대한 탄압정책의 하나였음은 재언할 필요도 없다.

위와 같이 비록 포로가 되어 노비로 전락한 경우가 아닐지라도, 대가야 유민에 대한 또 하나의 탄압·통제정책으로 그들에 대한 강제 사민(徙民)을 들 수 있다. 물론 국가가 일정 지역 주민들을 자신의 의지와는 무관하게 강제로 주거지를 옮겨 살게 하는 사민정책은, 고대국가의 성장 과정에서 흔히 발견되는 피정복지 주민에 대한 통제정책의 하나였고,[41] 그 의미 역시 회유를 위한 우대책과 저항을 봉쇄하기 위한 통제·탄압책이라는 양면성을 갖고 있었다.

신라가 대가야 유민에 대해 사민을 시행했던 유형이나 의도 역시 양면적이었다. 후술되듯이 일부 친신라적 성향의 지배층의 경우 회유를 위한 우대책의 일환으로 소경의 하나인 중원경으로 사민된 유형이 발견되는가 하면, 통제와 탄압을 목적으로 사민을 단행한 사례가 확인되기도 한다. 후자와 같은 유형의 사민 사례로서 우리는 강원도 동해시 추암동고분의 조영자들을 주목할 수 있다.[42]

---

41) 韓沾劢, 「古代國家成長過程에 있어서의 對服屬民施策(上)」 『歷史學報』12, 1960, pp.101~105.
42) 李炯基는 추암동고분군의 사례를 주목하여 이것이 신라에 의한 대가야 유민의 사민의 결과

강원도 동해시 북평동 추암마을의 낮은 구릉지대에 위치한 이 고분군에서는 대가야계통의 토기가 매납된 무덤들이 확인되었다. 5기의 횡구식 석실분과 1기의 수혈식 석곽분에서 출토된 토기 가운데서 대부장경호·뚜껑 등의 기종에서는 특히 고령양식 토기의 특징이 두드러지게 나타나며, 그 제작시기는 대략 6세기 중엽으로 비정된다고 한다.[43]

이러한 고령양식 토기들이 어떤 연유로 고령으로부터 멀리 떨어진 원격지인 강원도 동해안의 작은 무덤에 매납될 수 있었을까. 여러 가지 추론이 가능할 수 있지만, 가장 가능성이 높은 것은 아무래도 토기의 제작자 혹은 무덤의 조영자들이 집단적으로 고령으로부터 이곳으로 옮겨 살았기 때문이라는 이형기의 견해이다.[44] 이와 같은 고령 지역 주민의 집단적 이동은, 이주가 쉽지 않았던 고대사회의 폐쇄성과 고령양식 토기의 분포 상황을 고려할 때, 국가권력에 의한 강제 이주로 이해함이 합리적이다. 다시 말하면 추암동고분군에서 집중적으로 출토된 6세기 중엽경의 고령양식 토기는 대가야국의 멸망 이후 신라에 의해 고령에서 강원도 동해안으로 강제 사민된 대가야 유민들에 의해 제작되어 무덤에 매납된 것이라는 이해는 설득력을 얻었다고 판단된다. 이러한 추암동고분군 조영자들의 예에서 미루어 보면, 대가야 유민들은 또 다른 지역으로 강제 사민되었으며, 그 흔적으로서 6세기 중엽 이후에 제작된 고령양식 토기가 집중적으로 출토되는 또 다른 유적이 확인될 개연성을 배제할 수 없다. 대가야 유민들에 대한 강제 사민은 대가야국 주민 집단의 규모를 축소하고, 공동체적 관계를 해체하여 대가야 고지에 대한 신라 왕조의 순조로운 지배를 실

로 파악하는 주목할 만한 견해를 발표한 바 있다(李炯基, 「앞의 논문」, 「신라의 大加耶地域 지배」, 『앞의 책』, pp.198~212). 아래의 서술은 이에 힘입은 바 크다.

43) 李相洙, 「영동지역 신라고분에 대한 일고찰-북평지역 고분군을 중심으로-」, 『한국상고사학보』 18, 1995, pp.226~228.

44) 李炯基, 「앞의 논문」, 『앞의 책』, pp.198~212.

현하기 위한 의도에서 추진된 탄압정책의 하나였다.

지금까지 살펴보았듯이 신라는 대가야국을 멸망시킨 후 포로가 된 유민들을 노비로 편입하거나, 강제 사민을 통해 타 지방으로 이거(移居)시키는 등 유민에 대한 탄압·통제정책을 실시하여 대가야 고지를 원활하게 지배하려 하였던 것이다.

2) 회유정책

신라는 대가야 유민에 대한 탄압과 통제정책을 시행하는 한편으로, 일부 유민세력을 회유하기 위한 정책도 시행하였다. 그 대표적인 사례로서 첫째 친신라적 지배세력을 소경인으로 편제했던 사실, 둘째 대가야의 제사체계를 신라의 국가적 체사체계 중의 중사(中祀)로 포섭했던 점 등 두 가지를 사료를 통해 확인할 수 있다. 이를 차례로 살펴보기로 한다.

신라가 대가야 유민의 일부를 국원소경(낭성·국원성·중원경)으로 사민하여, 소경인으로 편입하고 그들을 우대했던 사실은 다음의 사료를 통해 짐작할 수 있다.

H-1. (진흥왕 12년; 551) 3월에 왕이 순행하다가 낭성(娘城)에 이르러, 우륵(于勒)과 그의 제자 이문(尼文)이 음악을 잘한다는 말을 듣고 그들을 특별히 불렀다. 왕이 하림궁(河臨宮)에 머물며 음악을 연주하게 하니, 두 사람이 각각 새로운 노래를 지어 연주하였다. 이보다 앞서 가야국 가실왕(嘉悉王)이 12현금을 만들었는데, 그것은 12달의 음률을 본뜬 것이다. 이에 우륵에게 명하여 곡을 만들게 하였던 바, 나라가 어지러워지자 악기를 가지고 우리에게 귀의하였다. 그 악기의 이름은 가야금이다.(『삼국사기』권 4, 진흥왕 12년조)

H-2. 신라 고기에서는 다음과 같이 기록하였다. "가야국 가실왕이 당나라의 악기를 보고 만들었다. 왕은 '여러 나라의 방언이 각기 다르니 음악이 어찌 한결같을 수 있으랴?'하고는 악사 성열현(省熱縣) 사람 우륵에게 명하여 12곡을 짓게 하였다. 후에 우륵은 그 나라가 장차 어지러워질 것이라고 생각하여 악기를 지니고 신라 진흥왕에게 투항하였다. 왕은 그를 받아 국원(國原)에 안치하고, 대나마 주지(注知)·계고(階古)와 대사 만덕(萬德)을 보내 그 업을 전수받게 하였다. 세 사람이 이미 12곡을 전수받고 서로 말하기를 "이것은 번잡하고 음란하니, 우아하고 바른 것이라고 할 수 없다"하고는 드디어 축약하여 다섯 곡으로 만들었다. 우륵이 처음에 듣고 노하였으나, 그 다섯 가지의 음곡을 듣고 나서는 눈물을 흘리고 탄식하면서 말하였다. "즐거우면서도 무절제하지 않고 슬프면서도 비통하지 않으니, 바르다고 할 만하구나. 너희는 그것을 왕의 앞에서 연주하라." 왕이 이를 듣고 크게 기뻐하였는데, 간언하는 신하가 의논하여 아뢰었다. "가야에서 나라를 망친 음악이니, 이는 취할 것이 못 됩니다." 왕이 말하였다. "가야 왕이 음란하여 스스로 멸망한 것이지 음악이야 무슨 죄가 있겠는가. 대개 성인이 음악을 제정함은 인정에 연유하여 법도를 따르도록 한 것이니, 나라의 다스려짐과 어지러움은 음악 곡조로 말미암은 것이 아니다." 드디어 그를 행하게 하여 대악(大樂)으로 삼았다."(『삼국사기』 권32, 악지, 가야금조)

H-3. 강수(强首)는 중원경 사량인으로, 아버지는 나마 석체(昔諦)이다. …… 드디어 관직에 나아가 여러 벼슬을 거쳐 당시 이름이 널리 알려진 사람이 되었다. …… 태종대왕이 즉위하였을 때 당나라 사신이 와서 조서를 전하였는데, 그 글 가운데 이해되지 않는 부분이 있어 왕이 그를 불러 물으니, 왕의 앞에서 한번 보고는 해석하는 데 막힘이 없었다. 왕이 크게 기뻐하여 서로 늦게 만남을 한스러이 여겼다. 그 성명을 물으니 대답하기를 "신은 본래 임나가량(任那加良) 사람으로 이름은 우두(牛頭)입니다"라고 하니, 왕이 말하기를 "그대의 두골을 보니 강수 선생이라 불러야겠다" 하고, 그로 하여금 당나라 황제의 조서에 감사하는 답서를 쓰게 하였다. 글이 잘되고 뜻을 다 폈음으로

왕이 더욱 기이하게 여겨 이름을 부르지 않고 임생(任生)이라고만 불렀다.(『삼국사기』 권46, 강수열전)

H-4. (668년 10월) 25일에 왕이 나라로 돌아오는 길에 욕돌역에 이르렀는데, 국원 사신(國原仕臣) 대아찬 용장이 사사로이 잔치를 베풀어 왕과 시종하는 사람들을 대접 하였다. 음악이 시작되자 나마 긴주(緊周)의 아들 능안(能晏)은 15살인데 가야의 춤을 추어 보였다. 왕이 그 용모가 단정하고 아름다운 것을 보고는 앞에 불러 등을 어루만 지며 금술잔에 술을 권하고 폐백을 자못 후하게 주었다.(『삼국사기』 권6, 문무왕 8년조)

사료 H-1·2는 우륵에 관한 것이고, H-3은 강수의 전기를 발췌한 것이다. 여기에 보이듯이 우륵은 대가야 가실왕의 궁정악사로 활동하다가 대가야가 멸 망 당하기 전에 신라로 투항한 인물이므로 대가야 출신임이 분명하고, 강수는 그 활동 시기가 대가야가 멸망당한 지 약 100년쯤 뒤인 7세기 후반대(무열왕~ 신문왕)의 인물이지만, 스스로 "임나가량인", 즉 대가야 출신이라고 말하는 대가 야 유민의 후예였다.[45]

그런데 이 두 인물이 모두 국원성 혹은 중원경(현재의 충북 충주시)에 거주했던 사실이 흥미를 끈다. 이렇게 대가야계 인물인 우륵과 강수가 국원성(혹은 중원 경)에 거주했던 이유는 신라가 대가야 유민 가운데 일부를 이 지역으로 사민했 기 때문이었다.[46] 대가야 출신인 우륵과 강수의 선대는 약간의 시차를 두고 국 원성(중원경)으로 안치되었던 셈이다.

---

45) 강수는 왕경의 관료로 활동했던 7세기 중엽의 무열왕대까지 임나가야 출신이라는 정체성을 갖고 있었다. 여기에 보이는 임나가야의 실체를 둘러싸고 논란이 있다. 곧 고령 대가야국설과 김해 가락국(남가라)설이 그것인데, 최근 후자를 지지하는 견해가 나오기도 했지만(백승옥, 「변·진한 및 가야·신라의 경계」『한국고대사연구』58, 2010, pp.86~88), 아무래도 강수의 경우는 고령 대가야국 출신으로 보는 것이 설득력이 있다고 생각한다.
46) 林炳泰, 「新羅小京考」『歷史學報』35·36 합, 1967.

다만 이렇게 국원성 지역으로 사민된 존재들은 대가야 유민 가운데서도 친신라적 성향을 가졌던 지배세력들이 아니었을까 한다. 우선 우륵의 경우 대가야 멸망 이전에 신라에 투항할 정도로 친신라적 성향의 궁정악사였을 뿐만 아니라,[47] 진흥왕의 관심 속에서 왕을 친견하기도 했고, 대나마ㆍ대사 등의 관등을 소지한 자가 전수생으로 선발되고 있는 점에서도 신라로부터 우대받고 있는 존재임을 쉽게 알 수 있다. 아마 신라에 투항한 후 일정한 관등을 수여받는 등 후대를 받으면서 국원성으로 옮겨 살게 되었을 것이다.

그리고 강수도 아버지 석체가 11등급 나마라는 관등을 지니고 있어, 엄격한 신분제인 골품체제 하에서 그 신분이 신라의 차상급 귀족인 6두품으로 추정된다.[48] 이는 대가야 멸망 후 그의 선대(조부 혹은 증조부)가 6두품 신분으로 편입되었기 때문인데, 강수 가문의 사례를 멸망 후의 백제ㆍ고구려 귀족에 대한 처우와 대비해 보면, 그의 선대를 대가야의 최고 지배 귀족 가문 출신으로 추정해도 큰 무리는 없다. 그래서 이들은 왕경인에 준하는 특권이 인정되었던 소경의 주민으로 편제될 수 있었던 것이다.

사료 H-4는 대가야가 멸망한 후 100여년이 지난 후의 국원소경의 사정을 엿볼 수 있는 에피소드로서 주목된다. 668년 10월 25일 한성(漢城)을 거쳐 힐차양(肹次壤)까지 북상했던 문무왕이 고구려의 멸망과 당군의 귀환 소식을 듣고 경주로 귀경하는 과정에서 국원소경의 역으로 보이는 욕돌역에 머물면서 국원소경의 사신 대아찬 용장이 베푼 위로연에 참석하였다. 이 잔치에서 음악이 연주되면서 15세 소년인 나마 긴주의 아들 능안이 가야의 춤[加耶之舞]을 췄다고 한다. 사료에 분명한 것은 아니지만, 가야무에 맞춰 연주된 음악도 역시 가야악

<hr>

47) 우륵의 신라 망명을 전후한 시기에 대가야 조정이 친백제계와 친신라계로 분열되어 있었을 가능성에 대해서는 田中俊明, 「于勒十二曲と大加耶連盟」『東洋史硏究』48-4, 1990 참조.
48) 李基白, 「强首와 그의 思想」『新羅思想史硏究』, 一潮閣, 1986, pp.212~213.

이었을 것이다. 이 가야악과 가야무는 우륵에서 비롯된 대가야의 그것이 분명하고, 이를 통해 우리는 7세기 중엽까지 국원소경에 대가야국 유민들이 대가야 문화를 전승·보전하고 있었음을 짐작할 수 있는 것이다. 나아가 가야무를 춘 소년 능안의 아버지가 나마 긴주라는 사실도 주목할 필요가 있다. 나마 긴주는 사료의 전후 맥락에서 보면 국원소경인임이 확실하며, 가야무를 전승하고 있는 점에서 그 선대가 국원소경으로 사민되었던 대가야국 유민의 후예로 파악해도 좋을 것이다. 그리고 그가 강수의 아버지 석체와 마찬가지로 나마의 관등을 보유하고 있으므로, 그의 선대 역시 친신라적 성향을 가졌던 대가야국의 귀족 출신으로 추정할 수 있다.

이상에서 살폈듯이 신라는 대가야 유민 가운데 친신라적 성향을 가졌던 지배세력의 일부를 국원경(국원소경·중원경) 지역으로 사민하여 소경인으로 편입시키기도 하였다. 이 역시 근본적인 목적은 대가야 유민들의 저항을 사전에 봉쇄하려는데 있었지만, 일정한 특권을 허용하고 있다는 점에서 회유정책의 하나로 파악될 수 있다. 특히 멸망 이후 100여년이 지나도록 가야무와 가야악으로 상징되는 대가야 문화의 전승과 보전을 용인·장려하고 있는 사실도 국원소경으로의 사민이 대가야 유민들에 대한 회유정책이었음을 시사하고 있다.

대가야 유민에 대한 또 하나의 회유정책으로 대가야의 전통적인 제의를 신라의 국가적 제사체계 안으로 포섭한 사실을 들 수 있다. 신라의 국가적 제사체계 중에는 전국적인 산천제사를 대사·중사·소사로 구분하고 있는데, 중사의 하나로 대가야군 지역에서 제사가 거행되었음이 다음과 같이 보이고 있다.

Ⅰ. 중사(中祀) 오악(五岳)…사진(四鎭)…사해(四海)…사독(四瀆)…속리악(俗離岳)(註; 삼년산군), 추심(推心)(註; 대가야군), 상조음거서(上助音居西)(註; 서림군), 오서악(烏西岳)(註; 결이군)」, 북형산성(北兄山城)(註; 대성군), 청해진(淸海鎭)(註; 조음도)](『삼국사기』권

신라의 중사는 오악·사진·사해·사독 등 중국의 산천제사를 수용한 전형적인 제사에 속리악~청해진에 이르는 6곳의 신라 고유의 산천제사가 덧붙여져 있다. 신라가 전국의 명산대천에 대한 제사를 대·중·소사라는 국가적 제사체계로 편제한 것은 지방세력 내지 지역 집단을 신라의 지배체계로 끌어들이기 위한 의도에서 비롯된 것이었다. 산천에 대한 제사는 그 자체 전통이 매우 깊었고, 제사를 거행하는 방식과 과정을 매개로 주변 지역민을 하나로 묶는 역할을 수행하고 있었기 때문이다. 그렇다면 신라가 대가야군의 추심을 중사의 하나로 편제한 것은 추심에서 행해진 대가야 유민들의 전통적인 제사를 국가적 제사체계로 끌어들여 주민들을 회유하려는 의도였음을 짐작할 수 있겠다. 다만 추심(推心)이 구체적으로 어떤 곳인지는 자료 부족으로 확정하기 어렵지만, 가야산과 미숭산 두 곳 가운데 하나였을 것으로 본다. 후대의 지리지에 의하면 가야산에는 정견천왕사(正見天王祠)가 있었고, 미숭산에는 그 꼭대기에 미숭신사(美崇神祠)가 있다고 하였는데, 이 둘 가운데 어느 하나가 추심 지역에서 행해진 신라의 중사를 계승했을 것으로 추측되기 때문이다.[49]

이 밖에도 대가야국 유민에 대한 회유정책의 하나로 대가야국 마지막 왕 도설지왕이 신라 조정에 의해 기용되어 당주·대등 등의 관직을 역임했던 것으로 보는 견해도 나와 있지만,[50] 6세기 신라 금석문(「창녕비」)에 보이는 이름 하나만을 근거로 한 추정이어서 신빙성이 약하다. 어쨌든 신라는 대가야국 유민 가운데 일부 지배계층을 중원경에 거주하는 소경민으로 편입하여 관계 진출을

---

49) 최광식, 「국가제사의 제장(祭場)」『한국고대의 국가와 제사』, 한길사, 1994, pp.307~308에서는 미숭산으로 비정하고 있다.
50) 김태식, 『앞의 책』, pp.253~259.

허용하는 등 후대하기도 했고, 대가야국 주민의 전통적 산천제사를 신라의 중사로 편입하여 주민집단을 회유하고자 하였다. 이상과 같은 통제와 회유정책을 통해 고령 지역은 신라의 하나의 지방으로 점차 변화되어 갔다.

5. 맺음말

이상에서 대가야국 멸망 이후 그 고지에 대한 신라의 지배정책에 초점을 두고 한두 가지의 문제를 덧붙여 검토하였다. 지금까지 논의된 바를 정리하고, 신라의 지배하에서 고령 지역이 겪었던 변화상을 부연하는 것으로 결론에 대신하고자 한다.

첫째, 대가야국의 멸망 시점은 『삼국사기』의 562년 9월설보다 『일본서기』의 562년 정월설이 옳을 가능성이 크다. 이렇게 대가야국의 멸망 시점을 정월로 보아야 그 해 7월에 백제가 왜의 군사적 지원을 얻어 신라의 대가야국 멸망에 대한 보복전쟁을 시도했던 사실과 9월의 대가야 토벌을 반란을 진압한 것으로 서술한 기사의 의미를 올바르게 이해할 수 있다.

둘째, 신라는 멸망 후 대가야 유민 세력의 약화를 목적으로 대가야국의 직할 영역에 대한 행정구역을 편성하였다. 즉 직할 영역 가운데 합천군 대병·봉산면 지역에는 삼지촌(성)을 두어 대야군(주)에 영속시켰고, 고령군 성산·다산면 지역에는 인접한 성주 지역을 관할하는 일리군의 군치소를 설치하였다. 이러한 대가야 고지에 대한 행정구역의 편성은 대가야 고지를 분할하여 유민 세력을 견제하고 약화시키려는 지배정책의 일환이었다.

셋째, 신라는 탄압·통제정책과 회유정책을 아울러 구사하여 대가야 고지와 유민들을 효율적으로 지배하려 하였다. 탄압·통제정책으로는 신라와의 전쟁에 참전했거나 끝까지 저항했던 세력들을 전쟁노비로 삼아 유공자에게 분여하였고, 또 동해시 추암동고분 조영자들의 사례에서 보듯이 원격지에 집단 사민을 단행하기도 하였다. 이로써 대가야 고지의 유민세력은 크게 약화되었다.

넷째, 친신라적인 세력에게는 국원성으로 사민하여 소경인의 지위를 부여하는 우대정책을 펴기도 하였다. 그리하여 대가야 유민의 후예 가운데는 나마 긴주의 사례에서 보듯이 6두품에 편입되어 경위를 받고 중원경에 거주하거나, 강수와 같이 왕경에 진출하여 관료로 복무할 수도 있었다. 뿐만 아니라 7세기 후반에 이르기까지 중원경 지역에는 가야악과 가야무로 상징되는 대가야 문화가 그 유민 후예들에 의해 면면히 전승되기도 하였다. 또 대가야의 제사체계를 신라의 중사(中祀)로 편입하여 대가야국 유민들을 회유하기도 했다.

이와 같은 신라의 대가야 유민과 고지에 대한 지배정책은 상당한 효과를 거둔 것으로 판단된다. 대가야 고지 유민들의 신라화가 비교적 급속하게 진행된 사실에서 이를 엿볼 수 있다. 예컨대 지산동 고분군의 능선 말단부에 해당하는 대가야역사관 부지 내의 발굴조사에서 대가야 멸망 직후의 양상의 일단이 드러났다. 여기에서는 6세기 중후반으로 편년되는 34기의 횡구식 혹은 횡혈식 석실분이 조사되었는데, 이들 묘제는 대체로 신라 계통임이 인정되며, 그 내부에서 출토된 토기를 비롯한 유물들도 대가야 계통은 거의 보이지 않고, 후기 신라양식 토기가 주류를 이루고 있다.[51] 이러한 고고학적 자료는 대가야 멸망과 더불어 고령지역에서 대가야적 전통이 단절되고 신라 문화의 수용과 보급이 급격하게 이루어졌음을 시사하는 것이다.[52]

대가야 멸망 이후 고령 지역은 신라의 양면적 지배정책이 시행되면서 점차 신라의 지방으로 변모되어갔다. 그렇지만 고령 지역은 신라가 국경을 맞대고

---

51) 경북문화재연구원·고령군, 『대가야역사관 신축부지내 고령지산동고분군』, 2000 참조.
52) 李炯基, 『앞의 책』, pp.198~212.

상쟁을 거듭해 온 백제와의 대결과정에서 낙동강을 도하하기 위해서는 반드시 거쳐야 할 정치·군사적 요충이었고, 반대로 백제가 낙동강을 돌파하고자 할 때에도 그 전략적 중요성에는 변함이 없었다. 그래서 신라와 백제 양국의 치열한 대결과정에서 고령 지역은 그 영유권에 변화가 일어나기도 하였다. 642년부터 644년까지 고령 지역을 백제가 영유했다는 사료가 확인되기 때문이다.[53]

그러나 이러한 고령 지역이 가진 군사적 중요성도 신라의 가장 위협적인 적대세력이었던 백제의 소멸과 더불어 사라지게 되었으며, 신라가 지배하는 고령은 하나의 작은 지방으로 유지되었다.

---

53) "(선덕왕 11년; 642) 김유신이 압량주 군주(軍主)가 되었다가 동 13년(644)에 소판(蘇判)이 되었다. 가을 9월에 왕이 상장군으로 삼아 군사를 거느리고 백제의 가혜성(加兮城), 성열성(省熱城), 동화성(同火城) 등 일곱 성을 쳐서 크게 이겼다. 이로 말미암아 가혜진(加兮津)을 열었다" (『삼국사기』 권41, 김유신열전(상))에서 보듯이 644년에도 가혜성(가시혜성)이 백제의 영역으로 나오고 있다.

참고문헌

Ⅰ. 자료

『三國史記』,『三國遺事』,『三國史節要』,『東國通鑑』,『高麗史』,『高麗史節要』,『東文選』,『圓宗文類』(『韓國佛教全書』4, 東國大 出版部, 1984),『崔文昌侯全集』(成均館大 大東文化研究院, 1972),『破閑集』(李仁老),『梅溪集』(曺偉),『增補文獻備考』,『世宗實錄地理志』,『慶尙道地理志 慶尙道續撰地理志』(朝鮮總督府中樞院 校訂, 1938),『新增東國輿地勝覽』,『大丘邑誌』,『輿地圖書』,『大東輿地圖』,『椽曹龜鑑』,『大東地志』,『佛國寺誌(外)』(亞細亞文化社, 1983),『華嚴寺誌』(亞細亞文化社, 1997),『佛國寺 華嚴寺事蹟』(考古美術同人會, 1965),『大邱府史』(1943).

『舊唐書』,『新唐書』,『唐會要』,『新五代史』,『册府元龜』,『白氏長慶集』,『文苑英華』,『全唐文』,『管子』,『樊川文集』(杜牧).

『日本書紀』,『續日本記』,『日本紀略』,『日本三代實錄』,『續日本後紀』,『安祥寺伽藍緣起資財帳』(惠雲),『三正綜覽』.

黃壽永 編,『韓國金石遺文』(제4판), 一志社, 1985.

韓國古代社會研究所編,『譯註 韓國古代金石文』3, 駕洛國事蹟開發研究院, 1992.

李智冠,『校勘譯註 歷代高僧碑文』1(신라편), 가산문고, 1994.

한국역사연구회,『譯註 羅末麗初金石文』(하), 혜안, 1996.

崔英成,『譯註 崔致遠全集』1(四山碑銘), 아세아문화사, 1998.

崔英成,『譯註 崔致遠 全集』2(孤雲文集), 아세아문화사, 1999.

智冠,『韓國高僧碑文總集(朝鮮朝 近現代)』, 伽山佛教文化研究院, 2000.

II. 저서

강봉룡,『바다에 새겨진 한국사』, 한얼미디어, 2004.

高裕燮,『韓國美術文化史論叢』, 서울신문사, 1949.

곽승훈,『최치원의 중국사탐구와 사산비명 찬술』, 韓國史學, 2005.

郭長根,『湖南 東部地域 石槨墓 研究』, 書景文化社, 1999.

權悳永,『古代韓中外交史 -遣唐使研究-』, 一潮閣, 1997.

權英五,『新羅下代 政治史 研究』, 혜안, 2011.

권주현,『개정판 가야인의 삶과 문화』, 혜안, 2009.

金甲童,『羅末麗初의 豪族과 社會變動研究』, 高麗大民族文化研究所, 1984.

金相鉉,『신라의 사상과 문화』, 一志社, 1999.

金壽泰,『新羅中代 政治史研究』, 一潮閣, 1996.

金昌謙,『新羅 下代 王位繼承 研究』, 景仁文化社, 2003.

金哲埈,『韓國古代社會研究』, 知識産業社, 1975.

金甲童,『羅末麗初 豪族과 社會變動 研究』, 고려대 민족문화연구소, 1990.

김세기 외,『대가야와 주변제국』, 고령군·한국상고사학회, 2002.

김세기,『고분자료로 본 대가야 연구』, 학연문화사, 2003.

金完鎭,『鄕歌解讀法研究』, 서울대출판부, 1980.

김태식 편,『악사 우륵과 의령지역의 가야사』, 홍익대 인문과학연구소·우륵문화발전
　　　　연구회, 2009.

金泰植,『加耶聯盟史』, 一潮閣, 1993.

김태식,『미완의 문명 7백년 가야사』1, 푸른 역사, 2002.

김현구 외,『일본서기 한국관계기사 연구』II, 일지사, 2003.

南豊鉉,『吏讀研究』, 태학사, 2000.

노중국 외,『대가야 들여다보기』, 고령군 대가야박물관·계명대 한국학연구원, 2006.

노중국 외,『대가야의 성장과 발전』, 고령군·한국고대사학회, 2004.

노중국 외,『대가야의 정신세계』, 고령군 대가야박물관·계명대 한국학연구원, 2009.

노중국 외, 『악성 우륵의 생애와 대가야의 문화』, 고령군 대가야박물관·계명대 한국학
　　　연구원, 2006.

盧重國, 『百濟政治史研究』, 一潮閣, 1988.

류영철, 『高麗의 後三國 統一過程 研究』, 景仁文化社, 2004.

文暻鉉, 『高麗太祖의 後三國統一研究』, 형설출판사, 1987.

박해현, 『신라중대 정치사연구』, 국학자료원, 2003.

법보종찰 해인사, 『9세기 해인사 비로자나불의 역사성과 예술성』(발표자료집), 2005.

申瀅植, 『新羅史』, 梨花女大出版部, 1985.

申瀅植, 『韓國古代史의 新研究』, 一潮閣, 1984.

양기석 외, 『5~6세기 동아시아의 국제정세와 대가야』, 고령군 대가야박물관·계명대 한
　　　국학연구원, 2007.

윤명철, 『한국해양사』, 학연문화사, 2003.

윤명철, 『한민족의 해양활동과 동아지중해』, 학연문화사, 2002.

李康來, 『三國史記 典據論』, 民族社, 1996.

李基東, 「新羅 下代의 王位繼承과 政治過程」 『新羅 骨品制社會와 花郎徒』, 一潮閣, 1984.

李基白, 『新羅思想史研究』, 一潮閣, 1986.

李基白, 『新羅政治社會史研究』, 一潮閣, 1974.

李基白·李基東, 『韓國史講座』(古代篇), 一潮閣, 1982.

李文基, 『新羅兵制史研究』, 一潮閣, 1997.

李成市(金昌錫譯), 『동아시아의 왕권과 교역』, 청년사, 1999.

李樹健, 『韓國中世社會史研究』, 一潮閣, 1984.

이영호, 『신라 중대의 정치와 권력구조』, 지식산업사, 2014.

李佑成, 『韓國의 歷史像』, 創作과 批評社, 1982.

李佑成, 『韓國中世社會史研究』, 一潮閣, 1991.

李賢惠, 『三韓社會形成過程研究』, 一潮閣, 1984.

李炯基, 『大加耶의 形成과 發展 研究』, 景仁文化社, 2009.

李弘稙, 『韓國古代史의 研究』, 新丘文化社, 1971.

李熙德,『韓國古代 自然觀과 王道政治』, 혜안, 1999.

張籌根,『韓國의 歲時風俗』, 螢雪出版社, 1984.

全基雄,『羅末麗初의 政治社會와 文人知識層』, 혜안, 1996.

전기웅,『新羅의 멸망과 景文王家』, 혜안, 2010.

全德在,『신라 왕경의 역사』, 새문사, 2009.

鄭淸柱,『新羅末高麗初 豪族研究』, 一潮閣, 1996.

曺凡煥,『新羅禪宗研究』, 一潮閣, 2001.

趙仁成,『태봉의 궁예정권』, 푸른역사, 2007.

최광식,『한국고대의 국가와 제사』, 한길사, 1994.

최근식,『신라해양사연구』, 고려대출판부, 2005.

韓基汶,『高麗寺院의 構造와 機能』, 民族社, 1998.

해상왕장보고연구회 편,『7-10世紀韓中日交易研究文獻目錄・資料集』, (재)해상왕장보
    고기념사업회, 2001.

黃壽永,『韓國의 佛敎美術』, 同和美術公社, 1980.

경북문화재연구원・고령군,『대가야역사관 신축부지내 고령지산동고분군』, 2000.

경상대 박물관,『합천 옥전고분군』I ~ IX, 1988~2000.

계명대 박물관,『성주 성산동고분특별전도록』, 1988.

國立慶州博物館,『國立慶州博物館敷地內 發掘調査報告書』, 2002.

文化財管理局,『雁鴨池』, 1978.

박천수 외,『가야의 유적과 유물』, 학연문화사, 2003.

尹容鎭外,『大邱의 文化遺蹟-先史・古代-』, 대구직할시 경북대 박물관, 1990.

조영현 외,『합천군 문화유적의 조사연구』, 합천문화원・계명대 한국학연구원, 2000.

조영현 외,『합천지역의 역사와 문화』, 합천문화원・계명대 한국학연구원, 2000.

韓國文化財保護財團,『慶州 東川洞 692-2번지 遺蹟』, 2010.

海印寺 聖寶博物館,『해인사 비로자나불복장유물 특별전 圖錄』, 2008.

「법보신문」, 2005. 12. 21일자, 「동아일보」, 「조선일보」, 「한국일보」 2005년 7월 5일자.

今西龍,『高麗及李朝史研究』, 國書刊行會, 1974.

今西龍,『新羅史研究』, 國書刊行會, 1970.

旗田巍,『朝鮮中世社會史の研究』, 法政大學出版局, 1972.

藤田亮策,『朝鮮學論考』, 藤田記念事業會, 1963.

末松保和,『新羅史の諸問題』, 東洋文庫, 1954.

木村誠,『古代朝鮮の國家と社會』, 吉川弘文館, 2004.

石井正敏,『日本前近代の國家と對外關係』, 吉川弘文館, 1987.

井上秀雄,『新羅史基礎研究』, 東出版, 1974.

村上四男,『朝鮮古代史研究』, 開明書院, 1978.

Ⅲ. 논문

姜熙雄,「高麗 惠宗朝 王位繼承亂의 新解釋」『韓國學報』7, 1977.

高慶錫,「淸海鎭 張保皐勢力 研究」(서울대 문학박사 학위논문), 2006.

구산우,「나말여초의 울산지역과 박윤웅」『한국문화연구』5, 1992.

권덕영,「신라 하대 朴氏勢力의 동향과 '朴氏 王家'」『韓國古代史研究』48, 2008.

권영오,「신라하대 인물들의 정치 활동과 연령」『지역과 역사』31, 2012.

權五永,「삼한의 '國'에 대한 연구」(서울대 문학박사 학위논문), 1996.

金光洙,「羅末麗初의 豪族과 官班」『韓國史研究』23, 1979.

金基興,「신라 處容說話의 역사적 진실」『歷史教育』80, 2001.

金基興,「新羅의 聖骨」『歷史學報』164, 1999.

金吉雄,「解題」『華嚴寺誌』, 亞細亞文化社, 1997.

金南允,「佛國寺의 창건과 그 위상」『新羅文化祭學術會議論文集』18, 1997.

金福順,「崔致遠의 佛教關係著述에 대한 檢討」『韓國史研究』43, 1983.

金福順,「興輪寺와 七處伽藍」『新羅文化』20, 2002.

金庠基,「古代의 貿易形態와 羅末의 海上活動에 就하야」『震檀學報』1·2, 1934·1935.

金庠基,「羅末 地方群雄의 對中通交-특히 王逢規를 중심으로-」『黃義敦古稀紀念論叢』,
　　　1960.

金相敦,「新羅末 舊加耶圈의 金海 豪族勢力」『震檀學報』82, 1997.

金相鉉,「華嚴寺의 創建 時期와 그 背景」『東國史學』37, 2002.

김상현,「九世紀 후반의 海印寺와 新羅 王室의 후원」『新羅文化』28, 2006.

김세기,「성주지역 문화의 고고학적 고찰」『韓國學論集』24, 1997.

金壽泰,「백제 위덕왕의 정치와 외교」『韓國人物史研究』2, 2004.

金英美,「慈藏의 佛國土思想」『韓國史市民講座』10, 1992.

金潤坤,「大邑中心의 郡縣制度 整備와 大丘縣의 變遷」『大邱市史』1(통사편), 1995.

김재웅,「고령지역의 설화의 전반적 고찰」『고령지역의 역사와 문화』, 고령문화원·계
　　　명대 한국학연구원, 1997.

金貞淑,「金周元世系의 成立과 그 變遷」『白山學報』28, 1984.

金周成,「百濟 泗沘時代 政治史 研究」(전남대 문학박사 학위논문), 1990.

金昌謙,「新羅 景文王代 '修造役事'의 政治史的 考察-王權强化策과 관련하여-」『溪村
　　　関丙河停年紀念論叢』, 1988.

金昌謙,「新羅 溟州郡王考」『成大史林』12·13合, 1997.

金昌謙,「新羅 下代 孝恭王의 卽位와 非眞骨의 王位繼承」『史學研究』58·59合, 1999.

金昌謙,「합천 해인사 비로자나불좌상의 '大角干'銘 墨書」『新羅史學報』4, 2005.

金昌錫,「통일신라기 田莊에 관한 연구」『韓國史論』25, 1991.

金昌鎬,「新羅壽昌郡護國城八角燈樓記의 分析」『古文化』57, 2001.

金哲埈,「文人階層과 地方豪族」『한국사』3, 탐구당, 1978.

金泰植,「三國史記 地理志 新羅條의 史料的 檢討」『三國史記의 原典 檢討』, 한국정신문
　　　화연구원, 1995.

南漢鎬,「9世紀 後半 新羅商人의 動向」『青藍史學』1, 1997.

盧重國,「統一期 新羅의 百濟故地支配」『韓國古代史研究』1, 1988

노중국,「대가야의 정치·사회구조」『가야사연구』, 경상북도, 1995.

柳永喆,「後三國鼎立期 地方勢力의 存在樣態-星州地域을 中心으로-」『嶺南專門大論文

　　　集』24, 1996.

文暻鉉,「新羅 朴氏의 骨品에 대하여」『歷史敎育論集』13 · 14合, 1990.

文明大,「佛國寺金銅如來坐像二軀와 그 造像撰文(碑銘)의 硏究」『美術資料』19, 1976.

閔泳珪,「佛國寺古今歷代記解題」『學林』3, 1954.

朴敬源,「永泰二年銘 石造毘盧遮那坐像」『考古美術』168, 1985.

朴南守,「新羅 下代 王室의 祭禮와 元聖王 追崇의 정치사회적 의의」『史學硏究』108,
　　　2012.

朴方龍,「新羅 王京과 流通」『新羅文化祭學術會議論文集』27, 2006.

朴鎔辰,「大覺國師 義天 硏究」(국민대 문학박사 학위논문), 2004.

朴宗基,「高麗時代 鄕 · 部曲의 變質過程」『韓國史論』6, 1980.

朴漢卨,「羅末麗初의 서해안교섭사 연구」『國史館論叢』7, 1989.

박혜인,「신라 헌강왕대 해인사 비로자나불의 조성과 김유신의 상징화」(동아대 문학석사
　　　학위논문), 2010.

배종도,「新羅下代의 地方制度 改編에 대한 考察」『學林』11, 1989.

백승옥,「변 · 진한 및 가야 · 신라의 경계」『한국고대사연구』58, 2010.

백승충,「우륵12곡의 해석문제」『韓國古代史論叢』3, 1992.

邊太燮,「新羅 官等의 性格」『歷史敎育』1, 1956.

서영교,「淸海鎭과 西南海岸의 田莊 · 牧場」『STRATEGY』8, 한국해양전략연구소, 2001.

徐永大,「高句麗 平壤遷都의 動機」『韓國文化』2, 1981.

徐毅植,「統一新羅期 開府와 眞骨의 受封」『歷史敎育』59, 1996.

손영문,「海印寺 法寶殿 및 大寂光殿 木造毘盧遮那佛像의 硏究」『美術史學硏究』270,
　　　2011.

宋銀日,「신라하대 憲康王의 친정체제 구축과 魏弘」『新羅史學報』5, 2005.

宋銀日,「新羅 下代 景文王系 집권기의 정치운영」(전남대 문학박사 학위논문), 2007.

申東河,「新羅 佛國土思想과 皇龍寺」『新羅文化祭學術會議論文集』22, 2001.

신호철,「후삼국시대 호족연합정치」『한국사상의 정치형태』, 일조각, 1993.

梁起錫,「위덕왕의 즉위와 집권세력의 변화」『泗沘都邑期의 百濟』, 충청남도역사문화연

구원, 2007.

吳京厚,「17세기 佛國寺古今創記와 湖南의 寺刹事蹟記」『新羅文化』19, 2001.

尹善泰,「雁鴨池 出土 '門號木簡'과 新羅 東宮의 警備」『韓國古代史研究』57, 2010.

尹容鎭,「大邱達城 城壁調查」『考古美術』100, 1968.

尹容鎭,「大邱의 沿革과 關聯된 古代記錄 小考」『東洋文化研究』2, 1975.

尹容鎭,「韓國初期鐵器文化에 관한 研究-大邱地方에서의 初期鐵器文化-」『韓國史學』
        5, 1990.

尹熙勉,「新羅下代의 城主·將軍」『韓國史研究』39, 1982.

陰善赫,「新羅 敬順王의 卽位와 高麗 歸附의 政治的 性格」『全南史學』11, 1997.

李基東,「후삼국시대의 전개와 新羅의 終焉」『新羅文化』27, 2006.

李明植,「新羅末 朴氏王代의 展開와 沒落」『大丘史學』83, 2006.

李文基,「新羅時代의 兼職制」『大丘史學』26, 1984.

李文基,「統一新羅의 地方官制 研究」『國史館論叢』20, 1990.

李文基,「大伽耶의 對外關係」『加耶史研究』, 경상북도, 1995.

李文基,「統一新羅時代의 大邱」『大邱市史』1(통사편), 1995.

李文基,「新羅末 大邱地域 豪族의 實體와 行方-「新羅 壽昌郡 護國城 八角燈樓記」의 分
        析을 통하여-」『鄕土文化』9·10合, 1995.

李文基,「新羅 金氏 王室의 少昊金天氏 出自觀念의 標榜과 變化」『歷史敎育論集』23·24
        合, 1999.

李文基,「新羅 惠恭王代 五廟制 改革의 政治的 意味」『白山學報』52, 1999.

李文基,「崔致遠 撰 9세기 후반 佛國寺 關聯資料의 檢討」『新羅文化』26, 2005.

李文基,「新羅 孝恭王(嶢)의 出生과 王室의 認知時期에 대하여」『新羅文化』30, 2007.

李文基,「新羅 孝恭王(嶢)의 太子冊封과 王位繼承」『歷史敎育論集』30, 2007.

李文基,「통일신라와 고려시대의 고령」『고령문화사대계』1, 고령군 대가야박물관 경북
        대 퇴계연구소, 2008.

李文基,「海印寺 法寶殿 비로자나불 內部 墨書銘의 解讀과 大角干과 妃의 實體」『歷史敎
        育論集』55, 2015.

李文基,「883년 金魏弘의 海印寺 비로자나불 造成의 政治的 背景과 意味」『大丘史學』 119, 2015.

李培鎔,「新羅下代 王位繼承과 眞聖女王」『千寬宇先生還曆記念 韓國史學論叢』, 正音文化社, 1985.

李炳魯,「고대 일본열도의 신라 상인에 대한 고찰」『日本學』15, 1996.

李炳魯,「일본 지배층의 對新羅觀 정책 변화의 고찰」『大丘史學』51, 1996.

李相洙,「영동지역 신라고분에 대한 일고찰-북평지역 고분군을 중심으로-」『한국상고사학보』18, 1995.

이상훈,「칠곡 松林寺의 입지조건과 창건배경」『韓國古代史探究』18, 2014.

이성근,「해인사 두 분 비로자나부처님에 대하여」『修多羅』17, 海印寺僧伽大學, 2006.

이순근,「나말여초 '호족'용어에 대한 연구사적 검토」『성심여대논문집』19, 1987.

李泳鎬,「新羅 惠恭王代 政變의 새로운 解釋」『歷史敎育論集』13 · 14合, 1990.

李泳鎬,「佛敎의 隆盛과 大邱」『大邱市史』1(통사편), 1995.

이영호,「대가야 멸망과 고령지역의 변화」『고령문화사대계』1, 고령군대가야박물관 · 경북대학교 퇴계연구소, 2008.

李泳鎬,「신라의 신발견 문자자료와 연구동향」『韓國古代史硏究』57, 2010.

李龍範,「三國史記에 보이는 이슬람商人의 貿易品」『李弘稙博士 回甲記念 韓國史學論叢』, 新丘文化社, 1969.

李龍範,「處容說話의 一考察-唐代 이슬람商人과 新羅-」『震檀學報』32, 1969.

李宇泰,「新羅의 村과 村主」『韓國史論』7, 1982.

이정희,「진성여왕을 위한 변명」『10세기 인물열전』, 푸른역사, 2002.

李鍾旭,「南山新城碑를 통하여 본 新羅의 地方統治體制」『歷史學報』64, 1974.

李鍾恒,「신라의 하대에 있어서의 王種의 絶滅에 대하여」『法史學硏究』2, 1975.

이한상,「경주 월성 동남쪽 왕궁유적 조사의 성과-남궁의 경관복원을 위하여-」『新羅文化祭學術會議論文集』26, 2006.

이현모,「羅末麗初 晉州地域의 豪族과 그 動向」『歷史敎育論集』30, 2003.

이현태,「신라 '남궁'의 성격」『역사와 현실』81, 2011.

李炳基, 「滅亡 이후 大加耶 遺民의 向方－東海市 湫岩洞古墳群 出土品을 중심으로－」
　　　　『韓國上古史學報』38, 2002.

이형우, 「고창지방을 둘러싼 여제양국의 각축양상」『교남사학』창간호, 1992.

李熙濬, 「토기로 본 大伽耶의 圈域과 그 변천」『加耶史研究』, 경상북도, 1995.

林炳泰, 「新羅小京考」『歷史學報』35·36합, 1967.

장일규, 「숭복사비명과 경문왕계 왕실」『歷史學報』192, 2006.

張日圭, 「新羅下代 社會와 崔致遠의 位相」『朝鮮古代の文人官僚 崔致遠の人と作品に關
　　　　する 歷史文學的研究』, 2007.

張日圭, 「최치원의 저술」『北岳史論』10, 2003.

張日圭, 「崔致遠의 華嚴僧傳 찬술과 海印寺의 화엄사상」『新羅史學報』창간호, 2004.

장정해, 「韓中 正史에 나타난 太白星 출현의 의미」『中國文化研究』8, 2006.

張學根, 「장보고 해상세력과 고려건국의 연계성」『STRATEGY』21, 2001

全基雄, 「羅末麗初의 地方社會와 知州諸軍事」『慶南史學』4, 1987.

全基雄, 「新羅 下代末의 政治社會와 景文王家」『釜山史學』16, 1989.

全基雄, 「新羅末期 政治社會의 動搖와 六頭品 知識人」『韓國古代史研究』7, 1994.

全基雄, 「신라말 효공왕대의 정치사회 변동」『新羅文化』27, 2006.

정선종, 「實相寺 秀澈和尙塔碑의 陰記와 重建에 대하여」『불교문화연구』11, 2009.

鄭容淑, 「신라의 女王들」『韓國史市民講座』15, 一潮閣, 1994.

丁元卿, 「永泰二年銘 蠟石製壺」『釜山市立博物館年報』6, 1983.

曺庚時, 「新羅 下代 華嚴宗의 構造와 傾向」『釜大史學』13, 1989.

趙凡煥, 「新羅末 朴氏王의 登場과 그 政治的 性格」『歷史學報』129, 1991.

趙凡煥, 「新羅末 敬順王의 高麗 歸附」『李基白先生古稀記念 韓國史學論叢』, 一潮閣,
　　　　1994.

曺凡煥, 「9세기 해인사 법보전 비로자나불 조성과 단월세력－묵서명에 대한 검토를 중
　　　　심으로－」(한국고대사탐구학회 제47차 정기발표회 발표문, 2015.3.28.)

秦弘燮, 「南山新城碑의 綜合的 考察」『歷史學報』26, 1965.

채상식, 「합천 저포리 4호분 출토 토기의 명문」『가야통신』2, 1989.

蔡雄錫,「高麗前期 社會構造와 本貫制」『高麗史의 諸問題』, 三英社, 1986.

崔柄憲,「新羅末 金海地方의 豪族勢力과 禪宗」『韓國史論』4, 1978.

최완수,「풍류가 살아 있고 문화재가 숨어 있는 절」『ASIANA CULTURE』18, 2006.

崔源植,「新羅 下代의 海印寺와 華嚴宗」『韓國史研究』49, 1985.

최홍조,「新羅 哀莊王代의 政治變動과 金彦昇」『韓國古代史研究』34, 2004.

최홍조,「新羅 哀莊王代의 政治改革과 그 性格」『韓國古代史研究』54, 2009.

최홍조,「신라 神行禪師碑의 건립과 그 정치적 배경」『木簡과 文字』11, 2013.

추만호,「심원사 수철화상 능가보월탑비의 금석학적 분석」『역사민속학』1, 1991.

하일식,「해인사전권(田券)과 묘길상탑기(妙吉祥塔記)」『역사와 현실』24, 1997.

韓㳓劤,「古代國家成長過程에 있어서의 對服屬民施策(上)」『歷史學報』12, 1960.

黃善榮,「敬順王의 歸附와 高麗 初期 新羅系 勢力의 基盤」『韓國中世史研究』14, 2003.

黃善榮,「新羅下代의 '府'」『韓國中世史研究』1, 1994.

黃壽永,「佛國寺의 創建과 그 沿革」『불국사복원공사보고서』, 문화재관리국, 1976.

武田幸男,「新羅・興德王代の色服・車騎・器用・屋舍制」『榎博士還曆記念東洋史論叢』, 山川出版社, 1975.

武田幸男,「新羅骨品制の再檢討」『東洋文化研究所紀要』67, 1975.

松井秀一,「唐代後半期の江淮について」『史學雜誌』66-2, 1957.

田島公,「大宰府鴻臚館の終焉」『日本史研究』389, 1995.

田中俊明,「于勒十二曲と大加耶連盟」『東洋史研究』48-4, 1990.